想象另一种可能

理想国
imaginist

文明的故事

THE STORY OF CIVILIZATION

理性开始的时代

The Age of Reason Begins

7

〔美〕威尔·杜兰特 阿里尔·杜兰特 著
by Will Durant, Ariel Durant

台湾幼狮文化 译

上海三联书店

致读者

我原希望以第 7 卷《理性开始的时代》结束撰述文明史的工作，该卷包括自伊丽莎白一世登基到法国大革命爆发这一时期的欧洲文化发展情形。但是，这段历史越接近我们自己的时代和利益时，就呈现了越来越多依然生动地影响今天的人物和事件。这就不是刻板的罗列所能竟其功的，而是需要做人性的透视，对篇幅的要求也要增加。因篇幅扩充，使原先作为最后一卷而开始的工作增加到 3 卷，而且现作者之一，年事虽不称，但在继续完成这最后一段行程中却变成了女主角。

3 卷中的两卷已完成初稿，另一卷已改写完成，即是现在要付印问世的。该卷包括自伊丽莎白一世登基（1558 年）、培根（1561 年）和莎士比亚（1564 年）降生起，到《威斯特伐利亚和约》签订（*Treaty of Westphalia*）（1648 年）、伽利略（1642 年）和笛卡儿（1650 年）逝世为止的欧洲诸国，及土耳其和波斯伊斯兰国家的经济生活、政治人物、宗教、道德、礼仪、音乐、艺术、文学、科学和哲学史。在这一时期，基本的发展是民族主义的兴起和神学的式微。

除非作者或文明上有些意想不到的事情发生，第 8 卷《路易十四时代》准备于 1963 年问世。倘残躯许可，最后一卷《伏尔泰时代》

将于 1965 年印行。这 3 卷的统一主题是理性的成长。

这几卷或以前各卷，都无意依赖当代的资料和文献写成政治、经济或军事史。那样做要贯穿欧亚各国世世代代的活动，穷个人一生之力也难以完成。但是，就作为本卷主旨的文化史来说，几乎完全采用原始资料：每一种主要宗教都研究过其发源地，每一部文学巨著都会一读再读，每一件艺术杰作都曾亲临研摹，每一个哲学上的主要思潮都曾深入探讨。

由于宗教和科学之间的大论战是近代思潮的主流，所以在篇幅中对这方面的记载，远比寻常见到的更坦诚。大家向来认为宗教信仰在维持个人伦理道德和社会秩序方面担当的功能太重要，公开讨论其纷争是不当的。就这个观点而言，要说的太多了，我们会找出一些代表性的人物来说明它。但是，很显然，它并不能卸去史学家在近代欧洲文化史中去寻求和叙述其基本演进过程的职责，不过可使他在选择和陈述事实、人物及有关他们对事情的发生和结果上的影响时，保持公正不阿的立场。我们将会听到帕斯卡和波舒哀及斯宾诺莎和伏尔泰的宏论。

对我女儿埃塞尔打印几乎不忍卒读的二校稿及改正一些错误的耐心和技巧致以由衷感谢。对 C. 爱德华·荷普金博士、弗罗拉、莎勒、玛丽及哈瑞·考夫曼处理资料上的帮助，同致谢忱。

杜兰特夫人在最后这几卷中做了实质性的工作，我们的名字必须并列在卷首。

威尔·杜兰特
1961 年 5 月于洛杉矶

总　目

第一部

理性的觉醒

1

第二部

理性与信仰

269

第三部

理性的考验

525

目　录

第一部　理性的觉醒

3　第一章　伟大的女王（1558—1603）

3　善用逆境

6　伊丽莎白政府

11　多情的处女

13　伊丽莎白及其宫廷

17　伊丽莎白与宗教

22　伊丽莎白与天主教徒

26　伊丽莎白与清教徒

31　伊丽莎白与爱尔兰

35　伊丽莎白与西班牙

43　雷利与埃塞克斯（1588—1611）

49　奇异褪色（1601—1603）

53　第二章　欢乐的英国（1558—1625）

53　工作中的英国人

58　教育

60　善与恶

62　司法与法律

63　家庭

68   英国的音乐（1558—1649）

70   英国的艺术（1558—1649）

73   伊丽莎白时代的人

76   第三章   派那西斯山坡（1558—1603）

76   书

80   智慧之战

83   菲利普·西德尼（1554—1585）

88   埃德蒙·斯宾塞（1552—1599）

92   戏剧舞台

97   克里斯托弗·马洛（1564—1593）

105   第四章   威廉·莎士比亚（1564—1616）

105   早年（1564—1585）

107   发展（1592—1595）

110   成熟（1595—1608）

117   艺术才华

122   哲学

127   调和

132   身后

135   第五章   苏格兰女王玛丽（1542—1587）

135   美丽的王后

137   苏格兰（1560—1561）

139   玛丽和诺克斯（1561—1565）

144   陷入情网的女王（1565—1568）

151   赎罪（1568—1587）

159　第六章　詹姆士六世和詹姆士一世

159　苏格兰的詹姆士六世（1567—1603）

165　英格兰的詹姆士一世（1603—1614）

169　火药阴谋案（1605）

173　詹姆士一世时代的戏剧

177　本·琼森（约1573—1637）

186　约翰·多恩（1573—1631）

191　詹姆士散布旋风（1615—1625）

198　第七章　召唤理性（1558—1649）

198　迷信

200　科学

207　弗朗西斯·培根（1561—1621）

210　大更新

215　一位政治家的哲学思想

219　理性的司晨者

224　第八章　大革命（1625—1649）

224　变迁中的经济

226　宗教的坩埚（1624—1649）

233　清教徒与剧院

235　查理一世和查理二世时代的散文

238　查理一世和查理二世时代的诗

243　查理一世与国会的抗衡（1625—1629）

248　查理的专制（1629—1640）

252　长期国会

258　第一次内战（1642—1646）

262　激进作风（1646—1648）

265　终结（1648—1649）

第二部　理性与信仰

271　第一章　意大利（1564—1648）
271　神奇的长靴
　　　·阿尔卑斯山麓 / ·威尼斯 / ·从帕多瓦到博洛尼亚 / ·那不勒斯
287　罗马与教皇
294　耶稣会
　　　·在欧洲 / ·在异教区
302　意大利的白天与黑夜
304　歌剧的诞生
308　文学
311　塔索
319　巴洛克的来临（1550—1648）
321　罗马的艺术
325　贝尔尼尼

330　第二章　西班牙的盛衰（1556—1665）
330　西班牙的生活
334　菲利普二世（1556—1598）
345　菲利普三世（1598—1621）
347　菲利普四世（1621—1665）
349　葡萄牙（1557—1668）

355　第三章　西班牙文学的黄金时代（1556—1665）
355　黄金世纪
359　塞万提斯（1547—1616）
366　诗人
370　韦加（1562—1635）
374　卡尔德隆（1600—1681）

379　　**第四章　西班牙艺术的黄金时代（1556—1682）**

379　　多彩多姿的艺术

382　　埃尔·格列柯（约 1548—1614）

387　　苏巴朗（1598—1664）

390　　委拉斯开兹（1599—1660）

398　　牟里罗（1617—1682）

404　　**第五章　法国的角逐（1559—1574）**

404　　敌对的势力

409　　凯瑟琳·美第奇

415　　仲裁浴血记（1562—1570）

419　　大屠杀

430　　**第六章　亨利四世（1553—1610）**

430　　爱情与婚姻

432　　亨利三世（1574—1589）

437　　通往巴黎之路（1589—1594）

440　　富有创造力的国王（1594—1610）

444　　登徒子

447　　暗杀事件

451　　**第七章　黎塞留（1585—1642）**

451　　二王之间（1610—1624）

456　　路易十三

458　　枢机主教与胡格诺教徒

461　　枢机主教与贵族

464　　枢机主教位极人臣

468　　墓志铭

474   第八章   战争下的法国（1559—1643）

474   道德

477   礼仪

481   蒙田（1533—1592）

　　·教育 / ·友谊与婚姻 / ·散文 / ·哲学家 / ·结石

499   "不朽人物"

506   皮埃尔·高乃依（1606—1684）

513   建筑

516   其他艺术

518   普桑与其他画家

第三部   理性的考验

527   第一章   荷兰的叛乱（1555—1648）

527   序幕

530   帕尔马的玛格丽特（1559—1567）

536   阿尔瓦在荷兰（1567—1573）

542   雷克森斯与堂·胡安（1573—1578）

547   帕尔马与奥朗日（1578—1584）

550   胜利（1584—1648）

557   第二章   从鲁本斯到伦勃朗（1555—1660）

557   佛兰德斯人

559   佛兰德斯的艺术

562   鲁本斯（1577—1640）

572   凡·戴克（1599—1641）

576   荷兰的经济

579   荷兰人的生活与文学

583　　荷兰的艺术

586　　弗兰斯·哈尔斯（1580—1664）

589　　伦勃朗（1606—1669）

599　　第三章　北方的兴起（1559—1648）

599　　丹麦的强盛

601　　瑞典（1560—1654）

　　　　·对立的信仰（1560—1611）/·古斯塔夫·阿道夫（1611—1630）

　　　　·克里斯蒂娜女王（1632—1654）

612　　波兰（1569—1648）

　　　　·国家 /·文明

620　　神圣俄罗斯（1584—1645）

　　　　·人民 /·戈杜诺夫（1584—1605）/·混乱的时代（1605—1613）

628　　第四章　伊斯兰教的挑战（1566—1648）

628　　土耳其人

633　　莱潘托之战

636　　伊斯兰教势力的衰落

639　　阿拔斯大帝（1587—1629）

643　　萨非时代的波斯（1576—1722）

652　　第五章　帝国境内的大决战（1564—1648）

652　　神圣罗马帝国诸帝

655　　神圣罗马帝国

659　　品德与习俗

663　　文学与艺术

667　　敌对的信仰

674　　"三十年战争"

　　　　·波希米亚的局面（1618—1623）/·华伦斯坦（1623—1630）

　　　　·古斯塔夫的英勇事迹（1630—1632）/·堕落（1633—1648）

688   威斯特伐利亚和约

693   第六章   伽利略时代的科学（1558—1648）

693   迷信

698   知识的传播

704   科学工具与方法

707   科学与实体

711   科学与生命

713   科学与健康

715   从哥白尼到开普勒

718   开普勒（1571—1630）

722   伽利略（1564—1642）

　　　　·物理学家 / ·天文学家 / ·审判 / ·创始者

735   第七章   哲学的再生（1564—1648）

735   怀疑论者

738   布鲁诺（1548—1600）

747   梵尼尼与康帕内拉

750   哲学与政治

　　　　·马里安纳（1536—1624）/ ·博丹（1530—1596）

　　　　·格劳秀斯（1583—1645）

760   享乐主义的神父

761   笛卡儿（1596—1650）

775   插图

第一部

理性的觉醒

伊丽莎白一世，又被称为"处女女王"或"圣洁女王"。她有力地推动了当时的英格兰在政治、商业和艺术上的优势地位，其在位期间被称为伊丽莎白时代。

第一章 | **伟大的女王**
（1558—1603）

善用逆境

1558 年 11 月 17 日，一位递送快信的信差急驰进伦敦以北 36 英里的哈特菲尔德宫（Hatfield），禀告伊丽莎白·都铎（Elizabeth Tudor）：她已是英格兰的女王了。其异母姐姐玛丽女王带着恶名，在天未破晓时逝去。在伦敦，国会接到这个消息后，高呼"天佑伊丽莎白女王！愿其长治吾民！"——谁也未曾想到，那会是 45 年的统治。教堂嘹亮的钟声充塞在空气中。英格兰民众像欢迎玛丽登基一样，在街上排桌欢宴，当天晚上他们还燃放象征永恒希望的焰火。

19 日，星期六，王国的重要贵族、贵妇及国会议员齐集哈特菲尔德宫，向伊丽莎白宣誓效忠。20 日，伊丽莎白极为庄严高贵地对他们发表演说：

> 诸位爵士：自然法则使我为我的姐姐悲伤，落在我肩上的责任使我感到惶恐。但是，由于我是上帝所创，注定要服从他的决定，因此我决定尽力去做。我由衷地希望现在给我的任务能得到上帝的帮助，使我成为天意的执行人。就实质而言，我虽奉天承

运而成为国家的统治者，但也只是一个普通人而已，因而我希望你们全体，特别是贵族们，应根据你们的地位与力量来协助我。我职司统治，你们努力为国服务，这样才可在全能的上帝面前有良好的表现，并在世上留给我们后代一些福泽。

28 日，伊丽莎白身着紫色丝袍，在仪队的簇拥下，骑马穿过 4 年前她被囚禁待死的那座伦敦塔。沿途人群向她喝彩欢呼，齐声歌颂她的光荣，小孩大声向她背诵他们苦记的致敬词，街市被隆重地装扮，欢迎的场面极为庄严，这一切预示着英国在人类心智尊荣方面大放异彩的前所未有的朝代即将开始。

经过 25 年的考验，已使伊丽莎白了解应该如何君临天下。1533 年，有亨利八世这样的父亲是幸运的，但是有安妮·博林（Anne Boleyn）这样的母亲却很危险。其母亲的不贤德及被处死，给未懂事的孩子打上烙印（1536 年），而这个阴暗的遗产带来的痛苦一直伴着她的年轻时代，只有登基为王才能忘却。国会曾通过一项法案（1536 年），宣称安妮的婚姻无效，使伊丽莎白顿成非法子女。不少卑鄙不堪的闲话谈到她的父亲究竟是谁的问题。无论如何，对于大多数英国人来说，她是其母与人通奸所生，其合法性从未再被确立。但是国会的另一项法案（1544 年）承认其在同父异母弟弟爱德华及同父异母姐姐玛丽之后继承王位的权利。爱德华在位时（1547—1553 年），伊丽莎白信奉新教，但信奉天主教的玛丽入主时，她宁愿保留生命而不坚持自己的信仰，于是改信罗马旧教。在"怀亚特的叛变"（Wyatt's Rebellion，1554 年）无法迫使玛丽退位后，伊丽莎白被控参与叛变，并被送往伦敦塔。但玛丽判决其犯罪证据不足，将之释放并软禁于伍德斯托克（Woodstock）。玛丽死前承认其妹为其继承人，并送王冠珠宝给她。之所以有伊丽莎白王朝，实应归功于那位"血腥"女王的仁慈。

伊丽莎白能继承王位，她接受的正式教育发挥了很大作用。其著名的家庭教师罗杰·阿谢姆（Roger Ascham）夸赞她"说法语和意大利语与英语一样流利，而且随时可以很流利地用拉丁语与我交谈，希腊语也讲得不错"。她每天有固定的神学课程，对新教教条极为精通，但是其意大利老师把得自蓬波纳齐、马基雅维利及文艺复兴的罗马文化的某种怀疑精神传给了她。

她从来不敢确定会入继王位。国会（1533 年）又曾确认其母与其父的婚姻无效。国会与教会均认为她为非法私生，却漠视"征服者"威廉的英格兰法律，禁止她即位为王。整个天主教世界——此时英格兰多数人仍为天主教徒——相信英国王位的合法继承人为亨利七世的曾孙女玛丽·斯图亚特（Mary Stuart）。伊丽莎白明白，假如她与教会妥协，则教皇自会洗刷其为非法私生的羞耻，并承认其统治的权利，但她并不倾向于妥协。成千上万的英国人拥有亨利八世和爱德华六世时代国会没收教会所得的财产。这些财产所有人深恐恢复天主教势力会导致强制归还那些教产，都准备为这位新教徒女王作战，而且英国的天主教徒宁可拥她为王而不愿再发生内战。1559 年 1 月 15 日，在信奉新教的伦敦城的欢声雷动下，伊丽莎白终于在威斯敏斯特加冕为"英格兰、法兰西及爱尔兰女王"——自爱德华三世以来，每位英国国王例必宣称自己为法国国王。女王登基诸事进行得极为顺利，并未发生任何事端。

现在，她 25 岁，具有成熟妇人的各种风韵。她中等身材，体态优美，容貌亦佳，皮肤呈橄榄色，双目明亮照人，红棕色的头发，灵巧的双手。这样一位淑女，似乎不可能成功地处置各种动乱。当时有互相敌视的教派在玩弄权势，并执武器作乱，使英国濒于分裂。贫穷是普遍性的，虽有亨利八世的严刑峻法，仍有流浪汉。伪币阻碍了国内商业的发展。半个世纪的伪币盛行，使国库信用极低，政府举债付息竟高达 14%。玛丽专心致力于宗教，在国防方面极为吝啬，堡垒乏人照顾，海岸也未设防，海军不良，陆军待遇、补给均差，其军官遗缺往往不补。英格兰在托马斯·沃尔西（Thomas Wolsey）时代主宰欧洲的均势，如今却是软弱无力，夹在西班牙与法国当中任人摆布。法军驻扎在苏格兰，而爱尔兰正待引进西班牙军。教皇利用开除教籍、停止教权及天主教国家的入侵等威胁，紧紧地控制着女王。1559 年，外国入侵行动确已成形，日复一日，伊丽莎白均生活在可能被暗杀的环境中。依靠敌人的不团结、谋臣的智慧及其自身勇敢的精神，她终于得救了。西班牙大使惊讶于"这个女人的精神……她是受了魔鬼附体，魔鬼引导她去取代其地位"。欧洲各国以前从未预想到会在一个女孩的笑容后面发现一位帝王。

伊丽莎白政府

伊丽莎白选择大臣时，即表现出其知人善任的能力。与其随时备战的父亲一样——虽有哈特菲尔德的政治性演讲——她仍选择无显赫家世的人，理由是多数老贵族是天主教徒，而且某些人自认为比她更适宜成为英王。她任命威廉·塞西尔（William Cecil）为其首席顾问，其人勤政善治，女王成功得力于他颇多，以至于不了解她的人认为他才是国王。塞西尔的祖父是一位富有的自由人，成为地方乡绅；其父也是自由人，替亨利八世掌管衣橱；其母的嫁妆使全家生活舒适无虑。他毕业于剑桥大学，未取得学位，曾在格雷法学院学习法律，在伦敦公地垦种野生燕麦，23 岁即进入平民院（House of the Commons，即下议院，1543 年），并娶米尔德里德·库克（Mildred Cooke）为第二任夫人，她的严守新教道德与教义促成他加入新教的行列。他替护国主萨默塞特（Protector Somerset）工作，不久又在萨默塞特的敌人诺森伯兰（Northumberland）手下服务。他支持简·格雷（Jane Grey）继承爱德华六世为英王，但是适时改为支持玛丽·都铎为王。在玛丽·都铎的影响下，他成为虔诚的天主教徒，受命前往迎接红衣主教波尔进入英格兰。塞西尔是一位事业心很重的人，绝不容许自己宗教上的反复无常影响政治上的平衡。伊丽莎白任命他为大臣时，她像往常一样对他说：

> 我给予你的任务是担任我的枢密院大臣的职务，要为我及我的王国努力不懈。我对你的判断是，你不会收受任何贿赂而腐化，你会忠心为国，而且你不会顾及我的私心而能给我最佳忠告。同时，你若知道某些事只宜向我秘密报告，你会只禀告于我。我可在此保证我对此也会保持应有的沉默，基于上述理由，我在此赋予你这一任务。

他是否忠实能干，从她让他做了14年的枢密院大臣，任财政大臣长达26年以至老死，就可以看出来。他主持枢密院会议，处理对外关系，指导全国财政和国防，并协助伊丽莎白在英国建立新教的教会。像黎塞留（Richelieu）一样，他认为国家的安全与稳定有赖君王单一的专制统治，以对付好斗的贵族分裂疆土的野心、贪婪的商人及手足相残的各种教派。他采取某些马基雅维利式的手段，虽不算残酷，但是对反对派却极为无情。他一度想派人刺杀威斯特摩兰（Westmorland）伯爵，但那仅是半个世纪的耐心掌政及个人真诚行为中偶有不耐的时刻而已。他广布耳目和间谍，认为永远的警戒就是保持权力的手段。他颇好利，生活极为勤俭，但是伊丽莎白因其智慧而宽宥了他的贪财，并欣赏他因过分节约而积蓄了一笔击败西班牙无敌舰队的资产。如果没有他，她可能会被那些轻浮浪费的人物，如莱斯特（Leicester）、哈顿（Hatton）、埃塞克斯（Essex）等人引入歧途。西班牙大使报告说："其智慧高于枢密院其他的大臣，因此遭受各方面的嫉恨。"有时伊丽莎白听信其敌人的话，不时对他苛责，他离开她时极为伤心，因而落泪，但事后她知道他仍是王国稳固的支柱。1571年，她封塞西尔为伯利爵士，为新封贵族的领袖。他虽面对着众多敌视的贵族，终能支持女王，并使王国日趋强大。

女王手下地位较低的臣子，即使在那个短暂的历史中也值得一提，因为他们以廉洁、能干、勇气及很少的报酬服务一生。尼古拉斯·培根爵士（Nicholas Bacon）是弗朗西斯·培根之父，从女王登基至他老死为止（1579 年），一直是掌玺大臣。弗朗西斯·诺理斯爵士（Francis Knollys）自 1558 年一直是枢密院参赞，至其死前一直担任皇室内府大臣。尼古拉斯·思罗克莫顿爵士（Nicholas Throckmorton）为女王驻法国大使，善于周旋。托马斯·伦道夫（Thomas Randolph）则驻苏格兰、俄国和德国。在鞠躬尽瘁和政治才能方面仅次于塞西尔的是弗朗西斯·沃尔辛厄姆（Francis Walsingham）爵士，他自 1573 年起至老死止（1590 年），一直担任国务大臣之职。这是一位高雅敏锐的人，埃德蒙·斯宾塞（Edmund Spenser）称之为"当代的麦西纳斯"，他为危害女王生命的种种阴谋而倍感震惊，因而组织保护女王的间谍网，从爱丁堡到君士坦丁堡皆在其监视范围内。正是依靠沃尔辛厄姆，才逮住了苏格兰那位富于悲剧性色彩的女王。统治者有这么多干练、忠诚而待遇微薄的部属是很少见的。

英国政府本身很穷困，私人财产胜于公共财富。1600 年，国库收入为 50 万镑。伊丽莎白几乎就不曾课征直接税，她的关税收入也只不过是 3.6 万镑而已。通常她依靠皇家土地的收入、英国教会的赞助款项及富人的"贷款"，这种贷款虽是强迫性的，但政府总是准时偿还。她承诺偿还其父亲、弟弟及姐姐时代遗留下来的债务，而且赢得清还债务的名誉，因此可以在安特卫普以 5 分息借债，而西班牙的菲利普二世常常一点钱也借不到。然而，她在服饰及给予宠信者经济特权作为礼物方面，颇为慷慨。

她很少也不愿召集国会来提供财政援助，因为她难以忍受敌对、批评或监视。她不认可人民或议会主权的理论，她相信荷马和莎士比亚天无二君的论调——她既为亨利八世的骨肉又含有他的傲骨，为什么她不该为王呢？她主张君权神授说。她未经审判而且不宣告原因，即以她的意志拘禁人犯，而且其枢密院组成"星室法庭"（the Court of Star Chamber）审判政治犯，停止人身保护状和陪审团制度。她惩罚阻碍实现其目的的国会议员，向操纵国会选举的地方富绅建议，假如他们选择对于言论自由持严谨看法的人为议员候选人，则政事进行一定方便得多。因为她需要金镑，却不要议员的瞎扯。早期的国会高贵大方地顺从她，中期的国会愤怒地服从她，晚期的国会却几乎要起来革命。

她之所以能够随心所欲，是因为全国宁愿接受其合理的专制，而不愿见到派系争权的混乱局面。没有人想到要让人民来自治。政治——永远如此——就是少数人统治多数人的一项竞赛。大部分的英国人讨厌伊丽莎白的宗教政策，几乎所有的英国人都厌恨她的独身生活。但大体说来，人民也感激女王赐予的低税率、商业繁荣、国内的秩序、长期的和平、盛典及"皇家出巡"等。她不时出巡，不厌其烦地听取别人的意见，参加公共盛会，而且用近百种方法"勾引男人的灵魂"。西班牙大使虽然痛心于她的新教，但在上书西班牙的国王菲利普时说："她如此受人民爱戴，人民围绕在她身旁，如此地信任她，而这都是实情。"试图杀害她的阴谋反而增加人民对她的拥戴，甚至受她迫害的清教徒也祈祷她的平安。其登基周年纪念日已成为全国感恩和庆祝的佳节。

她是否是实际的统治者，或只是英格兰低级贵族和伦敦的商业寡头政治中受人欢迎的前锋呢？其参赞虽惧其愤怒，经常可以改正其政策上的错误，但是另一方面她也常常改正他们的错误。他们对她讲不悦耳的真话，给她意见相反的忠告并服从她的决定。她"统而不治"。西班牙大使报告称："她发布命令，其专制犹如其父亲。"塞西尔也很难预知她的决定，因为她经常拒绝他的苦心忠告而使他焦虑不安。他劝她不要与法国谈判而应依赖新教的支持时，她颇为严厉地斥责他说："大臣，此事已了。我要听听法王的计划。我将不再跟你或你的基督教兄弟结盟。"

她的政治家风度赢得朋友与敌人的眼泪，在决定政策时，其迟疑不定令人烦厌，但很多事件因她的镇定而获益。她知道如何利用时间，因为时间比人更能解决问题。她善于静心等待的习惯，往往使初时复杂的情形终现端倪。她羡慕寓言中的哲学家——这些哲学家在答复问题以前，先默念字母以求心情平缓。她的座右铭是："我了解，但我沉默。"她发现政治犹如爱情，欲速则不达，容易成为失败者。假如说她的政策善变，那是因为只有这样，各种势力才能发挥作用。四面为危险和阴谋包围，她要以值得宽宥的小心向前探路，一度采取某路线，继而改变，她的不即刻做决定是由于这个善变的世界。她的善变虽然导致一些严重的错误，但使英格兰在壮大前一直保持和平。她继承了一个政治混乱、军队腐化的国家，其唯一可行的政策是避免英格兰的敌人联合起来对付它，鼓励胡格诺教徒（Huguenot）反抗法国专制君主，鼓励荷兰人反抗西班牙的统治，鼓励新教徒反抗与法国关系至深的苏格兰女王。这当然不是正大光明的政策，伊丽莎白相信马基雅维利的学说：负责国政的领袖不应有所顾忌。不论透过其诡谲的弱点采取的是什么手段，她使其国家免受外国统治，维持和平——中间有短暂的间歇期——有 30 年之久，并使英格兰在物质和精神方面均较以前富有。

作为一个外交家，她在情报灵活、因势利导、深不可测方面，给予当时许多外交首长不少教训。她是当时最善于说谎者。有四位女人——玛丽·都铎、玛丽·斯图亚特、凯瑟琳·美第奇及伊丽莎白——代表约翰·诺克斯（John Knox）所谓的 16 世纪末"妇人的奇异统治"，其中伊丽莎白无疑在政治能力和外交技巧方面棋高一着。塞西尔认为她是"有史以来最聪明的妇人，她知道同时代各国君王的利益和脾性所在，而且对其王国有很清楚的了解，任何参赞无法告诉她前所未闻的事"。——自然，这点仍有存疑。她的优点是不必通过翻译和中间介入，即可直接以法语、意大利语或拉丁语与各国使节会商。西班牙大使说："这个妇人是十万名魔鬼的附体，但她假装自己是活跃于寺院中的修女，每天由早到晚地祈祷。"欧陆各国政府谴责或赞扬她。教皇西克斯图斯五世说："假如她不是异端分子，那么她的价值就等于整个世界。"

多情的处女

伊丽莎白在外交上的秘密武器是她仍为处女。当然，其情形今人所知甚少，历史学家也难以确定。塞西尔看到伊丽莎白老与莱斯特调情，就会有刹那的疑惑，但是两位西班牙大使并非恨到必须毁坏女王的名誉不可，他们的结论是相信女王的清白。本·琼森（Ben Johnson）向霍桑顿的德拉蒙德报告，有宫廷谣言说："她是石女（membrane），不能接近男人，虽然为了快乐她试过许多男人……一位法国外科医生试图加以割治，但是她因为害怕不敢尝试。"威廉·卡姆登（William Camden）在其《年鉴》（Annales，1615 年）一书中说："人民诅咒女王御医休伊奇（Huic），因为他认为女王的身体有某种缺陷而不宜结婚。"但国会屡次奏请她结婚，显然认定她有生育能力。在这方面，多数的都铎王族似乎都有某种疑问：也许阿拉贡的凯瑟琳生子所发生的不幸是受到亨利八世梅毒的感染所致，其子爱德华因某种难以描述的病症早夭，其女玛丽热切想要怀孕，结果是误将水肿当作怀孕。伊丽莎白虽则尽情与人调戏取乐，但从来不敢结婚。她说："我总是因畏缩而不敢结婚。"早在 1559 年，她即已表达保持处女的意愿。1566 年，她向国会承诺："在适当的时候我会尽快结婚……我希望会有小孩。"但是，塞西尔告诉她玛丽·斯图亚特已生一子时，她几乎落泪表示："苏格兰女王已是漂亮男孩的母亲，我却是干枯不毛的树干。"那时她终于泄露了永久的悲哀——她不能生育。

政治上的意义加深了这个悲剧。许多天主教徒相信她的无生育能力是对其父罪恶的最适当的惩罚，也保证了天主教徒玛丽·斯图亚特将入继为英王。国会及其他英格兰的新教徒害怕这种结果，请求她结婚。她努力去做，可是一开始就钟情于有妇之夫。罗伯特·达德利爵士（Robert Dudley）高大英俊、多才多艺、彬彬有礼、勇敢过人，是那位诺森伯兰公爵的儿子。公爵曾迫使玛丽·都铎去位改立简·格雷为王，因而被杀。达德利娶艾米·罗布萨特（Amy Robsart）为妻，但未与她同住，谣言称他是无耻的玩弄感情者。其妻在坎诺厅失足跌下楼而断颈致死时（1560年），他正在温莎宫（Windsor）陪伴伊丽莎白。西班牙大使及其他人怀疑是他和伊丽莎白安排了这样愚拙的解决方法，尽管这是不公正的，但顷刻之间达德利成为亲王的希望也破灭了。她自以为已濒临死亡之际（1562年），要求封他为护国主。她承认爱他已久，但是可以在神的面前作证，他们之间绝无"不适当的行为"。两年后，她把他介绍给苏格兰女王，并封他为莱斯特伯爵，以提高其吸引力，但玛丽讨厌与其对手的爱人同床。伊丽莎白赐予他种种专卖权以示安慰之意，而且在他死前一直宠信不止（1588年）。

塞西尔以高贵的敌对态度来忍受这段罗曼史。他一度曾想要辞职抗议，因为他另有一个与欧洲某强国联姻以加强英格兰与该国友谊的计划。有无数外国追求者在这25年内常出现在女王身边。一位大使说："有12位大使在追求女王陛下。霍尔斯坦公爵（Duke of Holstein）是另一个代表丹麦国王的追求者。芬兰公爵为其兄弟瑞典王求婚而来，威胁要杀害其他国王派来的人，因而女王深恐他们会在她的面前互相残杀。"基督教世界最伟大的君主菲利普二世适时提出联姻要求时（1559年），她应该感到自豪才对，但唯恐使英格兰成为西班牙的一个天主教属国，她拒绝了联姻的要求。她花了很长时间去考虑法国国王查理九世的联姻提议，因为当时法国国王表现得非常良好。法国大使埋怨说："创造世界也只是花了6天时间，可是她已经花了80天仍然没有决定。"她技巧地答以世界是"由比她高明甚多的艺术家造成的"。两年后，她允许英格兰代表和大公爵查理讨论联姻问题，但应莱斯特的要求，她又放弃了这个计划。国际局势有利于幽默的法国国王时（1570年），很多人鼓励艾列森公爵（The Duke of Alecson，亨利二世和凯瑟琳·美第奇之子）成为37岁女王的丈夫。谈判因遇到三点障碍而触礁：公爵信奉天主教，他太年轻，又有酒糟鼻。5 年后障碍之一已不复那么严重，当时为安茹公爵（Duke of Anjou）的艾列森又被列为考虑对象。他被邀请至伦敦，5 年多的时间里伊丽莎白一直玩弄着他和法国国王。经过最后的追求不成以后（1581 年），这项快乐的追求终于渐告结束，安茹公爵退出情场，挥舞女王的袜带作为战利品。同时她却使他未能与伊莎贝尔·克莱拉·尤金妮娅公主（Isabel Clara Eugenia）结婚，因而得与英国的两个敌国法国和西班牙结好。一个妇人因为不能生育而获利如此之多，因为处女而获得如此多的快乐，真是少见。

伊丽莎白及其宫廷

对于伊丽莎白女王来说，接受朝臣的献媚比与患有梅毒的年轻人做爱更为让人满足，这种献媚可以让她感受到一种非凡的快乐。因此伊丽莎白常年享受别人的逢迎阿谀，而且贪婪地陶醉其中。贵族为取乐于她而极尽奉承之能事；舞剧和露天历史剧宣扬她的美德；诗人献上十四行诗和颂词；音乐家演奏她的赞曲。一首小情诗歌颂她的眼睛有征服别人的魅力，她的胸部就像“那座美丽的小山，其中蕴有德行和圣洁的灵巧”。雷利说她走路很像爱神维纳斯，打猎像狩猎及月神戴安娜，骑马像亚历山大大帝，唱歌时像天使，演奏时像阿波罗之子俄耳甫斯。她几乎相信这是真的。她极其爱慕虚荣，仿佛整个英格兰的繁盛都是她眷顾的结果。在某种程度上，这倒是实情。由于不相信身体的魅力，她要穿最昂贵的衣服，而且几乎每天更换一套。她死时留下 2000 套衣服。她在头上、手臂、手腕、耳朵及衣服等处戴上珠宝。一个主教责备她太爱服饰时，她就警告他别再提起，否则他有早登天堂之虞。

她的举止有时会令人焦虑不已。她掌掴或抚爱其朝臣，甚至那些外国使节。达德利跪受伯爵之位时，她竟搔其颈背。[1] 她倾听时会流口水——有一次流在昂贵的大衣上。通常她总是和蔼可亲，平易近人，但她说话太快，滔滔不绝而不让别人有争辩的余地。她像海盗（若是可以这么说的话，她的确是一个海盗）一样起誓诅咒，"天杀的"（by God's death）是其缓和的诅咒之一。她有时很残酷，如与玛丽·斯图亚特玩猫捉老鼠的游戏，囚禁格雷夫人在伦敦塔受苦至死，但在本质上她极仁慈，恩威并施。她常常发脾气，但很快又恢复镇静。高兴时大声喧笑，那是常常可以听到的。她热爱跳舞，在 69 岁以前一直喜欢作芭蕾舞步的转足尖。她热心赌博和打猎，喜爱舞剧和戏剧。命运不佳之际，她也神采奕奕。面对危险时，她充满勇气和智慧。她饮食甚为俭朴，但喜爱金钱和珠宝。对没收富有叛徒的财产，她乐此不疲。除了贵族献上珍藏的宝石，她仍要设法取得苏格兰、勃艮第、葡萄牙皇室的宝石。她并不以感恩和慷慨驰名。有时她也试图赞许其臣仆几句，可是在其吝啬和傲骨当中，显然有爱国主义的存在。她即位时，几乎没有一个国家尊敬英格兰；她死时，英国夺得了制海权，并向意大利和法国的学术盟主地位挑战。

　　她究竟具有何种心智？她具有女王应有的学识。她一面统治英国，一面继续研修语言。她用法语与玛丽·斯图亚特通信，用意大利语与威尼斯大使交谈，以流利的拉丁语责骂波兰使节。她翻译萨卢斯特和波伊提乌的作品。她的希腊语修养很高，可以研读索福克勒斯的悲剧，并翻译了欧里庇得斯的一出戏剧。她自称读书之多与任何基督教君主一样，而这也是实情。她几乎每天都读历史。她编诗和乐曲，弹奏维忽拉和小键琴。但她对自己的成就也能自嘲，了解知识与睿智的分别。一位大使赞扬她在语言上的成就时，她说："教一个女人会说话不算稀奇，教一个女人不说话那才是难事。"其心智犹如其

---

[1] 约翰·奥布雷（John Aubrey）说了一则恶作剧。"这位牛津伯爵爱德华·德·维尔（Edward de Vere）有一次向伊丽莎白鞠躬示敬，恰巧放了一个屁。他感到很羞惭，就出外旅行 7 年。回国时，女王欢迎他返乡，并说：'爵士，我早已忘了那个屁。'"

言词一样敏锐，而且其智慧足能赶上时代。弗朗西斯·培根记载称："她惯于训其大臣，说他们就像衣服一样，初次穿上很紧身，但穿久便逐渐松了。"其书信和讲辞以英文写成，风格完全是属于她自己的，迂回、包容、感人，富于古怪有趣的转折，在流利和风味方面颇见水平。

她的睿智超乎智性。沃尔辛厄姆称她"拙于处理任何有分量的大事"，或许这只是一种片面的讽刺。她做事技巧是来自女性天赋微妙与敏锐的悟性，而非基于严密的逻辑推理，但有时其结论却证明狡猾若猫的试探较之依赖推理更见智慧。她那种无法解释的锐气困扰了欧洲，振奋了英国，促成英国的兴盛繁荣。她重新进行宗教改革，更重视文艺复兴——尽情快乐地度过尘世一生，每天都要享受和美化人生。她不是道德的典范，而是富有生命力的完美人物。约翰·海沃德（John Hayward）爵士——他因传播反叛的观念而被她送入伦敦塔监禁——在她监禁他的 9 年后，已对她相当谅解，写道：

> 如今若有人具有天才和手段能赢得民心的话，那就是这位女王。假如她曾经如此自谕的话，一定出之温和与高贵，而对最卑贱的人她也会示以高贵的关怀。她的全部才能皆已付诸行动，而每种行动皆很适当。她眼睛注视一个人，耳朵倾听另一个人，判断集中于第三个人，却对第四个人说话。她精神似乎分散各处，却又无分神之虞，就像一点也没有分散他处一样。有人受她怜悯，有人受她赞扬，有人受她恩谢，其他人则受她愉快促狭的揶揄，但是她不会轻蔑别人，也不会轻视自己的职务。她技巧地向人展露笑容、美丽的容貌及优雅的风度，因此人们倍愿证明他们喜欢她。

其宫廷代表了她的本性——爱其喜爱之事，提高音乐、运动、戏剧的鉴赏力，欣赏诗、情歌、戏剧、歌舞剧当中栩栩如生的词句及英国前所未闻的散文。在白厅（Whitehall）、温莎宫、格林尼治宫、里士满宫及汉普顿宫中，贵族与贵妇、骑士与大使、艺人与侍从，均被轮替的王家庆典和盛会吸引。一个特设的"典礼处"专司准备各种娱乐，内容包括猜谜和双陆棋戏，乃至复杂的舞剧和莎士比亚的戏剧。耶稣升天节、圣诞节、新年、圣诞后第十二夜、圣烛节、忏悔节，通常均有种种娱乐，举行体育竞赛、马上比武、哑剧表演、戏剧、歌舞剧等。歌舞剧就是伊丽莎白时代从意大利传入英国的。伊丽莎白喜欢戏剧，特别是喜剧。假如伊丽莎白和莱斯特受到清教徒的攻击而不支持戏院，莎士比亚的戏剧有多少会搬上舞台或留传后世呢？

不以其五宫为满足，伊丽莎白几乎每年夏天都要"出巡"全国，一方面让别人瞻仰她，另一方面也巡视其贵族，并享受他们勉强的致敬。宫中部分人随她出巡，一面为改变环境而雀跃不已，一面对食宿设备和啤酒啧有怨言。镇上穿着丝织衣服的乡绅致辞并呈献礼品来欢迎她，有的贵族甚至因为款待她而破产。受到很大压力的贵族，祈祷她不经过他们那里。女王骑马或坐在软轿上，高兴地同拥挤在路上的臣民打招呼。人们战栗地见到了他们的无敌女王，在其高贵的问候和具有传染性的愉快态度中，他们又有了新的效忠观念。

宫廷迎合她的欢乐，采纳其自由的态度、豪华的服饰、热爱庆典及理想绅士的条件。她喜听华丽衣服的沙沙声，故她身旁的男士将东方式的衣料裁成意大利式的服装。欢乐是宫中的日常节目，每个人随时都要准备在大海上进行英勇的行动。勾引宫女要很谨慎，因为伊丽莎白自觉为了宫女母亲的荣誉，有保持其贞洁的责任。因此，她将彭布罗克（Pembroke）伯爵驱逐出宫，因为他使玛丽·费顿怀孕。和其他王宫一样，阴谋常常织成很复杂的网，女人无耻地竞争男人，男人则竞争女人，而大家又追求女王的宠信，赏钱的多少则依此而定。那些善于作诗歌颂可歌可泣的爱情和道德的绅士，渴望领取干薪，收贿或行贿，取得专卖权或分赃。贪婪的女王却纵容其侍从贪污不法。通过其赠予或得其允许，莱斯特成为英国最富有的贵族，菲利普·西德尼爵士（Philip Sidney）在美洲取得大片的土地，雷利在爱尔兰取得4万英亩田庄，第二代埃塞克斯伯爵垄断了甜酒的进口，而克里斯托弗·哈顿（Christopher Hatton）爵士由女王的走狗摇身一变竟成为贵族院（House of the Lords，即上议院）院长。伊丽莎白重视英挺的双腿而不重视敏捷的头脑——因为这些"社会的支柱"当时尚未为裤子包住。纵然她有这些缺点，她使英国的精英发挥他们的潜能，鼓励他们建立事业，唤起他们的进取精神，并培养他们高贵多智的仪态，促进诗、戏剧和艺术的发展。英国最伟大时代的全部天才几乎都集合在那个炫目的王宫和女王身边。

伊丽莎白与宗教

在宫廷和整个国家中，宗教改革的激烈争斗不断，构成一个严重的问题，许多人认为这将会困扰、毁灭女王。她是新教徒，可是全国有 2/3 或 3/4 的人口为天主教徒，多数司法官和全国僧侣皆为天主教徒，新教只在南方港口和工业城市发展。他们在伦敦占优势，欧陆各国的难民进入该城，使新教徒人口剧增，但在北方和西方的乡村里——几乎完全是农业地区——他们是微不足道的少数人。不过，新教徒远较天主教徒热心。1559 年，约翰·福克斯（John Foxe）出版《教内事件述评》一书，热烈地描述新教徒在前朝受到的迫害。该书于 1563 年被译为《伟绩与丰碑》（*Actes and Monuments*），更出名的叫法是《殉道书》（*The Book of Martyrs*），对英国新教徒影响至深，历时一个世纪之久。16 世纪的新教代表一种为将来而战的新思想的热能，天主教则具有深植于传统信仰和生活方式的力量。

在少数派的逐渐增加中，宗教纷争已经产生了怀疑主义——甚至到处产生无神论的主张。教派之间的冲突、抨击、互不宽容及基督徒信念与实际行为之间的强烈对照，促使某些抱实际观念者怀疑所有神学的价值。罗杰·阿谢姆在《教师》（*Scholemaster*，1563 年）一书中说：

意大利人首先以《圣经》攻击英国裔的意大利人，意指他们生活的虚荣不比他们在宗教上的猥亵意见更厉害……他们重视西塞罗的《论政府》一书比保罗的书信更甚，他们重视薄伽丘《十日谈》中的故事较《圣经》故事为甚，而且他们把基督教神灵奇事视为寓言。他们认为基督及其《四福音书》只对教化人民的方策有利，是以不管任何宗教（新教或天主教）对他们均无所谓好坏。有时他们公开推广这种宗教，可是在某地他们又在私底下诋毁它们……在他们敢于言说的地方，和他们喜欢的友伴一起，他们就大胆地嘲笑，蔑视新教徒和天主教徒。他们对《圣经》毫不关心……他们嘲笑教皇，他们责骂马丁·路德……他们向往的天国就是让他们快乐和获利的地方。由此他们简单地宣告了他们的宗派：那就是在生活上主张伊壁鸠鲁派的享乐主义，在理论上则坚持无神论。

塞西尔抱怨（1569 年）"那些嘲笑宗教的伊壁鸠鲁派和无神论者到处都是"；约翰·斯特赖普（John Strype）宣称（1571 年）"许多人完全脱离教会，而且不再参与宗教礼拜"；约翰·李利（John Lyly）认为（1579 年）："从未见到异教有这么多的宗派……也未见到不信教的人有这种异端邪说，像现在的这些学者中的分歧一样。"神学家及其他人写书攻击无神论——不过那可能意味着信上帝而不信基督的神性。1579 年、1583 年和 1589 年，凡否认基督神性的人皆受火刑。有几位戏剧家——格林（Greene）、基德（Kyd）、马洛（Marlowe）——均为著名的无神论者。伊丽莎白时代的戏剧，在其他方面都能广泛地表现人生百态，唯独很少表现宗教纷争，反而出现了取材自异教神话的伟大戏剧。

在莎士比亚《爱的徒劳》（*Love's Labour's Lost*）一剧中，有两行意义模糊的句子：

哦！矛盾！黑色是地狱的徽志，

地牢的色彩及夜间的学院。

　　许多人把最后一句解释为意指在瑟本（Sherbrone）的雷利寓所的夜间集会，座中有雷利、天文家托马斯·哈里奥特（Thomas Harriot）、学者劳伦斯·基米斯（Lawrence Keymis），也包括诗人马洛、查普曼（Chapman）及其他人在内，讨论天文、地理、化学、哲学及神学。哈里奥特显然是这群人的领袖，据古董家伍德（Wood）的说法，"他对《圣经》有奇特的看法，而且总是低估创造世界的旧故事……他著有《哲学的神学》（*Philosophical Theology*），其中已扬弃了《旧约》"。他信神，可是拒绝基督的启示和神性的说法。耶稣会教士罗伯特·帕尔森（Robert Parsons）于 1592 年写道："雷利爵士的无神论派……揶揄摩西和救世主、《新约》和《旧约》，而且这些学者不再重视上帝的特殊地位。"雷利被控曾静听马洛宣读一篇无神论的论文。1594 年 3 月，政府设在多塞特（Dorset）的瑟恩寺（Cerne Abbes）——雷利的家就在该地——的委员会奉命调查邻近一群无神论者的谣言。就我们所知，当时并未立即采取行动，可是其后在雷利受审时（1603 年），罪名之一却是无神论。在其《世界史》（*History of the World*）自序中，他特别提到要扩大其对神的信仰一事。

　　有人怀疑伊丽莎白抱有自由思想。格林说："没有一个女人像她那样根本没有宗教观念。"依弗劳德（Froude）的看法："伊丽莎白并没有明晰的情感上的信念……对于伊丽莎白来说，新教的教义并不比旧教为真……她对神学的教条主义抱着宽容又轻视的看法。"她吁请上帝——发着令其大臣惊怕的恶誓——毁灭她，以使她可以不遵守嫁与艾列森的诺言。可是在私底下对他的自夸，她屡加讪笑。她对一位西班牙使节表示，纷争中的基督教各派之间的差别是"小事一桩"——因而使他认为她是无神论者。

　　虽然如此，就像 1789 年以前的多数政府一样，她也认为这些超自然的力量和道德制裁的宗教，对社会秩序和国家稳定是不可或缺的，直到她稳固其地位为止。她一度显得摇摆不定，意在让天主教君王抱着她会改信旧教的希望。她喜欢天主教仪式、教士独身的生活及弥撒的富于戏剧性，假如不是唯恐屈服于教皇之下，她会与教会保持友好。她不相信天主教，因为那是一种外国强权，可能使英国人对教会的效忠超过对女王的忠贞。她在其父的新教熏陶中成长，那种新教等于没有教皇的天主教。她想在英国建立的就是这种宗教。她希望英国教会采取半天主教礼拜式，可以缓和乡间天主教徒的情绪，至于抗拒教皇，则可以满足城市的新教徒。她同时希望国家控制的教育使新的一代接受自己的这种措施，因而宗教纷争可以就此告一段落。在宗教方面，犹如其婚姻，她也迟疑不做决定，以便达成其政治目的，直到其强有力的敌人面对既成的事实。她让他们对她存有幻想而彼此分裂。

许多势力怂恿她完成宗教改革。欧陆改革者写信感谢她恢复新教，他们的信件感动了她。教会财产的占有者祈祷她做出有利于新教的决定。塞西尔劝她自己成为欧陆新教国家的领袖。伦敦的新教徒取下圣托马斯的铜像丢到街道上，表达他们信新教的情绪。其首届国会（1559 年 1 月 23 日—5 月 8 日）成员多为新教徒。国会毫无保留地拖延通过拨款的决议，并向所有人征税；无论是教会还是世俗人士。新的《统一法案》（*Act of Uniformity*，1559 年 4 月 28 日）颁布克莱麦（Cranmer）的《通用祈祷书》（*Book of Common Prayer*），重订英国礼拜仪式，并禁止采用其他的宗教仪式。弥撒被废止了。法案还规定英国人均应参加国教的星期礼拜，否则应付出 1 先令以救济贫苦。一个新的《神圣法案》（*Act of Supremacy*，1559 年 4 月 29 日）宣称伊丽莎白是英国不分世俗与宗教的各类事务的最高管理者，教士、律师、教师、大学生、地方法官及教会或皇家官吏均应起誓承认女王的最高地位；主张主要圣职的任命和教会的决定均由政府指定的高级宗教法庭发布；主张教皇在英国有权对初犯处以无期徒刑，再犯处死（1563

年）。1590 年，英国教会成为新教教会了。

伊丽莎白假装不压制舆论自由，她说，任何人只要不违背法律就可享有思想和信仰自由。其唯一要求是为了全国的团结须有表面的一致。塞西尔使她确信"宽容两种宗教的国家不可能有安全"——但是伊丽莎白仍要求信奉天主教的法国容忍新教徒。她不反对和平的伪善矫情，可是表达意见的自由不得转而解释为言论自由。在重要事件上有异议的传道士或被强迫缄默，或被解职；处置异端的法律重新确定范围并加强执行；唯一神教派和洗礼教派被宣告为非法；到伊丽莎白的统治结束，共有 5 名异端分子被焚杀——在当时，这个数目不算很多。

1563 年，神学家的一项集会确立了新的教义。大家赞成预定论：上帝凭其自由意志，在创世之前，不管人类个体的善恶与否，已选择了某些人为其选民，注定得救，其余诸人则被扬弃受地狱的折磨。他们接受路德信仰得救之说——那就是说，选民的得救并不是因其善行，而是信仰上帝的慈悲及耶稣为救人类而流血。不过，他们采取加尔文教派的主张，认为圣餐是与基督在精神上而非物质上的交往。通过一项国会法案（1566 年），规定此种新神学的"三十九条款"（Thirty-Nine Articles）为英国教士的义务，它们至今仍是英国正式国教的教义。

新的礼仪也是一种折中。弥撒虽已撤销，令清教徒看不惯的是，教士布道竟穿白袍法衣，主持圣餐则着长袍。圣餐礼竟须跪受，而且仍然使用面包与酒。向圣者祈祷的仪式已被每年追念新教的英雄取代。坚信礼和任命圣职礼仍然列为圣礼，但不再视为耶稣建立的圣礼，只在临死时人们才被鼓励向神父忏悔。许多祈祷书保留罗马天主教的形式，但披上英国的外衣，成为英国文学中辉煌的一部分。400 年来，这些祈祷书和赞美诗，在庄严高贵的天主教和俭朴尊严的各教区礼拜堂中，由僧侣和会众朗诵，给予英国家庭灵感、安慰、道德纪律及精神上的和平。

伊丽莎白与天主教徒

现在轮到天主教徒受迫害了。虽然他们占大多数，但不得做天主教礼拜及拥有天主教书籍。政府下令毁坏天主教堂中的宗教偶像，并把圣坛移走。6 位牛津学生拒绝从大学教堂移走耶稣受难像，因而被送到伦敦塔监禁。多数天主教徒悲哀地服从新规定，也有相当数量的教徒宁愿付出罚金而不愿参加英国国教礼拜。皇家委员会估计英国有 5 万名"不参加国教礼拜的天主教徒"（1580 年）。国教派的主教向政府抱怨民间家庭仍然做弥撒，公众礼拜还杂以天主教仪式，以及新教徒在某些激烈的城市里不安全。伊丽莎白责备大主教巴尔克执行不力（1565 年），其后法律更严予执行。在西班牙大使礼拜堂中听弥撒的天主教徒均被下狱；政府搜查伦敦民房；发现陌生者即命其说明其所属的宗教；下令地方法官处罚藏有罗马天主教神学书籍的人（1567 年）。

我们不宜通过 17 世纪和 18 世纪哲学家及革命赢得的相对宗教宽容来看这些立法。当时各教派互相斗争，受政治影响而更加复杂——宗教宽容的范围受限。16 世纪各党派和各国政府均认为宗教意见不同就是一种革命。教皇庇护五世自认经过很长时间的忍耐后才发布教谕（1570 年），不但将伊丽莎白驱逐教籍，而且不允许臣民对她忠贞，禁止他们"服从其指示、命令及法律"。法国和西班牙当时想与英国结好，故压制该教谕的传布，但是其中一份教谕却让人秘密地贴在伦敦主教寓所。犯禁者立刻被抓获，处以极刑。面对这种宣战，大臣请求国会制定更严厉的反天主教法律。国会通过法案规定（其间称呼女王为异端、阴谋家、篡位者、暴君），凡传播教皇教谕于英国或使新教徒改信天主教者，均犯死罪。政府授权高级宗教法庭审问所有嫌疑犯，并处罚其违法而未受处罚之罪，包括与人通奸。

欧洲天主教君主无法抗议这些严厉的措施，因为他们自己也采取类似的措施。多数英国天主教徒仍然不抵抗，伊丽莎白政府希望习惯会使他们接受，时间一久会使他们改变信仰。为防止此事发生，一位逃难的英国人威廉·艾伦（William Allen）在当时西班牙属地荷兰的杜埃（Douay），创设一所学院和教士养成学校，专门训练英国天主教徒在英国传教。他热切地表达其目的：

> 我们最主要的课题是要在天主教徒的心中激起反对异端的热情及正义的愤怒。我们的方法是让学生看清天主教在我们现在住的地方表现的那种特别高贵的礼仪。同时，我们要唤起大家注意家乡那种可悲的对照：一切神圣的事物皆彻底毁灭……我们的朋友和亲属，我们尊敬的人及其他无数的人，均在教派纷争及无神状态中遭到毁灭的命运。监牢和地牢人满为患，监禁的不是小偷和不法之徒，而是基督的教士及其信徒及我们的亲友。我们不应受伤害，也不应旁观我们的国家深陷于痛苦中。

直到 1578 年加尔文教派攻占杜埃，该校才封闭，然后改设在兰斯，后又迁回杜埃（1593 年）。《杜埃圣经》（*The Douay Bible*）——拉丁《圣经》本的英译本——在兰斯和杜埃（1582—1610 年）成稿，"詹姆士王《圣经》本"出版前一年，该版译本才发行。1574 年至 1585 年，该校将 275 名毕业生封以圣职，并派遣其中 268 人至英国传教。艾伦奉召至罗马，升任红衣主教，其工作仍然继续进行。续有 170 名僧侣于 1603 年伊丽莎白死亡以前，奉派至英国工作。在 438 名僧侣当中，98 名遭受极刑。

英国传教士的领袖地位后来传给耶稣会教士罗伯特·帕尔森，此人热心勇敢，善做神学辩论，也是杰出的散文家。他坦白宣称，教谕已驱逐伊丽莎白，即使她被刺杀也是正当的。许多英国天主教徒感到震惊，但教皇格列高利八世的秘书托罗米奥·加利（Tolomeo Galli）赞成其主张。帕尔森呼吁天主教国家入侵英国，西班牙驻英大使谴责这项计划是"愚昧犯罪"的，耶稣会会长埃韦拉德·梅尔库里恩

（Everard Mercurian）于是禁止他干政。但他不为所动，私自决定入侵英国。他化装成自荷兰服役归来的英国军官，其军人威武的神情，其金边外衣及羽毛帽，使他骗过了关卡的守吏（1580 年）。他又协助另一位耶稣会教士埃德蒙·坎皮恩（Edmund Campion）化装成珠宝商随他进入英国，之后秘密住在伦敦市中心区。

他们访问了被捕的天主教徒，发现他们并无受虐待的事实。他们广征世俗和僧侣助手，开始鼓励天主教徒继续对教会忠诚，并促使最近改信新教者回头。隐藏在英国的世俗教士，感到这些传教士太过胆大，因而警告他们迟早会被人发现并被逮捕，若为人发现，势必使英国天主教徒的境况更加恶化，所以请求他们返回欧陆。但帕尔森和坎皮恩坚持不肯放弃。他们潜往一个又一个城市，举行秘密集会，听人忏悔，做弥撒，并祝福把他们当作上帝使者的崇拜者。他们抵英一年内——自称——已使 2 万人皈依。他们建立印刷厂，广事宣传。伦敦街上发现了短文，宣称伊丽莎白在为教皇驱逐出教后已不复为英国的合法君主。另有一位耶稣会教士被派往爱丁堡劝请苏格兰天主教徒自北方入侵英国。威斯特摩兰顺应梵蒂冈（Vatican）的召唤，自罗马带金银无数回佛兰德斯以资助自荷兰入侵英国之举。1581 年夏，许多天主教徒均相信，阿尔瓦（Alva）的西班牙军队将越界侵入英国。

受到政府密探的警告，英国政府加紧逮捕耶稣会教徒。帕尔森越过英伦海峡逃生，坎皮恩却被捕（1581 年 7 月），押送时经过同情他的乡村和敌视他的伦敦，被禁于伦敦塔。伊丽莎白指名传唤并想挽救其生命。她问他，他是否承认她是合法君王？他答是。但是对其第二个问题："教皇逐我出教是否合法？"他却和许多饱学之士一样，都无一致的看法，致使她无所适从。她把他送往伦敦塔，并训令好好看待他。塞西尔命令用刑追查其同谋。经过两天的苦刑，他说出几个名字，接着政府开始一连串的逮捕行动。后来坎皮恩恢复了勇气，向新教神学家挑战，要求公开辩论。经委员会允许，在伦敦塔礼拜堂举行了一场辩论，朝臣、犯人及公众均获允参观。那位耶稣会教士虽双腿疲软，仍然站立数个小时为天主教神学辩护。两方面均无法令对方心服，坎皮恩受审时，其罪名并不是异端，而是阴谋以内乱和外患颠覆政府。他与其他14人被判有罪，1581年12月1日受绞刑而死。

天主教徒正确预测耶稣会的任务会迫使政府采取进一步迫害行动，伊丽莎白将她与那些试图取代其王位者和谋刺者之间的是非诉诸其子民。1581年的国会法律规定：改信天主教者以叛国罪处罚；任何做弥撒的教士应罚200马克并处一年的徒刑；拒绝参加国教礼拜者每月应付20金镑——除了最富有的天主教徒外，任何天主教徒皆会因此破产。不能支付罚金者即予拘捕并没收其财产。不久，监牢里面到处都是天主教徒，许多旧城堡也改为监狱。局面起伏不定，随着玛丽·斯图亚特的即将处死及与西班牙和罗马间的冲突日益激烈而日趋紧张。1583年6月，一名教皇使节向教皇格列高利八世提供了一项由爱尔兰、法国及西班牙三国军队即时进攻英国的详细计划。教皇对于这项计划深表同情，并预先准备了特别的措施。但英国密探已预先得到风声，也有应对的准备，该计划只能搁置。

国会以更富压制性的立法来报复。自1559年6月起受封圣职的僧侣，依然抗命不承认英王最高地位而起誓者，在40天内应离开英国，或以叛逆罪处死，庇护他们者将被绞死。依据该法及其他法律，伊丽莎白在位期间，共有123名僧侣和60名俗人被处以死刑，或许另有200人死于狱中。新教徒抗议这些立法过于严苛，某些人改信天主教。塞西尔之孙威廉逃亡至罗马，向教皇誓死效忠。

多数英国天主教徒反对以暴力对抗政府。其中一派向英王伊丽莎白请愿（1585年），表达其效忠之诚，并请"仁慈地考虑（彼等）遭受的迫害"。但犹如证实英国政府宣布这些措施可由战争获得证明一样，红衣主教艾伦竟发表一篇文章（1588年），试图使英国天主教徒支持西班牙人即将进犯英国的行动。他称女王是"一位乱伦的私生子，是恶名狼藉的妓女在犯罪中所生"，并指责"她……由于难以描述、难以置信的贪欲好淫，对莱斯特及其他人广施色相，滥用其肉体"，要求英国的天主教徒起而反抗这位"不道德、受诅咒、遭受逐籍的异端"，同时允诺任何人只要协助放逐"当代罪恶及厌恶的主要对象"，即可得到永久的赦罪券。英国天主教徒却与新教徒一样，勇敢地抗拒西班牙的无敌舰队。

对抗西班牙获胜以后，迫害继续不停，仿佛是一场无休止的战争中的一部分。1588 年至 1603 年，共有 61 位僧侣和 49 名俗人被绞死。12 位教士在女王逝世那年向女王提出动人的诉愿，请求准许其留在英国。他们驳斥否定女王继承王位权利的主张，并反对教皇有逐其去位的权利，但是依据良心他们无法承认除教皇以外的任何人为教会的领袖。请愿书在女王死前数天才送到女王手中，其后果如何尚无记载；但在无意之中，包容了两个世纪以后解决问题的各种原则在内。女王死时仍是其执政期间一次最伟大斗争的胜利者，但这次的胜利比以前沾染了更多的污点。

伊丽莎白与清教徒

在对付那群表面上较弱的清教徒方面，她却未获胜利。他们是受加尔文影响的教徒，其中某些人是玛丽统治时期流亡于外的难民，他们曾经访问加尔文教派重地日内瓦，多数人曾经阅读日内瓦加尔文教派翻译并注释的《圣经》，某些人曾听过或读过约翰·诺克斯的鼓吹文章，某些人也许听过威克利夫"可怜教士"罗拉（Lollard）的回声。以《圣经》为绝对可靠的指南，他们发现伊丽莎白将主教权利和教士法衣由罗马手中夺取转交于英国国教，在《圣经》上找不到根据。一方面，他们发现教士除基督外并不受国王的统治。他们承认伊丽莎白是英国国教的领袖，但其目的只是要摒弃教皇而已。他们在心中杜绝国家控制宗教之说，反而希望以其宗教来控制国家。1564 年，他们开始被称为"清教徒"——这是一句骂人的话——因为他们想澄清英国新教《新约》未有记载的各种信仰和礼拜的形式。他们采取预定论、上帝选民论及天罚论，并主张唯有生命的各方面合乎宗教和道德标准，才能脱离炼狱之苦。严肃的星期天他们在家中研读《圣经》时，面对着《旧约》中善嫉和记仇的耶和华，耶稣的形影仿佛已经消失了。

在剑桥大学神学教授托马斯·卡特莱特（Thomas Cartwright）发表演讲，强调早期基督教教会长老组织与英国国教主教组织之间的对照比较时，清教徒攻击伊丽莎白已具体化了（1569 年）。剑桥的许多教职员支持卡特莱特的主张，但三一学院（Trinity College）院长约翰·惠特吉夫特（John Whitgift）在女王面前谴责他，使他被解除教职（1570 年）。卡特莱特移居日内瓦，在西奥多·德贝兹（Theodore de Beze）的领导下，吸收了加尔文教派神权国家论的精华。回到英国后，他与沃尔特·特拉瓦斯（Walter Travers）及其他人合作，建立清教徒的教会，依其意见，耶稣已经安排让各个教区、各省及各国选出的牧师和世俗长老拥有全部教会权力。如此组成的教士和长老会有权依据《圣经》决定教条、礼仪和道德律。他们应与每个家庭联系，有权促使大家至少表面上过着"事神的生活"，并有权将抗命者驱逐教籍，处异端以死刑。民政官应执行戒律，但国家不得侵入宗教管辖权的领域。

1572 年，旺兹沃思城（Wandsworth）首先按照这些原则建立了第一个英国教区，而在东部和中部乡间也兴起了相似的"长老会"。此时，多数的伦敦新教徒和平民院议员是清教徒。伦敦技工阶级，已为法国和荷兰加尔文教派难民所渗透，纷纷攻击主教组织及其礼仪。城市商人把清教派视为新教，抵抗在传统中不同情高利贷者的天主教条及中产阶级的中坚。加尔文对此也有严格限制，可是他曾经鼓励放息，而且承认勤勉节俭的美德。就是女王也发现清教有某些优点。假若玛丽·斯图亚特能入主英国，塞西尔、莱斯特、沃尔辛厄姆及诺克斯均有望借重清教来对付天主教。

但伊丽莎白觉得清教运动阻碍其减少宗教纷争的整个计划。她把

加尔文教派视同与约翰·诺克斯的理论一样，而约翰·诺克斯轻视妇
女统治者永不被她原谅。她轻视清教教条主义实较天主教为甚。长久
以来伊丽莎白一直喜欢耶稣受难像及其他神像，她即位初期，反偶像
的狂潮曾摧毁了一切圣画、圣像及染色玻璃，她下令赔偿损失与牺牲
者，并禁止以后采取这种行动。她对自己的言语并不吹毛求疵，但讨
厌某些清教徒把通用祈祷书描写为"取材自教皇粪堆的弥撒书"，把
高级宗教法庭描述为一条"小臭水沟"。她认为民选大臣及由长老和
宗教大会组成的教会组织应独立于国家，不受国家干涉，但这种共和
体制威胁了君主政体。她认为只有保持其君主权力才可以使英国维持
为新教国家，而人民普选会导致天主教的恢复。

　　她鼓励主教们阻挠这些妨害秩序者。大主教巴尔克禁止他们
印书宣传、在教会中禁止他们发言、阻止他们集会。清教教士曾经
集会公开讨论《圣经》，伊丽莎白命令巴尔克查禁这些"伪行知"
（prophesyings），他立即照办。其继承人埃德蒙·格林德尔（Edmund
Grindal）试图保护清教徒，伊丽莎白暂夺其权位。他死后（1583
年），她提升新主教约翰·惠特吉夫特至坎特伯雷任职。此人致力于
压制清教徒，他要求英国全部教士宣誓接受"三十九条款"、通用祈
祷书及女王宗教最高地位。他传唤反对者至最高宗教法庭受审，在那
里他们的行为和信仰受到详细而持续不断的审问，塞西尔将这种审判
程序与西班牙异端裁判相提并论。

　　清教徒反叛的情况日益严重。一小群立场坚定的人公然与英国国
教会分离，自建独立教会，选举他们的牧师，不肯承认天主教的统治
权。1581年，卡特莱特的学生（其后为敌人）罗伯特·布朗（Robert
Browne），是"独立派"、"分离派"或"自主集会派"的主要发言
人，他远赴荷兰，在那里发表了两篇短文，其中包含基督教的民主宪
法大纲，即任何基督教派均有权自行集会礼拜，依据《圣经》自定其
教义、自选其领袖、不受外来干涉而过其宗教生活，除《圣经》外
可以不承认其他法规，除基督外可以不承认其他权威。他的两位信

徒在英国被捕，经判决定罪为轻蔑女王宗教最高权威地位，被绞死（1583年）。

在1586年国会议员选战期中，清教徒对不同情他们的候选人尽情予以攻击。有一位被称为"平凡的赌棍和赌注之友"，另一位则是"对教皇制度颇表怀疑，很少上教堂礼拜的妓院的龟公"。那是口诛笔伐的时代。国会集会时，约翰·彭利（John Penry）发表请愿要求改革教会，指责主教应为教士的滥权及流行的异端邪说负责任。惠特吉夫特下令将之逮捕，但不久他又获得释放。安东尼·柯普（Antony Cope）提出议案拟废止整个主教组织，并依据设置长老的设计而改组英国国教。伊丽莎白下令国会不得讨论该议案。彼得·温特沃思（Peter Wentworth）起而询问国会自由何在，4名议员也对此表示支持，伊丽莎白将这5人关入伦敦塔。

在国会受到挫败，彭利及其他清教徒转而诉诸舆论。为了避免惠特吉夫特严格的新闻检查，他们私自印行了一连串的小册子，广传于英国境内（1588—1589年），均署名绅士马丁·马伯里雷特（Martin Marprelate），并以讽刺谩骂的言词攻击主教的权威和个人人格。惠特吉夫特和最高宗教法庭广布密探，想要找出作者和印刷者；但是印刷者在城市之间流动，又得到公众的同情协助，直到1589年4月仍未被发现。职业作家如约翰·李利和托马斯·纳什（Thomas Nash）答复马丁的文章，反使他大肆讽骂，针锋相对，最后竟然有泼妇骂街的情形。后来争议逐渐平息，正人君子为基督教竟堕落成破口大骂的艺术悲痛不已。

受了这些小册子的刺痛，伊丽莎白给予惠特吉夫特全权压制这些清教徒。所谓马伯里雷特的那群印刷人终被找到，政府大肆逮捕，跟着就处死很多人。卡特莱特被判决处死，却被女王特加赦免。两名"伯朗运动"（Brownian Movement）领袖约翰·格林伍德（John Greenwood）和亨利·巴罗（Henry Barrow）于1593年被绞杀，其后不久，约翰·彭利也遭绞刑。国会随后决议（1593年），任何怀疑女王的最高宗教地位或继续不参加英国国教礼拜而参加"任何非国教的秘密聚会或秘密假做礼拜的会议者",应予拘禁,而且——除非保证将来改宗国教礼拜仪式——应永远离开英国,否则处死。

就在此时,介于纷扰争端中,一位温和派牧师将争端升华为关于哲学、敬神及庄严的散文层次。理查·胡克(Richard Hooker)是奉派在伦敦寺(the London Temple)布道的教士之一,另一位是卡特莱特之友特拉瓦斯。晨间讲道,胡克阐述伊丽莎白的宗教政策;到了下午,特拉瓦斯就依清教徒的主张批评教会政府,两人均将其讲稿集印成书。胡克能撰述文学和神学著作,因此他请求主教将他调至安静的乡间教区。他在维特郡(Wiltshire)的博斯坎比(Boscombe)完成巨著《论宗教政府的法律》(*The Laws of Ecclesiastical Polity*)的前 4 册(1594 年),3 年后在毕晓普斯堡(Bishopsbourne)他又将第 5 册送到报上发表。1600 年他卒于该地,享年 47 岁。

他的《法律》一书,其论证在平和中显出高尚的风格,兼有拉丁风格的华丽文藻和磅礴的气势,因而震惊了英国。枢机主教艾伦赞其为英国有史以来最佳杰作,教皇克莱门特八世嘉许其滔滔雄辩和博学广识,女王伊丽莎白感激地阅读,视为替其宗教政府做了合理的辩护,清教徒为其词意温和明晰而感到心平气和,后世视之为寻求宗教与理性平衡的卓越尝试。胡克承认就是教皇也可获救,这使当代人感到惊奇。他又宣称:"依据上帝启示我们的信仰而得到的保证,对于我们来说,还不如通过知觉而得信仰的保证更为确定具体。"这也使许多神学家感到震惊,其意即谓人类的理性能力也是上帝赋予的神圣礼物和启示。

胡克的法律理论源自圣·托马斯的中古哲学,他开了托马斯·霍布斯与约翰·洛克"社会契约论"的先河。在说明社会组织的必要性及其利益后,他辩称自动参加社会即表示愿意受法律的统治。但是法律的最终根源是在社会本身,君主或国会发布法律实受社会的委托授权。他又加上一段很可能为查理一世借鉴的文章:

英国国会以及附依其上的（宗教）大会，是本王国统治的根本所赖，甚至是整个王国的实体所在。它包括君主及王国受其统治的子民在内，因为他们都已在那里了，或是本人直接在那里，或是已主动放弃（委任）其权利了。

他认为宗教是国家内在的构成部分，因为社会秩序乃至物质繁荣必赖道德规律，而道德规律如无宗教的指导和支持，必归于崩溃，因此各国应对其人民施以宗教训练。英国国教固是不完整，可是其他亚当子孙组成的教会也是如此。

胡克的逻辑理论迂回而不够深入，缺少说服力，其学识局限于经院哲学，因此未能解决当时的问题，其感激社会秩序的立论，使他不能了解追求自由之背景。清教徒承认其文章流利通顺，但仍自行其是。许多人因为被迫在国家与信仰间做一选择，因而向外移民，正好与大陆新教徒移入英国的路线相反。荷兰欢迎他们，于是英国人将教会建于米德尔堡（Middelburg）、莱登（Leiden）、阿姆斯特丹。在那里，流亡者及其子孙辛苦工作、教育、传道及写作，心情平静地准备完成他们在英国的胜利和在美洲的建树。

伊丽莎白与爱尔兰

爱尔兰于 1169 年至 1171 年被英国征服，自此以后即被英国长期占领，理由是若不如此则它可能会成为法国和西班牙进攻英国的基地。伊丽莎白即位时，英国人在爱尔兰的直接统治只限于东海岸——"英国统治特区"——都柏林周围及南部，该岛其余地区则由爱尔兰酋长统治，他们仅在名义上承认英国的主权。爱尔兰与英格兰常年的斗争破坏了部族统治，导致爱尔兰的混乱，但也使爱尔兰产生许多诗人、学者及圣哲。全国大部分的土地仍是森林和沼泽地区，交通和运输的改善有赖于大胆的投资，土著凯尔特人约80万人民生活于近乎野蛮、几无法治的状态中。在爱尔兰特治区的英国人几乎同样贫穷，他们腐化，盗用公款、犯罪，增加伊丽莎白的麻烦。他们窃夺伦敦政府的财产就像抢劫爱尔兰农民一般。终伊丽莎白一朝，英国殖民者迫使爱尔兰地主和佃农"贫无立锥之地"。这些失去财产的人以暗杀来反抗，因而征服者与被征服者同样生活在不断的暴力和仇恨中。塞西尔认为，爱尔兰人反对英国的统治就如同"佛兰芒人反对西班牙人的压迫，是没有理由的"。

伊丽莎白的爱尔兰政策是基于她相信信奉天主教的爱尔兰会危及新教英国的安全。她强制爱尔兰全岛改信新教，禁止弥撒，关闭天主教修道院，废除在狭小的特区外围的公开礼拜。幸存的天主教神父只有躲藏起来，暗中为少数人举行圣礼。宗教和和平导致的道德消失殆尽，谋杀、偷窃、通奸及强奸案件层出不穷。爱尔兰领袖诉之教皇和菲利普二世，求其保护或协助。菲利普不敢侵入爱尔兰，唯恐英国人会入侵和协助荷兰，可他在西班牙建立的爱尔兰难民营和学校甚多。庇护四世派遣一位爱尔兰籍耶稣会教士戴维·沃尔夫（David Wolfe）至爱尔兰（1560年），沃尔夫具备他所属教会的勇敢和尽职的特性，因此能建立秘密教会，带进许多化装的耶稣会教士，恢复天主教徒的虔诚敬神和希望。酋长们心悦诚服，前仆后继反抗英人的统治。

其中最有力的酋长是蒂龙（Tyrone）的沙恩·奥尼尔（Shane O'Neill），他是传奇所歌颂及爱尔兰人愿为之战死的人物。他曾对付其阴谋篡位的兄弟，力守其"奥尼尔"的头衔，忽视十诚却崇拜教会。他阻止英国人的征服，冒生命危险访问伦敦，并与伊丽莎白结盟，得其支持，凯旋后不但统治蒂龙，而且统治阿尔斯特（Ulster）。他与强敌奥唐奈（O'Donnell）家族战斗，最后竟为其所败（1567年），他与一群定居于安特里姆（Antrim）的苏格兰移民麦克·丹奈尔（Mac Donnell）相偕逃亡时，被杀。

他死后的爱尔兰历史充满了叛变、集体屠杀及贵族纷争。菲利普爵士之父亨利·西德尼爵士忠诚地在伊丽莎白治下担任不为他人垂涎的职务达 9 年之久。他参加打败奥尼尔的工作,追捕并处死罗里·奥摩尔(Rory O'More),后被撤职(1578 年),起因是其胜利的代价太过昂贵。沃尔特·德弗罗(Walter Devereux)是第一任埃塞克斯伯爵,在担任贵族代表的两年内,主要功绩是在安特里姆海岸以外的拉斯林岛(Rathlin)大肆屠杀。叛军麦克尼尔族人派遣卫士护送妻子和小孩、老弱和病人至该岛的安全处所,埃塞克斯派军队攻取该岛。该岛守军答应投降,条件是他们获允移居苏格兰。英军拒绝这个条件,他们无条件投降,包括妇孺和病人老弱在内共 600 人,均遭屠杀(1575 年)。

伊丽莎白时期最大的叛变是杰拉尔丁族(Geraldine)在芒斯特(Munster)的叛变。许多人被俘及逃亡以后,詹姆士·菲茨莫里斯·菲茨杰拉德(James Fitzmaurice Fitzgerald)越过欧陆,调集一支混合西班牙人、意大利人、葡萄牙人、佛兰芒人及英国天主教流亡者的军队,登陆克立(Kerry)海岸(1579 年),但他本人在一次与另一族人的战争中意外阵亡。其堂兄弟杰拉尔德·菲茨杰拉德(Gerald Fitzgerald)——第 15 代戴斯孟德伯爵(Earl of Desmond)——继续叛变,邻近的巴特勒(Butler)氏族在新教徒奥蒙德伯爵(Earl of Ormonde)的领导下,宣告支持英国。英国特区的天主教徒组成一支军队,击败新贵族代表洛德·格雷爵士(Lord Grey)新征集的军队(1580 年),不久格雷又获得支援,由海陆两路围攻在斯梅里克湾(Smerwick)的戴斯孟德主力军。600 名幸存的叛军发现无法抵抗格雷的火炮,当即投降乞求从轻发落。除了答应提供大笔赎金的军官外,其余不分男女均遭屠杀。英国对爱尔兰人以及本地氏族互相对抗的战争,把芒斯特毁坏得很厉害,以致"这年自丁格尔湾(Dingle)起至卡舍尔海峡(Cashel),听不到牛叫或农夫的声音"。一位英国人写道(1582 年):"除了其他被绞或被杀的人外,在不到半年内芒斯特有 3

万人……死于饥荒。"一位伟大的英国历史学家说:"在该省区杀一位爱尔兰人被认为与杀一条疯狗一样。"芒斯特此时几无爱尔兰人,由英国殖民者划分为许多农庄(1586 年)——当中有一位埃德蒙·斯宾塞,在当地完成了《仙后》(*The Faerie Queene*)一书。

1593 年,绝望的爱尔兰人东山再起。泰尔康奈尔(Tyrconnel)爵士——休·丹奈尔(Hugh O'Donnell)与第二代蒂龙伯爵休·奥尼尔(Hugh O'Neill)联合起事。此时的西班牙已答应协助他们,与英国公开作战。贵族院改选期间,奥尼尔在亚尔马(Armagh)一地大败英军,攻下英国北方重镇黑水河(Blackwater,1598 年),并派遣一支军队重启芒斯特的叛变。英国殖民者放弃田园,向外逃亡。

就在此时,伊丽莎白任命年轻的第二代埃塞克斯伯爵罗伯特·德弗罗(Robert Devereux)为其爱尔兰贵族议员(1599 年 3 月)。她给他一支 1.75 万人的军队——这是英国派遣至爱尔兰岛人数最多的一次。她训令他攻击奥尼尔,未经其同意不得签订和约,未得其允许不得返国。抵达都柏林后,整个春天他都不积极,只做了几次袭击,其军队又因受疾疫之害而报废。于是他未经授权即直接与奥尼尔签约停战,然后回到英国(1599 年 9 月),向女王解释其失败理由。洛德·孟特乔爵士(Lord Mountjoy)、查尔斯·布朗特(Charles Blount)迅速取代其地位,有勇有谋地对付狡猾的奥尼尔、骁勇的奥唐奈及一支停泊于金塞尔港(Kinsale)的军舰——舰上有西班牙军队与武器,并有教皇克莱门特八世准备赐予保卫爱尔兰及天主教徒的赦罪券——上的联军。孟特乔急向南进迎击西班牙人,并予以致命的击溃,使奥尼尔屈服。叛变终告失败,其后全面赦免才赢得暂时的和平状态(1603 年)。伊丽莎白也告去世。

她在爱尔兰的政绩使其光荣减色不少。她低估了在几无道路的国家施以征服的困难,更未顾及该地人民因热爱其土地和信仰而不惜牺牲的意愿。她责备其代表的失败,而不知道这些失败部分应归因于她自己的吝啬。他们无法给养军队,军队才会发现抢劫比作战更有利可图。她在停火和高压恐怖政策之间摇摆不定，从未决定一贯的政策。她建立三一学院和都柏林大学（1591 年），爱尔兰人却与以前一样未开化。在花了 1000 万镑的战费以后，她所得到的和平是岛上一半的土地荒无人烟，而在岛上存在着那种不可言说的积恨，终导致俟机而起的另一次残杀与破坏。

伊丽莎白与西班牙

女王最佳的表现是对付西班牙。她让菲利普幻想她会与他或其子结婚。为了用一枚婚戒赢得英国，他极尽忍耐之能事，直至其朋友纷纷与之疏远，伊丽莎白渐转强大。教皇、神圣罗马帝国皇帝及不幸的苏格兰女王可能曾敦促他入侵英国，但他太怀疑法国，太操心于荷兰，以致无法下这样一个不可预测的政治赌注。他不能肯定在他与英国相持不下之际，法国不会趁机攻占属西班牙的荷兰。他讨厌鼓动任何地方发生革命。他相信，由于他的长期拖延，伊丽莎白会在适当时间寻求一条出路，这是人的本性。但是他不急于让亲法的苏格兰女王得到英国王位。有很多年他一直不让教皇将伊丽莎白驱逐出教会，他阴郁沉默地忍耐她对付英国天主教徒，并容忍她对西班牙虐待英国新教徒所做的抗议。在几达 30 年内，他与英国保持和平，虽然英国海盗已与西班牙殖民地和商业为敌。

人的本性在品格上显现出来，但是这些品格只是属于我们内在的本质，人类大部分的行为，在表现之前都先考虑到宗教与外力引出的道德与法律的问题。当时在海上，《十诫》根本毫无作用可言，只有海盗允许才能有贸易行为。小海盗船利用英国海岸入口作为停泊港，由此向外盗劫。假如牺牲者是西班牙人，那么英国又可享受劫夺教皇党人的宗教狂欢了。勇者如约翰·霍金斯（John Hawkins）和弗朗西斯·德雷克（Francis Drake），装备了大批私掠船，将大海作为活动领域。伊丽莎白虽未拥有这批私掠船，但并不打扰他们，因为她已从这些私掠船身上看出海军的雏形，并从海盗身上看出其未来的海军将领。"陷落于胡格诺派的法国北部港口拉·罗契尔（La Rochelle）成为英国、荷兰及属胡格诺教派的船只喜欢的会集所，他们攫取任何国家的天主教商船"，必要时也攫取新教商船。

从这种海盗行为入手，进而又经营有利可图的贩奴生意，这是一个世纪以前葡萄牙人首先经营的。西班牙在美洲的殖民地，当地土著在恶劣气候下从事非人的苦力活，以致人口剧减，很需要较强壮的劳工。土著的保护人拉斯·卡萨斯（Las Casas）亲自向西班牙的查理一世建议，将较加勒比海的印第安人更为强壮的非洲黑奴输入美洲，以便替当地西班牙人做苦工，查理同意了，但是菲利普谴责贩奴，并训令西属美洲总督禁止奴隶进口，但经由母国政府特许进口者例外——这是昂贵而稀少的。霍金斯洞悉某些总督的阳奉阴违，派遣三条船至非洲（1562 年），抓了 300 名黑奴到西印度，卖给西班牙的殖民者，交换糖、香料及药材。回到英国以后，他怂恿彭布罗克爵士及其他人从事第二次冒险，又劝请伊丽莎白让他统带一条最好的船，供他使用。1564 年，霍金斯率领 4 条船向南航行，抓了 400 名非洲黑奴，然后驶向西印度群岛，在枪杆的威胁下强迫西班牙人购买这些黑奴，最后回到祖国受到英雄式的欢迎，与其支持者及女王共享所得——女王共投资了 60%。1567 年，女王借给他"耶稣号"，他立即率领这艘船及另外 4 条船至非洲，抓住在其势力所及范围内的黑奴，然后以每名160 镑的价格售给西属美洲。他带了价值 10 万镑的赃物起程返国时，却不幸为一支西班牙舰队在墨西哥海岸的乌卢亚（San Juan de Ulua）逮住，除两条小船外他的船全被摧毁。他在历尽险阻之后，才得以乘那两条小船空手回到英国（1569 年）。

这次旅程中另一位幸存者是霍金斯的亲戚德雷克。他受霍金斯之助接受教育，可以说已成为海上的居民。22 岁时，他在霍金斯白费工夫的远征中指挥一条船。23 岁时，除勇敢之名外已失去一切，他发誓向西班牙报仇。25 岁时，他接受伊丽莎白任命指挥私掠船。1573

年，他已 28 岁，在巴拿马沿岸攫取一支载运银条的商船队，回到英国时又发财又报了仇。虽则西班牙叫嚣应将他置于死地，伊丽莎白还是将他藏匿了 3 年。接着莱斯特、沃尔辛厄姆及哈顿等人帮他装备了 4 条小船，总载重达 375 吨。他率领这些船于 1577 年 11 月 15 日自普利茅斯（Plymouth）出发，注定将完成第二次环球航行。其船队自麦哲伦海峡驶入太平洋时，遇到了暴风，船只尽皆碎裂无法修复。德雷克独自一人，搭乘"派立肯号"沿美洲西岸向上至旧金山，沿途袭击西班牙船只。然后他大胆西向朝菲律宾群岛行驶，穿过马六甲群岛至爪哇，越过印度洋至非洲，绕过好望角，1580 年 9 月 26 日，经大西洋回到普利茅斯，距其离开该地已达 34 个月之久。他随身带着 60 万镑的赃款，其中 27.5 万镑献给女王。英国人欢迎他，视他为当代最伟大的海员和海盗。伊丽莎白在他的船上进餐，并封他为骑士。

此时，英国技巧地与西班牙保持着和平。菲利普屡次向女王抗议，她找了许多借口，紧握其赃款不放，并指责菲利普援助爱尔兰叛军也是违反国际"法"。西班牙大使威胁不惜一战时，她也威胁将与艾列森结婚，和法国结盟。菲利普急于征服葡萄牙，令其使节继续维持双方的和平。与往常一样，好运益使女王冷静迟缓的天才生色。假如天主教法国不因内战而分裂为二，假如天主教奥地利和神圣罗马帝国皇帝不为土耳其人困扰，假如西班牙不与葡萄牙、法国、教皇及荷兰叛军相争不已的话，那么她会有何遭遇呢？

多年以来，伊丽莎白对荷兰一直是时松时紧，随多变的时局而改变政策，任何所谓软弱不决或叛国的指控都不会使她盲从地遽然决定政策。她对荷兰加尔文教派绝不比对英国清教的好感为多，而且她并不比菲利普更想鼓动革命。可是她了解，对于英国经济来说，能与荷兰开展无阻的贸易是相当重要的。她计划支持荷兰的反叛，使其不至向西班牙投降或陷入法国手中，因为只要叛变一日不息，西班牙就不敢入侵英国。

一桩令人庆幸的意外之财充盈了英国国库，而且有助于荷兰的叛事。1568 年 12 月，几艘西班牙船只携带荷兰境内阿尔瓦军队的 15 万镑军饷，被英国私掠船迫入海峡港口。女王刚刚听到霍金斯在桑·胡安·德·乌卢亚失利的消息，认为这是上帝赐予英国补偿损失的最佳机会。她询问主教朱厄尔（Jewel），对西班牙的财产她是否有处置之权。他断定上帝既是新教徒，一定很乐意看到教皇党徒被人劫夺。而且，女王知道，这笔钱是菲利普向热那亚银行家借来的，菲利普在该款安全送至安特卫普之前拒绝承认其所有权，因此伊丽莎白将这笔巨款移至国库。菲利普埋怨英国，阿尔瓦立即逮捕荷兰境内的英国国民并没收其财产。伊丽莎白则逮捕在英国的全部西班牙人。但是贸易需要使双方逐渐恢复正常关系。阿尔瓦不愿激使伊丽莎白与叛军结盟，菲利普强忍住气，伊丽莎白则得到了金钱。

不安的和平状态继续下去，直到英国不断袭击西班牙船只，而遭拘禁的玛丽·斯图亚特朋友的请求使菲利普牵连到一个谋刺女王的阴谋。女王相信他参加了这个阴谋，立即驱逐西班牙大使出境（1584年），并公开协助荷兰。于是，莱斯特率军进入弗拉辛、布里尔、奥斯坦德及斯卢伊斯，不幸于聚特芬一地为西班牙军所败（1586 年）。到此问题已明朗化。菲利普与伊丽莎白两人均全力备战。这次战争将决定英国，甚而欧洲，甚而美洲大陆的海上霸权和宗教信仰。

由于教皇在 1493 年的仲裁几乎完全把美洲划归西班牙及哥伦布的恩赐，西班牙此时已很富有。经过许多航行和教谕后，地中海已不复为欧洲人的文化和权力中心，大西洋时代已经开始。欧洲濒临大西洋的三大国家当中，法国受到内战影响无法竞争海上霸权，英国与西班牙就像贪婪外伸的海岬一样，继续争取新地。当时似乎不太可能解除西班牙在美洲的优势。1580 年，西班牙在那里已有几百个殖民地，英国却一无所有。每年自墨西哥和秘鲁等矿产取得的无数财富源源进入西班牙。这时命运似已注定西班牙将会统治整个西半球，让南北美洲成为其附属地。

德雷克很不满这种远景。争夺新大陆的战争一度是他与西班牙之战。1585 年，得到朋友和女王的财政支援，他装备了 30 艘船，进攻西班牙帝国。他进入西班牙西北部维哥河口，抢劫维哥港，剥下圣母像外衣，并取走很多贵重金属及教会昂贵的法衣。他驶往加那利和维德角，劫掠其中最大的岛屿，然后越过大西洋，袭击圣多明哥，取走了 3 万镑作为不摧毁哥伦比亚的卡塔赫纳（Cartagena）的条件，接着劫夺和焚毁了佛罗里达的圣奥古斯丁城，最后因黄热病牺牲了 1/3 的船员，他才返回英国（1586 年）。

　　这是一场无名的战争。1587 年 2 月 8 日，英国政府将苏格兰女王处死。菲利普通知教皇西克斯图斯五世，他已准备入侵英国并迫使伊丽莎白退位。他请教皇提供 200 万金币。西克斯图斯愿在入侵行动实际开始时付给西班牙 60 万金币。菲利普令其海军大将桑塔·克鲁兹（Santa Cruz）侯爵准备有史以来最大的一支舰队。船舰在里斯本会集建造，粮饷军械等齐集于加的斯。

　　德雷克请伊丽莎白准他率领一支舰队，在"无敌舰队"成立以前将其摧毁。得其同意，德雷克于 1587 年 4 月 2 日，趁她未后悔之前，迅速率领 30 条船自普利茅斯出发。她确曾改变主意，但已来不及通知他了。4 月 16 日，德雷克率领舰队进入加的斯港，在岸上炮台射程外活动，击沉一艘西班牙战舰，袭击运输和补给船，攫取其船货，放火焚烧敌船，然后安然离港。他在里斯本外下锚，诱使桑塔·克鲁兹出战。侯爵拒绝出战，因为其船只尚未武装完毕。德雷克向北驶往拉科鲁尼亚（La Coruna），攫取该地的补给品，然后至亚速尔群岛（Azores）夺取了一条西班牙船只。拖着这条船，他回到英国。连西班牙人都对其勇武和航海技术感到惊奇，大加赞赏，并说："假如他不是一位路德教徒的话，那么世界上再也找不到类似的伟人了。"

　　菲利普小心地重建舰队。桑塔·克鲁兹侯爵不久去世（1588 年 1 月），菲利普以麦迪那·西多尼亚公爵（Medina Sidonia）取代，其人依赖世代高官显爵的关系而居高位，非因能力特别杰出。"无敌舰队"终于组成时，共有 130 条船，平均每条 445 吨；半数为运输船，半数为战舰；共有 8050 名船员，1.9 万名士兵。菲利普及其将领以古代的方法设想这次海战——钩住敌船登上敌船，然后人对人作战。英国的计划却是炮击敌船船身，击沉载运众多船员的敌舰。菲利普训令其舰队不必寻求攻击英国舰队，而应设法抢占英国滩头，越过佛兰德斯，装运帕尔马公爵的 3 万待命军队。加上这些增援以后，西班牙人打算直攻伦敦。同时，一封红衣主教艾伦（1588 年 4 月）请求天主教徒联合西班牙人驱逐他们的"篡逆、异端及卖娼的女王"的信，被暗中带入英国。为了协助恢复英国天主教势力，几百个僧侣在宗教裁判所所长领导下，随"无敌舰队"出征。热切的宗教精神感动了西班牙海员及其船长，他们虔诚地相信他们在进行神圣的使命，把娼妓遣开，不再有渎神行为，赌博也告停止。那天早上，船队驶离里斯本时（1588 年 5 月 29 日），船上每个人接受圣餐礼，西班牙全国都在祈祷。

风势对伊丽莎白有利，无敌舰队遭到破坏性的强风，便在拉科鲁尼亚避难，修补损伤，然后再行出发（7 月 12 日）。英国在意见分歧、匆忙准备和失望中下定决心等激动热切的混合状态中，等待战争的来临。经过 30 年的吝啬小气和捣乱行动，伊丽莎白聚集了一笔财富，现在正用得上。其人民，包括新教徒与天主教徒在内，都勇敢地支持她。志愿军在城镇中操练，伦敦商人支援军团，并主动请求装备 15 条船、供应 30 条船。十几年以来，霍金斯一直替女王的海军建造军舰。德雷克现在是海军中将，私掠船已将其船只驶至那个决定命运的地方。早在 1588 年 7 月，全部 82 条船在英国海军总司令埃芬海姆的霍华德爵士的统率下，即已集中于普利茅斯，准备迎战入侵的敌人。

7 月 19 日 [1]，英伦海峡口见到"无敌舰队"的前锋船只，防卫舰队立即驶出普利茅斯。21 日大战开始。西班牙人要等英国人靠近了

---

[1] 这是旧历法，比格列高利历法要早 10 天。格列高利历法于 1582 年被西班牙采用，直到 1751 年为止，英国犹未使用。

才能将其钩住，反之，轻便的英国船——吃水线低，船身较窄——在沉重的西班牙船舰周围奔驶甚为便捷，敌舰行驶时即开火攻击其船身。西班牙船舰甲板太高，他们的炮火都掠过了英国船，只能造成很小的损害。英国船在炮火下行驶，行动的敏捷及其速度使西班牙人感到无助慌乱。夜幕低垂时，"无敌舰队"望风而逃，留下了一条船为德雷克所捕。据一位反叛的德籍炮手称，另一条船已经被击垮，残船落入英国人手中。幸运的是，这两条船都装满了武器弹药，很快就转到女王舰队的手中。24 日，更多的武器弹药抵达，可是仍然只够英国人打一天的仗而已。25 日，在怀特岛（Wight）附近，霍华德领导一次攻击，其旗舰冲入"无敌舰队"中，与每条西班牙船舰相互射击。英国炮火奇准无比，摧毁了西班牙人的士气。当天晚上，麦迪那·西多尼亚写信给帕尔马公爵说："他们从早到晚炮击我方，但他们并不钩船……已无其他补救方法了，因为他们快而我们慢。"他乞求帕尔马送来弹械和援军，但帕尔马驻地港口已被荷兰船只封锁。

27 日，无敌舰队在加来（Calais）港岸边下锚停泊。28 日，德雷克纵火于 8 条无关紧要的小船，使之顺风驶入西班牙舰队内。因为畏惧这几条火船，麦迪那·西多尼亚命其船只进入大海。29 日，在一次主要战役中德雷克攻击舰队，使它们离开法国海岸。西班牙人勇敢地作战，但是航海技术和操炮术皆欠佳。正午，霍华德的舰队抵达，整支英国舰队集中火力炮轰无敌舰队，许多条船毁损或沉没，它们的木船船身虽有 3 英尺厚，也被英舰炮火洞穿。数千名西班牙人被杀，鲜血从甲板流入海中。当天无敌舰队共损失 4000 人，另有 4000 余人受伤，残存的船只仅勉强维持航行。鉴于其船员已无力再战，麦迪那·西多尼亚下令撤退。30 日，海风把这支残破舰队带入北海。英国人向北追逐直到福斯湾，后由于缺乏粮食弹械方才回港。他们损失了 60 人，但船只毫无损失。

对于"无敌舰队"的残余船只来说，没有比西班牙更近的天堂了。苏格兰极为敌视西班牙，而爱尔兰港口已被英国军队占据。受损伤的船只和饥饿的兵士在绝望中只有绕英伦三岛返国。海水怒涌，风势狂暴，桅樯倾倒崩毁，船帆已破。日复一日，有些船只沉没，有些必须弃船，死者尽掷海中。在崎岖难行的爱尔兰岸边，有 17 艘船触礁沉没，仅在斯莱戈（Sligo）一地，就有遇难的 1100 名西班牙人被海水带至海滩上。某些船员登陆爱尔兰乞讨食物和饮水，但遭到拒绝。而且有几百人软弱不堪一战，竟被住在岸边的半野蛮人屠杀。130 艘船只有 54 艘返回，2.7 万人只有 1 万人返回，而且多数人均受伤或生病。菲利普日日听闻那幕延长的惨剧，自禁于皇宫密室，无人敢和他说话。教皇西克斯图斯五世竟称并未发生入侵英国事件，不肯给予破产的西班牙金币。

伊丽莎白与教皇一样在乎金币。为免海军侵盗公款，她要求计算海军在战前、战争中及战后每先令的用途，霍华德和霍金斯自掏腰包应付无法解释的开销差额。伊丽莎白预期那将是一场长久的战争，故其船员和兵员的粮饷和报酬均甚短缺苛刻。这时有一种类似伤寒的恶疾横扫凯旋的战士，某些船上，船员均死亡或残废。假如疠疾在敌人未来临之前即已发生，霍金斯不知伊丽莎白的命运会怎样。

直到菲利普去世（1598 年），海战一直持续不断。德雷克曾率领一支舰队和 1.5 万人，协助葡萄牙人反抗西班牙（1589 年）。但葡萄牙人恨新教徒更甚于西班牙人，远征的结果只有失败与耻辱而已。霍华德爵士领导一支舰队至亚速尔群岛拦截携带金银至西班牙的西班牙船队，但菲利普的新无敌舰队迫使霍华德爵士的船舰败逃——除了"复仇号"因远落在后面，其余英舰都英勇地与 15 条西班牙船奋战至败亡为止（1591 年）。德雷克和霍金斯旋即出征西印度群岛（1595 年），但两人争吵不已，竟然双双死于中途。1596 年，伊丽莎白再遣一支舰队摧毁停泊在西班牙港口的船只，在加的斯发现了 19 条战舰和 36 条商船，埃塞克斯洗劫该城时，这些船舰立即逃至大海。这次远征仍然失败，但又一次证明了英国在大西洋的海上霸权。

西班牙无敌舰队的失败几乎影响了今日整个欧洲文明。海战技术至此有了决定性的转变，钩住敌船然后登船战斗的技术已经落伍，改为自船边和甲板上炮轰的技术。西班牙的衰弱导致荷兰人独立，亨利四世继为法王及北美洲成为英国的殖民地。新教势力也得以维持并增强，天主教在英国完全萎缩，苏格兰的詹姆士六世也不敢再勾结教皇。假如西班牙"无敌舰队"建造适当、领导优秀，天主教可能收复英国，荷兰可能会屈服，而导致莎士比亚和培根成为胜利英格兰的象征和成果的那种骄傲与精力可能永远不会迸发，伊丽莎白朝人的欢乐也将受西班牙宗教裁判所的打击。所以战争能决定神学与哲学，而杀害和破坏的能力是允许生活和建设的必备条件。

雷利与埃塞克斯（1588—1611）

虽然塞西尔与沃尔辛厄姆、德雷克与霍金斯是光荣与胜利的直接工具，伊丽莎白却是胜利英国的化身，在她60岁时已达名位的顶峰。此时，她脸上已见皱纹，头发已见脱落，有些牙齿也已掉落，有些则成黑色，她戴花边头饰，穿飞扬的绉领，有衬里的袖子及衬有圈子的女裙，外饰宝石金光闪闪。在这样极具威严的服饰下，她看来极有傲气，相当精神，无疑就是一位女王。国会对其自视甚高的统治方式颇有怨言，但也只有屈服。老臣提供意见时仍有年轻侍臣的胆怯，而年轻的侍臣善于阿谀恭维，围绕在女王左右。莱斯特和沃尔辛厄姆已经衰老，德雷克和霍金斯不久也将为他们想要统治的大海吞没。塞西尔——培根称他是"英国的阿特拉斯"——今已垂垂老矣，而且为关节炎所苦，不久，伊丽莎白将在其患不治之症时照顾他，并亲手喂他饮食。伊丽莎白深为老臣凋零而悲伤，但她不会因而减低其出巡的豪华与宫中的活泼气息。

在其身旁又有了新脸孔，使她分享了一些年轻气息。克里斯托弗·哈顿年轻英俊，她封之为贵族院院长（1587年）。9年后，她方接纳伯利爵士的劝告，引用其睿智驼背之子罗伯特·塞西尔为国务大臣。她更喜欢雷利的英俊和威武善战，而不在乎他对宗教的怀疑，因为她自己也有某种怀疑。

雷利集伊丽莎白朝人的典型于一身：绅士、战士、航海家、冒险家、诗人、哲学家、演说家、历史学家、殉道者，这是文艺复兴梦想中的完人，他在各方面皆显现才华。他于 1552 年生于德文郡（Devonshire），1568 年入牛津大学。他不肯把生命浪费在书上，于是参加一群身世显赫的英勇志愿军，进入法国协助胡格诺教徒抗暴。6 年的战争生活使他学到某种无耻的暴力行动和鲁莽大胆的言词，这是导致其后噩运的主因。回到英国（1575 年）后，他强使自己研读法津，但 1578 年，他再次辍学，志愿从军协助荷兰人抵抗西班牙。两年以后，他到爱尔兰担任陆军队长，该军曾平定"戴斯孟德叛变"，而在"斯梅里克大屠杀"中，他一点也不迟疑。伊丽莎白赏给他爱尔兰 1.2 万英亩的土地，在宫中他也颇为得宠。由于容貌英挺、善于恭维，[1] 又聪明智慧，女王能静听他在美洲设置英国殖民地的计划，而少有惯常的疑心。她赐予他特许状，1584 年，他本人——虽不参加——却派遣了第一支远征队，拟至弗吉尼亚州建立殖民地，但失败了，只空留其名，作为女王不能得到殖民地的永久纪念。女王的名誉侍女伊丽莎白·思罗克莫顿较易亲近，她接受雷利为其情夫，并暗中嫁给了他（1593 年）。由于未经女王允许宫中之人便不得结婚，热恋的这一对情人要在伦敦塔度过未经料到的蜜月。雷利写信给伯利爵士，称许女王为历史上最完美的人物，因而获释——但被逐出宫中。

他隐退于瑟本田庄中，计划航行和探险，阐述无神论，写诗，每首诗均富有辛辣讽刺的意味。两年的安静又使他静极思动。得到霍华德爵士和罗伯特·塞西尔的协助，他装备了 5 条船，驶向南美，寻

---

[1] 他将外衣覆在泥泞中使女王从上踏过，这个故事已成为传奇。

找埃尔·多纳多（El Dorado），这是寓言中的大陆，其上有金殿、含有金沙的河底及日增魅力的亚马孙河流域。他航行 100 英里，驶入奥里诺科河（Orinoco），但并未发现女战士和黄金。受阻于急流和瀑布，只好空手返回英国。但他说，他将女王像出示给美洲土著时，他们都惊奇于女王的美丽，因而不久他又获允进入宫中。其流畅的著作《幅员广大、富有、美丽的圭亚那帝国的发现》（*The Discovery of the Large, Rich, and Beautiful Empire of Guiana*）重新确立其信仰："太阳底下，世界上任何地方的财富都不如奥里诺科河流域。"他不断鼓吹英国应自西班牙手中取得美洲财富的必要性，他完美地说明了海权论："谁掌握大海，谁就掌握了贸易；谁掌握了世界贸易，谁就掌握了全世界的财源，因而他就掌握了世界本身。"

1596 年，他参加赴加的斯的远征队，就像他自己写的一样，他勇猛作战，结果竟伤了腿。现在女王"对他极为和善"，任他为卫队长。1597 年，他指挥由埃塞克斯统领赴亚速尔群岛的部分舰队，受到暴风影响而与其他船舰分离，雷利的舰队首先遇到敌人并取得大捷。埃塞克斯永远不宽恕他的预先独占胜利。

第二任埃塞克斯伯爵罗伯特·德弗罗远较雷利富有吸引力。他有雷利的野心、活力及傲性，比他脾气暴躁一点，少他一点智慧，更慷慨，更具有显贵人应有的高尚品德。他是一位热爱智慧的外向人物——骑战和体育的胜利者，在战争中以勇武胆大闻名，也是诗人、哲学家的资助者和鉴赏者。其母成为莱斯特之第二任夫人时，莱斯特即将其置于宫中，以抵消雷利善于逢迎讨好的优势。那时女王已 53 岁，很自然地将其母爱尽付于这位敏感、英俊的 20 岁青年（1587 年）：现在终于有这样的孩子来安慰她无子的遗憾了。他们在一起谈话、骑马、听音乐、玩牌，于是宫中传出闲话："不到飞鸟啼晓，爵士是不回其寓所的。"他秘密地与西德尼的遗孀结婚时，她真是垂老伤怀。但她很快就宽恕了他，1593 年，他已是枢密院的一员了。不过，他不很适应宫中生活，也不是大政治家的典型，其仆卡夫说:"他的爱恨均明显地表现在脸上,不知如何隐藏。"他使雷利、威廉·塞西尔、罗伯特·塞西尔成为他的敌人,最后连忘恩负义的培根和女王都成为敌人。

弗朗西斯·培根,注定比其他伊丽莎白朝人对欧洲思想有更多的影响。1561 年他生于约克宫中,其父尼古拉斯爵士当时担任掌玺大臣,伊丽莎白把这个小孩呼为"小掌玺大臣"。身体羸弱迫使他由运动转向读书,运用其灵智饥渴地吸收知识,不久其博学成为那个"伟大时代"的奇迹之一。在剑桥 3 年以后,他奉派随英国大使赴法学习治国之道。但他在法国时,其父突然逝世(1579 年),来不及购买给次子弗朗西斯的地产,因而这位青年贫苦度日,只好回到伦敦的格雷法学院学习法律。他是塞西尔的外甥,向其要求某种政治地位。经过 4 年的等待,塞西尔却送给他一纸古怪的备忘录:"随着衣服的加长,我几年的反对或将会消逝无踪。"那年即 1584 年,虽然他仅 23岁,却已用尽了种种方法获选入国会。他以主张给予清教徒更多的宽容而名噪一时(其母就是清教徒)。女王根本不知其主张,但是在其私自刊行的《关于英国教会论争启事》(*Advertisement Touching the Controversies of the Church of England*,1589 年)中,他再次勇敢地陈述那一意见。他建议任何人皆不应受到侵扰,只要他答应保卫英国,抵抗威胁英国完整主权及其自由的外国强权——包括教皇在内。伊丽莎白和塞西尔认为这位年轻的哲学家有点太激进——事实上,他的确是超越其时代的。

埃塞克斯喜欢培根清醒理智的头脑,邀其提供意见。这位年轻哲人立即劝那位年轻贵族要表现得好像——即使并不如此——很俭朴,很节约,要担任民政官而不要担任武官,因为政治上的挫折较之军事失败更易弥补,而受民众的欢迎反成为对女王的威胁。培根希望埃塞克斯终会成为一位政治家,从而使他这位顾问也有机会被起用。1592年,他又致信塞西尔,其中词句极为有名:

> 我现在已经老了，在时漏中31年的光阴包含了很多沙粒……
> 我景况不佳多少令我激动……我该承认我有广泛的思索目标，犹
> 如我有适度的生活目标一样，因为我已把知识当作我的领域……
> 不论是因为好奇，或因虚荣，抑或本性使然，反正它已紧紧地固
> 着于我的心上，不可分离。

埃塞克斯再三请求塞西尔父子和伊丽莎白把总检察官的空缺给予培根时，其请求完全落空。反之，爱德华·科克（Edward Coke）年纪较大，才能也较为平庸，却获得其位。埃塞克斯潇洒地承受失败，给予培根在特威克纳姆（Twickenham）的一笔地产及1800镑现款。培根在可以使用这笔财产之前，便因负债过多而受到短暂的监禁。1597年，培根受任为枢密院顾问律师会议的一员。

不顾培根的劝告，埃塞克斯仍加入作战派，计划使自己成为陆军统领。他在加的斯作战时表现得极为勇猛，然而越得人望，越不受枢密院的喜爱。他在亚速尔群岛的失败及其日增的骄傲、奢侈及逞口舌之利，使他与朝臣疏远，并激怒了女王。他推荐乔治·卡鲁（George Carew）爵士在爱尔兰任职被女王率直拒绝时，竟脸带轻蔑的神色转身就走。女王立感狂怒，掴其耳光尖叫："给我滚蛋——"他则手按长剑向她喊道："你的这种暴烈举动我无法加以原谅。即使是令尊的手做出这种举动，我也无法忍受。"他愤怒地冲出房门，群臣均预期他会被关入伦敦塔（1598年）。可是伊丽莎白一无举动，反之——或许是要踢开他？——数月以后，竟任命他为爱尔兰代表，出任贵族院议员。

培根警告他别想以武力去做反信仰的那种吃力不讨好的工作，但埃塞克斯仍要了一支军队。1599年3月27日，在人民热烈欢送、朋友颇表疑虑及敌人纷觉痛快中，他前往都柏林。6个月后，其任务终告失败，他未经允许急忙回到英国，并未经通报闯入女王的化妆室，试图解释其在爱尔兰的行动。她耐心而愤怒地听他解释，然后把他交

给约克宫的总管大臣，直到开始审讯其罪为止。

伦敦市民议论纷纷，因为他们不知其失败，却难忘他过去的胜利。枢密院下令举行半公开的审判，并责成培根为律师顾问会议的一员和女王的辩护律师，负责撰写起诉书。培根自请回避，但他们坚持，他便同意了。他列举的罪状颇为温和适度，因此埃塞克斯当庭承认其真实性，并请堂上从轻发落。法庭判决他暂撤一切职位，并应留在自己家中，直到女王愿意释放他为止（1600 年 6 月 5 日）。培根替他请求开恩，8 月 26 日埃塞克斯即告恢复自由。

如今住在其伯爵官邸中，埃塞克斯继续追求权力。他的一位密友是莎士比亚的恩主南安普敦伯爵亨利·里奥谢思利（Henry Wriothesley），埃塞克斯派他至爱尔兰劝说当地贵族代表孟特乔领兵返国，协助埃塞克斯控制政府。孟特乔拒绝协助。早在 1601 年，埃塞克斯即曾上书苏格兰王詹姆士六世，请其协助，并允诺支持他继任英王。詹姆士回信颇示鼓励。此时谣言四起于激动的首都：说罗伯特·塞西尔阴谋企图立西班牙的公主茵凡塔为英王，埃塞克斯即将被关入伦敦塔中，雷利发誓必置之于死地等。或许是想迫使埃塞克斯自露马脚，小塞西尔劝请女王致书埃塞克斯，要他参加枢密院会议。他的朋友都警告他这是逮捕他的计谋。当天晚上，一位朋友奇利·梅利克爵士（Gilly Merrick）请张伯伦（Chamberlaim）等人至索思沃克（Southwark）观赏莎士比亚的戏剧《理查二世》（*Richard II*），演出一位君王公正地被罢黜的故事。

第二天早上（1601 年 2 月 7 日），约 300 名埃塞克斯的狂热支持者全副武装地集合于其住宅的院子里。总管和三名显贵前来询问非法集会的原因时，群众反而把他们关了起来，并驱使迟疑不决的埃塞克斯跟他们到伦敦发动革命。他希望一般民众起而助他，但传道士请求群众留在家中，因此他们足不出户。政府军早在警戒状态中，他们击败了叛徒。埃塞克斯被捕，送至伦敦塔监禁。

他很快以叛国罪名受到审判。枢密院令培根协助科克替政府说话。他若拒绝即失去政治前途，他若同意则毁却身后名誉。科克提出控诉颇为迟疑不定时，培根即起而陈述此事，历历如绘，分析详尽明晰，令人信服。埃塞克斯随即供认有罪，并指出其帮凶。其中5位立被逮捕处以死刑。亨利·里奥谢思利也被处以无期徒刑，其后被詹姆士一世释放。女王曾送给埃塞克斯一枚戒指，并答应在必要时只要他把它送还给她，她就会前来救他，传说当时埃塞克斯终于把这枚戒指送还女王了。假如果真送去，那一定未被女王收到。1601年2月25日，35岁，埃塞克斯勇敢地接受了他的噩运，其表现符合其个性。雷利目击用刑，并为之落泪，他那断落腐烂的头颅悬在伦敦塔达一年之久。

奇异褪色（1601—1603）

埃塞克斯的头颅仿佛在日夜凝视着她，这或许是伊丽莎白晚年情绪低迷的重要原因。她经常独自一人，沉默、忧郁地坐着。她仍维持宫中娱乐，有时勇敢地强颜欢笑，可是健康已失、其心已死。英国已不再敬爱她，觉得她已活得过久了，应该让位给另一位年轻的帝王。在位时的最后一届国会较以前更激烈地反对她侵犯国会的自由、她迫害清教徒、她日增的开销需求、她赐给宠臣贸易垄断的权利。令大家惊奇的是，女王对最后一点终于让步，答应不再滥用此权。平民院议员纷往谢恩，他们屈膝拜听她最后悲伤的"黄金演说"（Golden Speech，1601年11月20日）：

> 纵使是价值最昂贵的珠宝，也不如……你们的敬爱更受我的珍视。因为我比尊敬什么宝贝都要尊敬它……虽然上帝令我们位居要津，但我在乎的是王冠的荣誉和在你们的敬爱下统治……

她令他们平身，继续说：

　　即位戴上王冠成为国王，旁观者感到这是很光荣的事，而当事人并不那么愉快……对于我而言，假如不是为了依照良心去尽上帝赋予我的义务，维持上帝的光荣，并保护你们的安全，依我的脾气，我真愿让位于他人，并放弃那努力求得的光荣，因为我并不希望长生或长治，我的生命和统治应以谋取你们的福利为前提。虽然你们已有、即将有许多强有力的贤君坐在此位，但是你们过去没有，将来也不会有像我这样爱你们的君主。

　　她已尽其可能搁置王位继承人的问题，因为其王位合法继承人苏格兰女王在世时，伊丽莎白根本不愿让玛丽·斯图亚特继承，而破坏改奉新教的解决方案。现在玛丽已死，玛丽之子苏格兰王詹姆士六世已成为理所当然的继承人，值得告慰的是，不管其人如何的不稳定或古怪，总算是一位新教徒。她知道罗伯特·塞西尔及其他廷臣暗中正和詹姆士谈判其顺利入继问题，以从中获得好处，而且他们已经在预计她在世尚有多少天了。

　　欧洲各国都谣传她染患癌症离死不远，事实上她是因为不耐烦活得太长才渐渐走向死亡。她的身体已无法忍受欢乐与哀愁、无情岁月的折磨与打击。其教子约翰·哈林顿（John Harington）爵士试图以蕴蓄智慧的诗句博得她高兴时，她驱走他说："当知道大限已近时，对这些蠢事就毫无兴趣了。"1603 年 3 月，她大胆地暴露于冬天的冷风下，以致大发高烧。经过三周折磨，病魔已耗尽了她的体力。在这些日子里，她大半耗在椅子上或躺在软垫上。她不要医生，只要音乐，因此有许多演奏者入宫，最后她才接受劝告躺到床上。大主教惠特吉夫特期望她可以活久一些，她反而加以斥责。他跪在床边替她祈祷。他自认祈祷够了想要起来时，她却令他继续祈祷。而当"老人双膝已软弱无力时"，她又一次要他祈祷。直到深夜她沉沉睡去，他才得以休息。她永远不会醒来了。第二天，3 月 24 日，约翰·麦宁汉（John Manningham）在日记中这样记载："今晨约 3 点钟，女王陛下去世，温和得像一只小绵羊，安详得像树上落下的熟苹果。"

英国长久以来一直等待她的逝世，但听到这个消息时大家都感到震惊。许多人意识到伟大的时代已经结束，一只有力的手已经离开了船舵。另有某些人，如莎士比亚，深恐政权悬缺期间会引起内乱。培根认为她是一位伟大的女王：

> 假如普鲁塔克仍然在世，让他来写当代历史人物的传记。他会很难在妇人堆里找到一位与她类似的人物。她在女性中独赋才学，即使是在男性君王中也很少见……关于其政府……在这岛上从未有这样安乐的 40 年时光。而这并非来自季节性的安静，而是得自她统治的智慧。因为若从一种角度来看，她已考虑到宗教建立的真理，是经常的和平与安全；良好的司法行政，适当地使用王权……学术研究的光辉灿烂……再从另一角度看，她顾及宗教分歧，邻近国家的侵扰，西班牙的野心和罗马的反对；她却是单独一人，无人可以分忧。这是我认为应加以注意的事情，我已无法另外找到更近和更适切的典型。同样，我也认为我已无法找到另一位更杰出、更优越的人物……如果考虑到君王的博学多才能与人民的幸福有适当结合的话。

如今在作"后见之明"的回顾时，我们似应稍减这个人物的光明面，要注意和宽恕这位盖世女王的许多缺点。她绝非圣人或贤哲，而是一位有脾气有感情、热爱人生的妇人。"宗教的真理"此时尚未完全建立，而像莎士比亚所说的，并非其全部臣民均能"在自己的葡萄林下吃他们自己种的东西，唱和平的欢乐之歌"。其统治的智慧部分为其朝臣的智慧。她的善变常常反而证明对她有利，这或是时局改变的结果。有时候他们决定了失当的政策，只有赖其敌人的内乱助她幸存。但通过公平或不正当的手段，她终究生存了下来，而且日益兴隆。她从法国手中解放了苏格兰，使之与英国结合；她使那瓦尔的亨

利发布《南特诏书》(*Edict of Nantes*),宽容新教徒,以与巴黎的天主
教弥撒抗衡;她即位时发现英国已经破产、受人轻视,死后所留下的
英国是富裕而强盛的;而在人民富裕中,学术和文学的力量日见增强
昌盛了。她继续其父的专制,但是因其人道和吸引力而减少许多专制
色彩。她既无丈夫也无小孩,她把母爱施予英国,忠诚地爱护它,并
鞠躬尽瘁地为它服务,她是英国有史以来最伟大的君主。

第二章 | **欢乐的英国**
（1558—1625）

工作中的英国人

是什么样的英国，给予女王权力和胜利，给予莎士比亚语言和灵感呢？这些伊丽莎白时代的人如此鲁莽、富有侵略性，如此坦诚、富裕，究竟他们是何种人呢？他们怎样生活、工作、打扮、思想、恋爱、建筑、唱歌呢？

1581 年，他们共约 500 万人。多数人是农夫，其中许多是与地主分享收成的佃农，有些人是支付固定租金的佃农，另外日益增加的一群人是拥有土地的自耕农。圈地运动继续进行，因为放牧较耕种更为有利。农奴几乎完全消失了，但圈地运动和合并已使许多佃农丧失了土地，因而产生一群不幸的劳工阶级，他们在各个田庄或扩张的城市的各个工厂中不安地出卖劳动力。

不过，除了首都以外，其他城镇的规模仍然很小。仅次于伦敦的诺威奇和布里斯托尔两城，每城也只 2 万余人而已。在这方面有可喜之事：城中居民毗邻而居，就是在伦敦，多数家里也有花园，或靠近原野而能收集莎士比亚歌颂的种种奇花异草。英国人在屋中烧木取暖，多数工业以木炭为燃料。但 16 世纪，薪材的价格高涨，城里对煤炭日增的需求激使一般地主纷纷在其土地上找寻矿源，由德国入境的技术工人改善了开矿和冶矿的技术。伊丽莎白禁止伦敦居民使用煤炭，但其命令抵挡不过经济上的需要。荷兰的织布和漂布工人不堪阿尔瓦的压迫，纷纷逃至英国，英国纺织工厂得以扩张。胡格诺教徒自法国引进了工艺和商业技术，却是英国牧师威廉·李（William Lee）发明了半自动织布物料机。渔业是此时最兴旺的，因为政府鼓励人们适应航行生活，作为海军的后备员。其后，伊丽莎白向罗马教会低头，下令其人民每周两天及在传统大斋期间不得食肉。

同业公会受到中古种种规矩的束缚，在这个个人主义改革的时代，不断失去其市场。聪明的生产推动者集结资本、买进原料、再配销给工厂和家庭，然后买进其成品，分售给交通所及的各个城市。英国的资本主义首先开始于家庭，即由父亲、母亲、女儿及男孩共同贡献劳动力给企业经营者。此时，"家庭经营制"兴起，至16世纪晚期大为流行。几乎每家就是一个小型工厂，妇人在家中纺织亚麻、羊毛，裁缝、刺绣，准备药草、制酒，而且几乎很成功地发展了英国的烹调术。

伊丽莎白政府不仅勤于宗教立法，而且热心经济立法。政府了解都市对生产和贸易的种种限制会妨害工商业的进步，因此另以全国性的规定来取代地方规定。著名的《学徒法》（*Statute of Apprentices*，1563年）建立了由政府监督并强制的劳工立法，直到1815年该法仍有效。该法旨在避免懒惰和失业，规定每位身体健康的青年应为学徒7年，理由是：男人在23岁以前，多数是狂野、无判断力和无足够的经验去自治，虽则这并非永远如此。30岁以下每位故意不就业的男人，每年收入在40先令以下者，地方政府迫其就业。在乡间，年龄在60岁以下的健壮男人强迫其参加收割工作。全国工人每年订一次工作合同，保障其每年的工资。王室法官有权决定辖区内最高、最低工资的标准，伦敦工人的工资固定为每天9便士。雇主无故开除雇工者罚款40先令；非法离职者下狱；雇工未经其雇主和地方法官的允许，不得离开城镇或教区。工作时间在夏天为每天 12 小时，冬天则只在白天工作。任何罢工都禁止，违反则处以拘禁或重罚。

整体说来，该法施行结果是保护雇主对抗雇工、保护农业对抗工业及保护国家对抗社会革命。赫尔城（Hull）砖工行会在其会章上面加上一段动人的词句："人类天生平等，均由一位'工人'（指上帝）从类似的泥巴里捏成。"但是没有人相信它，塞西尔与伊丽莎白尤其不相信。也许是塞西尔领导 1563 年的经济立法呢！该法对于劳工阶级来说，就是强迫性的贫穷。该法计划定期调整工资，以配合基本食物的价格，可是执行这个任务的地方法官却属于雇主阶级。薪资是提高了，但是远远赶不上物价：1580 年至 1640 年，民生用品的价格涨 100%，工资却只涨 20%。1550 年至 1650 年，技工和劳工的生活情况一天比一天恶化。伦敦城外"住满一群比较贫苦而且多半做坏事的人，他们住在最低劣的公寓里"。有些地方的人靠偷窃和乞讨为生，什鲁斯伯里伯爵的葬礼中约有 2 万名乞丐来求施舍（1591 年）。

政府为消除这些弊病，制定了严法取缔乞讨行为，并另外制定一系列较为人道的济贫法案（1563—1601 年），承认国家有免其人民挨饿的责任。每一个教区均征税作为照顾失业贫民之用，及促成有工作能力者在国家经营的工厂中工作。

物价上升影响工业和商业，犹如它对贫民是一种悲剧一样。其主因是欧洲的开采银矿、自美洲进口稀有金属及政府任由通货贬值。1501 年至 1544 年，不论是进口或在欧洲制造的英国国内的全部白银，总价值相当于 1957 年的 1.5 亿镑；1545 年至 1600 年，则价值相当于 9 亿镑。伊丽莎白尽力抗拒英币的贬值，她采纳谨慎的托马斯·格雷沙姆爵士（Thomas Gresham）的忠告，他警告她的话成为"格雷沙姆定律"（Gresham's Law），即劣币驱逐良币——意谓货币由贵金属所制成者将被人收藏并运至国外，只有劣质货币才作其他用途，特别是用来付税，国家"得到人民支付的是自己铸造的货币"。伊丽莎白、塞西尔改革女王父亲及兄弟曾加以贬值的货币，并恢复英国货币中的金质和银质。但是物价仍然上涨，因为金银的流入和货币的发行量已经超过物品的生产量了。

垄断也是物价高涨的原因。伊丽莎白准许铁、石油、醋、煤、铅、硝、淀粉、纱、皮革及玻璃制品等垄断专卖。她特许专卖，部分是为了鼓励进口物资和建立新企业，部分作为某些朝臣未得适当报酬的补偿。反对专卖垄断的声浪令国会强烈要求改革时，伊丽莎白同意暂时停止专卖垄断，直到它们的经营受到国会调查并得其同意为止（1601 年）。最后仍有某些专卖垄断事业得以维持下去。

受到这些阻碍，国内贸易的发展较对外贸易为慢。除了市集外，任何人不得在非其居住的城市出售货物。许多地方这类市集是定期举行的，而且一年往往有几百次。最受欢迎的是"巴托罗缪市集"（Bartholomew Fair），每年 8 月在伦敦附近举行，并有马戏班表演吸引观众购物。货物多经水道运送，少经陆路，水路交通频繁，极为活跃。道路不好，可是已渐改善，骑者每日可以跑 100 英里。传递伊丽莎白死讯至爱丁堡的使者，第一天就已跑了 162 英里。建立于 1517 年的邮政完全供政府使用，私人信件由朋友、专差、使者或其他旅客传递。陆路旅行多是骑马，约 1564 年开始使用驿车，直到 1600 年，还一直是少数人的奢侈工具。但 1634 年，驿车数目增加太多，因此政府宣告禁止私人使用驿车，以免交通拥挤。旅舍设备甚佳，侍女也很周到。但路人必须小心钱袋，并隐藏行程。即使在伊丽莎白时代的英国，出门仍须特别小心谨慎。

随着工业的发展，对外贸易也颇有进展。成品的输出是抵付进口原料和东方奢侈品的较佳方式。此时，市场的扩展是由地区到国家，再到欧洲，甚至及于亚洲和美洲。政府的工作范围和权力，也受商业扩张和贸易问题的影响而日见增加。英国就像西班牙与法国一样，希望输出货品，换回黄金，因为当时流行的重商主义理论，以拥有珍贵黄金的多寡来计算国家的财富。培根显然是第一位谈及有利的"贸易平衡"的学者，其意思是说只有出超才会流入白银和黄金。塞西尔宣称其目标是"利用各种政策减少使用我们不需要的外国商品"。他知道金银既不能吃也不能穿，但它们是一种国际货币，在紧急时可用以购买很多东西，甚至收买敌人。国内工业在平时应善加保护，以免到了战时国家必须依赖外国产品，因此政府以关税阻碍进口，以补贴鼓励出口。"商行"纷纷组成，在外国销售英国的产品。英国"商业冒险家"在汉堡发展了一条外销路线，安东尼·詹金森（Anthony Jenkinson）率领贸易访问团至俄国（1557 年）和波斯（1562 年），另一团至印度（1583—1591 年）。英商土耳其公司（English Turskey Company）成立于 1581 年，俄国公司（The Muscovy Company）成立于 1595 年，划时代的东印度公司（East India Company）则成立于 1600 年 12 月 31 日。舞台已为黑斯廷斯（Hastings）及克莱武（Clive）准备好了。喜爱海洋和财富的人纷纷冒险走向海洋，找寻新的贸易路线。地理学是他们热情的副产品的一部分。寻找市场和殖民潮带来了造船热，英国森林尽成桅樯和船身。英国开始统治海洋，大英帝国也已名副其实地诞生了。

商船到处扬帆时，金融机构也随之发展，以加速商业的成长。1553 年，商业冒险家成立股份联合公司，开展与俄国的商业，共发行了 240 股，每股 25 镑。每次商团远征返国后，利润均分，投资也渐收回。东印度公司同样获利，其首次冒险就获利 87.5%，迅速增加了一群新加入者——廷臣、法官、教士、骑士、寡妇、老处女、商人——来参与第二次冒险。当时也犹如今日，不分男女无不热烈地追求金钱。即使 1552 年，国会仍旧禁止贷款放利，视之为"最可恨的罪恶"。但平民院中商人集团力量日增，终有 1571 年《高利贷法案》（*The Usury Bill*）的制定。该法将一般利息与高利贷分开，并准许合法收息 10%。股票生意日渐增加时，证券交易所也告成立，旨在交换股票或货品的所有权，政府又发行更多的货币，以方便商品出售和购入。1566 年，格雷沙姆创立了皇家交换所，从事商业和金融活动。1583 年，它发行了最早的人寿保险单。

随着伦敦成为世界繁荣昌盛的市场和中心，商业气氛日见增长。原来黯淡的街道现已被货物照亮。一位足迹遍及各国的旅客认为伦敦金匠商店是世界上最豪华的地方。商人争取驻足之地，有些人利用圣保罗教堂为临时事务所，相信自加尔文以后基督已经改变了反对取利的主意。律师在那里会客，人们在坟墓上数钱，小贩在院子里贩卖面包、肉类、鱼、水果、麦酒及啤酒。行人、小贩、驿车、两轮马车，拥挤在狭窄泥泞的街上。泰晤士河是主要的运输干道，驳船、渡船及游船在其中往来行驶，几乎任何地方都可找到船夫待命转运货物和旅客，或往上游或往下游行驶，因而可以听到他们大声喊着："向东呦！""向西呦！"——那成为英王詹姆士一世时代戏剧的主要内容。河中臭气减低时，该河成为商业、娱乐、恋爱、举行国家盛典的理想场所。建于 1209 年的伦敦桥是城中之宝，为贯穿伦敦南北唯一要道。南边酒店、戏院、妓院及监狱林立，北边则是商业中心。这里商人才是主人，贵族必须经过特许才获允进入该区。皇室和贵族多数住在伦敦外面的宫殿里。国会所在地威斯敏斯特当时是一个独立城，商人在那里也受到重视。1600 年，商人已能威胁女王，而半世纪后，竟在此处处决了查理一世。

教育

莎士比亚时代的人并不专心致力于教育事业。他们很少人懂拉丁语和希腊语，较多人懂意大利语和法语。他们读书很快，狼吞虎咽，以经验来判断书的好坏。他们一生学习，对老师却是前所未有的不敬。

他们的日常语言与学校用语有别。他们的语言继承整个凯尔特、罗马、撒克逊族及诺曼时代的英格兰的遗产，受到法国和意大利语言的影响而增加了许多词汇；它吸收了伦敦街头的俚语 [1] 及各地的方言。

---

[1] 在莎士比亚时代，已经流行以 *prat* 代替 buttocks（臀部）、*duds* 代替 cloths（衣服）。

不仅如此，它创衍生字，在创造性的字眼中表现出丰富的想象力。我们尚可找到这样生动、有力、易变和丰富的语言吗？许多字没有一致的拼法，1570 年以前，根本没有指导拼字的字典，莎士比亚从来不曾确定怎样拼他的名字。速记已经使用，但仍然满足不了忙乱的商业和繁荣的文学创作。

亨利八世解散女修道院后，结束了有组织的女性教育，但城中的小孩可以免费接受初级教育。伊丽莎白成立了 100 所免费的文法学校，詹姆士一世和查理一世又另建 288 所。在温彻斯特、伊顿、圣保罗及什鲁斯伯里等地早已另建"公学"，容纳家世显贵的孩子，现在又增加了拉格比（1567 年）、哈罗（1571 年）及麦钱特·泰洛伊斯学校（1561 年）等。学校课程是古典教育加上鞭打，国教教义是各校必修课程。在威斯敏斯特学校，早晨 7 点上课、下午 6 点下课，上午 8 点是早餐时间暂时停课，下午尚有小睡和短暂休息时间。父母认为学校应完成其主要功能——使他们免为小孩烦心。

牛津大学和剑桥大学仍然垄断了大学教育。在宗教改革纷扰时期，它们失去中世纪的特权，并减少了注册人数，如今渐又复兴。1586 年，两校各约有 1500 名学生。在剑桥大学，沃尔特·迈尔德梅爵士捐款成立伊曼纽尔学校（1584 年），菲利普·西德尼之婶塞瑟克斯女伯爵弗朗西丝建立西德尼·塞瑟克斯学院（1588 年）。在牛津大学，耶稣学院由政府及其他基金会建立（1571 年），詹姆士一世时又增加沃德姆（1610 年）和伦布罗克（1624 年）两座学院。1564 年女王访问剑桥大学，引起一阵骚动，她微带抗议地倾听夸奖她的拉丁文演讲；在三一学院，她用希腊语答谢该学院用希腊语做的欢迎演讲；在街上，她和学生互以拉丁语致候；最后她自己作了一次拉丁文演说，表达她替学术界尽一点力的希望。两年以后她拜访牛津大学，处身可爱的学堂和广场中倍感光荣，离开时她热切地高叫："再见！朕之佳子弟！再见！可敬的学者！愿上帝祝福你们研究学问顺利！"她深知如何担任女王。

仍有其他的英国妇女与她匹敌。安东尼·柯克爵士的女儿们即以博学驰名，而彭布罗克伯爵夫人玛丽·西德尼在威尔顿的华厦竟成为诗人、政治家及艺术家的集会场所，他们发现她具有欣赏最佳作品的心智。这些妇人靠家庭老师完成教育。文法学校虽然向男女两性学生开放，可是公学和大学只招收男学生。

这个时代的表征是伊丽莎白的最佳财政大臣在伦敦建立了格雷沙姆学院（Gresham College，1579 年），讲授法律、医药、几何、修辞及其他对工商阶级有用的学问。他规定授课不但要使用拉丁文而且也要使用英文，因为"商人及其他市民"也会来听课。最后值得一提的是，很多有钱和有爵位阶级的教育，是靠出外旅行完成的。学生至意大利完成医药和性启蒙训练，或学习意大利文学与艺术，许多人在留学之路上才喜欢法国。当时语言根本不是教育障碍，因为西欧及中欧凡受教育的男人都了解拉丁文。但旅行者纷纷返国后，就导致国内对意大利与法国文化某种程度的模仿及对文艺复兴时代意大利的不严肃的道德规范有所爱好。

善与恶

每位学童都知道罗杰·阿谢姆斥责意大利化的英国人（1563 年）：

> 我认为到那里（意大利）……特别的危险……莫德曾使该国成为全世界的统治者。现在邪恶却使该国沦为从前乐于为它服务的国家的奴隶……我认识许多离开英国的人，他们原是过正常生活、博学多才的人，但是从意大利回来以后……无人愿意像他们未出国以前那样过正常的生活，更无人说有见识的话……假如你认为我们的判断错误……有一次我也到过意大利，但是感谢上帝，我仅住了 6 天。时间虽短，虽只是一个城市，我就已经看到

随意犯罪的情形，远较圣洁的伦敦城 6 年中我知道的罪恶为多。

这位伊丽莎白的家庭教师不是唯一持此种说法的人。斯蒂芬·戈森（Stephen Gosson）在《恶行学校》（*The Schoole of Abuse*）中写道："我们已经学了意大利的恶风，把伦敦与罗马比较，把英国与意大利比较，你会发现盛行于我国的，一面是戏院，一面是各种恶行。"塞西尔劝诫其子罗伯特，千万不可越过阿尔卑斯山，"因为他们在那边除了骄傲、亵渎神及无神论外，什么都学不到"。清教徒菲利普·斯塔布斯（Philip Stubbs）在《恶行的解剖》（*The Anatomie of Abuses*，1583 年）中，把伊丽莎白时代的英国描写为邪恶、虚荣、奢侈及以罪恶为荣的时代。主教在女王御前讲道中，痛心伦敦市民的道德竟是"嘲弄上帝的《四福音书》，比从前更加的淫荡，更加的重肉欲，更加的不道德……假如我们的生命终须面对宗教作证和报告的话……它会高呼……'并无神的存在'"。

多数苛责之词往往是道德家的言过其实，他们怒斥已经不在乎地狱恐怖的男女，或许群众既不如以前坏也不如以前好。但如清教徒那群少数人整肃道德、钱袋及嘴巴一样，少数异教徒也赞成许多意大利人的看法，即宁可享受生命而不愿忧虑身后之事。也许为英国人喜欢的意大利酒有助于放松道德和血管，而且更持久。从意大利、法国及古典文学中可以得到一种直接感受的美感，虽然敏锐地意识到这短暂美感的消失使我们悲伤。即使是年轻男子的美貌都会提醒伊丽莎白时代的诗人，使靡菲斯特（Mephistopheles）赞扬浮士德像天空一样的英俊潇洒，而莎士比亚十四行诗始终徘徊于同性与异性恋爱之间。女性的可爱可恋已不仅是诗中的夸张，而是一种能穿过血管、文学、宫廷和使海盗成为十四行诗诗人的迷醉物品。因为在宫中，妇人巧于装扮，不但攫取了男人的心，而且吸引了他们的神智。娇羞引起追求，倍增女性的魅力。社会反对保持处女贞洁的结果是不再向圣母祈祷，罗曼蒂克的爱情交织着未得满足的火辣辣的欲望，就发而为诗歌了。

女人看到男人为她们而战就觉得光荣，不管结婚与否均会献身给胜利者。教会的许可或仪式已非结婚生效的条件，虽则如此，生效的婚姻仍被视为与法律同等重要的公共道德，这显示了教会权力的衰落。多数婚姻是在互相垂爱对方财产的情形下，由双方家长安排的，然后当时乐晕晕的女神就成为清醒的主妇，献身于小孩和家事。

道德的松弛显现于公共生活上面。担任公职者多收受轻重不等的贿赂，伊丽莎白对此不闻不问，当作她不提高薪资的借口。战争时期的财务官除了薪资外，每年额外收入为 1.6 万镑。通过旧时受尊重的陋规，军队的队长可以虚报已死的兵额，吃空饷中饱私囊，并出售他们的制服谋利，死的士兵价值比活的还高。位居高位者向菲利普二世索取巨款，以使英国政策对西班牙有利。海军大将效仿海盗的掠夺行为，并贩奴谋利。教士出卖宗教利益。药剂师也能准备毒药，某些医师则开毒药处方。商人贩卖劣质货，竟成国际笑柄，1585 年，"英国制造的假布和羊毛比全欧洲还要多"。军纪极为落后，无条件投降的士兵和不能战斗者在多数情形下，均会被屠杀殆尽。女巫则必遭焚杀，耶稣会教士从刑架上被拖下来分尸。在贝丝女王时代（Good Queen Bess，即伊丽莎白），人性中并没有增加多少仁慈。

司法与法律

纵然历经几世纪的宗教感化和政府统治，人性仍然讨厌文明生活，并通过那些罪恶与作奸犯科来表示抗议，法律、神话及处罚仅是稍阻此种洪流而已。伦敦城区有 4 家法学院：中寺法学院（The Middle Temple）、内寺法学院（The Inner Temple）、林肯法学院（Lincoln's Inn）及格雷法学院，总称为"宫廷法学院"（The Inns of Court）。法学院学生住在学院里面，就像其他学生住在牛津大学和剑桥大学的学舍和学院中一样。只有家世良好的"绅士"才获允进入法学院，全体在校生均应起誓为皇家服务，他们的领袖或易受领导者都成为女王法庭的法官。法官与律师执行任务时，穿着气派逼人的袍服，法律的庄严一半靠服装来体现。

法院的腐化是大家公认的。平民院一位议员将王室法官描述为"一种为了6只鸡可以不顾12种法律的动物"。弗朗西斯·培根要求给予法官较高的奖励。莎士比亚戏剧中悲伤的李尔王说："只要罪恶镀上了金，那么正义的强矛就会断裂不伤人了。"女王可以随意解职法官，这种情形加深了法官的负担。女王的宠臣收受贿赂，引导女王干涉法院的判决。除了叛国罪外法院均采用陪审团陪审制，但陪审人员经常受法官和皇家其他官吏的胁迫，难以公平陪审。包括危及君王生命和威严的各种行动，即轻易被判为叛国罪。这类案件可以送往星室法庭受审——枢密院执行司法功能时称为"星室法庭"。在该法庭，被告被剥夺陪审、律师及人身保护权，受到穷诘或刑讯，而且常常被判终身监禁或死刑。

这时的刑法是依赖吓阻而非监视或查证。法律变得软弱无力，刑罚也越来越重。有200种犯罪，包括勒索、砍断树苗及偷窃超过1先令以上的物品等，依国会法均应处以死刑。伊丽莎白时代，每年平均800人在欢乐的英国因犯罪而被处以绞刑。轻罪的处罚是木枷、坐木凳、马车拖人、耳朵或舌头烧一洞、割舌、割耳或割手等。约翰·斯塔布斯（John Stubbs）是清教徒律师，曾撰文指责伊丽莎白计划与艾列森结婚是向天主教投降，因而依法官判决被砍断右手。撑着伤肢，用左手把帽子向上挥，斯塔布斯高呼："女王万岁！"西德尼上书伊丽莎白抗议这种野蛮行动。塞西尔也觉可耻，便给斯塔布斯一项高薪公职。刑讯是非法的，但星室法庭使用它。我们了解，这时纵已发展了有深度、有力的文学，可是其文明水平尚不如彼特拉克时代的意大利或亚威农，更不如圣奥古斯都时代的罗马。

家庭

英国人的生命从一开始就要经受当时很高的婴儿夭折率的考验。

布朗爵士是著名的医生，但他 10 个小孩中有 6 个夭折了。当时有各种流行疾病，如 1550 年的"汗症"（Sweating Sickness）、1563 年、1592 年至 1594 年及 1603 年的黑死病。人的寿命很短，有人估计平均寿命只有 8 岁半。人们较今日更早熟，更易进入老年，只有强者才活得久。他们在死亡中打滚，变得善于巧取豪夺。

卫生已渐改善。肥皂已渐渐由奢侈品转为民生必需品。约 1596 年，约翰·哈林顿爵士发明了抽水马桶。私人浴室很少，多数家庭使用木桶，置于未加炉盖的火前。许多城市有公共澡堂，巴斯和巴克斯顿两城供应上等阶级流行的沐浴设备。"热室"（Hot Houses）供应热水浴、膳食和幽会设备。只有富有家庭才有用水设备，多数家庭须从当作装饰品的公共水管处取水。

乡间和小镇的房子由灰泥和砖筑成，屋顶铺以稻草。靠近亚芬河的斯特拉特福附近有一处名为安妮·哈撒韦的小茅屋，它是一个经过妥善恢复原状的范本。在城中，住宅往往相连，使用更多的砖石，并有倾斜的屋顶，有直棂的窗口和飞扬的上层楼，对从未见过的人，颇为新鲜诱人。屋子内部饰以雕刻和半露方柱，壁炉使大厅高贵温暖，天花板——由木材或灰泥制成——可切刻成对称或奇特的花样。此时已有烟囱排出火烟，至于从前则是在天花板上开口泄出火烟，炉子对家庭确有助益。玻璃窗已很普遍，但晚上照明仍赖火炬或蜡烛。地板上铺以灯芯草或香草，新鲜时很香，但不久就发出恶臭，而且内藏昆虫。壁间饰以挂毡，到查理一世时改为绘画。多数人坐在长条凳或板凳上，有靠背的椅子是一种奢侈品，保留给主客或家长或主妇使用，故"请椅上坐"（To Take the Chair）就是"主席"之意。此外，家具均很牢固美观：碗橱、木柜、桌子、箱匣、四脚架均以胡桃木或橡木切割装置而成，可用几个世纪之久。有些床上铺以羽毛软垫，上有刺绣，并挂上丝帐，价值达 1000 镑，是家庭中最珍惜的传家宝。几乎各个阶层住宅周围，都有一座花园，内有树木、树丛、林荫，莎士比亚美化其诗句的那些香花——樱草、风信子、忍冬、燕草、美洲石竹、金盏草、丘比特花、鸡冠花、黑种草、铃兰、玫瑰，白的或红的，兰开斯特种的或约克种的。培根说："全能的上帝首先开拓了一座花园，假如没有它的点缀，一切房屋和宫殿都成为俗不可耐的手工艺。"

打扮一个人往往比装饰一个家庭昂贵得多。在服饰豪华方面，找不到一个时代比得上伊丽莎白时期的英国。波隆尼尔（Polonius）劝告："在荷包许可的范围内购置昂贵的服装。"有钱阶级，混合穿着法国、意大利及西班牙时装，聊补因失去食欲及随岁月而起变化的身体仪态。波西娅（Portia）讥笑年轻的福尔肯布里奇（Falconbridge）——"我想他在意大利购买外衣，在法国购买圆形袜，在德国购买无边帽，而其行为则是仿自各国。"伊丽莎白树立了时装典型，在其统治期间，竞相模仿消除了阶级的分界，使时装一变再变。《庸人自扰》（*Much Ado about Nothing*）剧中一角曾痛心地说："时尚穿坏的衣服比男人穿坏的更多。"限制浪费的法律试图根除这种时装病，1574 年的立法，要根治"许多年轻绅士的浪费和无所事事"，这些绅士背后皆有田产为其后盾。该法规定除了皇室、公爵、侯爵及伯爵外，任何人不得着紫衣、丝绸、金丝服或黑貂皮；除男爵以上的贵族外，任何人不得穿着毛衣、粉红或深红的天鹅绒、进口羊毛衫、金丝、银丝或饰以珠宝的衣服。不久，大家就不遵守这些法律，因为有野心的中产阶级指责这些法律不但令人讨厌而且阻碍商业进展，因此 1604 年，它们就被废止了。

帽子有各种形状或颜色，有天鹅绒的、羊毛的、丝织的或人的头发制成的。走出家门或庭院，男人几乎永远戴着帽子，甚至在教堂也是如此，遇到女士礼貌上皆脱帽示敬，但立刻又戴上。男人留发长度与女士一样，普遍蓄着自己喜欢的胡须。男女在颈上均着绉领，这是一种亚麻和棉布领，围在纸板和铁线做成的架子上，然后利用"某种他们称为糨糊"的液体使之硬化为宽大尖锐的衣褶，这样就可在英国各地抛头露面了。凯瑟琳·美第奇曾引介这种圈套进入法国当作小绉边，可时尚又使它成为到达耳边的枷状物。

女人花半天时间来穿衣、脱衣，"装备一条船也比打扮一个女人快一些"。甚至头发也可时而装上时而拿下，因为伊丽莎白领头戴假发，其假发染成年轻时代的金色卷发，假发极为流行。莎士比亚称，穷苦妇人"按重量"出售其头发。多数妇人宁戴小帽或透明发网，而不愿戴帽，因为那样头发会显得更有魅力。化妆品用来增加脸部色泽和画眉，耳朵穿孔挂上耳环或耳圈，全身珠光宝气。女人的绉领与男人一样，但袒胸至某种程度。伊丽莎白胸狭腹长，故将紧身胸衣或束胸外衣放长成三角形，及至紧身裤的腰部就是三角形的尖端，这种款式也成时尚。女裙自臀部以下，利用鲸骨环或藤环加以张开。用轻软质料精心制作花样的礼服把双腿包住。女王首先使用丝袜。女裙拖地，衣袖突出，手套均为织绣和喷上香水。到了夏天，女王会与全身嵌上珠宝的崇拜者谈话，并说安慰的知心话。

居家生活很少正装。上午7点进早餐，11点或正午12点进中餐，下午5点或6点进晚餐，这样一天就过去了。正餐是在靠近中午吃的，相当丰富。一位法国人说："英国人装填其食袋。"此时仍然用手吃东西，不用叉子，要到詹姆士一世时代才使用叉子。有钱人家用银盘，储藏银盘就等于筑了反通货膨胀的樊篱。较低层的中间阶级则使用锡蜡盘皿，穷苦人家则惯用木盘和角制的汤匙。肉、鱼和面包是主要食物，然而买得起的人几乎都受痛风之苦，乳酪产品只有在乡间才受欢迎，因为城里尚少冷藏设备。只有穷人才普遍吃蔬菜，他们在自己的园子里种植。雷利远征美洲带回的马铃薯仍是花园里的产品，而非田园中的作物。布丁是英国特产，比甜食还受欢迎。糖果之受喜爱也犹如今日，因而伊丽莎白的牙齿是黑的。

开心的餐食要有饮料为佐：麦酒、苹果酒、啤酒及葡萄酒，茶与咖啡此时尚未英国化。16世纪和17世纪全欧普遍饮用威士忌酒，在北欧，是由谷物蒸馏出来，在南欧是由酒蒸馏而得。醉酒是对天气阴湿的一种抗议，成语谓"醉得像贵族一样"，暗示社会各个阶级均爱这种调儿。烟草是由霍金斯（1565 年）、德雷克及雷尔夫·莱恩爵士传入英国的，雷利使吸烟在宫中流行一时，即使在上刑架之前还要吸一两口烟。伊丽莎白时代，烟草昂贵，因此使用不广。在社交场合，烟管往往逐次传给每位客人吸上那么一口。1604 年，英王詹姆士在有力的《对烟草的严重抗议》（*Counterblast to Tobacco*）一文中，痛心烟草传入英国，并警告其中含有"某种毒性"：

> 在高尚、虔敬及行为应该合礼的场合，人们无耻地吞吐烟管，并逐次吞云吐雾而使肮脏的烟气、臭气浸入食盘内，并污染了空气，这不是最虚荣和最不洁净的事吗？……无论何时，无论何地，现在公开抽烟已经流行，已有各种人……虽无抽烟的欲望……却以独排众议为羞……因而至少是被迫使用了。而更令人不安的是，做丈夫的竟然无耻地使其可爱、健康及肤色明净的夫人也受此苦，以致她或是牺牲其甜蜜的呼吸，或是决心受长久的臭气折磨……这种习惯，看在眼中觉讨厌，闻入鼻中就可恨，进入脑中便伤神，吸入肺中更有害，而那种黑色臭烟，最像无底深渊中可怖的冥河黑烟。

虽然有这篇抗议文和重税，伦敦仍有 7000 家烟草制造厂。点火和抽烟并不妨碍谈话，男女可以自由畅谈各类事情，但所谈无非是吸烟室、街头巷尾及科学家等。女人与男人一样，做几近渎神的诅咒。伊丽莎白时代的某一部戏剧中，妓女拉住英雄的手肘，双关语则导出高度的悲剧。礼貌只是一种礼节，而不是真心表示客气，言语往往转为攻击。礼貌与道德一样，来自意大利和法国，礼仪手册亦然，使绅士成为贵族、女士成为淑女。家庭中随着光亮和欢乐而显得比以前恐怖的中古时期及以后阴沉的清教徒统治时期愉快得多。宴会经常举行，只要有借口就举行大游行，婚礼、分娩，甚至丧礼，都举行宴会，至少大宴宾客。各种运动在家里、野外及在泰晤士河上进行。莎士比亚已提到撞球，弗洛里欧（Florio）也谈起板球。法律严禁星期天游乐的规定受大家的讥笑，假如女王能作乐，为何其臣民不能亦步亦趋呢？几乎每个人都跳舞，罗伯特·伯顿（Robert Burton）说也包括"脚指头比牙齿多的老人老妇在内"，而且整个英国都在唱歌。

英国的音乐（1558—1649）

只知清教徒统治后的英国情况者，不会了解音乐在伊丽莎白时代扮演的欢乐角色。在家中、学校、教堂、街上、舞台上、泰晤士河上，升起了圣乐与世俗音乐——弥撒曲、经文歌、情歌、民歌以及伊丽莎白时代戏剧演出的一整套爱情抒情诗等。音乐是学校教育的主要课程。在威斯敏斯特学校，每周上两小时音乐课。牛津大学置有音乐教授一职（1627 年）。每位绅士都能看懂乐谱且会弹某些乐器。在托马斯·莫利（Thomas Morley）《简易音乐入门》（*Plaine and Easie Introduction to Practicall Musicke*，1597 年）一书中，一位善于想象、受教育甚少的英国人自觉羞耻地供认：

> 早餐完毕，依据习俗，乐谱就带到桌上来了，女主人给我某部乐曲，热切地恳求我唱一段。但在找了很多借口难以推辞后，我真诚地抗议说我实在不会唱，座中诸人立感怀疑，有些人就交头接耳，低声询问我的出身。

理发店也准备各种乐器，让等待的客人弹奏。

伊丽莎白时代的音乐多为世俗的。某些作曲家，如托马斯·塔利斯（Thomas Tallis）、威廉·伯德（William Byrd）及约翰·布尔（John Bull）不顾法律规定，仍然信天主教，而且编写有关罗马教会仪式的圣歌，但这类作品已无法公开演奏。许多清教徒反对教会音乐，认为那是不虔诚的表现。伊丽莎白挽救了英国教会的音乐，犹如帕勒斯特里纳（Palestrina）和特伦特宗教会议（Council of Trent）挽救了意大利教会音乐一样。女王以其惯有的坚定，支持在皇室教堂及天主教堂中备有大合唱队和正式音乐的那些教堂牧师。《通用祈祷书》成为英国作曲家的伟大歌剧剧本，国教礼拜式几可匹敌欧陆天主教的圣乐飘飘和高贵尊严。甚至清教徒，服从加尔文的领导，也赞成会众齐唱赞美歌。伊丽莎白嘲笑这些日内瓦捷格舞曲（Jigs），但它们很快地成熟为高雅的赞美诗。

女王具有一种世俗精神，而且喜欢别人的追求，其在位时音乐的辉煌成就仅是"情歌"。理所当然——所谓情歌是指配合旋律的爱情歌曲，无乐器伴奏的单部歌曲。1553 年，意大利情歌传入英国，并形成一个格调。莫利试图定其形式，在其引入的对话中加以解析，并欢迎大家模仿。约翰·威尔比（John Wilbye）的五声情歌暗示了这些"曲调"的主题：

> 唉！这是何等龌龊的生命，何等龌龊的死亡呀！
> 在那里暴君喜欢指挥！
> 我那春花盛开的黄金时代已趋衰败！
> 我那自负的抱负也已无望，而生命是一场胡缠。
> 我的欢乐此起彼落匆匆归去，
> 留下奄奄一息的我，
> 因为她轻蔑我的哭泣。
> 哦！她从我怀中离去，我的爱情已渐萎缩，
> 为了她的铁石心肠，唉！我死了犹有余恨。

威廉·伯德是伊丽莎白时代音乐界的莎士比亚，以善作弥撒曲、情歌、声乐或管弦乐曲驰名乐坛。当代人敬之为值得忆念的人。莫利说："音乐家提起他的名字无不充满尊敬。"地位同样崇高、多才多艺的皇室教堂音乐家奥兰多·吉朋斯（Orlando Gibbons）和布尔，这

两人和伯德联合写出英国第一部键盘音乐的书《为小键琴印行的音乐处女作》（*The Maidenhead of the First Music that Ever Was Printed for the Virginalls*，1611 年）。同时，英国人编成许多富有英国乡村健康淳朴风味的独唱曲，堪称一绝。约翰·都兰德（John Dowland），这位琵琶名手，因著有《唱曲》（*Songs*）而深受赞赏。托马斯·坎皮恩（Thomas Campion）也不甘落后，亦步亦趋，有谁不知坎皮恩的《樱桃熟了》（*Cherry Ripe*）呢？

音乐家有一个强有力的工会，在查理一世时受到内战的纷扰。当时乐器种类之多几与今日不分轩轾：琵琶、竖琴、风琴、小键琴或小方形钢琴、翼琴或大键琴、横笛、古箫（今日之哨笛）、木箫、小音栓铜喇叭、伸缩喇叭、小喇叭、鼓、各种今已为小提琴取代的弦乐器。音乐家演奏和伴奏喜用琵琶，年轻妇人至少在婚前较喜欢小键琴，那是钢琴的前身。乐器演奏主要是指小键琴、弦琴和琵琶。有一种室内音乐是由样式和音域不同的各种弦琴交响演奏的。有一次在詹姆士一世的王后御前表演的舞剧中，坎皮恩曾指挥了琵琶、大键琴、铜喇叭及 9 种弦琴齐鸣的交响乐（1605 年）。由伯德、莫利、都兰德及其他人编写的多数管弦乐均流传至今。这类音乐大体根植于形式，依照意大利风格，而且在细腻和柔美两方面见长，而非以强壮或宏伟方面取胜。赋格曲（fugue）和对位法（counterpoint）已经有了进展，但并无主旋律变换和变调的技巧，也无决定性的音调不协或变音的和谐。但我们的神经受现代生活严重的刺激而趋于紧张时，我们发现伊丽莎白时代的音乐有净化治疗的功效，不会疲劳轰炸，不会有讨厌的不和谐，没有震耳欲聋的终曲，只有那些英国的青年或女孩痛切或高兴地为了挫折的爱情而歌咏的永恒赞美诗。

英国的艺术（1558—1649）

伊丽莎白时期艺术上的成就不太瞩目。金属匠出产一些可爱的银器，如穆斯丁盐窖，并制造华贵的烤架，如温莎宫圣乔治教堂的烤架。约 1560 年，英国人已自制威尼斯玻璃了，这类玻璃器皿被许多人珍视，较之同类银器或金器更受重视。雕刻和瓷器业并不发达，尼古拉斯·希拉德（Nicholas Hilliard）发展了缩型画绘画学派，伊丽莎白赐予其复制影像的专利权。肖像画家皆来自外国：费德里戈·朱卡罗（Federigo Zuccaro）来自意大利，马库斯·海拉特（Marcus Gheeraerts）及其同名的儿子来自荷兰。穿着华丽长袍、佩戴嘉德勋章（Garter）的骑士塞西尔，其令人印象深刻的肖像，即是出于后者的手笔。此外，自霍尔拜因（Holbein）起至凡·戴克（Van Dyck），英国一直没有伟大的绘画作品。

伊丽莎白和詹姆士时代的英国，只有建筑是最重要的艺术，而且几乎全是世俗的建筑。欧洲还在进行宗教战争时，艺术已经忽视宗教了。中世纪时，最有深度的诗和艺术建基于天堂之上，因此建筑术都用在教堂建筑上，使家庭的建筑式样像监狱一样。都铎王朝的英国，宗教不再探讨生命，转而探讨政治问题。教会财富落到俗人手里，用以建筑民房和高贵的宫殿。建筑样式因而大变。1563 年，约翰·苏德（John Shute）刚从发扬维特鲁维亚（Vitruvius）、帕拉底欧（Palladio）、沙里欧（Serlio）等人建筑术的法国和意大利归来。不久，他就出版了《建筑的基本原理》（*The First and Chief Grounds of Architecture*），赞许古典形式的建筑。因此意大利瞧不起的哥特式建筑反而传入英国，文艺复兴时代宽阔水平的建筑物中还有哥特式垂直的建筑物，一枝独秀地向天空发展。

这个时代的平民建筑有某种不凡的成就：凯乌斯学院的荣誉门及剑桥大学克莱尔学院的四角大厦、牛津大学图书馆、伦敦的皇家交换所与中寺等。由于自沃尔西以来，律师已代替主教掌理英国行政，伊丽莎白时代文艺复兴建筑的民间杰作是法学院的大厦，1572 年落成于中寺。该厦内部尽头的橡木帘帏堪称一绝，可惜到了第二次世界大战，该巨厦竟被战火摧毁。

英国工商巨子财富足够开销时，他们建造许多可与卢浮宫匹敌的宫殿。约翰·泰尼爵士（John Thynne）建朗利宫（Longleat House）；什鲁斯伯里伯爵夫人伊丽莎白建哈德威克宫（Hardwick Hall）；苏福克公爵托马斯耗资 19 万镑建筑奥德利宫（Audley End），这笔款"主要是来自西班牙的贿款"；爱德华·菲利普爵士依纯粹文艺复兴的款式建了蒙塔丘特宫（Montacute House）；弗朗西斯·威勒比爵士则筑成沃拉顿宫（Wollaton Hall）。威廉·塞西尔将其部分积蓄投入斯坦福附近的一所大别墅；其子罗伯特也投入几乎相同的积蓄于哈特菲尔德宫，该建筑长廊是当时建筑中最华丽的内部设计。这类在顶楼上的长廊，在伊丽莎白宫中已取代了封建领主城堡中木制大堂的设计。华贵的烟囱，牢固的胡桃木或橡木家具，高贵的梯道，弯曲的栏杆及木制天花板，使这些宫殿式的房间有一种法国封建时代的城堡所没有的温暖和尊严的气派。就我们所知，这些宫殿的设计者是最早被称为建筑师的人。沃拉顿宫的建筑家罗伯特·史密森（Robert Smythson）的墓志铭称他是建筑师——杰出的建筑者之意。自此以后，这种伟大的职业就有了现代的名字。

现在，英国的艺术具有特殊的风格，每个人在其作品中表现其个性和意志。英尼戈·琼斯（Inigo Jones）1573 年生于史密斯菲尔德（Smithfield），少时即显露设计方面的不凡才华。一位公爵遣送他到意大利研修文艺复兴建筑，回到英国后（1605 年），他替詹姆士一世及其丹麦王后准备了许多舞剧的布景，旋又访问意大利（1612—1614年）。回国后，他热衷于维特鲁维亚著作的英译本（1567 年出版）中提示的古典建筑理论，而且他发现这些理论就是威尼斯和维琴查两地帕拉底欧、佩鲁齐（Peruzzi）、桑米切利（Sanmicheli）、圣索维诺（Sansovino）等建筑家的作品中表现出来的。他扬弃伊丽莎白时代流行的德国式、弗莱明式、法国式、意大利式等不规则混合的建筑形式，设计了一种纯古典式，那是多利安式、伊奥尼亚式及科林斯式的分开或混合型式，但仍维持一致性和统一性。

　　1615 年，他担任工程总督，负责皇家的全部建筑。白厅的餐厅焚毁时（1619 年），他受命为詹姆士一世另建新厅。他设计一串宏伟的大建筑——全部为 1152 英尺宽、874 英尺长——如果完成，英国皇室将拥有比法国的卢浮宫和土伊勒里宫（Tuileries）、凡尔赛宫或西班牙的埃斯克里卡尔宫（Escorical）规模更宏大的宫殿。但詹姆士宁愿终日沉醉而不愿建成传之几世纪的大建筑。他限制新餐厅的费用，因而无法照原定设计去做，呈现出古典派及文艺复兴时代从未具有的建筑物外貌。大主教洛德（Laud）请求詹姆士修建旧有的圣保罗大教堂时，建筑家竟将哥特式的本堂装入文艺复兴式的建筑物中。幸而这座建筑物在 1666 年的大火中被焚毁了。其后琼斯的帕拉底欧式建筑逐渐取代了都铎式。直到 18 世纪中期，它一直在英国最流行。

　　琼斯不但是查理一世的主要建筑师，而且显然敬爱这位不幸的绅士，内战爆发时，他就把储蓄埋藏在兰贝斯（Lambeth）沼泽，然后逃到汉普郡（1643 年）。克伦威尔的部下在那里捕获了他，但在缴了 1045 镑的赎款后他就被释放了。离开伦敦期间，他替彭布罗克伯爵设计了一所在维尔特郡的别墅。正面是简朴的文艺复兴式，内部装饰华贵高雅。"双重立方体"大厅 60 英尺长、30 英尺宽，被公认为英国最漂亮的华厦。由于皇室军队耗尽了皇家财富，琼斯不但失去众望，也失去皇家恩宠。他默默无闻地退休，死时赤贫（1651 年）。内战后重组英国政府时，艺术只好沉沉睡去。

伊丽莎白时代的人

　　综合说来，伊丽莎白时代的英国人是文艺复兴的继承者。在德国，宗教改革压倒了文艺复兴；在法国，文艺复兴扬弃了宗教改革；在英国，二者水乳交融成为一体。在伊丽莎白的统治下，宗教改革获胜；但文艺复兴也获重现。固然有那些沉静的——并非无言的——清教徒，但他们不是此时的关键人物。此时统治人物是有过人精力的人，他们从旧教条和旧限制中解放出来，但仍未与新思想连在一起。他们有无限的野心，期望发展其才能，表现其幽默，如果文学涉及生活，他们就易受其影响。他们在暴力攻击、邪恶及残酷的行为举止中，也力争上游想做个绅士。他们的理想一直徘徊于卡斯底里欧内（Castiglione）的《谄媚者》（*Courtier*）中的彬彬君子态度与马基雅维利《君主论》的残酷无德之间。他们赞赏西德尼爵士，但更渴望成为德雷克。

同时，在崩溃的信仰裂痕中，哲学继续向前进展，最受困扰的那些人往往具有当代最佳心智。在无阻的洪流中，有正统和保守的人物，更有胆怯柔弱的人物，也有罗杰·阿谢姆这种好人，他绝望地传播从前大家遵守的德行，但其学生已有了冒险的情绪。请听加百利·哈维（Gabriel Harvey）在剑桥大学的演说：

> 《四福音书》虽然教了，但没有人学习；基督的天堂之钥是冰冷的；除了谴责以外一无是处；礼仪规范在口中已经废止；司法在事实上仍有效力；道德却已被扬弃……大家好奇地追寻新闻、新书、新时装、新法律……某些人则追寻新天堂和新地狱……每天都有新主张，神性、哲学、人文主义、礼貌等均有异端……大家恨魔鬼还不如恨教皇来得深。

哥白尼已经震惊了全世界，他宣称地球在太空中团团转。乔达诺·布鲁诺（Giordano Bruno）于1583年任教于剑桥大学，讲述新天文学和无限的宇宙，并声称太阳因热能逐渐消逝而趋向死亡，群星崩毁渐成原子尘。诗人如约翰·多恩（John Donne）之流，觉得地球在脚下滑动。

1595年，弗洛里欧出版蒙田散文译本。从此，天下事已无定论，人们呼吸的是怀疑的气息。马洛是马基雅维利第二，莎士比亚则是蒙田的化身。智者怀疑之时，青年却在策划将来。假如天堂已在哲学疑云中迷失，那么年轻人就应下决心接受这个枯燥无味的人生，和采纳不管致命与否的各种真理、不管多么短暂的美丽及不管有害与否的各种权力。马洛就这样创造了浮士德和帖木耳大帝两个角色。

就是这种整理旧思想及热切发表新希望、新梦想的心灵自由，才使伊丽莎白时代的英国值得我们追念。假如以上述这些事为内容的文学不能反映每个时代有思想的人的希望、迟疑和决心，我们何必关怀其政治敌对、其宗教纷争、其海战胜利、其渴求黄金呢？那个激动时代的各种影响促成伊丽莎白王朝的狂欢：征服和发现的航行扩大了疆域、市场及心智；中产阶级的财富扩大了商业的范围与目标、异端文学与艺术的启示、宗教改革的兴起；英国扬弃教皇的势力，无意中引导人类放弃教条归向理性的神学辩论，教育发达及书本和戏剧的流行，长期有利的和平；然后是引起挑战，和对西班牙令人狂喜的胜利，对人力和思想日益增强的信心。这些是导致英国伟大的因素，这些是使英国因有莎士比亚而伟大的因素。自乔叟以来历经两个默默无闻的世纪，现在它终于迸发了散文、诗歌、戏剧及哲学的热情火花，勇敢地面对这个世界。

第三章 | 派那西斯山坡
（1558—1603）

书

　　此时书籍数不胜数，日见增多。巴纳比·里奇（Barnaby Rich）于 1600 年写道："这个时代的最大通病之一，就是全世界书的印行数目一直增多，大家难以消化这么多的无聊事。因为它们每天都在生产，然后传于全世界。"伯顿也说（1628 年）："我们已由于这么多的书而引起分歧纷扰，我们受这些书的压迫，我们的眼睛疼痛了，手指也翻痛了。"但这二人都写书。

　　贵族阶级知书达理，在物质上赞助那些献书助兴的作者。塞西尔、莱斯特、西德尼、雷利、埃塞克斯、南安普敦、彭布罗克伯爵及夫人都是很好的赞助人，他们在英国贵族与作者之间建立了一种关系，这种关系甚至塞缪尔·约翰逊（Samuel Johnson）在查斯特菲尔德（Chesterfield）讲学以后，仍然存在。发行人给予作者每小册约 40 先令，每部书约 5 镑。两三位作者试图专以摇笔杆为生，"文人"这种绝望的职业，此时已在英国成形。很多富有人家有私人图书馆，公立图书馆还很少见。1596 年自加的斯返国途中，埃塞克斯暂时在葡萄牙的法罗（Faro）一地逗留，并尽取主教杰罗姆·奥索利亚斯（Jerome Osorius）的图书馆藏书。他把这些书赠予托马斯·博德利（Thomas Bodley）爵士，博氏又将之藏起，后来遗赠给牛津大学（1598 年）的博德利图书馆。

受到国家法律和群众兴趣的控制，书商是在焦虑中求生存发展的。伊丽莎白时代的英国共有 250 个书商，因为此时印刷和卖书仍然是同一种生意，他们多数自营印刷。伊丽莎白时代晚期，印刷和发行两个行业才分开。发行人、印刷人及卖书人联合组成"印书公司"（Stationers' Company，1557 年），印刷品在这个行会登记就有版权，不过版权不是保护作者，而是仅保护发行人。通常该公司登记的只是取得合法印刷执照的那些出版物，凡是著作、印刷、贩卖或持有损害女王或政府书籍的，印刷或进口异端书籍或教皇圣谕或教书的，或持有主张教皇权力优于英国国教书籍的，均犯重罪。违反这种禁令而受刑者不算少数。印书公司获得授权可以搜查印刷厂，可以焚毁无照的印刷品和拘禁其发行人。伊丽莎白时代的出版检查较宗教改革以前的任何时代都要严厉，文艺仍然欣欣向荣，就像 18 世纪的法国一样，出版危机反而使智慧更加敏锐。

学者很少，这是一个创造而非批评的时代，在炽热的神学变革年代，人文主义的洪流已经枯竭了。多数的历史学家仍是编年史家，以年代来做不同的历史叙述。不过，理查德·诺里斯（Richard Knolles）的《土耳其通史》（General History of the Turks，1603 年）是一部比较优秀的作品，很令伯夫利欣赏。拉斐尔·霍林斯赫德（Raphael Holinshed）的《编年史》（Chronicles，1577 年）供给莎士比亚英国历朝帝王的史实，因而其声名意想不到地大为增加。约翰·斯托（John Stow）的《英国编年史》（Chronicles of England，1580 年）具有"某种智慧的色彩，劝人为善，及对那些不适当的事情产生强烈的憎恨感"，其中的学识却贫乏得可悲，其文章具有引人沉沉欲睡的特性。其《伦敦观测》（Survey of London，1598 年）一书显得较有学问，但并未使他赚到更多钱。到了老年，他甚至穷得要发给他乞讨许可证。

威廉·卡姆登在其《大不列颠》（*Britannia*，1582 年）一书中，以流利的拉丁文描述英格兰的地理、景观及古物。《伊丽莎白时代英格兰和爱尔兰编年史》（*Rerum Anglicarum et Hibernicarum Annales Regnante Elizabetha*，1615—1627 年）一书是基于小心研究原始文件而写成的。卡姆登一味增加伟大女王的荣光，推许斯宾塞，忽视莎士比亚，赞赏罗杰·阿谢姆，但令人痛心的是，这样好的一个学者，竟因喜爱赌博和斗鸡致死，死时一贫如洗。

阿谢姆曾任"血腥玛丽"的国务大臣、伊丽莎白的家庭教师，死时（1568 年）曾留下英国最著名的教育论文《教师》。主要论述拉丁文的教学，但另以雄浑淳朴的英语，吁请以基督的仁慈教育取代伊顿学院严厉的手段。他曾提到一次与伊丽莎白政府要员吃饭时，话题转到鞭打教育的情形，并说塞西尔赞成采取较温和的方法。而理查·沙克维尔（Richard Sackville）爵士私自对阿谢姆供认，"一位好笑（愚蠢）的教师……使我为了恐惧鞭打，再也不爱读书了"。

学者最主要的成就是使外国的思想灌输到英国人的心智中。16 世纪末，希腊、罗马、意大利、法国等国作品的译文，形成一股浪潮并横扫了整个英国。荷马史诗要等到 1611 年才由乔治·查普曼加以翻译。当时缺少希腊戏剧英文译本，也许就是伊丽莎白时代的戏剧采取浪漫派形式而非古典派形式的主因，但是已有下述作品译本：西俄克里图斯（Theokritus）的《田园诗》，穆塞俄斯（Musaeus）的《海洛与利安得》（*Hero and Leander*），埃皮克泰图斯（Epictetus）的《手册》（*Enchiridion*），亚里士多德的《伦理与政治》（*Ethics and Politics*），色诺芬的《居鲁士劝学录》（*Cyropaedia*）和《国家经济学》（*Oeconomicus*），狄摩西尼和伊索克拉底的《演讲集》，希罗多德、波力比阿、狄奥多鲁斯·西库拉斯（Diodorus Siculus）、约瑟夫斯（Josephus）及亚比安（Appian）等 5 人的历史著作，赫里奥多拉斯（Heliodorus）和朗戈斯（Longus）的小说，托马斯·诺思爵士（Thomas North）将阿米奥（Amyot）所译的普鲁塔克的《传记》（*Lives*）法文翻译本，转译成生动的英文本。译自拉丁文者有维吉尔、贺拉斯、奥维德、马希尔（Martial）、卢肯（Lucan）等人的作品，也有普劳图斯、泰伦斯及塞涅卡的剧本，李维、萨卢斯蒂、塔西佗及苏多尼乌斯（Suetonius）等人的历史作品。译自意大利的有彼特拉克的十四行诗，薄伽丘的《菲洛科珀和菲亚玛塔》（*Filocopo and Fiammetta*，但是 1620 年以前未将《十日谈》译成英文）、圭恰迪尼和马基雅维利的《历史集》、阿里奥斯托（Ariosto）的《奥尔兰多》（*The Orlandos*）、卡斯底里欧内的《廷臣》（*Libro del Cortegiano*）、塔索（Tasso）的《被解放的耶路撒冷》（*The Gerusalemme Liberata*）和《阿明塔》（*Aminta*）、瓜里尼（Guarini）的《菲都牧师》（*Pastor Fido*）、班戴洛（Bandello）及其他作者的寓言小说，后来集入威廉·班特（Welliam Painter）的《欢乐之宫内》（*Palace of Pleasure*，1566 年）。马基雅维利的《君主论》迟至 1640 年才译成英文，可是伊丽莎白时代的人都很熟悉。哈维说，剑桥大学中，"邓斯·司各特（Duns Scotus）和阿奎那的理论，因受学生骚动的影响……在校园中完全被摒弃了"，被马基雅维利和让·博丹（Jean Bodin）的学说取代。译自西班牙的有最长的爱情故事《阿玛迪斯·高拉》（*Amadis de Gaula*）、第一本描写恶汉的小说《小癞子》（*Lazarillo de Tormes*）、第一本古典乡土作品蒙特梅尔（Montemayor）所著的《戴安娜》（*The Diana*），取自法国的最佳战利品是普莱亚迪（Pleiade）的诗、蒙田的散文，均由弗洛里欧译成英文（1603 年）。

这些译文对伊丽莎白时代的文学影响甚巨。模仿古典作品开始——继续了两个世纪——阻碍英国诗和散文的发展。多数令人追念的伊丽莎白时代的作家，均熟知法文，因此翻译并非必要。意大利吸引着英国，英国的田园派仿自桑纳扎罗（Sannazaro）、塔索及里尼，英国十四行诗仿自彼特拉克，英国小说仿自薄伽丘和寓言小说。这些作品供给马洛、莎士比亚、约翰·韦伯斯特（John Webster）、菲利普·马辛格（Philip Massinger）、约翰·福特（John Ford）等人著作的材料，并使许多伊丽莎白时代的戏剧都以意大利城镇为背景。排斥宗教改革的意大利，不谈宗教改革而排斥旧神学，甚至基督教的伦理观也受扬弃。伊丽莎白的宗教独自摇摆于天主教与新教之间、不知抉择之际，伊丽莎白时代的文学却已不顾宗教的纷争，径自恢复文艺复兴的精神与活力。有一段时期，意大利受到贸易路线改变的影响而一蹶不振，只好将文艺复兴的火炬传给西班牙、法国和英国。

智慧之战

在伊丽莎白朝的狂欢时代，诗与散文像一股狂流倾泻而出。我们已知 200 位伊丽莎白时代诗人的大名，但直到斯宾塞著《仙后》，只有散文受到当时英国人的注意。

约翰·李利于 1579 年著有富于想象的《尤弗伊斯》（*Euphues*）一书，或称《智慧的解剖》（*The Anatomy of Wit*），首先受到英国人的注意。李利表现的主题是通过教育、经验、旅行和谆谆诱导，即可产生明智善性的人物。尤弗伊斯（意为"良言"）是一位雅典青年，其出外冒险的故事，供给讨论教育、礼节、友谊、爱情及无神论的讲坛。这本书非常畅销，应归功于其特殊的体裁——对照格、头韵、直喻法、双关语、对称子句、古典叙述、想象的交互使用。这种体裁像暴风一样地扫过伊丽莎白的宫廷，流行达一个世纪之久。如：

> 这位英勇的年轻人，机智胜于财富，而财富又超过智慧，自视其快活不亚于任何人，以为其诚实远优于所有人，因而他自以为适合做任何事情，结果几乎终日无所事事。

李利文章的弊病，究竟是仿自意大利人马里尼（Marini）、西班牙人盖瓦拉（Guevara）或佛兰德斯的韵文家，至今尚无定论。无论如何，李利乐于接受这些影响，然后又影响了伊丽莎白时代的其他人。它破坏了莎士比亚早期的戏剧格调，影响了培根的论文集和语言的发展。

这是一个注意用词的时代，剑桥大学教师哈维发挥其全部影响力，试图使英国的诗由重视重音和韵律转向重视基于音节长短的古典脚韵。受其鼓励，西德尼和斯宾塞在伦敦成立文艺俱乐部，称为最高法院（*The Areopagus*）。有一段时间，该俱乐部力图迫使伊丽莎白时代的活力转入维吉尔形式的著作。纳什故意模仿哈维"跳跃式的"六步韵，讥为完全与宫廷文学脱离。哈维卖弄学问、谴责纳什之友格林的无德时，他成为笔战的目标。这次论战带给英国的文艺复兴时期尖酸谩骂的各种方法。

格林的一生是自维庸（Villon）至魏尔伦（Verlaine）止，上千种波希米亚人浪漫无行的文艺生涯的缩影。他与哈维、纳什和马洛一样，都是剑桥大学的学者。在那里，他与一群和他一样"荒唐的滑稽人"过从甚密，他和他们一起"消耗了青春的花朵"。

> 我沉浸于骄傲中。狎妓是我每日的运动，酩酊大醉是我唯一的嗜好……到此为止我对上帝一无所求，所以我很少想到上帝，反而喜欢拿上帝的名字来骂人和亵渎……假如我在世之时一直有欲望的存在，我就很满足，只有等死后再让我改变也罢……我畏惧法官审判的程度与我恐惧上帝的审判并无轩轾。

他到意大利和西班牙旅行，他说他在那里"看到和做的恶事令人作呕而不愿说出"。返国后他成为伦敦酒店的常客，红发、针须、丝袜，还带贴身卫士。他结婚后，温柔地述说婚姻的忠诚与快乐。不久他就为了情妇而遗弃自己的发妻，在情妇身上花的却是发妻的财产。从亲身体验的第一手资料中，他写了《诈欺集团的惊人发现》（*A Notable Discovery of Cozenage*，1591 年），描述黑社会的欺诈手段，并警告进入伦敦的乡下人注意骗子、玩假牌者、扒手、老千及妓女的诈欺手段。因此，黑社会想要取其生命。令人惊奇的是虽一直过着邪恶的生活，他竟还有时间写下 12 部小说（尤弗伊斯体裁）、35 本小册及许多成功的剧本，笔调具有新闻记者的迅速和活力。其精力和收入锐减之时，他才发现德行也有相当道理，因而就像他作恶一样，他以过人的雄辩畅述他的忏悔。1591 年，其《再见愚蠢》(*Farewell to Folly*) 一书出版。1592 年，他编写两篇相当重要的文章，一是《关于一个暴发户马屁精的妙语》(*A Quip for an Upstart Courtier*)，攻击哈维；二是《格林的小智慧》(*Greene's Groatsworth of Wit Bought with a Million of Repentance*)，攻击莎士比亚，并呼请其腐化的同伙——显然是指马洛、皮尔（Peele）和纳什——改过迁善，敬神忏悔。1592 年 9 月 2 日，他向受其遗弃的发妻请求付给一位鞋匠 10 镑，因为若没有他的照顾，"我已在街头中逝世了"。第二天，在这位鞋匠的家里，他告别了人间——据哈维说，是死于"吃了太多的腌青鱼和莱茵河流域的酒"。其女房东赞赏其诗，宽恕其债务，在其头上戴上桂冠，并替他妥为安葬。

伊丽莎白时代的散文家中，格林之友纳什的口舌最不饶人，拥有广大的读者。他是副牧师之子，讨厌俗礼的拘束，剑桥毕业后住在伦敦的波希米亚浪人区，撰文为生，学到能够"信笔疾书自成文章"。其《不幸的旅客》(*The Unfortunate Traveller*) 及《杰克·威尔顿传》(*The Life of Jack Wilton*，1594 年)，奠定了英国流浪汉小说（Picaresque Novel）的基础。格林死后，哈维在《四字经》(*Four Letters*) 中攻击格林和纳什，纳什也连续发表小册反击哈维，而至《与你同赴萨弗伦·沃尔登》(*Have with You to Saffron Walden*，1596 年) 一文发表时达到高潮：

> 读者，开心吧！因为在我身上不缺令你们开心的事……这或将使我倒霉，但我将使他被嘘出这所大学……我要扔掉他。我把他揪上剑桥最主要学院的舞台上时，你们会给我什么呢？

哈维面对这种攻击仍然幸存下来，活得比那群波希米亚无行文人长，他死于 1630 年，享年 83 岁。纳什续完成其友马洛的戏剧《狄多》（*Dido*），与本·琼森合著《狗岛》（*The Isle of Dogs*，1597 年），后以引诱罪被起诉，终而默默无闻地消沉下去。34 岁（1601 年）即英年早逝，这也是他短暂生命的巅峰时期。

菲利普·西德尼（1554—1585）

远离那疯狂的一群，西德尼平静地更早走到生命的尽头。伦敦国家人像画廊（The National Partrait Gallery of London）中陈列的西德尼像，似乎脆弱得不像一个男人：瘦削的脸，褐色的头发。兰古特（Languet）说他"一点也没有健康的样子"，艾布雷说他"极为漂亮"，"不像个男性，但是……具有大勇"。某些腹中有牢骚的人，认为他有一点自负，并觉得他在过分追求完美。唯其英雄式的结局终使大家原谅他的德行。

其母玛丽·达德利夫人（Lady Mary Dudley），是爱德华六世时掌政的诺森伯兰公爵的女儿，有此母亲谁不骄傲；其父亨利·西德尼爵士是威尔士首席贵族和爱尔兰第三任贵族代表，有此父亲谁不骄傲；得以西班牙菲利普二世为其教父，并因而得其基督教教名，谁不骄傲呢？在其短暂的一生中，他部分时间是住在宽敞的彭夏斯特大厦（Penshurst），有橡木横梁，有天花板、画墙及水晶吊灯，是当时留下的最漂亮古迹。他年仅 9 岁即受封为世俗教区长，年俸 60 镑。10 岁进入什鲁斯伯里学校，该校距其父任威尔士首席贵族的官邸勒德洛（Ludlow）堡不远。亨利·西德尼爵士不时写信给这位 11 岁的小童，信中充满了可爱的智慧之语。

菲利普用力甚勤，收效也大，成为其叔莱斯特及其父之友塞西尔的宠儿。在牛津大学 3 年后，他奉派赴巴黎担任英国使馆的小职员。

查理九世宫廷曾殷切予以招待，他也目睹圣巴托罗缪节大屠杀。他悠然自在，环游法国、荷兰、德国、波希米亚、波兰、匈牙利、奥地利和意大利。在法兰克福，他与胡格诺教派的学术领袖兰古特订下生死之交；在威尼斯，保罗·韦罗内塞（Paolo Veronese）曾替他绘像；在帕多瓦，他接受了彼特拉克十四行诗的传统。回到英国，他受到宫廷的欢迎，而且在两年内一直是女王的舞伴。有一阵子，因反对女王与艾列森的婚姻而失宠。他具有骑士高贵的各种特性——重视门第、马上比武的技巧与勇武、宫廷礼仪、谨守信誉及为爱情滔滔雄辩。他研读卡斯底里欧内的《廷臣》，试图模仿那位绅士哲学家所谓的理想绅士的典型，而其他人又模仿西德尼的举止行为。斯宾塞称他是"贵族和骑士的领袖"。

这是一件划时代的大事，以往贵族蔑视文艺，现在却开始写诗，并允许诗人附骥于门下。西德尼虽然并不很富裕，却成为当时最活跃的文学赞助人。他曾协助卡姆登、哈克路特（Hakluyt）、纳什、多恩、丹尼尔、本·琼森，尤其是斯宾塞。斯宾塞极为感激他的协助，誉之为"博学者的希望和年轻诗人的赞助人"。很反常的是，戈森竟赠给西德尼《恶行学校》一书，该书题旨称他是"令人欣然的抨击诗人、音乐家、演奏者、说笑话者及王国的那群像毛虫的无赖"。西德尼起而应付挑战，写下第一本伊丽莎白时代的古典作品《诗之辩护》（*The Defence of Poesy*）。

依据亚里士多德和意大利评论家的先导，他将诗下定义为："一种模仿的艺术……表达、模仿或想象……一种能以言词表达的图像"，要达到"教育和娱乐的目的"，他将道德置于艺术之上，认为艺术应借图像为例教人以德：

> 哲学家……及历史学家……前者通过箴言，后者通过范例，而达成其目标；是这两种人，若无此二者，则工作势将停顿下来。因为哲学家以锋利的论证定下了空洞的（道德）规范，很难

加以解释，而且太含糊难以把握，所以除他以外找不到指点迷津的人，直到他进入老年为止，或在他找到可以坦诚一吐的事实之前，就会追随他。因为其知识建基于抽象和空泛的理论基础上，因此可以了解其理论的人就感到高兴了……反之，历史学家缺乏格言，注意的不是应该如何，而是已经如何……所举和范例并无必然如果，因而这就是收效较少的理论。现在无匹敌的诗人却表现了这两种东西，因为无论哲学家说该做什么，诗人都会提供已经做到的哲学家要求的那个人的完美图像，因而他就是以特殊范例来表达一般的观念。我之所以说完美的图像，是因为他随心灵的力量产生了影像，那是哲学家仅能以语言加以描述的，然而这类描述无法像诗人那样推敲深入或拥有其人的影像。

依据西德尼的观点，诗是包含各种想象性的文学在内——戏剧、诗及想象的散文。"并不是押韵及诗化便是诗；一个人的作品虽未诗化，然其本质可能仍是诗，也可能作品诗化了，而创作的却不是诗。"

他在箴言之上加上范例。1580 年，著作《诗之辩护》的那年，他开始写《彭布罗克伯爵夫人桃园赋》（*The Countess of Pembroke's Arcadia*）。伯爵夫人是其妹，为英国最受喜爱的夫人之一。她生于1561 年，比菲利普小 7 岁，曾经接受各类教育，包括拉丁语、希腊语和希伯来语，而其魅力一直不衰。她成为伊丽莎白王室的一员，女王出巡时例必由她陪同。其叔莱斯特预付给她部分嫁妆，她才得以嫁给彭布罗克伯爵亨利。据艾布雷的说法，"她很淫荡"，另有情人取代其夫。但西德尼仍然很崇拜她，应其请求写下了《彭布罗克伯爵夫人桃园赋》。

模仿桑纳扎罗的《桃园赋》（*Arcadia*，1504 年），西德尼这篇散文冗长而轻松地幻想了一个有勇敢君王、漂亮公主、高贵骑士、神秘的化装及诱人景色的世界："乌拉妮娅的可爱，是这个世界所能表现的最伟大的事"，然而如此的赞赏也仅能表现其万一而已；帕拉底亚斯"富有敏锐的机智，不会故炫其才，高尚纯正的思想寓于谦虚之心中；虽能滔滔雄辩，但谈吐温婉，言语甚为缓和；举止高贵，虽在困境亦如此"。显然，西德尼曾读过《尤弗伊斯》一书。故事本身是爱情的迷宫：皮洛克里斯伪装成妇人去接近美丽的菲洛可丽，令他感到挫败的是她竟爱他如同姐姐，而其父却爱上了他，误认他是女人，其母也爱上了他，认为他是男人。不过，故事的结局完全不违反上帝的十诫。西德尼根本未把这本书当作一回事，他从未校正原稿，临死前嘱咐将之销毁。但仍然被保存下来，重新编辑、出版（1590年），而且在10年内为伊丽莎白时代散文中最受欢迎的著作。

在写作这部罗曼史和《诗之辩护》中、在担任外交官和士兵生涯中，他编写了一连串十四行诗，开莎士比亚十四行诗的先河。要写这些诗，以有失恋的经验为宜。在第一任埃塞克斯伯爵的女儿佩尼鲁普·德弗罗（Penelope Devereux）身上，他找到了失恋的感觉。她把他的呻吟和歌颂当作正当的游戏，最终嫁给男爵里奇（1581年）。西德尼继续写十四行诗向她倾诉，甚至在她与沃尔辛厄姆结婚后仍是如此。伊丽莎白时代的英国人很少会为这种"诗的破格"（Poetic License）而震惊，没有人认为男人写十四行诗应以妻子为对象，做妻子的大方到足可使诗人安心写作。一连串的十四行诗在西德尼死后印行成书（1591年），题名为《爱星者与星星》（*Astrophel and Stella*）。该诗集模仿彼特拉克的体裁，奇怪的是这里的劳拉也有类似德弗罗的眼睛、头发、眉毛、双颊、皮肤和嘴唇。西德尼相当了解，他的热情本身就是一种写诗的手法。他曾写道："假如我是一位情妇，十四行诗诗人永远不会令我相信他们爱我。"一经被视为美好的游戏，这些十四行诗立即成为莎士比亚以前的最佳作品，甚至月亮都害相思病：

> 哦！月亮，以何等悲伤的脚步，你攀上了云空，
> 多么沉寂，多么沉郁的面容！
> 啊！也许天堂亦不例外，

那忙碌的射手也试着射出爱情的箭？

的确，倘若那对渴望爱情的熟悉双目，

断定了爱已发生，了解了爱人的状况，

我就可从你的神色中看出，你动情的风姿，

对我，与卿相同，从你的情况即可了然。

那么，月亮呀！即使只为了友谊，也请告诉我，

除了缺少机智外，那里是否有永恒的爱？

在那里美丽是否与此地一样可傲？

它们是否比爱情更被喜爱，但是

那些爱人是否蔑视拥有那类喜爱的人？

他们是否把德行称为忘恩负义呢？

　　1585 年，伊丽莎白派遣西德尼协助荷兰叛军反抗西班牙。虽然尚未满 31 岁，他已受封为总督。由于士兵的俸给均是贬值的货币，他要求小气的女王供应更多的补给和较佳的待遇，因而得罪了她。他率领士兵攻占亚塞（Axel，1586 年 7 月 6 日），并身先士卒，在最前线作战。在聚特芬战役（9 月 22 日）中，他表现得太勇敢了。其坐骑在战役中被杀，西德尼迅即跃上另一匹马，冲杀至敌阵内。敌阵中一颗步枪子弹射入他的大腿骨中。坐马失去控制，奔回莱斯特阵内。[1] 西德尼立即被送回阿纳姆（Arnhem）的民房内安置。在 25 天中，他被那些无能的外科医生害得很苦，最后引起伤口化脓腐烂，10 月 17 日这位"当代伟人"（斯宾塞挽语）去世。临死那天他说："对这个世界性的帝国我不改我的乐观。"其灵柩带回伦敦时，葬礼的隆重为英国在纳尔逊之前未曾见。

---

[1] 一个无法证实的故事说，一杯水送给受伤的西德尼，他却转递给旁边濒临死亡的士兵，并说："你比我还需要这个。"

埃德蒙·斯宾塞（1552—1599）

斯宾塞说："西德尼逝矣，逝者是我的朋友，逝去的是活在世上的欢乐。"斯宾塞之所以有勇气写诗，应归功于西德尼的鼓励。斯宾塞不幸生为织工之子，只是贵族斯宾塞家的远亲，当然谈不上有显达的机会。依赖慈善机构的奖学金，他才能在麦钱特·泰勒伊斯学校就读，然后至剑桥彭布罗克学院读书，仍须半工半读，自付膳宿费。16岁时，他开始写诗——甚至开始出版。哈维试图使他以古典形式和主题写诗，斯宾塞最初谦逊地取悦于他，但不久就反对接受这种限制，因为接受这类限制必须把不合己意的脚韵放在诗中。1579 年，他把《仙后》的首部示于哈维，哈维不喜欢其中包含的中古寓言式的故事，也不欣赏其中精美的形式，他劝告斯宾塞放弃这种设计，但斯宾塞继续写下去。

暴躁好战的哈维替斯宾塞找到一个在莱斯特伯爵手下的职业。在那里，他认识了西德尼，很喜欢这个人，作《牧羊人的日历》（*The Shepherd's Calendar*，1579 年）献赠予他。该诗形式仿自西俄克里图斯的作品，但依据流行历书的安排，照每年各季节分配牧羊人科林·克劳特（Colin Clout）的工作。其主题是描写牧羊人科林·克劳特单恋残忍的罗莎琳德（Rosalind）的故事。这算不上值得推介的作品，幸有西德尼的赞扬，斯宾塞才赢得一些喝彩。为了谋生，诗人接受新任爱尔兰贵族代表格雷爵士亚瑟的秘书一职。随之出征，目睹格雷在斯梅里克屠杀投降的爱尔兰人和西班牙人，也无异议。经过 7 年替爱尔兰的英国政府服务后，他从没收的爱尔兰叛军财产中取得位于马洛与利麦立克（Limerick）之间的基尔科曼（Kilcolman）城堡及 3000 英亩的土地。

在该地，斯宾塞定居下来，成为垦殖的乡绅，写作精美的诗。为了悼念西德尼的逝世，他写下流畅冗长的挽歌《阿斯特斐尔》（*Astrophel*，1586 年）。之后他又更新、加长《仙后》一诗。胸中热情澎湃，他于 1589 年渡海返回英国，由雷利推介觐见女皇，并呈献该诗前三册给她，"这三本书将随女王的声名永存"。为赢取普遍的欢迎，他在该诗集的序中献赠颂诗于彭布罗克伯爵夫人、卡鲁夫人、哈顿爵士、雷利爵士、伯夫利爵士、沃尔辛厄姆爵士、汉士顿爵士、布克哈斯特爵士、格雷爵士、霍华德爵士、埃塞克斯伯爵、诺森伯兰伯爵、牛津伯爵、奥蒙德尔伯爵、昆布兰伯爵等人。伯夫利伯爵与莱斯特斗争不已，攻击斯宾塞是一位无聊诗人，但许多人称他是自乔叟以来最伟大的诗人。女王心情愉快，答应每年给他 50 镑养老金，财务大臣伯夫利爵士却故意延缓支付。斯宾塞曾经期望得到实质的收获，现在失望了，只好回到爱尔兰的城堡，在蛮荒、仇恨和恐惧中，过着写作那部理想史诗的生活。

他曾打算把这部史诗写成 12 册。1590 年印行 3 本，1596 年印行另外 3 本，自此以后即无进展。即使如此，《仙后》比《伊利亚特》长两倍、比《失乐园》长 3 倍。每册是一个寓言故事——谈到神圣、戒酒、贞操、友谊、正义、礼仪，全书旨在通过既有的范例的教训，"剖画一个有德行有纪律的绅士或高贵的人"。这就与西德尼把诗当作通过想象的范例表现道德的观念完全相符了。因为非常注意礼仪，斯宾塞的著作很少谈到肉欲享受的问题。有一次他偶然目及"雪白的胸脯，袒露着等待糟蹋"，他却高傲地走过，置之不理。通过 6 篇诗，他高唱骑士爱情的高调，即是对美丽妇人的无私的服务。

对我们这些忘了骑士精神、讨厌骑士和惑于寓言故事的人来说，《仙后》最初读起来觉得清新可喜，却因太长而无法竟篇。书中的政论被该时代人所喜欢或厌恶，对于我们而言毫无意义。书中轻描淡写的神学之战对于我们而言不能引起震动，其故事至多是对维吉尔、阿里奥斯托及塔索等人的模仿而已。在人为的奇想、笨拙的倒置法、虚伪的仿古和求新及未受阿里奥斯托微笑影响的罗曼蒂克夸张方面，世界文学史上找不到超过美丽的《仙后》的诗篇。约翰·济慈（John Keats）和雪莱（Percy Shelly）喜欢斯宾塞，尊他为"诗人中的诗人"

（The Poet's Poet）。为何？是不是因为其形式上某种美感可以弥补中古的荒诞不经，还是某种绮丽的文笔可以美化其中的失真？斯宾塞的新九行诗是一种麻烦的体例。斯宾塞的诗虽极圆融，如行云流水，而常使我们感到讶异，但是有多少次他竟为了韵律而牺牲内容！

　　他曾经中断《仙后》的写作，改写一些短诗，也许那才是他成名的主因。其《小爱人》（*Amoretti*）十四行诗（1594 年）也许是彼特拉克派的奇想，或是其长年追求伊丽莎白·波丽（Elizabeth Boyle）的反映。他于 1594 年娶了她，在其最佳的诗作《结婚曲》（*Epithamium*）中咏颂其结婚的快乐。他毫不自私地让我们分享她的魅力：

> 告诉我，商人的女儿，以前你曾否见过
> 如此漂亮的女人，在你们的镇上，
> 如此甜美、可人，温柔似她，
> 美貌兼备德行，便益增风采。
> 她善良的眼睛似青玉般明亮，
> 前额似象牙般白净，
> 她的双颊像太阳晒红的苹果，
> 嘴唇似樱桃般诱人欲尝，
> 她的胸脯像碗明净的乳酪，
> 乳头就像含苞待放的百合，
> 她的雪颈似大理石般光洁，
> 而她的胴体就像一座美丽的官殿……

婚礼和欢宴过后，他敦请客人立即离开：

> 现在该停止了，少女们，欢乐已经过去，
> 你们整日的欢乐已经足够，
> 现在白昼已逝，夜晚也近尾声。

如今该将新娘送到新郎怀中……

她躺在床上；

躺在百合和紫罗兰的旁边，

丝帘低垂，

香气迷人的花帷床单和棉被……

但愿此夜只有沉静寂然，

没有暴风或伤心的争吵，

别像耶夫与美丽的艾尔可梅娜躺在一起……

让少女与少年停止歌唱，

不让森林回答他们，也不让他们的回声响过天空。

还有女孩完成终身大事比这更富情调吗？

斯宾塞这些奔放的感情，尽情表现于《四首赞美诗》（*Four Hymns*）中，尊重人间的爱、人间的美、天上的爱及天上的美，仿自柏拉图、费西诺及卡斯底里欧内，开济慈的《恩底弥翁》（*Endymion*）一诗的先河。他忏悔作了"许多首色情短诗"，而愿通过可爱的胴体，使其灵魂找到超俗的美，那是程度不同的隐藏于人间诸物之中的。

爱尔兰人的痛苦遭遇不啻一座活火山，斯宾塞住在那可以说每天都接近死亡边缘。就在怨恨积成的火山再次爆发之前，他写了一篇好散文（因为只有诗人才写得出好的散文）《爱尔兰现状之我见》（*View of the Present State of Ireland*），主张英国方面适当增加经费和军队，以期完全征服爱尔兰。1598 年 10 月，曼斯特失地的爱尔兰人如火如荼地起来抗暴，驱逐英国殖民者，并烧毁基尔科曼城堡。斯宾塞夫妇在千钧一发中死里逃生，逃回英国。3 月后，其财产和热情均已消耗殆尽，诗人终于魂归道山（1599 年）。不久注定随其逝世的埃塞克斯爵士为他收埋礼葬，贵族和诗人列队送他出殡，并在威斯敏斯特的墓上献花和致挽词。

现在整个英国竞相写作十四行诗，一时成为风尚，足与戏剧相比——形式上大体颇为精良，只是主题与用词多是陈旧套语；均致少女或其赞助人，并惋惜她们的过分拘谨，劝请她们在美丽褪色之前要善加利用；有时候新颖的旋律闯入心扉，男人答应其情妇在迅急的结合当中给予小孩以为报酬。每位诗人找到一位劳拉——或丹尼尔笔下的迪莉娅，托马斯·洛吉笔下的菲利普斯，康斯特布尔笔下的黛安娜，富尔克·格雷维尔笔下的卡利尔。当中最著名的十四行诗人是塞缪尔·丹尼尔，本·琼森虽是粗野工人，然非"未成熟之人"，称之为"诚实的人，惜非诗人"。米歇尔·杜雷顿（Michael Drayton）的《珀伽索斯集》（*Pegasus*）具有散文式的诗脚，在各种诗型中特立独行，其中一首十四行诗却有清新的旋律，通过向情妇道别，激使她不再小气——"因为已无他法可想了，过来，让我们吻别吧！"

总而言之，除了戏剧外，伊丽莎白时代的文学较法国落后一个世代之久。散文极有活力、易变，常常纠缠混乱，屡有冗词，多幻想，有时却有高贵的风格和感人至深的韵律，只是未产生像拉伯雷或蒙田这类文学家。在诗歌方面，除了《结婚曲》和《仙后》外，均胆怯地模仿外国的作品。斯宾塞在欧陆从未拥有读者，但龙沙（Ronsard）在英国也未得到读者拥护。诗可以解释语言，我们可以感到其中有一种一般言语听不到的音乐在跃动。民谣较之宫廷诗歌更易获得一般百姓的注意与喜好，它们贴在酒家或酒店的墙上，街头巷尾均有人高唱和出售，兰德尔（Randall）爵士诗集中的挽歌至今使我们感动。也许受了这些民间流行诗歌的影响，而不是受了十四行诗人的高明技巧的感化，伊丽莎白时代的英国人才懂得欣赏莎士比亚的作品。

戏剧舞台

英国文学在乔叟与斯宾塞之间有一段很长的干旱期，为何一朝之间竟出现了莎士比亚呢？因为财富的增加，因为长期有利的和平时期，及刺激人心、终获胜利的战争，因为外国文学和出外旅行扩大了英国人的眼界。普劳图斯和泰伦斯教给英国人喜剧的艺术，塞涅卡则教以悲剧的技巧。意大利演员曾在英国公演（1577 年起）。英国人曾经作了 1000 次的演出实验。1592 年至 1642 年，英国共有 435 出喜剧上演。闹剧和幕间插剧演变成喜剧，由于一度神圣的神话如今失去了信仰根据，神秘剧和伦理剧转为世俗的悲剧取代。1553 年，尼古拉斯·尤达尔（Nicholas Udall）创作《拉尔夫·劳埃斯特·道埃斯特》（*Ralph Roister Doister*），这是英国第一部古典喜剧。1561 年，中寺法学院的律师演出《戈布达克》（*Gorboduc*）一剧，这是英国第一部古典悲剧。

有一段时间，传自罗马的形式似乎注定成为伊丽莎白时代戏剧的典型。大学学者如哈维、律师兼诗人如乔治·加斯科因（George Gascoyne）、古典学派人如西德尼，都主张遵守戏剧三一论（The Three Unities in a Play）：剧中只能有一种行动或情节，情节只能发生于一个地方，发生的时间最长以一天为限。就我们所知，三一论首由洛多维科·卡斯特尔韦特罗（Lodovico Castelvetro，1570 年）于一篇《亚里士多德〈诗论〉的评论》中力倡。亚里士多德本人仅主张情节的统一：情节应在"太阳单一旋转的范围内"，但他又增加了另一种可以称为"语调统一"的主张——喜剧是"低级人民的象征"，就不应与"代表英雄行动"的悲剧混在一剧中。西德尼在《诗之辩护》一文中，采纳卡斯特尔韦特罗的戏剧三一理论，并有力而富于幽默地将之应用于伊丽莎白时代的戏剧，且要强售其强制性的地理学：

> 亚洲是一边，非洲又是另一边，另外又有许多地方归属不同的王国统治，一个剧作家处身其中，首应说明他站在哪一边……现在他们是更为自由了，因为两名王亲恋爱变成常事，经过许多接触她就有了孩子，那是个很漂亮的男孩，他……又成长为壮男，又坠入情网，又会生小孩，而这些只是两个小时中的事而已。

法国采纳古典主义，并产生拉辛（Racine）这位大作家；英国却屏弃古典主义，其悲剧表现了浪漫的自由和自然主义的色彩，因而产生了莎士比亚。法国文艺复兴的理想是秩序、理性、均衡、仪礼；英国则是自由、意志、幽默、生命。伊丽莎白时代的听众，包括了贵族、中产阶级、低级人士等，兴趣广泛并经常变换口味，他们需要的是行动，而非隐藏行动的冗长报告；他们喜欢大笑，根本不在乎掘墓工人与王子在一起讨论哲学；他们有一种奔放的想象力，在一种符号的召唤或在一行字的暗示下，曾由此处跳跃至另一处，甚而跃过了整个大陆。伊丽莎白的戏剧表现的是伊丽莎白时代的英语，不是伯里克利时代的希腊语或波旁王室的法语，因而那是一种自然的艺术，反之学自外国的艺术即无英语根基可言。

英国的戏剧发展至马洛和莎士比亚戏剧之前，必须先打另一场硬战。初期的清教徒运动拒斥伊丽莎白时代的戏剧舞台，视之为异教、猥亵及渎神的大本营。它谴责听众有妇女及妓女在内，并攻击妓院靠近戏院旁边。1577年，约翰·诺思布鲁克（John Northbrooke）撰文强烈谴责"赌博、跳舞、戏剧和插剧"，他写道：

> 我确信除了戏剧与戏院外，撒旦找不到更快的方式和更适当的学校，以满足教人放纵其欲望，及驱使男男女女陷入性欲和邪恶卖娼的淫欲罗网内。因此，政府有必要比照青楼妓院，禁止并解散那些场所和演员。

戈森的《恶行学校》较为温和，承认某种戏剧和演员可以"不加谴责"，但答复他时，戈森立即又放弃原有的立场。在《演员五错》（*Players Confuted in Five Actions*）中，他竟将戏剧描写成"邪恶行为、暴动及通奸的粮食"，演员则是"邪恶的主人，教人放纵的老师"。批评者从喜剧中看到的是邪恶和流氓行为的写照，从悲剧中看到的是刺激谋杀、阴谋和反叛的各类例子。伊丽莎白即位初期，星期天通常是演戏的日子。戏剧开始是以吹号通知的，犹如教堂钟声召唤人们参加下午祈祷一样。教士难过地发现其会众逃避礼拜，拥挤到戏院去了。一位传道士问道："一出肮脏的戏剧，在号角的吹动下，立可召集 1000 人，不是远较 1 小时的钟声召集 100 人来参与布道会快得多吗？"而诺思布鲁克更强调："假如你想学……骗自己的丈夫，或丈夫骗妻子，怎样当妓女……怎样拍马屁，说谎……谋杀……渎神……唱色情歌曲……难道在这类插剧中你还学不会怎样付之实行吗？"

戏剧家写了许多小册子反击，并在戏剧中取笑清教徒，如马尔沃里奥（Malvolio）的《第十二夜》（*Twelfth Night*）即是。剧中托比·贝尔奇（Toby Belch）爵士问小丑道："你难道不知道，因为你自负的德行，这世界就要没有饼和酒了吗？"小丑答道："是的，依照圣安妮的意思，姜汁酒也会烫嘴哩！"剧作家，甚至莎士比亚亦然，继续在剧中加上暴力、强奸、乱伦、通奸和卖娼。莎士比亚《伯里克利》（Pericles）剧中的一幕，妓院老板抱怨他的人"断断续续地行动，差不多已经腐化了"。

伦敦市政府——某些人是清教徒——认为清教徒的主张较为正确。1574 年，市议会禁止上演未经检查许可的戏剧，因而莎士比亚戏剧中有一句"艺术已经政府封了口"。幸亏伊丽莎白及其枢密院喜欢戏剧，有许多贵族与演员来往，因而受到皇家的保护和松弛的检查，才有 7 家剧团获得许可在城中演出。

1576 年以前，戏剧主要是在旅舍庭院中临时搭台上演的。1576年，詹姆士·伯比奇（James Burbage）建造了英国第一家永久剧院，它仅简单地称为剧院。为免受伦敦地方官吏的管辖，它正好坐落在该城之外肖雷迪奇（Shoreditch）郊区内。不久，别的剧院也兴起了：帘幕戏院（The curtain，约 1577 年）、皮影戏（Blackfriars）剧院、好运剧院（Fortune，1599 年）等。1599 年，伯比奇的儿子理查和卡思伯特拆毁其父的剧院，改在索思沃克建立著名的球形（Globe）剧院，正好在泰晤士河的另一边。外面是八角形，内部可能是圆形。因此，莎士比亚称之为"这座木头圆屋"（this wooden O）。1623 年以前，伦敦的剧院都是木制的，多数是角形剧场，内部数重环形楼座可以容纳 2000 名观众，并容许另外 1000 名站在舞台周围空地观看。这些就是低级观众，哈姆雷特斥责他们的"愚蠢的行为和喧闹"。1599 年，立位的价格是 1 便士，楼座价格为 2 至 3 便士，在舞台上的座位稍为贵些。舞台是一座宽敞的高台，自一壁延伸至院子中心；后面是更衣室，在那里演员换上戏服，舞台管理人则操纵剧院的道具，包括墓碑、头骨、黄杨树、玫瑰丛、珠宝箱、窗帘、大锅、梯子、武器、工具、小瓶的血及一些断首；设有机关可以使男神和女神自空中飘然而降，或使鬼和女巫从舞台上飞升而逝；拉一拉绳子就会有雨自空中落下，"双层带"（Double Girts）会使太阳悬在空中。这些道具可以弥补布景的不足，但公开和未加帷幕的舞台是无法尽速改变布景的，这样情节变换都在观众面前为之，而观众感到自己也是戏剧的一部分。

观众不是整个景象中微不足道的人物。商人出卖烟草、苹果、硬果和小册子给观众，到了后来，假使我们可以相信清教徒威廉·佩赖恩（William Prynne）的话，商人还售给女人烟斗。有相当多的妇人去看戏，虽然教会宣称男女混杂而坐会引起诱惑，但仍阻挡不了她们。有时候——阶级之间的战争会影响戏剧的进行——低级的观众把残余零食丢向舞台上的花花公子。要了解伊丽莎白时代的戏剧，我们要谨记那些观众的特征：具有喜欢爱情故事的情绪，想要小丑与国王在一起演出的强烈幽默感，喜欢修辞的浮夸作风，欣赏暴力演出的激情，以及几近三边形的舞台导致剧中人的自言自语和偏向一边的表演。

此时，演员人数多如过江之鲤，每逢佳节，几乎任何城镇都可发现巡回演出的戏子，在城中广场、酒店院落、马房、大厦或在教堂落成仪式中演出戏剧。莎士比亚时代尚无女演员，只有由男孩来扮演女人的角色。贵族化的公学中，学生排演戏剧被当作训练的一部分。这些青年演员剧团与成人剧团竞争，在私人剧院上演戏剧并争取观众。莎士比亚对这种竞争颇有意见，1626 年以后这类竞争才告消失。

为避免被视为浪人，这些成人演员在富有的贵族的照顾和保护下组成剧团——这些贵族有莱斯特、塞瑟克斯、沃里克、牛津、埃塞克斯。海军大臣有一剧团，张伯伦爵士也有一剧团。演员在贵族家里演出时，才由其宠主供养，此外他们必须依靠剧团的分红为生。红利不是公平分享，经理取得 1/3，主要演员又取去其余大部分。最著名的明星理查德·伯比奇每年收入为 300 镑，其对手爱德华·艾伦（Edward Allen）竟出资创建伦敦的戴维克学院（Dulwich College）。舞台名角受到公众的崇拜，并拥有很多情妇。约翰·麦宁汉在 1602 年 3 月的日记中记下一段有名的故事：

> 有一次，伯比奇演出《理查三世》一剧时，有一位市民因为太喜欢他了，在离开剧院之前，约他当天晚上以理查三世的名义与她幽会。莎士比亚偷听了这件事，就先去她家，在伯比奇到达以前照约行事，很受她的款待。然后，门房消息到来，称理查三世已到达，莎士比亚即叫人告诉他，威廉大帝在理查三世之前，即已捷足先登了。

克里斯托弗·马洛（1564—1593）

剧作家不如演员混得那样得意，他们把全部剧作以 4 至 8 镑的价格售给剧团，他们对原稿未保留任何权利，而且通常剧团不准将剧作出版，以免被敌对剧团窃用。有时候一位速记人员在戏剧演出中，会把全剧记录下来，印刷商即据此记录盗印篡改版本，作者除了会得高血压外什么也得不到。这类版本并不会永远冠上作者的名字，因而某些剧本，如《法弗舍姆的阿尔丁》（*Arden of Faversham*，1592 年）之类，历经数世纪始终佚其作者之名。

1590 年以后，英国舞台上演了许多相当重要的戏剧，一时显得生气蓬勃，虽然当时只有少数戏剧演出达一天以上。李利在喜剧中加上可爱的抒情诗，其剧中可爱的小精灵的魅力为后来《仲夏夜之梦》（*A Midsummer Night's Dream*）开道。格林的《僧侣培根和邦吉》（*Friar Bacon and Friar Bungay*，1589 年）是关于奇异魔术的故事，可能受到马洛的《浮士德博士》的影响。托马斯·吉德的《西班牙悲剧》（*Spanish Tragedy*，约 1589 年）谈到杀人的血腥故事，终场几无活人。该剧的成功鼓励了伊丽莎白时代的剧作家竟与将军和医生一比流血多少。就像《哈姆雷特》一样，我们经常看到的是复仇者和戏中戏（*A Play within a Play*）。

马洛只比莎士比亚早两个月受洗。因他是坎特伯雷鞋匠之子，若不是大主教巴尔克给他奖学金，他可能无法上大学。在大学期间，被沃尔辛厄姆聘为间谍，探查反对女王的阴谋。他研究古典作品，使其神学主张一直不曾落实，他熟习马基雅维利思想，则使其怀疑主义转为讽世。在取得硕士学位移居伦敦后，他与托马斯·吉德共居一室，参加雷利的自由思想集团。政府密探理查·巴尼斯（Richard Barnes）向女王报告（1593 年 6 月 3 日），说马洛曾经宣称："宗教的开始是要使人们恐惧……基督是私生子……假如有什么好宗教的话，那么只有天主教了，因为该教事神而多礼……新教徒均是假道学的蠢货……《新约》的内容不干不净。"巴尼斯又说："这位马洛……几乎在任何场合，都劝人相信无神论，要他们别怕精灵鬼怪，完全轻蔑上帝及其使徒。"更严重的是，巴尼斯（1594 年因为犯了"不名誉"的罪行被绞）强调马洛卫护同性恋一事。格林临终诉请其朋友改邪归正时，将马洛描写成从事渎神和无神论者。而托马斯·吉德于 1593 年 5 月 12 日被捕时也承认（受到刑讯）马洛"无宗教观念，纵酒无度，残忍"，惯于"冒渎圣经"、"讥嘲祈祷"。

远在这些报告送达政府以前，马洛就已经写作并上演雷霆万钧的戏剧，剧中暗示其不信仰上帝。显然，《帖木耳大帝》（*Tamburlaine the Great*）是在大学时写的，完成于毕业之年，其中的高超知识、美及力量都显示诗人的浮士德脾气：

> 我们的灵魂，它的能力足可理解，
> 世界上伟大的建筑，及
> 测量每个行星的轨道，
> 至今仍在追求无限的知识，
> 永远无止无息地向前迈进，
> 让我们尽情善用我才，永远自强不息
> 直到我们最成熟的果实终于丰收。

关于帖木耳（Timur）的两出剧都很粗糙而且不够成熟，造型太简单化了——每一个人一种个性。帖木耳大帝本来应以其权力自傲，可是实际表现的这种傲气却不是胜利帝王沉静自若的自信，而是大学生充满未消化的新奇感的那种自负。故事中血流成河，不时发生各类不太可能的事件。其风格似乎显得太过夸张。然而，这部戏剧为什么在伊丽莎白时代的舞台上大获成功呢？或许是它表现暴力、流血和夸张，但是，我们相信也是为了它的表现异端与雄辩。这里面包含比伊丽莎白时代任何戏剧更大胆的思想、更深刻的偶像、转折更适当的语句。里面有许多为本·琼森赞扬的"有力诗篇"，还有精致优美的文句，斯温伯恩（Swinburne）推许为同类作品的杰作。

马洛受到喝彩的鼓励，尽其精力写下其最伟大的戏剧《浮士德博士》。中古伦理学也许已知"知识的快乐是一种苦中作乐"，及"智慧越高悲伤越多"，因此将过分的求知欲视为大罪。但中古人类的热切抵拒这类禁忌，甚至诉之魔术和撒旦以追求自然奥秘和大能。马洛剧中的浮士德是维滕贝格著名的博学医生，他忧虑其知识有限，梦想魔术会使他成为全能：

> 在寂静的两极之间移动的万物
> 将听从我的指挥……
> 我可使精灵替我带来我喜欢的东西，
> 替我解决各种疑难问题，
> 并从事危险的工作；
> 我要驱使他们去印度寻金，
> 在大洋中搜寻东方的珍珠，
> 并搜遍新世界的每个角落，
> 找寻异果和珍馐；
> 我要驱使他们为我念哲学，
> 告诉我外国帝王的秘密。

在其吁请下，靡菲斯特出现了，答应若他肯把灵魂售给卢西弗（Lucifer），就可给他 24 年年限的快乐与权力。浮士德同意了，并从伤腕中取血签立契约。他第一件要求是与德国最漂亮的少女结婚，"因为我极放纵好色"。但是靡菲斯特劝他别做结婚打算，反要他选择一群妓女。浮士德向他要特洛伊的海伦，果然她来了，他为之狂喜不已：

> 这就是引来千艘战舰出征的红颜，
> 焚毁高耸的特洛伊城堡的人吗？
> 甜蜜的海伦呀！给我一吻永生……
> 哦！你比夜晚的天空还要美丽
> 群星的美尽集于你的一身……

最后一场戏特别有力：他绝望地诉之上帝，求其慈悲永远的处罚——"让浮士德在地狱中度过 1000 年，10 万年，最后才获救吧！"——在午夜的闪击、黑云密布及怒吼中，浮士德就此消失了。

合唱团唱出其墓志铭，也唱出了马洛的墓志铭：

> 可以长得挺直的树干今已断矣，
> 阿波罗的桂枝如今付之一炬。

在这几幕剧中，马洛可能已经清算了他自己对知识、美及权力的热情。亚里士多德所谓的悲剧净化作用清算作者之处多、读者之处少。在《马耳他岛的犹太人》（*The Jew of Malta*，约 1589 年）一剧中，其权力意愿表现为贪财的形式，并在序曲中由一位"马基雅维利信徒"强为辩解：

> 恨我最深的人就是羡慕我的人。
> 虽然有人公开抨击我的书，
> 但他们都会阅读，为了取得
> 彼得的宝座；而他们把我丢开时，
> 已经中了我攀升的花毒。
> 我把宗教看作小孩的玩具，
> 相信除了无知以外世上没有罪恶。

贷款人巴拉巴斯（Barabas）代表了另一种特性，即他的贪婪使他怨恨任何阻碍他得利之人，这是一种令人不快的讽刺罪恶：

> 我在佛罗伦萨学会吻我的手，
> 他们叫我是狗，我只是双肩一耸，
> 像赤脚和尚一样低肩垂首，
> 希望看到他们在厩房中忍受饥饿。

注视着他的珠宝，他面对"有这样无限财富的一个小房间"而感到战栗不已。他女儿取回他失去的钱袋，他以凡是无情高利贷放款人都会有的感情冲动，高声叫道："哦！我的好女儿，我的黄金，我的财富，我的幸福！"这剧中有一种力量，几近狂暴，一种尖锐的描述和强有力的文辞，使马洛不时可以进逼莎士比亚而无愧色。

在《爱德华二世》（*Edward Ⅱ*，1592 年）一剧中，他更接近莎翁。这位加冕不久的年轻国王，邀请其"希腊朋友"格夫斯顿（Gaveston）来宫，并赐予他官职和财富，受忽视的贵族逐走爱德华。他退而研修哲学，呼唤其仅存的同志说：

> 来吧，斯宾塞，来吧，巴德克，与我同坐。
> 现在我们探讨那个哲学，
> 在我们驰名的艺术养成所中
> 可以沉浸于柏拉图和亚里士多德的学海中。

从这出结构严谨的戏剧中，从敏感、富于想象及威力万钧的诗篇中，从各种不同但一贯刻画的角色中，因具有年轻人的单纯和善意而值得原谅的这位国王中，可以看出这幕剧与一年后的莎士比亚的《理查二世》一剧，已十分相近。

假如他已成熟，这位 27 岁的青年剧作家会有怎样的成就？在那个年纪，莎士比亚只写了一些无价值的戏剧，如《徒劳的爱》、《维罗纳二位绅士》（*Two Gentlemen of Verona*）及《错误的笑剧》（*A Comedy of Errors*）。在《马耳他岛的犹太人》中，马洛学会使每一幕剧都有井然有序的剧情。在《爱德华二世》中，他学会使角色不只包含一种个性。在一年或两年内，他可能清除剧中的过分夸张和通俗，他可能达到更广博的哲学水准，更能同情人类相信神话与其弱点。他的缺点是缺少幽默感。在其戏剧中缺少开心的大笑，偶有喜剧也不像莎士比亚的戏剧那样，可以在悲剧中表现应有的功能——在听众被引进更大的悲剧之前，松弛紧张的神经。他会欣赏女人的胴体美，但不知欣赏其温柔、关怀和优雅。在他的剧中没有生动的女性角色，即使在尚未完成的《迦太基女王狄多》（*Dido，Queen of Carthage*）中，也是如此。

值得一提的是其诗篇。有时剧中的演说家会压倒诗人，滔滔不绝地作"一个伟大和雷霆万钧的演说"。但在许多幕戏中，都流动着富有生动想象和情调的诗句，致使人们误以为这些诗句是莎士比亚幻想的清流。马洛的无韵诗已经被证明是英国戏剧的推动力，有时固然甚为单调，但通常韵节鲜明而富于变化，极为自然。

他自己的"悲剧史"，现在突告落幕。1593 年 5 月 30 日，3 名政府密探，英格拉姆·佛瑞哲（Ingram Frizer）、尼古拉斯·史凯利（Nicholas Skeres）、罗伯特·布雷（Robert Poley）与诗人一起——也许他仍是间谍——在伦敦数英里外的戴佛（Deptford）酒店中吃饭。根据验尸官威廉·丹比（William Danby）的报告，佛瑞哲与马洛相骂，原因是他们对支付饭钱，"无法取得协议"。马洛从佛瑞哲皮带上取下小刀，刺他一刀，伤口很小并无大碍。佛瑞哲反抓住马洛的手，把武器对着他，"然后当场给马洛右眼致命的一击，伤痕深达两寸……马洛立告死亡"，刀叶插入脑中。佛瑞哲被捕，辩称自卫杀人，一个月后即获释放。马洛于 6 月 1 日葬于今已不知其名的墓中，死时只有 29 岁。

除了《迦太基女王狄多》一剧外，他还留下两个优秀的作品。《海洛与利安德》是浪漫派作品，采用英雄双行体，表现的是穆塞俄斯述说的、5 世纪一位青年为了守约游过达达尼尔海峡的故事。《热情牧羊人致其爱人》（*The Passionate Shepherd to His Love*）是伊丽莎白时代伟大的情诗之一。莎士比亚在《温莎的欢乐夫人》（*The Merry Wives of Windsor*）第 3 章第 1 节中，使伊凡爵士（Hugh Evans）吟出该诗的片断，并在《皆大欢喜》（*As You Like It*）一剧第 4 章第 5 节中亲切地加以引述，表达他对马洛相当的感激：

死亡的牧羊人，如今我才发现你力量的所在，谁会去爱第一眼看去就不顺眼的人呢?

在这样短暂的生命中,马洛的贡献相当大。他使无韵诗(Blank Verse)成为易作且有力的辞章,他使伊丽莎白时代的戏剧免受古典主义者和清教徒的影响,他使思想剧和英国历史剧有了确定的形式。他影响莎士比亚的《威尼斯商人》(*The Merchant of Venice*)和《理查二世》的情诗,及其夸张的遣词倾向。通过马洛、吉德、洛吉、格林和皮尔,窍门已经开了,伊丽莎白时代戏剧的形式、结构、风格、材料都已确定了。莎士比亚的产生不是一种奇迹,而是集前人之大成的结果。

第四章 | 威廉·莎士比亚
（1564—1616）

早年（1564—1585）

　　为了本书完整起见，让我们综合看看这大半个世界的人对莎士比亚的了解。忠诚的学者既已在其遗物中钻研了 3 个世纪之久，因此我们知道的已相当可观了，对被列入其名下的戏剧作品的真实性及存有的一切怀疑，我们大可不予理会。

　　不过，我们对他的名字的确不很确定。伊丽莎白时代，人们对拼字比宗教信仰还自由。在同一份文件上，一个字可以有不同的拼法。一个人也可以凭其喜怒而签不同的姓名，因此当代人对马洛即有 Marlo、Marlin、Marley、Morley 等不同的拼法，而莎士比亚也留下 6 种签名：Willm Shaksp、William Shakespē、Wm Shakspē、William Shakespere、Willm Shakespere、William Shakespeare。当今通用的拼法，在其手稿中的确不曾见及，而上列的后三种签名，都出现在同一份遗嘱上。

　　他的母亲玛丽·阿尔登（Mary Arden）出生于窝立克郡（Warwickshire）的一个古老家族。她带给她的丈夫佃农约翰·莎士比亚（John Shakespeare）一笔可观的嫁妆，包括土地和现款，并生下 8 个小孩，威廉排行第三。约翰于是成为靠近亚芬河的斯特拉特福（Stratford on Avon）的一个富有商人。他购置两栋房子，成为镇上的麦酒品酌家、警察、议员和镇长，并慷慨地救济贫民。1572 年后，他运道不济，因 30 镑被控，因此被捕。1580 年，以一个莫须有的理由，法院要他保证不得扰乱治安。1592 年，他被列为"未遵照英王殿下之法，按月上教堂者"。据此，有人认为他是一个"抗王令"的天主教徒，也有人认为他是清教徒，更有认为他之所以如此是因为不敢面对债主。后来，威廉挽回他父亲的财务状况，他父亲逝世（1601年）时，坐落在亨莱（Henley）街的两幢房子登记的是莎士比亚的名字。

斯特拉特福教区教堂记载的威廉受浸日是 1564 年 4 月 26 日。第一位莎士比亚传记作家尼古拉斯·罗依（Nicholas Rowe），在 1709 年记载斯特拉特福的传统时写道，他的父亲"抚养他……在一所公立学校好几年……但家境转坏及家中需要他帮忙，父亲不得不使他辍学"。现在一般人都已相信这是真实的。本·琼森在其剧本第一版的对开版前的挽歌中，形容他已故的对手："君知拉丁文少矣！而希腊文亦不甚懂。"很显然，希腊剧作家们在"莎士比亚"中保留了希腊文，但他所学的拉丁文已足以让他在较不重要的剧本上堆积拉丁俏皮话和双关语了。假如他学得太多，也许只不过成为一位学者，辛勤地工作却鲜为人知。伦敦就是他的学校。

另一个传说是理查·戴维斯（Richard Davis）在约 1681 年所载，他形容年轻的威廉"在偷窃鹿肉和兔子时，尤其是向托马斯·露西爵士下手时，运气总是不佳，露西爵士常鞭打他，也曾监禁过他"。1582 年 11 月 27 日，这位异教徒 18 岁时，便和 25 岁左右的安妮·哈撒韦（Anne Hathaway）结婚。当时的情况显示，莎士比亚是被安妮的友人强逼成婚的。1583 年 5 月，即婚后 6 个月，他们得到第一位女娃儿，取名为苏珊娜（Susanna）。随后安妮又给这位诗人带来一对双胞胎，他们在 1585 年 2 月 2 日受浸，得名哈姆内特（Hamnet）和

朱蒂丝（Judith）。也许莎士比亚就在这年年底离开妻儿。1585 年至
1592 年，亦即我们发现他是伦敦的一位演员时，找不出有关他这一
时期的记录。

发展（1592—1595）

　　莎士比亚在伦敦第一次被提到时是不受恭维的。1592 年 9 月 3 日，
格林在临终前警告他的友人，伦敦戏剧界将被"一只突起的乌鸦，饰
以我们的羽毛，他却自以为跟你们的最佳能手写得一样好，简直是个
花花大少而自负在全国只有莎氏布景（Shakes-scene）"。底下这段文
字原本是准备付印在亨利·切特尔（Henry Chettle）所著《格林的小
机智》（Creene's Groatsworth of Wit）一书中。亨利在后来的一封信中，
对格林攻击的两个人（也许是马洛和莎士比亚）中的一位致歉：

　　　　两位受攻击者，我一个也不认识，其中一个即使永不认识，
　　我也不在乎。至于另外一个，我觉得遗憾……因为我曾亲自目及
　　他的举止行径，文质彬彬，不下于他在职业上的杰出表现。此
　　外，种种对他的崇拜也可看出他行为的正直不阿，这足以证明他
　　的诚实美德。他写作上的高雅，又是他艺术造诣的证明。

　　格林的攻讦与切特尔的致歉显指莎士比亚无疑。他曾经是斯特拉
特福的偷猎者，现已成为首都的演员与剧作者了。多德尔（Dowdall，
1693 年）和罗侬（1709 年）提到他"被引入剧院当侍者"、"阶级低
贱"，乃属可能。但是，他胸怀大志，"欲有某人的技巧和某人的气
度"，"思想无不表现庄严而伟大"。不久，他饰演小角色，成为"出
场的小丑"，后演《皆大欢喜》一剧中仁慈的亚当和《哈姆雷特》剧
中的鬼魂，他可能跃升到高一点的角色，因为在本·琼森的《各有其
幽默》（Every Man in His Humour，1598 年）一剧中，他名列演员表之

首。在本·琼森的《塞让努斯》（*Sejanus*，1604 年）一剧中，他和理查德·伯比奇被誉为"杰出的悲剧演员"。1594 年年底，他是张伯伦戏剧公司的股东。莎士比亚走运，并非因为他是剧作家，而是因为身为戏剧公司的演员与股东。

从 1591 年起，他开始写剧本。他似乎先从剧本润饰做起，为公司编辑、修改和改编剧本。由这种工作，他进而开始与人合写剧本，《亨利六世》中的 3 篇显然就是这种作品。此后他以大约一年两剧的速度写作——总共写了 36 部或 38 部。早年的几部作品如《错误的笑剧》（1592 年）、《维罗纳二绅士》（1594 年）和《爱的徒劳》（1594 年），都是轻快的戏弄体，充满了现在看来令人厌烦的揶揄字眼。莎士比亚来日的伟大还待其努力不懈的工作，这一点是很有意义的。莎士比亚这一成长过程，非常快速，他从马洛的《爱德华二世》剧中得到启示，发现英国历史有许多戏剧题材。《理查二世》（1595 年）与早期作品无殊，而《理查三世》（*Richard III*，1592 年）则远超过早期作品。从某种观点看来，他有些缺点，常以同一特质来刻画所有人——如驼背王的叛逆不忠与图谋陷害他人的野心，但他时常把剧本水准提升至马洛之上，他分析深刻，情感表现强烈无比，而且文辞光辉灿烂。不久，"一匹马！一匹马！我的王国就为了一匹马"，成为伦敦的流行话语。

在《泰特斯·安德洛尼克斯》（*Titus Andronicus*，1593 年）一剧中，他的天才削弱了一味地模仿而呈令人厌烦的死亡之舞。舞台上，泰特斯杀其子，而其他的人又杀了他的女婿。新娘在幕后被强暴，双手被斩断出现在台前，舌头也被割断，满口是血。在低级趣味的观众贪婪的眼前，一个叛徒绞断了泰特斯的手，泰特斯两个儿子的首级也在台上出现。另有一位护士在台上被杀，其虔敬的批评者误认莎士比亚不可能写这种无意义的作品，于是尽量将这一杀戮情节全部或部分责任归之于他的同事。事实上，莎士比亚写得不少。

约在这时，莎士比亚开始写叙事诗和十四行诗。约 1592 年至

1594 年，伦敦的剧场因瘟疫流行而关闭，带给他一段穷困的闲暇时间，他以为写点诗给诗的爱好者是不错的。1593 年，他将《维纳斯和阿多尼斯》(*Venus and Adonis*) 献给第三代南安普敦伯爵亨利·李欧色斯利。洛吉曾采罗马诗人奥维德《变形记》的故事，莎士比亚又从洛吉处取得这一题材。南安普敦伯爵当时正年轻英俊，好女色。也许这诗就是为迎合他的口味，其中大部分内容对于老年人显得索然无味。但是，在他那种无边的魔力下，也有好几段非常富于感官美（如 679—708 行），这在英国并不多见，受到大众的喝彩和伯爵的赏识。莎士比亚在 1594 年出版《露克利斯的狂喜》(*The Ravyshement of Lucrece*)，它的吸引人处在于诗句精简，这是他自愿出版的最后一部作品。

约从 1593 年起，他开始写十四行诗，但都未出版。十四行诗开始建立起他在当时诗歌界的杰出地位。从技巧上来看，莎士比亚的十四行诗中，最完美的部分是取材于文艺复兴时代彼特拉克十四行诗这一宝库——如爱人的瞬息之美，她残酷的犹疑和矛盾，闲暇的时光凄凉地流逝，情人的嫉妒和热切的渴望及诗人自夸在他的诗律中，淑女的可爱和名声将永留于世等；甚至于字句和描述词，也取自康斯特布尔、丹尼尔、沃森 (Watson) 和其他十四行诗诗人，不过这些人本来就是窃取他人之美的，他们无一人能将十四行诗处理得一贯，他们仅是偶尔作作诗。此外，我们不能将那种阴晦的情节看得太严重——如诗人对年轻人的爱，对宫廷中"忧郁夫人"的深情，她拒绝了他，而接受了他的朋友，之后另一个诗人对手又赢得了她的感情及莎士比亚万念俱灰的荒唐生活。莎士比亚曾在宫廷上演戏剧，对含情脉脉、装扮迷人的女王侍者，遥远地投以渴求的眼光，自属可能，但他不可能和她们谈话，或追随她们芳香的诱惑。其中一位叫玛丽·费顿的侍女，后成为彭布罗克伯爵的情妇。她金发碧眼，皮肤白皙，但这只不过是一种与日俱逝的色彩，无论如何，她并未结婚。在莎士比亚的剧中，这位淑女背弃了床头誓约，投向诗人和他的"孩子"。

1609 年，托马斯·索普（Thomas Thorpe）出版了莎士比亚的十四行诗，显然他并未征得诗人的同意。由于作者未将它献给任何人，索普便提供了一个，而这成为百年之谜，其中说："万古诗人以底下的十四行诗祝福 W.H. 先生快乐和永生，愿这位好意有意的冒险者迈向前去。"签名 T.T. 两字代表托马斯·索普不错，但 W.H. 是指何人，也许指第三代彭布罗克伯爵威廉·赫伯特。他曾引诱玛丽·费顿，并指定和他弟弟菲利普接受莎士比亚死后第一版对开版本的致献，其中称他们为"对于有学问的人说来，在那个时代而自那时起最伟大的赞助人"。莎士比亚开始创作十四行诗时，赫伯特仅 13 岁（1593 年），但诗延续至 1598 年才谱成，而这时赫伯特在爱情和对文学的资助方面已渐成熟了。诗人对这"少年"热切地表示"爱"，"爱"在当时常指友谊，但在十四行诗第 20 首上，诗人称这少年为"我的爱情的男女主人"，并以性爱的字眼来结尾；在第 128 首（很显然是献给第 116 首上可爱的少年），更提到爱的欣狂。这种对同性爱侣的颂扬，在伊丽莎白时代的诗歌界并不鲜见。

十四行诗的重要性不在故事本身，而在其诗之美，其中有许多首（如第 29、30、33、55、64、66、71、79、106、117 首等），字里行间都充满深度的思想、温馨的感情、想象的光芒和优雅的字句，这使他称冠英语世界好几个世纪。

成熟（1595—1608）

但是，十四行诗的刻意技巧与格式的限制，使他的想象力无法发挥。他沉湎于历史上伟大的爱情诗篇时，他必欣然于无韵诗的自由。《罗密欧与朱丽叶》（*Romeo and Juliet*）的故事，随马苏西斯和班戴洛的小说传到英格兰，亚瑟·布鲁克将这个故事谱成叙事诗（1562 年）。莎士比亚继布鲁克或较之更早的相同主题的剧本，约 1595 年被搬上舞台。其文体充满着可能是谱十四行诗而沾上的想象力，隐喻用法比比皆是。罗密欧娇弱的造型和充满活力的默丘蒂奥（Mercutio）成一对比。剧的结局是所有荒谬的组合，但是，任何人若记起他年轻时，或任何在心灵上存有一丝梦想的人，在听到如此美妙而罗曼蒂克的甜蜜音乐时，能不忘掉必须尊崇的教规，而屏息于诗人的召唤，进入这个狂奔的热情与令人战栗的焦虑与和谐的死亡世界吗？

莎士比亚在戏剧界取得成功快一年时，伊丽莎白的犹太籍医生雷德里戈·洛佩兹（Rodrigo Lopez）在 1594 年 6 月 7 日因被指控受贿欲毒害女王而被处决。证据不充分，女王迟迟不签死亡令，但伦敦群众认为他的罪至为明显，而群众反犹太人之风非常炽烈。或许是受到触动，或许是受委任要试探这种舆情，莎士比亚写了《威尼斯商人》（1596 年）一剧。他有几分同情民众的看法，他把夏洛克（Shylock）塑造成小丑，衣着臃肿，巨大的鼻子，他刻画高利贷主的恨意与贪婪，这点可以匹敌马洛；但是，他赋予夏洛克某些可爱的特质，这易引起人们对他的同情；同时莎士比亚赋予夏洛克锐利的口才，替犹太人辩护，使剧评家们仍在辩论是夏洛克有罪还是人们使他有罪。莎士比亚在此一展其才，将来自东方和意大利的各种故事巧妙地融合在一起，如同一幅织锦画，他使变节的杰西卡成为这种天上的诗篇的接受者，这只有至高感性的心神才能做到。

莎士比亚在以后的 5 年中，主要致力于喜剧。他或许认为我们这些受困扰的人类，能借着嘲笑与想象来摆脱困扰，将是最好的报酬。《仲夏夜之梦》是颇有气势的无聊，只有门德尔松（Mendelssohn）才将它稍作补救；《皆大欢喜》也未得到其中主角海伦娜（Helena）的帮忙；《庸人自扰》正如其名；《第十二夜》还可称道的地方是薇奥拉（Viola）变成一个漂亮的孩子；《驯悍记》（*The Taming of the Shrew*）更是夸张得令人无法信服，泼妇是永远无法驯服的。所有这些戏剧都是为稿费而创作的粗制品，迎合低级趣味观众的口味，把羊群围在槛内，把野狼屏弃门外。

在《亨利四世》（*Henry IV*，1597—1598 年）这部剧中，伟大的魔法师再度精湛表现，他把小丑与王子——福斯塔夫（Falstaff）与毕斯托尔（Pistol）、霍茨波（Hotspur）与哈利王子（Prince Hal）两个角色，非常成功地处理在一起，使西德尼都要为之踌躇片刻。伦敦人喜好这种加上流氓恶棍来处理王朝历史剧的形式。莎士比亚随后又写出《亨利五世》（*Henry V*，1599 年），垂死的福斯塔夫"在绿野上喃喃自语"，观众又感动又好笑，惊于阿让库尔（Agincourt）的夸张，对刚强的国王以两种语言向凯特公主求婚的安排，观众更是欣喜。若罗依所述为真，女王是不赞成福斯塔夫就此寿终的，她嘱咐创造这一角色的人使他复醒，而且使他陷入爱河中。约翰·丹尼斯（John Dennis）于 1702 年也有过相同的叙述，还说伊丽莎白希望在两周内完成这一奇迹。这些若是不假，那么《温莎的欢乐夫人》是喜剧的惊人之作，因为剧中虽然喧哗嬉闹、充满双关语，但的确有福斯塔夫在展露高超的才华，直到他被装在洗衣篮扔到河里才停止，据说女王非常高兴。

在一段时期内（1599—1600 年），一个剧作家写出如此毫无意义的作品，另外又能写出相当灵巧的田园诗景，如《皆大欢喜》这部剧，也许他是以洛吉的小说《罗莎琳》（*Rosalynde*，1590 年）为样本的。该剧具有高雅的音乐，虽然不乏尖刻的揶揄，但它的情感表现既细腻又精微，而且文辞也很优美。我们可看出西利亚和罗莎琳的友谊是多么美好，而奥兰多将罗莎琳的芳名刻在树皮上，"在山楂树下挂情诗，荆棘上挂哀歌"。福图内特斯的雄辩不绝，跃然纸上。他的歌声比"高卧绿荫林中"、"吹，吹，冬天的风"、"一个情人带着他的姑娘"等更是脍炙人口，被争相传诵。这些令人愉快的愚行和感情表现，是文学界他人不能望其项背的。

不过在忧郁可爱的贵族贾奎斯的丰盛果篮中，也夹杂着酸果，人生在他看来如同"在广大宇宙的舞台上，演出了比我们扮演的那一幕更为悲惨的一幕吧"！除了视茫茫、齿牙动摇而意兴索然的这一"段"，老年后的死亡，才是真实：

> 便这样，我们一小时一小时地成熟又成熟，
>
> 然后又一小时一小时地腐烂又腐烂，
>
> 如此便是一生。

所以阿文的斯旺警告我们：《皆大欢喜》是莎士比亚欢乐的最后作品。此后他开始苛评人生，显示出其血淋淋的真实面，于是他开启悲剧的心绪，将苦物混以芳香。

1579 年，托马斯·诺思爵士所译《普鲁塔克》的出版，使被遗忘了的戏剧宝藏公之于世。莎士比亚取其中 3 位名人生平，著成《尤利乌斯·恺撒的悲剧》（*The Tragedy of Julius Caesar*，约 1599 年）。他发现诺思的翻译相当精彩，因此有些地方他逐字录用，只将原来的散文体改成韵诗的形式。安东尼在恺撒被刺时的演说，则是诗人的创作。这一段真是匠心独具、精彩绝伦，同时也是莎士比亚给予恺撒唯一自辩之处。他对南安普敦、彭布罗克伯爵和年轻时的埃塞克斯的敬仰，使他从处于危险和满腹阴谋的贵族政治的观点来看待谋杀，因此布鲁特斯（Brutus）成为全剧的中心。我们受了莫姆森（Mommsen）描写恺撒推翻腐化的"民主政体"的影响，自易同情恺撒而讶然发现在第三幕主角已死。现在仅是重复地再以一瞬间的念头重新塑造而已，过去的事无助于现代人的笔。

如同《尤利乌斯·恺撒的悲剧》一样，莎士比亚写作《哈姆雷特》（Hamlet，1600 年）也受到较早期的同一主题剧作的影响。在 6 年前伦敦即演过《哈姆雷特》。我们无从知悉他从哪部被人遗忘的悲剧，或是从法国的贝勒福雷（Belleforest）的《历史的悲剧》（*Histoires Tragiques*，1576 年），或是从丹麦历史学家萨克梭·格拉玛提库斯（Saxo Grammaticus）的《丹麦史》（*Historia Danica*，1514 年）中取材多少，我们也不敢断定他是否读过法国人杜·劳伦斯（Du Laurens）中世纪作品的英译本《忧郁症》（*Of the Diseases of*

Melancholy）。虽然我们非常怀疑把戏剧转化成自传的可能性，我们无法否认个人的忧伤——尤其是在那一哭泣的时代中——加深了他的悲观色彩，不仅在《哈姆雷特》剧中如此，在后来各剧中更为严重。这有可能是由于爱的希望再度幻灭的结果，而这是因埃塞克斯第一次被捕（1600 年 6 月 5 日），还是因埃塞克斯叛变失败，与南安普敦一起被捕，而埃塞克斯遭处决之厄运呢（1601 年 2 月 25 日）？这些事件很可能使这位曾在《亨利五世》最后一幕序言中以及在《露克利斯》的致献中，对埃塞克斯如此亲切称道的善感诗人，发誓永远支持南安普敦。无论如何，莎士比亚这部最伟大的作品是在这些悲惨事件发生期间或之后写成的，将它拿来和前期的作品相比，布局更加细腻、更具有深度思想、文辞也显得更有气魄，但是在所有作品中，对人生也最为苛责。哈姆雷特犹疑不决的意志，甚至于他那"高贵而崇高的理智"，因为发现了罪恶如此真实赤裸而又近在周遭，到沦为冷酷凶残为止，一直都尝着复仇的苦汁，使它变成混乱无序，而奥菲莉亚不但未进修道院，反而疯狂致死。最后是一片残杀，除了贺瑞修因为太单纯未发狂而幸存。

　　伊丽莎白逝世后，苏格兰詹姆士六世成为英格兰王詹姆士一世，他即位后赐予并扩大莎士比亚公司特权，他们便成为"王室剧团"。莎士比亚的戏剧定期在御前献演，同时得到皇家无限的鼓励。1604 年至 1607 年间的 3 年，诗人的天才和痛苦达到顶点。《奥赛罗》（*Othello*，1604 年）气势如虹，简直令人难以置信，观众为苔丝狄梦娜的死和忠贞所感动，为伊阿古机敏的恶意所吸引。但是在塑造纯一而无心的罪恶于一身时，莎士比亚犯了马洛的独一个性的相同错误，甚至连融合慷慨与愚蠢于一身的奥赛罗，也缺少哈姆雷特和李尔、布鲁特斯和安东尼等人具有的高贵的复杂因素。

　　《麦克白》（*Macbeth*，约 1605 年）更是十足罪恶的恐怖组合。莎士比亚虽从荷林塞处引用刻板的史实，但热情的幻灭把故事更加灰色化。在《李尔王》（*King Lear*，约 1606 年）一剧中，气氛跌至最低处，而技巧却达到最高超的境界。《李尔王》的故事，蒙茅斯的杰弗里曾经记述过，后来由荷林塞传述下来，并曾为一个不知名的剧作家搬上舞台，也就是《李尔王真事记》（*The True Chronicle of King Lear*，1605年）。这一幕剧情在当时已非常普遍。早先这一出戏剧根据荷林塞的编排，使李尔王有一个快乐的结局，李尔和考狄丽亚团圆，并恢复王位。莎士比亚笔下的李尔发疯，逊位而死，又加上格劳斯特盲目屠杀等情节，实不能辞其咎。痛苦是全剧的主调，李尔鼓励纵欲，奸情繁盛，"因为我缺乏战士"。在其灰色的眼光中，一切美德都是好色之徒摆出的模样，政府都是贪污腐化的，历史是人类本身的追杀。他发疯了，体会到罪恶的深奥和胜利，他放弃对上帝的信仰。

《安东尼与克娄巴特拉》（*Antony and Cleopatra*，约1607年）较少深度与高潮。安东尼的失败比李尔王的愤怒更为高贵，罗马人迷恋于埃及女王，也比不列颠人对他女儿近乎荒唐的残酷来得合理和可信。克娄巴特拉在战场上虽表现懦弱，但她的自杀确也雄壮。在此，莎士比亚仍有较早的作品可供取材，他改进它们，对角色的细腻分析与不竭的神奇力量及文句的灿烂火花，使老调的故事焕然一新。

在《雅典的泰蒙》（*Timon of Athens*，约1608年）一剧中，他的悲观色彩是讥讽而无可救药的。李尔将箭头指向女人，对人类仍带点怜悯之心。《科利奥兰纳斯》（*Coriolanus*，约1608年）剧中的英雄鄙视人民，认为他们不过是不屑一顾的善变、阿谀而愚蠢的小卒。但是泰蒙弃绝所有人民，否认一切，不管高贵的或低贱的，而且诅咒文明为败坏人类之物。普鲁塔克在描述安东尼的一生时，提及泰蒙为一个恨世者，卢奇安也将他纳入对话录中。同时在莎士比亚和他的一位友人创作此剧8年前，英国也曾经有过这部戏剧。泰蒙是雅典的巨商，为谄谀的朋友所包围，但他破产后眼见朋友在顷刻之间都离开他，他撤掉一切文明而退隐至山林深处——成为一个冷酷而诚实的杰奎斯（《皆大欢喜》剧中冷眼旁观人生者），在那里他希望他"发现最凶恶的野兽也比人类更宽厚"。他但愿阿尔西比亚德斯（Alcibiades）为一只狗，"也许我对你还有一点好感"。他以草根为生，挖掘而找到了黄金，于是朋友又来了，他叱责他们，赶走他们，但娼妓来时，他以要求传染更多的梅毒为条件，给了她们金子：

> 在人的骨头里散播梅毒，
> 让他的骨髓枯干，
> 让他的颈骨上长疖子，不得踢马奔驰。
> 让律师的喉音嘶哑，
> 永不得再为不法权益辩护，
> 永不再高声地咬文嚼字。
> 让那痛骂肉欲
> 又不能自持的祭司
> 浑身长满疮疤，
> 烂掉鼻子，整个地烂掉，
> 把鼻梁完全烂掉……
> 让那些没有受过伤而只会夸口的战争英雄，
> 从你身上吃一点苦头。
> 收拾所有的人，
> 以你的风骚泼辣击败一切能令阴茎勃起的根源。
> 这儿还有金子给你们，
> 你们去害别人，
> 让这个来害你们……

陷入极致恨意的恍惚状态中，他要求自然不要再养育人类，希望凶猛的野兽繁衍来吞噬人类。这种太过分的恨世，看来不很真切。我们不相信莎士比亚认为这一荒谬者胜过罪恶的人类，这个懦弱的无能者胜过欲望的生活。这一归罪须告诉我们，疾病正在自我清除，莎士比亚就要再度绽开笑容。

艺术才华

一个受教育如此少的人怎会写出如此精深而广博的戏剧呢？其实并不尽然是博学。莎士比亚了解的《圣经》，仅得之于早年学生时代的一点机会，对《圣经》的爱好可以说是偶然而平凡的。对一切古典的学习也是不经意的，只局限于翻译作品。对异教的神祇，非常熟悉，但这很可能得自奥维德的《变形记》的英译本。培根永不会犯的小错误他犯了，比如称忒修斯为公爵，将公元前 11 世纪的赫克托尔和公元前 3 世纪的亚里士多德同时提及，《科利奥兰纳斯》剧中主角（公元前 5 世纪的人物），竟引用加图（Cato，公元前 1 世纪的人物）的话。

他不太懂法文，只略晓意大利文，略有地理知识，这使他的戏剧具有从苏格兰一直到艾菲索斯的地方色彩，但他送给波希米亚一个海岸，[1] 又送瓦朗蒂讷经海路由维罗纳到米兰，普罗斯帕罗由米兰登上洋船。他的罗马史大多取自普鲁塔克的作品，英国史则来自荷林塞的著作和较早期的剧本，他认为历史上的错误对剧作家不甚要紧，比如恺撒时的罗马有时钟，克娄巴特拉的埃及有弹子戏。在《约翰王》（King John）剧中未提及《大宪章》，《亨利八世》剧中未提宗教改革。在这里，我们又可看到过去的事会随现代人的笔而改变。从现代人的眼光来看，英国历史剧大致上是对的，但在细节上不很可靠。若就爱国主义观点看来，圣女贞德在莎士比亚剧中，只不过是胡言乱语的女巫。然而有好多英国人如马尔勃罗（Malborough），确实认为他们英国史的知识都得自莎士比亚的戏剧。

如同伊丽莎白时代其他剧作家一样，莎士比亚常常使用法律术

---

[1] 本·琼森在霍索恩登（Hawthornden）与德拉蒙德谈话中得知此点。莎士比亚则从一位大学毕业生格林的小说中取得，在奥托卡（Ottokar）二世时代（约 1253—1278 年），波希米亚曾将领域扩延至亚得里亚海岸。

语，而有时用得并不正确。这些他可能是搜罗自四法学院——他的 3
部剧曾在该法律学校演出——或是得自他父亲或他本人的法律诉讼
中。他的音乐知识丰富，对音乐的悟性很高——"羊的内脏能将灵魂
抖出人的身体之外，这不很奇怪吗？"（意即羊内脏做的风笛激励作
战将士。）他忠诚地记起英格兰之花，在《冬天的故事》（*The Winter's
Tale*）剧中，他将它串成玫瑰圈，装饰在欣喜欲狂的奥菲莉亚身上。
他提过 180 种不同的植物，对户外运动和马的特点相当熟悉。但对培
根迷恋的科学毫无兴趣。与培根一样，他相信托勒密天文学，有时
（在十四行诗中第 15 首）似乎相信占星术，他称罗密欧和朱丽叶为
"噩运的情人"，但在《李尔王》剧中的埃德蒙和《尤利乌斯·恺撒》
剧中的凯西阿斯，则又否认它："亲爱的布鲁特斯，错不在于我们的
星运，而在我们本身，我们是下贱的人。"

　　这一切都可看出，莎士比亚的学习都是不经意的，他终日忙于剧
作的安排、上演和生活本身，无暇沉湎于书本。他惊愕于马基雅维利
的思想，他参考拉伯雷，借取蒙田的话和思想，但他不可能读过他们
的作品。冈萨罗对理想之国的描述，取自蒙田《论食人肉的野蛮人》
一文。同一剧中的人物卡力班或许是莎士比亚用以讽刺蒙田、对美国
印第安人的理想化。哈姆雷特的怀疑性格是否源于蒙田的那种天生猜
疑性，也不得而知。该剧于 1602 年推出，早于弗洛里欧译本的出版，
但莎士比亚认识弗洛里欧，因此他必然见过手稿。蒙田对传统思想的
批评，可能使莎士比亚思想更加深刻，但在这位法国人的作品中，找
不出自言自语的哈姆雷特或李尔王、科利奥兰纳斯、泰蒙和麦克白对
人生尖刻的指责。莎士比亚就是莎士比亚，与众不同，不管是取美于
他人的情节或文辞字句，他总是历史上最有创意、最突出的作家。

　　他的创意表现在语句、风格、想象、戏剧技巧、幽默、剧中人物
和他的哲学。在所有的文学作品中，他的文句最丰富，总共有 1.5 万
字，包括文章、音乐、运动和其他各种职业的术语，各种方言、俚
语和成千个机智的临时性用语或偷懒用语，隐没的、揭露的、刺激

的……他很喜欢各种字眼，运用语言技巧；他深爱通俗字句，在喜怒哀乐中倾泻而出；若他举出一个花名，他会不停地再举一打之多——而每个名字本身即显得有趣。他笔下的小角色咬文嚼字，善言大而无当的话。他掀起文法的大动乱，将名词、形容词甚至副词化成动词，把动词、形容词甚至代名词变成名词，单数主语带着复数动词、单数动词前接复数主语，他的英文似无文法、无规则——他埋首写作，匆促即成，无暇改正文法上的错误。

但是，这一令人叹为观止的"华丽和巴洛克式"的风格也有缺点：毫无规律的华美的雕砌，词句的使用刻意而奇特，意象牵强不自然，字句繁复，双关语、隐喻反复使用，时而前后不一，陈腔滥调比比皆是，无聊的疲劳轰炸也时而有之。毫无疑问，受过正规训练可以洗练这种风格，减少双关语，果真如此，我们失去的将太多了。也许在他要斐迪南形容阿德里亚诺时，他想到的正是他本人：

> 古怪的辞藻装满了他一脑壳，
> 他爱听自己的放言高论，
> 就好像是沉醉于迷人的音乐，
> 你们爱听与否，我不晓得，
> 我倒是喜欢听他胡扯……

从这个制"句"厂，发行了近乎所有流通于世界的词句：

> 譬如我们隐忍难堪的严冬，
> 承平时代，
> 欲望乃思想之母，
> 说实话使恶魔蒙羞，
> 坐在那一角落的风上，
> 戴王冠的反倒失眠，

> 白百合之上再敷粉，
>
> 动之以情，
>
> 大家即翕然一致而无异议，
>
> 这些人类真愚蠢啊！
>
> 魔鬼也会引用《圣经》的话作辩解，
>
> 仲夏的疯狂，
>
> 真正的爱绝非慢条斯理的，
>
> 将我心放在袖口上，
>
> 身上的每一分一寸都是国王，
>
> 生而习惯的，
>
> 简短是智慧的灵魂……
>
> 我们就此止住。

除了上述以外，另有无数的隐喻语，如"看到船的帆受狂飙之孕而鼓个大肚子"，同时有好些文章，现在也同词句一样脍炙人口，如奥菲莉亚搅乱了花草世界、在恺撒尸首上的安东尼、垂死时的克娄巴特拉、洛伦佐对音乐的礼赞等都是。其他还有整段整段的歌，如"谁是西尔维亚"、"听！听！云雀在天门歌唱！"、"把这些唇齿带走吧！"或许莎士比亚的观众不仅是来看他的故事，而且要听他的巧言。

"疯子、情人、诗人，都是用想象力造成的"，莎士比亚已具备其中两个特性，也可能略具第三种。在每一部剧中，他创造一个世界，而且他还不满足，在他幻想的国度、森林和石楠丛中，还充满着天真的戏法、神速的小仙、恐怖的巫怪和幽魂。他的想象力创造了他的新风格，他以意象来思索，化观念为形象，把抽象事物化成可见或可感之物。被逐出维罗纳的罗密欧，嫉妒猫与狗都能窥见朱丽叶，而他则不能，这样的一个罗密欧，除了莎士比亚和彼特拉克外，谁能塑造得出呢？在《皆大欢喜》一剧中被放逐的公爵埋怨道，他必须不停地猎兽，而这些动物都比人类美丽，除了威廉·布莱克（William Blake）

外，谁又会如此描写呢？在各方面都很精明的他，如此强烈地反对丑陋、贪婪、残忍、色欲、痛苦及有时似乎支配着整个世界的忧伤，是不足为奇的了。

在戏剧技巧上，起初他的创意极少。但作为一个以戏剧为业的人，他懂得卖弄自己的特点。他开始写剧时，设计的舞台布景和所用的语言，都是为了吸引那些嗑胡桃、玩牌、狂饮麦酒、爱戏弄女人的观众。他充分利用伊丽莎白时代的舞台丰富的道具和设备，他研究演员，创造适合演员身心特性的角色。他用尽伪装和洞察的技法，制造各种布景的变化和戏中有戏的复杂情形，但是在戏剧技巧上，显得有点草率。有时情节中的情节将全剧分裂为二，如格劳斯特的悲剧与李尔根本无关，但牵连在同一部剧中，所有的故事几乎都是一种不太可能的巧合、暗中的并合和极度偶然的表现。在歌剧或戏剧中，为了故事或歌曲本身起见，我们自可要求尽量相信这种安排，但是一位艺术家应将其梦想中"无基础的结构"减到最低。还有一些较不重要的瑕疵，就是时间或角色的矛盾；也许以如此惊人速度写作而又漫不经心将其出版的他，认为这些小缺点不会被激动而兴奋的观众觉察。古典文学的标准和现代文学的风味，都谴责莎士比亚舞台剧中常有的暴力，这是对正厅后座观众的另一种让步，也是为了在伊丽莎白和詹姆士一世时代剧作家的竞争中获胜。

莎士比亚写作成熟后，便以幽默来挽救暴力，而且学会了以滑稽的调剂来加深悲剧的艰难技巧。早期的喜剧，是一种并非用以慰藉的机智和幽默；早期的历史剧，是毫无幽默感的生硬作品。《亨利八世》一剧，悲喜剧交替出现，但未能圆熟地融合，《哈姆雷特》剧中，则已达到这种巧妙的融合。有时，幽默显得太过分。索福克勒斯和拉辛必定会翘着他们的古典鼻子，对这些以人类的虚张声势或马屁为材的笑话表示不屑，时而冒出一句色情双关语，对现代口味来说是太猛烈了一点。但一般来说，莎士比亚的幽默是用意良善的，不同于斯威夫特粗野地厌恶人类，他觉得世界上有一两个小丑会更好。

伟大的丑角和哈姆雷特鼎足而立，是莎士比亚创造角色的至高成就——这是对剧作家的最大考验。理查二世与理查三世、霍茨波与沃尔西、刚特与格劳斯特、布鲁特斯与安东尼，在莎士比亚笔下，都脱出炼狱而获得第二生命。在希腊剧中，甚至在巴尔扎克的作品中，没有一个人物具有如此一贯的特质与巨大的威力。因复杂个性而显得有点矛盾的人物创作，最富真实性，如李尔王的残酷与和善，哈姆雷特富于思考而鲁莽，勇敢而寡断。有时角色又显得太单纯，如理查三世似乎仅是卑鄙而已，泰蒙只是愤世嫉俗，而伊阿古一味地恨。一些剧中的女人，似是取自同一模式，如比阿特丽斯和罗莎琳、考狄丽亚与苔丝狄梦娜、米兰达与赫迈奥尼，因而失去真实性；但有时几句话，又使她们显得栩栩如生。因此，奥菲莉亚在哈姆雷特对她说他绝不爱她后，心平气和，但悲伤而带着令人感动的天真说："我是被骗了。"观察、感觉、神入、令人叹为观止的感受力，敏锐的悟知力，审慎选择重要和特别的细节，超人的记忆力，创造了这批已故的或想象的人物。随着剧本不断推出，这些角色渐渐成长而趋于真实、复杂和深刻，到《哈姆雷特》和《李尔王》两剧，诗人莎士比亚成为哲学家，而其戏剧成为他思想上的光芒四射的表现。

哲学

"你也懂得一点哲学吗，牧羊人？"试金石（Touchstone）如此问科林（Corin）。我们也可同样地拿来问莎士比亚。他的一个公认的敌手，提出否定的答复。我们也可能接受萧伯纳（Bernard Shaw）对他的评断——他说在莎士比亚身上找不出形而上学，找不出他对实体的自然本质的看法，也没有上帝的理论。莎士比亚太聪明了，不认为人可以分析他的创造者，甚或栖于肉体上的心灵也不能了解这个世界。"贺瑞修，宇宙间无奇不有，不是你的哲学全都能梦想得到的。"也许在暗地里他曾追索过，而自认为是哲学家，他不尊重专业哲学家的言论，同时怀疑他们是否能耐得住牙痛。他嘲笑逻辑，欣赏想象的光芒，他并不提出解决心灵或生命奥秘之法，但他对其深刻的感受与洞察，令我们对其所为的假设更觉得有深度或显得羞愧。他超然旁观独断论者互毁，或在时间的催化中解体。他藏身于他所创的角色中，难以观其面目，我们不可贸然认为何者为他的意见，除非这些意见至少在他所创两部作品中，都受到相当的强调。

对他的第一个印象，是他比较像心理学家而不像哲学家，也不像理论家，而像一个心灵的摄影师，捕捉揭露人性的内在思想与表征性的行为。但是，他绝不是一个表面的现实主义者，事情未发生，世人也不谈论，生活如同他的戏剧一样。但从整体而论，由这些不可能发生的事实及过分夸大的描写，我们感觉到更加接近人类本性和思想的核心。莎士比亚同叔本华一样，很了解"理性迎合意志"。在他笔下，渴望而疯狂的处女奥菲莉亚唱出色情小调，这是十分弗洛伊德（Freud）化的。研究麦克白和其"更坏的"一面时，他更超越了弗洛伊德，达到陀思妥耶夫斯基（Dostoevsky）的境界。

假如不把哲学当作形而上学看待，而以其为对人事的广阔透视，以其为对道德、政治、信仰，而不仅是对宇宙与心智的概括看法，那么莎士比亚是一个哲学家，而且比培根更有深度，正如蒙田比笛卡儿更深刻。哲学并非形式。他了解道德的相对性："世界本无善恶，全凭个人怎样想法而定"，而"我们的优点是要靠世人来衡量的"。他对决定论感到困惑，有些人是生而为恶，"我们不能责怪他们，因为本性（性格）无法选择其出身"。他了解特拉西马库斯（Thrasymachus）的道德论，理查三世认为"良心只是懦夫们使用的一个名词，当初撰造这个名词只是为了吓唬强者。我们强大的军力是我们的良心，我们的剑是我们的法律"。理查二世裁断道："用最强硬、最稳妥的方法去攫取的人，都有资格得到。"但这两个尼采式（Nietzschean）人物，都落得悲惨结局。莎士比亚也赞赏封建贵族的荣誉伦理，同时用高贵的字眼形容它，但他同霍茨波一样，诋毁那种趋于骄傲与暴力的倾向，"欠缺温文儒雅的礼貌，毫不自制"。所以，他的伦理是一种包含亚里士多德的适度和斯多葛学派的自制。适度和理性是尤利西斯谴责阿喀流斯和阿贾克斯的演讲的主题，仅有理性仍不够，还须克制感情：

> 人必须忍耐，
> 一死犹如一生，不可强求，
> 随时准备即是……

死亡若在自我实现后来临，是可以宽恕的。莎士比亚也欣赏伊壁鸠鲁，承认享乐和智慧之间毫无内在冲突。他轻蔑清教徒，在《第十二夜》剧中女仆玛丽亚告诉管家马尔利欧"去摇摇你的耳朵"，意即"你是一只驴"。对肉体的罪恶，他处之宽厚宛如宗教家一样，在发了疯的李尔王口中，更唱出交媾欢乐的赞美歌。

他的政治哲学是保守的。他深知穷人疾苦，借李尔王之口道出。在《伯里克利》剧中的一位渔夫，形容海洋里鱼的生活：

> 和人在陆地上一样，大鱼吃小鱼。我把有钱的吝啬鬼比作一条鲸鱼，那是最适当不过了。他玩玩滚滚，赶得一群可怜的小鱼纷纷逃走，最后一口吞掉。我听说陆上也有这样的鲸鱼，他们不把整个教区、教堂、塔尖、钟及一切吃光是永不肯闭上嘴的。

《暴风雨》（The Tempest）剧中的人物梦想一个无政府的共有制度，在那里有"所有有益于人生的东西"，而无法律、无治者、无劳工和战争。但莎士比亚对此一笑置之，他认为这一乌托邦就人性看来，不可能存在，在任何情况下，鲸鱼总是吃小鱼的。

莎士比亚的宗教观念如何呢？回答这个问题如同追寻其哲学一样困难。借着他所创的角色，他表现各色各样的信仰，同时怀着宽容之心，以至于清教徒将他当作异教徒。他常引用《圣经》，而且非常恭敬地引用，他让看来本是怀疑论者的哈姆雷特，表现得非常有信仰地谈论上帝、祷告、天堂和地狱等。莎士比亚本人和他的儿子，都依英国国教仪式受浸，在他的剧中，有好些段落极富新教色彩。约翰王认为教皇的宽恕如同巫术戏法，这十足是亨利八世的先声：

> ……意大利的教士，不得在我的领土内抽捐上税。我奉行天道，是人间的至尊，所以我只对上天负责，在我统治的区域内，我要维护我至高无上的权威，不需要一个凡人的帮助。就这样告诉教皇，我对他及其僭越的权威没有任何敬意。

不过，约翰王后来还是道歉了，后来由莎士比亚参与创作的《亨利八世》一剧中，亨利和克兰默（坎特伯雷大主教）相安共处，最后以一段伊丽莎白的颂词结束。这些人都是英国宗教改革期间的主角。当然，剧中也有支持天主教的地方，如阿拉贡的凯瑟琳和劳伦斯修士（Friar Lawrence）这两个同情者的造型即是，尤其后者在莎士比亚笔下如同在意大利天主教徒的小说中一样。

对上帝的几分信仰，在所有的悲剧中都可发现。李尔王在极度痛苦中认为：

> 我们在天神掌中，就像苍蝇在顽童手里，
> 他们做游戏就把我们杀了。

但埃德加答道："天神是公正的，以我们的色欲的罪恶，作为惩罚我们的工具。"哈姆雷特也肯定这个信念："我们无论怎样大刀阔斧地干，成败还是在天。"虽然在公平对待我们的上帝前，有挣扎的信念，但在莎士比亚伟大的戏剧中，生命本身仍是充满着一股不信的气氛。杰卡斯嘲弄道，人生到"第七节"时，只是缓慢地成熟并快速地

腐烂。在《约翰王》一剧中，我们可以看到这一论调：

> 生活像是一篇重复不已的故事一般腻烦，
> 在一个昏昏欲睡的人耳边絮聒不休。

在《哈姆雷特》一剧中，如此责难这个世间：

> 一切卑鄙，简直是一座蔓草未芟的花园，
> 到处是蓬蒿荆棘而已。

而在麦克白的谈话中：

> 灭了吧！灭了吧！短短的烛火！
> 人生不过是个人行动的阴影，一个可怜的演员
> 在台上高谈阔步，
> 之后便听不见他了。
> 不过是一个傻子说的故事，说得慷慨激昂，
> 都毫无意义。

有何不朽的意义可以减轻这种悲观主义呢？洛兰纳在向杰西卡解释过音乐的范畴后，又说："不朽的灵魂里面，原来也有和谐的乐声。"在《恶有恶报》（*Measure for Measure*）剧中的克劳狄奥憧憬来世，却以但丁的地狱或普鲁特的地府那种阴森森的调子道出：

> 是的，可是一死，我们不知走到哪里；
> 僵冷地躺在那里，然后腐朽。
> 这有感觉的温暖的活泼泼的生命就要变成
> 一块烂泥巴；这习于安乐的灵魂就要

> 沉沦到一片大海里去，或住在
> 冰天雪地寒气袭人的地方。
> 被无形的狂风所卷起，
> 绕着这世界被吹得团团转……
> 这真是太可怕了！

哈姆雷特偶然也提及灵魂不朽，但他的独白肯定无信仰。在该剧早期版本中，哈姆雷特临死前说："上天请接受我的灵魂吧！"莎士比亚将它改为"安息是永寂"。

我们无法确定这一悲观色彩有几分来自悲剧的要求，有几分是莎士比亚心情的写照。但它的不断表现和受到强调，即指出他的哲学较黯淡的时刻，在他的创作过程中，唯一的慰藉是他终归承认在这罪恶的世界上也有光明和幸福，在恶棍充斥的地方就有英雄和圣人，有伊阿古就有苔丝狄梦娜，有贡纳莉就有考狄丽亚，有爱德蒙就有埃德加或肯特，甚至在《哈姆雷特》剧中，他有贺瑞修的忠诚和奥菲莉亚盼望的温柔的一股清风。这位厌倦了的演员和剧作家，在远离伦敦喧哗却孤独、杂乱的生活，在迈向绿色的田野并得到斯特拉特福老家慈父的安慰后，重新得到勇者对生活的喜爱。

调和

无论如何，他没有抱怨伦敦的理由，因为伦敦带给他成功、声名和财富，在他之后的文学生命中，他被提过 200 次以上，而且几乎都是赞赏他的。1598 年，弗朗西斯·米尔斯（Francis Meres）的《戏剧名家》（*Palladis Tamia: Wits Treasury*）一书，列出西德尼、斯宾塞、丹尼尔、杜雷顿、瓦尔纳、莎士比亚、马洛、查普曼等人为英国杰出作家，而把莎士比亚列为所有剧作家之首。同年，另一个重要诗人理查·巴恩菲尔德（Richard Barnfield）称莎士比亚作品（在当时他的最好作品尚未出现）已使他名列"不朽名人录"。即使在他的劲敌中，莎士比亚也深孚众望。杜雷顿、琼森和伯比奇是他的密友，琼森批评他风格夸张，文体不拘，很嚣张地漠视古典文学的规则，但在莎士比亚的第一版对开版本中，琼森将其名列于古今剧作家之上，认为他"并非属于这一代，而是亘古长存"。他逝世时，琼森写道："我爱这个人……在这方面近乎偶像崇拜。"

传统的说法是，在布雷德街美人鱼旅馆（Mermaid Tavern）举行的文人会议中，琼森和莎士比亚两人见了面，认识他们两位的弗朗西斯·波门（Francis Beaumont）对此赞道：

> 我们在美人鱼所见是多么美好！——
> 一切的言谈是如此伶俐，
> 如此充满着微妙的情感，
> 俨若每人自他们来到之后，
> 便将他的一切机智当作笑谈，
> 而决定在他晦暗的余生中，
> 过着愚人生活。

托马斯·福勒（Thomas Fuller）在《英格兰杰出人物》（*Worthies of England*，1662 年）一书中说：

> 莎士比亚和琼森两人有过无数次的机智之战。这两个人，我将他们比喻为西班牙的大型帆船和英国战舰。琼森（如同前者）学问方面建构高，但在演出方面则较稳固、缓慢。莎士比亚……体形小，航速快，抢风顺潮时掉向容易，而以他的机智和创意的敏捷，占尽风势之利。

艾布雷在约 1680 年，续说莎士比亚的"敏捷、爽快和平稳的机智"这一令人可信的传统说法，他说他"是一位洒脱而体面的人，极易相处"。现存仅有的肖像是藏于斯特拉特福教区之墓的半身塑像，和第一版对开版本前的铜版像。两幅像十分相似，都是半秃，留着胡子，尖鼻，沉思的眼睛，但没有戏剧中那股燃烧的火焰。或许是他的戏剧误导我们对他性格的想象，认为他是一个具有敏感的活力和热情的人，在思想与诗篇的顶峰、忧伤及失望的深渊之间上下震荡。同时代的人形容他彬彬有礼，诚实无欺，不容易发怒，具有"开放而自由的个性"，享乐生活，不太顾及子孙，表现出一股讲求实际的气质，与诗人造型似乎不太相配。不知是因为节俭或馈赠，1598 年他已非常富足而入股全球剧院。1608 年，他和其他 6 位人士合建布莱克法尔斯戏院。这些事业的股份，加上他身为演员和剧作家的收入，使他的收入相当可观——一年 200 镑至 600 镑不等。600 镑这个数字很可以解释他在斯特拉特福不动产的购置。

艾布雷说："他惯于每年回故里一趟。"他常常在牛津驻足，那里有一位约翰·达文南特（John Davenant）经营一个小旅馆。威廉·达文南特爵士（William Davenant，1637 年桂冠诗人）每爱提及他是莎士比亚在那里荒嬉度日的意外结果。1597 年，我们的戏剧家以 60 镑购得斯特拉特福第二大房地产新厦，他仍住在伦敦。1601 年，他的父亲逝世，遗留给他斯特拉特福亨莱街的两幢房子。一年后，他以 320 镑购得斯特拉特福附近的 127 亩土地，租给佃农。1605 年，以 440 镑取得斯特拉特福和其他 3 社区有所发展的教会什一税股权。他在伦敦写作他最伟大的戏剧时，在斯特拉特福则因身为成功的商人而闻名，时而涉入产权和投资的诉讼。

他的儿子哈姆内特死于 1596 年。1607 年，他的女儿苏姗娜和约翰·赫尔（John Hall）结婚，后者是斯特拉特福杰出的医生，一年后莎士比亚当了外祖父，现在他有新的回家理由了。约 1610 年，他自伦敦和舞台退出，移居新厦。他显然是在此地写出《辛白林》（Cymbeline，1609 年）、《冬天的故事》和《暴风雨》。前两剧重要性不大，《暴风雨》显示出他仍具相当的威力，其中的米兰达，在岸旁看到沉船船骸时流露出本性，叫道："啊！我看到那些遭难的人，我心也难过。"其中的卡力班是莎士比亚对卢梭（Rousseau）的答复。其中的普罗斯帕罗，一位仁慈的魔术师，放弃魔杖而向这个快活的世界可爱地告别。从普罗斯帕罗的言语中，在不衰的口才中表现出来的是诗人忧郁的回响：

> 我们的游戏现在完了，就像我曾预先告诉你，
> 这些演员是精灵，
> 现在化成空气，稀薄的空气：
> 顶着云霄的高楼，富丽堂皇的宫殿，
> 庄严的庙宇，甚至地球本身。
> 对了，还有地球上的一切，
> 将来也会像这毫无根基的幻象一般消逝，
> 也会和这刚幻灭的空虚戏景一样地不留一点痕迹。
> 我们的本质原来也和梦的一般，
> 我们短促的一生在睡眠中结束。

但这已不是莎士比亚现在的心境了。相反，在该剧中，莎士比亚逍遥自在地谈谈小溪和花草，唱唱歌，如"五寻深处"、"在蜜蜂吸蜜的地方我吸蜜"。谨慎的反对者不表赞同，但事实上普罗斯帕罗的告别词是这位年老诗人的话：

> ……坟墓曾受我的命令，
> 惊醒里面睡眠的人，张开口，
> 借着我伟大的法术放他们出来。
> 但这种强暴的法术，我现在放弃了。
> ……我将折断我的法杖，

> 深深埋在土里，
> 并将我魔术的书沉到
> 不曾测知的海底。

也许是因为他的女儿和外孙带来了快乐，他通过米兰达叫道：

> 啊！好奇怪！
> 这里怎么有这么多的好人！
> 人类有多么美！啊！优美的新世界，
> 有这样的人在里面！

1616 年 2 月 10 日，朱蒂丝和托马斯·昆尼（Thomas Quiney）结婚。3 月 25 日，莎士比亚立下遗嘱，他把财产遗给苏珊娜，给朱蒂丝 300 镑，给他的演员一些馈赠，而将他那种"第二等的床"送给他疏远久矣的妻子。也许他安排苏珊娜照顾她母亲，他的妻子安娜·哈撒韦多活了 7 年。根据斯特拉特福教区牧师约翰·沃德（John Ward，1662 年—1681 年为教区牧师）的说法，1616 年 4 月，莎士比亚、约翰·德莱顿（John Dryden）和琼森有一次快乐的聚会。他们畅饮过度，莎士比亚死于这次感染的热病。1616 年 4 月 23 日，死神来临，遗体安葬在斯特拉特福教堂圣坛下，在该处一块未署名的石头上刻着词句。据当地传统说法，这是莎士比亚的亲手笔：

> 好朋友，看在耶稣面上
> 挖掘这里的尘土。
> 祝福省却石头的人，
> 诅咒移动我骨头的人。

身后

据我们所知，他本人并未出版他的剧本，他在世时共有 16 部问世，这些显然并未得到他的同意，而都以 4 开本形式，有文字上的各种错误。由于受到这些盗印本的刺激，他的两位前同事约翰·海明（John Heming）和亨利·康迪（Henry Condell），1623 年出版第一版对开本，这一大卷是以每页 900 字双栏形式印行的 36 部剧最可靠的原文。在前言上说："我们只想……为故人做点善事……无沽名或获利的野心，只为保留对一位如此有才华的朋友的记忆……就像我们的莎士比亚仍然活在人间。"这一卷当时售 1 英镑，现存约有 200 部，价值连城，除《古登堡圣经》（Gutenberg Bible）外，价格无出其右者。

莎士比亚的声誉很奇怪地随时代不同，约翰·弥尔顿（John Milton，1630 年）赞道："最可爱的莎士比亚，幻想的孩子。"但在清教徒革命期间、剧院关闭时（1642—1660 年），诗人的声名减退，随着复辟又恢复。约翰·索克令爵士（John Suckling）在凡·戴克为其所绘的画像中，就是拿着一本打开了的第一版对开本的《哈姆雷特》。17 世纪晚期贤人德莱顿评赞莎士比亚具有"所有现代诗人，也许还包括古代诗人中……最深邃、最宽宏的心灵……际遇伟大的时刻，总是表现伟大"。但是，"时而表现平淡，风味不够，风趣技巧太陈套，严肃之处又过度发挥"。约翰·伊夫林（John Evelyn）在其日记（1661 年）中说："由于皇上久居海外，古老的戏剧引不起这高雅时代的喜爱"——意即查理二世和返国的皇族将法国戏剧风味带回英国，就在复辟后，剧院演出现代文学界中最猥亵的戏剧。莎士比亚戏剧仍然上演，但都受到德莱顿、托马斯·奥特维（Thomas Otway）和其他复辟时期的标准作家的"改编"。

18 世纪，莎士比亚的戏剧恢复到本来面目。尼古拉斯·罗依于 1709 年出版第一修订本和第一本传记，蒲柏（Pope）和约翰逊又推出新版本和评论。托马斯·贝特顿（Thomas Betterton）、大卫·加里克（David Garrick）、肯柏尔（Kemble）的西顿夫人（Mrs.Siddons）造成莎士比亚戏剧在舞台界风行的空前盛况，托马斯·包德勒（Thomas Bowdler，1818 年）出版删节本，删除"不宜在家中诵读的部分"。19世纪初，浪漫运动更以莎士比亚为中心，运动的顶尖人物，如柯尔律治（Coleridge）、威廉·哈兹里特（William Hazlitt）、托马斯·德昆西（Thomas De Quincey）、兰姆（Lamb）等人都将莎士比亚奉为部落的神祇。

法国方面的态度迟疑不定，1700 年以前，他们的文学标准格式是由龙沙、马莱伯（Malherbe）、布瓦洛（Boileau）等人形成，他们依照一定的排列、逻辑形式、彬彬有礼的风格和理性的控制等拉丁文学传统。拉辛的作品接纳了戏剧的古典规则，但这受到莎士比亚浮夸多言的戏剧、滔滔不绝的感情的狂飙、粗野的丑角、融悲喜剧于一身的纷扰。伏尔泰（Voltaie）在 1729 年从英国回来后，带着他对莎士比亚的称颂，第一次向法人展示"我在一片乱糟糟的堆肥中发现的一些珍珠"。但是，有人将莎士比亚列名拉辛之前时，伏尔泰即刻起而为法国抗辩，称莎士比亚为"一个和善的野蛮人"。在他的《哲学字典》（*Philosophical Dictionary*，1765 年）一书中又略作修正："这个人的好些文章不凡地发挥了想象力，贯穿人心……他并未追求却达高尚的极致。"斯塔尔女士（De Staël，1804 年）、吉佐（Guizot，1821年）和维洛玛（Villemain，1827 年）帮助法国人接受莎士比亚。维克多·雨果（Victor Hugo）之子弗朗西斯将莎士比亚的作品翻成流畅的法文，终于赢得法国人对莎士比亚的尊敬，虽然其程度未达法国人对拉辛虔敬景仰的地步。

在德国，莎士比亚的一切情况良好，因为德国没有能和他匹敌的剧作家。1759 年介绍莎士比亚给德国人而将他誉为古今诗人之冠的，是德国第一位伟大剧作家戈特霍尔德·莱辛（Gotthold Lessing）。赫德（Herder）对此也表示赞同。奥古斯都·冯·施莱格尔（August von Schlegel)、路德维格·狄克（Ludwig Tieck）和浪漫主义的其他领导人物都扛着莎士比亚的大旗。歌德（Goethe）在《威廉·迈斯特》（*Wilhelm Meister*，1796 年）一书中更热衷于对《哈姆雷特》的讨论。莎士比亚戏剧风靡德国剧界，在考证莎士比亚的生平和戏剧方面，德国学者有一阵子还领先英国。

　　在浓厚的莎士比亚气氛中成长的人，要对莎士比亚做一个客观的评价和比较是不可能的。唯有懂得伯里克利时代希腊的语言、宗教、艺术、习俗和哲学，才能体会出狄奥尼索斯悲剧的庄严，它的结构上不能改变的逻辑与完全的朴实无饰，它的言行上可贵的自制，它的合唱的感人记事，它从宇宙与命运的观点来透视人，发现人类本身的高尚工作。唯有了解法文及它的特性和伟大世纪的时代背景的人，才能在拉辛与高乃依（Corneille）的戏剧中，不仅体会出他们诗的悦耳和庄严，而且感受到理智克制感情与冲动的英雄事功，自我抑制附着于困难的古典规范里，及把戏剧浓缩入一段综合人生与决定人生的紧张片刻中。唯有了解伊丽莎白盛世时代的英国，才能体会伊丽莎白时代的修辞、抒情和谩骂之风，并认为戏剧在反映本性和发挥想象力上没有一定的界限，才能以开怀的态度欣然接受莎士比亚的伟大和戏剧应有的价值地位。这种人讶于莎士比亚才气的辉煌喜极而战栗，心灵深处的无限感动，使他追寻探测莎士比亚的思想。在全世界戏剧中，有三个划时代的贡献，我们应不顾及可能受到的限制，迎接它们而使我们更加深沉，感谢我们有希腊的智慧、法国的美、伊丽莎白时代的生活三项遗产。莎士比亚当然是至高无上的。

第五章 | 苏格兰女王玛丽
（1542—1587）

美丽的王后

在苏格兰的宗教改革和伊丽莎白王朝政情的一连串戏剧中，玛丽·斯图亚特的悲剧充满美。热情如火的爱，宗教和政治上的冲突、谋杀、革命及英雄式的死亡的各种诱惑，她的门第带给她不寻常的命运。她是苏格兰王斯图亚特·詹姆士五世（Stuart James V）和法国洛林的玛丽所生的女儿，也是英格兰王亨利七世女儿玛格丽特·都铎（Margaret Tudor）的孙女。因此，她是"血腥玛丽"和伊丽莎白的侄女。假如伊丽莎白死而无嗣，一般公认她是英格兰王位的合法继承人。因为有些人如天主教徒（亨利八世也曾是）认为伊丽莎白是一个私生子，没有资格君临天下，于是玛丽·斯图亚特而非都铎的伊丽莎白应该在1558年继承英格兰王位。玛丽成为法国王后（1559年）时，她应允她的随从和国家公文公告中称她为英格兰女王，这更加奠定了悲剧的发生。法国国王同时为英王及英王同时为法王，长久以来这只是一种徒然的假设。但是在这种情形下，假设就与一般的认可很接近。只要玛丽活在人世，伊丽莎白就无法对其王位有所把握，唯有从常识层面看来才不成问题，君主们很少愿意如此屈从。

　　玛丽不满一岁时便得到王国。在出生一周内，她父亲的驾崩使她成为苏格兰女王。亨利八世因为希望统一苏格兰成英格兰的附属，于是提议将这个婴孩许配给他的儿子爱德华，而将她送往英格兰抚养长大，成为新教徒，作为爱德华王后。但她的天主教徒母亲接受法国亨利二世（1548 年）所提与其子（太子）的亲事。为防被绑架到英格兰，玛丽在 6 岁时即奔往法国。她在法 13 年，与皇族子弟同受教育，本来血统上她已是半个法国人，现在更是十足具有法国人的精神。她长大成熟后，可谓具备所有年轻妇女美貌与体态上的诱人优点，活泼的心灵使其举止行径显得优雅快乐。她歌唱得甜，能演奏一手好弦琴，能以拉丁语交谈，还能写出诗人赞赏的诗。恭维者怦然心动于她那"雪白纯洁的脸孔"，她"卷曲编成发辫的金发"，纤细优雅的手，其丰满的胸部，甚至于严肃而忧郁的米契尔也认为她可爱动人。如今她成为在欧洲最华丽的宫廷中最吸引人又多才多艺的社交人物。16 岁时，她嫁给太子（1558 年 4 月 24 日）；17 岁时，由于太子继位，她便成为法国王后。所有梦寐以求的似乎都告实现了。

　　弗朗索瓦二世当政两年后去世（1560 年 12 月 5 日）。18 岁的寡妇玛丽想退隐于在都兰（Touraine）的一处房产，因为她喜爱法国。但这时，苏格兰倾向于新教，这有失去盟友法国的危险。法国政府认为玛丽应回爱丁堡去，使其祖国重归为法国的盟友并恢复天主教。这虽非其所愿，玛丽也安然离开安适而灿烂的法国文明，回归苏格兰生活。她对苏格兰已毫无记忆了，她曾形容它为野蛮与阴冷的地方，她修书给执政的苏格兰贵族们，保证她对苏格兰的忠贞。然而，她并未告诉他们，若她死而无嗣，则据其婚约，她要把苏格兰献给法王。贵族们，不论其教别皆大喜，苏格兰议会敬邀她返国取得王位。她向伊丽莎白要求假道英格兰的安全通行，但为伊丽莎白所拒。1561 年 8 月 14 日，玛丽在加莱挥泪道别法国，她在船上凝望逐渐消失的海岸，一直到它隐没在海面上。

　　5 天后，她登陆爱丁堡的一个港口利斯（Leith），看见了苏格兰。

苏格兰（1560—1561）

苏格兰是一个在各方面都根深蒂固的国家：北部有崎岖高地和一群近乎独立的封建贵族政权，带动并剥削这一游牧与佃耕的半原始文化；南方情形尚好，有可爱的低地，雨量丰富，但漫长的冬季与酷冷的气候使其失色不少。在此地落居的是一个欲在文盲、违法、腐化、漫无法纪、暴力之中，挣扎创出一个道德与文明的秩序的民族，迷信横行，巫师要受火刑，在严谨的宗教信仰中，希望求得不太艰苦的生活。为补救采邑贵族造成的分权态势，国王支持天主教教士，以导致贪污、怠惰和姘居的财富来资助他们。贵族渴望教会的财富，他们以其俗世子弟取代教会神职来贬低教士的地位，他们支持宗教改革，并控制苏格兰国会，犹如教会与国家的主人。

外在危险是达成内部统一最有力的诱因。英格兰与不驯服的苏格兰人共存于岛上，总觉得不安。英格兰每每以外交、婚姻或战争手段企图使苏格兰归其统治，而苏格兰唯恐被吞并，与英国世敌为盟。塞西尔建议伊丽莎白女王支持新教贵族对抗天主教女王，如此苏格兰必告分裂，而不再是英格兰之患和法国的支持者。同时，若能成功，新教徒领导分子们必会背弃玛丽，另举一个新教贵族为王，全苏格兰必奉新教。塞西尔私下梦想说服伊丽莎白女王与这位新君王结婚以完成统一大业。法国派兵赴苏格兰平定新教徒之乱时，伊丽莎白遣兵前往，并驱出法国人。法国战败，其代表于苏格兰的爱丁堡签一份决定性条约（1560 年 7 月 6 日），不仅规定法国撤离苏格兰，而且规定玛丽不得再主张要求英国王位的权利。玛丽因其夫弗朗索瓦二世的劝告，拒绝签约，伊丽莎白则记挂在心。

宗教情势始终混乱异常。1560 年，苏格兰新教徒支持的议会正式废止天主教，而奉加尔文教为国教。这些法案并未得到玛丽的支持，而国王的批准是当时议会有效制定全国遵奉之法的必要条件。天主教僧侣们占大多数圣职，贵族半数以上是"教皇派"，出身王室的约翰·汉密尔顿（John Hamilton）在议会中仍是苏格兰天主教的大主教。然而，在爱丁堡、圣安德鲁斯、珀斯、斯特林和亚伯丁，由诺克斯领导的虔诚的传教士们，替加尔文教派赢得一大部分中产阶级的信徒。

在玛丽回国的前一年，诺克斯和其左右起草一份教规戒律，陈明其教义与目的：唯有新教才是宗教，唯有加尔文教徒才是"上帝的信徒"，"偶像崇拜"包括"弥撒、圣徒祈灵、形象崇拜及对这些的保存……"，而"这些憎恶事的顽强坚信者与教导者应受执政者的惩罚"。所有与《四福音书》相违的教条皆"有害于人类的拯救，应彻底予以压制"。大臣应由会众（教会组合）选出，应设立学校，对上帝的子民开放，应控制苏格兰大学——圣安德鲁斯、格拉斯哥和亚伯丁。天主教教会的财富与继续征收的教会什一税应用于国家政务所需及教育与救济贫民。法律应由苏格兰的长老教会（Kirk）制定，而非由世俗国家制定，并规定如何处罚破坏者——包括酗酒、暴食、亵渎神明、衣着放纵夸张、欺压贫民、猥亵及通奸罪。所有拒绝不从新教条或坚持不为其服务者，应交给世俗的权力，并依长老会的建议，处以死刑。

控制议会的贵族拒绝接受新戒律（1561年1月），他们不欢迎一个强有力而又独立的长老教会，他们另有其运用被压制教会的财富计划。但新戒律仍为长老教会发展的目标与指针。

在建立一个神权政体——一个由主张代表上帝的教士们组成的政府形式——失败后，诺克斯不屈不挠地致力于组织新教会，寻求财政支援，并将其广布至全苏格兰，当时天主教士仍在全国执行其职务。他传道时表现的独断力和他对会众的热诚，使他在爱丁堡和整个国家中，成为一个广有影响力的重要人物，信奉天主教的女王若要巩固统治权，必须要考虑到他。

玛丽和诺克斯（1561—1565）

唯恐有人阻止她登陆返国，她打算比预定计划早两周到达苏格兰。但她到达利斯的消息不胫而走，首都居民皆知，街道挤满人群。他们惊奇地发现女王是一位不满19岁而活泼美丽的女孩，她温文优雅地骑上驯马前往霍利伍德宫（Holyrood Palace）时，民众向她欢呼。在霍利伍德宫，新旧教的贵族都欢迎她，为苏格兰有这么迷人的御者及在未来她个人或她儿子可能会将英格兰收归于苏格兰统治而感到骄傲。

流传至今的两幅画像，可证明她是当代最美丽的女人之一，这一点都不为过。我们不敢确定，佚名的画家于作画时将她如何理想化，但在两幅画像中，都可看出她具有非常娇美的面目，可爱的双手、华丽的棕发，令贵族与传记作家为之销魂。但这些画像并未呈现年轻女王的真正动人之处——她的神采飞扬，欢笑的俏唇，伶俐机智的言谈，充满活力的热诚，仁慈而友善的涵养，她对爱的企求，对强壮的男士不顾一切地爱羡。对于她而言这是悲剧，既身为女人，又身为女王——欲享有罗曼史的温暖，却不能减损统治者的威严。她沉浸在侠义故事中——具有傲人但温顺的美，纯洁而诱人，多愁善感，带有亲切的同情心，不移的忠贞及危急时的勇气。她是一位擅长驭马的骑师，飞跃墙壑，无所顾忌，耐得住驰骋之苦，毫无倦意，更无怨言。但是无论就身心言之，她都不适合为女王。除具有充沛的活力外，她很脆弱，间歇性的昏厥症类似癫痫症、一些诊不出的病症时常折磨她。她没有伊丽莎白那种男人的智慧，她很聪明，但很少表现机智，而是不断任凭情感驾驭外交。她常表现非凡的自制、耐心与机智，她受美丽之罪，而未得聪明之福。她的性格正如她的命运。

她处于凌人的贵族、敌视的教士和对她的信仰不表尊重的腐化的天主教教士之间，她曾努力改善现状。她选出两位新教徒为枢密院领袖：一个为她同父异母26岁的兄长詹姆士·斯图亚特，后来成为莫雷伯爵；另一个为 36 岁的列兴敦的威廉·梅特兰（William Maitland），他富于才智，直至死为止，都在各派别中间周旋妥协。列兴敦的外交目标是值得赞许的，联合英格兰与苏格兰，以为解决双方仇视的唯一途径。1562 年 5 月，玛丽派遣他到英格兰，安排她与伊丽莎白的会晤。伊丽莎白答应，但其枢密院反对，唯恐她对玛丽要求王位继承权最间接的应许，会成为天主教徒刺杀伊丽莎白的借口。两位女王保持外交上的友好关系，暗地里则钩心斗角。

玛丽统治的最初 3 年内，除在宗教方面，可谓绝对成功。虽然她永远无法适应苏格兰的气候与文化，她借着舞会、化装舞会和装饰，把霍利伍德宫变成亚北极地区的"小巴黎"。在她欢乐的光照下，大多数贵族都融化了。诺克斯咆哮道他们都被魔术迷惑，如让莫雷与列兴敦治理王国，而两位的确治理得法。一度宗教问题因她的让步而似已解决，教皇代表敦促她恢复天主教为国教时，她答道目前已不可能，因为果真如此，伊丽莎白会强行干涉。为平息苏格兰新教徒的气焰，她发布公告（1561 年 8 月 26 日），禁止天主教企图改变国教，但她要求能够私下做礼拜，而在皇家教堂望弥撒。8 月 24 日，礼拜日举行弥撒时，一些新教徒聚集在外，要求"处死崇拜偶像的教士"。但莫雷不准他们进入教堂，他的左右将教士带到安全的地方。在第二个礼拜天，诺克斯指责贵族容许弥撒仪式的举行，并告诉教会群众说，对于他而言，一次弥撒比一万敌军还严重。

女王接见他，企图得到他的宽容。9 月 4 日，两种信仰的代表在她的皇宫内进行历史性的会晤，我们仅由诺克斯的报告中得知其详情。她谴责他挑起对她的母亲合法权威的叛乱及对"庞大的妇女团"进行书面的"爆炸性攻讦"——这份文件诋毁所有女性君王。他答道："若叱责偶像崇拜是鼓励臣民反抗君王，则我不能辞其咎，因为这令上帝高兴……使我（在好多人之中）揭穿天主教这个浮华国度和罗马反基督（教皇）的暴政、欺骗和骄矜。"至于爆炸性攻讦，"夫人，那本书主要是针对英格兰那位邪恶的荡妇"（玛丽·都铎）而发。

诺克斯继续报道：

> "你想臣民会反抗其君王吗？"她说。
>
> "若人君所为超过其限……则他们无疑将会反抗，甚至以权力为之。"他（诺克斯）答道……女王似是惊住了……最后她说：
>
> "我想那时我的臣民会服从你，而非我。"
>
> "上帝不准我令任何人服从我的命令，或让臣民们自由无束地去做他们喜爱之事。但我的职责是要君王与臣民都服从上帝……而夫人，这一对上帝和其受难的教会的服从，是人类在这世上所能得到的至高尊荣。"他答道。
>
> "不错，但你不是我要信奉的教会，我要替罗马教会辩护，因为我认为那是真正代表上帝的教会。"她说。
>
> "夫人，你的意志是不理智的；你的思想也不能使罗马的妓女成为耶稣基督真正而纯洁的配偶。夫人，对我称罗马为妓女不要惊讶，因为那个教会完完全全地沾上了所有精神上的猥亵行为……"他回道。
>
> "我心确非如此。"她说。

若这段对话是忠实的报道，那真是君主政体与神权政体、天主教派与加尔文教派戏剧性的冲突。若诺克斯的话诚足为信，则女王接受其谴责而并未报复，仅说"你令我非常伤心"，而后去进午餐，诺克斯则退下。列兴敦希望"诺克斯先生和善地待她，因为她是一位年轻而不易劝服的君王"。

他的信徒并不觉得他对她太过苛刻。她在大众场合露面时，有人称她为偶像崇拜者，而小孩子们告诉她望弥撒是一种罪过。爱丁堡市长下令驱逐"僧侣、修士、教士、修女通奸者和所有此类的污秽者"时，玛丽将他革职，下令重新选举市长。斯特林想让那些帮她忙的教士都被斩首，而她"在那里孤零无助地哭泣"。长老教会的总会议要求她不能在任何地方望弥撒，但贵族会议拒绝赞同。1561 年 12 月，议会与教会针对教会财政收入分配权爆发了严重的争执，新教牧师得 1/6，女王也得 1/6，而天主教教士（仍占多数）得 2/3。诺克斯对此事一概评为 2/3 落在魔鬼手上，1/3 则由魔鬼与上帝平分。新教牧师们每年得到约 100 马克。

在随后的一整年内，新教教士不断攻击女王，他们对玛丽宫廷上的歌舞与玩乐，化装舞会与飨宴感到愤怒。由于这些抗议，她减少欢乐活动，教士们仍觉得她做得太过分，因为她仍然去望弥撒。当时有人写道："约翰·诺克斯在讲坛上暴跳怒喝，因此，我唯恐有朝一日他会毁坏一切。他为首统领，而大家都怕他。"在这里，又可看出宗教改革与文艺复兴紧紧缠在一起。

1562 年 12 月 15 日，玛丽召见诺克斯，当着莫雷、列兴敦和其他人的面，指责他教导他的教徒恨她。他答辩说："王公们……你们花在虚度光阴和恣情放纵上的时间比花在阅读和听取上帝最神圣的训示上还多。在你们眼中，谄媚者与玩乐之辈……比睿智和庄重之士可爱，他们大量的谏言，总是战胜其本身可能有的浮华与骄矜，但这些习性对君王们则因其罪恶的教育而根深蒂固。"据诺克斯报道，女王（以不寻常的温和态度）答道："若你听到有关我的事，你不满意的，来看我并告诉我，我愿意听听。"他却答道："夫人，我是应召在上帝的教会内替大众做事，奉上帝之命去责备所有的罪过与邪恶。我并非奉命去告诉每个人本身的过错，因为这样将劳碌至极。若阁下愿意常去公开布道会，我相信你会完全了解我希望的和不喜欢的事情。"

她让他平静地离去，但信仰之战继续进行。1563 年复活节时，有几位天主教教士因主持弥撒而违法，为地方官吏所捕，这是偶像崇拜，有遭处死的危险。其中有些因此而下狱，有些则逃逸并躲藏于森林中。玛丽再度遭请诺克斯来，向他恳求放出禁锢的教士。他却答复说，若她依法执行，他将保证新教徒的顺从；否则，他认为天主教教士只好记取此次教训。她说："我答应你的要求。"他们暂时成为朋友。在她的命令下，圣安德鲁斯大主教和其他 47 位教士因主持弥撒被审，被控入狱。新教教会对这件事大为喝彩，但一周后（1563 年 5 月 26 日），玛丽和她的随从盛装到议会时，有些人大声惊叫："上帝祝福那一副可爱的面孔吧！"新教教士们则攻击"其辫子上的目标（丝穗状打扮）"。对这事诺克斯写道："如此恶劣的桀骜的女人……苏格兰从未见过。"

不久，诺克斯听说列兴敦正安排玛丽和菲利普二世之子堂·卡洛斯（Don Carlos）的婚姻。他唯恐这一桩婚事会是苏格兰新教徒致命的打击，因此，在贵族们列席的议会的讲道会中，他表明他的看法："现在，各位大人，阻止这一切吧！我听到女王的婚事……对于这，我要说：苏格兰信仰耶稣的贵族同意一个异教徒（所有天主教徒皆是）作为你们的君王，无论怎么讲，你们这样做，在你们一生中已将基督屏弃于这个王国之外。"

女王大怒，召见他，质问他（诺克斯做此报告）："我的婚事与你何干？你在这共和国又算什么？"他做了一次很有名的对答："夫人，我是一位同在此国度出生的臣民。虽然我并非这个国度的伯爵或男爵，但是上帝使我（不管在你眼中我如何卑微）成为这个国度的一位有用的分子。"玛丽哭了，命令他离去。

诺克斯咄咄逼人的态度，在 10 月（1563 年）到达顶点。是时，某些群众再度聚集于皇家教堂附近，抗议即将举行的弥撒。安德鲁·阿姆斯特朗（Andrew Armstrong）和帕特里克·克兰斯敦（Patrick Cranstoun）闯进，威胁教士退离。女王当时不在场，她下令审判这两位加尔文教徒。10 月 8 日，诺克斯发出一封信，呼吁凡"我各阶级的弟兄，爱好真理者"列席审判。枢密院认定这一呼吁为叛逆行为，征调诺克斯受审。他出庭了（1563 年 12 月 21 日），但其支持者挤满了座位和法院场地，"甚至挤到女王和枢密院委员所坐的议事厅门口"。他很巧妙地替自己辩护，枢密院不得不宣告他无罪。女王说："诺克斯先生，你可以回家过夜了。"他答道："我祈祷上帝为你洗去天主教教义之罪。"

1564 年圣枝主日（Palm Sunday），年 59 岁而不屈不挠的诺克斯二度结婚，他太太 17 岁，是女王远亲玛格丽特·斯图亚特。一年后，女王也二度结婚。

陷入情网的女王（1565—1568）

谁能和她结婚而不引起外交风暴呢？若是西班牙人，则英、法会抗议，而新教苏格兰人会愤怒；若是法国人，则英格兰会反对，甚至以战争来阻止法苏联盟的重新复活；至于奥地利人查理大公，诺克斯早已在讲坛上大发雷霆，愤慨地反对与一个天主教徒结合，而伊丽莎白也告诉玛丽，与哈布斯堡皇族的婚事是一种敌意行为。

在一阵情意冲动下，玛丽斩断外交上的死结。兰诺克斯（Lennox）伯爵马修·斯图亚特（Matthew Stuart）本自认是继玛丽承继苏格兰王位的人，因为支持亨利八世对抗苏格兰而失去他的财产和地位，同时逃至英格兰以避开苏格兰人的报复。他想现在（1564 年 10 月）是回去的好时机。不久，他 19 岁的儿子达恩里爵士（Lord Darnley），亨利·斯图亚特也回来了。由于他母亲的关系（同玛丽一样），他也是英格兰亨利七世的后裔。玛丽深爱这位嘴上无毛的年轻小伙子，她羡仰他的网球与琵琶技巧，她原谅他的浮华习气，认为是美貌造成，在她未识破他毫无诚意前，即与他坠入爱河。1565 年 7 月 29 日，在伊丽莎白的抗议和她的枢密院半数表示不赞成的情况下，玛丽和这位少年成婚，并封他为王。莫雷于是退出枢密院，加入这位刚愎自用的女王的敌对阵营。

她享受了几个月带着麻烦的幸福时光。4 年的孀居日子，已激起她对爱的渴望，而这股欲愿得偿真是莫大的快乐。她慷慨地付出她的爱，不惜赠予她丈夫一切。伊丽莎白的大使托马斯·伦道夫曾如此报告："所有她能给予她丈夫的尊荣都已给予了，除了她丈夫使她满意外，没有人能令她高兴……她把她整个意志都献给了他。"好运改变了这位少年的心态，他变得独断异常、蛮横无理，他要求只有他与女王有治理国家的权力。他狂欢纵饮无度，冷落枢密院，不时地嫉妒与猜疑玛丽与大卫·里齐奥（David Rizzio）有暧昧关系。

里齐奥何许人也？他本为意大利籍的音乐家，1561 年 28 岁时，他乘萨伏伊（Savoy）大使之车来到苏格兰。深好音乐的女王提拔他为音乐活动的负责人，她欣赏他的机灵、敏捷的智力及他具有的多彩多姿的欧陆文化。由于他熟谙法文与拉丁文，而且写得一手好意大利文，玛丽又用他为秘书。不久，她又让他草拟和撰写她的国外通信。他成为顾问，一位掌权者。参与决策，与女王共餐，有时与她静坐至深夜。苏格兰贵族发现他们被取代，又怀疑里齐奥替天主教会服务，因此图谋排挤他。

最初，达恩里本人也被奸巧的意大利人迷惑，他们同游共寝。里齐奥的职权与地位大增后，达恩里的平庸便使他在政治上被架空，加之女王对这位由仆从而大臣的深爱情感，更增加了达恩里的恨意。玛丽怀有身孕时，达恩里怀疑是里齐奥之子。伦道夫大使也相信。后来，亨利·果特（Henri Quatre）讥讽英格兰的詹姆士一世必是"当今的所罗门"，因为他的父亲是演奏竖琴的大卫。达恩里喝过威士忌之后，勇气遂增，于是参加摩顿伯爵（Earl of Morton）、巴顿·罗斯文（Baron Ruthven）男爵和其他贵族行刺里齐奥的阴谋。他们签了"约"，保证他们支持苏格兰的新教徒，并给予达恩里"亲王之权"、苏格兰王同具实权及玛丽死后的王位继承权。达恩里保证签约者免于"任何罪名"的后果，而且恢复莫雷与其他被逐贵族的地位。

1566 年 3 月 6 日，伦道夫向塞西尔透露这个阴谋。3 月 9 日，阴谋展开。达恩里进入闺房，玛丽、里齐奥和阿及尔（Argyll）正在那里进餐。他拧住女王，摩顿、罗斯文和其他人冲入，在玛丽无力的反抗声中将里齐奥逮出房间，刺杀于楼梯旁，总共有致命的 56 处刀伤。这时有人拉了警铃，一大群武装的市民向宫中进发，提议要把玛丽碎尸万段，但达恩里劝服他们离去。是夜和次日，玛丽留在霍利伍德宫中，成为谋杀团的俘虏。玛丽利用了达恩里的恐惧与爱情，因此他帮助她并伴随她于次夜逃脱至丹巴（Dunbar）。她在那里发誓要报复，请求所有王室支持者保卫她。或许为了分化敌人，她也召莫雷回枢密院。

保护她最得力的是第四代博斯威尔伯爵（Earl of Bothwell）詹姆士·赫伯恩（James Hepburn），一个奇怪而注定失败的人物。长得并不潇洒，但身体强壮，热情而有意志力，在陆上海上都堪称冒险家，精于刺术。他那种冷峻无畏的眼神令男人震慑，而他的言谈、粗线条作风、善诱女人的声名，也颇能吸引女人。他也是一个受过高等教育的人，一位作家及热爱书籍的人，当时无数的苏格兰贵族甚至无法书写自己的名字。女王本来讨厌他，因为他说女王坏话，但这也是赢得女人好奇心的一种手段。后来，女王见他具有勇猛好战的气质，便推举他为英格兰和苏格兰边区的代理指挥官；又据闻他熟谙船舰，便命他为海军部长；在获知他对珍·戈登（Jane Gordon）小姐有意时，她又促成这一桩婚事。

现在，因畏惧里齐奥的谋害者，并怀疑其丈夫和他们共谋，她转而向博斯威尔求助。她不是很快就喜欢上他，但他那种极端勇猛、精力充沛、充满信心的男性气质，正是深具女性特质的她一向渴求的，而且是弗朗索瓦二世或达恩里身上所未有的。她对其剑道无比尊敬，他的军队将叛者驱走或降服。不久，她就安安全全地回到霍利伍德宫了。虽然诺克斯赞成谋杀里齐奥，玛丽却以改善其生活费用的决定，暂时平息、安抚牧师们的不满。苏格兰平民从未喜欢过他们的贵族，都同情她，而有几个月，她深得众望。法国大使如此写道："我从未见过女王如此被喜欢、被看重、被尊以荣耀，及她的臣民如此和谐。"她快分娩时，她愈加不安，因她怀疑在她无助的情况下，可能会被杀或被罢黜。她安全地产下一名男婴时（1566 年 6 月 19 日），苏格兰举国欢腾，好像预见到这个孩子会成为苏格兰与英格兰之王。玛丽这时正居生命中的最高点。

但她和达恩里过得很惨。他抱怨她再度信任莫雷及她逐渐倾慕博斯威尔。曾有谣传说博斯威尔会绑架王室的婴孩，而以他的名义来治理国家。达恩里控告贵族杀害里齐奥，而自认无辜。贵族为了报复，向女王提供他参与阴谋的证据。阿及尔、列兴敦和博斯威尔皆建议女王应和他离婚，但她反对，以为这有害于王位继承。列兴敦答复说他们会寻求某些方法使她脱离达恩里而不伤害她儿子，她不赞成。她提议她宁愿退隐而由达恩里治国，而且提出警告来结束这次会晤："我要你们不要做出任何使我的荣誉与良心沾上污点的事情，因此，我恳求你们，任事情照原状发展，直到上帝来解决为止。"至此她已好几次提及自杀之事了。

约 1566 年 10 月，阿及尔、詹姆士·巴富尔（James Balfour）爵士、博斯威尔及也许是列兴敦 3 人商定，决定除去达恩里。达恩里之父闻及风声，警告他的儿子。达恩里已和玛丽分居，现在前往格拉斯哥其父处（1566 年 12 月）。他病倒在那里，虽然谣传他因毒药而病，实际是由于天花的缘故。这时，玛丽和博斯威尔逐渐亲近，令人怀疑他们之间有过奸情。诺克斯公开称她为妓女。她似乎曾要汉密尔顿大主教安排博斯威尔和他妻子的离婚。她提议去拜访达恩里，而他给她一封侮辱的回信，但她仍然去了（1567 年 1 月 22 日）。她坚决地证实她的忠贞，再度唤起旧日的爱情。她求他回爱丁堡，保证她在那里照护他，使他恢复健康和快乐。

"宝盒信笺"（Casket Letters）此时上场了。这些信件据说是放在玛丽送给博斯威尔的银盒子中，1567 年 6 月 20 日被欲图推翻女王的贵族的侦探从博斯威尔的一位仆人处取得。次日，宝盒由摩顿、列兴敦和其他枢密院要员打开，其内容不久之后送到苏格兰议会展露，后又送至 1568 年审判玛丽的英格兰委员会。其中有 8 封信和一些片断的诗，全是法文，没有署名和日期，但被认为是玛丽送给博斯威尔的。枢密院的贵族向苏格兰议会保证这些信是真实而未被篡改过的，玛丽则坚称其为伪造。其子显然认为是真的，因此将其销毁，现在只有复制本留传下来。欧陆君王们看过复本后，都相信是真的。伊丽莎白最先存疑，但还是怀疑地接受了其真实性。阅读它时，我们第一个反应必定是怀疑，一位图谋杀害丈夫的女人是否会如此大意并过分地在信上表示其意，而将它交给可能被截获或可能被收买的信差。信中如此诬蔑博斯威尔，而他还将之保存，似乎更显得不太可能。但在苏格兰更不可能有人，甚至包括精明的列兴敦（他相当受到怀疑）在内，能在获得宝盒与展示书信于枢密院或议会的一天之内，伪造具有如此分量的信。最热烈的一封——第二封——出奇的长，印刷时大概多达 10 页。若其为假，则这真是相当高明可赞的伪造术，因为其深具情感的内容太合乎玛丽的个性了，正如其笔迹也完全与她的相吻合。这显示出玛丽在谋杀达恩里预谋中是一位怜悯的、犹疑不决的及羞耻的共犯。[1]

有病在身而心怀畏惧，又不得不信赖他人的达恩里，接受建议回到爱丁堡，他被安置在市郊古老的教会牧师公馆。玛丽解释说为避免其子遭感染，她不能立刻带他回霍利伍德宫。他在那里过了两周，玛丽每天去看他，照顾得如此勤奋与周到，他恢复健康，便写信给他父亲（1567 年 2 月 7 日）："……我很快恢复健康……是得自女王妥善的照顾。女王，我保证她确是如此，而她正如同一位自然又可爱的妻子。我希望上帝会照亮我们的心，让这久受痛苦煎熬的心愉快。"假如她知道他将被杀，则何以浪费烦而无聊的几周时间来照顾他，这实在是玛丽·斯图亚特之谜的另一部分。2 月 9 日夜，她让他参加她的一个女仆在霍利伍德宫的婚礼。是夜，教区广场房子发生一起爆炸案，次晨达恩里被发现死在花园里。

玛丽最初表现得像是无辜的妇人，她悲恸、哀伤，发誓要报仇。

---

[1] 严谨一点的看法大都视信件的大部分为真，而有些被篡改。见闻广博又诚实的天主教徒阿克顿爵士（Lord Acton）认为其中 4 封是真的，而第二封是伪造的。

她将房间漆成黑色，让窗帘深垂不见阳光，而独自待在黑暗中。她命令司法侦查，而宣布以土地与金钱重赏提供凶嫌的情报。市区墙上出现许多标语，控告博斯威尔谋杀，其中有一些影射这是女王所为，因此有公告要控者前来提出证据，并保证其安全且兑付赏金。标语的书写者拒绝露面，但兰诺克斯伯爵促请女王立刻捉拿博斯威尔来审判，博斯威尔对此表示同意。4月12日他受审。兰诺克斯或是因无实据，或是恐惧博斯威尔在京城的军队，选择留在格拉斯哥，并未到场。博斯威尔被判无罪，议会正式宣布他无辜。4月19日，他劝阿及尔、亨特里（Huntly）、摩顿及其他12位贵族，签《恩斯里之约》（*Ainslee's Band*），表示他们相信他的无辜，保证护卫他，并赞同他和玛丽的婚姻。现在，女王公开赞扬博斯威尔，赠送给他贵重的礼物。

4月23日，她去斯特林探望她的儿子，此后她注定永不能再见到他了。在回爱丁堡途中，她和列兴敦被博斯威尔及其兵士拦截，被强解到丹巴（4月24日）。列兴敦抗议，博斯威尔以死来威胁他。玛丽搭救他，列兴敦获释。从此，他加入女王的敌阵。在丹巴，博斯威尔离婚的谈判复起；5月3日，他和玛丽回到爱丁堡，她宣布她已不受羁束；5月7日，他获准离婚；15日，她的天主教神父拒绝为他们主持婚礼，天主教前奥克尼（Orkney）的主教依新教仪式为他们举行婚礼。以前挚爱玛丽的欧陆天主教国家，现在都反过来认为她已堕落。苏格兰天主教士也不理会她，新教牧师要求她下野，民众敌视她，只有少数一些同情者将她那种鲁莽不顾后果的迷恋，归罪于博斯威尔给她的一剂爱之药。

6月10日，一伙武装群众包围了玛丽和博斯威尔所居的博思威克（Borthwick）城堡。他们逃走了，玛丽女扮男装。在丹巴，博斯威尔召集1000人，借此，他和玛丽企图打回爱丁堡。他们被一支兵力相当的队伍挡在卡伯里山（Carberry）附近（6月15日），这支队伍所举的旗上，画的是已故达恩里和其子詹姆士六世的像。博斯威尔提议以个人决斗来解决问题，玛丽不准。她同意屈服，但要以博斯威尔能逃走为条件。之后，她又要求，若她和平地加入他们，叛军领袖保证效忠于她。博斯威尔逃到海岸，前往丹麦，以后一直为丹麦王所禁，10 年后去世，是年 42 岁（1578 年）。

玛丽回到爱丁堡，途中军民喧叫"烧死这位妓女！烧死她！"、"杀死她！"、"溺死她！"她被安顿在门禁森严的市长官邸中，衣衫不整，蓬头垢面。在其窗下，群众不断地以粗劣的话来威吓她。6 月 17 日，在其强烈抗议下，她被移到离首都北方 30 英里的利芬湖（Leven）上偏僻而安全的小岛监禁。据其秘书克劳德（Claude Nau）的报告，她在那里生下一对早产的双胞胎。她修书陈情法国政府，法国拒绝干涉。伊丽莎白令其公使保证玛丽安全，并以重刑威吓贵族不得伤害女王。诺克斯要求处决玛丽，并预言若宽宥玛丽，上帝会降一场大瘟疫来惩罚苏格兰。6 月 20 日，贵族得到宝盒信笺，她要求议会准予申诉，但议会以信笺已足以处置她的案件为由拒绝。7 月 24 日，她签字退位，莫雷代其子摄政。

她在利芬湖城堡当了 11 个月的俘虏。对她严苛的监禁逐渐松懈下来，她与堡主威廉·道格拉斯（William Douglas）一家共餐。堡主之弟乔治迷恋她，助她逃亡（1568 年 3 月 25 日），但被俘回。5 月 2 日，她再度逃亡成功。在年轻的道格拉斯的保护下，她逃抵外界大陆，遇到一群天主教徒，乘夜赶往福斯湾，渡过福斯湾后，在汉密尔顿家中受到庇护。5 天内，6000 人马聚集，发誓为她恢复王位。但莫雷号召苏格兰新教徒武装起来，在格拉斯哥附近的兰恩塞德（Langside），两军相遇（5 月 13 日），玛丽纪律不佳的军队被克，她再度逃亡，一连三夜赶至索尔威湾（Solway Firth）上的邓德雷南（Dundrennan）修道院。这时，她将一粒钻石还给赠送者，这是以前伊丽莎白送给"她最亲爱的妹妹的"。她同时附上一言："我将这颗珠宝送回女王，这是她应允的友谊与助益的象征。"1568 年 5 月 16 日，她乘一艘未遮盖的渔船，渡过索尔威湾，进入英格兰，将其命运交给她的劲敌。

赎罪（1568—1587）

　　从卡莱尔（Carlisle）她再寄一封书信给伊丽莎白，要求会晤，她将解释其行为。在原则上不支持对合法王权叛变的伊丽莎白，本想邀请她，但枢密院的警告使她拿不定主意。若玛丽被容许前去法国，法国政府可能会派军至苏格兰，恢复她的王位。而苏格兰再度成为法国的天主教盟邦，这对英格兰如芒刺在背。而玛丽对英格兰王位继承权的要求也可能得到法军和英国天主教徒的支持，若玛丽留在英格兰，将成为天主教徒反叛的中心和可能的来源，而此时，英格兰仍是天主教徒居多的国家：若英格兰强制苏格兰贵族再度拥立他们的女王复位，他们的命运必定危险，而英格兰可能会失去苏格兰新教徒的友谊。塞西尔可能会同意亨利·哈勒姆（Henry Hallam）的看法：强迫苏格兰女王退位是违背所有法律——自然法、公法、市民法，但他觉得他最大的职责是保护英格兰。

　　外交的功能之一是在道德之上披加一件现实主义的外衣，因此玛丽被通知说，在她要求获准能与伊丽莎白会晤前，她应在一个审判委员会前洗清她所受的控告。玛丽答复，她是女王，不能受审于世俗组成的委员会，尤其是他国的委员会。她要求回苏格兰或法国，要求在伊丽莎白面前会晤摩顿和列兴敦，并保证要证明他们对达恩里之死的责任。英国枢密院令她从卡莱尔（此处太靠近英苏边界）移到约克附近的波尔顿城堡（Bolton，1568 年 7 月 13 日），玛丽服从了对她的松懈监禁，因为伊丽莎白保证说："放心由我安排，我不会听信任何有害于你的话，你将会安然无恙，恢复王位。"这话令人宽慰，玛丽便同意挑选调查委员会代表。她假装接受英格兰教会的信仰与教条，以博伊丽莎白的欢心，但她向西班牙的菲利普保证她永不放弃天主教。从这时起，玛丽和伊丽莎白竞相欺骗作假，一个假装成被出卖的王室俘虏，另一个自称是被危及的女王。

　　审判委员会于 1568 年 10 月 4 日开审，玛丽一方有 7 位代表，包括约翰·莱斯利（John Leslie）、天主教罗斯（Ross，苏格兰北部一郡）主教和苏格兰西部边区（临近英格兰）的天主教主教赫里斯（Herries）；伊丽莎白则派 3 位新教徒：诺福克公爵（Duke of Norfolk）、塞瑟克斯伯爵和塞德勒爵士（Ralph Sadler）；同时，莫雷、摩顿和列兴敦列席。他们曾私下将宝盒信笺显露给英国人看，他们说，假如玛丽承认莫雷为摄政，而同意由苏格兰得到大笔恩俸而居住在英格兰，就不公开信笺。梦想和玛丽结婚而在伊丽莎白驾崩后成为英王的诺福克拒绝，而塞瑟克斯致书伊丽莎白，称玛丽似可能要证实她的无辜。

伊丽莎白下令将审判移至国会。就在那里，莫雷将宝盒信笺呈现在枢密院前。对此文件的真假，意见分歧很大。但伊丽莎白裁定她不能接见玛丽，除非等到信笺的真实性被证明。玛丽要求看看信笺，不管是原本或副本，但委员会拒绝，因此玛丽一直未能看到原本或副本。委员会未裁决就解散了（1569 年 1 月 11 日），莫雷在伊丽莎白接见之后，便带着信笺回到苏格兰。愤而抗议的玛丽被移至特伦特的图特伯里（Tutbury），受到更严密地监禁。外国政府抗议，伊丽莎白回答道，若他们看到送到委员会的证据，他们必会认为这种处置是宽宏而不严苛的。西班牙大使建议菲利普入侵英格兰，并保证北英格兰天主教徒的合作。菲利普对这一合作表示怀疑，而阿尔瓦更警告他，伊丽莎白若见军队入侵或叛乱事起，可能下令处死玛丽。

叛乱发生了，1569 年 11 月 14 日，诺森伯兰和威斯特摩兰两位伯爵带着一支 5700 人的叛军进入达勒姆（Durham），推翻英格兰教会，烧毁"通用祈祷书"，恢复天主教祭坛和举行弥撒仪式。他们准备向图特伯里进军以解救玛丽，计划受阻，因伊丽莎白（1569 年 11 月 23 日）将玛丽移往考文垂（Coventry）。塞瑟克斯伯爵以一支大部分由天主教徒组成的军队，迅速地平定叛乱。伊丽莎白命令对所有被俘的叛乱者和共谋的随从都处以绞刑。约有 600 人被如此处决，而其财产由王室没收。诺森伯兰和威斯特摩兰逃往苏格兰。1570 年 2 月，李奥纳德·戴克斯（Leonard Dacres）领导另一次天主教徒的叛乱，也遭败绩而逃过边界。

1570 年 1 月，诺克斯致书塞西尔，劝他立刻下令处死玛丽，因为"若不除根，则其枝干虽然受损仍会再次发芽"。他现在已完成其著作《苏格兰境内宗教改革史》（*History of the Reformation of Religion within the Realme of Scotland*）——这本书并不伪称公平客观，其记事并不正确但生动有力，其风格独特，用语尖刻，是一位直称妓女为妓女的牧师的语调。他是一位刻薄的人，也是一位伟人，他将梦想变成实际力量，进行得比加尔文还彻底。怨念深切，勇猛作战，其不屈不挠的意志和令人难以置信的精力，发挥无遗。1572 年，他已精力耗尽：若无人扶持他便无法走路，但每个星期日，他总要人扶他到圣格里斯（St.Giles）教堂他的讲坛上。1572 年 11 月 9 日，他最后一次讲道，全部教会会员护送他回家。11 月 24 日，他撒手西归，时年 67 岁，几乎和他出生时一样贫苦。他"并未将《圣经》当作商品"，他让后世评断他："我为国家所做的一切，虽然不知感恩的这一代不会知晓，但未来的时代将被迫看到真理的见证。"很少人能对一个民族的信仰具有如此大的影响力，他鼓励教育、宗教狂热和自治，在这方面他那个时代很少人能比得上他。他和玛丽分治介乎他们两者之间的苏格兰人，他是宗教改革，她是文艺复兴。她失败了，因为她不像伊丽莎白知道如何结合二者。

玛丽就像一头困于笼中永不安静的老虎，在各角落乱撞，欲图逃脱。1571 年 3 月，活跃于伦敦的一位佛罗伦萨银行家罗伯托·里多尔菲（Roberto di Ridolfi）作为玛丽与西班牙大使、罗斯主教、阿尔瓦、菲利普及教皇庇护五世的居间人，提议阿尔瓦派遣西班牙军队从荷兰进入英格兰，而一支天主教军队同时由苏格兰入侵英格兰，逼迫伊丽莎白逊位，玛丽便可成为英格兰与苏格兰之王，而诺福克可以和她结婚。诺福克知悉计划，未明确表示赞同，也未透露该计划。玛丽暂时同意。教皇接济里多尔菲金钱以资进行，并答应说服菲利普。菲利普以阿尔瓦答应为赞成条件。而阿尔瓦斥责该计划为幻想，除带来玛丽友人的悲剧外，会一事无成。里多尔菲和诺福克的书信，在被捕的玛丽和公爵的仆人身上被发现，一些天主教贵族被监禁。诺福克被控叛国罪，伊丽莎白对这位卓越的贵族的死亡书犹疑不决，不知应否签署。但塞西尔、英国议会和英格兰教会都要求将诺福克和玛丽两人处死。伊丽莎白妥协了，将诺福克送上刑台（1572 年 6 月 2 日）。圣巴托罗缪大屠杀（The Massacre of St.Bartholomew）的消息传到英格兰时（8 月 22 日），处死玛丽的呼声复起，但伊丽莎白拒绝答应。

除非我们牢记玛丽受禁达 19 年之久，否则我们无法相信其绝望情形和她极度受屈的感觉。她受监禁的地方时常更换，以防止左右邻居和看管对她的同情，会产生或有助于新的逃跑计划。她受禁锢的情况非常人道，她可得到法国每年 1200 英镑的供奉，英国政府提供她相当数额的食物、医护、仆从和娱乐，她也可以参加弥撒和其他天主教活动，她以刺绣、阅读、整理花园及与心爱的西班牙小狗玩耍来打发漫长的时光。在对自由的希望减退后，她便不在乎照顾自己的身体，她很少运动，同时变得虚弱肥胖。风湿症折磨她，有时腿肿得无法走路。1577 年，她年 35 岁时，头发开始变白，此后，她便戴假发。

1583 年 6 月，她提议若能获释，便放弃英国王位的继承权，而且永不再与预谋者勾结，并居住在伊丽莎白选定的英国任何地方，而绝不离居住地 10 英里以外，并接受附近绅士们的监视。伊丽莎白被劝不要听信她的话。

玛丽又萌起逃亡动机。借着各种苦心的设计，她设法暗中与法国、西班牙大使与政府及她在苏格兰的拥护者和教皇代表互通声息。书信夹在洗濯的衣服中、书本中、竹棍里、假发和鞋子的衬里中，但塞西尔和沃尔辛厄姆的侦探都及时揭发了每个计谋，甚至在兰斯的耶稣会学院的学生与牧师中，沃尔辛厄姆都布有眼线，不时向他报告。

被俘女王浪漫的气质触动了许多年轻英国人的同情心，也激起天主教青年的热情。1583 年，弗朗西斯·思罗克莫顿，即伊丽莎白后来派驻法国大使，信奉天主教的侄儿，组成另一个试图营救她的团伙，但立刻被查出，被拷打之后认罪，他悲伤地说："我透露了在这世上最令我心爱的人的秘密。"他死于刽子手的斧头下时，仅30岁。

一年后，威廉·帕里（William Parry），一位塞西尔手下的侦探，诱使巴黎的教廷大使向格列高利十三世请求完全的特权，因为他正在进行试图解救玛丽和将英格兰归返天主教教会的危险行动。教廷回复（1584年1月30日），教皇已看到帕里的请愿，对他的决心感到高兴，并给他想要的特权，要褒赏他的努力工作。帕里将这个答复交给塞西尔。而另一位英国间谍，埃德蒙·内维尔（Edmund Neville）控告帕里怂恿他刺杀伊丽莎白。帕里被捕后认罪，受绞刑而未气绝，遂被分尸。

由于对一连串的阴谋非常震怒，对奥伦奇的威廉遭暗杀感到害怕，伊丽莎白的枢密院便草拟（1584年10月）了一份《联合约束》（*Bond of Association*），签约者宣誓永不接受任何人作为其女王的继承人，因为为了这位继承人的利益，女王的生命将受攻击；同时宣誓涉及这一企图或行动者将处死刑。这个约束的签署人包括枢密院全体委员、议会大多数议员和全英格兰的显要人士。一年后，议会使之成为法律。

这并未吓阻进一步的预谋发生。1586年，一位天主教徒约翰·巴勒德（John Ballard）诱使一位年轻而富有的天主教徒安东尼·巴宾顿（Anthony Babington）组成暗杀集团暗杀伊丽莎白，并从西班牙、法国和荷兰进军英格兰，扶助玛丽复位。巴宾顿致函玛丽说明有关计谋，告诉她6个天主教贵族已取得一致，要"赶走王位的篡夺者"，请求她批准计划。在1586年7月17日的一封信中，玛丽接受了他的建议，但未明确表示同意暗杀伊丽莎白，只是答应若成功则重赏。她的秘书信任的信差是沃尔辛厄姆的一位工作人员，他将信复制后，将复本送给沃尔辛厄姆而将原信送给巴宾顿。8月14日，巴宾顿和巴勒德被捕，300名重要的天主教徒也随之下狱。两位领导者认罪，玛丽的秘书招供确证其为玛丽的书信，13 个预谋者被处决。全伦敦为烽火照亮，教堂钟声齐鸣，小孩子们皆唱赞美诗，感谢伊丽莎白生命的无恙，而全英格兰的新教徒呼吁处死玛丽。

玛丽的房间被搜索，她的只字片纸皆遭取夺。10 月 6 日，她被转移到福瑟令加城堡（Fotheringay），在那里受审于 43 位贵族组成的委员会。她没有辩护律师，但她果敢地答辩。她承认对巴宾顿计划的共谋，但否认批准暗杀。她抗辩道，对于一个遭受不法与不公平的监禁达 19 年的人，有权用任何方法使自己脱身。委员会全体一致判她有罪，而议会请求伊丽莎白处死她。法王亨利三世恳请英王的慈悲，但伊丽莎白认为这一种请求来自未经审判而屠杀数千清教徒的政府，是非常勉强的。这时，大多数苏格兰人都护卫他们的女王，但她的儿子因猜疑到她会在遗嘱上不承认她这个新教徒儿子，因此只做了不太热心的调停。他在伦敦的部属向沃尔辛厄姆提示，詹姆士六世虽然对其母亲可能会被斩首之事极其焦急，但英国议会若确保他继承伊丽莎白的权利，及如果伊丽莎白增加给予他的恩俸，则他是可以妥协的。这位狡猾的苏格兰人如此贪婪，爱丁堡的市民在街道上都对他嗤之以鼻。到这个地步，玛丽的生死只看犹疑的伊丽莎白的决定了。

这位困扰不堪的女王拖了 3 个月才下决心，但决定仍未执行。她是能够表现得宽宏大度和慈悲为怀的，却倦于日日生活在可能对其王位有要求权的女人的支持者试图刺杀她的恐怖之中。她也考虑到，若她处决女王，法国、西班牙和苏格兰会抗议并侵入英格兰，同时她也估计到自己或面临一种自然的或暴烈的死亡的可能，而让玛丽和天主教来继承英格兰。塞西尔促她批准死亡令，保证负全部责任。他想暗示玛丽的看守者阿米亚士·保雷爵士（Amias Paulet），据女王或枢密院的希望，仅做一个口头上的说明即下令处决，而不直接由伊丽莎白下令。但保雷说，除非伊丽莎白下书面命令，否则他拒绝执行。最后，她终于签了令状。她的秘书威廉·戴维森（William Davison）将之交给枢密院，枢密院在伊丽莎白改变心意前即刻送交保雷。

经过长期的拖延重新萌生希望的玛丽，得知这个消息时，起初不相信，而后即勇敢地面对它。她写了一封扣人心弦的信给伊丽莎白，要求她"让我的可怜的、凄惨的仆从……带走我的遗体，和其他法国王后同葬在圣地"。据说，在行刑的当天早上，她写了一首洋溢着具有古典优美与狂热的拉丁诗：

> 啊上帝吾主！我信奉你！
>
> 啊亲爱耶稣！现请释我！
>
> 在残酷禁锢，极端苦痛之中，我渴求你。
>
> 企盼着，呻吟着，我屈跪双膝，
>
> 我敬慕你，恳求你，赐我自由。

她要求能向天主教教士忏悔，但遭拒绝。她的狱官建议一名英格兰教会长老，但为她所拒。她打扮得非常高贵，很细心地整理假发，在面上覆以白色面纱，颈上挂一串金十字架项链，手中握着象牙十字架。她询问何以侍奉她的妇人在其受刑时不准在场，旁人告诉她，她们可能会情绪失控。她保证她们不会，因此，她被允许带着其中两个女仆和四个男仆到场。处决在福瑟令加城堡的大厅进行，当时约有300名英国绅士在场（1587年2月8日）。两位蒙面的刽子手请求并得到原谅。她的侍女开始号啕时，她制止他们说："我替你们保证过不哭的。"她跪下来祈祷，之后将头放在断头台上。假发从她断了的头上跌落，白发露了出来，这时她44岁。

宽恕可用来说明一切。我们宽恕玛丽，她勇敢地吃苦耐劳，努力地要做一个公正快乐的女王。我们无法相信长时期照顾丈夫并挽回丈夫健康的她，会同意谋杀他。一个年轻的女人，无论她多么愚蠢地为所爱而放弃一切，也是值得原谅的。对一个被遗弃的悲惨妇人来到英格兰请求庇护，反而得到为时19年的监禁，我们应该对她怜悯。我们也可以理解她为重新获得自由而进行的那种狂烈的尝试。但是我们也应原谅伟大的女王，她的左右坚持玛丽的监禁，对英格兰的安全是极端重要的，而她本人眼见其生命和政策不断地受到各种图谋解救其对手及拥立其对手为王的威胁，把这段残酷的囚禁期间拖得如此长久，只是因为她无法逼自己签下玛丽的死亡令来结束它。

她们都是高贵的女人，一位高贵而感情充沛，另一位则高贵而带有踌躇的睿智。刚巧她们都长眠一处，葬于威斯敏斯特，并左右为邻，在安息与平静中得以和好。

第六章 | 詹姆士六世和詹姆士一世
（1567—1625）

苏格兰的詹姆士六世（1567—1603）

詹姆士六世在 13 个月大时（1567 年 7 月 29 日），便被加冕为苏格兰国王，他的母亲却被俘于利芬湖城堡。8 个月大时，父亲达恩里被杀。最后一次与其母见面时他只 10 个月，她仅留给他一个名字与纠缠不清的侮辱和悲剧。他被唯利是图的贵族抚育长大，教师们也教导他敌视其母。他接受了充分的仁慈教育，神学方面的教导极丰，道德的熏陶却很欠缺，成为当时欧洲最博学的酒翁。

依继承的惯例，4 个摄政者以他的名义统治苏格兰——莫雷、兰诺克斯、马尔、摩顿。这四人，除一位外其余皆死于暴力，贵族们联合起来挟制国王作为自己权力的护身符。1582 年，一些新教贵族因获得苏格兰长老教会的支持，监禁他于拉斯文（Ruthven）城堡，因为害怕他可能对其近亲天主教徒耶斯密·斯图亚特（Esmé Stuart）屈服。释放后，他答应保护新教，并与新教的英格兰签订联盟。当时（1583 年）他只不过 17 岁，却跻身为具有实权的国王之列。

几位君主中，他算是很独特的。他态度粗鲁，步伐不雅，声音洪亮，谈话充满卖弄学问的粗俗语言。有人很不客气地评断他说："就文学、科学及政务而言，他较任何一位苏格兰人更为有学识。"但是，这位观察家又附带说："他是一位极度自负的人。"或许，这些特征正是在极端困境中能保持生命的人具有的一个特点，或是一位不为王者难以了解的歪曲见解。他必须以智慧维持其苏格兰的王位，而且成为英国历史上伟大君主且寿终正寝。他的婚姻生活有点不稳固，他娶了丹麦信奉天主教的公主安妮为后，但他显然对女人兴趣不浓厚，而且沉迷于友善闲谈。

他必须在当时狂暴横行的独断主义时局中，以狡猾迂回的手腕前进。法国的查理、西班牙的菲利普、罗马的教皇，都要求他将苏格兰带返天主教阵营；但是，苏格兰长老教会极为严格地监视他的言行，以免他脱离加尔文教派。他并未切断支持他的力量，他很有礼貌地与天主教的君主们交往，而且削减国内对付天主教的法律。他秘密地释放了被捕的一位耶稣会会员，而且纵容另一位逃走。天主教的阴谋家们仍对他极为愤怒，在英格兰占优势的新教徒也对他施展压力。最后，他终于选择与苏格兰教会共患难。

约1583年，主要大臣由占多数的苏格兰教士组成。他们在收入方面和对世俗的了解颇为贫乏，然而竭尽所能奉献其心智，并富有勇气。他们致力于重建被忽视的教会，设立学校，施济慈善，支持农民对抗贵族及以聚会时的冗长讲道来代替印刷品。在苏格兰长老教会的集会、教区的宗教会议和总会议（General Assembly）中，新的牧师们享有一种权利，足以匹敌天主教教会的层级系统所能支配的力量。因为宣称接受神明的启示，所以在信仰与道德方面绝对无误，他们对公共和私人道德的控制，远比古老教会的松弛监督更具宗教性。

在许多城镇，他们对未参与教会服务的苏格兰人课以罚金，他们指定确定有罪的人公开忏悔或施以体罚。受当时风行的乱伦通奸的风气所惊动，他们委托长老重视这种罪状的严重性，复向长老教会报告。他们对允许英格兰戏剧演出一事感到震惊，要求禁止在苏格兰演出戏剧，失败之后他们转而阻止人们观戏。恰似他们的祖先一样，他们视异教徒为重大罪犯，将巫婆处以火刑。他们试图游说国会制定法律，对做弥撒的教士处以死刑，但法律未能执行。听到圣巴托罗缪大屠杀后，苏格兰教会也要求在苏格兰进行一次对天主教徒的大屠杀，然而政府却未予以合作。

除了宣称宗教的启示与绝对无误外，苏格兰教会可以说是当时最具民主制度的组织了。教区牧师由年长者选举，由会议通过，俗人也可以参加宗教会议或总会议。这种民主的试验激怒了贵族的国会与神圣化的国王，詹姆士抱怨说："一些牧师中性情刚烈之士引导人民……尝到政府的甜头，便开始幻想民主的形式……在讲道中毁谤我，他们所说的不是我的任何罪恶，而只因为我是国王。他们认为这便是最大的罪恶了。"中古时期教会与国家的论争又复开始。

这使牧师攻击主教。主教是天主教留给苏格兰教会的遗产，主教由教士们正式选出，但实际上都由摄政或君主提名，迫使教士同意其提名，摄政与君主将一大部分的宗教税收收入国库。牧师们认为《圣经》中并无主教制度的规定，这种制度与苏格兰教会的人民组织不相容时，便决意将它驱逐出苏格兰。

他们的领导者，安德鲁·麦尔维（Andrew Melville）是一个性格暴烈的苏格兰人，继承了约翰·诺克斯的衣钵。在圣安德鲁斯接受完大学教育后，渡海赴巴黎继续学习，然后在日内瓦从毕兹那里听取加尔文教派的福音。1574 年，返回苏格兰；29 岁那年，一度被任命为格拉斯哥大学的校长，他以卓著的才华重新调整课程与学校纪律。1578 年，他获准编纂《戒律第二书》（Second Book of Discipline）。在该书中，他宣称主教和教士的名位相等，主张罗马教会与国家范畴的截然划分，这点影响了以后美国的政教分离制度。但他主张，教士的权利是教导官吏"如何以语言"执行他们的权利。不过，詹姆士希望成为如亨利八世或伊丽莎白那样拥有绝对统治权的君主，他相信这好比教会行政组织中必须有主教一样，而且他也希望成为教会和国家的中介人。

1580 年，苏格兰长老教会的总会议"痛斥"主教制度，以其为"人类创造的蠢货"。所有的主教在驱逐教籍的处罚下，皆应停止他们的职权，而且经大会议允许降为单纯的教士。然而政府拒绝接受《戒律第二书》的意见，认为除非经政府批准的逐籍，否则都无效。1581 年，后来的摄政者诺克斯，提名罗伯特·蒙哥马利（Robert Montgomerie）担任格拉斯哥的大主教。格拉斯哥的教区牧师们拒绝推举他，但他仍坚决主持大主教职务，因而麦尔维领导的大会议便于 1582 年决议将他逐出教会。蒙哥马利让步了。麦尔维被控以煽动叛乱之罪，他拒绝接受民事审判，而要求宗教审判，又被宣判蔑视法庭，于 1584 年逃离英国。詹姆士随即游说国会宣布：凡是任何拒绝服从世俗的管辖权，牧师干扰国家事务，反抗主教制度的人，未经君主同意而召开的宗教会议，皆可宣布为叛国行为。许多牧师不愿接受这条法令，宁愿追随麦尔维。詹姆士尝到主权的滋味，使他耽于恐怖统治。许多牧师因为替那些被放逐的弟兄祈祷而受罚，其中有两人因为与那些人私通而被处死，另有两人则被控阴谋叛国，也遭处决。

带有苏格兰人固执脾气的教士与会众仍然抗命，许多匿名的小册子攻击他，许多民谣暗讽他暴政的可耻，有些妇女甚至诅咒詹姆士下地狱。其主教们所得金钱甚少，即使如此也须奉送给国家。詹姆士发现自己缺少财富，而财富正是他意志的来源。年复一年，他逐渐衰弱。1592 年，国会在他的同意下，投票通过苏格兰教会的自由规章，恢复所有审判权和戒律清规，取消了主教制度，所有以前被放逐的人皆可返国。

麦尔维较以前更为大胆，当面称詹姆士为"上帝愚蠢的属臣"，并于 1596 年向他传述神学的福音——这正与 500 多年前（1077 年）格列高利七世对神圣罗马帝国皇帝亨利四世所为相同——说："在苏格兰有两个君主和两个王国：一个是基督耶稣及其王国苏格兰教会，他的属臣詹姆士六世……不是一个君主，既非领袖，也非贵族，只是个属员。"圣安德鲁斯的一位教士，大卫·布莱克（David Black）在

1596 年的集会中说，所有的国王都是魔鬼的后裔，伊丽莎白是无神论者，詹姆士本人即是撒旦。英国大使提出抗议，枢密院传审布莱克。布莱克拒不出面，声称对讲坛的攻击只属于苏格兰教会法庭管辖，而且夸耀他已从上帝那里得到启示。詹姆士命令缺席审判他。教士们组成的委员会向詹姆士求情，他不做任何让步。相反，他要求教会会议的行动，应像国会一样，臣属于国王。教士们宣布普遍斋戒，更语焉不详地宣称，无论发生何事，"国王的血液仍是自由的"。

1596 年 12 月 17 日，骚动的群众聚集于詹姆士的居所附近。他逃往霍利伍德宫，翌日清晨，才得以将爱丁堡的宫中眷属全数搬来。他通过一个传令官向其子民说：该地不适宜作为国都，除非审判暴动者，否则他永不再作返居的打算。随即他命令所有的教士和非该地区居民离开该城市。暴动者无一人被杀，都被驱散。商人们悲叹丧失了法庭的兴隆生意，市民惊叹该次争执在经济上是否值得。詹姆士于 1597 年 1 月 1 日返回，但其心情愤恨难平。大会议在珀斯召开，提议苏格兰教会应该屈服，并同意重要城市教士的任命须得国王和国会的同意，教士们不得向国会或枢密院做说教行动，而且在讲坛上不得向任何人做人身攻击。随后于 1597 年，教士们终于被准许进入该城，但是，该城恢复了主教总辖制度。至此，一场国王与教会之间的中古式斗争终于结束。

这一时期，苏格兰的文学史上出现两个杰出的人物，即国王本人及其颇享盛名的老师。乔治·布坎南（George Buchanan）有惊人的成就。1506 年，布坎南出生于斯特林郡，在巴黎受教育，服役于法国和苏格兰。他从约翰·马约（John Major）的演讲中得到学术和政治的火炬，复返巴黎学习，以善于嘲讽的异教徒姿态回到苏格兰，却被红衣主教大卫·比顿（David Beaton）监禁，随后逃往波尔多（Bordeaux），在那里以教拉丁文度日。他精通拉丁文学、诗和歌剧，欣赏其学生蒙田在这些剧本中的演出。不久，他又任孔布拉地方某一所学院的院长，复以戏弄托钵僧的罪名被西班牙宗教裁判所监禁。出狱后，他回到苏格兰，转赴法国，终返居苏格兰。1562年他成为苏格兰玛丽女王的老师，1567年任总会议的仲裁官，宣布珠宝盒信笺是真实可靠的，却被指控伪造了其中某部分。他还在《喜歌》(Detectio Mariae Reginae，1571年)一书中谴责玛丽，不顾她的抗议转任她儿子的家庭教师。他于1582年谢世。1579年他的著作《苏格兰的历史》(Rerum Scoticarum Historia)致力于将其国家的历史从"英国的束缚与苏格兰人的虚荣"中解脱出来。1579年问世的论文《论苏格兰人的主权》(De Iure Regni Apud Scotos)更大胆地再次肯定说：从他未来将担任国王的学生面孔可以看出，中世纪的理论，认为上帝之下政治力量的唯一来源是人民。他又说："每一个社会皆植根于统治者和被统治者彼此互为义务和限制的暧昧契约，而且大多数人的意志是能正确地统治全体的，国王应屈属于人民代表通过的法律下，人民可以抗拒、罢黜或处死暴君。"这种观点比霍布斯提出的社会契约论早一个世纪，较卢梭早两个世纪。他的著作遭到苏格兰国会谴责，被牛津大学焚毁，但仍不失其影响力。塞缪尔·约翰逊认为他是苏格兰土生土长的唯一天才。大卫·休谟(David Hume)则谦和地将这种荣耀给了约翰·纳皮尔(John Napier)。托马斯·卡莱尔(Thomas Carlyle)则因诺克斯的《复活》(Redivivus)，而提议应该将此荣耀加给诺克斯才对。然而，詹姆士六世对此有自己的看法。

国王看重自己的著作如同王冠。1616年，他以大开页出版了《最崇高与万能之王詹姆士之书》(The Works of the Most High and Mighty Prince James)，作为奉献给基督耶稣的礼物。他也写诗，对诗人提出忠告，也翻译《旧约》中的诗篇，并研读《圣经》里的《启示录》，更有论述恶魔的文章。1598年，他有两篇8开本的著作，主旨在护卫绝对的君主专权理论：一篇为《国王的礼物》(Basilikon Doron)，教给其子亨利为君的责任与艺术，文中强调苏格兰教会的统治不是"国王官员的一部分"；另一篇为《自由君主们的真实律法》(The True Law of Free Monarchies)，以极巧妙的手法详细说明君权神授论：国王是由上帝选择的，因为所有的重大事件都是上帝指定的，他们的神圣职位和神权造成了一种圣洁的神秘感与圣礼般的不可言传的特性；因此，他们的统治应是绝对的，反抗君权的人，一定是傻子、罪犯或犯了比暴君更严重的滔天大罪。这个理论被伊丽莎白采纳，詹姆士更是将之作为一个原则——他天生即为女王之子。他的儿子查理承袭他的原则而受到惩罚。

不过，1598 年的英国无法预见 1649 年的事情。詹姆士宣誓为新教徒后，伊丽莎白枢密院的领导者便承认他是继玛丽后的英国王位合法继承人。在伊丽莎白逝世 4 天后，1603 年 4 月 5 日，他便愉快地从爱丁堡前往伦敦。他沿途停留以接受英国贵族们的祝贺，5 月 6 日才抵达伦敦。在那里，也有盛大的欢迎仪式——群众跪拜于前，贵族们亲吻其手，表示恭贺。两国经过了一段无关宏旨的争吵后（直至 1707 年为止，仍有两个国会）才正式合并于一王的统治之下，不育的伊丽莎白可说是丰产了！

英格兰的詹姆士一世（1603—1614）

像他那种人，到 37 岁时会变成什么样子？中等身材，细瘦的小腿，稍微隆凸的肚皮，像填塞了东西的紧身上衣与携带防身小刀的马裤，褐色头发，红润的面颊，瘤形的鼻子，一双具有怀疑和忧伤眼神的蓝眼睛，好像上帝有意铸造的躯体一般。他有点懒惰地停止了伊丽莎白未竟的工作。他言语中常有亵渎，消遣活动也显得粗鲁。他稍微口吃，说话时经常慢得令人起鸡皮疙瘩。个性极端独特，颇为自负与慷慨，因为经常面临危险和陷阱，所以略显胆怯和奸诈，随时准备向他人攻击，也随时准备宽恕他人与请求他人宽恕。有一次，约翰·吉布（John Gib）否认遗失一些重要档案，詹姆士立刻大发雷霆，踢了他几脚。等事情过后，又发现那些文件，他便立刻至其助手面前表示惭愧，一直到吉布原谅他为止。他不再提起此事。他的个性是无容忍中带有容忍，有时又很倔强，平时很和蔼而富有情感。他曾猜忌其子亨利的盛名，但对查理溺爱得近乎痴呆。他与女人的关系显然是无懈可击的，但有戏弄英俊男人的癖好。他很迷信，也很好学，虽然看起来有点呆，却颇为狡猾、嫉恶如仇，很欣赏培根和琼森，妒忌名学者又经常迷恋于书本。他入主为英王的第一件事，便是授权牛津和剑桥两学区可以派驻国会的代表。他到牛津大学图书馆参观时，大叫说："假若我不是一个国王，我将是一个大学生。如果那样，我就会是个囚犯，若我能有自己的希望，我期望身为这座图书馆的囚犯，而不是其他地方的囚犯。那么，我便能终日与有名的学者和过世的名人为伍。"他完全是一个有平衡发展而能掌握重点的人，但实际上，他也是有良好本质、极为幽默而聪明的人。但他之所以能为其子民宽恕，是因为：直至其抑郁而终，他给予他们安定与和平的生活。

他对水殊无好感，因此懒于以水漱洗。他经常饮酒过度，而且允许宫廷宴会在大家非常兴奋时结束。他的衣着颇为奢侈。他宫廷中的欢愉甚至超过伊丽莎白等先祖。蒙面戏剧颇受伊丽莎白欣赏，然而现在因为本·琼森的叙述路线和英尼戈·琼斯的服装与布景的设计，各种角色由裹着国家财富的慷慨的贵族男女饰演，所以当时荒唐和玄幻的艺术达到极端，宫廷也较以往放荡、腐败。一位琼森剧本里的女演员曾说："我的确这么想，假如除了我的穷丈夫外，没有人爱我，那么我将自缢。"朝臣们纷纷接受大量"贡礼"，而且以他们的影响力争取特许、特权、专利或官职。蒙塔古（Montagu）男爵以2万英镑买到财政大臣的职位。

詹姆士对这些事视若无睹，政府的诸多困难并未使他觉得麻烦。他把行政大权托付给罗伯特·塞西尔，以及包括6位英国人和6位苏格兰人组成的枢密院。塞西尔于1605年被封为索尔斯堡伯爵。塞西尔承袭优良遗传，但健康欠佳，是跛足的驼子，然而具有其父选择与任用人的敏锐智慧，个性固执阴沉，谦虚兼带狡诈，经常利用机智战胜国内外敌手。1612年，塞西尔去世时，詹姆士正沉迷于年轻潇洒的罗伯特·卡尔（Robert Carr），封他为萨默塞特伯爵，并在决策和行政上允许他取代如弗朗西斯·培根和爱德华·柯克那类年老而无成者的位置。

柯克是法律的化身与保护者。他之所以声名大噪因为 1600 年坚持检举埃塞克斯，1603 年检举雷利和 1605 年的"火药阴谋案"（Gunpower Plotters）。1610 年，他提出了深具历史性的意见：

> 在我们的著作中显示，许多案件里，普通法引导国会的行动，而有时判决其行为完全无效。因为当国会的行动违反一般权利和理性……或不可能被执行，普通法可以支配它，并判决这种行动无效。

国会对这方面并不十分感兴趣，詹姆士于 1613 年任命柯克为王座法庭（The King's Bench）的首席法官和枢密院委员。但他个人的行为使其从国王的亲信变为讨厌之人。他谴责宗教裁判所私人意见的介入，主张国会言论自由，并大肆攻击王室的专制主张，提醒众人说：国王只不过是法律的仆役罢了。1616 年，他的对手培根控告他渎职。柯克立即被免职，却回到国会，继续抗拒国王。1621 年，他被送到伦敦塔，但不久便被释放。1634 年去世时他作风不改，依然顽强地强调法律的条文与活力。其所遗的 4 册著作中，《法典》（*Institutes*）至今仍为英国司法制度的柱石与不朽文献。

那时，詹姆士与国会进行大争辩，终于引发其子统治时的内战与弑君。他不仅承袭了亨利八世和伊丽莎白惯用的威吓，或应付牢骚满腹的国会议员的伎俩，而且宣称他的决定都是神圣的。1609 年，他向国会宣布说：

> 君主政体是世上最崇高的制度。因为，国王不仅是上帝在尘世的助手，享有上帝的王位，同时，君主能假借上帝之名以令群

神，众君主能命令群神，因为他们在尘世运用相同的神权；因为假如仔细考虑上帝的属性，则能了解何以他们同意某人为王。上帝有创造与毁灭的能力，做与不做全视其喜好，给人生命或置之死地，审判所有人类而不接受任何人的审判，握有相同权力者即为君主。他们对其子民有役使或不役使、擢升或贬谪及操生杀大权，审判所有子民及所有讼事之权，除上帝外不对任何人负责。君主有权……正如人下西洋棋一样役使其子民——移动一个主教或骑士——及像君主们花钱一样轻松地赞赏或蔑视其子民。

这在当时而言，真是倒退的论调。因为中世纪的政治理论已主张国王是人民主权的代表，只有教皇才是上帝的世俗总督。以冠冕堂皇的哲学加之于这种主张之上，我们须先肯定：教皇——中世纪时被认为权威的最后所在——相信人类是有力量的，唯有利用人类的尊敬宗教权威及尊敬教皇为上帝、福音与代理人的方式，才能维持社会秩序。但宗教改革导致教皇威权的衰弱与破坏，负责社会秩序的责任便转移到世俗政治上。然而，他们过分武断，纯粹的人类权威受到挑战，以致无法有效地限制人类的反社会倾向。因此，国王神权理论伴随着民族主义的发展与教皇权力的衰落而日益成长。德国路德教派的王公们允许在其境内古老教会的精神力量存在，使他们自身感染神权气息。所以，1789 年以前几乎所有的统治者，皆认为道德威权与社会和平是无法分隔的。詹姆士的错误在于过分明确表达这些假定及将之推演至极端。

国会可能（因私人的善意表示）已被认为是接受了这种绝对主义的理论，如伊丽莎白的全盛时期，成员们多数是大地主，因受都铎王朝的恩宠而据有贵族头衔。但是，现在的平民院有 467 位议员，许多都是新崛起的商业阶级代表——这些人无法忍受无限制皇权对他们荷包的干预——复有许多清教徒拒绝国王统治他们宗教的要求。平民院不顾詹姆士自己创说的神权而自行界定本身的权力，宣称判断争论的唯一方法是竞争性议员选择的结果，要求言论自由和免于开会期间被逮捕的安全保障，并称：若缺乏这些保障，国会空有其名。平民院建议宗教性立法，否认国王未得国会同意而做任何决定。英国国教的主教们则主张英国教士会议（Convocation）有权统筹宗教事务，而且只服从国王的批示。平民院议长通知詹姆士说：国王不能制定法律，仅能批准或拒绝国会通过的法律。1604 年 6 月，平民院宣称："我们的特权和自由是我们的权利与遗产，正与我们的土地和财物相同……它们不得被剥夺……倘若如此，显然是整个皇土国家的大错。"

　　这种态度导致国王"特权"与国会"特权"之间的历史性争执——自此，经历数百次的胜利与失败，终于创建了英国的民主制度。

火药阴谋案（1605）

　　宗教战争的蔓延虽然超越了政治和经济上的斗争，也根植于此。半数以上的小册子暴露了清教徒攻击英国国教主教及其宗教仪式，英国国教徒攻击清教徒的酷苦与不可妥协性，或两派联合起攻击天主教阴谋恢复英格兰受教皇的统治。詹姆士不重视这些仇恨，他希望能调和清教与英国国教，而且为了达到这个目的，他于 1604 年 1 月 14 日召集各派宗教的领袖集于汉普顿宫，颇似君士坦丁堡会议。与会的两派惊讶于他的神学涵养和辩论技巧。他坚持"单一的原则和单一的宗教戒律，在本质与仪式上只有一个宗教"，而且宣称主教制度是绝对必需的。伦敦主教认为詹姆士接受神的启示，"他是自从基督时代以来，尚未为人了解的那一类人"。但是，清教徒们抱怨詹姆士的举止带有党派色彩而非公正的法官。这项会议除了意外地作了翻译《圣经》的历史性决定外，并未有任何成果。1604 年的英国教士会议宣布所有宗教应与英国国教看齐，凡是拒绝接受的人全部受到惩罚，有些人被判下狱，有些人自动辞职，有些人则移民荷兰和美洲。

詹姆士将两位唯一神教派教徒处以火刑——因为他们怀疑基督的神性，虽然他们拥有他签发的证明文件——这使他失去了人们的尊敬。但他宣称自此以后不再因宗教异议而处决任何人，这也使他扬名。这是英格兰最后两位因异端而被处死的人。此后，世俗统治逐渐改善，认为宗教容忍的思想与公共道德和民族统一的思想相容，而反对过去几乎普遍被接受的信念：必须以信仰和教会组织来维持社会秩序。1614 年，莱奥纳德·布希尔（Leonard Busher）于其《宗教的和平》（*Religious Peace*）一书中便讨论到：宗教迫害使反对情势紧张化，迫人虚伪，有碍贸易活动。而且，他再度提醒詹姆士："犹太人、基督徒和土耳其人共容于君士坦丁堡，和平相处。"然而，布希尔认为有些人的宗教与"具有叛国罪一样的污点"——或许是指天主教将教皇置于国王之上——所以应于伦敦近郊十英里内禁止其集会或居住。

大体而言，詹姆士是一位具有容忍个性的独断主义者。他允许——有人则认为是鼓励——提倡星期天运动（Sunday Sports），首次注意英国国教的服务事业，触怒了清教徒。他曾尝试放宽反对天主教活动的法律，未经由塞西尔领导的枢密院的同意，而独自中止不服从国教应遭处罚的律令。他允许传教士在乡村和私人家中做弥撒，他以不精确的、哲学的方法，梦想调解天主教与新教国家之间的不和。但是，正当天主教多方面表示慈爱与新教宣称仁慈的时刻，他于1604 年重新准许伊丽莎白时代制定的反天主教法律生效与扩张执行。任何人出国后进入天主教的学院或学校，则被判处罚金 100 镑；所有天主教的传教士皆被驱逐出境；所有天主教的传教活动一律禁止；任何忽视英国国教服务的人被判每月罚金 20 镑；任何不履行支付此项罚金者，则处以没收其不动产与动产；有拖欠债务者，其土地上的家畜、家具与衣服也皆收归国王所有。

有些天主教徒因而近乎疯狂地认为，现在除了暗杀之外，已没有补救的方法。罗伯特·凯茨比（Robert Catesby）由于其父在伊丽莎白时期因抗拒英国国教而下狱，曾参与埃塞克斯反叛女王的行动。现在，他绞尽脑汁想出了火药阴谋案，企图炸毁威斯敏斯特，此时詹姆士、王室成员、贵族们、平民院议员等正准备召开国会。他将阴谋告诉托马斯·温特（Thomas Winter）、托马斯·波西（Thomas Percy）、约翰·莱特（John Wright）、盖伊·福克斯（Guy Fawkes）等人。他们 5 人在耶稣会传教士约翰·杰拉德（John Gerard）处秘密歃血为盟，觅得一间最靠近皇宫的房子，以一天 16 小时的强度努力挖掘，试图打通地窖。终于，他们如愿以偿，置 13 桶火药于贵族院开会的地下。由于国会会期的一再延期，经过一年半后，那些阴谋者终于得以点燃炸药。他们不时疑虑，因为这件事可能导致许多无辜者丧生，是否合乎道德。为了再度向他们保证，凯茨比请教英国耶稣会的会长亨利·加尼特（Henry Garnett）说：是否战争中允许杀害未参与战斗的无罪者？加尼特回答说，所有人类信仰的神都会给以肯定的答复。但是，他警告凯茨比说，任何杀害政府官员的阴谋，只会徒增英国天主教徒的痛苦而已。凯茨比素来便怀疑教皇与耶稣会的总会长会阻止他采取政治阴谋，阻止不利国家的任何企图。凯茨比也向另一位耶稣会教士奥斯尔沃德·格林威（Oswald Greenway）泄露过这一阴谋，包括使英格兰的天主教徒地位提高的措施。这两个耶稣会教士无法决定到底应出卖谋害政府的同僚或保持沉默，他们最后终于选择保密，但尽全力劝阻阴谋者。

凯茨比为了避免其同伴的疑惧，在指定日期的清晨，向国会中友善的议员们发出紧急通知书，请求他们尽快离开威斯敏斯特。在国会会期开始前数天他便将其计划告知其友人蒙第哥，蒙第哥转告塞西尔，塞西尔转告詹姆士。于是，警卫进入地窖，发现福克斯正在那里，爆炸物也已安置于适当位置。福克斯随即被捕（1605 年 11 月 4 日），他供称他们图谋于第二天炸毁国会。无论施以何种极刑，他拒绝透露同谋姓名。其他人却无法忍耐，拿起武器准备作战。他们被追捕，旋即开战，凯茨比、波西、莱特皆受重伤，数名僚属也被追捕。犯人们被判刑后才供认阴谋，但仍无法威逼诱导他们供出耶稣会教士的姓名。福克斯和其他 3 位同谋者被装上囚车，从伦敦塔带至国会大厦，1606 年 1 月 27 日被处死。后来，英国人定于 11 月 5 日为纪念福克斯的殉难日，该日须放烟火，并在街上举画像游行，以示纪念与追悼。

杰拉德和格林威逃往欧陆，加尼特与另一名耶稣会教士欧康（Oldcorne）一同被捕。在狱中，两人发明秘密谈话的方法，不巧，被密探记录谈话的内容并加以检举。加尼特否认，欧康予以承认，致使加尼特被迫供认是说谎。最后，他承认知道阴谋案一事，但是，他坚称所知全由格林威处得来，而格林威也是在告别时才泄露这个计划，因此他也无法知晓详情，但已尽全力阻止。他被判有罪，罪名不是同谋，而是隐匿阴谋不报。判决裁定后，拖延了 42 天，詹姆士仍未签署死亡状。加尼特误以为格林威被囚于伦敦塔，于是送一封信给格林威，但被截获。被询问他是否曾与格林威密通时，他矢口否认。信被出示时，他以双关语回答，说是得自某一位愿救他性命的人的允许才这么做的。1606 年 5 月 3 日，他被绞死，然后拖曳于地，最后被分尸。

国会认为加强控制天主教徒的法律是合理的（1606 年）。天主教徒被禁止开业为医生或律师，不能为行政官和军人；不得做离家 5 英里路程的旅行；而且，要求他们宣誓新誓言，否认教皇有处置世俗统治者的权力，认为教皇的权力是亵渎神明的，是异端的，是该死的。教皇保罗五世即刻下令禁止采信这种誓言，英国境内有半数以上的天主教徒服从他，只有极少数接受这种誓言。1606 年有 6 个教士因为拒绝接受这种誓言并曾做弥撒而被处死，1607 年至 1618 年有 16 人被处死，监狱内有数百个教士与数千个天主教徒。尽管如此，耶稣会教士继续进入英国，1615 年至少有 68 人，1623 年后有 284 人。有些耶稣会教士从苏格兰进入，约翰·奥格尔维（John Ogilvie）在 1615 年被用刑具夹腿，针刺肌肉的酷刑使他连续保持了八昼夜的清醒，最后才被处死。

詹姆士一世时代的戏剧

英国人继续沉醉于宗教和文学。属于詹姆士一世时代的有：莎士比亚的绝大部分作品，查普曼的大部分作品，琼森、韦伯斯特、托马斯·米德尔顿（Thomas Middleton）、托马斯·德克尔（Thomas Dekker）、约翰·马斯顿（John Marston）等人的许多作品以及马辛格的某些作品，波门和约翰·弗莱彻（John Fletcher）的全部作品，在诗歌方面有多恩的作品，在散文方面有伯顿及最高贵的詹姆士王的《圣经》译本，这些光荣的成就远超过以前任何朝代。詹姆士本人也尝试过写剧本。曾有一个圣诞节，14 出戏同时在宫廷演出。1613 年，上演《亨利八世》时，剧中的两尊大炮把球形剧院夷为平地，但不久重建。约 1631 年，伦敦及近郊便约有 17 家剧院。

查普曼较莎士比亚年长 5 岁，较莎翁长寿 18 岁，历经 3 位君主（1559—1634 年）。他使他的时代渐趋成熟。约 1598 年，他成功地完成马洛的《海洛与利安德》一剧，出版 7 本有关《伊利亚特》的著作。但他翻译的荷马著作直至 1615 年才完成，最得意的戏剧可能于 1607 年至 1613 年才完成。他的《伯西·德安博伊斯》（*Bussy d'Ambois*，约 1607 年）取材自法国最近的历史，把英国戏剧带入新的领域——有 5 出戏是以只言片语替代虚张声势的修辞，但是，在叙述伯西与他的敌人彼此交换难以理解的讽刺那一页，则有腐化力。

查普曼并未从其教育中获得知识的更新，他过盛的希腊与拉丁修养导致思泉闭塞，现代人读其剧本可能说他是做学问的奴隶，缺乏感情。当然，不至于像济慈所说的"第一眼看查普曼的荷马译本，是那样令人毛骨悚然"。这些七音步诗行里有刚毅的活力，到处显得比教皇的译本好。但是，诗的韵律无法在翻译中表达，和谐飞跃的六音步诗行的原始含义带给我们的感受，远较其表现急剧的旋律更含有赞美诗的音韵。英国人赞美诗的内容不再是一些船夫歌的幻梦，查普曼将其转成"英雄双行体"（heroic couplet）——每一对有 10 个音节——因为他用《奥德赛》手法，有着同样温和的力量。詹姆士忘了支付亨利王子答应在查普曼完成译作时付给他的 300 英镑，萨默塞特伯爵解救了这位诗人的贫困。

我们是否应耽搁一下，看看托马斯·海伍德（Thomas Heywood）、米德尔顿、德克尔、西里尔·托尔诺（Cyril Tourneur）、马斯顿等人，或请他们允许我们带着一种对他们闪烁之名谦恭的致敬之意离去。弗莱彻是不能被一笔带过的，因为在他的全盛时期（1612—1625 年），英国人颇赞许他。在戏剧界，他的地位仅次于莎翁和琼森二人。他的儿子成为伦敦主教，侄儿或侄女在诗界也有名气，他本人精通韵文和押韵诗。除了这些遗产外，他还与莎翁合编《亨利八世》和《两个贵族亲戚》（*The Two Noble Kinsmen*），也曾与马辛格合作《西班牙的助教牧师》（*The Spanish Curate*）一剧，其最成功的杰作要算与波门的合作创作。

波门的出身也很相似，他是一位杰出法官的儿子，其兄弟是一位小诗人。未能从牛津及内寺法学院毕业的波门试写肉感的诗，后来与弗莱彻共同写作剧本。这两位英俊的男人生活在一起，同床而居，衣服、用品、情妇、剧本主题等共用。艾布雷说："他们之间有位小姐！"，"一个奇妙幻境的共同体"。历经 10 年，他们终于创作并出版了剧本《菲拉斯特》（*Philaster*）、《肉欲狂》（*Love Lies a Bleeding*）、《少女的悲剧》（*The Maid's Tragedy*）、《燃烧杵臼的骑士》（*The Knight of the Burning Pestle*）等，其中对话很生动，但颇为空洞；情节充满了艺术气息，分解起来却很造作；思想鲜达于哲学境界。虽然如此，至该世纪末（德莱登向我们担保），这些剧本仍较同时期莎士比亚的著作受到双倍以上的欢迎。

波门在 30 岁逝去，莎士比亚也在同年去世。以后，弗莱彻单独创作，或与他人合作，写了一连串成功的剧本。纠缠不清、喧闹的风流喜剧作品，是从西班牙模型中滋长出来的，着重淫行，王权复兴后戏剧倦于这种血腥与淫秽的情节。他发表（1608 年）的一出以田园情调为主题的剧本《忠实的牧羊女》（*The Faithful Shepherdess*）与《仲夏夜之梦》一样荒谬，但在诗文方面尚可与之匹敌。她的牧羊情人死后，克洛恩（Cloirn）便隐居在他墓边的乡村小屋，发誓永远留在那里，直至死亡：

> 啊！圣洁的大地，它的冰凉臂膀拥抱着
> 那个最忠诚的人，他曾放牧他的羊群
> 在那丰饶的西萨利的草原上。
> 因此，我向你的坟墓致意，让我诉说，
> 我眼中早有的誓约和礼赞，
> 对你遗爱长存的亡骨；让我免于
> 对以后爱情可能发生的激动和热心，
> 所有的运动、嗜好和快乐的游戏，
> 那些牧羊人十分熟悉的，都要避开。
> 现在，将无法再使这柔软双肩被环绕，
> 以鲜嫩的花冠，并翩翩起舞。
> 不再有那些清新可爱的少女们
> 及那些任性而使我愉快的牧羊人，陪伴着我；
> 也无清脆悦人的笛声，
> 在一些荫僻小溪之下，凉风轻起，
> 呼啸于林叶之间：一切都已远去，
> 因为他们都已远去，在他们的身边
> 我曾多次静坐，冠着新鲜的花朵，
> 作为夏日的皇后，每个牧羊的男孩，
> 穿上他华丽的绿衣，拿着俗丽的镰刀，
> 戴上最好的小袋子，
> 但是一切都已远去，都与你一同逝去。

> 所有都已逝去，只留下一些有关你的珍贵回忆，
>
> 那将存之长久，永远保留如昔，
>
> 每当笛声响起或快乐的牧羊人歌唱的时候。

田园诗曾有一次被搬上舞台，然后消失。以伊丽莎白时代的热情，是否还能以温火慢慢将赞美诗煮沸，仍保留其纯洁呢？

在詹姆士一世时代，最有权力而不为人喜爱的戏剧家是约翰·韦伯斯特。我们对他的生平所知无几，甚至完全不知。我们只能从他最得意的剧本——1611 年的《白色的恶魔》（*The White Devil*）——的序言搜集关于他的资料，他称听众为"无知的驴子"，而且宣誓说"无能的群众吐出的气息是有毒的……是最根本的悲剧"。这是 1581 年至 1585 年被判有罪的维多里亚·阿克兰波尼（Vittoria Accoramboni）的故事，故事发生的地点在意大利。维多里亚时常感到丈夫的微薄收入对于她的美貌而言是不公平的，于是她接受了白拉契诺公爵的金钱照顾，更建议公爵处置她的丈夫及公爵的妻子。阿克兰波尼意识到事态的严重性，便请求维多里亚一位经营妓馆的兄弟弗拉米尼欧（Flamineo）协助，由此导致了英国文学史上最讽刺的案件之一。她因嫌疑被捕，她恐吓一位律师会失去他的教籍，一位主教会失去其地位，她以如此大胆无耻及这种技巧为自己辩护。她被白拉契诺自法院绑走，他们被追捕，最后，所有追捕的人与被追捕者——正义与不正义双方——皆在戏剧性的浩劫中被杀，这使韦伯斯特在一年内厌倦了这种血腥的欲望。情节经过良好的处理，基本角色的刻画前后一致，对话经常是强有力的或是低微的，主要的几幕都很有力量，诗句有时也如莎翁的滔滔不绝。以文明的态度来评赏则易令人作呕，暴力与弗拉米尼欧的粗俗低贱言语，经可人的小嘴所说出的炽热诅咒语（"哦！我们一天杀你 40 次，4 年做一次结算，这实在是太少了！"）充满了全剧。每两页便出现娼妓、嫖妓的字眼，无数的双重意义，甚至会令莎翁赧然。

韦伯斯特在 1613 年的剧作《马菲的公爵夫人》（*The Duchess of Malfi*）中恢复其蹒跚的步态。卡拉布里亚（Calabria）公爵斐迪南阻止其年轻貌美而守寡的妹妹公爵夫人再嫁，因为假若她无配偶，他便能继承其财产。所以，她悲悼她的被迫守贞说：

> 鸟儿们在草地上生活，
> 享受旷野大自然的恩惠，
> 生活比我们更快乐，
> 因为它们可以自己选择心爱的偶伴，
> 并为春天欢愉地颂赞。

受欲望和禁令的鼓舞，她引诱她的管家安东尼，两人终于秘密结婚同枕共眠。最后一幕真令人感到窒息：医生们准备好毒药，恶棍们拿着剑，人们没有耐心再等到法律的制裁了。这幕中最坏的恶棍——偷走了她的财产，以她为情妇，之后又杀死她——是一位红衣主教，韦伯斯特本身并非天主教徒。同时他也挖掘咒骂的词汇，谴责人类的生活。只有在这个黑暗尽布的遥远角落里，我们才找到高尚、纯真与温柔。斐迪南俯视其死时仍然美丽的妹妹，他忘形了，表现得非常软弱：

> 盖起她的脸！我的双目晕眩，她死得如此年轻……

不久，他又使自己变得野蛮。

让我们发现比写这些"以你的眼睛来陶醉我吧"等诗句更美的东西吧！

本·琼森（约 1573—1637）

本·琼森在其父去世后一个月出生于威斯敏斯特，是遗腹子。施洗时取名为本杰明·约翰森（Benjamin Johnson），他为了与他人有所区别而将"h"去掉，直至 1637 年逝世为止，其出版物均沿用此名。它也出现于伦敦威斯敏斯特墙上的薄金属板上。母亲的第一任丈夫是一位部长，第二任却是一个泥水匠，家庭很贫穷，本·琼森勉强凑足钱上学。在一些善良朋友的接济下，母亲才送他到威斯敏斯特学校念书。他很幸运，在大学时受教于历史学家卡姆登，他以比常人更少的愤恨心情研读古典文学，私心倾慕西塞罗、塞涅卡、李维、塔西佗、昆体良等人。后来，他很公正地宣称，"远较所有英国诗人更精于希腊文和拉丁文"，唯有他引人入胜的幽默与伦敦的骚动状态才使他维持学习而不荒废其天生的艺术才能。

从威斯敏斯特学校毕业后，琼森转入剑桥，他的早期自传说："在那里，继续数周的勤勉便能进一步维持所需的水准。"他的继父要他做泥水匠的学徒，此后七年间，他于搬运砖头的同时沉思于诗篇之中。然后，正好赶上征兵，他毅然投入战争，打仗就如砌砖一样灵活。他服役于荷兰时，与一个敌兵决斗，他杀了对方并劫夺其物，返家转述渲染这个故事。他结婚后生育许多子女，其中约有 3 个或以上夭折。他一度曾与其妻争吵，之后离去 5 年，又与她复合。虽与她不睦，但仍同住，直至死亡。他自己也不知他是如何赚钱糊口的。

我们知道他成为一个演员时，奇迹发生了（1597 年）。他敏锐的思考和适当的诗句，使他骤然成名。虽然仅是重复朗诵别人的思想，这对他却无大碍。他对纳什邀请他共同编写《狗岛》一剧感到十分高兴，毫无疑问，他贡献大部分精力于这部被枢密院评为"富有煽动性和污蔑事件"的剧本。枢密院下令停止演出，关闭戏院，逮捕作者。纳什是这种困境的老手，马上避难于雅茅斯（Yarmonth），琼森则身陷囹圄。依照监狱的惯例，因犯需要自己支付食物、宿费、手铐、脚镣等费用，他向菲利普·亨斯洛（Philip Henslowe）借来 4 英镑支付。出狱后，加入亨斯洛（和莎士比亚）的戏剧公司（1597 年）。

一年后，他撰写了第一部重要喜剧《皆大欢喜》，并在球形剧院观赏莎士比亚在剧中的演出。也许，这位伟大的戏剧家不喜好当时流行的"序言"的范例，而接受古典的三一律，即情节、时间和地点的单一性：

> 生下小孩，现今襁褓，生长
> 成人，之后茁壮，长须髯髯，
> 六十年后……你将欣见
> 如其他戏剧所示
> 那里既无合唱之声越海飘送，
> 也无赫然王权降落，孩童们欣喜……
> 但是如人惯行的行为、语言。
> 而人，诸如喜剧所选
> 当其欲显示对时代的印象。

琼森转而支持莎士比亚早期揶揄贵族的喜剧，支持"浪漫"歌剧的奇异地理与年表。他将伦敦贫民窟的生活情节搬上舞台，并对下层社会的对话和生活方式重新做了一个奇异的改造。这隐含其博学，以讽刺描述剧中人物，而非以复杂的哲学创作描述。但他们确实存在，他们似韦伯斯特所指的无价值，但他们是人类，他们的心智是未经修饰的，他们也不是智慧的谋杀者。

拉丁文使用"umor"表示"潮泾"或"流体"的意思。以希波克拉底的医学习惯，幽默（humor）是指人体的 4 种流体——血液、黏液、黄胆汁与黑胆汁等，其中一个或两个以上在人体中占优势，则被人认为是具有多血的、多痰的、患忧郁症的或暴躁的"性格"或气质。琼森对该名词界定意义为：

> 当某人拥有独特的气质
> 可以推论出他的

> 所有情感、精神、力量
>
> 将其综合，以一种方式表达——
>
> 就可以肯定地说这是他的"性格"。

该字用于描绘博巴蒂尔（Bobadil）船长——他是普劳图斯喜剧中那个自负士兵的直系后裔——的真实生活，体现其特异的"性格"及不自觉的幽默。除了危险时刻，他是非常勇敢的；除了有人向他挑战，他都勇于战斗。他是一把随时入鞘之剑的主人，他是插剑的能手。

现在，他很愉快，充满了信心，以诗人自傲，与贵族谈话不必卑躬屈膝，尽情享乐，品尝坦率和粗俗幽默的乐趣，随时想勾引妇女。但是，最后他告诉德拉蒙德，他宁愿有位"淫荡的太太，也不愿有个羞答答的主妇"。他放弃表演而以笔杆过活。有一次，亨斯洛得以为宫廷写一出剧本，他天生轻快富有幻想的思路正与琼森设计的情景不谋而合。但琼森大发雷霆，与他争吵。琼森成功后的第一年便与演员加百利·斯宾塞拆伙，而且与他决斗，杀了他，1598 年以谋杀罪被监禁。他将事情弄得更糟，在狱中改信天主教。虽然如此，他接受了公平的审判，他被允许享受"教士的便利"，因为他读拉丁的祷告韵文"很像教会里的执事"。后来，他被释放，却在拇指被烙上"T"字符号。有此记号，若再杀人便能很快查出他是个再犯。他背负着重罪犯的身份了却残生。

经过一年的自由生活后，他再次因债务被判入狱。亨斯洛再度保释他出狱。1600 年，他写成《各有其癖》（*Every Man out of His Hamour*）一剧，以清偿他的债务。他以古典的滥调来衡量喜剧，给戏剧的人物加上 3 个角色，作为一个专事批评的合唱队，猛烈抨击清教徒是"以宗教做外衣，头发剪得比自己眉毛还短"。冲着那些破坏了亚里士多德学派三一律的学者，舞动他的箴言，对不守信的贵族们无法与之谈论爱情故事，他建议他们去看看伦敦的残忍情形：

面对镜子

大似我们表演的舞台，

那里他们将见时代的丑陋

细审每一勇气与能力

以无穷的勇气和无畏的恐惧。

该剧本除了激怒王室家族外，还得罪了许多敌人。他对球形剧院中吵闹的听众十分不满，便继续写另一个喜剧《辛西亚的暴动》（*Cynthia's Revels*，1601 年），是为一个全为男童演员的公司所写，在布莱克法尔斯戏院演出。德克尔和马斯顿认为该剧本是在讽刺他们，1602 年张伯伦公司不满布莱克法尔斯戏院男童演员的竞争，于是推出德克尔的《被鞭打的讽刺者》（*Satiromastix*），该剧嘲笑琼森是位短小、有痤疮、欺弄学术、谋杀者和泥水匠。这次的谩骂却以互相标榜收场。有一段时间他们皆大发利市，一位有名的律师邀请琼森到他家中，当时的彭布罗克公爵付给这位诗人 20 镑要"买该书"。受到这种礼遇，他便尝试写作悲剧，他撰拟的主角塞尔诺思（Sejanus），是提比略（Tiberius）的宠臣。他小心地叙述了塔西佗、苏多尼乌斯、迪奥·卡修斯（Dio Cassius）、尤维纳尔（Juvenal）等人的故事，体现了学术性，发明一些活动布景与静止幕等。听众对其冗长的演讲感到十分厌烦，也不喜欢无生命个性的乏味道德训示，该剧不久即停演。琼森将其剧本出版，在书页边的空白处注上古文的出处，并用拉丁文为注脚。有一个贵族奥比尼（Aubigny）对他印象颇好，对这位尴尬的作者保护了 5 年之久。

1605 年，琼森与他最伟大的剧本重返戏剧界。《沃尔波内》（*Volpone*，"狐狸"之意）这个剧本，以大讽刺的手法攻击伦敦猖獗一时的贪财之风。就像各种喜剧一样的平常——从普劳图斯到《可钦的克莱顿》（*The Admirable Crichton*）——一位伶俐的仆人是整个阴谋的主脑。摩斯卡（Mosca，意大利文，"苍蝇"之意）为他守财奴的主人沃尔波内（他假装生重病）带来了几个欲得遗赠而向人谄媚阿谀的财产继承人——波特尔（Voltore，"兀鹰"之意）、科尔巴乔（Corbaccio，"乌鸦"之意）、科尔维诺（Corvino，"贪婪"之意）——他们留下丰富的礼物，希望能被指定为沃尔波内的财产继承人。"狐狸"以一种贪婪的勉强态度，接受了每份礼物，甚至借科尔巴乔的妻子共宿一夜。

摩斯卡最后欺骗沃尔波内成为仆人中唯一合法的财产继承人，但伯纳里欧（Bonario，"本性好"之意）揭穿其骗局，威尼斯的元老院判决所有阴谋者入狱。该剧终于使球形剧院里的听众对琼森喝彩不已。

但很快他又由成功踏入逆境。在1605年他与马斯顿和查普曼合作的《向西去啊！》（*Eastward Ho*！）一剧，被政府认为是侮辱苏格兰人，因而将作者逮捕，犯人被威胁要割去鼻子和耳朵，但他们均未受伤，而且被释放。一些贵族如卡姆登和赛尔登（Selden）之流，参加了为这3位重获自由的作家举行的宴会。1605年11月7日，本·琼森因是天主教徒而被召往枢密院，询问是否知悉"火药阴谋案"事件。他矢口否认一月前曾与逃走的阴谋者凯茨比共餐，但1606年1月9日，他又以一个犯罪的天主教徒而被召往法庭。他因太穷无法缴付罚款，控告才得以停止。1610年，他又回到英国国教的怀抱，在圣餐宴中，"他以爱国主义的心情开怀畅饮"。

那一年，他推出最负盛名的剧本。《炼金术》（*The Alchemist*）不仅轻描淡写讽刺炼金术，而且讽刺蹂躏伦敦的庸医。剧中伊皮柯·马蒙（Epicure Mammon）爵士确定，自己发现了炼金术的秘密：

> 今晚，我将
> 把我房内所有金属都变为黄金，
> 明晨，我将它送

给所有的铅匠和锡匠，

买入他们所有的锅与铅，到洛斯贝里

买下所有的铜……我也将购买得文郡和康瓦尔

使他们成为完全的印度群岛……我意指

列举一份妻妾名单

与所罗门不相上下，他拥有

与我有相似的宝石；我将使自己成为一个大浅桶，

放满长生不老之药，使我强壮

有如海格力斯一晚迎战敌人五十回合

……拍我马屁者

将是那些纯洁与严肃的牧师

我将获得金钱……

我食用的将是全来自印度的贝壳

玛瑙碟上放着金子，饰以

翡翠，蓝宝石，红锆英石及红宝石；

鲤鱼之舌，骆驼之蹄……

老蘑菇，及刚割下的

一只怀孕肥母猪隆起又滑腻的乳头……

我将对厨子说："那是黄金；

去吧，去做一名骑士。"

伊皮柯爵士是剧中最重要的角色，其他的角色是多余的，他们的对话充满了污秽的猥亵语。学者本·琼森这样博学的人，使用渣滓和贫民窟的俚语，真是令人感到遗憾。清教徒宽恕地攻击该剧本，琼森复在 1614 年的《巴托罗缪市集》（*Bartholomew Fair*）一剧中重复这种漫画情调。

他创作了许多充满了生活与岁月辛酸的喜剧。有时，他也反感自己的粗俗写实主义，在《悲伤的牧羊人》（*The Sad Shepherd*）剧中，便尽量让他的想象力奔放漫游：

> 她的脚步并未踩断花草的嫩芽
> 也未将它茎上的露珠儿震落
> 但，似温柔的西风般，她徐徐穿过
> 她所到之处，花朵也深植了它的厚根
> 随着芳香的脚步，她散播了花的种子。

但是，他未完成此剧，至于其他的部分，他的浪漫气息被放置于可爱的抒情诗里，这堆积于他的喜剧作品中，如同珠宝被弃之于渣滓中一样。在《恶魔是一个愚人》（*The Devil Is an Ass*）一剧中，他忽然唱道：

> 你曾看过一朵
> 未经粗糙双手触摸过的盛开百合？
> 你曾注意过天空落下
> 未被泥土污斑的白雪？
> 你曾摸过海狸的毛，
> 或天鹅落下的羽毛？
> 你曾嗅过石楠的良蕾，
> 或火中的甘松？
> 你曾否尝过蜂蜜？
> 啊！她是如此洁白！如此温和！如此甜美！

当然，这首《给西里亚》的诗歌是很雅致的，是剽窃自希腊人菲洛斯特拉托（Philostratus）的诗句，而以完美的学问与技巧改写成"以你的眼睛来陶醉我"。

莎士比亚死后，琼森是当时诗界公认的领袖人物。他成为英国未正式加冕的桂冠诗人——这虽非正式的名称，但大多时候政府都予以承认，并可从政府处获得每年 100 镑的年金。许多友人聚集于美人鱼酒店欣赏其暴躁脾气和尖锐声调里蕴含的朴素气质。他们寄望其活泼的演说，且如下个世纪的人接受与他相同名字的人的领导一样，也寄望他领导学术界。现在本·琼森就像塞缪尔·约翰逊一样肥胖，不再潇洒了，他对其隆起的肚皮、松动的脸与带有坏血症的身体大感叹息。他拜访朋友，几乎没有一次不毁坏一张椅子。1624 年，他从美人鱼酒店迁到舰队街的恶魔酒店（Devil Tavern），在那里，他创设了阿波罗俱乐部（Apollo Club），定期举行聚餐、酒会和研讨会。琼森在这处房子的尽头设了一张高椅，加上扶手以便他的肥大躯体能够入座。在传统上，称他的跟随者为"本之辈"（The Tribe of Ben），围绕其身边之人，如詹姆士·谢利（James Shirley）、托马斯·卡鲁（Thomas Carew）、罗伯特·赫里克（Robert Herrick），他们称他为"圣者本"（Saint Ben）。

他须以神圣及很不情愿的耐力忍受残年的贫穷与病痛。他估计所有剧本的收入未超过 200 镑，但很快便花光了，其余时间则挨饿度日。他没有理财意识，无法像莎士比亚那样熟练地处理不动产。查理一世继续给他年金，但国会紧缩王室基金时，养老金就不能经常如期付出。1629 年，查理一世仍给他 100 镑，后来，伦敦威斯敏斯特的副主教和教士团体会议同意"琼森先生因病及需要"而付给他 5 英镑。他的最后剧本演出遭到失败，他的声望跌落，朋友们离他而去，而妻儿已死。1629 年，他兀自独居，瘫痪缠绵于病榻，只有一个老妇人照顾他。在痛苦和贫穷中，他苟延了 8 年之久，死后被葬于威斯敏斯特，由约翰·扬（John Young）为其雕像。面对着坟墓的墓碑上，刻着著名的墓志铭：

啊！这就是伟大的本·琼森。

约翰·多恩（1573—1631）

在汉普顿宫会议上，一位清教徒代表建议重新翻译《圣经》。伦敦主教认为现有的译本已经够完美，因此加以反对。詹姆士王反驳，并命令说："应特别致力于统一的译本，并应由各大学中最博学者来担任这项工作，然后由主教们审查，呈送给枢密院，最后由国王批准，给全体教会阅读，而不再采用其他译本。"亨利·萨维尔（Henry Savile）爵士和其他 46 位学者进行这项艰巨工作，他们偏向早期威克利夫和威廉·廷代尔（William Tyndale）的译本，经历 7 年（1604—1611 年）才全部完成。这本"权威译本"于 1611 年成为官定本，从而对英国人生活、文学、演说产生极大的影响，无数含蓄的词句由此成为日常语言。对《圣经》的尊崇，新教徒自不用说，而英国清教徒、贵格会信徒（Quakers）及循道宗教徒（Methodists）也复如此，这种情形只有穆斯林对《古兰经》的崇拜稍可比拟。《圣经》的翻译影响英国文学的形式是善意的：它破坏了伊丽莎白时代冗长和充满幻想的复杂的散文，使它成为简短、强健而自然的语句；取代了外来的语句，建构了活泼的盎格鲁撒克逊的词语与英语成语；在学问上造成无数的错误。但是，却将文辞优美的希伯来和通用的希腊《新约》和《旧约》转译成不朽的英语散文。

另外两部杰出的散文也足以使王国生辉：雷利的《世界史》和伯顿 1621 年所著的《忧郁的解析》（*Anatomy of Melancholy*）——这是一部庞大的著作，这位牛津的圣托马斯教区牧师将他的神学、占星学、有关古代典籍及哲学的著作，皆搜集入内。最初许多人认为他是"极为快活和乐观的人"，但是，以后他变得非常忧郁，以致除了泰晤士河上船夫们的下流语外，任何事情都无法使他快乐。为了减轻"忧郁"，伯顿利用牛津大学图书馆来满足其"贪婪的著作"。在牛津大学图书馆伴着这些资料、占星学及牧师的工作，他度过了无数个忧闷的白天和多星的夜晚。他计算自己的天宫图，预测死亡的日期，他如此精确地计算，因此牛津的青年们怀疑他是否应上吊以证明他的先见。

他在书中表现出无限活力。他自如何检查忧郁及为忧郁开了一剂药而开始本书，他发现离题探讨比照原定计划讨论更吸引人。带有一种拉伯雷式的离题的幽默，在尚未有人漫游过的领域内是独一无二的，他像蒙田一样漫不经心地讨论各种问题，每页书都填满了拉丁文和希腊文，同时恳切地指引读者继续走向一个事实上不存在的领域。他否认文章的独创力，认为所有的著作都是从他人偷窃而来："我们说别人已经说过的话，只有组织与方法才是唯一属于我们自己的。"他承认他了解的世事得自书本和牛津图书馆的新闻：

> 我每日听新闻，经常是战争、瘟疫、火灾、洪水、窃盗、谋杀、屠杀、流星、彗星、光谱、不凡之人、鬼魅、城市被占，在法国、德国、土耳其、波斯、波兰等国城市被围的消息；每日的检阅和准备，及动乱时代产生的诸如战斗、许多人被杀……海难、海盗、海战、和平、同盟、计谋和新的警报及含混不清的誓愿、希望、行动、敕令、请愿、诉讼、请求案、法律、公告……意见、派系、异端……婚宴、化装舞会、哑剧表演、娱乐、狂欢节……葬礼。

而且，他感觉似梭罗（Thoreau），假若他读了一天的新闻，便能推测其余一年的新闻亦必如斯，只是换换名字和日期罢了。他怀疑人类的进步，然而"我将创造一个属于我自己的乌托邦……在那里，我们自由地主宰一切"，他详细地加以描述。不过，事实上他宁愿静静地从容浏览群书，或在泰晤士河畔沉思；同时，希望所有世上的作者送给他美食甘露。他的文辞常被引文阻塞，而使其再度陷入阴郁之处，记述了 114 页以后，他便了解到忧郁的原因，那些便是罪过、贪婪、不节制、恶魔、蛊惑、宿命、便秘、纵欲过度……它的症候包括"饥肠辘辘……呕吐胃酸……做噩梦"。他归纳 200 个迹象，开出一连串治疗忧郁的药方：祈祷、饮食、医药、缓泄剂、利尿剂、新鲜空气、运动、游戏、表演、音乐、愉快的团体活动、酒、睡眠、放血、洗澡，然后他再度离开本题，因此每一页都是充满失望及令人欣喜的——假如时光停止。

如今，在诗歌方面，十四行诗人已销声匿迹了，而"形而上学派诗人"（Metaphysical Poets）来了：理查·克拉肖（Richard Crashaw）、亚伯拉罕·考利（Abraham Cowley）、约翰·多恩、乔治·赫伯特（George Herbert）等人都是以温雅谦恭的词语叙述英国国教的知名之士。约翰逊称他们为形而上学的，部分原因是因为他们偏向哲学、神学与争辩，主要原因则是因为他们采用——从李利或贡戈拉或黎德以来——一种语言学上的新奇和想象，言词的机智和复杂，古典的摘录和不流畅的晦涩文字等的形式，所有这些缺点都不能阻止多恩成为当时最负盛名的诗人。

像琼森和查普曼一样，多恩历经了 3 个王朝。伊丽莎白时期，他写爱情诗，在詹姆士时期便改写虔敬的诗，死于查理时代。他被抚养成为一个天主教徒，接受耶稣会、牛津、剑桥的教育，他了解被迫害的辛酸痛楚，而养成了藏匿的沉思。他的兄弟亨利因为庇护一位被逐的教士而遭逮捕，死于狱中，约翰的忧郁取自于圣特里萨（St.Teresa）和利厄斯·德格拉那达（Luis de Granada）的神秘作品。但是，1592年，他年轻自负的理性拒绝接受他信仰中的神奇事迹，在生命中的第三个十年，他沉醉于勇武的冒险、色情的追逐及怀疑论的哲学中。

有一段时间，他的沉思默虑呈现混乱的局面，在悲歌的第 17 首中，他歌颂"爱人，变心——"

> 我们的祖先在远古之时何等快乐，
> 他们享受多种之爱，而未犯罪！

在悲歌第 18 首里，他漂浮于"塞斯托斯（Sestos）与阿比奥兹

（Abydos）之间的海勒斯邦海峡的核心地带"。在悲歌第19首《与情妇上床》中，他很诗情画意地脱去她的衣裳，吩咐她说："准许我以手抚摸。"他将昆虫学与爱情混在一起，认为既然一只叮过他们二人的跳蚤已混合了他们的血液，他俩在血液里便已结婚，而可以无罪地狂喜玩耍了。之后，由于接触过繁，他卑劣地挑剔慷慨的女人，忘记他们幽会时的迷醉，只见在残酷的世界中学得的诡计。他愤怒地诅咒朱丽叶，劝告读者应该选择一个朴实的配偶，因为"建筑于美丽之上的爱情，会因美的消逝而死亡"。

1596年，多恩与埃塞克斯同船，帮助他袭击加的斯；1597年与埃塞克斯再度同船赴亚速尔群岛和西班牙。回到英国，他担任掌玺大臣托马斯·埃杰顿（Thomas Egerton）的秘书。不久，他与掌玺大臣的侄女私奔，1600年跟她结婚，以后经常写诗赞美她。小孩们像写赞美诗一样容易地一个接一个地出生，他经常没有能力抚育他们，妻子的健康又逐渐转坏。他便撰写了一篇自杀的辩护。在不多的同情之中，埃杰顿送给他们一笔津贴（1608年），1610年罗伯特·德鲁里（Robert Drury）爵士送给他们一间在杜里街大厦中的公寓。一年后，罗伯特失去他唯一的女儿，多恩只有匿名发表对她的挽歌，这是第一部主要的作品——《对世界的解析》。他强调了伊丽莎白·德鲁里（Elizabeth Drury）的死因是人类的普遍腐败：

> 世界从开始便即腐败……
> 新的哲学被怀疑。
> 发光之源已遭熄灭，
> 太阳消逝，而地球上没有智者
> 能好好地指引他去寻找它。
> 自由的人们坦称世界的消殒：
> 在行星与穹苍之中
> 他们寻找如此多新的，然后看看这些

> 再度被粉碎……
>
> 它们全都成为碎片，全部都粘住了。
>
> 一切只是补充品，它们全都相关连。

　　他为这个地球的"如此残废与残缺"而叹息，现在，在新的占星学呈现的神圣的赎罪景象，只有世界的"郊区"而已。他以一种语气赞美"科学的神圣饥荒"，又以另一种语气怀疑科学是否会毁灭人类：

> 我们之间的战争给我们新的疾病
>
> 在有了新的医药后，却又给予更
>
> 恶毒的动因。

　　基于此，他回到宗教上。一再生病，及朋友们接连去世的噩耗，使他对上帝万分恐惧。虽然他的理性仍对神学生疑，他也学着不相信理性，就像宗教不信理性一样，如果仅是为了心灵的平静和获得面包的保证，则他决定旧有的教条无须经过辩论即应接受。1615 年，他成为英国国教的牧师，现在，他不但以忧郁和激动的韵文传教，也写成了英文中最感人的宗教诗篇。1616 年，他担任詹姆士一世的私人牧师，1621 年担任圣保罗教堂的高级职员。他从未发表过年轻时期的恋爱抒情诗，却允许流传他原稿的抄录本。现在，据本·琼森的记载："他非常后悔，并企图毁掉他所有的诗。"他撰写了《神圣十四行诗》，在黑暗中呼啸，向死亡挑战：

> 死亡，不用骄傲，虽然有些人称你
>
> 万能而可怕，但你并非如此；
>
> 虽然那些你认为已被瓦解之人
>
> 逐渐消灭，可怜的死亡，你也无法杀我……
>
> 我们短暂的睡眠已逝，我们已永远醒来，

将不再死亡。死亡，你将死亡。

1623 年他重病康复，在日记中写了一些著名的句子："任何人类的死亡都使我渺小，因我涉足于人类之中；从此我不被派遣去打听，铃声对谁摇——它是为你而鸣的。"1631 年，封斋期的第一个星期五，他从病床起身，向被召集来为其做葬礼讲道的人传道，他的助手们试图说服他。我们看看他是如何做的。挚友艾萨克·沃尔顿（Izaak Walton）说："他病弱得仅剩皮包骨。他发表演说，对复活充满信心而滔滔不绝，同时为上帝使他能执行自己期望的责任而充满欢愉。他急忙走回房间，立刻便不能动弹……不久便被虔敬的人抬往坟场。"他死于母亲的怀抱——她承担了他的罪过并热爱他讲道。那是 1631 年 3 月 31 日。

这是一个充实、紧张的生命，历经欲望与爱情、怀疑与腐败的过程，而且终于在古老信念的舒适与安详中死去。今天的我们，发现这样一位奇异而富于幻想力的写实主义者及具有现代人气息的中古智者，他的每一页书几乎都会令我们惊讶。他的诗句质朴，但他希望如此；他拒绝伊丽莎白时代故作优雅的措辞方式，喜欢从没用过的词语和引人入胜的韵律；他喜欢最终能形成新颖和谐的那种粗糙的不和谐。一旦结束了创作的苦思，他的诗句中绝无陈词滥调。这个人，像另一个加塔拉斯（Catullus）的用字一样，经常含有优美的猥亵字眼，精致的感情、思想的优美及深度。句子的独特性及富有感情，似乎已无其他诗人堪与匹敌，在他的巅峰时代，大概也只有莎士比亚能与之分庭抗礼。

詹姆士散布旋风（1615—1625）

爱情与外交是不可靠的伙伴。1615 年，詹姆士坠入情网，他以恳切巧妙和熟练的手法，与潇洒、勇敢及富有的 23 岁的乔治·维利尔斯（George Villiers）陷入情网。他封维利尔斯为伯爵，然后又封为侯爵，最后又封为白金汉公爵（Duke of Buckingham）。1616 年后，他允许维利尔斯指导国家的政策。白金汉的太太，凯瑟琳·曼纳斯夫人（Lady Katherine Manners）表面上信奉英国国教，暗地里却是个虔诚的罗马天主教信徒，所以促使他与西班牙亲善。

詹姆士是爱好和平的人，他不愿因为神学或海盗事件而卷入欧洲大陆的纠纷中，他继位后不久，即结束英国与西班牙的长期战争。巴拉丁挪（Palatinate）的君主——詹姆士钟爱的女儿伊丽莎白之夫腓特烈——于"三十年战争"后丧失其君位时，詹姆士便以适切的姑息来玩弄西班牙的哈布斯堡（Hapsburg）君主，希望他能影响哈布斯堡族的神圣罗马帝国皇帝斐迪南二世，让腓特烈复位。由于人民的厌恶，詹姆士建议菲利普四世将其妹妹玛丽亚公主嫁给查理王子为妻。

雷利以血腥的结果作为詹姆士西班牙政策的祭品。他私下反对詹姆士的继位权，也强烈反对詹姆士的支持者埃塞克斯。抵达伦敦不久后，詹姆士便免掉他所有的公职。他个性热情而且性急，雷利自己便卷入教皇推翻国王的阴谋中。他被送入伦敦塔，抗称自己无罪，并企图自杀。结果他被审讯，因含混的证据而被定罪，1603 年 12 月 13 日，遭受一个叛逆者所能遭受的全部痛苦后，被判死刑。12 月 9 日，他曾写给妻子一封信，信中流露他很少对世人表示的关切与虔诚，使该信热情洋溢。詹姆士拒绝了王后与亨利王子宽恕他的请求，但允许他在狱中多活 15 年。雷利的妻子得以进入狱中看望他，并与他同住于伦敦塔内临时建起的小屋里。朋友们给他许多书，他做了许多化学实验，写了一些著名的诗，并撰写他的《世界史》。1614 年出版时，他以虔诚而冗长的序言，表露自己一颗纷扰和分散的心。他以叙述尼尼微（Nineveh）开始，历经埃及、犹太、波斯、迦登、希腊和迦太基，而终止于罗马帝国。雷利并不期望叙及近代，因为"不论谁，在撰写现代史时，因紧紧跟随着真实而会过分接近其踵部，便很可能在偶然间被拔去牙齿"。他以壮丽的手法描述萨拉米斯（Salamis）战争。当他继续描写时，他的风格改变，将话题转入"雄辩的、公正的及全能的死神"，使故事进入最精彩部分。

他不甘心于被打败。1616 年，他筹足了 1500 镑，贿赂白金汉公爵，请他代为向国王请求宽恕。他还保证：假若被释放，将远赴南美洲，去发现他断定黄金储量极丰的圭亚那，并带回黄金作为王室的战利品，以充实即将枯竭的国库。詹姆士在这种条件下释放他，并同意他与其同伴可以占有从那些"蛮人"处所掳获财产的 4/5。然而，谨慎的统治者宣布死刑的宣判仍有效，以作为激励。西班牙大使冈多莫（Gondomar）伯爵立刻指出圭亚那为西班牙的殖民地，并希望他们不要无端干扰。詹姆士正期求和平，而且准备与西班牙通婚，以即刻发布死刑令的威胁，禁止雷利涉足任何天主教地区，尤其是西班牙。雷利欣然签名同意这些限制条件，冈多莫仍抗议不已，詹姆士发誓：假若雷利违背了他的指令，立刻将其处死。

经过好友的协助，雷利准备了 14 艘船，于 1617 年 3 月 17 日出航，赴奥里诺科河口。当时有一位西班牙的殖民者桑托·托马斯（Santo Tomas）阻碍他往传说中储有金矿河流的去路。雷利的手下（他自己留在船上）登陆，攻击当地住民，烧毁村落，并杀害其头领。随后，因遭遇西班牙殖民者顽强抵抗，空手返回船上。雷利获悉其子在攻击中被敌人杀害时大感气馁，他痛斥副指挥官的无能，并命令他自杀。他的随从随即对他丧失信心，船只一艘一艘地脱离其舰队。他不得已折返英国，国王对他极为愤怒。雷利秘密安排想前往法国避难，但被捕；他试图逃脱，逃至格林尼治时被一个法国密探出卖。他再度被捕，被送到伦敦塔监禁，国王迫于冈多莫的外交压力，下令执行死刑。

疲乏的残生使他但求一死，他于 1618 年 10 月 29 日以庄严镇定的步伐走向执行台，他被处死使他成为仇恨西班牙的民族英雄。他曾向一位郡里执行法律的官吏要求说："让我们速了吧！""此时正是我疾病复生之时，我将不至于让敌人认为我是为恐惧所怖。"他以大拇指摸摸斧刃说："这是一剂清澈有效的特效药，能治疗我一切的疾病与苦痛。"他忠实的妻子乞求领回尸体，葬于一座教堂之中。她写道："主给了我他的尸体，虽然他们否认了他的生命。上帝在我的智慧中扶持我。"

雷利的探险是詹姆士的子民满怀希望地航向美洲的历次探险之一。农夫们渴求自己的土地，冒险者追求商业或战利品，罪犯逃避法律的酷刑，清教徒们决心计划在这些处女地插上信仰的旗帜——这些及其他原因带来了不断的冒险与冗长的海上生涯，并为英格兰人赢得土地。1606 年至 1607 年殖民于弗吉尼亚，1609 年殖民于百慕大群岛，1610 年殖民于纽芬兰。分离教派的教士们因为拒绝接受《通用祈祷书》和英国国教的仪式，与同僚们逃至荷兰（1608 年），从代尔夫特（Delft，1620 年 7 月）至南安普敦、普利茅斯（9 月），这些"清教徒"们（Pilgrims，译按：指 1620 年创立普利茅斯殖民地之清教徒）横渡大西洋，历经 3 个月的严厉考验，终于在 12 月 21 日定居于普利茅斯岩（Plymouth Rock）。

英国东印度公司最初指令以 3 万英镑和 17 艘船，从荷兰的东印度公司手里攫取贸易港口与航线，失败后，又增添了 60 艘船，经费增加到 54 万英镑。1615 年，托马斯·洛伊（Thomas Roe）爵士终于在艾哈迈达巴德（Ahmadabad）、苏拉特（Surat）、阿格拉（Agra）和印度其他地方建立不少的贸易站，完成了使命；并于 1640 年在圣乔治堡（Fort St.George）建筑一座堡垒准备以武装保护他们。如此便迈开了大英帝国在印度殖民事业的第一步。

不顾商业利益的诱惑、国会的敦促及流行的盲目爱国主义，詹姆士维持了 16 年的和平政策。平民院要求他参加"三十年战争"，支持波希米亚和德国境内的新教徒，请求其子勿与西班牙通婚，而与新教徒的公主结婚。他们谴责詹姆士并不抓紧反对天主教的法律，督促他命令所有天主教徒的子女应与其父母分离，以培养他们成为新教徒；最后警告他，容忍将会导致罗马教会的成长，因此要他坦白保证不再容忍天主教徒。

1621 年，国会与国王之间意见的尖锐化对立几乎预演了 1642 年长期国会（Long Parliament）与查理一世冲突的情景。平民院指责宫廷的奢侈情形与王室坚持贸易独占性的错误，平民院对独占者加以罚款并放逐，拒绝了他们主张的认为初期工业需要免于竞争才能发展的观点。詹姆士对这种谴责大感不满，认为那会干预企业发展，国会便于 12 月 18 日提出了历史性的"大抗议"（Great Protestation）。再度主张"国会的自由权、选举权、特权、司法权等均为亘古不受怀疑的天赋权利及英国人民的遗产"，而且附言："关于国王、国家及王国保卫的辛勤与紧急事务……是专有事务，是议会的职务，应在国会中讨论。"詹姆士更为愤怒，将平民院公报上有关这份抗议的那页撕毁，1622 年 2 月 8 日下令解散国会，指令监禁 4 个国会领袖：南安普敦、赛尔登、柯克及平姆，并大胆地实施白金汉的请求，与西班牙做军事联盟准备。

这位轻率的部长敦促国王派查理王子去马德里，探视玛丽亚公主并完婚。詹姆士勉强同意，因为他担心菲利普会不高兴而遣送查理回英国，成为欧洲的笑柄。

查理于 1623 年 3 月抵达马德里，王子与公爵同时发现可爱的公主是无法接近的，西班牙百姓对公主下嫁一个清教徒，其愤怒有如英国人愤怒查理王子将带一名天主教徒回家一样。菲利普与其部长奥利弗雷（Olivares）以谦恭客气的态度招待访客，当时的歌剧家洛普・德维加（Lope de Vega）撰写了欢迎宴会的剧本，委拉斯开兹（Velázquez）描绘了查理的肖像，白金汉更代为向西班牙美人以极其荣典之礼求婚。但若缔结姻缘则会造成一个无法避免的后果，即英国天主教徒将重新获得宗教自由。查理立即答应，詹姆士则到后来方勉强同意。终于，婚姻条约签订了，但詹姆士进一步要求菲利普答应在情势需要时，使用西班牙武力支持腓特烈恢复巴拉丁挪的王位时，菲利普拒绝了他的请求，致使詹姆士愤怒之余命令其子与宠臣返回。在 1623 年 6 月 14 日写给查理王子的信中，我们可以见到国王人性的一面："现在，我极为后悔因让你远行而受苦。我所欲者非婚姻也非他事，因此，我可以再度将你拥入怀中。上帝答应他吧！上帝答应他吧！上帝答应他吧！"公主曾向查理道再见，并要他答应返回后照顾英国的天主教徒。返国的王子英雄般地受到英人欢呼，因为他未将新娘带回来。

现在，白金汉本人因为被西班牙人戏弄，感到十分愤怒（尤其是奥利弗雷给他的保证），转而与法国缔结军事同盟，并努力为查理争取亨利四世的最年幼的女儿——亨丽埃塔·玛丽亚（Henrietta Maria），她的天主教信仰是在国会受到阻挠的原因之一。然后，急躁的年轻部长由于得到身心日渐衰退的詹姆士的支持，再度获得平民院的信任，向西班牙宣战。1624 年 2 月，国会重新集会，部分人士由于追逐商业利益，部分人士由于决心阻止西班牙借款给信奉天主教的神圣罗马帝国皇帝对抗信奉新教的德国，他们制定政策，热切要求掠夺西班牙的战利品、殖民地和市场。人民曾指责爱好和平的詹姆士是懦夫，现在反因他征募百姓入伍服役而指责他是暴君。资金与兵士都不充足，致使詹姆士对其和平王朝无故参与无用的战争大感头痛。

他的各种病症在最后数年集聚一身。过度的吃喝腐蚀了他的各个器官，现在，他患有黏膜炎、关节炎、痛风、结石、黄疸病、腹泻和痔疮等病。他每天总在流血，有时甚至使王室成员感到困扰。他仍旧拒绝就医，却接受英国教会的圣餐。他于 1625 年 3 月 27 日逝世，弥留之际仍喃喃地为其信仰而感到安慰。

不论其自负和粗鲁的态度如何，他确实较以往那些比他更富活力、勇气和事业心的某些国王好得多。他的君权绝对主义仅是理论而已，他是一个胆小的人，经常向强有力的国会让步。他的佯称神学并未阻碍容忍的意志，反使他远较其先驱们更为慷慨。他的酷爱和平使英国得以繁荣，阻止了国会的好战和人民的受苦。谄媚他的人称他是"英国的所罗门"，因为他极富智慧，当时的索利（Sully）因无法使他卷入欧陆的纠纷而称他为"基督教国家中最聪明的呆子"。他既非哲学家也非呆子，他只是一位错扮为统治者的学者，他是一位处于充满神话和战争时代的爱好和平者。詹姆士一世手订《圣经》予人的影响，远较一个征服者的王权给予人的影响大。

第七章 | 召唤理性
（1558—1649）

迷信

人是因为无知而贫穷，还是因为贫穷而无知呢？这是一个问题，致使政治哲学家们区分成强调相沿成习的保守分子（心智能力的天生不平等）与重视环境的改革者（机会与教育的力量能改造一切）两大派。社会中，知识的成长，使迷信衰落、财富增加与分配平均，而即使在幅员辽阔的国度里——尤其是处于遭受贫穷折磨或富有却无所事事的环境中——思想必定是生活于迷信的丛林中：占星学、命理学、手相术、预兆、凶眼、巫婆、恶魔、鬼魅、魔鬼、念咒、驱邪、析梦、神谕、奇迹、骗术、玄秘术、巫医或毒害，这些充斥于矿场、农场和动物界里。而在一个财富不足以及财富集中于少数人的国度里，知识的瘴气则毒害了科学的根，使科学的花朵枯萎。对贫穷者而言，躯体和心灵的迷信是其生活圈里的诗歌源泉，沉闷的日子使人期望虚饰各种事情，并进而希求以神妙的力量来弥补自己的不幸。

1646 年，英国医生、作家布朗以 652 页的著作，简介了当时流行的迷信。几乎所有这些神秘学，都孕育于伊丽莎白时期和早期斯图亚特王朝的不列颠人中。1597 年，詹姆士六世出版了一本权威著作《鬼怪论》(*Demonologie*)，该书充满文学界嫌恶的内容，把巫婆具有的力量归因于她经常出没的房子上，她能使男女相爱或仇恨，并将疾病由一人传给另一人，利用烤蜡制雕像来杀人，导引破坏性的暴风雨。进而他倡导说，所有的巫婆和魔术师都应处以死刑，甚至应罚及他们的顾客。他与其新娘自丹麦返国途中，曾遭到抗议，几乎被杀死。他愤怒之余立即逮捕了 4 名嫌疑犯，加以苦刑要他们坦白招供他们利用神秘方法图谋杀害他。其中一人约翰·费恩 (John Fain)，经过最野蛮的拷问后，于 1590 年被活生生地烧死。

对于这些事情，苏格兰教会同意詹姆士的做法，并拟下令地方长官若对巫婆判轻刑者，将会受到除籍的威胁。1560 年至 1600 年，仅苏格兰地区便有 8000 妇女因女巫之罪被烧死，几乎制造了成千上万个幽魂。英格兰巫术也很盛行，著名的医生如威廉·哈维和布朗也都相信。头脑冷静的伊丽莎白女王却批准 1562 年的法律规定，将巫婆处以死刑，她掌权时期有 81 名妇女被处死。詹姆士在位期间，对这种幻想主义采取温和的态度，他坚持给予被告公平审判，因而揭穿许多虚伪的供词与控告，并拯救了 5 位被指控使男孩歇斯底里的妇女的生命。追捕巫婆几乎在查理一世时期停止，但不久又开始，甚至达到巅峰状态。两年之间（1645—1647 年），便有约 2000 名"巫婆"被无谓地毁灭。

在死亡的愤怒声中，夹有诉诸理性的呼声。雷吉纳德·斯科特 (Reginald Scot)，一些英国人均轻视其名，1584 年在伦敦出版了《论巫术》(*The Discourses of Witchcraft*) 一书，此书仅略逊于约翰·维尔 (Joham Wier) 的《恶魔的戏法》(*De Praestigiis Daemonum*) ——1564 年出版于巴塞尔，在充满危险的意境里缓和虐待狂的迷信。斯科特描述"巫婆"是贫穷的年老妇女，不致伤害任何人；甚至说，即使撒旦利用她们来工作，她仍应受怜悯，而不该被活生生地烧死；进而他指出，把奇迹推到这些老太婆身上，正是对基督神秘力量的侮辱。他说利用刑罚让巫婆们坦供，是没什么意义的。他也揭发了许多审判程序的松弛无规则可循和不公正，指责法官与询问者的不可信任，但该书并未造成多大影响力。

在这种气氛下，科学便试图成长。

科学

商业和工业的迅速扩张，迫使科学随同发展。文艺复兴时期，柏拉图学派及艺术家的压力无法与经济的兴隆匹配；精神需求的增长，便会考虑到事实与数量的问题及理论与观念的问题。亚里士多德的经验主义复活了，剥夺了亚历山大的文化和中古文明的面罩。意大利人文主义强调的古代文学和艺术界的光荣史迹，使人们稍微重视当代的实际需要。人类必须以带竞争性的准确与速度来考虑和计划，测度与设计各种事务。他们要求观察和记录的工具，要求利用对数、解析几何、微积分、机械学、显微镜、望远镜、统计方法、航海指引、天文学设备等科学方法来处理事务，当时整个西欧社会致力于追求这些需要。

1614 年纳皮尔在苏格兰，1620 年朱斯特·比尔吉（Joost Bürgi）在瑞士，各自发现了对数系统（数目的逻辑），利用商和根，能很快地根据所给的数目，求出混合数目关系的结果。亨利·布立格斯（Henry Briggs）在 1616 年修正了他们的系统，提出以 10 为基础的一般计算方法，发表了从 1 到 2 万的所有对数的数目表。现在两位数的数目，能以乘的方法算出，在表中，数目的 log 是所有数目的 log 乘起来的总数；而且，a 能被 b 除尽，是利用数目的 log，从 a 的 log 减去 b 的 log，剩下来的，便是所要的答案。威廉·伍特黎德（William Oughtred）在 1622 年，埃德蒙·甘特（Edmund Gunter）在 1624 年，设计了计算尺，利用此尺，对数的计算更能在很短的时间内读出。这些发明，大大缩减了数学家、天文学家、统计学家、航海者、工程师们的算术工作时间。开普勒（Kepler）使用新的方法，计算行星的运动。1620 年，他撰写一封极为热诚的赞颂信，致马基斯顿·莱尔（Merchiston Laird），但未告知他纳皮尔在 3 年前即已死亡。纳皮尔犯了一个小错误，他误认为世界将会在 1688 年和 1700 年之间灭亡。

由于天体运动的计算、日历表、航海有关天文计算等复杂运作的需要，数学家和天文学家们时常有紧密的合作。如数学家托马斯·哈里奥特（Thomas Harriot），建立了现代代数学的标准形式，介绍根的象征，"较大"和"较小"，发明了以小字体代替以往数目大写字体的笨拙方法，并将所有相等的数量置于一边，而另一边则置以零的简便方法。又有一位天文学家，发现了太阳的微粒及他本身对木星行星系的观察心得，成为后来伽利略（Galileo）独立观察的主要基础。查普曼本人是学术界泰斗，也认为哈里奥特的学问是"无可比拟与无底深渊的宝藏"。

天文学和占星学渊源颇深。"时间"的占星学决定了群星对时光的徇私情形，"司法"的占星学是预知事情的学问……所有这些风靡一时的时尚，在莎士比亚时代即已发生（虽然无法证明它是人类的主要信仰），在我们这个时代仍然很流行。月亮在占星学的理论地位，制造了潮汐、眼泪、狂人和小偷，而每一个黄道带的记号控制了人类解剖学，特殊个体的个性与命运。约翰·迪（John Dee）利用混合占星学、魔术、数学和地理学等知识，撰写了《大揭秘》（*Treatise of the Rosie Crucean Secrets*）一书。他被控对玛丽·都铎女王实施巫术（1555 年），替伊丽莎白女王草拟地理与航行水道的蓝图，建议由西北水域航赴中国的新航线，进而创造了大英帝国的名称。他曾在巴黎向群众讲授欧几里得的数学知识，驳倒了哥白尼的理论，极力主张采用格列高利的日历（比英国设计的日历还要早 170 年），81 岁那年才寿终正寝，曾一度享受过美满生活。他的学生托马斯·狄格斯（Thomas Digges）极力促使英国接受哥白尼的理论假设，并预告了布鲁诺的宇宙观。托马斯与其父莱奥纳多·狄格斯（Leonard Digges）曾使用"观察镜"，这种镜极有可能是望远镜的先驱。约 1639 年，威廉·加斯科因（William Gascoigne）发明了测微计，利用这种仪器，观察者以史无前例的精确度来调整望远镜。杰里迈亚·霍罗克斯（Jèremiah Horrocks），一位兰开夏郡的贫穷副牧师，只活了 24 岁，他认为月亮是椭圆形的星球，并以 1639 年首次观察记录的时间为根据，预测金星越过太阳的时间。他关于行星运动力量的推测，影响了牛顿的地心引力理论。

同时，地球吸引力的研究也替牛顿的理论做好了准备工作。德国牧师乔治·哈特曼（George Hartmann）在 1544 年、英国的罗盘制作者罗伯特·诺曼（Robert Norman）在 1576 年，各自发现了磁针的倾斜现象，认为它自由地停止于引力的中心，从地平线位置倾向地球表面的一角。诺曼在 1581 年的著作《新的吸力》（*The New Attractive*）中，主张磁针是倾向地球内部的。

这种惊人的磁路发现，随即被伊丽莎白的医生威廉·吉尔伯特（William Gilbert）继续研究。历经约 17 年的研究与实验后，他才发表了英国科学史上的伟大著作《论磁铁及最大的磁铁地球》（1600 年）。他成功地在圆形的天然磁石上装配罗盘磁针轴，刻画磁针指示的线，再将这些线延长至形成围绕磁石的大圆圈。他发现所有这些线圈在地球上的两个相对立的直径点交汇，这便是磁极，吉尔伯特误认为即是地球的地理极。他描述地球是一个巨大的磁铁，因而说明磁针的运动，指出任何金属棒长期留置于南北位置，便会含磁性。一块磁铁置于圆形天然磁石的两极会与地球成垂直现象；置于南极间的中间点（此点构成磁性的赤道），磁铁便形成水平线。吉尔伯特下结论说，若置于地球的两个地理极里，它便会接近倾斜的磁针。这并不十分正确，几乎为亨利·哈德森（Henry Hudson）在 1608 年探险北极时确定。从他自己的观察所得，吉尔伯特从磁针倾斜的程度，草拟了纬度计算的方法，他认为"有关磁体的纯磁性是从每一边倾吐出来的"，认为地球的旋转受这种磁场的影响。经过研究电——自古代即很少注意它——他证明除了琥珀外，其他许多物质都可以摩擦生电。从希腊文的"Amber"（琥珀）一字而创出电（Electric），用以表示使磁针偏斜的力量。他相信，所有天上的物体都赋有磁力，开普勒利用这个思想解释行星的运动原理。汉弗莱·吉尔伯特（Humphrey Gilbert）最重要成就是建立了一个令人惊奇的实验过程的范例，在科学和工业效果上，其影响是无法计算的。

　　致力于进取或地理、商业目的的探险，复发掘了"大磁"，致使科学进步显得更为戏剧化。1576 年，汉弗莱·吉尔伯特（此人与威廉·吉尔伯特并无血统关系）出版了《讨论至中国的新航路》（*Discourse for a New Passage to Cathay*）一书——建议向西北航行经过或环绕加拿大。在那年，弗罗比歇（Martin Frobisher）以 3 条小船起程准备实地发现航道，其中一条船沉没，其余便放弃冒险，他本人乘 25 吨的小船"加百利"号继续前进，终于抵达巴芬岛（Baffin Land），但遭遇爱斯基摩人的攻击，而折返英国请求更多的人员与船只同往。以后他的航行不再是寻求地理上的发现，而是徒劳于寻求黄金。吉尔伯特曾提出西北航行的看法，但 1583 年，他在试图航行时被淹死。4 年后，约翰·德维斯（John Davys）通过现在以其名命名的海峡，之后他攻打西班牙派征英国的"无敌舰队"，复与托马斯·卡文狄希（Thomas Cavendish）赴南大西洋，发现了福克兰群岛（Falkland Islands）。1605 年，在接近新加坡时，他为日本海盗所杀。卡文狄希探险南方的南美洲，完成了 3 次环球航行，1592 年死于海上。哈德森于 1609 年发现了哈德逊河，在另一次航行中曾抵达哈德逊湾，但他的船员们，因困苦和渴望回家而发狂与叛变，将他与其他 8 人同置于一小船，任其漂流海上（1611 年），此后音信全无。威廉·巴芬（William Baffin）曾探查了以其名字命名的海湾与海岛，他曾北航至纬度 77°45'——经过 236 年后，仍未有人再度航行至此纬度——他也曾进一步利用观察月亮，区划了最初发现的经度。理查·哈克路特在他那部充满英勇与恐怖事迹的叙事诗中，对这些船与橡树林中心地带的描述，远超过《伊利亚特》的任何情节，在其连续的著作中他也收集了他们的故事。一些最著名的书籍，如《主要的航行》（*The Principal Navigations*）、《旅途》（*Voyages*）、《英国的发现》（*Discoveries of the English Nation*），其内容被塞缪尔·波卡斯（Samuel Purchas）记载于《波卡斯的朝圣记趣》（*Hakluytus Posthumus*，1625 年）。由于对黄金或贸易的渴望，及对冒险和远方的热衷，地理学在不知不觉中日益滋长了。

这段时期，物理、化学和生物学方面的最伟大工作多数完成于欧陆各国。不过在英国，凯纳尔姆·狄比（Kenelm Digby）发现了植物生命需要氧气的现象，罗伯特·弗卢德（Robert Fludd）是一位神秘学者和医生，远较詹纳（Jenner）早 150 年便主张人要种痘。医药处方仍依赖于他们讨厌的东西，1618 年伦敦官方的药典里，仍旧建议胆汁、血液、爪、鸡冠、毛皮、汗、唾液、蝎、蛇皮和蜘蛛网为药剂；抽血首次被采用。虽然如此，这段时期，颇爱自夸的托马斯·帕尔（Thomas Parr，即老帕尔），因当时被公认已有 152 岁高龄，健康状况良好，于 1635 年被推荐给国王查理一世。帕尔并未主动表明其真实年纪，但当地教区当局的记载：他生于 1483 年，却在 1500 年要求加入军队，他曾详细回忆 1536 年修道院被亨利八世解散时的情形。查理一世说："你较别人活得更长……但你较别人多做了些什么？"帕尔回答说，他 100 岁时，曾玩弄了一个女孩子，为这件事曾公开忏悔过。他几乎完全以番茄、蔬菜、粗糙面包、提去奶油的酸乳维持生活，很少吃肉。有一段时间，他成为伦敦的店铺和旅店最凶猛的人。他也热衷于参加宴会，在会见国王那年，便告死亡。哈维特地为他做了一次尸体解剖，发现他没有动脉硬化，诊断其死亡原因，认为是因空气和食物改变之故。

这时正是由于哈维解释血液循环而使科学达到巅峰——"自盖仑以来，医学史上最伟大的事件。"他 1578 年出生于福克斯顿（Folkstone），在剑桥大学求学，后至帕多瓦跟随名师法布里齐奥（Fabrizio）。返国后定居并开业于伦敦，成为詹姆士一世和查理一世的私人医生。经历数年的忍耐，他数次对动物和人类尸体做实验和解剖，其研究重点是受伤时血液的流动与方向。1615 年，他建立其主要理论，却一直沉默了数年，才于 1628 年在法兰克福出版了当时的医学名著《关于动物体内心脏和血液运动的解剖实验》，此书是英国医学史上第一部和最伟大的古典著作。

后人继续他的研究工作，这足以说明科学是无国界的。历经 1000 年的历程，盖仑在 2 世纪时解释心脏和血液功能，认为血液由肝和心脏流向各组织，空气经过肺而进入心脏，动脉和静脉是血液的两条输送线，利用心脏收缩来推送与吸收；而且，血液通过心室间隔膜的孔后，由右心室流向左心室。约 1506 年，达·芬奇怀疑空气是从肺入心脏的说法。1543 年，维萨里（Vesalius）进一步否认隔膜里气孔的存在，他描述动脉和静脉，显露了它们的末端如此微细，几乎启发了流通与循环的理论，法布里齐奥指出静脉中的瓣膜是使静脉的血液不致流向心脏的组织。盖仑的理论至此已逐渐丧失权威性了。米歇尔·塞维塔斯在 1553 年、里尔多·科隆博（Realdo Colombo）在 1558 年，发现了血液的肺部循环——认为是从右心室经过肺部的动脉进入，并经过肺部，在那里利用空气加以洗净，再经肺部静脉回到左心室。1571 年，安德烈亚·切萨尔比诺（Andrea Cesalpino）以实验方法——如我们日后所见——预示了循环的全部理论。哈维的工作只是将理论转为可以证明的事实而已。

他的病人培根赞赏归纳法时，哈维则是利用演绎和归纳的惊人混合方法，说明自己的结论。估计每一个心脏的收缩，或收缩时从心脏压出来的血液总数，竟多达半盎司之多的液体，他计算出半小时内，心脏将注入动脉超过 500 盎司的液体——这个数量远较包含的整个血液量还多。这些血液又从何而来，如此大量的血液，似乎不可能同一时间从食物的消化过程制造出来。哈维下结论说它是从心脏压出来的血液，再回去，除了静脉外，别无其他的明确门径了。利用简单的实验和观察——如利用手指压缩人造静脉——便显示了静脉的血液流向组织，而且流赴心脏：

> 我观察许多证据时，看其是否得自于活体解剖或先前从活体
> 解剖中悟出的道理，或得自那些进入心室和从脉管中流出的……
> 这常使我深思……输送的血液量可能有多少？但也未发现这是摄
> 取养分的汁补充，它一方面不经静脉管即流出；另一方面，动脉
> 由于血液超过正常量而破裂，除非血液能寻求道路从动脉管进入
> 静脉管，这才能回到右心室。我观察这些证据后，我思索是否当
> 它循环一周时不能称之为一个运动，现在我被允许发表我的血液
> 循环理论了。

因为他十分了解当时医学的保守主义，对是否发表其结论而犹豫
不决，他预测没有一位超过 40 岁的人士接受他的理论。艾布雷曾说：
"我曾听他说，他的《血液循环》（*Circulation of the Blood*）一书出来
后，他在同行中的地位一落千丈，一般人认为他是一个精神错乱了的
蠢货。"一直到 1660 年，马尔皮吉（Malpighi）证明毛细管的存在是
为了将血液由动脉输送至静脉，才使学术界知悉循环是一个事实。这
个新观点几乎解释了生理学的每一个领域，并影响了躯体与心灵间关
系的老问题。哈维说：

> 与获得痛苦或愉快，希望或恐惧有关的每一种心灵的感情，
> 就是引起心灵激动的原因，几乎每一种感情（情绪）出现时，表
> 情随之而变，血液到处窜流。在愤怒时，眼睛似火，瞳孔紧缩；
> 害羞时，面颊涨满了血液而脸红；情欲冲动时，器官又是多么快
> 地充满血液而扩张啊！

哈维继续替查理一世效劳，几乎至查理一世去世。革命爆发后，
查理被逐离伦敦，他仍随侍在侧，在埃奇山（Edgehill）之役也与他

同在，幸免于死亡。同时，暴动者掠夺他在伦敦的房子，破坏其手稿和解剖学的资料。或许他因刚毅的脾气和观点的歧义，得罪了无数敌人。艾布雷说，他经常斥责人"仅是大的顽皮狒狒"，并认为"我们欧洲人不知道如何命令或统治我们这些受忧患的人类"，而"土耳其人是唯一有智慧役使他们的民族"。73 岁时，他仍富有热情，在 1651 年出版有关胚胎学的论文，《论动物的孕育》一书，驳斥了当时流行的以它是退化肌肉的微小组织的看法。哈维认为"所有的动物，产生它们的年轻生命时，包括人类自己，都是从卵进化而来"，他铸造了一句名言——"每种动物都由一个卵而来"。他在瘫痪 6 年后去世，死后将他所有 2 万镑的财产遗赠给皇家医学院，10 镑赠给霍布斯，"以示其爱的象征"。

弗朗西斯·培根（1561—1621）

现在我们介绍当时最伟大、最值得骄傲的智慧人物。我们准备关注其出身和血统关系，他接受的文学、外交和法律的教育，他突然的贫困及其未被知悉的求官内情，由于他的仁慈而提出的毫无效果的警语与勉强向人提出公诉。学问和野心如此严重地消耗了他的精力，致使他对女人没有欲望，不过，他喜欢年轻男人。最后他终于在 45 岁时（1606 年）与艾利斯·巴恩海姆（Alice Barnham）结婚，她带给他一年 220 镑的收入，他却未给她任何"财产上的人质"——他没有孩子。

詹姆士一世登基时，培根附和当时风尚，写了一封极其谄媚的信给詹姆士，自荐他适于政府的某一职位。这位掌玺大臣的儿子，也是塞西尔的侄辈和表亲，认为他长期等待职位正反映了权势部门的一些敌对态势，或许他缺乏忍耐的机会主义就是其所以迟延任命职位的一个结果与原因。他已在国会服务了 19 年之久，经常替政府的立场辩护，以广博的学识、建设性的思想，以及清晰而动人心弦的演讲赢得声誉。有时，他呈送给国王一些动人及谨慎劝告的"备忘录"，如：如何改善贵族院与平民院之间的相互了解与合作，如何团结统一英格兰与苏格兰的国会，如何结束因宗教歧异导致的迫害事件，如何利用天主教的势力来绥靖爱尔兰，如何在英国境内不对教皇开放言路但给予天主教徒较大的自由，如何发觉英国国教与清教之间的妥协方法等。就历史学家的观点判断，他是当时研究政治最透彻的人，"施行那些计划，便足以防止后半个世纪发生的罪恶"。詹姆士认为这在当时的言论状态下是不切实际的，而将它搁置一旁，却将培根归类于1603 年将授予骑士名誉身份的 300 人名单里，于是弗朗西斯爵士只有继续等待下去了。

虽然如此，他适合当律师的才干使他逐渐富裕。1607 年，他的财产估计有 2.4155 万英镑，他住在哥汉布里（Gorhambury）的豪宅，备以高薪挑选请来的仆役与机敏的秘书如霍布斯之流，他很明智而非盲目地享受美丽和舒适。他以园艺来照顾自己的健康，并在花园中建了一间供私人研究的昂贵书房。他像哲学家般写作，生活却像一个王子。

他并不是一直失意的。1607 年，詹姆士终于赏识他，任命他为副检察长，1613 年任命他为首席检察长，1616 年封他为枢密院院士，1617 年封他为掌玺大臣，1618 年任命他为大法官。新的尊荣使其权力益增光彩。1618 年，他成为首任威鲁兰（Verulam）男爵。1621 年1 月，他又被封为圣奥班（St.Albans）子爵。詹姆士赴苏格兰时，便留任这位大法官来统治英格兰。培根"对大使们常以庄敬威严的身份演说"，住在豪华的哥汉布里，使他"似觉朝廷即在此，而非在白厅或圣詹姆士宫"。

在赢取荣誉、追逐职位的过程中，培根曾数度牺牲自己坚持的原则。如在首席检察长的职位上，他利用其影响力使法官依国王期望的司法裁决来判决；任掌玺大臣时，他辩护、保障独占事业，明显地维持了白金汉宫的意愿；任法官时，他从理应出席法庭的人手中接受实质的礼物。这些是当时的陋规，公务人员薪水微薄，于是他们从那些获助益者的"礼物"上求取补偿。詹姆士明白地说："假若我……处罚那些收受贿赂的人，则不久之后，我便不再有诚实的子民了。"詹姆士本人也曾收受贿赂。

国会于1621年1月集会，愤怒地反抗国王的作为，指责培根是詹姆士的最高顾问，认为他已使其独占地位合法了。若无法撤免国王，也应控诉其大臣。2月，国会指派一个委员会组成法庭。3月，该委员会报告称，发现了许多不法情事，特别是大法官的行为，结果拟示以23个特殊的贪污案件来控告他。他立即向国王请求帮助，并预言："这些人现在攻击大法官，不久便将打击王权了。"詹姆士反而劝他自己承认控告的事实，以便树立先例，以吓阻官吏更大的贪污事件。4月22日，培根呈递自白书给贵族院，他承认像其他法官一样也从诉讼当事人处取得礼物，但否认因而影响其判决——在多个案件中，他对送礼者做了不利的裁决。贵族院处罚他："付4万英镑的罚款；随国王的同意监禁于伦敦塔；永不能担任公职……不得再赴国会开会，并不得再进入司法界。"5月31日，他被送往伦敦塔监禁，但4天后由国王下令释放，他也被恕免缴足以毁灭他生活的巨额罚金。被惩戒的大法官旋即退居于哥汉布里，尝试过简朴的生活。他的第一个传记作家威廉·罗利（William Rawley）从他死时留下的字条中发现了一段很著名的陈述："50年来，我是全英国最正直的法官。但这却是200年来国会所做的最公正的谴责。"

弹劾的效果很好，公务员的贪污事件得到抑制，特别是法庭绩效转好。这个事件还建立了国王、大臣向国会负责的先例。这次之所以将培根从政界圈中驱走，因为他是一个言论上的自由分子和行为上的反动分子。他选择回归科学与哲学，在这方面他"鼓吹智者结合"。在优美的散文中，他宣布了理性的革命和内容。

大更新

　　长久以来，哲学成为他的避难所，这正是他的嗜好和颖悟所致。1603 年至 1605 年，他出版了一本有名的书《学问的精通与进步》（*The Proficience and Advancement of Learning*）。但这本书对于他而言，似乎只是一些意见，而非实际执行的方案。1609 年，他写信给艾里（Ely）主教说："假如上帝给我假期，让我撰写一本公正而完善的哲学著作……"1610 年，他写信给卡索邦（Casaubon）说："将人类生活带到更美好的境界……利用健全和真实意图的帮助——这便是我想象的目标。"在官场数年烦困的生活中，他接受了——在富裕日子里的草率假定——科学和哲学革新的权威计划。在去职前的 7 个月，他宣布了拉丁文的工作计划，写信给所有欧洲的学者，大胆地标名为《大更新》（*The Great Renewal*）。书的内封便是一个挑战，一艘张满帆的船，经由海格力斯之柱，驶入大西洋。有一句中古的箴言刻立在这些柱上，警告来往的船只"请勿越此"（*Ne Plus Ultra*）。培根改写道："会有许多人经此，知识将因而增加。"狂傲的序言补充说："威兰的弗朗西斯其本人推断如此，并断言为了现在及以后数代的利益，应使他们认识其思想。"

　　他发觉"科学中的任何事，不过是纷乱与不断地搅动，而终止于其开始而已"，因此他总结说：

> 仅留下一个方向……在一个较好的计划下，重新尝试处理整个事件，并开始全面的科学、艺术及所有人类知识的重建工作，建立适当的基础……此外因他不知道需要多少时间才能使这些事对其他人发生影响……因此他致力于立刻出版那些他能完成的书籍……在他逝世时，便可遗留一些他表明的计划和大纲……在他眼中所有其他人的野心，若与其手边的工作相比，便显得太可怜了。

他将全部计划书献给国王詹姆士一世，并附了一段道歉词："为此工作需要，将挪用不少办公时间，但我期望结果将会'纪念您的名字与您的光荣时代'。"——的确如其所愿。詹姆士是一个相当有学问而善意的人，假如他被游说资助该计划，又有何事不能做成？就像1268年的罗杰·培根，将他的著作《大作品》送给教皇克莱门特四世一样，祈求知识的扩散，现在与他同姓之人也向其君主请求，将之视为一项"皇家工作"。为了人类物质与道德利益之故，建立科学研究的组织并将哲学单一化。他提醒詹姆士，"哲君"如涅尔瓦、图拉真、哈德良、安东尼·庇护、马可·奥勒留，他们带给罗马帝国一个世纪（96—180年）的良好统治，是否因他对资助款项的需求与期望，而使他坚决且盲目地支持詹姆士？

在下一个序言中，他要求读者视当时的科学为千疮百孔，之所以有错误并停滞不前，是因为：

> 在每一个连续的时代，最伟大的智者总是被迫跃出自己的方向。超越一般百姓之上的具有潜力和智慧之人，他们为了保持名声，会欣然屈服于时代与大众。因此，若无一更高秩序的期望在各地燃起，不久便会被这股世俗意见之风熄灭。

他向神学家们绥靖，这些人与人民或国王，都属于有力量的团体，他警告他的读者们要对其所运行"有关神圣事件的责任限制内作'限制的意识'"。他放弃讨论宗教信仰或宗教事务，"正在进行的工作……不是仅持有意见，而是要实际从事……我辛苦建立的根基，不是任何派别或学说，而是人类的幸福与权利"。他敦促其他人也自愿效劳和加入他的工作行列，并深信接连几个世代后便会实现。

在一个皇家的计划书（*Distributio Operis*）中，他提出事业的详细计划。第一，他将试图对既存或可期望的科学做一新的分类，划分它们的研究问题和领域。这项工作，他在其著作《学问的进步》

中已完成，此书在1623年加以翻译和增补于《知识的成长》（*The Advanlement of Learning*）一书中，以便流传于欧陆。第二，他将检验当时逻辑学的缺失，寻找远较亚里士多德的逻辑论文《理则学》（*Organon*）"对人类理性的更完美利用"。培根在1620年的著作《新工具》（*Novum Organum*）中完成这项工作。第三，他将开始一个"宇宙现象"——天文学、物理学、生物学——的"自然史"研究。第四，他将在一个"知识的阶梯"中，依其新方法对科学的研究做一展示。第五，他将效仿"先驱们"，描述如其所见的这些事情。第六，他将开始从科学的追求，详细说明哲学将被发展与证明。"不过，这个最后部分的完成是……超越我的能力与期望的。"对于我们这些现在挣扎于知识和专业工作的人来说，培根的计划似乎是最高贵的徒劳。但知识并非如此无限与微细，部分的辉煌成就会使我们放弃对全体的假设。他告诉塞西尔说："我已将所有知识纳入我的领域中。"他并非意指他能够详细地从事于所有的科学工作，而仅是说他意欲研究的科学"从一块岩石出发"，而使各学科能相互协调与帮助。哈维谈论培根"写哲学书时就像一个大法官"。是的，他就像一位至尊的将军拟定计划一样。

我们循他的著作《学问的进步》去探索，可以发现培根心智的范畴与聪敏。他以不寻常的谦虚态度贡献其思想，说那"并不比……音乐家们调准他们的乐器时所发的噪音好多少"。但是，他在此几乎表现了他所有的特点。他要求多样性与大学、图书馆、实验室、动物园、科学博物馆和工业界的广泛支持，为了支付教师和研究员的薪水，为了科学实验的充裕财政基金，为了欧洲各大学之间的分工、沟通和合作。他在对科学的崇敬方面，并未失去正确的眼光。他为一个包括哲学和文学在内的普遍而自由的教育辩护，为对改进科学方法的目的做广泛的评断。他试图以逻辑的秩序将科学分类，决定它们的范畴与界限，并指出有待研究和解答的主要问题。他的许多要求都利用各种科学方法来处理——要求较好的临床记录，利用预防法的医药延

长生命，要求"精神的现象"等须小心检验及要求社会心理学的发展
等，他甚至预示了现代的研究技术。

《大更新》的第二部分，也是最大胆的部分，是试图形成新的科
学方法。亚里士多德早已提出，甚至宣扬归纳法，但他的逻辑学主要
模式仍是演绎法，其理想形式是三段论法。培根认为老的《理则学》
由于强调理论而非着重于实际的观察，致使科学停滞不前。因此他的
《新工具》一书便极力建议成立一个新的思想组织与体系——经过经
验与实验方法来做自然的归纳研究。虽然此书本身残缺不全，而且仍
有许多不妥善之处，却是英国哲学史上最光荣的著作，也是第一本堪
称为"理性时代"的作品，以拉丁文撰写，但是用词清晰流利，半数
以上的句子，都是向人发出内心警告的心声。第一行便揭露了综合的
哲学，宣称归纳的革命，预示了工业革命，更给霍布斯、洛克、密尔
（Mill）和斯宾塞的经验主义以启示：

> 人类，已成"大自然"的仆役与解释者，能做的与了解的
> 如此之多，就像他观察的如此之多。但在实践和思想上，这仅
> 是"大自然"的程序而已。除此之外，他不知道也不能做任何
> 事……人类的知识与人类的力量合而为一。因为，天道所在不
> 为人所知，其效果便无法产生了。"大自然"也仅是服从其命令
> 而已。[1]

而且，像17年后的笛卡儿，在其著作《方法论》（*Discourses on
Method*）里，从怀疑每一件事情作为哲学的开始，因此，培根在《大
更新》中要求一个"知识的修正"作为开始的第一步。"我们所拥有
的人类知识，只是混杂与难以消化的东西，由许多轻信与意外及第一

---

[1] 著名的论断"知识就是力量"并未出现在培根现存的著作中。在他的《沉思断想》
（*Meditationes Sacrae*）的片断，他写道："知识本身便是一种力量。"当然，这种思想贯穿了
培根的所有著作。

次吸收时即由不成熟的许多概念组成。"因此，在开始时便须尽我们所能，澄清心中所有的先入观念、偏见假设和各种理论，甚至我们须从柏拉图即刻转变到亚里士多德；我们须摒除思想中的"偶像"，或循循相因的幻想与玄思，天生的个人判断的癖好或传统信仰及团体的教条；我们须驱除所有内在期望上的思想逻辑轨道和所有思想暧昧的荒谬言语。我们必须把那些哲学中主要的演绎系统——那些仅是意欲从少数的定理与原则而推论出永恒的真理——置之身后。在科学中没有魔术的帽子，任何从著作中得知的事物，都必须放入观察或实验中。不仅是因果关系的观察，也不仅是对资料作"简单的列举"，而是利用"经验……寻找，实验"的方法。于是，培根经常藐视假的科学方法，他描述现代科学的实际方法说：

> 真实的经验方法首先在点燃了蜡烛（利用假设）之后，利用蜡烛照明道路，似以经验的正确程序开始……再从它推断出公理（"第一个果"，暂时的结论），然后，再从这已建立的公理施以新的实验……以实验本身来判断。

不过，培根的假设是谨慎的。他经常利用传统、偏见或期望来建议，也就是再度利用"偶像"。他不信任任何有意或无意地选自经验的确定资料里，及掩饰或盲于反证的假设。为避免这个陷阱，他建议累积所有与问题有关的资料，分析、比较、分类相关系数，及"利用排斥与拒斥的适当程序"，一个接着一个地削减假设，直至"形式"或"一个现象的基本原理和一个现象的本质出现，用这些方法建立一个精心设计的归纳法"。"形式"的知识将增加对事情的控制，进而使科学逐渐改造环境与人类自己。

培根深深感到，这是其终极的目标——科学方法将能适用于灵活的分析与人类个性的再造。他催促直觉与情绪的研究，认为它们与心灵的关系，正如同风浪之于海一样重要。但是它的错误，不仅在于知识的追求，也在于传递方面。假若我们愿意给他充分的补偿与光荣，便能草拟出第一流的教育学，那么人类便能够利用启发的教育方式来重塑了。培根赞美耶稣会教士皆是教育家，希望他们是"站在我们这边"。他谴责摘录、改善的大学戏剧，要求在课程表中，增加更多的科学项目。科学与教育之所以应被接受，并非是因为作为政府的工具和侍女，而是因为作为政府的指导和目标。这位有信心的大法官大声疾呼："在自然界的竞赛里，我敢打赌，将会得到技巧上的胜利。"

一位政治家的哲学思想

在哲学方面，他并未自成任何系统，除逻辑外，他并未留下有关思想方面的任何有秩序的解说。他的思想轨迹很明朗清晰，却是属于一位从哲学的宁静中反复向前冲，以尝试解决法律事件，在国会中与反对者相争，或与难以教诲的国王周旋的一种形式。因此，我们只有从他偶发的评述与片断的著作，包括他的一些《论文集》（Essays，如 1597 年、1612 年、1625 年）等资料来搜集他的观点。培根所写的，就像一些天生自负的作者的态度，而将其成果奉献给白金汉公爵说："我认为……小册子可以像书籍一样持续久远。"在他写的书中，他的文体矫揉造作而混乱，因此他的太太坦称："我不了解他曲折难解的写作。"在《论文集》中，他仍旧隐匿繁难句法，训练其文笔使之表达清楚，而达到简洁的境界。在当时英国的散文界，很少有人能以易懂的直喻方式说明重大的事情，使两者密切配合，成为一种完美的形式。这就好像塔西陀对哲学采取的态度，尽量使之明晰易解。

培根的智慧是世俗的，他经常会从玄学转入神秘或草率了之。即使他有过大的雄心，也很少能使他从片断的智慧跃进整体观念。不过，有时他也像是陷入决定论的唯物主义者一样说："本质上，除个体依固定律则完成纯粹的行动外，无一物确实存在。""若从物理学开始探讨，而终于数学的境界，则这种对自然的探讨，将会得出最好的答案。"但这里的"自然"很可能仅指永久的世界。他有时宁愿接受苏格拉底先前的那些怀疑论哲学家们的看法,而不愿接受柏拉图与亚里士多德的思想,并赞美唯物论的德谟克利特。但他接受个体与灵魂截然区分的观念,并预示了柏格森(Bergson)对智性叱责为"一个天生的唯物主义者"的看法:"人类的领悟力是受了表现为机械性艺术的标志的影响!这些想象使我们对相似事物在其共同方面的特点,有一种持续的看法。"他也进而大加反对笛卡儿的机械论生物学。

他以谨慎的具有双重矛盾情感的态度,用"宗教和机智"来"调和"哲学。"我宁愿相信《黄金传奇》、《塔木德》和《古兰经》等的所有寓言,也不愿采信那些缺乏心思架构的普遍假设。"在著名的文献中,他两度重复无神的论调。他曾解析了无神论的导因,说明该卷册的主题所在:

> 假若有许多不同宗教的话,导致无神论的原因,便是宗教的分派。因为任何一个重要的支派,都须附加双方的热心,但许多的分裂导致了无神论。另一个原因便是教士们的丑闻。最后,尤其在和平而繁荣的学术发达的年代。因为困难和逆境,人类的心思更会向宗教屈服。

他创下了一原则:"一切知识均受制于宗教。"依照他的私人牧师罗利所言,他"在其健康允许时,经常到教会服务……并逝世于英国国教建立的真诚信仰里"。虽然如此,就像他的伟大先驱者奥卡姆的威廉(William of Ockham)一样,他注重区分神学与哲学的真理:认为信念可能促使信仰,因为科学与哲学无法利用证明方法,而哲学须依赖理性,科学须纯粹以寻找物理的因果关系作为世俗解释的根据。

不论他对知识兴趣如何,培根将知识附属于道德之下,若知识的扩张无法带来善行,那么,对人类不会带来任何益处。"就一切心灵的美德与尊荣而言,至善是最伟大的。"不过,他述及基督教的美德时，他平常的热情便消沉了。美德应当适度实行，因为邪恶可能会利用轻率的至善。稍微的假装即使不是文明，也是成功必需的条件。爱是疯狂，结婚是圈套。"他，一旦有了妻子与儿女，便有了财产的人质。因为他们是完成伟大事业的障碍……对公众有益的最好工作与最伟大者，仍属于未结婚与无儿女之人的事业。"像伊丽莎白和希尔德布兰德（Hildebrand），培根便引之以为赞成牧师独身生活的重大理由。"一个独身生活的人，较有了儿女的人事情做得更好，因为慈善就像一池水，平时很难弄湿地面，只有在填满水塘之后，才会满溢出来。"友谊远较爱情为好，结婚的人会使朋友情感不坚固。培根以为一个已婚者会为了野心而放弃其温柔的情感，从治国比治家更适宜的观点出发，来谈论爱情和婚姻。

他的政治哲学是面对许多实际问题，而不是空谈玄妙的理论。他有勇气替马基雅维利说好话，并坦白地接受了国家不受其人民所谓的道德律限制。像尼采一样，他说好的战争会使任何理由都被视为值得尊敬与神圣的，"没有一个经院学者的意见是可接受的，战争除了事先的侵害或挑衅之外，都是公正的……对即将来临危险的恐惧，虽无攻击行动——是战争的合法原因"。无论如何，"一个正义与光荣的战争，是保持一国于事实完整的一切行动。""对于帝国与大国而言，以武备来维护他们自己重要的光荣、知识和占领是最重要的。"一支强大的海军是受邻国尊敬的强有力保证："做海的主人是君主的座右铭。""在国家的初期，武力使其强盛；中年期，学术使之繁荣，之后两者融合一段时期；衰落期，则有赖于商业行动与商人。"城市居民并非好战士，农人较佳，自由民最好。因此，培根像莫尔一样，谴责圈地运动，认为它削减了人口中地主的比例。他反对财富的集中，认为那是暴动与革命的首要原因：

> 最重要的补救或预防方法是，尽所有可能的方法扫除物质因素……便是匮乏与贫穷……为达此目的便是贸易的分开与适度

的均衡，辅导制造商，消灭懒惰，抑制浪费和以法律禁止过度的奢侈，土壤的改善与耕作方法的改良，规定贩卖物品的价格，适度的税额……在这些方法中，应有良好的政策，使一国的财政与金钱不致集中在少数人手中……金钱，像粪土一样，除非广泛散播，否则会有不良后果。

培根本人并不信任国会，认为国会由一些未受教育与无容忍风度的地主与商人，或是他们的代理人组成。他认为詹姆士一世若与之比较，便显得颇具学问而富有高尚气质了，甚至国王的神权专制统治也成为改变贪婪派系和教条的慈善之法。正像他同时代的黎塞留一样，培根认为君主集权、大地主们臣属于君主，是有秩序演进政府的必要步骤。而且，他像伏尔泰一样，认为教育一人远较教导群众来得简易。他自己拥有的财富，并未使他感到困扰，况且詹姆士已证实了婚姻的支出、赋税与和平的用费皆可观。

培根曾讪笑那些"哲学家们"，他们"替想象中的共和政府制定想象的法律，其理论多似繁星，却因太高而光辉黯淡"。但在他的致仕期间，他屈服于诱惑，去描述一种人可以居住的社会。他无疑读了莫尔在1516年的《乌托邦》一书。1623年康帕内拉（Campanella）的《太阳城》（*City of the Sun*）刚出版，现在（1624年）培根也撰写了《新大西岛》（*The New Atlantis*）一书，此书说"我们从秘鲁经南太平洋航向中国与日本"。长期的平静航行，却因缺粮而幸运地来到一个小岛，岛上居民快乐地生活在先王所罗门替他们制定的法律之下。他们以所罗门议院代替国会，拥有天文台、实验室、图书馆、动物园和植物园，以供科学家、经济学家、技术员、医生、心理学家、哲学家们研究。他们在受过机会平等的教育之后，经过平等的考试（似柏拉图在《理想国》中的情形）方法来选拔人才，而后（不需要选举）这些人便统治国家。或许他们都以人类利益作为其统治的本质所在。其中一位统治者向来自欧洲的野蛮人解释说："我们立国的基础，是各种事情的原因与秘密动因的知识。扩大人类帝国的疆界，尽可能地去影响所有的事情。"在这个南太平洋的神秘国度里，所罗门的奇才已经发明了显微镜、望远镜、自动上发条的钟、潜水艇、汽车和飞机，也发明了麻醉剂、催眠术及保持健康和延长寿命的方法，并发明了移植植物的方法，制造新品种、使金属变形及传递音乐到远处的方法。所罗门议院的政府与科学结合在一起，这里有培根乞求詹姆士提供的一切研究需要的工具与组织。该岛经济上是独立的，避免对外贸易，以免陷入战争的罗网，只输入知识，而不是货物。如此，这位骄横的政客转变为谦逊的哲学家，他曾忠告：一场偶然的战争是社会的一剂滋补品。现在，在他的晚年也梦想一个和平的天堂。

理性的司晨者

他继续朝其目标努力。退休后一年，他出版了《亨利七世王朝史》（*History of the Reign of Henry VII*）一书。他建立了史料编纂的新标准：以简明有力的散文，清晰地记载各种问题、政策及大事，以不将之理想化及富有启发性的真实为骨干，描写这位公正无私而不朽的统治者。接着他出版了各种论文：《风史》（*History of Winds*）、《浓与稀研究》（*History of Density and Rarity*）、《生命与死亡之研究》（*History of Life and Death*）、《森林志》（*Sylva Sylvarum*）及其他论著。他现在有预想不到的闲暇时间——身无半职，没有小孩，也没有朋友。他掌权时，那些聚集在他左右、希望从他那里谋求职位者，现在都已钻到其他名门之下了。一次，他问一位与他通信的人："你在工作上，有些什么伙伴？""至于我，我是纯粹的孤家寡人。"

为了试验雪能使新鲜的肉类保持多长时间不至于腐烂，在春天的某日，他中断了散步，专程去买一只鸡，宰了以后用雪填塞其间，之后他发现自己受寒，便到距离最近的阿伦德尔（Arundel）爵士家中，准备睡觉。他想不舒服不久便会过去，他记载此次实验"极为良好与成功"。结果，他保存了那只鸡——自己却因而丧失了生命。高热严重地消耗了他的体力，痰阻塞了他的咽喉，在 1626 年 4 月 9 日他逝世了，享年 65 岁。一根炽热的蜡烛，突然宣告熄灭。

他并不是如教皇乌尔班八世认为的，"人类中最睿智、最聪明、最卑鄙的人"。蒙田比他聪明，伏尔泰较他灵敏，亨利八世比他卑鄙得多，培根的敌人却称他仁慈、乐意助人、易于宽恕别人。他因自私而卑躬屈膝，其骄傲也足以使神明愤怒；但我们也有与他相同的缺点，因为他散发出的人道光辉而宽恕他。他的自我中心主义是其航行的助力，看自己就像别人看我们一样，都会受到损伤。

他不是科学家，却是科学的哲学家。他的观察范围很大，但也因他的思维范围太广泛，以至无法有充足的时间做专门研究。他尝试了一些，但收效甚微，他较当时的科学进步落后很多。他反对哥白尼的天文学，但他有充分的理由这么做。他忽视开普勒、伽利略和纳皮尔等人，他经常注意这些，如《新大西岛》一书中，仍旧低估了想象力、假设和演绎在科学研究中的角色。他建议对资料做耐心的搜集和分类工作。他天文学成就尤著，以星光的观察和数千研究员的记录，为哥白尼革命性的演绎方法提供了归纳的资料。但他对当时发现的星球运动、木星卫星、地球的磁性及血液循环等定律的实际方法，仅有少许涉及。

他不认为自己发现了归纳法，他知道在他之前早已有许多人使用过这个方法。他并不是第一个"推翻亚里士多德的人"，罗杰·培根和佩特鲁斯·拉姆斯（Petrus Ramus）在数世纪前即已如此。这些学者欲摒除的并不是希腊学者（培根有时也了解），亚里士多德便经常运用、赞赏归纳法和实验法，他们摒除的是使之变形的阿拉伯及经院学派的"不够水准的哲学家"。培根本人推翻的对象是从古代玄学里演绎出中古信条的错误想法。无论如何，他有助于文艺复兴时期的欧洲从其过分固步于尊敬古代的境界中挣脱出来。

他并不是第一位强调知识是通达权力的途径，罗杰·培根曾经如此强调过，坎普尼拉也以培根式的简洁说法称："我们的力量与我们的知识成正比。"或许，政治家容易过度强调科学的功利目的，但他承认"纯粹"科学的价值，若与"轻渺"的"实用"科学的价值相比——就像与"水果"彼此不同一般。他力陈目的的研究与方法的研究同等重要，他认为若人类发明的动机不变，则一个世纪之后，发明的新物品留给人类的问题远较发明能解决的问题严重。他或许已意识到自己的道德松弛，因知识的增进超出人格的训练造成的深渊。

究竟这些演绎法留给后代什么？弗朗西斯·培根是那个时代最有能力、富影响力的智者。当然，莎士比亚在想象力与文学艺术方面远超过他，但培根的心灵声音蔓延整个宇宙，像探照灯似的以奇异的眼光凝视并窥探地面的每个角落与秘密的地方。所有文艺复兴时期令人振奋的狂热，哥伦布航行入一个新大陆时的兴奋与骄傲感，他都具备。听听这位知更鸟（Cock Robin）愉快的呼喊，他宣布黎明即将来到：

> 如此，我已经推论这部分的知识是论及"公民知识"，从"公民知识"推论出"人类哲学"，从"人类哲学"再推论出"总体哲学"。目前正是某一程度的停顿，就一个人能从自我著作中检视自己而论，回溯我完成的这些著作对于我而言，并不比音乐家在调整其乐器时发出的噪音好听。这些噪音是人不喜欢听的，但也正是为何以后的音乐更为甜美的一个原因，所以我已经满足于调整诗人的工具，使他们能以更巧妙的双手来演奏它。我将这个时代的各种情形陈列在我面前时，我可以确定：学术界及时代的特质已开始形成第三个周期；这个时代智者的杰出与活力；借着古代著作的结晶，使我们有很大的助益与见解；印刷的技术使书籍与拥有所有财富的人类得以互相沟通；航海使世界门户为之洞开，揭露了实验的多重性与自然历史的广大层面……我除了做这种说服，此外无能为力。这第三个时代将远超过希腊和罗马的

　　知识成就……至于我的作品——如果我有，假若有人随其自己或他人之意来谴责这些作品，他们将会向古老知识移动，耐心地追求（假如你愿意，揍我吧！但要听我的话），让人们来谴责它们，这样他们就会观察、衡量它们。

　　由于他表明了他那个时代的最高尚情感——由知识的扩张而改善生活——后代的子孙将会记得他是一个活的里程碑。科学家们不是因为他提供的方法，而是受其精神的鼓舞与振奋。有数世纪之久，人们的心灵被限制于根深蒂固的传统中，或囿于他们自己的希望织成的网中，一旦解脱，对于一位热爱事实、喜欢寻根究底及热衷于怀疑的诗句，却处于无知、迷信及恐惧的深渊中的人而言，这是多么新鲜啊！那个时代的一些人，像多恩，认为这个世界是颓废的，急速地走向衰颓、破灭的末路。培根却宣称那时代是个充满向上的奔放活跃的年轻世界。

　　最初人们并不听信他的言语，因此，在英国、法国和德国等地，他们宁愿在宗教上彼此竞争，而不愿做武力上的裁决。愤怒平息时，那些不受既成事实束缚的人，他们依照培根的要旨自己组织起来，以扩大不是基于人数而是超越人类生活的条件与困难的人类社会。1660 年，英国人为了增进对自然知识的探索，设立了伦敦皇家学会，这也是弗朗西斯·培根的荣耀与灵感的感召，而且在其《新大西岛》中，一再提到的所罗门议院，大体也是针对这个目标。莱布尼茨称培根为使哲学再生的人。"启蒙时代"的哲学家们致力于 1751 年举世轰动的《百科全书》（*Encyclopédie*）工作，他们后来便决定将它奉献给弗朗西斯·培根。在计划书中，狄德罗（Diderot）说："如果我们成功了，将归功于大法官培根，他曾建议创作科学和艺术的'通典'（Universal Dictionary），这位杰出的天才，虽在一时间内无法将他所知的全部写出来，却写出有必要知道的那一部分。"阿姆贝特（Alembert）以狂热的语气称培根是"哲学家中最伟大、最受欢迎和最有口才的人"。"启蒙时代引发了法国大革命，其议会却以国家的经费出版了培根的一些著作。"英国思想界，从霍布斯到斯宾塞的路程与事业——除伯克利、休谟和英国的黑格尔学派外——都追随培根的路线。他的趋势是接受德谟克利特所说的永恒世界，给予霍布斯唯物主义的动力；他强调归纳方法刺激洛克产生一个经验主义的心理学，而使其对心灵的研究脱离灵魂的形而上学；他与爱尔维修（Helvétius）哲学共同强调的"货品"与"果实"，而导引边沁（Bentham）认同"有用"和"善"。培根的精神为英国工业革命做了铺路工作。

因此，我们可以将培根置于理性时代的先驱地位，他并不像他的某些继承者一样，是理性的崇拜者。他不相信所有未经过实际经验检查过的认知及受欲望玷污的结论。"人类的知识能力并不是洁白的，有时受到意愿与情感的混入。如此，从事研究的科学可以被称为'科学即人所欲'。因为一个人会更急切地相信他所意愿的，一定是真实的。"培根指出："理性是由种种事实中引析出来的……从实验与理性两种技巧的密切、完美的结合中……可以企求发现它。"

他并不像 18 世纪的哲学家们，置理性为宗教的敌人，或以理性来取代宗教，他在哲学与生活领域中，替他们两者安排各自的范畴。但是，他拒绝依赖传统与威权，他要求利用理性与自然的解释来替代情感的想象、超自然的干涉和流行的神话。他替所有的科学树立自己的旗帜，起草以后数世纪以来最热切的思维。不论他愿意与否，他揭示的事业——科学研究的综合性组织，知识的普遍扩张与播散——促使基督教、天主教或新教，为其生存而与科学和哲学扩张对抗。

第八章 | 大革命
（1625—1649）

变迁中的经济

封建制度是农业的组织与依附，西欧的君主专制是封建制度的组织与顶峰，这两者由于其深植于土地和地主的经济组织而密切结合。在英国，两种经济的发展，切断了这种封建的根源。一是"绅士"的成长，小有财产而无贵族名衔，这些人就土地而言，介于有头衔的贵族和自耕农之间。他们周旋于国王、法庭和封建思维的惯性之下，以钱购买或占取平民院的席位，渴望一个屈服于他们的国会和屈服于国会的政府。二是中产阶级财产的扩张——银行家、商人、手工艺者、律师、医生——和中产阶级要求的与经济力量相对应的政治权力。这些革命性的因素并无共同利益存在，他们只在尝试牵制地主望族、谄上骄下的法庭及一个世代相传的被认为是经济政治秩序和社会稳定之源的国王。

年复一年，英国的经济基础已由静态的土地转变成可流通的金钱。1540 年以前，兴建一座铜矿工厂需要等于 300 美元的资金（以 1958 年美国的货币价来衡量），1620 年，便需 12.5 万美元。约 1650 年，资本主义的发展涉及大量的资本，在约克郡地区的明矾工厂、达特福的造纸工厂，布伦德利的大炮铸造厂及无数埋藏于地下的矿场，需挖出更多的煤、铜、锡、铁和铅矿。1550 年，只有少数几个英国矿场年产量超过 300 吨；1640 年，便有数个矿区能每年出产 2 万吨。技工们使用的金属，依赖于采矿和集中于资本主义控制下的冶金工业中。纺织工厂为了供应货品，雇用 500 至 1000 名工人，编织工人与裁缝则散布于城市和乡村的数千家庭里。农业在生产过程的资本主义改变中，也占有一席之位：资本家们大量购买并围起广阔的土地建立牧场，以供给城市肉类及国内外工厂所需的羊毛。于是，英国的对外贸易在 1610 年至 1640 年间增长了 10 倍之多。

在英国人的记忆中，贫富之间的差距并非极为悬殊。"工人的劳务报酬在 17 世纪上半叶陷于最恶劣的状况，因为食物的价格上涨，而工资并无增加。"以 100 为基数，1380 年英国木匠实际工资约为 300，1480 年约 370，在伊丽莎白时代约 200，查理一世时只有 120——是 400 年中最低的待遇。1634 年，失业人数很多，以致查理强令拆毁新建的机械锯木厂，因为它使许多锯木者失业。与法国的战争使税捐增高，法国内战减少了出口贸易，1629 年至 1630 年的粮食歉收使物价波动而面临饥荒的边缘，膨胀的经济造成不景气（1629—1632 年、1638 年）。所有这些因素，配合了宗教迫害而驱使许多英国家庭迁居美洲，加上英国卷入内战，改变了这个国家的命运。

阶级战争逐渐演变成地域与道德的冲突。北方是农业经济，大多数为秘密的天主教徒。伦敦与南方日益增长的工业区却信奉新教。新的工业阶级坚持独占事业与保护性的关税，要求自由经济，工资与价格应由劳力与货物供给决定，生产、分配、利润及财产不由封建领主或政府控制，商业财富，利益取偿，或财富的控制皆无瑕疵。贵族及其农夫仍坚持彼此义务与团体责任的旧封建观念，要求国家规定工资与价格，利用习惯与法律限制就业与利润分配等。贵族们抗议为了国内外市场而生产的新商业经济，瓦解了阶级关系与社会秩序。贵族（及绅士与政府）因通货膨胀影响了他们赖以为生的传统税、租税、税捐的价值而颇受威胁，他们以愤怒与蔑视的眼光注视着在行政上享受优势的律师与统御城市的商人。他们恐惧重商业的伦敦的力量，他们占全英国 500 万人口中的 30 万，有能力资助一支军队和一次革命。

宗教的坩埚（1624—1649）

新的国王崛起于古老的封建社会与土地的社会律典中，却沉沦于商人与清教徒弥漫的伦敦，他无法忍受宗教信仰的变化多端与剧烈冲突。每一种新意见都以讲道为借口直至其获得权力为止，因此，个人的判断权力与《圣经》的传播结合，助长了各教派的分歧。1641年，一位小册子的作者列举了 29 个教派。1646 年，一本小册子列举了 180 个教派。除了天主教与新教的分歧外，还有很小的区别，新教分成英国国教、长老教会和清教徒，清教徒又分成梦想一个共和国的独立教派（Independents）及反对战争、暴力与誓言的教友派、千禧年派（Millenarians）——或第五君政（Fifth Monarchy Men）——这些人相信，耶稣不久将再度君临地球。唯信仰论者（Antinomians）主张上帝的选择是免除人类律法的痛苦，又有布朗分立派（Brownist Separatists）及希克派（Seekers）与循道宗初期的热心说教者（Ranters）。一位国会议员抱怨说："商人们都建立讲坛，传播自己的信仰，他们之中的许多人在《圣经》的经文中披上经济或政治要求的外衣。"再洗礼派教徒认为只能对成人施行洗礼。浸信会教友在 1606年自分离派教友脱离，并分成拒绝宿命的一般浸信会教友（General Baptists）与接受宿命论的特殊浸信会教友（Particular Baptists）两大派（1633 年）。

派别的复杂性及他们激烈的论争，导致少数人怀疑基督教的所有形式。1622 年，福瑟比（Fotherby）主教哀叹说："《圣经》已丧失其威权性，被认为仅适于无知与白痴。"1646 年，詹姆士·克兰福德（James Cranford）牧师谈到一批群众"改变了他们的信仰，变成怀疑主义……或无神论，不相信任何事情"。1646 年，一本名为《地狱逃出樊笼：这个时代弥漫的各种错误、异端，对上帝或神祇的亵渎言论及行为的目录》（*Hell Broke Loose: A Catalogue of the Many Spreading Errors, Heresies and Blasphemies of These Times*）的小册子，引述了一个异教徒的意见："《圣经》是真实版本（可信的内容）或不是……它只不过是个高尚制品（人写的），并不能显露一个神圣的上帝。"另一个异端则宣称："正确的理性是信仰的原则，而且……我们相信《圣经》，三位一体的教义，耶稣为人性与神性的结合，复活，迄今为止，它们符合理性，仅此而已。"多数的怀疑者皆否认地狱与基督的神性。数目日益增加的思想家们，被称为自然神教者，建议基督徒应将他们的信仰限于神和不朽，而达成怀疑主义与宗教之间的妥协。着重于推论真理的切伯里的哈柏特爵士爱德华，在《论真理》（*De Veritate*，1624 年）对这折中的论调提出哲学上的陈述。哈柏特说：真理是独立于《圣经》外，而且不能由教会或任何其他权威公布。真理的最好试验是普遍的同意。因此，最聪明的宗教仍是循"自然的"，而不是一个接受神启的宗教，宗教本身自限于能以不同的教义表示而为一般人接受的教条中：有一个最高的上帝，他只被纯真的生命崇拜，不论今生或来生，善行将有报酬，恶行将受惩罚。艾布雷说哈柏特在拒绝圣餐后，"平静地去世了"。

国会对天主教远较对异端苦恼。1634 年，英国的天主教徒约占人口的 1/4，无视所有法律与危险，仍旧约有 335 位耶稣会教士。卓越的贵族们接受旧信仰。巴尔的摩（Baltimore）的贵族乔治·卡尔沃特（George Calvert）在 1625 年宣布改宗。1632 年，查理颁给他特许状，建立日后的马里兰（Maryland）殖民地。天主教的王后亨丽埃塔·玛丽亚，1633 年派遣一位大使赴罗马替英国子民请求一顶红衣主教的帽子。信奉国教的国王答应若乌尔班八世支持查理外交上的婚姻计划，便准许设置一位主教（1634 年），但为教皇拒绝。天主教徒呼吁宗教容忍，但国会——忆及天主教的不容忍、"圣巴托罗缪大屠杀"与"火药阴谋案",加上不愿冒险追究新教徒是否有权获得曾属于天主教徒的财产——进而要求全面宽施反天主教的法律。一种强烈的"不要罗马天主教教义和仪式"的情感,滋生于绅士和中产阶级中,反对天主教教士流入英国及英国国教与天主教仪式及思想日趋相近。

英国国教充分享受到国家给予的保护。国教的教条与崇拜皆是合法的强迫,甚至 1628 年"第三十九条款"成为英国的法律。英国国教的主教们宣称自基督使徒以来由主教的牢不可破的神权递嬗(the Apostolic Succession),而否认长老教会和清教主张的,除主教外的其他人也能正式任命教士的说法。在这个时代的许多英国国教牧师都是博学和心地善良的人。詹姆士·厄谢尔(James Ussher),亚尔马的大主教,便是一位真诚的学者,虽然他著名的计算(1650 年的著作《旧约编年史》)称上帝在公元前 4004 年 10 月 22 日创造了世界——这种记载的错误,却出现"权威译本",而成为半官方的记载。约翰·海尔斯(John Hales)是英国驻荷兰大使的私人牧师,谈到怀疑、理性和宽容时说:

> 领导我们获得任何知识的方法……都只有两种:一是经验,二是推理。他们告诉你相信什么、做什么,他们不告诉你为什么……智慧的最主要力量与能力是不容易相信的……那些我们推崇的古风,他们最初又是什么?他们是否有误?时间无法使他们更为真实。时代的细节……仅是不相干的……它并非意见的分歧,而是我们自己错误的推论——那些认为人都会自满于与自己意见相同的想法——这对教会多么不方便。我们不准备指责彼此意见不同之处,我们可以在心里合一……两件事可以造成完全相同的基督徒——真实的信仰与诚信的言语(行为)。首先,虽然这似乎较有价值,给予我们基督徒之名;而其次,最终,将证明其纯真……人并没有差别……即使他是一个异教徒与偶像崇拜

者，基督徒的感情也能加在他身上。

海尔斯的慷慨说法并未获得一些"偶像崇拜者"的回报。一位耶稣会修士于 1630 年，以爱德华·诺特（Edward Knott）为笔名，撰写短篇文章《误施仁慈》（*Charity Mistaken*），主张没有任何新教徒能得救，绝无例外。威廉·奇林沃思（William Chillingworth）抚慰了被谴责的新教徒，他的《新教是得救的安全之道》（*The Religion of Protestants a Safe Way to Salvation*，1637 年）一书是当时著名的神学论著。奇林沃思知悉两派的看法，他转改天主教，又回到新教。克拉伦登（Clarendon）说："他沾染了怀疑的习性，逐渐对任何事皆无信心，至少，对宗教的最伟大的奥妙是一个怀疑主义者。"

在这些加罗林时代（指英王查理一世与查理二世时代）的英国国教徒中最富辩才的是杰洛米·泰勒（Jeremy Taylor）。他的讲道是值得一读的，而且较波舒哀（Bossuet）的讲道更为感人，甚至一位法国人也被它们鼓动。泰勒是一位热心的保皇党（Royalist），是查理一世军队中的随军牧师。长老教会与清教徒控制国会时，虐待一向不能容忍的英国国教徒，而使人无法忍受，他便于 1646 年写了《预言的自由》（*The Liberty of Prophesying*），大胆地呼吁容忍：任何一位接受使徒信条的基督徒在教会的友善气氛下，应被接纳，若非天主教徒坚持教皇的权威超过英格兰及英王，[1] 他们应是自由的。内战期间，泰勒被国会党逮捕并监禁，复辟后，他被提升入主教团里，之后，他对容忍的热心趋于冷淡。

那时，在国教派占优势的地区，天主教的影响力日益增加。威廉·洛德（William Laud）是一位有抱负的人，天生即有治人的欲望，性情严厉、固执。他像一位好教士，认为统一宗教信仰是一个成功政

---

[1] 1631 年，在马萨诸塞湾（Massachusetts Bay）殖民地，洛耶·威廉（Royer Williams）主张对天主教徒、犹太人与不贞者做无限制的容忍。

府不可或缺的，复杂的礼仪正是沉静与有效信仰必需的。他痛心于长老教会与清教，建议取消教会服务的规定、美化祭坛、讲道坛与盛圣水的洗礼盆，举行仪式时恢复画十字，并恢复祭司的白法衣等。他命令将圣餐桌安置在教堂东面尽头的栏杆后面，以前，此桌置于圣坛所的中央（该处有时用作帽摊）。这种改变正是恢复伊丽莎白时的习惯与法律。但是，对于那些喜爱简洁的清教徒而言，这正表示对天主教热诚的减少及教士和会众阶级分立的复苏。洛德似乎已经感觉到，天主教会以礼仪及赋予教士一个神圣气氛来环绕宗教是正确的，罗马教会很重视他的观点，甚至加给他一顶枢机主教的帽子。他很有礼貌地拒绝，但这项建议似乎使清教徒对他更加反感，他们称他是反基督者的先驱。查理在 1633 年任命他为坎特伯雷大主教及财政部委员，另一个大主教便是苏格兰的大法官。人民抱怨教士们重返政界，就像中古教会的全盛时代一样。

在兰贝斯宫，这位新任的坎特伯雷大主教，再度塑造英国国教的仪式与道德。他将最高委员会——由伊丽莎白设立的司法机关，转为宗教性并抽税，对被确定为通奸罪者处以罚款，而被处罚金者后来发现，他们的钱被拿去修补颓毁的圣保罗大教堂及在礼拜堂中驱散律师、小贩与闲散人士等时，颇有微词，于是洛德给自己树立了几百个新敌人。拒绝新宗教仪式的教士们皆被削去薪俸，因此，凡一再指责他的作为或质疑基督教义，或反对主教制度的作家或演说家，均被除籍，或锁以镣械，或可能被割下耳朵。

从洛德政权下残忍的处罚，便可猜知他的命运。1628 年，在他的逼迫下，一名清教徒亚历山大·莱顿（Alexander Leighton）在星室法院前承认自己是一本书的作者，此书指控主教制度是反基督的、邪恶的。莱顿被加上铁镣脚铐后，单独囚禁，在没有暖气的小室内关押15 周之久。1633 年，卢多伊克·波耶（Ludowyc Bowyer）被控诉在心理上是天主教徒而交给洛德，因而被罚款、烙印、切断手足，被判无期徒刑。威廉·布赖恩（William Prynne）是清教徒的鼓吹者，在

《来自易普威治的消息》（*News from Ipswich*，1636 年）一文中，谴责洛德的主教制度是教皇与恶魔的仆役，并建议吊死这些主教。他的面颊都被烙印，耳朵被割落，并被监禁到 1640 年长期国会释放他为止。一位妇女，坚持以星期六为安息日，也被判了 11 年有期徒刑。

洛德的首号敌人清教徒，也同意他的不容忍。他们认为这是从基督与《圣经》的神圣渊源得来的合理结论，任何一个反对信仰的人，必是罪人或傻子，社会应对那些随宗教教义而来的责难加以辩护。长老教会在 1648 年请求国会制定法律，以对那些继续替天主教、亚美尼教派、浸信教会或贵格会传教的人处以无期徒刑，对那些否认三位一体或耶稣是神性与人性的联合之说的人，处以死刑。不过，克伦威尔的独立派便对那些接受基督的基本信条者给予容忍，但他们排斥天主教、唯一神教派与教长政治的辩护者。

在清教中派系如此繁多，所以很难掌握所有不同的派系。其中多数坚持极严格的加尔文主义、个人的政治自由、争取集会的权利、不受主教团的监督而能讨论自己的事务，并不拘于礼仪及平等地做礼拜，从宗教艺术的迷乱中解脱。他们在神学方面与长老教会持相同观点，关于主教权力的运作，他们则拒绝长老制度。他们坚持《圣经》的文义解释，谴责虚伪的理性能判断神启的真理。他们对《旧约》与《新约》同样尊敬；他们引用犹太人的观念，相信他们自己是上帝的选民；他们以《旧约》中受尊敬的人及英雄之名做子女的教名；他们对上帝的想法是认为他是严厉的耶和华，附加加尔文主义的看法，认为大多数人都是"遭天谴之人"，经过残酷无情的神以其独断意志，让人在未出生前即已注定要遭受永无止境的地狱之灾；而且，他们认为少数"被拯救"者之所以被救，并非因为有良善的工作，而是因为上帝神圣的恩典。他们中的一些人认为他们能直接与上帝交谈，一些人认为自己该死，沿街呻吟着，以预期自己的祸患，认为上帝的霹雳怒喝似乎经常悬挂在人类头上。

这种自我惩罚的恐怖，使"快乐的英国"几乎消失。文艺复兴的人文主义、伊丽莎白时代充满活力的自然主义，反而产生出一种罪恶感，惧怕神明的报复，视这些欢愉是撒旦的诡计及对上帝的挑战。布赖恩因而宣称所有人都是"猥亵的"，都是上下来回疾动的"淫乱"。对于大多数清教徒而言，音乐、彩色玻璃、宗教的想象、白色法衣、神圣化的教士，是直接与上帝交感的障碍。他们学习《圣经》的态度是勤勉的，几乎在文章的每一章节、每一次谈话中都引用《圣经》上的文句。有些信仰过分热心的人甚至在他们的衣饰上也绣上了《圣经》的内容，尤其是虔诚地加上"真实地"或"是，真实地"以证明其诚。善良的清教徒拒绝使用化妆品，并不得烫发以免被视为虚荣。他们赢得"圆颅"（Roundheads）的绰号，因为他们将头发剪短紧贴头皮之故。他们宣称戏院是散布流言的地方，对粗俗之人的蹂躏是野蛮的，当时的道德是异端的。他们谴责宴会的饮酒作乐以及五月柱节中的一连串集会、玩纸牌等。他们禁止安息日的所有游戏，认为该日是上帝所保留的日子，不再享有异教徒命名的星期日。他们——包括弥尔顿在内——查理一世和洛德重新公布詹姆士一世的法律时，愤怒地大叫，于1633年发表了"运动宣言"（*Declaration of Sports*），制裁在星期天的祈祷后做游戏的人。清教徒延长他们的严守安息——替忧郁的星期天辩护——到圣诞节。他们不赞同那种以欢愉、舞蹈、游戏来庆祝基督诞生的时尚。他们直接将许多圣诞节的习俗归之于异教徒。他们要求圣诞节应是斋戒和赎罪的神圣日子。1644年，他们战胜了国会，以法律方式加深了这些观点。

新教比天主教强调讲道，清教徒又将其强化，甚至超过新教的习惯。对讲道的渴望折磨着一些人的心，诺威奇的市长专程到伦敦听取更多的讲道。一位绸缎绒呢商从集会中离去，因为每星期日一次讲道。特别的"演讲"兴起，以缓和这种渴望。为弥补这种饥渴现象，俗人被教区牧师请去在星期日讲道，以补充正规牧师的不足。许多清教的传教士很严厉地执行任务，他们描述地狱的恐怖，指名道姓地公开谴责某些人为罪人。有一位指出醉汉的名字，并在谈及妓女时，特以一位教区居民的妻子做例子。另一位告诉他的旁听者说，若通奸、诅咒、欺骗与破坏安息日可以带人上天堂，那么所有的教区居民都会得救了。清教的教士们觉得规定人民的行为、衣着、学习和娱乐是他们的责任，他们禁止遵守由异教习惯或天主教教会设立的节日，如此每年增加了 50 个工作日。整个清教徒的伦理观就是要求尽其本分，而且对勇敢、自强、谨慎、节俭和工作都有严格的训示，这是与中产阶级相符合的伦理道德。它造就了勤勉的工作，并对商业和私人财产做了宗教上的认可。贫穷是罪，财富不是罪，这显示了上帝的仁慈。

在政治上，清教徒渴望一个民主的神权政治，在那个国度里，人们仅有道德与宗教上的不同，此外皆无差别；除基督外无统治者，除《圣经》外无法律。他们怨恨支持英国国教教会的重税，他们中的商人感觉自己深受奢侈而优越的国教教会的榨取。有一位小册子的作者说："国家贸易的一部分，在这种教长政治下被吞蚀了。"清教徒为财富辩护，但唾弃贵族的奢靡。他们过分严守道德，如同后世的运用自由一样，但或许他们不人道的律典是纠正伊丽莎白时期英国的松弛道德所必需的。他们在历史上造成了一些极强烈的人物——克伦威尔与弥尔顿及那些征服美洲荒野的人士。他们卫护并传递给我们议会政府与陪审团审判的范例。对于他们而言，在某些方面英格兰欠缺不列颠人具有的冷静，欠缺不列颠大家庭应有的稳定和英国人公开生活的整合性。

清教徒与剧院

清教徒的初次胜利是他们与戏院对抗的成功。每一件事情都使他们与众不同——他们"选民"与"堕落"的神学，他们严厉的道德律，他们庄严的情绪与《圣经》的话语等——在充满浪漫和不可宽恕的时代，是一件可笑的事。1629 年出现罪恶的极致：一位法国女演员在布莱克法尔斯戏院表演时，大胆地用一位男孩来替代女性担任的角色，结果遭到被掷苹果与臭蛋的噩运。

新戏剧家可能使清教派感到满意，因为虽然他们偶尔卑屈以猥亵的手法来征服低级趣味的观众，大体上他们仍是绅士。马辛格的《清偿旧债的新方法》（*A New Way to Pay Old Debts*，1625 年）讽刺的对象，不是拘泥的美德，而是独占性的贪婪。其中并无火爆的诗，也没有令人激赏的机智，没有天马行空的想象力，但无耻的敲诈者在最后情节里获得正义，而五幕戏中没有娼妓的穿插。约翰·福特以《遗憾她是一个娼妓》为剧名钓取观众，但这和《破碎的心》（*The Broken Heart*，1633 年）都保持适当的水准。

清教徒在他们大胆的领导者布赖恩于 1632 年出版其《演员的惩罚》（*Histriomastix*）一书后，便开始对戏院大肆攻击。布赖恩是一位律师，除了公平无私别无要求，他曾经替一位原告提出多达 1000 页的摘要。他引用《圣经》，教会的教士，甚至还引用异端哲学家的言论，证明戏剧是撒旦发明的，而且是以崇拜恶魔的形式，多数的剧本是亵渎神明、淫猥的，充满了好色欲念、淫荡的表情、引起色欲的音乐、歌曲及舞蹈；所有的舞蹈都是过分的，每一步都是迈向地狱的一步；大部分演员都是亵渎神明与无神论的大罪人。"上帝的教会，不是剧场，是唯一的'适当'的学校，《圣经》、讲道与虔诚和忠诚的书籍……是唯一的教训。"这才适合于基督徒。而如果他们需要消遣："他们观察太阳、月亮、行星、星星，所有宇宙受造物的变化，都能取悦他们的眼睛。他们有小鸟的歌声……来愉悦双耳。以一切草木花朵、新鲜水果等做成的无与伦比的芬芳香料，使鼻子感觉清新。一切食物的可口，果园、河流、花园、池塘、森林的欢愉……都能供给他们欢乐，及神赐予他们的朋友、亲戚、丈夫、妻子、儿女、财富的安慰和永恒的祝福。"

论述是博学而又雄辩的，但文中称所有的女演员都是娼妓。当时王后正从法国引入一批女演员，而且自己也在宫中的蒙面戏剧里担任角色。亨丽埃塔·玛丽亚开始采取攻势，同时，洛德以煽动性的诽谤罪名来控告布赖恩。作者立刻抗议说他并非蓄意诽谤王后，他为书中放纵的语句道歉。虽然如此，却产生一个严重的后果，清教徒们永远记得，他被禁止从事律师职业，被罚 5000 英镑，并被判无期徒刑。他被铐上枷锁，双耳被割。在狱中，他发表《来自易普威治的消息》（1636 年）一文，指责英国国教中的较高职位的教士是穷凶极恶的叛徒，是狼吞虎咽的恶狼，而且建议说："这些主教们都应缢死。"他再度被铐上枷锁，残留的部分耳朵也被全部割除。他一直被关在狱中，直到 1640 年长期国会释放他。

1642 年，国会下令关闭所有的英国戏院。这最初是战争措施，显然是要对"这些灾难的时代"加以限制，但这种强制力直到 1656 年仍具效力。伊丽莎白时代所长期栽培的戏剧事业远较英国任何时代所表现的戏剧更为伟大与辉煌，到此却宣告结束。

查理一世和查理二世时代的散文

在英国，至少有两个人在面对激昂的情况时，仍能保持平静与远大的眼光。约翰·赛尔登是非常有学问的人，因此人们常说："赛尔登不知道的，便没人知道了。"像一位考古学家一样，他收集了诺曼大帝以前英国的国家档案记录，在 1614 年编纂了权威的著作《名人录》（*Titles of Honor*）；又以一位东方通的身份，研究多神教而享誉全欧洲，在 1617 年作了《辛达格马塔海湾散记》；还以一位法学家的身份，详细说明了希伯来的法律，并写了《提斯国史》（*History of Tythes*）一书，驳斥什一税神圣渊源的主张，作为国会议员，参加了弹劾白金汉和洛德的工作，起草了《权利请愿书》，因此也曾两度入狱。他以非宗教人士代表身份参加威斯敏斯特会议，"观看驴子们的战争"，请求缓和宗教论争。他死后，他的《桌边谈话》（*Table Talk*）由其秘书记载，顿时成为英国的古典文学名作。我们是否应当举个例子？——

与异教徒谈论是一件白费心思的事，因为一个人能想的，不会不同于他所想的。在早期有许多意见，其中一些被某些君王欣赏……其余的便被斥为异端……没有一个人在他所学的事上是聪明的……但机智（才智）和智慧是与生俱来的……聪明人在危险的时候不置一词。一只狮子……叫羊来，问羊是否可以嗅到他的呼吸？羊说可以。他就把羊当傻子似的一口咬掉头。他叫狼来，问狼。狼说不可以，他将狼当作谄媚者，将它撕成碎片。最后他叫狐狸来，问它，为什么（狐狸说），它得了感冒，无法使用嗅觉。

托马斯·布朗是一只狐狸，1605 年出生于伦敦，在温切斯特、牛津、蒙彼利埃、帕多瓦、莱登等地接受教育，学习艺术、科学和历史。他在诺维奇行医。他以著述来升华他的工作，《医术》（*Rligio Medici*）一书动人地隐藏了他的神学（1642 年），是英国散文界的里程碑之一。这是英国的蒙田，十分古怪而富有幻想力、起伏不定而变化多端。他将其怀疑主义臣服于国教中爱好理性及坦诚的信仰，文中充塞着古典的暗示与引述，但喜欢言词的艺术与音乐，用"以毒攻毒"的方式写作。

他受的教育使他倾向于怀疑派，他最冗长的著作是 1646 年出版的《异端百科书》（*Pseudodoxia Epidemica*），说明并谴责当时欧洲数百种"错误思想"——红宝石在黑暗中也会发亮，大象无关节，凤凰能从其灰烬中复生，蜥蜴能生活在火中，独角兽只有一只角，天鹅在垂死时歌唱，禁果是一个苹果，"卑鄙的人撒尿并以这种方法扩散他的毒气"。但是，他像每一个反对偶像崇拜的人一样，有他自己的偶像。他接受天使、恶魔、手相术与巫术，在 1664 年他参与谴责两个被视为巫婆的妇女，她们不久即自缢，以抗议自己的无罪。他天生对女人没有兴趣，认为性是荒谬的：

我从未结过婚，我赞赏那些独身者的意见……如果人能像树木一样，无须两性结合就能生育，或者不以这种烦琐和粗俗的结合方式而能不朽于世，我就感到满足，这是一个聪明人在其一生中所做的最愚蠢之事；当他考虑到他做的是一件多么奇怪与无价值的荒唐事情，那么就没有什么事能影响他冷静的想象力了。

至于他名义上的宗教身份，他很抱歉地自称是基督徒：

> 关于我的宗教，虽然有某些现象能说服这个世界的人相信它，但我没有被它说服（由于我的职业引起的反感，我修习的自然科学，我对宗教事务的冷漠行为与讨论，并非我强烈地防卫某一观点，也非我以粗俗的热情和意图反对另外的观点）。虽然如此，关于这点，我无须僭越，我是一个高贵的基督徒。我拥有这个头衔，不仅因为受浸，我所受的教育及我的出生地……而是因我的年长成人，我坚定的判断力了解、检查这一切。

他认为世界的奇迹与秩序揭示了神圣的心灵——"自然是上帝的艺术作品"。他坦承能容纳一些异端，却怀疑《圣经》有关上帝创造世界的说明，但现在他感觉需要一个已建立的宗教来引导迷惑与迷惘的人。他哀痛异教徒的空虚，这些异教徒们以其热诚无误的信仰来扰乱社会秩序。清教徒是不会做此尝试的。在内战期间，他默默地效忠查理一世，后来查理二世为报答其劳苦而封他爵位。

在他的晚年，诺福克的一些古老而阴森的古墓使他对死亡沉思，他将其思想记载在《瓮葬》（*Urne-Buriall*，1658 年）中，这是英国散文漫谈的杰作。他认为火葬是想从这个世界中解脱的最无效的方法。"生命是一团火焰，我们活着，是因为在我们体内，有一个看不见的太阳。"但我们可鄙地匆忙将它熄灭。"一代代地逝去，而树木犹存，古老家族的延续不超过 3 棵橡树的寿命。"在"这时间的背景里"，世界本身可能已经接近末日。我们对不朽的期望使我们对抗这短暂的时光，这是一个使我们感觉自己不朽的宝贵支柱——但也是一件憾事，由于地狱的观念使我们必然受恐吓而走入善行。天堂不是一个"高贵的空间"，而是"在这可感觉得到的世界之内"，存在于心理的满足与平静的状态。那么，从异端的边缘急遽回头，他在《雷利吉奥》（*Religio*）一书的结尾，对上帝做了一个最虔诚的祷告：

> 上帝佑我！祈我此生安心恬淡、抑控情欲、敬慕你并友爱密友，如此我将喜乐而足以怜悯纵欲的恺撒。哦，主啊！这是我最正当的希冀的小愿望，是尘世中我胆敢要求的快乐；而对你，则凡事顺服，永无限度。引领我，根据你的意愿与睿智。顺服你的旨意，至死不渝。

查理一世和查理二世时代的诗

同一时期，有一小群诗人以爱情的押韵诗及音调谐美的虔敬言语，做悠闲的消遣。因为国王很喜欢他们，他们的诗也留传至今，历史称他们为"骑士诗人"（Cavalier Poets）。罗伯特·赫里克，这位本·琼森的学徒，曾经有段时期认为，只要手边有一杯酒，他便能写出一本诗集。他写完诗时，举杯向酒神祝贺。之后，他准备做一个教士。不久，他坠入情网，但发誓宁愿自己有许多位情妇，也不愿结婚，并劝告处女们当在青春时"采集其花蕾"。他的科琳娜接受了更进一步的激励——

> 醒来，惭愧地，醒来吧，绮丽的清晨
> 披戴她的双翼，展现上帝赋予的
> 自然美善。看乌巴拉 [1]

---

[1] 罗马神话中的曙光女神。

　　新鲜线条的色彩遍布空中；
　　起来，酣睡的懒人，看
　　露珠使草木光灿……
　　来，让我们走，我们正值青春，
　　去做些无害的荒唐事！
　　我们迅将年老，死亡
　　在我们知道自己的自由之前……
　　之后，时光流逝，我们只有衰亡。
　　来，我的科琳娜，来，让我们去采五月花吧。

1648 年，他出版了《赫斯帕里得斯》（*Hesperides*），其中有许多淫荡的诗篇，甚至在道德松弛的时代，也需要加以删改，才能适合"每个人"（Everyman）。但生存是很现实的事，于是他离开了心爱的伦敦（1629 年）——带着卡图卢斯——悲伤地到遥远的德文郡当教区牧师。不久他开始写《高贵的诗篇》（*Pious Pieces*），第一次为求赦免祈祷：

　　为那些我未受洗礼的诗，
　　在我放荡亵渎之时写的，
　　因每一句子，子句与字，
　　均未嵌入我主，
　　宽恕我，主啊，并从我书中
　　涂抹那不属于你的每一行。

1647 年，清教徒剥夺他的圣俸。在共和时期，他度过阴郁难忍的饥饿日子。但复辟后，恢复了他教区牧师的职务和俸禄，84 岁死于科琳娜的怀抱，似乎在记忆的薄暮中消失了。

托马斯·卡鲁却没有活这么长，但也将时光虚掷在情妇身上。他喜欢与费解迷人的女人饮酒作乐，疯狂地歌颂她们，如骑士般地轻蔑贞节。其他的诗人经常训斥他的放肆无忌。清教徒不能原谅查理一世封他为枢密院的绅士，也许国王已原谅了这些外在的行为。这一时期的诗，大都接受从法国输入的龙沙及七星诗社（The Pléiade）的高卢式技巧，使诗篇由于艺术及下流欲望而增色不少。

索克令爵士在 33 岁时便跻身诗人林中。他出生于 1609 年，18 岁那年继承了一大笔财产，因此有钱远赴欧洲旅行（Grand Tour）。"三十年战争"期间，他投戎于古斯塔夫·阿道夫（Gustavus Adolphus）麾下，被查理一世封为爵士。1632 年，返回英国，由于他的一表人才、机智及丰厚的财产，成为宫中的宠儿。艾布雷曾说，他是"一位当代最风流的人物，最擅长滚木球游戏及纸牌。他的姐妹们……曾到滚木球场痛哭，害怕将失去她们的妆奁"。他发明过一种纸牌游戏。他终身未婚，却与"许多出身良好的妇女"维持关系。在某次舞会上，他送给妇女们丝袜当作小礼物，这在当时是非常奢侈的。他的剧本《阿格劳拉》（*Aglaura*）以豪华的布景推出，甚至不惜以自己的荷包来支付。他筹组军队为君王而战，冒险拯救被监禁在伦敦塔的大臣斯特拉福特伯爵托马斯·温特沃思失败后，他便逃亡欧陆。在那里，财产被没收，他于是服毒而死。

理查·洛夫莱斯（Richard Lovelace）也在诗界和战争期间替国王效劳。他富有、潇洒，安东尼·伍德在牛津看到他时曾说："他是我曾见过的最和蔼可亲而美丽的人。"1642 年，他自肯特起程，率领一个代表团，请求长期国会（暂时由长老教会把持）恢复国教的仪式。由于这种大胆的正统派作风，他被监禁了 49 天。他的艾西亚（Althea）曾去安慰他，他为她写了一首不朽的诗：

> 当爱神展开他无拘双翼
> 翱翔于我的门内，
> 我圣洁的艾西亚

在铁栏窗外带来了慰语。
当我解开她的秀发
围住她的双眸，
鸟儿在空中飞翔
毫不知觉于这等自由……
石墙不能造就囚犯，
铁栏也不能限制监狱。
纯真安详的心灵
适足以成为一个隐居之所。
若我在爱中自由
则我灵也必自由，
天使们孤独地，翱翔天空，
享受这等自由。

1645 年，他再度前赴战场，在给他未婚妻露西·萨谢弗雷尔（Lucy Sacheverell）《赴战场前给卢卡丝塔》（"To Lucasta, Going to the Wars"）的诗中，向她道歉：

不要告诉我，亲爱的，我太残酷
从修道院内
发自你贞洁祥和的心中
到我所去的战争之地告诉我……
而这种变幻无常
也应为你所尊崇；
我不能更深爱你，亲爱的，
因爱你而更不忠于我的国家。

因错误的报道说他已丧生战场，卢卡丝塔（仁慈的露西）便与另一位求婚者结婚。他失去了心爱的人，复因保皇党的关系而被没收财产。洛夫莱斯落魄了，须仰赖友人的接济。当年身着金缎银裘的他，如今衣衫褴褛地居住在贫民窟。1658 年，他死于肺病，享年 40 岁。

他或许曾学过埃德蒙·瓦勒（Edmund Waller）遗留下来的艺术作品，瓦勒在"大革命"时期在敌对的双方活跃了 60 年之久，成为当时最负盛名的诗人。瓦勒远较弥尔顿活得更久，81 岁时寿终正寝（1687 年）。他 16 岁时便进国会，23 岁发疯，康复后，25 岁时与伦敦一位已继承财产的女士结婚。3 年后她便逝世。不久，他以改变自古诗的清新的诗句，向多罗西·西德尼（Dorothy Sidney）求婚。

> 去吧，可爱的玫瑰！
> 告诉她，那将浪费她和我的时光，
> 如今她已知晓，
> 当我将她与你相比，
> 何等甜美可人的姑娘。
> 告诉她，仍年轻，
> 当避免优雅的流逝，
> 你可有源泉
> 在沙漠之中，那里无人居住，
> 你必将落落寡合地死亡。
> 而死亡……
> 一切稀有之物的共同命运
> 她将由你处读知；
> 他们共享的奇妙甜蜜与温馨
> 是时光中多么微渺的刹那！

另一位年轻的诗人也进入诗坛。克拉肖并非出于肉欲，而是因宗教的热忱而燃烧一团烈火。他的父亲是一位英国国教的牧师，经常写一些短篇文章反对天主教，并常灌输其子对教皇的恐惧感。然而，克拉肖成了天主教徒。1644 年，因为他支持国王而被逐出剑桥，他从英国逃到巴黎。在那里，他以上帝的异象来安慰自己的贫穷。西班牙的神秘主义启示他强烈的宗教感及为宗教献身，站在圣特蕾莎神像前，他羡慕基督的镖能贯穿她的心灵，并请求她收他做她的门徒：

> 在最后吻别的完美国度里，
> 掳走了你部分的灵魂，烙上他的标志；
> 你的天国是在于他
> （六翼天使的美丽姐妹）。
> 他所拥有的，我们可由你见之，
> 在我却无有丝毫。
> 让我认知你的生活，
> 我的一切生活将逝去。

这些诗与其他的诗，收集在 1646 年的著作《通向神殿的足迹》（*Steps to the Temple*）中公之于世，成为一本虔诚的狂喜和诗人的自满的模糊混合物。由他和后来与他相似的诗人亨利·沃恩（Henry Vaughan），我们可以发觉并非所有英国人在这段兴奋的日子里都分成清教徒与骑士党派。相反，在诗与神学界的愤怒战争中，有些智者发现宗教不在宏伟的神龛里，也不在催眠的仪式或恐怖的教条与骄傲的选举中，而存在于迷惑丧志的心灵与仁慈宽容的上帝之间坦率信任的交流之中。

查理一世与国会的抗衡（1625—1629）

现在，整个英国人民都准备起来反抗这位悲惨的国王，他到底是怎样一个人和统治者？在风暴使这位心地仁慈的国王变得乖戾以前，他确实是一位知理的好人——在家是可爱的孩子、少见的忠实丈夫、忠诚的朋友和深受孩子崇拜的父亲。他自出生即与先天的衰弱体质挣扎，直到7岁时仍不能走路。他利用坚毅百忍的心情追求激烈的运动以克服这个缺陷，直到成年时他才能与好友们一起骑马或打猎。他有口吃，10岁时仍不能流畅地谈话！他的父亲认为必须为其子的舌头动手术。查理的情形逐渐好转，但是，终其一生，说话仍结结巴巴，须慢条斯理才能克服这个困难。其深孚众望的兄弟亨利王子死时，他成为法定继承人。查理因而被怀疑是害死亨利的同谋，这项指控并不公正，一直给王子的内心蒙上一层阴影。他宁愿独自埋头勤学，也不愿在其父的宫廷中饮酒作乐。他精通数学、音乐、神学，也懂希腊文与拉丁文，能说法语、意大利语与西班牙语。他喜好艺术，珍爱并扩大其兄弟遗留下来的藏品，不久便成为一个有鉴别力的收藏者，也是艺术家、诗人与音乐家们的慷慨资助人。他邀请意大利画家简提列斯基（Orazio Gentileschi）到皇宫，又邀请鲁本斯（Rubens）、凡·戴克与弗朗斯·哈尔斯（Frans Hals）等人。哈尔斯婉拒，以特使身份到英国。但举世皆知查理是一位骄傲而潇洒的国王，留着凡·戴克型的胡子，让凡·戴克再三替他绘像。凡·戴克的学生威廉·杜布森（William Dobson）继续替皇家的绘像理想化。

查理的出身及其婚姻是促使他毁灭的重大因素。他继承乃父王室绝对特权的观念，以其权力制定、执行法律，其统治凌驾国会之上，藐视国会制定的法律。这种观点，从先例看来，似乎很正确，在法国与西班牙被视为当然，何况查理还受白金汉公爵与母后的支持。亨丽埃塔·玛丽亚当年在法国宫廷深受黎塞留的影响：当时黎塞留正教导其兄弟路易十三。她来到英国时仍说自己是天主教徒，她婚礼的车队中带着教士。她眼见英国天主教遭受的压迫而无能为力时，更坚定了信仰。她美丽、活泼和机智，并具有全套美第奇家族的政治手腕。无可避免地，她敦促她热心的丈夫减轻英国天主教徒的痛苦，也梦想改变国王的信仰。她替他生了6个孩子，如此一来，国王不得不花费很多精力来阻止他的孩子们被抚养成天主教徒。终于，他使他们忠实地依附英国国教。当然，他也明白英国是新教徒占优势，并十分敌视具有威胁性的教皇政治。

查理的第一次国会于 1625 年 6 月 18 日集会。贵族院共有 100 位贵族，包括贵族与主教；平民院有 500 位议员，其中约 400 位是清教徒。他们因不同形式的财政或政治阴谋被选为代表，因此并无民主伪装。或许这个国会的能力水准远较由成人投票选出的代表为高，如柯克、赛尔登、平姆、约翰·艾略特（John Eliot）爵士、温特沃思爵士及其他历史上有名的人物。平民院议员们持有财产的总数远超过贵族院贵族们拥有财富的 3 倍以上。平民院曾要求全面实行反天主教的法律，以表示他们的立场。国王却要求政府费用的拨款及对西班牙战争的费用。国会当时只允许给他 14 万英镑，这笔款项很明显是不够用的：仅就舰队本身而言，便须花费这个数目两倍的费用。两个世纪以来，英国君主须由国会允许，在他们的统治期间，享有征收进出口关税的权利。现在，国会的法案只准许查理一年内享受这项权利，因为国会认为，以前的款项已在詹姆士的宫廷奢侈中浪费了，并抱怨道："那些征税未得国会同意，因此今后每年召集国会一次，而且每年由国会来检核政府的开支。"查理对这些经济条款与其他意图大为愤怒，瘟疫威胁伦敦时，他很好地利用此次机会，于 1625 年 8 月 12 日解散国会。

现在，政府行政大权掌于白金汉手中。查理不仅从他父亲处继承这位和蔼可亲但轻率的公爵，而且与他一起长大、共同出游，形同好友，然而国王对其朋友的不智和惹出的祸患颇感烦恼。白金汉在获得国会支持的情形下，将詹姆士牵入与西班牙的战争。然而，国会此时拒绝支付这项战争费用，公爵只得自己组成一支舰队出航，准备捕获西班牙的战利品或攻打其港口，结果失败。其军队因未付薪而风纪败坏，到处抢夺，贿赂盛行，滨海城镇弥漫着失败主义。

资金的短缺使查理不得不自行签署召集第二次国会。在他这种迫切的需要下，反对党的力量更加强大。平民院警告他说，未得国会的准可，不得征收各种税捐。一度为白金汉公爵朋友的艾略特痛诋公爵是一位腐败的无能者，说他在每次战略或政策失败后，都比以前更富有。国会因而组成一个委员会调查白金汉。查理立刻谴责这项举动，说："我不允许平民院审问我的仆役，何况他又是最接近我的人。"艾略特也劝导国会扣压任何有关基金法案的批准，除非国王允许国会有权撤免部长。查理随即很愤怒地提醒国会，他能随时解散它。平民院即以正式弹劾白金汉表明立场，1626 年 5 月 8 日控告白金汉叛国；并通知国王，除非完成这项工作，否则无法获得任何有关基金法案的批准。国王于 6 月 15 日解散国会，部长责任的争执留待后世解决。

查理两度陷于贫穷，大量的王宫金银器皿出售。向全国征收"自由恩捐"，即给国王的礼物。收获却不够丰盛：英国人的金钱是支持国会的。查理未经国会同意，命令属下征收进出口税，并没收那些无法缴税的商人的货品。他命令各港口由舰队维持。他允许其属下强迫人民入军队服役。当时的英国与丹麦军队正在德国境内为新教徒而战，但被击溃。英国境内的丹麦盟军便要求承诺给付的补助金。查理无可奈何，只得命令强迫贷款——每位缴税者贷款给政府其土地价值的 1% 和私人财产总值的 5%。许多富有的反抗者被下狱，贫穷的反抗者被充入陆军或海军服役。同时，英国商人在波尔多与拉罗契尔送货物给法国的胡格诺教徒与黎塞留，支持他们作战，法国于 1627 年向英国宣战。白金汉率领一支舰队在拉罗契尔攻打法国，但失败了。贷款所得的 20 万英镑旋即被花光，查理再度陷于财政枯竭。于是，他召集了第三次国会。

1628 年 3 月 17 日，国会集会，柯克、温特沃思、约翰·汉普登（John Hampden）都回来了，汉丁顿镇（Huntingdon Borough）首次选派了刚毅的乡绅克伦威尔出席国会。查理以国王的身份演说，坚决要求拨给基金，复以蛮横的口气说："不要以这个把柄来作威胁，除了对我的大臣外，我不愿威胁任何人。"国会因而提议付给国王 35

万镑。但在投票通过之前，要求国王同意其提出的《权利请愿书》（1628 年 5 月 28 日），致使在争夺国会至上的过程中，树立了伟大的历史性的里程碑：

> 致最伟大的国王陛下：
>
> 我们谦恭地向统治者国王表明……它已被宣布并制定成法律了……在爱德华一世时……即国王不得征收或分摊地租或其他额外负担……在未得大主教、主教、伯爵、男爵、骑士、市民和其他共和国自由民同意之前……您的子民已继承这种自由，他们不得被迫承担任何税收，地租、额外负担或其他未得国会一致同意的任何指控。

请愿书继续抗议强迫性的贷款，以及被国王破坏的 1215 年《大宪章》（*Magna Charta*）中规定的人身保护状的权利与陪审团的审判程度。柯克说："由这个（请愿书）我们可以知道国会的存亡。"查理含糊地同意，国会以拨款为由要求明确的答复，查理屈服了。伦敦感觉到此事的重要性了，数年来未闻的钟声又大肆摇响。

国会进一步要求国王将白金汉免职，为查理所拒。约翰·费尔顿（John Felton）是一位曾经受伤的士兵，负债累累，因愤怒其年金的久置不发，又遭一本小册子的辱骂，带了一把屠刀，从伦敦走了 60 英里路到普利茅斯以凶器刺入白金汉的胸部。白金汉于 1628 年 8 月 23 日死亡。其妻即将临盆，见到尸体时立即崩溃。费尔顿事后克制愤恨，觉得颇为懊悔，请求她的原谅。她原谅了他。费尔顿在未受痛楚刑罚的情况下被处死。

国会告诫国王说，继续征集进出口税即是破坏了《权利请愿书》。查理答称这项税捐并未包括于该文件中，国会鼓励商人拒绝支付此项征税。国会不顾国王宗教上的优越地位，重申宗教立法的权力，宣布一项严格的加尔文主义，反对亚美尼教派的第三十九条款为英国的法律。建议这是属于国会自己的威权，在此基础上执行宗教的一致性，对天主教与亚美尼教派做同样的处罚。查理立刻命令国会休会。议长服从，离开其座椅。但国会拒绝休会，许多议员强迫议长返回座位。1629 年 3 月 2 日，艾略特提议 3 项解决方案，对"天主教、亚美尼教派及其他与正统教会意见不同的教派"，企图或参与未得国会同意而聚敛进出口税，或任何人付给未经批准的税金，皆处以极刑。议长拒绝对这些动议交付投票表决，一位议员对其付之表决，平民院全体一致欢呼通过。之后，得知国王的军队集合并欲解散国会，国会自行休会解散。

3 月 5 日，查理命令逮捕艾略特、赛尔登及其他 7 位被控煽动暴乱的国会议员。其中 6 位不久便被释放，3 位被处以重罚金与长期监禁。艾略特于 1632 年死于伦敦塔，仅享年 38 岁。

查理的专制（1629—1640）

在 11 年无国会的情况下，英国度过了它最长的专制时期。现在，查理是一位自由的专制国王了。理论上，他要求的不比詹姆士、伊丽莎白与亨利八世来得多，但实际上很多，因为他们以前从未似现在这样，将国王特权扩展到足以毁灭的边缘。查理征收未经国会允许的税，强迫贷款，军队宿营于民房，肆意拘捕，否认犯人的人身保护权利与陪审团审判的权利，在政治上扩展星室法庭的专断与严厉，扩大宗教事务和审判宫廷最高委员会。查理的最基本错误是没有承认平民院代表们统领的财富远多于国王支配或忠实于国王者的财富，以及国会的力量势必相应地日益增长。

处在这种危机中，国家在未发生流血事件以前，经济与其父时期一样繁荣，因为查理是一位爱好和平的人，他统治的大部分时间，使英国置身于战事之外。此时，黎塞留竭尽其力使法国与德国成为野蛮的国家。这位困扰的国王尽其所能减轻财富的自然集中。1625 年至

1630 年，他下令英格兰中部的五郡停止圈地，并对顽强抵抗的地主处以 6000 镑的罚金。他于 1629 年、1631 年和 1637 年，提高了纺织工人的工资，吩咐王室法官执行物价控制，任命一个委员会保护工资与监督贫民救济事项。洛德警告雇主们不要"榨取贫民的膏血"，因而树立了许多新敌人。同时，政府却允许肥皂、盐、淀粉、啤酒、酒和皮革等专卖事业，并从中得利。政府维持煤的专卖，以一锅 11 先令买进，夏天时以 17 先令卖出，冬天则以 19 先令出售。这些专卖大大剥削了贫民，这段时期,2 万名以上的清教徒移民到新英格兰（New England）。

查理辩解他必须寻找一些方法以支付政府的费用。1634 年，他尝试了导引大灾祸的新税。濒海城市以往就有先例，为了回报海军保护他们的安全，在战争期间装备船只或贡献"船金"给政府以维持舰队。1635 年，查理未引用先例，在和平时期向整个英国要求这种船金，宣称必须重建破烂的海军，作为紧急需要与保护英国商业不受海盗的侵袭。许多人抗拒新税。为了维护法律，汉普登拒绝支付。他立刻被控，但不久获得自由。他是白金汉郡人，一个十分富有的清教徒，未燃起反抗火把，是一位"相当冷静与严厉"的人。他有礼但固执，温和但富有领导力。

他的审判延误了很久，但终于在 1637 年 11 月被移送法庭。国王的律师引用船金征税的先例，主张国王在危难时期，不必等待国会集会，便有权征收财政补助金。汉普登的辩护律师回答说，现在并非紧急情况，有召集国会的充裕时间，况且该项税金破坏了国王接受的《权利请愿书》。法官投票的结果，以 7 对 5 票支持国王。然而，公共舆论支持汉普登，怀疑法官的不公正与偏向于皇室的立场。汉普登不久便被释放。查理直至 1639 年仍然聚敛船金，他将其中大部分资金用于建立海军，终于在 1652 年击败了荷兰。

同时，他也将这个谬误扩及苏格兰地区。他与一位天主教徒结婚而使信奉长老教会的苏格兰人大为震惊，随后又扩张主教威权于苏格兰长老教会的体系。1625 年的《废弃法案》（*Act of Revocation*）取消了自玛丽·斯图亚特继承以来教会或国王的土地，而分配给苏格兰各家庭，半数以上的贵族大感惊慌。他任命 5 位主教与一位大主教约翰·斯波提斯渥德（John Spottiswoode）担任苏格兰的枢密院职掌，1635 年又任命这些高级教士为大法官——这是自宗教改革以来第一次教籍人士被任命这一高职。又在令人恼怒的迟延后，于 1633 年赴苏格兰加冕，他允许主教们施行几乎全是天主教仪式的英国国教仪式——祭袍、蜡烛、祭坛、十字架，并决定他们的权利优于长老教。苏格兰的主教们草拟了一套宗教仪式的规律，因坎特伯雷的大主教校订与赞成，成为闻名的《洛德教规》（*Laud's Canons*）。这份文件给国王全权处理宗教事务的管辖权，除国王请求外，禁止教士会议的召开，严格限制传教的权利须得主教的许可，接受这些教规的候选人，才能被任命为神职人员。查理批准这项教规，并命令他们向所有的苏格兰教会颁布。长老教会的教士们纷纷抗议，半数以上的改革因而被迫取消。他们还警告：查理准备使英国向罗马屈服。爱丁堡的圣格里斯教堂，当时正准备依照这项新的公式行使仪式，却引发了暴动，棍棒与石头纷纷向主持仪式的副主教掷去。珍妮·格迪斯（Jenny Geddes）举起她的凳子放在头上，喊道："你这卑劣的贼，你能硬拖住我（的耳朵）讲弥撒吗？"各阶级的请愿书纷纷呈送给查理，要求取消那些教规。他对这种请愿的回答是将这些请愿者烙上叛国的烙印。现在，苏格兰已迈出反抗国王的步伐了。

1638 年 2 月 28 日，苏格兰教士与俗人代表在爱丁堡签署《国民宪章》（*National Covenat*），重申长老教会的信念与仪式，拒绝新的教规，并誓言要保卫国王与"真实的宗教"。几乎所有的苏格兰人，因受教士们的敦促，均在此宪章上签名，除 4 位主教外。斯波提斯渥德与其余主教逃往英格兰。在格拉斯哥的苏格兰教会总会议中背弃所有的主教，宣称苏格兰教会独立于国家之外。查理对总会议发出解散命令，否则将被控以叛国罪。但会议继续。国王召集了不很热心的 2.1

万人的军队，向苏格兰进军。"宪章派"则以爱国与宗教狂热为号召聚集了 2.6 万人。两军对垒时，查理同意将该争执提给自由的苏格兰国会与未遭阻碍的苏格兰教会的总会议做裁决。1639 年 6 月 18 日于伯威克（Berwick）签订停战协定，在未流血的情况下终结了"第一次主教战争"（First Bishop's War）。新的会议在 1639 年 8 月 12 日召集于爱丁堡，确认了格拉斯哥会议所做的"叛逆"决议。苏格兰国会批准了总会议的决议，双方都准备作"第二次主教战争"。

在这些危机中，查理称他的助手是一个果断而周全的人，如同他自己是一个踌躇不决和无能的国王一样。温特沃思 21 岁时（1614年）即出席国会，而且经常投票反对国王。查理以任命他为北方委员会的主席来拉拢他，又任命他为枢密院院士作为他全力执行皇家政策的酬劳，1632 年复派他为贵族代表去爱尔兰。在那里，他以残忍的"周全"政策粉碎了叛乱，但和平并不稳定。1639 年他被册封为斯特拉福特伯爵，并任查理的第一顾问。他劝告国王召集大量军队，以镇压宪章派，主张以极端的方式对付国会的顽固分子。但大量的军队需要大笔资金，若无国会同意便无法筹款。查理很勉强地召集第四次国会。这个短期国会（Short Parliament）在 1640 年 4 月 13 日集会，他展示一封被截的信，其内容是宪章派分子请求路易十三的援助。为对抗此种阴谋，国王坚称他有权组织军队。平姆秘密地与宪章派分子沟通，做了一个决定，认为宪章派与国会对抗国王，其利害是一致的，于是说服国会拒绝给国王任何补助金，安排与苏格兰组成联盟。查理于 1640 年 5 月 5 日以叛国的罪名，解散短期国会。伦敦的暴动立即爆发，一位暴民攻击大主教洛德的宫室，并未发现他，只杀了一位拒绝入新教的天主教徒。

查理以一支临时组成的军队北进。苏格兰人南下至边境，1640年 8 月 20 日，打败英格兰人，占领了北英格兰。无助的国王答应支付他们每日 850 镑，直至达成令他们满意的条约为止。但他支付不出费用，使苏格兰军队驻留于纽卡斯尔（Newcastle）附近，成为英国国会与国王作战的强大盟友。狼狈的查理不顾一切地召集了由贵族组成的委员会，在约克会商。他们劝告他，其威权正处于崩溃的边缘，他必须寻求与敌人妥协的方法。最后，他召集了一个国会，是英国史上时间最长与最具影响力的国会。

长期国会

国会于 1640 年 11 月 3 日在威斯敏斯特召开。平民院由 500 人组成，代表财富，而不是代表英国人民。短期国会的绝大多数代表又回来了，筹划报仇。赛尔登、汉普登与平姆两度掌权。克伦威尔虽然还不是领袖，但已是一个受人瞩目的人物。

时隔久远，无法对之进行客观地描绘，因为从他崛起直至今日，历史学家们描述他是一位极富野心的伪君子，或称他是一个政治家圣人，个性极为矛盾——有时候他加以调和——他个性中相反的性质产生了这种矛盾的意见。这或许是了解奥立弗·克伦威尔的关键所在。

他是一位地主，但并非门阀，这使他被排除于政府之外，但他仍很辛苦地为维持它而付出代价。他的父亲罗伦在汉丁顿有点小产业，每年收入约 3000 镑。他的曾祖父理查德·威廉姆斯是亨利八世的大臣托马斯·克伦威尔的侄儿，改其姓为克伦威尔，从大臣或国王那里获得没收自天主教教会的庄园与税收。奥立弗当时只是 10 个小孩中的一个，而且是唯一未夭折的。他是文法学校的教师，是一位热心的传教士，写了一篇论文证明教皇是反基督的，另外一篇是记载这些声名狼藉的罪人所受的处罚。1616 年，奥立弗进入剑桥西德尼·塞瑟克斯学院。塞缪尔·沃德（Samuel Ward）为其导师，此人 1643 年死于狱中，因为他采取强烈的清教徒立场反对洛德的改革与查理的"运动宣言"。很显然，奥立弗未毕业便离开了剑桥。后来（1638 年）他述及自己当年的淘气：

你知道，我所持的人生态度是什么。哦！我是生活在可爱的黑暗与可恨的光明里，我是罪魁、罪魁，这是真的：我恨敬拜神明，但上帝怜悯我。哦！他何等丰富的慈爱！为我赞美他——为我祈祷，他开始了一件好的工作，将会在基督里完成。

他经历过所有忏悔的狂喜，他有死亡的幻觉与其他心灵的恐怖，使他永远与忧郁纠缠在一起，在其余生都以清教徒的虔敬规范其言行。他定居后结婚，有9个孩子，1628年成为市民的模范。28岁时，被选为汉丁顿代表出席国会，1631年，以1800镑出售其汉丁顿产业，移居圣艾芙斯（St.Ives）后又移住艾里。1640年，剑桥重新推举他出席国会，另一位议员描述他"穿着非常普通的衣服，一套素色的衣服……他的亚麻布不很清洁……衣领上总有一小点瑕疵，或两三点血迹，他的脸肿胀而有血色"，他的声音"尖锐而不和谐"，脾气"过度暴躁"，却能镇静控制。他支配他的时间，与上帝交谈，而具有10个人的力量。不过，上帝仍选择了其他方法。

平姆指责斯特拉福特是一位秘密的天主教徒，密谋自爱尔兰带军队入英国推翻国会及"改变法律与宗教"，国会表示其愤怒的情绪。1640年11月11日，平民院——从未忘记曾遭国王摒弃——弹劾斯特拉福特是叛国者，并将他送往伦敦塔监禁。12月16日，宣布新的英国国教教规是不合法的，倾向于教皇与叛逆，而弹劾洛德大主教，也将他送入伦敦塔。后来赛尔登供称："我们控告教会里的高级教士，天主教的仪式使他们可憎，虽然我们知道他们没有这种罪过。"查理对这些不妥协的举动甚为困惑，他并未对其助手采取保护行动。王后为免除对国会的恐惧，请求她的告解神父向教皇求助。

双方的激动与热情日渐高涨。伦敦的激进派中的"彻底"派（Root and Branch Faction）——包括弥尔顿在内——请求国会废除主教管辖及恢复人民管理教会。某些主教认为它是恶劣的，"教皇不是反基督的……在宗教（天主教）中才能获得拯救"。平民院拒绝其诉愿，投票结果将教士逐出所有的立法与司法机关。贵族院有条件地同意主教们保留他们在贵族院的席次。不过，这正是平民院希望结束的，因为他们认为贵族院的主教们经常投票支持国王。有许多小册子辩护或攻击主教制度，致使该问题变成激烈的焦点——约瑟夫·贺尔（Joseph Hall）主教宣称这是由使徒或基督建立的神圣权力。5 位长老教会信徒，便以假名"斯迈特纽斯"（Smectymnuus）公开发行有名的小册子给予答复，前面几篇为他们所写，以后的 5 篇为弥尔顿所写。1641 年 5 月 27 日，克伦威尔再度提议全面取消主教制度，平民院通过该法案，却遭贵族院拒绝。9 月 1 日，平民院决议三位一体的"可耻绘像"，所有圣母玛利亚的想象，所有的十字架与"迷信绘像"都须从英国教会中除去，安息日那天应该避免所有的"跳舞与其他运动"。另一阵迷信破除风也横扫英格兰，围绕祭坛的栏杆与屏风都被拿掉，彩色玻璃的窗子都被捣毁，神像也被推翻，绘像被切成许多碎片。平民院复于 10 月 23 日通过一项排斥主教的法案，国王因而诉诸贵族院，宣称他决心至死维护英国国教的既存教义与纪律，他确实这么做了。他的干预使法案失败，但愤怒的群众因而阻止主教们出席国会。他们中的 12 人签署了一项抗议书，宣称他们缺席时所做任何立法事项均为无效。国会弹劾、监禁他们，贵族院于 1642 年 2 月 5 日批准了排斥法案，主教们以后便不再出席国会了。

胜利的平民院开始巩固其力量。从伦敦城外借款来维持财政支出，通过法案，禁止任何在国会集会期间 50 天内或未得其同意而解散国会的举动，改革税制与司法，取消星室法庭与宫廷的最高委员会，停止各项专卖与船金的征收，取消不利于汉普登的裁决，承认国王有权征收进出口税，但仅限于在国会特许期间。查理也同意这些措施，国会从改革迈向革命了。

1641 年 3 月，国会将斯特拉福特送审，4 月宣布他叛逆的罪名，并送呈褫夺公权令给国王签署。不顾洛德的劝告，查理前往贵族院，宣称虽然他准备取消斯特拉福特担任公职的资格，但绝不同意以叛国罪名将其定罪。平民院称，这种皇室的出席破坏了国会的特权与自由。翌日，便有"众多的群众"聚集于贵族院与国王的王宫前，高喊"正义、公正"，要求把斯特拉福特处死。胆怯的枢密院要求查理让步，但遭到查理的拒绝。约克大主教请求签名。贵族们警告国王，他自己、王后以及儿女的性命都处于危险中，但仍为国王拒绝。最后，斯特拉福特自己呈给他一封劝他签署的信，作为驱走暴民的唯一抉择。查理签署了，但仍不原谅自己。1641 年 5 月 12 日，斯特拉福特被执行判决。斯特拉福特经过时，洛德从他的狱中小室伸出手祝福他，斯特拉福特在满是敌意的群众前"成仁"而毫不啜泣。

斯特拉福特事件将平民院截然划分成后来竞争的辉格党（Whigs）与托利党（Tories）——一些人同意，而一些人反对进一步地将国王权力移转到国会。卢修斯·喀利（Lucius Cary）、福克兰（Falkland）子爵与爱德华·海德（Edward Hyde，即后来的克伦登公爵）便支持国会，他们现在怀疑：已遭受如此严重折磨的国王，是否能在伦敦统治暴民，在宗教上是否能统治清教徒的堡垒；已脱缰的国会是否废除政府对国教教会的支持，是否会威胁私人财富；是否会危害整个英国人的阶级结构。平姆、汉普登和克伦威尔或许承认这些危险，但还有比他们走得更远的人。他们已步入深渊，因此害怕若查理恢复其权力则将会危及他们的性命。在任何时刻国王都能从爱尔兰处调集由半数天主教徒组成、似斯特拉福特建议的军队来镇压他们。为了自身的安全起见，国会决定维持在英格兰北方友善的苏格兰军队，给予苏格兰礼金 30 万镑，又答应以后每月 2.5 万镑的补助金。

爱尔兰突然爆发的野蛮暴动（1641 年 10 月）使国会更加恐惧。菲利姆·奥尼尔（Phelim O'Neill）、奥摩尔三世（Rory O'More III）与其他领导分子号召自由战争，反抗英国的殖民统治。天主教徒反抗压迫，爱尔兰反抗英格兰的残忍迫害，这次反叛因为带有愤怒情绪，他们的作风极为野蛮。爱尔兰的英国人，为保护那些在当时对他们来说似乎合法的财产与生命，以残忍回报野蛮，每一次胜利都演变成屠杀。英国国会又错误地怀疑国王鼓励爱尔兰的暴动，以便恢复天主教，而这种行为在日后将施之于英格兰，因此拒绝国王筹集资金以组成军队拯救在北方的英国人的要求。他们认为这种军队可能会转向对抗国会本身，致使爱尔兰的暴动继续蔓延至英国革命时期。

查理将两位被排斥与弹劾的主教升任至较高的职位时，革命行动便因而向前迈进一大步。愤怒的平民院议员提议"大抗议"（Grand Remonstrance），扼要公开地表示国会反对国王，并迫使他允许国会有权否决其对重要职位的任命。许多保守人士认为，这项措施将使行政权移转到国会，而减少国王的权力，使其成为无能力者。党派的分立愈来愈尖锐，争辩也愈趋激烈。议员们手持利剑支持各自的言论。克伦威尔稍后宣称，若该议案失败，他将远赴美洲。终于，议案以11票的优势通过，而在1641年12月1日呈送给国王。该议案首先肯定了对王室的忠诚；其次详细地陈述了国王对国会的攻击、他给予国家的损害、对国会的改革及已经矫正的那些弊病，做了一个评论，控告"天主教徒……主教们与教会中的腐败人士"，自私的议员与朝臣图谋英国恢复天主教；一再指出国王破坏了《权利请愿书》与试图利用高压手段来解散民选的国会，并要求国王召开一次宗教会议，以恢复英国国教信仰洛德改革以前的形式，建议国王撤除枢密院中所有反对国会政策的人，以后只能任用这类参赞、大使，其他部门首长……要被国会信任，否则他就不能对国王提供他个人的支持也不能提供新教徒的助力。

查理在该项最后通牒的期限内做出答复。12月15日，国会越过国王，向人民公开发布了"大抗议"。查理这才答复。他同意召开一次宗教会议以压制所有"天主教"的侵略；他拒绝剥夺主教在议会的投票权；他坚持有召集枢密院的权利，并公开录用那些他认为适当的人选；最后，他再度要求资金。相反，平民院提议《民兵法案》（*Militia Bill*）以控制军队。

平常就犹豫不决的查理，现在匆忙卷入国会宣布的战争状态。

1642 年 1 月 3 日，首席检察长以国王的名义，在贵族院控告 5 位平民院议员：平姆、汉普登、贺利斯、希西里格、威廉·斯托得——罪名是叛国与寻求推翻军队对国王的服从及鼓励"外来力量"（苏格兰）入侵英格兰而向国王挑战。翌日，查理带领他留守于门口的 300 名士兵进入平民院，逮捕那 5 位议员。他们跑到朋友家中避难。遭到挫折的国王说："我看到所有的鸟儿都飞逃了。"他走出来时，他被那些大喊"特权"的人责难，因为这种王室与军队侵入国会显然是非法的。因担心议员可能全被逮捕，平民院便迁至市政厅，处于市民的保护之下。查理离开伦敦前赴汉普敦宫，平民院与被指控的 5 人才返回威斯敏斯特。亨丽埃塔王后秘密地遁回法国，以珠宝收买支持国王的力量。查理与掌玺大臣同赴北方，他试图进入赫尔，并在此补给军需，但该城拒绝他进入，他只好转赴约克城。国会于 1642 年 3 月 5 日，命令所有的武装力量只服从国会。35 位贵族与 65 位平民院议员从国会中退出，共赴约克加入查理的阵营。海德现在成为国王的首席顾问。

6 月 2 日，国会转送查理 19 条建议，他接受即是维持和平最基本的条件。他须将军队与所有军事要地的控制权交给国会，国会校订宗教仪式与整顿教会行政，任命与解职所有皇家大臣与皇子的监护人，排斥所有在这次事件以后产生的贵族院议员。查理拒绝那些建议，认为那样无疑是君政的实质破坏。好像是法国大革命的预演，国会指定了公安委员会，7 月 12 日命令："立刻组成一支军队。"克伦威尔与其他人便返回自己的自治市镇招募志愿军。8 月 2 日，在向国家的上诉中，国会反叛的基础不在于国会向往统治权，而在于以天主教徒在英国起义而祸患即将来临。警告全国说，国王的胜利将会迎来对新教徒的大屠杀。8 月 17 日，特务分子包围了军事仓库。8 月 27 日，查理在诺丁翰扬起军旗，从而启开了内战。

第一次内战（1642—1646）

　　现在，英格兰的分裂是有史以来罕见的。伦敦、港口、制造业城镇，大致说来，南部与东部地区、多数中产阶级、部分绅士、尤其是所有清教徒都支持国会；牛津与剑桥，西部与北部地方，多数贵族与农民，几乎所有天主教徒与圣公会教徒、英国国教等，都站在国王这边。平民院本身又分为有300名议员的革命派和有175位议员的保皇党；贵族院110位贵族中，有30位是最先与国会站在同一阵线的。财富的均势也在对抗国王，伦敦有一半的国家财力与贷款都为革命所用，查理在任何地方都借不到款，海军也反抗他，封锁了外来的援助。他只有依赖领主与大财主，因为这些人认为他们的土地利益有赖于他的胜利。具有骑士美德与情感的古风仍残留于古老的家庭中，他们无节制地对国王奉献自己的忠诚，像绅士一样参与战斗、奔赴死亡。五彩缤纷的骑士党，留着鬈发，他们的马装束轻便，带有战争浪漫的气氛，除了弥尔顿外都是诗人。

　　1642年10月23日，双方于埃奇山正式展开交锋，各有1.4万人。保皇党由鲁伯特王子（Rupert）统领，他是查理的姐妹波希米亚的伊丽莎白22岁大的孩子。圆颅党由罗伯特·德弗罗（Robert Devereux）率领，他是第三代的埃塞克斯伯爵。此战并无实质结果，埃塞克斯撤兵，国王也推进到牛津，并以该地为其大本营。尼赫迈亚·威灵顿（Nehemiah Wallington）是一位热心于政治的清教徒，称这是国会与上帝的伟大胜利：

　　　　在这里，我们看见了上帝的伟大仁慈……因为，以我听到的，被杀的有5517人；但是敌方被杀的人数是我方的10倍。观察上帝的奇妙佳作，在我方被杀的几乎是正在逃跑的人，那些坚定立场的士兵几乎都是骁勇的，他们大部分都活着……

　　　　假若我能与上帝的伟大之手相连，而命我们的炮兵与子弹去摧毁敌人，那该多好！——哦！上帝如何引导他们的子弹……有些落在他们的前面（我方），有些却只是轻擦而过，有些子弹从他们的头上飞过，有些子弹落到他们旁边。哦！那些勇敢挺立的人，很少或根本未被他们的子弹所伤！这是主的杰作，是我眼睛所见的奇迹。

不过，在紧接而来的春天，战争的发展对国会并不十分有利。亨丽埃塔王后偷偷携带军火与军队返回英格兰，在牛津加入查理的阵容。埃塞克斯却因逃兵与疾病的折磨，不得不拖延战事。汉普登在查尔罗夫（Chalgrove）战场中身受重伤。1643 年 6 月 30 日，国会的一支军队在阿德瓦尔顿·穆尔（Adwalton Moor）被打败，另外一支军队也于 7 月 13 日在环路镇（Roundway Town）被歼灭，布里斯托尔城也陷入国王手中。在最晦暗的时期，国会转向苏格兰求助，9 月 22 日，与苏格兰委员会签订了《神圣联盟与宪章》（*Solemn League and Convenant*），请求苏格兰派遣一支劲旅帮助国会，以换取每月 3 万镑的津贴，附带条件为国会应在英格兰与爱尔兰地区建立新教的长老教会的教会形式——教会行政由长老会议控制，而不受主教统辖。在同一月，查理也与爱尔兰的暴动者达成和平协议，并引入一些人入英格兰替他打仗。英国的天主教徒们大为喜悦，新教徒对国王的反对日益剧烈。1644 年 1 月，爱尔兰的入侵者在南特威奇（Nantwich）被打败，苏格兰的入侵者却节节进入英格兰。现在，内战涉及了 3 个国家与 4 种不同的信仰。

1643 年 7 月 1 日，由 121 个英格兰教士、30 个英格兰俗人（后来又有人加入）、8 个苏格兰代表组成的威斯敏斯特会议，集会处理英格兰新长老教会的新教。由于国会统治的阻碍，会期拖延 6 年之久。有少数委员赞成主教制度，他们退出会议；一小撮清教独立派人士便要求每次集会须免除长老与主教们的干预；绝大多数人，遵循国会的保证与意志，赞成在英格兰、爱尔兰和苏格兰，由长老、长老会议、教区宗教会议及总会议，以管理宗教。国会于 1643 年取消了英国国教的主教制度，1646 年采用并制订长老会制的组织与教义，但它本身享有所有宗教决议的否决权。1647 年，威斯敏斯特出版了《威斯敏斯特信条》（*Westminster Confesion of Faith*）、《大教义问答》（*Larger Catechism*）和《小教义问答》（*Smaller Catechism*），重申加尔文派的命定论、选举与定罪的信仰。威斯敏斯特大会议的决定却因斯图亚特王朝的复辟与英国国教教会的恢复而被废止，但忏悔与基督教教义的问答却在说英语地区的长老教会里占有理论上的影响力。

威斯敏斯特会议与国会都同意拒绝其他小教派请求的宗教容忍。伦敦这个混合的城市，向国会请求镇压所有的异教。1648 年，平民院通过法案，对反对幼年洗礼者处以无期徒刑，对否认三位一体、耶稣为神性与人性的联合、《圣经》的神圣启示、灵魂不朽论等观念者，处以死刑。许多耶稣会教士于 1642 年至 1650 年被处死。1645 年 1 月 10 日，72 岁的洛德大主教从伦敦塔被带上断头台。国会认为当时正是面临生死之战，无法做令人愉快的事情。克伦威尔当时却挺身而出采取一些容忍的措施。1643 年，他在剑桥组织一个军团，称之为"铁军"（Ironsides），此名源自鲁伯特王子对克伦威尔个人的称呼。该军团除天主教徒与圣公会教徒外，欢迎任何信仰者参加，因为圣公会教徒"在军团前畏惧神，对他们所做的事求诸良心"。一位长老教会官员期望撤免一位中校，认为他是再洗礼教派，克伦威尔抗议："先生，国家在选择人时，并不注意他们的意见如何。假若他们愿以忠诚服务，那便足够。"1644 年，他恳求国会"致力发现一些较温和意识的方法，那些无法在所有事情上都臣属于共同的（宗教）规律之人……照《圣经》的指示，应该容忍他们"。国会无视该要求，但他继续在军团内实行比较宽大的容忍，直到他在英格兰握有权势。

克伦威尔能成为一位将军，是战争中最令人惊异的事之一。他与贵族费迪南多·费尔法克斯（Ferdinando Fairfax）在温丝比（Winceby）的胜利中（1643 年 10 月 11 日）共享光荣。1644 年 7 月 2

日的马斯顿·摩尔（Marston Moor）战役中，费尔法克斯溃败了，克伦威尔的"铁军"却幸存。其他的国会领袖，埃塞克斯伯爵和曼彻斯特伯爵，均遭到严重挫折或失败。曼彻斯特坦白他不愿意推翻国王。为了除掉这些挂名将军，克伦威尔于1644年12月9日提出《自我牺牲的条例》（Self-Denying Ordinance），基于此条例，所有的国会议员都放弃指挥权。该项建议于1645年4月3日再度被提出并被通过。埃塞克斯与曼彻斯特退休，托马斯·费尔法克斯爵士，费迪南多的儿子，被任命为最高统帅，不久他任命克伦威尔中将为骑兵司令。国会下令组成"新式"军队2.2万人，由克伦威尔统领并训练。

他在战事爆发之前，没有军事上的经验，但他人格的力量、坚定的目标与意志、他玩弄人类宗教和政治情感的纯熟技巧，使他将军团锻炼成为单一纪律与忠诚的队伍。清教的信仰与斯巴达的伦理观念，同样使他造就了这支意志坚强的军队。这些人并不破口骂人，相反，在他们的军营里从未听到诅咒，只听到传道和祈祷声。他们不偷不抢，但侵入教会并赶走那些"高级教士"或"天主教"的教士们。他们碰到敌人时，便以欢愉或愤怒的心情射击对方。他们战无不胜。1645年6月14日，在内斯比（Naseby），保皇党军正击溃托马斯·费尔法克斯的步兵时，克伦威尔以他新的骑兵扭转劣势，并取得压倒性胜利，使国王丧失了所有步兵、炮兵、半数的骑兵及通信文件的复本。这些文件被公布，揭露了他计划从爱尔兰带更多的军队到英格兰及废除抵抗天主教徒法律的企图。

从那时起，查理的情况急剧恶化。蒙特罗斯的马奎思子爵是他在苏格兰的一位英雄式将军，经历数次胜利后，在菲利藩（Philiphangh）被击溃，逃往欧陆。1645年7月30日，国会的军队占取了巴斯；8月23日，鲁伯特在布里斯托尔向费尔法克斯投降。国王转向各方求援，皆徒劳无功。其军队感觉无望，便用各种借口纷纷投奔敌方。他想利用分离与迂回曲折的谈判，试图分化敌人——将独立派与国会分立，国会与苏格兰分离——但均告失败。他准备遣送怀孕的妻子越过敌战区逃赴法国。现在，他只盼咐查理王子尽各种可能逃离英格兰，他自己化装后只带两个随员转道向北而去。1646 年 5 月 5日，查理向苏格兰投降。第一次内战至此结束。

激进作风（1646—1648）

查理期望苏格兰仍旧待自己如国王，但他们却把他当阶下囚。他们向他提出条件，假若他签署《神圣联盟与宪章》，使基督教的长老教会制度能于整个大不列颠岛强迫实施，他们便帮助他复位。查理拒绝接受。英格兰国会也派遣一个委员会赴苏格兰的缪塞，若查理接受该宪章、同意放逐保皇党的领导分子、允许国会控制所有军事武力与所有国家的高级官员，仍接受查理为英王，亦为查理拒绝。假若苏格兰人返回苏格兰，并使国王屈服于英国的委员会，国会同意给予苏格兰 40 万镑以支付他们的欠债与费用。苏格兰国会同意，他们接受的金钱不是作为售卖国王的代价，而是作为补偿其战争时的费用。然而，查理感觉自己是商品，1647 年 1 月被英格兰国会以俘虏身份移至北安普敦郡的霍姆比宫（Holmby House）。

英格兰的军队现在驻扎于萨弗伦·沃尔登（Saffron Walden），只距离伦敦 40 里，正在计算其胜利的成果，而要求对等的报酬。为维持这批 3 万人的费用，迫使国会提高税率至查理时代最高税率的两倍。即使如此，仍旧拖欠兵士 4 月至 10 月的薪金。清教的独立派在国会中被击败，在军队里却掌握最高的职权，他们的领袖克伦威尔，被怀疑有野心并与国会的主权统治不一致。更糟的是，其军团中的"平等主义派"（Levelers）拒绝教会和国家的阶级差异，要求男子的平等投票权与宗教的自由权。他们中的少数人都是无政府主义者，威廉·沃尔温（William Walwyn）宣称万物皆应其有，则"便不再需要政府，因为将不会有强盗或罪犯"。约翰·利伯尼（John Lilburne）在每次被逮捕与处罚后仍不屈服，他是"英格兰最孚众望的人"（1646

年）。克伦威尔被抨击为平等主义派分子，他虽然同情他们，但敌视他们的观念，认为在那个时代，民主将会导致英国的混乱。

现在的国会由长老教会控制，愤恨在如此庞大烦扰的一支军队中潜藏着独立派分子，于是通过一项法案遣散其中的半数，而且编列其余为自愿军，派至爱尔兰服役。士兵们要求支付他们的欠薪，国会仅拨付部分现金，其余只是口头答应。军队要求除非全数给付才愿遣散。国会因而重开与国王的谈判，几乎与他达成协议，只要他接受该宪章 3 年，即可让他复辟。有一队骑兵袭击了霍姆比宫，俘虏了国王，1647 年 6 月 3 日至 5 日带他到纽马克（Newmarket）。得到这个通知后，克伦威尔急忙赶往纽马克，自命为军事委员会主席。1 月 10 日，军队开始向伦敦缓慢前进。在途中，向国会致送一篇由克伦威尔能干的女婿亨利·爱利顿（Henry Ireton）起草的宣言，谴责国会中的绝对独裁主义者并不比查理好，要求以较广泛的选举权来选举新的国会。国会面临两边开火的窘境，一边是商人，一边为厂主。伦敦的居民们因恐遭军队占领，大声疾呼要求国王复辟，为此不惜任何代价。7 月 26 日，一群市民攻击国会，迫使国会邀请国王赴伦敦，并将军事置于长老教会的指挥下。67 名独立派分子离开国会，投入军中。

8 月 6 日，军队挟带着国王进入伦敦，67 位独立派人士被护送回国会的席次。从那时起直至克伦威尔掌握最高权力，军队统治了国会。它维持了城市与军中阶级的秩序。而其要求，虽然在当时可能无法实行，也会由其后代认可。1647 年 10 月 9 日，一本名为《军队保障法案》（*The Case of the Army Truly Stated*）的小册子，要求贸易自由、取消专卖、恢复穷人的共有土地、任何人不得被迫于法庭中做不利于自己的供述。另于 10 月 30 日的《人民的协议》（*An Agreement of the People*）中，宣称"所有的权力其渊源与本质在于人民全体"，唯一公正的政府是由男人以投票方式自由选择其代表组成，因此国王和贵族，若允许其存在，应该臣属于平民院，没有任何人能免于法律的管辖；而且，所有人应该享受完全的宗教自由。蓝斯波拉夫上校（Rainsborough）说："每一个在英格兰出生的人，王国中的富人、穷人"，对选择那些与其生死攸关的土地法律的制定者，应有发言的自由。

克伦威尔召集他们的领袖祈祷而平息了争论。平等主义派指控他是伪君子，及秘密安排国王复辟。他坦陈仍相信君主制度。他向民主人士解释，抗拒他们的建议将太可怕，不是仅以"血肉之躯"所能克服的。经过冗长的辩论后，他说服了那些领导者，对他们要求普遍的选举权，减低至仅要求选举权的扩大。有些军人拒绝妥协，他们在所戴的帽子上写着"协议"（Agreement），漠视克伦威尔的命令，不愿擦去。他逮捕了3位暴动首领，以军事法庭审判，判处死刑。他命令他们以掷骰子来决定生死，有一位输了，立即被枪毙。军队纪律重新恢复。

同时，国王从军队的手里逃脱，逃往海岸及怀特岛，在卡里斯布鲁克堡（Carisbrooke Castle）寻求友善的临时住处。他听到保皇党在乡村和海军里反抗国会的消息后，颇为振奋。苏格兰派驻伦敦的委员们，宣称假如他愿意采纳长老教会的基督教而压制所有其他形式的教派，他们能秘密提供苏格兰军队助其复辟。他接受这个"协议"，但只限期3年。委员们离开伦敦筹组军队。苏格兰国会批准了他们入侵英格兰的计划，于1648年5月3日发出一宣言，要求所有英格兰人接受该宪章，除长老教会外，压制所有其他教派，遣散独立派军队。英格兰国会认为假若这些建议以武力实现，则其自身便被替换，而且英格兰便臣服苏格兰了，于是仓促与克伦威尔达成和平协议，说服他带领军队对抗苏格兰。国会无疑乐于将克伦威尔调至远地，并使他处于危险之中。他用3天说服军队追随他返回战场。他勉强地前进，有些领导者发誓说，假若他们再度拯救英格兰，那将是他们的"责任……去召那位血腥的查理·斯图亚特，清算他所流的血"。

终结（1648—1649）

克伦威尔的才干使第二次内战很快结束。费尔法克斯在肯特扫荡保皇党的暴动时，奥立弗西进并在威尔士地区夺取了保皇党的大本营。苏格兰军队于 7 月 8 日渡过特韦德河（Tweed），以惊人的速度向前推进，进入距利物浦只有 40 海里的地方。在兰开夏的普勒斯顿城（Preston），克伦威尔的 9000 名士兵于 8 月 17 日击败了两倍于他们的苏格兰军和保皇党。

克伦威尔和他的将士们正在拯救国会时，国会图谋利用重启安排国王复辟的方法来保护自己，但仍坚持他应签署与执行该宪章。查理不同意。回师的军队提出对王室特权的严格限制，以作为支持他复位的条件。他也于 11 月 17 日拒绝。为了预防他被国会拥戴复位，军队再度逮捕他，并使他宿居于赫斯特城堡。此地位于怀特岛的正对面。国会谴责他们的行动，投票决定以国王是否接受其条件为解决问题的基础。军队的领袖们预知，若查理复位，他们将被处死，因此宣称除非继续"忠诚于公共利益"的人，否则任何人皆不许进入平民院。12 月 6 日一早，托马斯·普赖德（Thomas Pride）上校率领军队包围并侵入平民院，迫使 140 位保皇党与长老教会议员离去，40 位抵抗的议员，全被下狱。克伦威尔赞成这项行动，亲自参加投票，赞成迅速审判，并处死国王。

1640 年，由 500 名议员组成的平民院，现在仅幸存 56 位。这个"残余的国会"（Rump Parliament），以 6 票的绝对多数通过一项法令，指责国王对国会的开战是叛国。贵族院不理会平民院的权威，拒绝其法令。1649 年 1 月 4 日，平民院强调人民是"在上帝之下，所有正义力量的源头"。平民院是由人民代表组成，具有"国家最高的权力"，因此它所定的法律，不需要贵族院或国王的同意，便具有法律效力。1 月 6 日，他们任命 135 位委员审判国王。其中一个委员，阿尔杰农·西德尼（Algernon Sidney）向克伦威尔说，他们没有审判国王的合法权利。克伦威尔因而大发雷霆，咆哮道："我告诉你，我们将砍掉他戴着王冠的头。"军队的领袖们做了避免弑君的最后努力，他们提出，假如他同意出售主教们的土地，并放弃对国会法律的否决权，便宣告其无罪。查理说他不能如此，因为他已宣誓向英格兰的教会效忠。他的勇气是可嘉勉的。

1649 年 1 月 19 日，审判开始。60 或 70 位事先毫无准备的法官，同意坐在威斯敏斯特大厅一边尽头的隆起座位上，士兵们直立两旁，旁观者挤满了走廊，查理单独坐在中央。主审官约翰·布拉德肖（John Bradshaw）朗读指控文，并要国王回答。查理否认法庭审判他的权力，并否认法庭是英格兰人民的代表，宣称：由军队统御下的残余国会来统治政府，远较他过去的统治更为专制。走廊的旁观者高喊："上帝拯救国王！"教士们谴责该审判，布拉德肖担心自己的安全。查理王子从荷兰送来一封仅有他署名的短函，他以其名义保证，假如法官能宽恕其父，则他可以承诺任何条件。4 位贵族要求代替查理被处死刑，但都被拒绝。59 位法官，包括克伦威尔在内，签署了死刑判决，1 月 30 日，在浩瀚汹涌的人群前，国王安静赴死。他的头被行刑者的斧头砍下。一位目睹者说："当时，在场的数千群众同声一叹，是我以前从未听过的，我希望以后也永不再听到。"

处死是合法的吗？当然不。就现有法律而论，前进的与鲁莽的国会据有了皇家特权，而被 100 年中的一些先例认可。查理真诚地护卫他从伊丽莎白和詹姆士继承来的权力，他犯了罪而对抗以至继续犯罪，但其致命错误是否定为了社会安定，财富须重新分配，政治力量也须重新分配的意见。

被处死合乎正义吗？是的，像战争一样公正。以前法律可因军事审判而摒弃，失败者只可要求恩惠，但胜利者须预防新的反抗，为吓阻其他事情的发生，或为其自身与追随人员的安全，便可处以最高的刑罚。假定国王胜利了，克伦威尔、爱利顿、费尔法克斯和其他许多人都会被吊死，或对那些被判有叛国罪者处以酷刑。

处死是聪明的措施吗？可能不是。克伦威尔显然相信，一位活着的国王，无论他是多么安全地被监禁，将会再度刺激保皇党叛变。而如此将使国王的儿子，在远不可及的法国或荷兰，不因其父亲的错误而染有瑕疵，不久又会浪漫地发放光彩。查理一世的悲剧导致国民感情上可预见的激变，在11年后又重蹈覆辙。后来的历史间接显示慈悲是明智的。查理的儿子詹姆士二世也犯了同样大的错误。1688年的光荣革命，以贵族政治的手腕来管理，准许他逃往法国，但废立的结果是永远的。无论如何，早期的大革命使后来的光荣革命成为可能。

此次大革命与法国16世纪胡格诺教派的起义和1789年的法国大革命相似，虽然有许多歧异——第一个事件是严格与俭朴的加尔文教派，因商业的财富而力量大增，反对重仪式的教会与绝对专制的政府的叛变；第二个事件是国民会议的革命，显示了财产与中产阶级的力量，反对由富有却落伍统治者领导的土地贵族的政治。1789年，英国已消化了前两次的革命成果，而能以恐怖的心情来正视他们自己相同的革命。因为过去，他们为了安定曾使国家遍染血腥，并杀了一位国王。

第二部

理性与信仰

《玩牌的人》（拉·图尔，1635 年）。16 世纪末，法国宫廷阴谋、派系纷争和贵族叛乱不断，几乎陷于无政府的混乱状态。

第一章 | 意大利
（1564—1648）

神奇的长靴

经过文艺复兴与宗教改革的双重风暴后，意大利在普遍的贫穷、宗教的慰藉与和平的粉饰之下，日渐臣服于西班牙。根据《卡特—坎布雷西斯和约》（*Treaty of Cateau-Cambrésis*，1559 年），萨伏伊公国割让给埃马努埃尔·菲力伯（Emmanuel Philibert）。热那亚、卢卡、威尼斯及圣·马力诺仍以独立共和国存在。曼图亚依然归顺贡萨加公爵，费拉拉归顺艾斯坦斯，帕尔马则归亚历山德罗·法尔内塞。美第奇家族统治托斯卡纳——佛罗伦萨、比萨、阿雷佐、锡耶纳，但他们的港口全都在西班牙的控制之下。上述胜利使西班牙统治了米兰公国和那不勒斯王国，包括西西里岛与整个意大利教皇国的南部。这些由地中海横过半岛中部至亚得里亚海的地域，一向在教皇的统治之下，现在全被西班牙的势力包围。

西班牙势力并非军事侵略性的，除米兰和那不勒斯外，它不干涉诸王国的内政。但对商业的厌恶与对自由知识的畏惧，使意大利人的生活笼罩着一片阴影。与东方和美洲的贸易，现在已转移到西班牙人手里，这些财富曾支持了文艺复兴，现在则充裕了西班牙、英国、荷兰的文化勃兴。由于宗教改革，教皇的税收减低，意大利受创至深。富有忍耐性的农民继续努力不懈并热切地祈祷，无数的教士祈求，商人们失去社会地位和财富，贵族们则沉迷于对名衔的追求与奢侈的享受。

虽然处于政治大混乱，意大利产生了当时最伟大的科学家伽利略。除此还有：布鲁诺的冒险与预言哲学；杰出的雕刻家贝尔尼尼；闻名遐迩的作曲家蒙特威尔第；最勇敢的传教士们；最优秀的诗人之一托尔夸托·塔索；在博洛尼亚、那不勒斯和罗马的艺术学院，仅次于富裕的荷兰。就文化成就来说，意大利始终是首屈一指的。

·阿尔卑斯山麓

在埃马努埃尔·菲力伯的英明领导下，同时在女王——法国与萨伏伊的玛格丽特对文学与艺术的鼓励之下，都灵成为一个主要的首府。米兰虽然隶属他国，仍不失其灿烂辉煌。伊夫林形容其 1643 年的情形是"欧洲最庄严的大都市之一，有 100 间教堂、70 所修道院、4 万居民、奢华的皇宫、杰出的艺术家"。1573 年，一场大火烧毁了圣洛伦佐·马焦雷长方形会堂的内部，米兰的大主教卡罗·博罗梅奥（Carlo Borromeo）委任马丁诺·巴希（Martino Bassi）依照拉文纳（Ravenna）的圣维塔莱教堂庄严的拜占庭式风格重修其内部。卡罗的侄儿，枢机主教费得里戈·博罗梅奥（Federigo Borromeo）兴建了安布罗西亚诺宫（1609 年），并在其内建立著名的安布罗西亚诺图书馆。布雷拉（Brera）的宫廷在 1615 年原为一所耶稣会书院，从 1776 年起成为贝拉·阿蒂（Belle Arti）艺术学院的发源地，1809 年后更成为闻名世界的布雷拉画廊的发源地。它虽在第二次世界大战时惨遭蹂躏，现今已得到恢复。人们可以在这里找到许多最显赫的米兰绘画家族——普罗卡奇尼（Procaccini）和克雷斯皮（Crespi）的精美杰作。

热那亚——最安宁的公主，依然在她富丽堂皇的宫殿式的山上，骄傲地眺望地中海内散布的热那亚船只。这个商业共和国虽已失去在东方的特权而转属土耳其，一部分与东方的贸易也被大西洋国家接收，但她的大海堤赐予她一个优良港口，使之继续保持意大利的首要海港。很多商业巨子都在意大利立足，并创建他们富有的家庭。伊夫林认为由鲁本斯设计，面对辉煌大理石皇宫的那条新街（Strada Nova），"远胜于欧洲任何一处"。大部分优美的建筑，都是由加利亚佐·阿莱西（Galeazzo Alessi）和他的学生们设计的，以其艺术的画廊、堂皇的阶梯、画板或壁画和豪华的家具而著称——"全部桌子与床架都用巨大银块铸成。"热那亚的商业泰斗都精于以血汗换取金银。1587 年，吉亚科莫·德拉·波尔塔（Giacomo della Porta）建起桑蒂西马·阿农齐亚塔（Santissima Annunziata）这个长方形建筑物，其凹槽、精美无瑕的讲坛、华丽壮观的拱形圆屋顶，为热那亚人虔诚奉主的骄傲证明。这些及其他许多热那亚教堂和宫殿不幸皆在第二次世界大战中被毁。

由于佛罗伦萨在文学、学术、科学及艺术上的兴盛，迟至瓦萨里时，仍被称为意大利的雅典。万事皆蒸蒸日上，唯独贞操例外。在大公爵弗朗西斯科一世时代，庞大的美第奇家族完全沉沦为放纵与通奸的巢穴。枢机主教斐迪南·美第奇辞去其神圣职位而变成大公爵斐迪南一世，在位 22 年（1587—1609 年）。他使托斯卡纳处于公正与进步的统治之下，借助开发里窝那（Livorno）为自由港口，对所有贸易商与信仰开放，以扩展托斯卡纳的商业，借助本身的道德恢复人民的道德意识。他的继位者科西莫二世，即斐迪南二世，以经济援助伽利略著称。巴尔托洛梅奥·亚曼那第为佛罗伦萨城内的皮萨·德拉·希格诺里亚雕刻了伟大的海神喷水池，又在卢卡设计了杜卡尔宫。乔凡尼·博洛尼亚在 1583 年完成了现今竖立在洛基亚·兰齐的《萨宾人的劫掠》和亨利四世的雕像，这是科西莫二世献给玛丽亚·美第奇用来装饰在巴黎的新桥（Pont Neuf）。阿洛里·亚历山德罗及其子克里斯多芬诺继续色彩奇妙的佛罗伦萨绘画，而彼得罗·科尔托纳在比蒂宫（Pitti Palace）天花板上的壁画，则描绘了科西莫一世的美德。

这一时期，帕尔马有一位极负声望的公爵法尔内塞，由于终日在荷兰率领西班牙军队作战，以致从未善尽君王之职。帕尔马大学在他儿子拉努乔（Ranuccio）的管理下，在欧洲颇享盛名。1618年，阿略奥第（Aleotti）建立法尔内塞剧院，这个半圆形剧场足可容纳7000名观众。在今天的意大利，仅有其师帕拉迪奥的奥林匹克剧场可与之媲美。

曼图亚现正迈进兴盛时期，重振伊莎贝拉时的光荣岁月。蓬勃的纺织工业使曼图亚的布匹声名远播，甚至可以和英国、法国媲美。自1328年贡萨加统治公国以来，他的宫廷人才辈出。公爵文森佐一世（Vincenzo Ⅰ）再次具体地呈现一位文艺复兴时代君子的特质：英俊、庄重；快乐的鲁本斯与忧愁的塔索的赞助人；古代及中国艺术品、音乐器材、佛兰德斯花毡、荷兰郁金香与美女等的收藏家；诗歌与赌博的爱好者，战场上威武无惧，政坛上勇敢无畏，可惜疲于奸淫与战争，于1612年逝世，时年50岁。3个儿子依次登位，最后一位文森佐二世没有后嗣。法国、奥地利与西班牙为决定并控制其继位者，使整个公国陷入战争之中，几乎把曼图亚排出历史之外（1628—1631年）。

维罗纳的文化在当时依然停留在文艺复兴时期，呈现出一片懒散现象。在维琴察、帕拉迪奥的古典建筑物正形成一种特殊风格，为英国建筑家雷恩（Wren）追随模仿。文森佐·史卡莫斯（Vicenzo Scamozzi）完成帕拉迪奥的奥林匹克剧院，并设计了特里西诺·巴顿（Trissino Barton）宫。史卡莫斯对装饰具有敏锐的鉴别力，几乎凌驾于帕拉迪奥之上，他成为古典主义至巴洛克式之桥。

·威尼斯

亚得里亚海的王后威尼斯，跟古罗马一样，有一段长期而平静的落后时期。她与印度的海上贸易落于葡萄牙之手，不久又面临荷兰的竞争。土耳其扩张海上领域，威尼斯首当其冲。她精良的海军与灵活的指挥是当年在莱潘托（1571 年）战胜土耳其的主因。但仅仅几个月后，她就放弃了塞浦路斯，此后她与东方地中海沿岸的商业来往完全受制于土耳其。她勇敢地迎接挑战，不顾一切地奋勇前进。在阿勒颇（Aleppo）与来自中亚的旅行队联系，稍微弥补了与东方在海上贸易的衰退。其舰队仍然控制整个亚得里亚海。她也分享了奴隶买卖的利益，至今这种利益仍使葡萄牙、西班牙和英国蒙羞。至于其大陆则依靠维琴察、维罗纳、特里雅斯特、特伦特、阿奎利亚、帕多瓦等地经济的繁荣与激增的人口。工业方面，玻璃、丝绸、螺丝及艺术奢侈品始终首屈一指。她的贸易中心班科·里亚尔托（Banco di Rialto）成立于 1587 年，在许多私人银行倒闭后，集中全国财源以支持威尼斯财政，同时成为纽伦堡、汉堡和阿姆斯特丹类似制度的典型。旅行者惊讶于威尼斯建筑、妇女的美貌、街道的整洁及其政府坚强的稳定。

她外交政策的目标在于维持法、西两国的权力均衡，唯恐其中某一国会吞并这个弱小的共和国，因为很早以前她就晓得亨利四世一直在积极重振历经战争摧残的法国。1616 年，西班牙在那不勒斯获胜，欧逊纳（Osuna）公爵与西班牙驻威尼斯大使图谋推翻元老院，并设法使这个共和国成为西班牙的属国。菲利普三世在审慎考虑后，支持这件事，但嘱咐欧逊纳："切勿让任何人知道你是在我认可之下做这件事，要假装你是没有依法行事。"威尼斯的领主团体希格诺里（Signory）在欧洲有最精明的密探，他们破坏阴谋并缉拿国内的阴谋者。一天早上，人民被召去看那些阴谋者被吊死在圣马可广场。死者的眼睛注视着逍遥自在的白鸽。

这个平静而苦修的寡头政府，跟任何教派的人民都有商业来往，并给予宗教自由。它对教皇采取一种不寻常的独立态度。规定教士们要缴税，服从国内法，禁止未经许可建立神龛、修道院及将土地让与罗马教会。由莱昂纳多·多那托（Leonardo Donato）与尼科罗·孔塔里纳（Nicolo Contarini）领导的一群威尼斯政治家，激烈反对教皇延伸其权力于俗事的要求。1605 年，卡米罗·博格斯（Camillo Borghese）成为教皇保罗五世，次年多那托被选为总督。多那托任威尼斯驻罗马大使时，两人曾为好友，但现在分别处于教会与国家之间相互敌对，这与 5 世纪前格列高利七世与亨利四世的冲突相似。当时，教皇保罗异常惊异地发现，威尼斯反教士团体的领导者也叫保罗，名为保罗·沙比（Fra Paolo Sarpi），是一位圣母玛利亚教派的修道士。

莫尔门蒂（Molmenti）称："沙比是威尼斯有史以来最高超的智慧者。"沙比是商人之子，13 岁参加塞维特教会，热切追求知识。18 岁时，他在曼图亚一个公开辩论会中成功地为 318 篇论文辩护，被当地公爵任命为宫廷神学家。22 岁时，他被任命神职，并成为哲学教授。27 岁时，他被选为教会在威尼斯共和国的总主教。他继续研究数学、天文学、物理学及其他各方面的学问。他发现虹膜的收缩性能。曾经写过一些科学论文，但今天已经失传。他还参加法布里齐奥和波尔塔的研究与实验工作。波尔塔曾说他未见过比沙比"更有学问或在知识的领域内更敏锐的人"。可能这些凡俗知识伤害了沙比的信仰。他喜欢结交一些新教徒朋友，于是威尼斯的宗教裁判所——后来逮捕布鲁诺的同一机构——收到许多控告他的信件。他曾经 3 次被元老院提名竞选主教，但 3 次皆遭梵蒂冈拒绝。这些挫折加深了他对罗马的憎恨。

1605 年，元老院拘捕两位神父并控以重罪。教皇保罗五世要求将他们两人移交教会的司法管辖之下，并命令废止一切反对新教堂、寺院与各宗教教派的法律。但威尼斯的领主团体婉拒。教皇限定总督、贵族和元老院在 27 天内答复此事。他们邀请沙比做宗教法规顾问。沙比忠告他们应坚持教廷势力仅限于精神之事，元老院采纳其意见。1606 年，教皇将多那托与贵族除籍，停止威尼斯区域内所有神职人员的教权。总督指示威尼斯教士们不必理会禁令并继续行使职权。除耶稣会与圣方济各教派外，他们都遵行总督所示。由于耶稣会会章保证必须服从教皇，全体离开威尼斯，虽然贵族们警告假如他们离开则永远不准回来。当时沙比为回答枢机主教贝拉尔米内（Bellarmine），立即出版数篇论文，限制教皇的权力，并宣布民众议会比教皇有更高的权力。

教皇保罗五世求助于西班牙与法国，但西班牙一向拒斥教皇的诏书，法国的亨利四世则正对威尼斯表示谢意，派遣一位明智的枢机主教乔伊斯（Joyeuse）至威尼斯，他提出一个挽回面子的方法。神父们获释至法国领事那里，后来解送他们至罗马。元老院反对废止那些抗议的法律，但（希望教皇协助反抗土耳其人）答应威尼斯以"惯常的虔敬修敛自己"。教皇悬其责难未决，乔伊斯赦免了被逐籍者。一位天主教历史学家说："教皇保罗五世的要求，性质太过中古化，以致很难很好地施行。"这是最后一次整个国家处于禁止教权之下。

1607 年 10 月 5 日，沙比遭刺客暗算，凶手误以为他已命绝随即离去。他恢复健康后，曾说过一句太好以至难以令人信其为真的隽语："我认识了罗马教会的刻字刀。"刺客们在教皇国得到保护并获得欢呼。此后，沙比安静地隐居在修道院内，每天做弥撒，但写作从不停顿。1619 年，在一家伦敦公司的帮助下，他以笔名出版了《特伦特会议的历史》（*Istoria del Concilio Tridentino*），是一部控诉特伦特会议的巨册。他以新教徒式的观点叙述宗教改革，又责难宗教会议完全臣服于教皇之下，而使各教派无法妥协。各处的新教徒极力推崇该书，弥尔顿称沙比为"伟大而未戴面具的人"。耶稣会委托一位他们教派内的学者斯福扎·帕拉维奇诺（Sforza Pallavicino）写一本与之对抗的历史著作（1656—1664 年），以揭露沙比的偏见与谬误。不管双方的敌对态度如何，这两本书在搜集与处理原始资料的技术上，都向前迈进了一步。沙比书中庞大的摘要是后来附加的，滔滔的雄辩构成具有危险性的吸引力。在鼓吹教会与国家完全分离的运动中，当时他是站在时代最前沿的。

在这个骄横的政府之下，在那些平静与香味弥漫的运河之间，威尼斯继续追求财富与美女，以建筑业讨好基督，以连祷讨好圣母。每星期必有一位圣徒提供理由而为之举行庆典。在瓜尔迪的油画中，我们能看见他们的集体狂欢。在肖像画中，我们又可发现肉欲的放纵、东方式的服装与珠宝的奢华。几乎每一天晚上，都会听到小船里传出的乐声。假如你踏进他们的神奇小舟，船夫便会一言不发地带你到一间房内，里面聚集着许多高等妓女。蒙田跟其他男人一样，没什么偏见，非常惊讶威尼斯妓女的富有与自由。她们缴税给国家，然后获准住她们喜欢的地方、穿她们喜爱的服装。国家保护她们并应付那些违约的主顾。

随着逐渐增多的华丽的教堂、富丽的新皇宫和一座座优雅的桥梁，威尼斯的大运河及其支流一年比一年兴盛。1631年，元老院委托隆盖纳（Longhena）建立一座庄严的圣玛利亚教堂，作为对圣母的奉献，感谢她保佑威尼斯城在经过一次大瘟疫后迅速恢复元气。1588年至1592年，安东尼·庞特以新的里亚尔多桥取代了破旧的木桥，并筑一道90英尺长的大理石单拱桥横跨大运河，两岸商店林立。约1600年，"叹息之桥"高建在道奇宫与圣马可监狱之间的一条运河之上——"一边是皇宫，一边是监狱。"史卡莫斯完成了帕拉迪奥的圣乔治教堂和圣索维诺的维几亚图书馆（Libreria Vecchia）。圣索维诺和隆盖纳合建了一座与圣马可广场毗连的新行政宫（Procuratie Nuove，1582—1640年），作为威尼斯行政机关的办公处所。大运河沿岸陆续兴建了一些闻名遐迩的宫殿：巴尔比宫、康塔里尼宫和拜伦曾经在1818年住过的摩塞尼哥宫。那些只看见威尼斯皇宫外表的人，无法想象其内部的辉煌奢华：画上壁画或饰以饰板的天花板，绘画或挂着绣帷的墙壁，覆以丝缎的椅子、桌子、柜子全是雕刻的，镶嵌工装饰的小私室及耗时数世纪修建的堂皇阶梯。由数百个家庭组成的一个相互猜疑的寡头政府，坐享商业王国的财富和古老的贵族政治的阶级划分。

当时只有一位威尼斯雕刻家亚历山德罗·维托里亚（Alessandro

Vittoria）超群出众，但绘画界里也诞生了两位二流的画家。经过几个时代，帕尔马·维琪奥（Palma Vecchio）把颜料都传给侄孙帕尔马·乔万尼（Palma Giovane），也就是"年轻者"雅可布·帕尔马（Jacopo Palma the Younger），他较其叔祖晚 100 年逝世。乔凡尼常常漫不经心地速写，因此被贬为颓废派艺术家。不过他有一部分作品，如那幅挂在克罗西费里（Crociferi）教堂的几近伟大的佳作《教皇安那利塔斯》（*Pope Anaclytus*），莫尔门蒂的字里行间提到这位漫不经心的"年轻者"：

> 帕尔马·乔凡尼除了自己的工作外，别无其他目标，即使最深切的痛楚也绝对无法扰乱他。他从艺术作品中找寻痛失二子的安慰，一个儿子死在那不勒斯，一个死于淫乐。他的妻子被抬进坟墓之后，他就开始专注于绘画，以逃避痛苦的折磨。

伯纳多·斯特罗齐（Bernardo Strozzi）的声名跨立这只神奇长靴的顶端。他生长于热那亚，逝于威尼斯（1644 年），其生前名画散布每一个画廊。他曾经是圣方济各修会的托钵僧，后来脱去僧衣，但永远除不掉其绰号——卡普奇诺（Cappucino）。历经无数磨难后，他发现威尼斯充满容忍与富庶，便创作出他最卓越的作品。一个例子足以代表：他的《一个圣多明我修士的肖像》（*Portrait of a Dominican Friar*）——那顶高贝雷帽把宽阔的前额衬托得更为分明，紧锁眉头与专心思索的两眼，从他的鼻子和嘴巴可流露其性格，还有一双显露家世的双手。提香也比不上他。这些大师们的弟子在任何一国也可被视为大师。

·从帕多瓦到博洛尼亚

帕多瓦的光荣全在于它的大学。这一时期，哈维在此地求学，伽利略也任教于此。在费拉拉，阿方索二世对自 1208 年便一直统治公国的埃斯特（Este）家族，丝毫未显松懈。大英博物馆中有一幅佚名的版画描绘他有力的头颅、权威性的胡子及眼中露出果断与阴郁的才智。他对阻碍他的人毫不留情，但对其他人很仁慈。他对塔索的脾气尽力忍耐，在战场上从不惧怕，征税没有限制。他延续埃斯特家族喜爱文学、科学和艺术的传统，并将这些作品纳入他宫中的文化、光辉及欢乐中。人民必须满足于现状，享受他们劳苦的成果。他虽已尽全力，前后3个妻子却没有为他生出一个儿子。根据1539年的协定，素为教皇采邑的费拉拉在1598年成为教皇国领土。它的文化史终于结束。

博洛尼亚自1506年以后始终受教皇统治，此时又有了一段光辉灿烂的好景。它的一个画派支配意大利两个世纪之久，其影响远及西班牙、法国、佛兰德斯和英国。一位有钱的屠夫之子洛多维科·卡瑞奇（Lodovico Carracci）在威尼斯、佛罗伦萨、帕尔马和曼图亚学习艺术之后回返博洛尼亚。丁托列托（Tintoretto）曾警告他说他没有绘画天才，但洛多维科·卡瑞奇觉得勤勉能代替天才，何况他也有天才。他以热诚鼓动了他的两位堂兄弟阿戈斯蒂诺（Agostino）和安尼巴莱（Annibale Carracci）——一个是金匠，一个是裁缝。这两个人到威尼斯和帕尔马研究提香与柯勒乔。回来之后，与洛多维科一起开了"启迪"（Incamminati）学会（为那些初学者）。他们指导艺术的要素、历史及技巧，仔细研究名家，不"固守"任何一位名家的旧风或特性。他们将拉斐尔的女性温柔、柯勒乔的细致有力、米开朗基罗的男性活力、达·芬奇的明暗对比、提香的温暖色调等，表现于一个丰富的形式中。这一个"折中画派"使博洛尼亚媲美罗马，成为意大利的艺术都城。

卡瑞奇家族遗赠的画难以计算，很多现存于博洛尼亚艺术学院，有些存于卢浮宫，但它们无处不在。洛多维科自己的作品最缺乏吸引力，但《报喜》（Annunciation）和《圣乌秀拉的殉道》（Martyrdom of St.Ursula）两幅很出色。阿戈斯蒂诺的代表作是强有力的《圣哲罗姆的圣餐》（*Communion of St.Jerome*）——这并不能阻止他迎合大家对淫秽绘画的需求。安尼巴莱在这家族中对技巧最有天赋，曾从柯勒乔处学得线条和色彩的精练，那是他的堂兄弟们缺乏的。看看沃夫兹画廊他那幅《女祭司》（*Bacchante*）中的女性美，比蒂宫中《仙女与半羊神》（*The Nymph and the Satyr*）完美的女性及保存在德累斯顿宫的《著名的天才》（*The Genius of Fame*）画中完美的男性。在《基督与撒玛丽亚妇人》（*Christ and the Samaritan Woman*）一画中，他创作了这个时代的代表作——人物比得上拉斐尔，风景方面则成为普桑的先驱。

1600 年，安尼巴莱和阿戈斯蒂诺接受枢机主教法尔内塞的邀请，到罗马为他宫殿中的画廊作画。他们选了适当的题材，画出《酒神的胜利》（*The Triumph of Bacchus*），具有荷兰画家鲁本斯作品那种奔放的女性魅力。然后阿戈斯蒂诺前往帕尔马，为别墅画了一幅很大的壁画。安尼巴莱前往那不勒斯，该城的国家博物馆至今仍展览着他那两幅对比强烈的《圣家》（*The Holy Family*）与《维纳斯与战神》（*Venus and Mars*）。这三位堂兄弟，在艺术上向来联结在一起，死时却各分东西：阿戈斯蒂诺死于帕尔马（1602 年），安尼巴莱死在罗马（1609 年），洛多维科仍然忠于博洛尼亚——最先来临，最后离去（1619 年）。

这个新画派训练出几位当时最有名的画家，其中圭多·雷尼（Guido Reni）在欧洲画家中最受推崇。在他早期受卡瑞奇家族栽培、启蒙之后，臣服于罗马的吸引（1602 年），在那里工作了 20 年，然后回返博洛尼亚，画了不少杰作。虔敬的淫荡和伤感的优雅风格，使那些画成为正统信仰与情欲异端之间颇受欢迎的桥梁。雷尼似乎对宗教很虔诚，以保持圣洁到底闻名。国会博物馆中，有一幅他的自画像，年轻，美得像少女，头发金黄，面色白皙，眼睛是蓝色的。他的代表作是罗马罗斯皮格里奥斯（Rospigliosi）宫中天花板上的壁画《曙光女神》（*Aurora*）：黎明女神飞过天空，后面跟着壮丽的马群；马车里坐着蓬松乱发的太阳神，由一群面貌体态很可爱的跳舞女孩陪伴着，她们象征一天中的各个小时；还有一位带翼的天使，使异教的激情得到了基督教的认可。雷尼也画其他的神话——卢浮宫中的《海伦的掳掠》（*The Rape of Helen*），那不勒斯的《金苹果园的苹果》（*Apples of the Hesperides*），德累斯顿艳丽的《维纳斯与丘比特》（*Venus and Cupid*）。从《旧约》中他取得题材画了《苏珊娜和长者》（*Susannah and the Elders*）。但大体说来，他还是满意于一再绘画那些人民及教会均亲切的古老题材，基督与他母亲的故事，批评家责难这些画都是"令人伤感的"，感情夸张。然而，他画使徒画得很好，梵蒂冈的《圣马太》（*St.Matthew*）即是一例。他还画了圣约瑟壮丽的头颅，而在梵蒂冈的《圣彼得的殉道》（*Martyrdom of St.Peter*）一画中，他尝试了卡拉瓦乔（Caravaggio）粗糙的写实风格。重新返回感伤风格之后，他为画廊画了著名的《圣塞巴斯蒂安》（*St.Sebastian*），画中的圣人安静地让箭射入他完美的形体。在所有杰作中，我们洞见训练良好的技术，但是我们把这些感伤的尊严与拉斐尔的《斯坦齐》（*Stanze*）或米开朗基罗为西斯廷教堂所绘的天花板做一比较，感动我们的，不是多彩的颜色与滑润的线条，而是雷尼艺术中"神经的失落"。他写道"我愿把天堂中的美给予我要画的形体"时，他的梦是可以原谅的。但他夸口说他有"两百种方式使眼睛仰望天堂"时，他就把秘密完全泄露了。

多梅尼基诺（Domenichino）追随雷尼立即讨好异教徒与虔诚派的政策，因为这两种人其实是同一种，这个计划证明是有利可图的。他比雷尼复杂、谦和而害羞，深爱音乐与妻子。他也在博洛尼亚学习艺术，然后寻找罗马与钱币。他在该地的成功引起他同乡竞争者的嫉妒，他们控告他抄袭。他退隐到博洛尼亚，被教皇格列高利十五世召回担任梵蒂冈的首席建筑师与首席画家。运用一些文艺复兴时代的多重变化的技巧，他设计了现已消失的罗马卢多维西（Ludovisi）别墅及弗拉斯卡蒂（Frascati）的阿尔多布兰蒂尼（Aldobrandini）别墅的一部分。然后移向那不勒斯，开始了大教堂的一连串壁画。不顾那不勒斯画家们给他制造的麻烦，他去世时（1641 年）几乎完成了全部的工作。死时 61 岁。他最伟大的名画是现存梵蒂冈的《圣哲罗姆的最后圣餐》。以这幅代表作为基础，普桑把多梅尼基诺列为仅次于拉斐尔的画家，我们尊敬这份热诚更甚于这种判断。罗斯金（Ruskin）认为多梅尼基诺"显然不能在任何方面、以任何方法，把任何种类的事情做得很好、很伟大或很正当"。我们既不赞成这种判断，也不赞成这种浮夸的言词。

卡瑞奇家族的三位著名学生中，最后一位被称为圭尔西诺（Guercino）——"斜视眼"——因婴儿时代遇到意外事件，眼睛变形，但是他的母亲叫他巴比埃里（Barbieri）。在他向卡瑞奇家族学画之前，已是画家，曾受卡拉瓦乔男性风格的影响，所以他在艺术方面居于博洛尼亚与罗马之间。他与雷尼一样终生未娶，过着半僧侣式的生活，在他平静而虔诚的一生中表现着天主教改革的最好特质。他留给后人很多优秀的画，分散于罗马、芝加哥等地。他是博洛尼亚画派中最弱也是最可爱的一员。

"折中画派"的基本理论认为，结合前辈画家不同的特色可以培养出伟大的画家。这显然是错误的，因为表现个性、创出新路往往是天才的特质。但启迪学院传达了一项传统和一种教条，若没有这些，天才会趋向极端与怪异。这个画派的兴盛，部分由于它愿意迎合教会的需要。改革后的教廷和日渐扩展的耶稣会，需要代表基督教故事的新鲜作品和鼓动虔诚与信仰的生动画面。博洛尼亚画家触动了仰慕者情感的每一根琴弦，他们的圣母像和"抹大拉的玛丽亚"像传遍天主教世界。谁能否认人民感激这些启示，或否认为教会提供这些作品的人正是历史上最体现民意的心理学家呢？

·那不勒斯

教皇国很早就合并了福尔利、拉韦纳、里米尼、安科纳等地，乌尔比诺也于 1626 年并入，佩萨罗则于 1631 年并入。由此向南经过福贾、巴里、布林底希，到达"神奇长靴"的跟部，经由特伦特、克罗同和雷吉奥·卡拉布里亚到其尖部，再横越斯奇拉到查理蒂丝，经由西西里，向北沿着西海岸到卡普阿，当时都是那不勒斯王国的领土，该国自 1504 年以来素为西班牙的管辖区。整个蔓延的领域里，300 万激动的生灵在炎热的贫困中奔波着，只为了供养其辉煌首都的繁华景象。伊夫林曾于 1645 年到过那不勒斯，并加以描写：

> 行政首长们都异常贪婪，利用可怜人民的劳力中饱私囊……这座城市的结构以它的大小而论，是当时欧洲最壮丽的：街道极宽，铺得很好，有很多地下管道来排除污物。街道亲切而整洁……它有 3000 座以上的教堂和修院，无论建筑或装饰都是全意大利最好的。人民大大地影响了西班牙人性格中的严肃一面，也喜欢好马，街上都是骑在马背上、坐在躺椅或轿中的风流绅士……女人大体上外貌很好，但非常淫荡。

每个人似乎都很快乐，喜好音乐、罗曼史和虔诚，但是，在歌唱的表面之下，在宗教裁判所的监视之下，异端与革命在酝酿着。哲学家泰莱西奥（Telesio）在这里生活、逝世（1588 年）。在靠近那不勒斯的诺拉（Nola）一地，布鲁诺出生了。1598 年，康帕内拉参加一次叛乱，志在促使雷吉奥·卡拉布里亚成为独立的共和国。计划失败，这位诗人哲学家以后 27 年的岁月便在监狱里度过。

1647 年，那不勒斯因为一次歌剧式的暴动一时阻碍了意大利的农业开发，并陷入骚乱。托玛索·阿涅罗（Tommaso Aniello），俗称马萨尼洛（Masaniello），是一位鱼贩，他太太曾因走私谷类被罚重款。西班牙官员要征水果税作为海军费用时，果农与果贩们予以拒绝，马萨尼洛便号召一次武装暴动。当他闯入总督府要求撤销那笔税时，10 万意大利人追随他。受惊吓的总督立刻投降。马萨尼洛当时年仅 24 岁，成为那不勒斯的主人，统治那不勒斯 10 天。1500 个反对者在独裁狂热中被处以死刑。他要求面包价格降低，一位不依从的面包师被活活放在自己的炉上烤死——但是这段历史是马萨尼洛的敌人写的。据说马萨尼洛穿着金制的衣服，把他卑微的家变成沸腾着权势的宫殿，并乘着华丽的飞艇巡视海湾。7 月 17 日，他被西班牙雇凶暗杀。他支离的身体由其随从们重新组合成整体，给以光荣的葬礼。这场失去领袖的叛变于是告终。

在大主教与总督手下，一种阴郁的艺术仍然存留着。1608 年，教会花了 100 万弗罗林，在圣杰纳罗（San Gennaro）大教堂中建立"宝物堂"卡佩拉·泰索罗（Cappella del Tesoro），作为容纳那不勒斯守护神圣耶纽里（St.Januarius）两小瓶圣血的圣龛。据说那个固态血液两年液化流动一次，使那不勒斯在维苏威火山之下仍昌盛安全。

那不勒斯的绘画一度曾被 3 位善妒的艺术家科隆齐奥（Corenzio）、卡拉乔洛（Caracciolo）和里贝拉（Ribera）控制，他们决定所有那不勒斯的绘画都要由他们或他们的朋友完成。他们威胁安尼巴莱·卡瑞奇，迫使他逃回罗马，安尼巴莱在该地竟因烈日下劳苦奔波死去。雷尼前来布置宝库教堂（Chapel of Treasure）时，有人警告他离开那不勒斯，否则将会死亡。他立刻就走了，工作简直就没有开始。两位留下来的助手被放在木船上，从此下落不明。多梅尼基诺来了，虽然作品一再被抹去，仍在这里完成了 4 幅壁画，然后在里贝拉威胁他之前逃走。他在总督保护的特权下回来，但不久去世，可能是被毒死的。

虽有这些罪恶，里贝拉仍应被视为当时意大利最伟大的画家。因为他出生于瓦伦西亚（Valencia）附近的泽提瓦（Xátiva，1588年），西班牙承认他是西班牙人。他曾一度向弗朗西斯科·里巴塔（Francisco de Ribalta）学画，但早年时就决心到罗马。在那里，他贫穷而褴褛，抄袭壁画，以捡面包屑为生。后来有一位热爱艺术并感受文艺复兴时代灵感的枢机主教，把他带到自己宫里，供给他住宿、膳食、颜料、衣服。里贝拉勉地抄袭梵蒂冈宫中拉斐尔的作品及法尔内塞宫中卡瑞奇家族的作品。然后，这位"小西班牙人"发现他的热情已因舒适而削弱，便跑到帕尔马和摩的纳研究柯勒乔。他回到罗马，和多梅尼基诺发生争执，于是搬到那不勒斯。在那里或罗马，他受到卡拉瓦乔的影响，那种兽性的体裁使他局限在黑暗的自然主义中，也许他早已从里巴塔学到这种风格。一位有钱的画商迷上了他，愿意把漂亮的女儿嫁给他。一文不名的里贝拉以为这是开玩笑，但重复提起几次之后，他便结婚并发了财。

现在他画了《圣巴托罗缪的劫掠》(*The Flaying of St.Bartholomew*)，血腥场面非常逼真，因此当众展露时，引来一群对血腥比对艺术更有兴趣的观众。总督——阴谋对抗威尼斯的那位欧逊纳——订购这幅图画并找其作者，他简直着迷了，立刻让里贝拉负责整个宫殿的装饰。这位贪心的西班牙人吓走了所有竞争者，后来为宝库教堂作壁画的任务落在他的朋友乔万尼·朗法兰哥（Giovanni Lanfranco）手里。他自己负责圣龛，画出不会燃烧的圣耶纽里在炽热的炉中丝毫无损的情景。

从此，里贝拉在那不勒斯成为绘画界的泰斗。他似乎可以随其意而与拉斐尔与柯勒乔的温柔格调匹敌，却不会落入雷尼与牟里罗的感伤气氛中，更可以借着观念的密度与颜色的深度把卡拉瓦乔的写实主义表现得更有力量。我们只举圣马丁诺教堂与修院中《圣殇》和《哀悼》两幅画为例——"这幅作品表现了一种很庄严的悲痛，在它面前，该世纪所有类似作品都沦入戏中景观而已"。或者我们也可以举现存普拉多（Prado）的取材自神话的《阿基米德》作为一例——那样传神地画出了一个满脸皱纹的老西西里人，正和现在叙拉古（Syracuse）可以发现的老人没有两样。从《圣经》和历史中走出来，步入街道，里贝拉也从日常生活的真实速写中发现了艺术的各种题材。他那幅现存卢浮宫的《赤足男童》(*The Barefoot Boy*)给委拉斯开兹和牟里罗不少指导。

里贝拉的缺点一眼可见——夸张的暴力，酷嗜皱纹和肋骨、渴望血腥。拜伦曾说：

> 小西班牙人以所有圣者的血，
> 染红了他的画笔。

他强调暗淡的颜色和阴沉吓坏了我们，也使我们沮丧，但是习惯于西班牙的统治与格调的那不勒斯，立即接受了这种风格。每一个新教堂或修道院争相聘请他，菲利普四世和那不勒斯总督们都是热心的主顾。里贝拉的绘画与蚀刻图画在西班牙比委拉斯开兹的作品流传更广——委拉斯开兹在意大利曾两度拜访他。他的家是那不勒斯最精致的建筑之一，他的两个女儿则是棕肤美人的典型。其中一个据说曾被菲利普四世的儿子堂·胡安（Don Juan）拐诱，他把她带到西西里，不久厌倦了她，把她遗弃在巴勒摩（Palermo）修女院。里贝拉悲痛、羞愧欲绝，他以记忆中他失去的玛丽亚·罗莎（Maria Rosa）的形象来画圣母，以求安慰。在她的悲剧发生 4 年后，里贝拉便逝世了（1652 年）。

罗马与教皇

教皇国和罗马天主教世界的首都如今已成为二流的城市，1558年约有 4.5 万人，西克斯图斯五世时增加到 10 万（1590 年）。蒙田曾在 1580 年来过，认为此地比巴黎广阔，房子却只有巴黎的 1/3。罪犯和妓女（西克斯图斯五世之前）占了人口中相当可观的比例，很多贵族都有常备的打手。贫穷很普遍，但不严重，由于教皇的慈善、宗教仪式及宗教带给人民的抚慰而得到缓冲。古老的贵族大户——奥西尼、科洛纳、萨维里、盖塔尼、基吉等——虽然自视与骄傲不减当年，收入和权力早已衰落。新兴家族——阿尔多布兰第尼、巴尔贝里尼、伯吉斯、法尔内塞、罗斯皮格里奥斯——在财富和影响力上渐渐取得领导地位，他们通常都与教皇有关。教皇的族阀主义再度达到全盛：阿尔多布兰第尼因克莱门特八世，卢多维西因格列高利十五世，巴尔贝里尼因乌尔班八世，伯吉斯因保罗五世，由于他们当选为教皇而得到利益。保罗的侄儿枢机主教伯吉斯，享受双份的圣俸和 15 万斯库迪的年金，因此投资盖了别墅，建了乡村俱乐部。伯吉斯（1615年）收集丰富的艺术珍品，因受他资助的贝尔尼尼为他雕的大理石像而赢得盛名。很多枢机主教都曾以财富支持文学与艺术。

虽然德国、尼德兰、斯堪的纳维亚半岛和大不列颠都落入宗教改革派之手，一连几位强有力的教皇总算帮助罗马教会生存下去。特伦特会议已巩固并增加了教皇对各地宗教议会的主权，年轻而有力的耶稣会——保证并效忠于教皇。圣多米尼克修会的修士、宗教裁判所首席法官安东尼·贾斯利里（Antonio Ghislieri）于 1566 年以 62 岁高龄成为庇护五世。他私生活的圣洁似乎与他追捕异端的严格完全一致。他收回以前对波希米亚天主教以酒与面包接受圣餐的许诺。他将英国的伊丽莎白女王逐籍，使英国天主教徒不再对她效忠。他怂恿法国的查理九世和凯瑟琳·美第奇对法国的胡格诺教派展开宗教迫害的战争，直到他们受到彻底无情的毁灭。在尼德兰，他支持阿尔瓦的恐怖手段。他倾尽全力支持西班牙的舰队，使它在莱潘托击败土耳其人。他从未发布减轻惩罚的判令，他还鼓励宗教裁判所加强执行教条和处罚。

他同样强迫教职人员改革。不认真留住在教区的主教会被免职；僧侣和修女要完全离开群众；教会人员中的任何恶行都会被查出，并受到惩罚。某些被免职的人抱怨说，他们会死于饥饿。庇护五世回答道，死于饥饿总比失去灵魂好。他任命或提名人员都以其是否合适为前提，从来不徇私、不讲族阀关系。他自己努力不懈，像法官一样，经常长坐数小时，每天睡眠很少超过 5 个小时，俭朴的私生活给予教职人员很好的榜样。他经常斋戒，袍服下总穿着粗糙的羊毛教士服。

他因为严谨而使自己精疲力竭，68 岁看起来却像 78 岁的样子——干瘦，枯槁，眼睛凹陷，头发花白。他虽然几乎不能行走了，还坚持到罗马的 7 个长方形会堂朝圣，而且大部分路程是步行。他忍受了一个月的痛苦而去世，穿着圣多米尼克修会的僧袍。一位伟大的新教徒历史学家写道："天主教对教皇很少像对庇护五世那样感激。他无情地迫害异端时，仍能认识改革的需要并坚决实行，使教会重新得到已丧失的敬意。"庇护五世在 1712 年被封为圣徒。

格列高利十三世以较温和的精神继续改革教会。我们想起他，只记得他是给我们现代历法及用感恩弥撒来庆祝"圣巴托罗缪大屠杀"的人，然而他是一个品德良好、适度、性格和善的人。他获得圣职之前曾有一个私生子，但是那件小过错已被好色的罗马人原谅。他在慈善方面慷慨大度，在行政方面毫不懈怠。他任命的人员都能赢得新教徒的称赞。蒙田曾在 1580 年见过他，认为他是"一个很英俊的老人，有一张威严的脸、长长的白胡子，年龄已经超过 78 岁，仍然健康、精力充沛……本质温和，很少为世俗事务而兴奋"。

然而，他的事业——财政支援耶稣会学校、镇压法国的胡格诺教徒、罢黜伊丽莎白——都需要钱。为了筹钱，格列高利命令法律条文应用于教皇领域内的地主和地契之上。很多不应该归于教产的产业因为没有直系继承人或无力支付教皇领地所需的税而被教皇没收了。实际受害或将要受害的人武装起他们的家臣，抵抗征收，并以盗匪行为来报复。贵族后裔如阿方索·庇柯罗米尼（Alfonso Piccolomini）、罗伯托·马拉泰斯塔（Roberto Malatesta）等人则占领城市、控制道路。税款无法征收，黄金不能流入罗马，不久教廷行政陷于混乱。格列高利延迟没收财产，和庇柯罗米尼讲和，在失败的屈辱中死去。

时势造英雄，这次危机造就了费利斯·佩雷蒂（Felice Peretti），他成为西克斯图斯五世（1585—1590 年），是那一时期最伟大的教皇之一。他出生于安科纳附近，那间茅屋糟糕到太阳可以从屋顶照下来。后来他开玩笑说他出生于一间光线良好的房子里。他在蒙塔尔托

（Montalto）的一间圣方济各修会的修道院求学，在博洛尼亚和费拉拉得到神学博士，又因他讲道的雄辩和行政能力而迅速崛起。64 岁时他被选为教皇，因为秘密选举教皇的会议发现他有果决的性格，那是恢复教皇国安全与清偿债务所需要的。

他的亲友们伸长了手臂围绕着他，使他无法抗拒。族阀主义又复活了。不过在与他家族无关时，他很固执。他的外表使人无法亲近：矮小、粗野、强壮，前额很大，胡子白白厚厚的，鼻子和耳朵都大，眉毛很粗，眼睛锐利得不发一言就能使敌人安静下来。他鲜红的脸与狂野的脾气相配，巨大的额头暗示了不屈的意志。他很严苛，却颇具幽默感和深刻的机智。他预言亨利四世会击败马耶纳（Mayenne），因为亨利花在床上的时间都比马耶纳花在三餐上的时间少。他自己也睡得很少，工作得很辛苦。

首先他决定要镇压胜利的盗匪。他先加强执行现有的禁令，不准人民携带杀人的武器。在他加冕前一天，4 个青年违犯这个命令而被捕，西克斯图斯下令当场将他们吊死。他们的亲属要求饶恕或延期，他回答道："当我活着，每一个罪犯都必须死。"不久，他们就被处死了。在加冕宴中，他们的尸体挂在圣安杰罗桥附近的一座绞台上。这就是西克斯图斯的就职演说——一种处置犯罪政策的陈述。

教皇命令贵族们解除他们的武装。他答应原谅并酬赏任何一位盗匪，只要他交出另一位盗匪，死活都行，而这份酬金要由那位被捉盗匪的家人或自治村来付。若有一个盗匪违抗，西克斯图斯就命令他的家人找到他并交出来，否则他们就要替死。乌尔比诺公爵把下了毒的食物放在骡子背上，要赶骡子的人经过盗匪窝，以博取教皇的欢心。盗匪抢下这个包裹，中毒而死。他对宗教职位和社会阶级毫不做特殊考虑，属于"最高家族"的被告一样有罪，毫不仁慈或拖延。教士犯罪照样和其他人一样吊死，不久乡间就布满随风摇摆的尸体。罗马的知识分子说，钉在圣安杰罗桥上的头颅已多于市场摊上的瓜果。人民抱怨教皇野蛮残忍，但大使们告诉他："道路所通过的任何一片教皇国的土地都充满和平与安定。"这位骄傲的教皇在钱币上铸着"不可亵玩"（*Noli me tangere*）的铭言。在愤怒中，他下令烧死同性恋的一个教士和一个男孩，并强迫一个年轻女人眼见卖她为娼的母亲被吊死。所有被查出的通奸案都受到死刑的重罚。很多人因为很久很久以前的罪行被捕。有一份海报引用圣彼得发抖的景象，说他害怕西克斯图斯会因他在基督被捕时割下马尔修斯（Malchus）的耳朵而判他的罪。

他在疯狂追捕之余仍有时间治理与改革。他中止了格列高利十三世对贵族发动的没收之战。他使奥西尼和科洛纳两大世仇联姻而得到和解。他在 10 群新的、4 群旧的"会众"之间分配枢机主教，也在其中分配了罗马教廷的行政权。他下令教职人员研究特伦特会议中的所有改革法规，并要求主教们定期访问、纠正各修道院。与修女通奸则双方都将被处死。他使罗马大学完全复苏。为了适应书本的增加，他任命多米尼克·丰塔纳（Domenico Fontana）为梵蒂冈图书馆设计了一个华丽的新家。他亲自督导"拉丁语《圣经》"的改良版本——《圣经》译成拉丁文的最佳译本，就像詹姆士一世的英译本一样。

他不像他的文艺复兴时代先辈们，对异教艺术的遗迹也予以尊敬，他拆毁塞维鲁斯建的建筑而为圣彼得教堂准备柱子。他建议夷平西西利亚·梅特拉（Caecilia Metella）的坟墓。他威胁说，如果丘比特、阿波罗、密涅瓦等神像不除去，他就拆毁神殿。他准许密涅瓦留下来，但对她的罗马的姓再施洗礼而换名，而且以十字架换下她的矛。他还在图拉真和马可·奥勒留的廊柱之上放置圣彼得与圣保罗的雕像，并依此为廊柱重新命名，以便驱邪。为了进一步象征异教臣属于基督教，他聘了多米尼克把卡里古拉从赫利奥波利斯（Heliopolis）带回罗马，而将尼禄立在西科斯·阿西莫斯（Circus Maximus）的方尖石碑移到圣彼得广场。这座红花岗岩碑高 83 英尺，重量超过 100 万罗马磅。安东尼·桑加罗（Antonio da Sangallo）和米开朗基罗等大建筑家都曾声言，移动这座石碑非文艺复兴工程师力所能及。多米尼克和他的兄弟花了一年才完成这件工作（1585—1586年）。巨大的机器用来搬运这座碑铭。800个行过圣礼的人及140匹马拉着44条绳索，每一条都像男人的手臂一样粗，把它高举到新位置上。多米尼克成功了，他成了罗马的英雄。西克斯图斯铸了纪念勋章，并向外国政府致送官方的公告。顶上的圆球被换成一个十字架，里面包含着基督去世的那座"真十字架"。西克斯图斯觉得基督教文明曾一度受文艺复兴干扰，如今已重获势力。

这位不屈不挠的教皇，在他短暂的5年内，重修了世俗的罗马。他重建已废的阿奎·亚历山德里亚（Acqua Alessandria），带来良好的供水系统——供应27个新的喷泉，把它依照自己的名字定名为阿奎·费利斯（Acqua Felice）。他以财政支援湿地的排水，以清新空气。9600英亩的土地得以开发，不过这项事业在他死时被荒弃了。多米尼克在他的盼咐下根据古典的修路计划新建了一些林荫大道。西斯蒂那（Sistina）路被延长为费利斯路。桑塔·玛丽亚·马焦雷（Santa Maria Maggiore）教堂成为几条辐射状通衢的中心。罗马开始具有现代化的雏形。国库已空，为了提供供应各种措施的经费，西克斯图斯只好连生活必需品也抽税，贬低币值，出卖官位，开出年金支票以酬谢别人送给教廷国库的礼物。他很称职、很小心地支配他的资金，死时府库中还留下500万克朗。

他最伟大的事业体现在外交上。他从未放弃重获英、德及联合基督教世界对抗伊斯兰教的希望。他仰慕伊丽莎白的政治手腕，却帮助别人阴谋罢黜她。他答应支助西班牙"无敌舰队"的费用，却不信任菲利普的拖延时间，所以很精明地以西班牙军队实际登陆英国为援助的条件。法国是他最大的问题。法国的胡格诺教徒本当在1572年被灭除，却在不屈的亨利的领导下进军巴黎。为了天主教，菲利普二世以金钱资助"联盟"以拯救法国——也是为西班牙。西克斯图斯面临抉择，是该让法国成为新教国，或帮助菲利普将法国变成西班牙的属地。然而，为使教廷免受世俗的控制，法国与西班牙之间力量的均衡是不可缺少的。1589 年，西克斯图斯表示要参加对抗亨利的战争。亨利答应成为天主教徒，西克斯图斯便撤回计划。菲利普以西班牙脱离教廷势力为威胁，一位西班牙耶稣会修士也指责教皇协助异端，而西克斯图斯坚持立场，并欢迎亨利的来使。最后他对亨利的信心得到了证明：法国被挽回依旧效忠教会，继续作为对抗西班牙的均衡力量。

这是他最后的胜利，也许这次的操劳使他精疲力竭。主教、贵族和人民都不悲悼他的死亡（1590 年）。主教们曾为他的严苛而退避，贵族曾被迫违反时尚的风俗以遵守法律，人民被抽税已至极限，又被训练成罕有的温驯，如今他们试图拆毁神殿上的西克斯图斯雕像。但在他给予的打击不再疼痛以后，后代终于把他的成就与他的残酷、他的骄傲与他的追求权力平衡了一下。一个理性主义历史学家莱基（Lecky）判定他“在所有曾坐上教皇宝座的诸人中，虽不是最伟大的人，却是最伟大的政治家”。

这段时期，他的后继者中有两位特别值得一提。克莱门特八世几乎是一个基督徒。“在过去这么久以来曾坐上罗马教皇坐椅的人中”，胡格诺教徒索利说，他“最没有党派偏见，最具有《四福音书》规范的温和及同情精神”。然而，他不肯对桑西·比阿垂斯（Cenci Beatrice）仁慈（1599 年），准许宗教裁判所将布鲁诺烧死在火刑柱上（1600 年）。乌尔班八世起初在“三十年战争”中帮助西班牙和奥地利，不过，他试图侵吞曼图亚时，因害怕被包围，便把外交策略转向，与法国的黎塞留合作，使用古斯塔夫·阿道夫的新教军队削弱哈布斯堡王族的势力。受到当时军事精神的传染，他将其统治扩大，相当于一个世俗的君主。他得到乌尔比诺，并重抽税——对其他州也如此——以金钱支助教皇军队对抗帕尔马公爵。这支军队被证明是毫无价值的，他的死又使教皇国陷入“衰败和疲竭的惨境”。一位梵蒂冈使臣说：“简直不可能兴起或恢复。”这位大使错了。教会到处存在着恢复的基本要素，教皇地位再次提高。意大利的平民，以强烈而富于想象的虔诚来安慰亘古以来的艰辛，仍拥挤到他们神圣的殿堂，庄重地参加宗教游行，互相传告神迹，痛苦而狂喜地跪爬到斯卡拉·桑塔（Scala Santa）。菲利普·内里（Philip Neri）、塞尔斯的弗朗西斯、维琴特·保尔（Vincent de Paul）等圣人也显露出古老教会的潜力，激起他们虔诚的信仰。耶稣会修士阿洛伊修斯·贡萨加（Aloysius Gonzaga），在罗马为瘟疫病人讲道而去世时，年仅 23 岁（1591 年）。面对新教改革家的攻击，圣人的力劝、米兰的博罗梅奥·圣查理等高级教士的激励，罗马教廷终于放弃它的腐败与俗世化。经过一代代教皇的努力，自我改革运动即使迟缓，至少也在增长中。古老的宗教教团重新茁壮，新教团逐渐增多——出现了司祭祈祷会（1564 年）、圣安布罗西教团（1578 年）、小牧师团（1588 年）、拉扎利司会（1624 年）、慈善修女会（1633 年）及其他更多的教团。神学院遍设于整个天主教世界，以便训练受过教育的（不行宗教誓约的）世俗僧。天主教传教士远及每一寸非基督教土地，面对艰苦与危险，照顾病人，教育青年，传讲信仰。

耶稣会

·在欧洲

迭戈·雷恩斯（Diego Laynez，1565 年）逝世之后，耶稣会选择弗朗西斯科·布乔亚（Francisco Borgia）为总会长，他的性格与事业是当代最热心的。他家庭富有，是教皇亚历山大六世（Alexander VI）的孙子，后来成为甘迪亚公爵、加泰罗尼亚（Catalonia）总督、诸王的朋友。他在 1546 年加入新教团，把个人财产全部捐出，以一生苦修虔诚被谥封为圣徒。埃韦拉德·墨古利安（Everard Mercurian）继他成为总会长，在历史上未留下事迹，但卡兰迪奥·阿夸维瓦（Clandio Aquaviva）以智慧与圆滑引导此会度过了艰苦的 34 年（1581—1615 年），因此很多耶稣会修士都把他列为自罗耀拉（Loyola）以来所有会长中最崇高的一位。当他接掌该会时，大约有

5000 名耶稣会士，他死时已达 1.3 万名。

在他指导下，一个耶稣会学者组成的委员会拟定成立（1584—1599 年）"设计研究会"，这个组织继续到 1836 年以决定耶稣会大学中研究的程序与方法。（这些学校）招收 11 岁到 14 岁的男孩，6 年的课程中 3 年学希腊文、拉丁文和文学，其余 3 年学习最广义的哲学，包括自然科学、理则学、形而上学和伦理学。舆论认为这些科目都教得非常好。哲学是经院学派的，但是目前还没有为人所接受的代替品。生物和现代俗世史，正如当时所有的学校一样，颇被忽略，也许因为动物为求生存而竞争的惨状，和人间几乎不间断的战争史实都违反纯洁的信仰。整体说来，"设计研究会"是中世纪和文艺复兴之间很有技巧的妥协。令人惊讶的是，耶稣会士欢迎戏剧的再生。他们翻译、写作并排演剧本，且发觉对学生而言，戏剧是训练演讲与口才的好方法，在舞台安排与布景方面他们走在时代前端。他们用辩论来训练机智和推理能力，但是他们不鼓励老师和学生思想的独创。他们的目的显然是产生一个受过教育却保守的优秀分子，可以在智慧和行动上领导，但是不被教条中的疑点困扰，且坚信天主教教规。几乎在所有例子中，耶稣会学校都是由世俗的权威人士、教会领袖或有钱的个人所建立或供养，但是耶稣会却有完全的控制权。虽然有几个大学是特别为贵族子弟建立的，大部分（几乎全部）免费对任何有资格的学生开放，无论其贫富。教师们通常都是教团会员，执教方面比新教的教师优良。他们是奉献的，不收报酬的，他们的教士服与苦修使他们具有宗教权威，不必运用恐惧及肉体的惩罚而能维持其纪律。很多新教徒把子弟送往耶稣会大学，希望他们不仅在古典学科方面得到良好的教育，也在道德、礼仪和性格上得到高超的训练。"至于教学法方面，"弗朗西斯·培根写道，"最便捷的规则就是'请教耶稣会学校'，因为从来没有其他更好的方法。"1615 年耶稣会有 372 所学院，1700 年增至 769 所学院以及 24 所大学，遍及全世界。在天主教的国家中，中学教育几乎完全落入他们手中，使他们在形成国家心智方面具有很大的影响力。

在天平的另一端，他们也对国王们进言。阿夸维瓦禁止他们担任皇家的听告解的神父，也不鼓励他们参与政治。然而，就在阿夸维瓦活着的时候，皮埃里·科顿（Pierre Coton）神父曾接受亨利四世的邀请，成为他的宗教导师。后来耶稣会还同意了他们最杰出的学生伏尔泰的看法，认为塑造一个国家最好的办法就是塑造该国的国王。到1700年他们已担任了好几百位显贵的告解神父。女人尤其有感于他们良好的仪态以及他们对世界容忍的态度。由于担任重要女人的告解神父，这些聪明的神父便成为重要的人物。

他们坦白宣称他们想与人类打成一片，而不想在修道院中孤立自己，于是他们使道德观念适应俗人根深蒂固的风尚。根据他们的判断，严格的基督教伦理只有隐士和圣人可能实践，人性的本质要求对于完美的规则有缓和的余地。这种伦理教条的调整已有先例，亚里士多德对柏拉图的完美主义进行修正，犹太法学家也曾使古老的希伯来法律适应都市生活的新情境。虽然在他们自己的教规中——通常在他们的实际生活中也如此——耶稣会轻视肉体，但他们了解肉体，所以给予肉体道德上的余地，以免罪人被迫反叛而不再效忠教会。为了减轻基督教规与人类本性之间的紧张，耶稣会和其他神学家发展出是非论——道德规条应用于各种特殊情况的理论。

大体说来，耶稣会在神学上倾向于自由观点。某些人如莱斯神父和卢万的哈姆（Hamel）神父（1585年）等，认为不必尽信《圣经》中的每一个字及每一规条都是上帝启示的结果。几乎所有耶稣会修士都强调经院哲学的信条，认为俗世政府的权力是由人民得来的。而不少人如胡安·马里安纳（Juan de Mariana）和布森鲍姆（Busenbaum）等则布道说，人民有权通过合法的代表，罢黜甚至杀死一个"坏"国王，但是这种情形下所谓的"坏"是指异端而言。对民主的强调，可能源于耶稣会修士的欲望，对罗马表示"教皇绝对权力主义者"的效忠，要提高教皇统一、神圣的至高权威。与马丁·路德相反，耶稣会修士提倡努力工作的目的在于获得解脱，反对强调原罪，而且他们以重新肯定自由意志来补偿圣保罗、圣奥古斯丁、路德、约翰·加尔文和詹森·科尼利斯（Jansen Cornelis）等人的黑暗宿命论。一位葡萄牙的耶稣会修士卢斯·莫里那（Luis Molina）曾掀起一阵神学狂热，因他力言人类经由自己的意志及努力可以决定他永恒的命运，而人的自由选择可以与神意并行，甚至克服神意。圣多米尼克修会神学家谴责他为异端，耶稣会起而为他辩护。论战愈演愈烈，克莱门特八世下令双方保持冷静（1596 年）。

耶稣会较合人情的伦理观，加上他们的基本概念，他们保守的组织及遍布各地的力量，使世俗的天主教教士不欢迎他们，新教派更痛恨他们。博罗梅奥·圣查理教士控诉他们对于有权势的罪人过分宽大。沙比说，如果圣彼得曾受到某位耶稣会告解神父的指导，他可能摒弃基督而仍没有罪。继阿夸维瓦担任耶稣会总会长的马迪奥·维特里斯基（Mutio Vitelleschi）警告他的教团说，该团急于积聚财富已引起广泛的指责。英国的新教牧师，他们承认君主以神权统治国家，而震惊于耶稣会所主张的人民主权及在特殊时机可弒君之观念。罗伯特·菲尔默（Robert Filmer）指斥枢机主教贝拉尔米内的意见，"世俗的权力……在于人民，除非他们把它赋予某一位君主"。德国新教派攻击耶稣会是"地狱吐出来的魔鬼产物"，有些人要求把他们当作女巫钉在火刑柱上烧死。1612 年波兰出现《秘密检查》（*Monita Secreta*）一书，其主旨在于秘密指导耶稣会赢得财产和政治权力。这本书到 1700 年已印行 22 版。现在几乎仍有人相信那本书，但一般把它归类于聪明的讽刺或无耻的伪造文件。

· 在异教区

在天主教人士眼中，耶稣会的错误远超过他们教育方面的功勋以及他们布道的勇气。其他宗教团体也参加了虔诚的传教历险，但是有什么能比得上耶稣会修士在印度、中国（the "Middle Kingdom"）、日本和美洲等地的大胆进取的精神所建立的事业和殉道呢？在印度，莫卧儿（Mogul）皇帝阿克巴（Akbar）邀请一些耶稣会修士到他费特珀·西科里（Fatehpur Sikri）一地的朝廷（1579 年）。他好奇而同情地倾听他们的布道，但拒绝放弃他的女眷。一位意大利贵族罗伯托·诺比里（Roberto de'Nobili）进入耶稣会，到印度担任传教士（1605 年），学习印度教的教规和教仪，仿效婆罗门（Brahmin）阶级的衣服和规则，在桑斯科里特（Sanskrit）开展工作，使许多人改信基督教。其余耶稣会修士成为瑜伽信徒（Yogis），在低阶层中进行工作。1624 年左右，耶稣会传教士横越喜马拉雅山（the Himalayas）进入中国西藏。

早在 1549 年耶稣会修士便进入日本。到 1580 年他们宣称有 10 万人改宗为教徒。1587 年他们被迫离开这个岛屿，1597 年他们与圣方济各修会修士同样受到激烈的迫害，教士、僧侣和数千日本基督徒都被钉死在十字架上——刽子手宣称这是学自《福音书》的新技巧。1616 年左右一组新的耶稣会修士进入日本，并又培育了相当数量的教徒。但是荷兰与英国商人相信耶稣会修士正在为葡萄牙或西班牙贸易铺路，挑拨政府再施迫害，31 个教士被处死。到 1645 年基督教在日本完全绝迹。

到中国传教是一个很富挑战性的冒险，因为中国的皇帝们曾表示要处死任何敢于进入"中国"的基督徒。我们曾在别处得知，耶稣会修士弗朗西斯·哈维尔（Francis Xavier）几乎只看到了他决心传道的中国就死了（1552 年）。1557 年葡萄牙商人在中国的澳门（Macao）建立了殖民地。有些耶稣会修士在那儿潜心学习中国方言与习惯。最后他们之中有两位：利玛窦（Matteo Ricci）与米切尔·鲁奇里（Michele Ruggieri）进入广东省，带着语言、天文、数学、钟、表、书、地图和器具等装备。该省督军迷上了这些新玩意儿，而利玛窦和鲁奇里改用中国名字与服装，淳朴地生活，辛勤地工作，行为端庄谦和，他们终于获准留下来。利玛窦住在广州，以科学和地理知识使中国人留下深刻印象。他建立日晷，画出方便而可靠的地图，还做了艰深的天文计算。他写了一本问答教学法，书中引用东方古典经籍来解释与支持基本的基督教信仰，开始引导他的朋友们成为基督徒。他因为受到宽容而壮胆，搬到京城郊区（1601 年），并送了一座钟给明神宗。当钟停了，而没有中国学者能发动它的时候，"天子"便召请捐赠者。利玛窦前往修钟，并介绍其他的科学器具给这位好奇的统治者。不久利玛窦和其他耶稣会修士便在明朝朝廷奠立基础。这位亲切的皇帝不阻止上层阶级改变信仰。利玛窦死后（1610 年），另一位耶稣会修士汤若望（Johann Adam Schall von Bell）接下了他科学与布道的使命。他改革中国历法，为中国军队造优良的大炮，变成皇帝亲密而忠诚的朋友，穿中国丝袍，住宫殿，玩弄政治手腕，被贬入牢狱，获释后一年内死去。

　　进入 18 世纪，在中国的耶稣会修士擅长科学，放弃了神学的教条主义。他们研究中国古典经籍，被其中的高度智慧所感动。中国人对祖先的崇拜似乎令人钦佩地引导了道德与社会的安定，孔子思想的确有不少值得崇敬之处。但是其他传教士对罗马宗教裁判所抱怨（1645 年）说，耶稣会轻视十字架与教规，说是会吓坏中国人，因他们不习惯于人类杀死神祇的思想。耶稣会修士不以拉丁文而以中文做弥撒，他们允许教徒保留很多当地宗教的仪式。耶稣会传教士担任将军与皇帝的医生、外科医生、商人、放款人以及顾问，得到不少财富。耶稣会修士方面却惊讶于圣多米尼克修会及圣方济各修会坚持告诉中国人，基督教是逃避永恒神谴的唯一方法，而他们所崇拜的祖先正在地狱受焚。英诺森十世（Innocent X）下令耶稣会修士禁止教友用肉与酒祭祀祖先。同时耶稣会神父们也向欧洲描述在 18 世纪时干扰基督教归于正统的中国生活、宗教与思想。

　　在南美洲，耶稣会修士开办学校、医务中心，努力缓和西班牙主人的野蛮，赢得当地人的尊敬与信赖。他们编纂字典与文法，探勘危险的内部，大量增进地理知识。他们把秘鲁的金鸡纳皮，也就是奎宁，送到欧洲，成为治疟疾的标准药品。而在巴拉圭（Paraguay），他们更建立了共产主义式的理想国。

在那儿，在乌拉圭河（Uruguay River）界的南美草原与树林里，在殖民者裹足不前的危险的瀑布之上，他们组织了自己的印第安殖民地。在西班牙的菲利普三世许可下，他们把耶稣会修士与殖民官员以外的白人都赶走。他们发现居民纯真而友善——"20万个各方面都适合上帝王国的印第安人"。他们学习土著的语言，但不教他们西班牙语或葡萄牙语，他们劝阻人民和殖民者来往。他们以慈善、人道与音乐来劝诱人们信仰基督教。他们建立音乐训练学校。他们组织管弦乐队，以所有主要的欧洲乐器演奏各种音乐作品，甚至也演奏意大利歌剧选曲。不久土著就唱弥撒圣剧，保证千个声音的合唱团中听不到一个错误的音符。音乐家组成的乐队领导土著工作与休息，也陪着他们在店铺或田地里工作。基督教的节日以歌唱、舞蹈与运动比赛来庆祝。耶稣会神父谱写喜剧，再教群众演出。

经济与政府完全受耶稣会修士控制。土著在复制欧洲产品方面颇具天赋，连复杂的钟表、精致的花边与乐器都不例外。工作是强迫性的，但年轻人可以选择自己的行业，闲暇时间则有娱乐和文化活动。平均一天工作8小时。耶稣会修士决定工作、睡觉、祈祷和游戏的时间。部分土地归个人所有，大多数是公有财产。公共工作的产品付给政府，部分留下播种或以备荒年之用；部分用来付人头税给西班牙国王；大部分依照需要分配给两万家庭，可能有一部分用来维持150位担任指导员、监工、医生、教师和神父的耶稣会修士，使他们维持中等水平的生活。在耶稣会修士的建议下，皇家的法律禁止他们分享经济利润，要求他们定期清数省内的人数。法律由土著法官与警察执行。惩罚包括鞭笞、下狱和驱逐，但是没有重罚。每一个社区有自己的医院、学院、教堂和为老人与病患所设的机构。那是一个神权的共产国：土著得到食物、安全、和平与有限的文化生活，相对地也接受基督教与训练。

　　耶稣会修士从哪里得到这个令人注意的政体之概念呢？也许部分来自托马斯·莫尔（Thomas More，英国政治家及作家）的《乌托邦》（*Utopia*，1516 年），部分得自《福音书》，部分也得自他们自己会团的组织，因为会团正是沟通许多独立海洋的岛屿。无论如何这种组织被证明颇受土著欢迎，那是不用武力而用说服所建立的，维持了 130 年（大约 1620—1750 年）。当它受到外来攻击的时候，其奋死抵抗令侵略者大为震惊，甚至连法国启蒙运动的怀疑论者都大受感动。阿朗贝尔写道："耶稣会修士仅仅基于他们说服的力量以及政府的宽大措施，以宗教在巴拉圭建立了王朝（？）权威。这个国家的主人啊，他们使治下的人民快乐。"伏尔泰描写这个实验是"人道的胜利"。

　　由于无法与外界人类隔绝，它终于在灾难中结束。西班牙贸易商指责耶稣会修士从事商业，西班牙殖民者因被逐出可以剥削资源和人力的地区而怀恨在心。奴隶贩子的团体一再攻击耶稣会的殖民地。神父及他们的属民撤离他们最易受到攻击的地带。攻击愈渐深入，耶稣会修士得到西班牙国王的许可，用欧洲武器武装土著，后来他们总算挡住了袭击。使这个殖民区更危险的，是欧洲的政治和思想路线，耶稣会修士在法国、西班牙和葡萄牙不断的政治阴谋，与自由思想及反教权主义的兴起，导致 18 世纪下半期几乎所有国家皆驱逐教会。掌葡萄牙统治权的大臣波姆巴尔（Pombal）侯爵尤其积极参与反对耶稣会的运动。1750 年他制订一项条约，葡萄牙将位于拉普拉塔河（Rio de la Plata）河口的圣萨克拉门托（San Sacramento）殖民地割让给西班牙，换取西班牙较北的土地——包括 7 个耶稣会殖民区，有 3 万印第安人。同时有谣言说，这些土地内有金子，由耶稣会修士密藏着。葡萄牙政府下令神父与土著在 30 天内离开这 7 个殖民区。耶稣会修士（一名除外）主张顺服，印第安人宁愿抵抗，他们拒斥葡萄牙的攻击整整 5 年。1755 年葡萄牙军队配备了炮兵，数百名印第安人被杀，其余的人逃入森林或投降。耶稣会修士在他们的欧洲长官命令下回返西班牙。马拉托里（Muratori）所称的"欢愉的基督教义"

（Cristianesimo Felice）的实验终告结束。

耶稣会传教士在北美的故事我们比较熟悉，只需要完成这个时代耶稣会活动的透视图就可以了。他们在 1572 年进入墨西哥，对于迅速把土著变成基督徒的工作也有功劳，但是该事业的主要担子还是由圣多米尼克修会及圣方济各修会担任。最后这一派从墨西哥到以其创办者为名的迷人城市，一路上留下可爱的传道与行乞布施的痕迹。很多耶稣会修士为了使印第安人变成基督徒而受酷刑至死。伊萨克·乔格斯（Isaac Jogues）被残伤、奴役然后杀死。布雷伯夫（Jean de Brébeuf）、加布里埃尔·拉利曼特（Gabriel Lalemant）、安东尼·丹尼尔（Anthony Daniel）和其他耶稣会修士在 1648 年到 1649 年这两年内被烧死于火刑柱上或入锅煮死。我们也许不同意这些人所教诲的神学，但是我们必须敬仰他们的人道与奉献精神。

意大利的白天与黑夜

"罗马的人民，"蒙田在 1581 年见到他们时说，"似乎不像法国发达城镇的人那样虔诚，却远比他们注重仪式。"神圣周的仪式包括血淋淋的自我鞭笞的游行、公开宣布逐籍者、展览当年维罗尼卡（Veronica）替基督擦去眉上汗珠的面纱。"在复活节前夕，在圣约翰教堂内，我看见正在展览中的圣保罗和圣彼得的头颅，那上面仍然有肉，有血色和胡须，仿佛还活着一样。"驱邪则有极感人的仪式，也许像群众心理疗法。意大利天主教有意忽略优秀分子的心灵，提供大众一种有利但不受欢迎的律令，包裹在诗、戏剧、象征主义、悲剧净化和希望的外衣中。

蒙田证明道德方面普遍改进，但两性关系仍维持古老的放纵态度。色情文学以往在基督教世界的任何大城市都可以买到，现在更随处销售。庇护五世把同性恋视为大罪，使罗马贵族少年大为惊恐。8个葡萄牙同性恋者正式结婚，他们被逮捕并绑在火刑柱上烧死。庇护五世也公布法律将妓女逐出教皇领地（1566 年）。商人抱怨说这项布告会减少该城人口，教皇容许少数妓女留在隔离区，对有意转换新职业的妇女给予实际上的帮助。西克斯图斯五世征服了盗匪，对娼妓却只赢得了惨淡的、代价极大的胜利，从 1586 年、1588 年和 1589 年他一再地公布法律即可得知。

因为浪漫的爱情仍是婚姻以外的梦想，婚姻却是资财的结合，教会又禁止离婚，富于幻想的丈夫或妻子便纵情通奸。庇护五世想将其列为大罪。1568 年 8 月 25 日的一份报告说："通奸便被判死刑的威胁是可以预期的，因此每个人都会变得很道德，否则便离开这个城市。"庇护五世发了慈悲，改判比较温和的惩罚：一位罗马贵妇被判终身监禁，一位显赫的银行家当众受鞭打，很多违法者则被驱逐出境。

16 世纪末，"公开情人"之风从西班牙经过那不勒斯和米兰传来。一位上流阶级的丈夫，准许一位朋友成为他太太的公开情人。显然这个风俗是在西班牙战争频繁、丈夫长期不在家的时期兴起的。这位骑士侍从自起床到上床都侍候这位女士，但在 18 世纪的意大利，传统并不宽赦这种风俗带来的通奸罪。

虽然有神学的制止，犯罪仍然勃兴。贵族家庭的保镖、公路上的盗匪、地中海的海盗、政治和色情暗杀都很多，保罗·奥西尼像另外一位奥赛罗（指嫉妒的丈夫）一样，把伊莎贝拉·美第奇绞死在她的床上。彼得罗·美第奇也因怀疑妻子不贞而谋杀她。我们已看见约翰·韦珀斯特如何把维多利亚·阿克兰波尼的血腥故事改写成《白色的恶魔》，雪莱则同样改写比阿丽斯·塞西（Beatrice Cenci）的故事。她的父亲弗朗西斯科·塞西（Francesco Cenci）是罪恶与兽性的典型。1594 年，他被控通奸而受审判，但仅罚款 10 万斯库迪了事。他的首任妻子在生下 12 个孩子后去世。他与儿子们吵架，便带着比阿丽斯和他的第二任妻子卢克雷齐亚·佩特罗尼离开罗马，搬到通往那不勒斯路上的一座孤堡里。他把她们关在顶楼房间里，待她们非常残酷——虽然并没有证据显示他与女儿有乱伦关系。比阿丽斯找到方法与看守堡垒的奥利姆皮奥·卡尔韦蒂联络。在比阿丽斯、她的继母、她的兄弟吉亚科莫和伯纳多的教唆和买通下，这位守堡人借着一个职业凶手的帮助，把这位父亲杀死在床上（1598 年）。这些密谋者被捕受审，他们辩解因受到无法忍受的折磨。很多市民也请求克莱门特八世从轻发落，他拒绝了。比阿丽斯和佩特罗尼被砍头，吉亚科莫受酷刑至死。

无论如何，道德正在改进，礼仪正在柔化，意大利社会具有法国才能媲美的魅力与优雅。上层阶级的衣服是天鹅绒、缎子和丝料的混合。大约此时，贵族妇女开始修饰她们的面孔、装饰她们的头颅，用西班牙已流行的黑色丝绸"曼迪格里亚"（*mantiglia*）披在她们的肩上。社会地位高的男人仍穿着高筒袜，但平民和商人与土耳其人衣着相同，穿着长裤。意大利喜剧讽刺矮胖的滑稽人物潘塔罗尼（Pantaleone）的衣着，这个名字后来演变成"老丑角"（Pantaloon）和"裤子"（Pant）这两个词。

在大多数拉丁国家，娱乐相当丰富。罗马在封斋期之前有一年一度的狂欢节，依照伊夫林在 1645 年见到的情形，街上"群涌着妓女、滑稽剧演员和各种乌合之众"。在科索（Corso）有赛马，主角是由从北非伊斯兰国家运来的千里马，没有骑士，但两旁挂有马刺来刺激它们，还有驴子、滑稽剧演员、老人、裸身男人和男孩的赛跑，戏剧在可移动的露天舞台上公演。舞蹈、会话和调情的艺术美化了家庭、花园和街道。意大利人还有不会唱歌的吗？

歌剧的诞生

宗教、爱情、舞蹈、宫廷甚至工作都产生音乐。伊夫林发现意大利乡下人"非常愉快，非常爱好音乐，每一个庄稼汉几乎都弹吉他……而且大都带着提琴到田里去"。每一位公爵都有唱诗班、作曲家、音乐教师等。在费拉拉，一个以"女子音乐会"闻名的女子四重合唱团曾使塔索感动落泪，并写出诗篇。爱情小曲织出了他们婚前的诉怨，表示对女人的崇拜，几乎像对圣母所做的祈祷。弥撒、晚祷、赞美诗、圣歌从一千架风琴上扬起；阉割的男童组成的唱诗班始于约 1600 年，震撼了教堂。一个新教访客描写天主教的教会音乐"由阉宦和其他稀有的声音唱出，加上琵琶、键琴和古提琴的伴奏，使我们销魂"。僧侣和修女接受合唱团的训练，能感化最野蛮的心灵。安德烈亚·加百利、克劳迪奥·梅鲁罗、安德烈亚的侄儿乔万尼·加百利相继吸引数以千计的人前往威尼斯的圣马可教堂去听他们的风琴演奏、他们的管弦乐和他们的唱诗。吉罗拉莫·费雷斯科保蒂（Girolamo Frescobaldi）在圣彼得教堂弹大风琴时，3 万人挤在教堂倾听。他的各种谱曲，因艰难的实验变得复杂，影响了多米尼克·斯卡拉蒂（Domenico Scarlatti），更为巴赫的协奏发展做了准备工作。

乐器几乎像今天一样复杂。16 世纪中，由七弦琴演变而成的提琴开始取代古提琴。最早的伟大提琴制造者加斯帕罗·萨罗和他的学生乔万尼·马吉尼在布雷西亚工作。安德烈亚·阿马蒂似乎从他们那里学到了这项艺术并带到克雷莫纳，他的儿子们又传下去给瓜奈里和斯特拉第瓦里。这项革新遭到那些比较喜爱古提琴柔软、温和音调的人反对。古提琴、琵琶和提琴竞争了一个世纪，但是阿马蒂找出方法缓和提琴的刺耳，这种新乐器在声乐中日渐重要的女高音帮助下获得无法挑战的地位。

作曲仍是以人的声音为主，不是为乐器而作。这段时期属于一位浪漫人物——维诺莎（Venosa）的君主卡罗·格斯阿尔多（Carlo Gesualdo），他以音乐美化门第，以情歌掩饰谋杀。他出生于那不勒斯（约 1560 年），成为琵琶名手，娶了一位出身很好的女士，因怀疑她通奸而叫人把她和她的爱人杀死，逃到费拉拉，娶了唐娜·埃利奥诺拉（Donna Eleonora），并出版了 5 本情歌集，其大胆的和谐与升半音的变调，使他从文艺复兴转向现代的多音形式。1600 年 2 月，埃米利奥·卡瓦里埃里（Emilio de' Cavalieri）在罗马圣菲利普教堂的祈祷礼拜室，演出一个半戏剧式的寓言故事，只有象征动作，还有管弦乐、舞蹈、合唱和独唱。这个"第一部圣乐"只比雅各布·佩里（Jacopo Peri）的歌剧《尤利迪丝》（*Euridice*）早了 8 个月，并在很多方面很像。30 年之后，吉亚科莫·卡利西米（Giacomo Carissimi）谱写圣乐和圣乐歌咏，其单音乐曲影响了歌剧中叙唱部的发展。

很多其他脉络的音乐发展集合而成歌剧。某些中古的神迹剧，在动作之外还加上音乐与歌曲。这些作品如同受难剧。教会就像其他许多艺术的保姆一样，也是歌剧的母亲或保姆。有音乐伴奏的叙唱调在中古后期宫廷中也曾听到过。文艺复兴学者曾指出，部分希腊悲剧曾用乐器伴奏演唱或朗诵。1472 年在曼图亚宫廷，安杰罗·波利齐亚诺（Angelo Poliziano）把音乐和戏剧结合在他简短的作品《俄耳甫斯的故事》中，现在那个悲哀的寓言由歌剧开始了它长期的漫游。16 世纪宫廷流行的假面剧也为歌剧提供了另一条路径。也许现代歌剧中的芭蕾、奢侈布景和华丽衣着都是从文艺复兴假面剧动作中舞蹈、彩饰和华服演变而来的。

16 世纪末，有一群音乐和文学迷在佛罗伦萨的乔万尼·巴尔蒂（Giovanni Bardi）家中聚会，建议复兴希腊音乐剧，使歌曲脱离沉重的复调音乐、重唱歌曲和烦人语言，恢复他们相信的古典悲剧具有的单音体裁。有一位组员维琴佐·伽利略（Vincenzo Galilei），即天文家伽利略之父，把但丁《神曲》的《地狱》部分配以单音音乐。两位其他组员，诗人奥塔维奥·里努奇尼（Ottavio Rinuccini）和歌唱家佩里为最初的歌剧《达芬尼》（*Dafne*）谱写了歌词脚本和总乐谱，此歌剧 1597 年在雅各布·科西（Jacopo Corsi）家中演出。这次演出太精彩了。里努奇尼、佩里和朱利奥·卡契尼（Giulio Caccini）被邀请为一部更重要的作品谱词，那是用来庆祝亨利四世与玛丽亚·美第奇在佛罗伦萨（1600 年 10 月 6 日）的婚礼的。在那里演出的《尤利迪丝》是现在仍存的最古老的歌剧。佩里为他仓促草成的作品的不完美而道歉，并希望"为其他天才打开途径，让他们踏着我的足迹行走，以达到我不曾达到的光荣"。

　　一位音乐史上的大人物来了。蒙特威尔第在他的故乡克雷莫纳成为名小提琴家。他在 22 岁（1589 年）时被聘为曼图亚公爵的小提琴师，35 岁时已是一个唱诗班的老师。批评家热烈指责他的 5 本重唱曲（1587—1605 年）是双重乱调，"破格的变调"，"不合法"谐音变移，破坏对位法的规则。乔万尼·阿图西（Giovanni Artusi）在《现代音乐的缺点》一书中写道："这些新作曲家似乎只要把完全不相关的音符和单调的不和谐音凑起来产生最大的杂音就满足了。"

　　为了试验他在佛罗伦萨听到的新形式，蒙特威尔第在曼图亚演出他的第一个歌剧，另一部《奥菲奥》（Orfeo，1607 年）以庞大的 36 人管弦乐团伴奏。音乐和动作比佩里的《尤利迪丝》更进了一步。在蒙特威尔第的第二部歌剧《阿里亚娜》（Arianna，1608 年）中，动作更戏剧化、音乐更迷人，全意大利开始唱起久已遗忘的阿里亚德尼的哀歌《让我死吧》。由于他扩大并重组管弦乐，以某一特定的音乐主调来代表每个角色及他歌剧之前的序曲，改良吟诵调和抒情调，又由于音乐与戏剧复杂而亲密的联合，蒙特威尔第在歌剧方面标示了决定性的进步，正像他同代的莎士比亚在戏剧方面做的一样。

　　1612 年，蒙特威尔第搬到威尼斯，担任圣马可教堂的唱诗班老师。他创作了更多重唱曲，却把这种将衰的音乐形式变成滔滔的辩论，使批评家指责他把音乐附属在戏剧之下（正如贝尔尼尼被控将雕刻附属于戏剧之下），蒙特威尔第的作品——正如大多数歌剧——无疑都是音乐的奇作。1637 年，威尼斯开了第一家大众化的歌剧院圣卡西亚诺剧院。蒙特威尔第的《阿多尼》（Adone）从 1639 年演到 1640 年的狂欢节，他的《阿里亚娜》偶尔也在其他戏院上演。在演出他最后的歌剧《因克罗那齐奥尼·波皮亚》时，意大利很高兴看见蒙特威尔第在 75 岁高龄仍充满活力。一年后他逝世了，离开了一个由创造性革命所启示并复兴的音乐世界。

文学

即使在这段注定衰微的时期，意大利各方面仍然充满天才，这是最令人惊奇的。在丰富和热诚方面，这是意大利文学史上很有成果的时代。只是时间、空间和知识的缺乏，使我们无法对它做公道的评价。

文艺复兴的冲力枯竭以后，意大利学术自然而然地衰微了，人总不能老是继续发掘希腊和罗马。对文学的关注造成了许多研究机构，其组织本身使它们很保守。几乎每一座意大利城市都有一个协会，专注于文学的栽培和诗篇的彼此容忍。西斯卡学会于 1572 年在佛罗伦萨成立，它编纂语言字典（1612 年）并尝试规定文学的体裁和风格，是弗伦奇学会的前身。

意大利历史学家是当时最优秀的。我们已特别提到沙比那本充满感情的《特伦特会议的历史》。枢机主教圭多·本蒂沃利奥（Guido Bentivoglio）对尼德兰的叛变写出了同情的记载。他本来可以有更多成就，但他即将被选为教皇时，死于秘密会议室中，尼奇斯·埃里斯拉斯（Nicius Erythraeus）说他是因隔室的一位枢机主教打鼾，使他连续 11 夜没睡而死的。枢机主教恺撒·巴罗纽斯（Caesar Baronius）编纂了 12 卷对开本的巨册教会史《教会年鉴》（*Annales Ecclesiastici*，1588—1607 年），后来的学者将它扩大成 38 本。兰克（Ranke）说这些书相当缺乏魅力，但爱德华·吉本发觉它们很有用，而且作者也力求其完美。他写道："我以一种特别的感情爱那个严格、苛刻纠正我错处的人。"法国神学家及学者伊萨克·卡索邦（Isaac Casaubon）从事这项工作，但在写了 800 页对开纸的零碎导言后就停止了。

戏院繁荣了，戏剧却没落了。很少有值得纪念的剧本产生，却有不少戏演出，布景奢华，重戏剧技巧，英国的英尼戈·琼斯为之惊叹，也从中学习。意大利演员被全欧陆争聘。在英国，女性角色由男童担任，在意大利则由女人担任。女演员已受崇拜。塔索写了一首十四行诗来赞美伊莎贝拉·安德雷尼（Isabella Andreini），她不仅是漂亮的演员，也是一个值得称道的女诗人和好妻子。

这段时期中有两个剧本比较特别，部分原因是它们建立了舞台上的另一个类型——田园戏剧。塔索以他的《阿明塔》（Aminta，1573年）来推动这一形式。乔万尼·巴蒂斯塔·瓜里尼在其《忠实的牧羊女》一剧中，创立了田园剧的古典范例。塔索说："如果他不曾读《阿明塔》，他就不会超越它。"枢机主教贝拉尔米内指责瓜里尼的剧本太放荡，说它对基督教的损害比路德和加尔文等异端更大。然而，谨慎的研究发现，最漂亮的场面莫过于美丽的科里斯卡将她胸部的两个"苹果"献给没有眼光的塞尔维奥，他是一个猎人，"捉到一个野兽……比天下所有仙女的爱情更令他快乐"。除了塞尔维奥，这出戏就像大多数当时的意大利诗一般，具有一种强烈的肉欲，把一切都融入爱情中。情节发自一个世外桃源，在那个"牛奶是唯一食物的黄金时代"，没有邪恶或悲哀来污染人性，爱情也不受任何责难和束缚。半因《阿明塔》和这个《忠实的牧羊女》，半因蒙特梅尔的作品《狄安娜》、菲利普·西德尼的《世外桃源》及弗莱彻的《忠实的牧羊女》，欧洲有阅读能力的一半人口被送往牧场。

克雷欣贝尼（Crescimbeni）列出661位十四行诗人，他们身在16世纪的意大利，很轻易从彼特拉克变化出共鸣诗来。一些当时最好的短诗都是康帕内拉和布鲁诺受哲学之火点燃而即席写成的。亚西山德罗·塔索尼写了意大利名诗之一《被偷的水桶》（La Secchia Rapita）来讽刺彼特拉克、马里尼及塔索的歌颂者和崇拜者。因为该书的牺牲品是一个很有权利的贵族，没有人肯出版，但需求量很大，抄这本书的人以每本8个克朗的价格出售而发财。最后它在法国出版，并走私运入意大利。使意大利读者着迷的，不仅是适当尖锐的指责，还有打断热闹场面的纯诗插曲——优美的恩底弥翁爱情故事。

这个时期只有两位意大利诗人超越了塔索尼——塔索和马里尼。马里尼出生在那不勒斯，接受法学教育，放弃了对诗的追求，一度过着流浪者的生活。曼索侯爵谅解了马里尼抒情诗的放纵，在他宫中给他一个房间，这位青年以敬而远之的态度注视着忧郁、行将衰亡的塔索。因为帮助一位朋友拐走一个女孩，马里尼被关入监牢。获释后，转往罗马，温和的枢机主教阿尔多布兰第尼聘他为私人秘书。这位枢机主教带他到都灵将他交给萨伏伊公爵查理·伊曼纽尔（Charles Emmanuel）。有一段时期，马里尼啜饮着宫廷生活的美酒与酸醋。他捉弄一位诗人对手加斯帕罗·莫托拉（Gasparo Murtola），对方半路伏击他，但未射中，误伤了公爵的仆人。莫托拉被判死刑，马里尼替他求情得允，赢得对手最诚挚的感激。马里尼的讽刺因涉及严重的人身攻击而被下狱，他便接受玛丽亚·美第奇的邀请去装饰她巴黎的宫廷（1615 年）。她家臣中的意大利人欢迎他，视之为他们在法国的心声。他被奉为偶像，领着丰厚的薪水。绅士和贵妇们为他预付尚未出版的史诗《阿多尼》。其中的这样一份版本到达枢机主教圭多·本蒂沃利奥处，他要马里尼删去诗中色情的段落，我们不知道作者费了多少精力去尝试。《阿多尼》于 1623 年在巴黎出版，被列入《禁书目录》（Index），在意大利风行一时。马里尼回到那不勒斯（1624 年），强盗以玫瑰投掷他的座椅，贵族出来护送他，美人从她们的包厢拥向他。一年后他逝世了，时年 52 岁，正是他财富与名誉的巅峰时期。

《阿多尼》是一篇杰出的诗，即使在一首诗几乎就像歌一样普遍适然的国家也不例外。它的篇幅吓坏了我们——1000 页，4.5 万行。它的体裁沉溺于卖弄文字的技巧，取悦于在英国的约翰·李利、西班牙的安东尼奥·盖瓦拉和露易·贡戈拉。华词藻饰是欧洲普遍的现象。聪明的意大利人对文字有一种近乎肉欲的热情。他用铿锵的对偶、幻想的夸大、艺术化的迂回，甚至灵巧的双关语来玩弄文字。但16 世纪的意大利人民，他们本身会因热情的语言而哄堂大笑，却不以这种文字的诡计或骗术为忤。在一部赞美各种性爱——正常的、野兽的、同性的、乱伦的——的史诗中，文字魔术又有什么关系呢？书中有文雅的希腊爱情神话，战神马尔斯、沃尔坎与爱神维纳斯嬉戏，宙斯引诱加尼米德的情节。男性身体的魅力是源源不绝的主题，而触摸的感觉被赞美成男人至乐的惊人泉源。英雄阿多尼斯天生具有女孩的一切美，被女人、男人和野兽追求。维纳斯以她最温和的技巧来追求他，一个盗匪领袖想要他做情妇。最后这位无助的可爱少年被一头野猪怀着色情企图伤了鼠蹊。这样颓废地专注于色情是为了解除或逃避过度的宗教和西班牙人的统治吗？

塔索

　　许多因素使塔索与诗结下了不解之缘。1544 年，他出生于索伦托，那里的海是史诗，天空是抒情诗，山丘便是颂歌。他的父亲伯纳多是一位诗人、朝臣，一个敏感而热情的人，他企图谋反总督，被逐出那不勒斯王国（1551 年），从一个宫廷流浪到另一个宫廷，带着妻儿受着贫困的折磨。塔索的母亲波齐亚·罗茜出生于一个古老的托斯卡尼家族，生来仿佛就带有文化的因子。塔索曾在那不勒斯一家耶稣会学校读书。他吞下拉丁文和希腊文的苦果，被训练得极度虔诚，使他在崇拜中感受到神学的振奋和一种不可形容的平静。10 岁时，他到罗马投奔父亲，两年后他母亲逝世了，他陷入深深的思念和长期的痛苦中。他陪同父亲到乌尔比诺和威尼斯。伯纳多在该地出版了自己的《阿马迪吉》（*Amadigi*，1560 年），把中古传奇改写成诗。

　　塔索现在正被诗鼓动。他被送往帕多瓦学习法律，但他父亲的楷模比他的箴言更有力量，这个少年不重视法规，却爱上了诗。他久已拜倒于维吉尔的魅力之下。他眼中忽然掠过一丝曙光，决定用曼图亚卓越而严肃的风格描写阿里奥斯托曾描述过的那些骑士传说。他献上一部 12 篇的传奇诗《林纳尔多》（*Rinaldo*）给他的父亲，令他父亲大为惊奇。伯纳多又悲哀又欣喜：他预见一个除了才气外一无所有的诗人的兴盛荣枯，也很高兴看到他的儿子，年方 18 岁，其优美又富于想象的诗篇已可媲美当时最好的诗人。伯纳多出版了这本小史诗

（1562 年），所受的喝彩使他感到温暖，于是准许塔索放弃在帕多瓦的法律课程，转往博洛尼亚学习哲学和文学。在该地，这位少年的天才很是困扰了别人。他写讽刺诗攻击老师，受到诽谤罪控诉的威胁，仓皇地回到帕多瓦。

伯纳多说服了费拉拉的阿方索二世的兄弟，枢机主教埃斯特·吕吉，聘请塔索为秘书（1565 年）。这个诗人很高兴加入当时被视为意大利文化最美之花的宫廷。他在那里找到了一个活跃着音乐、舞蹈、文学、艺术、阴谋和爱情的环境。枢机主教的两位姐妹吸引了塔索的心：卢科雷齐娅高傲、美丽，31 岁；莱奥诺拉 29 岁，是一位很虔诚的病人，她与阿方索公爵的争辩使她成为宫廷的偶像。一些故事，如歌德的戏剧和拜伦的《塔索的哀歌》（*Lament of Tasso*），描写这位诗人爱上了莱奥诺拉。当然他曾依照风俗献给她一些热情的诗，而她们也给他带来其家族气氛的友谊，但她们另两位长他 11 岁和 9 岁的姐姐，除了听他谈话或朗诵外，不曾给过他更温暖的柔情。塔索从未结婚，他只能爱公主，而她们只能为财产而结婚。也许他对自己的权力缺乏自信，并不亚于对自己诗作的自负，他害怕婚姻的义务与限制。

1569 年，他的父亲去世，死时一文不名，塔索不得不举债来葬他。一年后枢机主教埃斯特·吕吉带他到巴黎。塔索发现查理九世与法国的胡格诺教派领袖们非常友善，大为震惊，他公开批评政府结交异端。枢机主教亟须保持国王的好感，因此将这位烦人的秘书送回意大利。塔索永远不原谅他。

阿方索公爵安慰他，把他列为自己的家臣，每年给他年俸，除了要他将当时正着手写的有关第一次十字军的史诗献给公爵外，不负任何责任。这几年算是比较快乐的日子。1573 年夏，塔索在宫廷演出了他的田园剧《阿明塔》，因成功而大受鼓励。素以剥削农人为生的费拉拉贵族和贵妇们，看到乡村的幸福——舞台上的——简直兴奋极了，而所有宫廷的绅士也很高兴看见黄金时代的画面，因为当时所有快乐的事物都是合法的、美善的：

哦，可爱的黄金时代！

并非河流鲜奶滚滚，

也非树林淌滴甘露……

仅是徒然而令人喘息的苦痛，

错误偶像，

崇拜欺骗，

而荣耀——被惊吓之

粗鄙心灵如是称呼——

犹未蹂躏我们的本质。

也未曾前来侵蚀

温和人类的

甜蜜快乐之乡；

也非其严苛法律，束缚着

自由中孕育的灵魂；

是黄金的法律，

愉快而金黄的法律，

全然自由，全然宜适，

自然的手笔所写：

愉悦人者即为合法。

　　他写完史诗《耶路撒冷的自由》（*Gerusalemme Liberata*，1574 年）后，那种不寻常的大无畏精神离他而去了。这是他一生最后的努力。如果它失败，或如果教会宣判这首史诗为淫逸或异端，他将永远不会快乐。他战战兢兢把手稿送给 7 位批评家，要他们评断这首诗的情节、人物、文辞和道德。他们对它有很多恶评，他不知道该如何讨好每一个人，于是将诗搁置一旁。这诗一直放了 5 年没有出版。诗人意识到他写出了一篇杰作，对他的批评家与对生命要求太多了。他坦陈"他无法忍受住在一个贵族们不将他放在第一位,或至少承认他绝对平等的城市里"。这当然是他应得的待遇,但他又说:"希望被朋友崇拜,被仆人服侍,被家属爱抚,被主人尊敬,被诗人歌颂,被所有人认识。"费拉拉有一个党派起而批评他的诗、他的性格和他的要求。他开始梦想在比较和善的宫廷找到更柔软之地。

身心两方面的干扰动摇了他的神经:疟疾,一再的头痛。他父亲流亡累积的打击,他母亲的死,他父亲临死前的穷困,尤有甚者,神学的疑惑——有关地狱、不朽、基督的神圣性——使他的心灵受着罪恶感的折磨,驱使他经常忏悔与上帝交感。他相信自己经验到黑色(撒旦)魔术的力量。他曾幻见最后审判及上帝驱使恶人进入永恒地狱之火的恐怖景象。他幻想遭受迫害——怀疑他的仆人出卖他的秘密,相信他已受宗教裁判所指责,每天等着被监禁。他是一个难以款待的客人。

阿方索公爵同情他,毕竟当时最伟大的诗是献给他的,而且有半篇是歌颂他的世系。他原谅这个诗人不上朝,并将他送到愉快的贝尔里古阿多(Belriguardo)别墅变换环境和静养。但是,他发觉塔索与弗朗西斯科·美第奇——阿方索公爵最危险的对手与敌人——结交,并希望在佛罗伦萨宫廷被接纳为食客时,他的耐心终于枯竭。1575年11月,诗人离开费拉拉,自称要去罗马参加天主教大赦年的活动。他去了,却在途中两度拜访佛罗伦萨。大公并不喜欢他。弗朗西斯科写信给他的朋友(1576年2月4日)说:"我几乎不知道是否该称他疯子,还是有趣而狡黠的人。"一年后他决定"不要疯人在他的宫廷里"。塔索伤心地回到费拉拉。

他要求阿方索给他史官的职位,阿方索答应了。1577年1月,他在博洛尼亚宗教裁判所出现,承认他曾怀疑天主教信仰。宗教裁判所安慰他,并把他送回。同年6月,在卢科雷齐娅(埃斯特)的住所,他拔刀砍杀一名他怀疑的仆人。阿方索公爵下令把诗人关在堡垒的房间里,不久释放他,带他到贝尔里古阿多。塔索写道,公爵的行为"仿佛兄弟一般，而不像统治者"。诗人要求将他送往圣方济各修道院，阿方索照令行事，并推荐一种泻药。塔索服从了。到了寺院，他突然疯症发作，指控别人在他的酒里下药。僧侣们要求把他弄走。他被送回公爵堡垒，由专人看守。他逃走了，乔装成农夫，独自步行流荡，越过亚平宁山脉，到索伦托他姐妹科内里亚家中。她以爱心接纳了他。

若不是忧心于他留在费拉拉未出版的伟大诗篇，他本可以在那儿享受简朴而快乐的生活。也许他已长久习惯于朝廷生活，怀念伴随他苦难的舒适环境。他赶到罗马，请求费拉拉大使替他向阿方索说情。公爵送钱照顾他，同意他回来，条件是要他安静，并接受医药治疗。到达费拉拉（1578 年）后，他得到宫殿外面的一栋私人公寓，一个仆人侍候他，饮食由公爵家取来。塔索顺从地接受镇静剂和泻药，也继续写些好诗，希望再在宫廷受宠。相反，几乎每个人都将他当作疯子。公爵和公主们都不再容许他到他们面前。最大的侮辱则是阿方索下令把诗人自己的手稿，包括《耶路撒冷的自由》拿走，以免他毁掉。

1578 年，塔索再度逃离费拉拉。他到曼图亚、帕多瓦、威尼斯、乌尔比诺、都灵。该地公爵查理·伊曼纽尔以荣耀接待他，并给予他费拉拉所有的舒适生活。但 3 个月后，这位不得空的诗人，也许是急于重获他的手稿，又请求阿方索让他回去，阿方索同意了。于是，1579 年 2 月，塔索再度住到枢机主教埃斯特·吕吉的宫中。但阿方索由于渴望子裔，第三度结婚，根本无心享受诗，塔索并未被邀请赴宴。两个星期来他郁郁地忍受冷淡，之后（1579 年 3 月 12 日）离开枢机主教的宅邸，闯入圭多·本蒂沃利奥的宫殿，公开反对公爵、新公爵夫人和整个朝廷。他跑到卡斯特罗（Castello），坚持要见公爵夫人并取回他的诗稿。公爵下令将他送往附近的圣安娜精神病院。他在那里被关了 7 年。

他不是完全疯了。他也有正常的时候，那时他可以写诗，也可以接待朋友，蒙田宣称曾拜访过他，几位宫廷贵妇曾来安慰他。有一次，卢科雷齐娅也曾带他到贝尔维德里她的别墅去，但他的狂暴把她吓坏了，她叫人把他送回医院。这个破碎了的心灵，有时幻想听见幽灵的声音，有时幻想看见天上圣灵侵入他的房间，偷走他的诗篇，因而陷入间歇性的恐惧中。

现在他的史诗终于出版了。那些拥有书稿的人听说盗印商抄袭该书，立刻将原稿送给印刷者（1580 年）。批评家还是挑毛病，但全意大利极热烈地予以接受。教会当局也称赞它的主题与虔诚。一版接一版地再版，一天就可销售 2000 本，家庭和宫廷都回响着它的韵律。人们争论塔索应与阿里奥斯托、彼特拉克齐名。伏尔泰对基督教并无偏见，喜欢此诗甚于《伊利亚特》。英国的伊丽莎白女王听了译为拉丁语的部分诗文，很羡慕费拉拉公爵竟找到一个荷马来使他不朽。

如果我们唤起历史感，便可了解何以全欧洲对第一次十字军的这篇动人描写会有这么热烈的反应。它被喝彩，因为是基督教世界长期等待、唯一需要的史诗。塔索开始写此诗时，欧洲正集资建立舰队要与土耳其人在莱潘托会战。写作中大战发生，那一仗打赢了，但土耳其人的迅速恢复正在威胁欧洲，尤其是意大利。这首诗完成的时刻，基督教的堡垒罗马正陷于危险。在那样的气氛下，男人和女人读着感人诗句写成的故事，描写布永的戈弗雷，如何在 1099 年率领一支饱经患难但胜利的基督教军队占据耶路撒冷。

就这样，塔索牢记着，并向维吉尔的"我要说的是战争和一个人的故事"（arma virumque Cano）挑战，骄傲地写道：

我歌颂虔诚的武力和那位队长，他解放了基督的大坟墓。

他请求缪斯在他胸中激起宗教的热情，并将他的诗献给"高贵的阿方索"，因为阿方索将他从命运的狂风中解救出来，并给他一个愉快的避风港。上帝派遣天使加百利前来吩咐戈弗雷勿再拖延，迅速进军耶路撒冷。基督徒接近这个城市时，该城的土耳其总督阿拉丁（Aladin）命令手下将圣母雕像从基督教堂搬到一座清真寺，相信这座偶像能为它的拥有者带来胜利，雕像被基督徒抢回藏起，阿拉丁下令屠杀所有留在耶路撒冷的基督徒。可爱的少女索菲罗尼亚献出自己为全民牺牲。她谎告阿拉丁说她已偷走并烧毁偶像。他宣判把她烧死在火刑柱上。单恋她的奥林多想要替她死，自承罪过，他们都被判死刑，但被伊斯兰教女英雄克劳林达救走。地狱的神普鲁托召集手下开会，商量击败基督教攻城者的方法。他们选择一个有巫术的大马士革少女阿米达作为工具。里纳尔多和其他骑士被诱入她的魔法花园中，里纳尔多在她怀抱里松弛下来。完美而具有骑士风度又勇敢的基督教骑士坦克雷德仰慕克劳林达的勇气，超越宗教界限而爱上了她。在最生动的一篇诗中，克劳林达乔装与坦克雷德战斗至死，临死前要求他让她改信基督教。戈弗雷派遣军队去寻找里纳尔多和失散的骑士。他们发现了阿米达的城堡，转脸不看池中游泳的"裸美人"，解救了俘虏。阿米达愤怒里纳尔多抛弃她，宣称把自己献给任何杀死他的人。蒂什菲内斯接下这件工作，里纳尔多把他一剑刺穿。阿米达企图自杀，里纳尔多以复苏的爱情打消了她的求死之心。她同意改信基督教，以圣母的词汇向他投降。基督徒登上城墙，屠杀穆斯林军队，并对上帝表示感恩。故事并没有继续到烧尽犹太人那段。

　　阿里奥斯托曾眷顾骑士的故事，塔索以最完整的严肃手法予以复兴，在其神圣的古典结构之外，加上中古魔术与奇迹。反宗教改革运动一度压抑了热情的意大利人的幽默感，而缺乏幽默感造成了塔索的发疯。不能以太过严肃的眼光来看这个世界。塔索在史诗中表现的是无可置疑的信仰和无法释怀的感伤。他用很多手法来装饰这首诗，因此伽利略把它比喻为古董博物馆，而且在他那份抄本的页边空白处写下了愤怒的批评。模仿是很明显的：荷马的战争场面，维吉尔拜访地狱的描写，阿里奥斯托的桃色事件及维吉尔、但丁和彼特拉克的概念和整个诗行。魔术很孩子气，女英雄们很荒谬。《耶路撒冷的自由》

可能不会像《伊利亚特》那样壮丽，不会像《奥德赛》那样迷人，也不会像《埃涅阿斯纪》那样高贵，但它像任何史诗一样扣住读者的兴趣，它的体裁附有快乐的转折与和谐的脉络，它的人物栩栩如生，它的事件很技巧地配合中心主题。其中很多场面和事件成为名画的题材，它的诗文和气氛协助构成了埃德蒙·斯宾塞的《仙后》。它的诗节赋上音乐，慰藉了威尼斯船夫们疲倦的韵律。

塔索在他偶尔正常的时刻，并不见得从他诗篇的成功里得到多少乐趣，获利则更少。出版家没有给他一文钱。正像大多数作家，1 盎司苛责便超过了 1 镑的称赞。他怕读某些批评家的严厉批评——说他的诗叠句太多，他的爱情场面太富美感，他的穆斯林太令人敬爱，他的女英雄往往太像男人。其他意大利人为他喝彩，说他是维吉尔再生，而且纷纷呼吁让这位罹病的诗人得到更好的治疗。然而，拜访他的人发现他需要小心的照料，而阿方索于百忙之中，已用一个常受冒犯的人可能的最体贴方式处理此事。

这位诗人的情况改善了。1586 年 7 月，贡萨加，曼图亚公爵爵位继承人，答应照顾他。塔索在曼图亚住了一个月，然后转往贝加莫、摩的纳、博洛尼亚、洛雷托、罗马等地，卖诗并讴颂任何一个肯付钱给他的人。他在罗马受到很好的接待，不久又流荡到锡耶纳、佛罗伦萨、曼图亚、再到那不勒斯。在那不勒斯，曼索侯爵与他为友。他又回到罗马，枢机主教辛齐奥（Cinzio）与阿尔多布兰第尼让他住在他们梵蒂冈宫中的房间（1594 年）。他希望回到费拉拉等死，阿方索拒绝他回来。教皇克莱门特八世指定一份年金给他，而且计划加冕他为桂冠诗人。1595 年 4 月，这位病竭的诗人，以 51 岁的年龄又老又病，不得不被送入罗马的圣奥诺弗里奥（San Onofrio）修道院接受更好的照管。4 月 25 日，他逝世了，口里念着"交在你的手中，上帝"。他生前没有机会戴的桂冠放在他的棺材上。他的遗体被游行行列抬到圣彼得教堂再绕回来，后面跟着罗马教廷人员、贵族和学者。尸体在修道院的教堂焚化，墓志铭很简单：躺在这里的是塔索。他占有的小室成为朝圣的目标，至今仍是如此。

巴洛克的来临（1550—1648）

古典艺术——万神庙和它的横饰带、米隆和波利克里托斯的雕刻、罗马议会堂、《埃涅阿斯纪》，拉斐尔的梵蒂冈作品组、米开朗基罗在美第奇礼拜堂的人像——曾化混乱为秩序，化复杂为统一，化动为静，化情感为思想，化皂白不分为意味深长，化复杂晦涩为简单清晰，化材料为形式。但是，完美继续太久也会令人生厌。改变对生命、感觉和思想都是必要的。令人刺激的新奇可能只因新奇而显得美丽，直到后来被遗忘的旧形式又在时间的轮盘上转回来，被当作年轻与清新的事物来拥抱。所以文艺复兴把哥特式艺术赶出意大利，嫌它太野蛮，直到后来艺术家与赞助人对美的平衡与令人痉挛的对称厌烦了，且像大教堂的滴水口一般嘲笑着古典的廊柱、轩辕和三角墙，将哥特式的精神送回到巴洛克式（baroque）极不规则而精密的作品中。[1]

古典艺术一心要表现客观、无私、完美。巴洛克式容许有独特性的艺术家，甚至凭他一时的兴致，表现并不真实刻画的题材（如荷兰绘画），而只是虚构的形式造成的情感印象。因此，埃尔·格列柯（El Greco）画的并不是西班牙的人，而是他自己的记忆或心境。牟里罗和圭多·雷尼笔下温暖的圣母并不是他们熟知的受尽折磨的母亲，而是他们意欲表现的虔诚典范。尤有甚者，一个感受过宗教改革的剧震、被罗耀拉、圣特蕾莎、格扎维埃和博罗梅奥·圣查理等人引向新鲜、紧密的宗教情绪的意大利——这个路德之后的意大利，已不再安于古典理想宁静而自负的和平。它违拗地重申它的信仰、展示它的信条、装饰它的神殿，在艺术中注入一股色彩与感觉的新暖流，结

---

[1] 此字源于葡萄牙文 *barroco*，是一种用来装饰的不规则形贝壳。

构与动作的新变化和无可限量的自由，解除古典规则、限制与线条。
艺术变成借装饰而表达的情感，而非把思想浓缩注入的形式。

　　建筑不再是希腊数学或罗马工程，它是音乐，有时也是歌剧，就
像巴黎的歌剧。设计师与建筑师由静态转向流动性与韵律感。他们摒
弃静态的对称，采用优美的不平衡与不统一。他们存心雕刻或扭曲廊
柱与轩辕。他们厌倦于平坦的表面和沉重的大块。他们中断雕花的嵌
线，把三角墙一分为二，在每一转角都陈上雕刻。雕刻家本人也厌倦
于完美的肢体、固定的五官、僵直的前身姿势，他们以出人意料的态
度来安置五官，以不同的方式使眼睛更动人。他们把绘画效果运用于
雕刻上、把光与影雕入石头、把动作雕入身体，使脸上表现出思想和
情感。画家把纯粹的线条、清晰的光线和无害的严苛留给佩鲁吉诺
（Perugino）、柯勒乔和拉斐尔；他们将世界沐浴在色彩之中，如鲁本
斯；加上神秘主义，如伦勃朗（Rembrandt）；引向感觉主义，如雷尼；
赋予痛苦与狂喜，如埃尔·格列柯。木匠在家具中杂以装饰，金属匠
将材料造成古怪或幽默的形式。1568 年，耶稣会修士聘请维尼奥拉
（Vignola）设计他们设在罗马的教堂耶稣堂。他们要求集中一切艺术
来做大量廊柱、雕像、图画及贵金属，不是表现几何图形，而是激励
并启发信仰。由于在艺术上意大利仍领导全欧，这种新的装饰、感觉
和表达形式不仅传入天主教的西班牙、佛兰德斯和法国，甚至传入新
教的德国，并在那里达成了某些最令人欢愉的形式。文学方面也受到
巴洛克式的影响，如马里尼、贡戈拉和李利夸张的文字游戏，莎士比
亚华美的语言，马洛的《浮士德博士》和歌德的《浮士德》。歌剧即
是巴洛克式的音乐，这种新形式并未赢得普遍的胜利。荷兰人喜欢平
静的写实主义甚于巴洛克的刺激。委拉斯开兹最好的作品是古典与写
实的。塞万提斯（Cervantes）过了浪漫的一生后，以古典的平衡与宁
静写成了《堂吉诃德》（Don Quixote）。高乃依、拉辛和普桑都是非常
古典的。但古典作品是不是永远很古典呢？还有任何东西比丑恶的挣
扎的"拉奥孔"（Laocoön）更巴洛克式（怪异）吗？历史对要将它的

流向导入理论模型或逻辑归类的尝试，总是一笑置之。它毁坏了我们一致化的企图，打破了所有的规则。历史本身就是巴洛克式的。

一个有力的因素在意大利艺术方面始终持续着：教会仍是最活跃、最有效的赞助人。当然也有其他赞助人和其他方面的影响：皇族和有修养的主教建立私人宫殿，在装饰方面也采用某些异教的主题，所以奥多阿多·法尔内塞要卡瑞奇家族为他画《酒神的胜利》和《爱情的规则》（*The Rule of Love*）。但是特伦特会议和随之而来的天主教宗教改革已立下了较严苛的格调，裸体不再在意大利艺术中出现，而虔诚的题材也不再成为肉感的工具。只是罗马艺术家的恳求劝阻了教皇克莱门特八世，他才没完全封锁米开朗基罗的《最后审判》，丹尼尔·沃尔泰拉（Daniele da Volterra）的一切作品。会议维护宗教偶像，对抗胡格诺教派和清教徒的攻击，但它坚持这些表征必须激起崇拜，而不是挑起欲念。而改革派不赞成崇拜圣母和对圣徒的祈祷，反宗教改革的意大利画家与雕刻家再度以粗糙的写实主义表现殉道者的受苦，以有意识的感伤手法表现圣母的故事。教会亟欲去除艺术的异教成分、灌注教条与虔诚、加上意大利政治与经济的挫折，使这个时代成为文艺复兴的最后回响。

罗马的艺术

罗马仍是世界的艺术都城。罗马绘画的伟大时代已成过去，现在没有任何意大利画家可以媲美鲁本斯或伦勃朗，但罗马建筑很繁盛，而贝尔尼尼曾是欧洲最著名的艺术家达一代之久。虽然博洛尼亚曾偷取了绘画的领导地位，那一画派的明星们却前往罗马去做最后的炫耀。瓦萨里也在 1572 年前来为梵蒂冈的雷古亚厅作壁画。仍为少数人敬爱的画家成为罗马的居民：塔迪奥·朱卡罗、费德里戈·朱卡罗、吉罗拉莫·马兹亚诺、弗朗西斯科·萨尔维亚蒂、巴托洛梅奥、多米尼克·费蒂、安德烈亚·萨基。这些人大部分被归为"守旧派画家"——模仿文艺复兴某一位大师风格的艺术家。我们可以把"守旧派"(1550—1600 年)列为巴洛克派的第一阶段。

费德里戈·朱卡罗在四个国家传播他的绘画。在佛罗伦萨他完成了瓦萨里在大教堂圆顶开始的壁画,在罗马他画了梵蒂冈的卡佩拉·保利纳(Capella Paolina),在佛兰德斯他设计了一连串漫画,在英国他画了著名的伊丽莎白女王和玛丽·斯图亚特的肖像,在西班牙他与人共同装饰埃斯科里尔宫(Escorial)。回到罗马,他创立了圣路克学院(The Academy of St. Luke),该校的组织给予雷诺兹(Reynolds)办英国皇家艺术学院(English Royal Academy of Arts)一些灵感。在那一代的意大利画家中,朱卡罗最受欢迎,但是后代比较喜欢克托那。以文艺复兴的各种变化,克托那设计了罗马的巴尔贝里尼和帕费里(Pamfili)宫殿,并在佛罗伦萨的比蒂宫中画了充满巴洛克式古怪人像的壁画。

当时罗马绘画的真正大师是卡拉瓦乔,他具有西里尼亚的精神。他生为一个伦巴底石匠之子,到米兰学习,移居罗马,曾有十余次纷争,在决斗中杀死一个朋友,越狱逃出,奔往马耳他、卡塔尼亚和叙拉古。44 岁时(1609 年),他由于中暑,死于西西里的海边。其间他几乎把意大利绘画的气氛和技巧做了一次改革。他喜欢光和影的强烈对比,喜欢玩弄某些技巧,以隐藏的火炉照亮一个景象,以光来塑造他的人像,用黑暗的背景烘托出人物,开始了意大利"折中画派"——圭尔西诺、里贝拉和萨尔瓦托·罗沙(Salvator Rosa)的时代。他看不起博洛尼亚画家理想主义的感伤,以近乎野兽式的写实主义震惊当代。他采取宗教题材时,使门徒和圣徒们看起来像船坞上借来的魁梧工人。他的《玩牌者》(Cards Players)使他赢得国际性的名声。他的《音乐家》(Musicians)——三个歌唱家和一个可爱的琵琶手——尘封达 3 个世纪之久,直到约 1935 年才在英国北部一家古董店被发掘出来。它以 100 英镑的价格卖给一位外科医生,后来被纽约万国博物馆以 5 万美元买去(1952 年)。教会通常摒弃卡拉瓦乔的宗教画，认为太粗鄙、不太高尚，如今那些画却是鉴赏家的珍品。鲁本斯很崇拜这位意大利人的《圣母像》(*Madonna del Rosario*)，他在安特卫普的艺术家中聚集了 1800 基尔德来买它，把它献给圣彼得教堂。《基督的晚餐》(*The Supper at Emmaus*) 不如伦勃朗的作品那样深刻，却是有力的农夫画像。《圣母之死》(*The Death of the Virgin*) ——又是农村景象——是促成建立意大利的自然主义画派及西班牙和尼德兰写实主义画派的名画之一。卡拉瓦乔往往强调狂暴而粗鄙的通俗剧，但历史本身就像雄辩的文体，很少不夸张。这个时代耗尽了为强壮的码头工人而战栗的主题，后来便接受这些被遗忘的人物作为有生气的艺术题材。里贝拉学习卡拉瓦乔暗淡的笔调并与之齐名，伦勃朗捕捉这位意大利人的明暗对照法而青出于蓝，即使 19 世纪的画家也受到那种暴风雨式的影响。

建筑方面现在已现出巴洛克式的到来与全盛。一个接一个的教皇把信徒心甘情愿的血汗与金钱化为罗马的光荣。庇护四世完成了梵蒂冈宫的贝尔维德里和其他房间。格列高利十三建立了罗马学院 (Collegio Romano) 和奎里纳勒宫殿——此宫在 1870 年成为国王的住所。西克斯图斯五世最喜爱的建筑家丰塔纳设计了新的拉特兰宫，圣玛丽亚·马吉奥教堂的西斯廷礼拜堂，并在那个礼拜堂中设计了庇护五世的巴洛克式坟墓。同时枢机主教和贵族也为罗马增添了新的宫殿圭斯蒂尼亚、兰切罗蒂、巴尔贝里尼、罗斯皮格里奥西和新的别墅帕费里、伯古斯、美第奇。破坏也在进行，这段时期庇护五世拆掉了君士坦丁大帝以来原封不动保留至今的康斯坦丁的浴室。

好的建筑师非常多。有一位波尔塔，他很能干地完成了他老师维尼奥拉未完成的建筑，如耶稣堂的正面建筑、圣彼得教堂的圆顶；他还设计同样巨大壮观的卡佩拉·格雷乔里亚那，并完成了米开朗基罗开始的法尔内塞宫。另外两个华丽的喷泉也是他设计的，为罗马城增添了不少永恒青春的气息。最可爱的喷泉是"乌龟之泉"，是塔迪奥树立在马泰宫前的。马丁诺·伦吉和波尔塔共同借米开朗基罗的速写建立帕拉佐·康塞瓦多里，而他自己也开始了伯吉斯宫殿，后来由费拉米尼奥·庞齐奥为保罗五世完成。丰塔纳奉献出阿基·费利丝和阿基·保利那喷泉，并在圣约翰·拉特兰宫的北面门廊上建立美丽的为天主教特殊祝福仪式而用的走廊。他的侄子卡罗·马德拉继承他担任圣彼得教堂的建筑师，把米开朗基罗的希腊十字架改为拉丁十字架；改变其整体计划，设计了大神殿的正面，从卡拉卡拉和戴克里先浴室找到了灵感而设计它巨大的正堂。马德拉的门徒弗朗西斯科·博罗米尼重新建立了圣约翰·拉特兰宫的内部，并开始他的代表作，即华丽的圣安格尼斯教堂，媲美耶稣堂，同为罗马巴洛克艺术的最佳解说。

耶稣教堂是维尼奥拉设计的（1568 年），迎合耶稣会对建筑的要求，他们要建筑的壮观能吓住、鼓励并升华崇拜者。这位建筑师与他的继承者设计了一个宽阔的，没有过道，有华美台柱、三角壁、柱头和飞檐的正堂；一个突出的神龛、一个光亮的圆顶，并加上图画、雕像、大理石、银和金的鲜明装饰。1700 年，本人也是耶稣会修士的安德烈亚，又建筑了圣伊格那修高贵的坟墓和神龛。耶稣会修士的人生态度与其他天主教教士不同，与清教徒观点也相反，认为艺术应该受世俗感性的磨炼，并欢迎用它来装饰生命与信仰。然而，没有特殊的"耶稣会式"。耶稣教堂是变钝了的巴洛克式，而很多耶稣会教堂，尤其在德国，都是巴洛克式，但是每一个教堂都追随地方性和流行的形式与气氛。

罗马艺术的最终成就是圣彼得大教堂。米开朗基罗留下了大厦的模型，但是西克斯图斯五世即位时只完成了圆顶。圆顶直径 138 英尺，只有佛罗伦萨的布鲁内尔斯奇敢不用支架就盖上这么大的区域。在波纳洛蒂接手这件工作之前，建筑师和工程师都畏缩不前。出钱的人悲叹说，它一定会花 100 万杜卡特和 10 年的时间。西克斯图斯下令这件工作赶快进行，希望他死前能在新的正堂做弥撒。波尔塔负责，以丰塔纳为助手。800 人夜以继日工作，只有星期天才休息，1589 年 3 月至 1590 年 5 月 21 日，这位坚强的教皇死前 3 个月，罗马得到消息:"令他永得荣耀,令其先辈惶愧,我们神圣的教皇西克斯图斯五世已完成圣彼得教堂正殿的圆顶。"

除非从远处观望,否则正堂的效果全被1607年至1614年马德拉修建的巴洛克式正面建筑削弱。教堂本身在1626年全部建完,距离最初设计已174年。1633年,贝尔尼尼以青铜在"圣彼得之墓"和高耸的圣龛铸造灿烂的华盖。这位伟大的雕刻家将通往殿堂的走道以巨大的椭圆柱廊包围起来,使圣彼得教堂成为地球上最壮丽的建筑物之一,因为它的圆顶是现代艺术至高的成就。

贝尔尼尼

乔万尼·洛伦佐·贝尔尼尼在他卓著的一生(1598—1680年)中,集17世纪罗马的多项艺术于一身。从佛罗伦萨籍父亲那里,他学得了雕刻艺术。从他那不勒斯籍的母亲那里,他可能承继了强烈的感情和热心的信仰。1605年,他父亲被召往罗马,参加兴建圣玛利亚·马格古奥雷教堂的工作。"吉安"就在那里,在古典雕塑和耶稣会虔诚的气氛下长大。他为梵蒂冈的安蒂诺厄斯和阿波罗·贝尔维德里而战栗,更被圣伊格那修的"心灵训练"(Spiritual Exercises)深深感动。他也自我训练,直到后来他感受到那种经历过地狱痛苦和耶稣爱的人感到的恐怖与虔敬。他天天听弥撒,两周接受一次圣礼。

他也尝试绘画,甚至画过100幅作品。其中罗马巴尔贝里尼宫中的《圣安德鲁和圣托马斯》(*St.Andrew and Thomas*)赢得最多赞美,虽然我们可能比较喜欢沃夫兹画廊收藏的自画像——一个专注于忧郁沉思的黝黑、英俊少年。他在建筑方面成就更大。他为玛菲奥·巴尔贝里尼完成了巴尔贝里尼宫。他的赞助人变成教皇乌尔班八世时,贝尔尼尼年仅31岁就被任命为圣彼得教堂的首席建筑师。除了柱廊和圣龛上的罩盖外,在半圆形殿中建立华丽的佩帝大教堂,安置一张信徒们相信是使徒用过的木椅,在椅子周围他雕了四座早期教会教父们的人像，并在整个古怪的结构之上，他以一个胸有成竹者的放肆精神加上了天使雕像。在那附近，他为心爱的乌尔班八世放置了巨大的坟墓。他设计了阳台及许多装饰本堂桥墩的雕像。在本堂顶下，他放了圣朗吉纳斯的纪念雕像，在右边的甬道，他为托斯卡纳的马蒂尔达伯爵夫人立了纪念像。在教堂外面，他以比较高雅的风格重新塑造"皇室楼梯道"，通向梵蒂冈宫廊的圆柱。而在这个"皇室楼梯道"的小亭中，他立了康士坦丁的骑马雕像，它眼望天空接受基督的召唤。这座人像的情绪主义为整个巴洛克时代立下典范。在他生命即将结束之时，他在圣彼得教堂的圣礼堂内建立一个神龛，它那光辉的大理石和至高的圣礼盒、殿堂、圆屋顶和崇拜中的天使对他而言并未具体表现弥撒中圣餐的神秘。圣彼得教堂之中和四周的全部作品，给一位近代艺术家的深刻印象，是戏剧性的强调和华丽的感官表现。对于贝尔尼尼而言，它似乎是狂喜与可以沟通的信仰的充分表达。

他到处把建筑和雕刻合而为一。他梦想一种艺术能将建筑、雕刻和绘画联合成一个激动的灵魂。在圣玛利亚·德拉·维多利亚教堂，他把珍贵的大理石——绿色、蓝色和红色——凑起来，并松弛他的装饰幻想而建立了科那罗礼拜堂，具有凹槽台柱和优雅的科林斯式廊柱。在该处他安置了吸引人、最情绪化的雕像之一：圣特蕾莎，跛脚，陷于狂喜的出神状态，有一位令人愉悦的天使正准备用一支燃烧的箭刺穿她的心，象征这位圣徒与基督的结合。圣特蕾莎那似乎没有生命的人像是意大利巴洛克艺术的一大胜利，而那位掷箭的天使是一首石头雕成的歌。

贝尔尼尼也有一些对手。蒙田曾对圣彼得教堂中保罗三世坟墓上吉罗拉莫·德拉·波尔塔所雕的"正义之神"有深刻印象。彼得罗·托里吉亚诺（Pietro Torrigiano）铸造西克斯图斯五世的一座有力而真实的半身像。博罗米尼和贝尔尼尼一样，把雕刻和建筑混合起来，那不勒斯圣·阿波斯多利教堂中枢机主教维拉马里诺的坟墓即是一例。亚历山德罗·阿尔加迪为圣彼得教堂中利奥十一世的坟墓刻了

3座人像，可以媲美贝尔尼尼，而在雕刻镶画方面则超过了他，如现存圣彼得教堂的浮雕《教皇利奥一世与阿提拉会晤图》（*The Meeting of Popv Leo I and Attila*）即为一例。而阿尔加迪在多利亚·帕费里（Doria Pamfili）宫中所刻的英诺森十世的胸像，则比贝尔尼尼的作品更令人满意，几乎与委拉斯开兹的画像一样有力。但在艺术方面的多产、想象力和整体成就而言，这个时代无一人能媲美贝尔尼尼。

他以古怪的喷泉愉悦罗马人：特里多尼，河流喷泉——次要的雕刻家也在这儿刻了4个人像代表多瑙河、尼罗河、恒河和拉布拉他河。英诺森十世从许多温泉建筑计划中选中了贝尔尼尼的，并说："我们一定不能看他的设计，除非我们准备接受它。"贝尔尼尼建造华丽的墓碑的天才必定曾给他的赞助人一些对死亡的愉快期望。乌尔班八世很长命，亲眼目睹圣彼得教堂中为他遗体预备的坟墓。

枢机主教伯吉斯仿效乌尔班给予贝尔尼尼不少金钱和工作。这位雕刻家为他作了生动的《春神被掳像》（*Rape of Proserpine*），一座由男性肌肉与女性曲线构成的梦境，大卫向巨人歌利亚投掷弹丸。《阿波罗和黛芬尼》（*Apollo and Daphne*）是非常理想的男性与女性青春的代表。这些雕像，使贝尔尼尼被人评为"守旧"和富戏剧性的夸张。枢机主教本人也在两座胸像中成为好本质和好格调的化身。更吸引人的是现存佛罗伦萨国家博物院中的可爱的康斯坦萨·波那雷利像，她是贝尔尼尼助手的妻子。但贝尔尼尼的儿子说，他热烈地迷恋她的肉体之时，便将她铸成石像。

贝尔尼尼表现了巴洛克式的缺失，比其他艺术家犹有过之。他过于明显地诉诸情绪，误以戏院化为戏剧化、漂亮为美、感伤为同情、庞大为壮丽。他将绘画专用的强烈面部表情应用于雕刻。他太过仔细地描写细节，有时便将作品的心理效能降低了。他在人像中很少达到伯里克利时代雅典雕刻的那种永恒性的沉静。但雕像为什么一定要表达沉静，何以生命的动作、情感和强烈的兴味不能侵入并赋予大理石和青铜以生命呢？使石头感觉和说话是巴洛克雕刻的优点而不是错处。贝尔尼尼观察贺拉斯作品中表现的观念和感触——少女光洁滑嫩的肌肤，少年轻灵的活力，领导者的关心与劳苦，圣徒的虔诚与狂喜。

他被视为当代最伟大的建筑师几乎达 50 年之久。1665 年，柯尔伯（Colbert）和路易十四建议重建并扩大卢浮宫，他们邀请贝尔尼尼到巴黎担任这项工作。他来了，设计得不聪明，却是太好了——太壮观而不适合法国的口味与钱袋。人们较喜欢克劳德·佩罗简洁的教堂正面建筑。贝尔尼尼失意地回到罗马。1667 年，他画了著名的粉笔自画像，现存在温莎宫——白发覆罩在有力的头上，面部因工作而布满线条与瘤节。一度温和的眼睛变得严厉而惊惧，仿佛正在注视着通往荣耀的道路。但他未被打倒，他又花了 13 年时间修建并雕刻《愤怒》（Con Furia），"心灵迫切，工作果断，激烈暴怒"。他的生命之火终归熄灭时（1680 年 11 月 28 日），他已超越了意大利的文艺复兴。

弥尔顿在 1638 年拜访意大利，曾记载说，意大利学者觉得他们那个世纪的光荣已随西班牙的统治和反宗教改革运动的来临而消逝。也许臣属状态与检查制度已损害了意大利的心灵与艺术——虽然塞万提斯、卡尔德隆、委拉斯开兹等人也在西班牙严苛的宗教裁判所治理下取得辉煌成就，但是结束意大利文艺复兴的是一位葡萄牙的水手，而不是一位西班牙将军或一个禁书目录的编者。达·伽马发现了一条通往印度的水路，一条很长的路线，但比曾使意大利富庶的梵蒂冈或热那亚贸易通道还要便宜。葡萄牙和荷兰商业正在取代意大利，佛兰德斯和英国的纺织品也正在夺取佛罗伦萨人的市场，而宗教改革已切断了德国和英国的金子运往罗马的一半流量。

意大利在没落中仍闪烁照耀。她的艺术已从拉斐尔和米开朗基罗的巅峰时期倾颓，政治思想也失去马基雅维利时的深度与勇气。从利奥十世到西克斯图斯五世的政治手腕却未见衰落，反而渐行进步了。在科学方面，从达·芬奇到伽利略，在哲学方面从蓬波纳齐到布鲁诺，在音乐歌剧方面从波利希安（Politian）到蒙特威尔第，都显出进步，只有在诗方面，从阿里奥斯托到塔索之间是值得争辩的衰落。同时，像一个乳养子女的母亲，意大利正将她的艺术与音乐、她的科学与哲学、她的诗与散文，越过阿尔卑斯山输往法国和佛兰德斯，越过英伦海峡输往英国，并越过大海输往西班牙。

第二章 ｜ **西班牙的盛衰**
（1556—1665）

西班牙的生活

菲利普二世即位（1556年）统治西班牙时，统有鲁西永、法兰奇·孔特、休达、奥兰、荷兰、米兰公国、那不勒斯王国、西西里、萨丁尼亚、菲律宾群岛、西印度群岛、南美的大部分、部分的北美、中美洲的全部，加上葡萄牙及其在亚洲、非洲和巴西的属地；同时是萨伏伊、帕尔马和托斯卡纳等的宗主国，而且是菲利普的叔父斐迪南一世治下神圣罗马帝国的盟国。西班牙拥有一支5万人的陆军，以勇敢善战和训练精良著称，由当时最好的将军们领导。西班牙的海军有船舰140艘，每年的国库收入是当时英国的10倍。美洲的黄金和白银大量流进西班牙港口。这时的西班牙宫廷是当时世界上最华丽的，西班牙贵族则是最骄傲的。西班牙语被西班牙境外数以万计的人使用着，而在很多国家中受教育的人皆学习西班牙语，就像在以后的18世纪中他们学习法语一样。西班牙式的建筑点缀在五大洲的各个城市之中。

当时西班牙人口约有800万。越来越多的土地用于饲养绵羊以生产羊毛，致使农业萎缩。约1560年，仅托莱多一地即有5万家纺织工厂。殖民地人们的需要，刺激了西班牙的工业，塞维利亚成为欧洲最繁忙的港口之一。而由殖民地送进母国的，则是黄金和白银。贵金属的内流促使物价疯狂上涨——安达鲁西亚（Andalusia）在 16 世纪物价上涨了 500%。大部分工业由摩尔人操纵——表面上改信天主教的摩尔人。家务则大部分委由从非洲或在对抗"异教徒"战争中俘虏为奴隶的人担任。西班牙平民鄙视劳动，但对少许的劳动则带有哲学意味的满足。他们睡在小茅屋中，曝日取暖，乱弹着吉他，哀伤着美丽的匮乏，似乎这样比摩尔人或奴隶们那样流汗更好。1609 年驱逐摩尔人，是造成西班牙工业衰退期间西班牙产品价格高涨的原因之一。

1492 年驱逐犹太人，曾在西班牙商业和财政结构上造成一个真空状态。热那亚人和荷兰人成为西班牙国外商业的主要承运者。大公统治下的西班牙，在外交和战争上远较在经济事务上熟练，其财富的增加依靠黄金的进口。有一段时期，人们仍很贫穷，政府却较前富有，大多数黄金被用于战争，或被承运西班牙商业的外国商人赚走，直到政府几乎变得和人民同样贫困。西班牙一再拒付它的债务，或用强力使旧债变成新的债款。就是这些财政危机迫使她于 1559 年停止与亨利二世、1598 年停止与亨利四世及 1609 年停止与联合省份（United Provinces）的战争。

西班牙不仅拒绝了"宗教改革"，而且除了接受伊拉斯谟运动，也拒绝了文艺复兴。她在现代化的国家中保持着中古的作风，并以此满足。人民的贫穷却因教会的富有而感到光荣。从比"教皇更天主教"的国王到土匪——没有一个匪徒是没有宗教勋章或法衣的——每一个人都是虔诚的教徒。1615 年，为数 4 万的西班牙人游行示威，要求教皇将"圣母从圣灵怀孕"（即是说她没有原罪）定为所有天主教徒的一个信仰义务。祭司、僧侣、修道士到处都是，他们从不像法国和意大利一样对生命和爱情中的乐事微笑，而是对所有事物（除斗牛以外），都投以一种埃尔·格列柯式忧郁的气氛。西班牙现在拥有 9088 个修道院及 3.2 万名圣多米尼克教派和圣方济各教派的修道士，耶稣会教士的人数正在上升。教堂都很黑，放满可怕的遗骸，而用写实恐怖的艺术品加以装饰。圣徒们的故事和神迹是人们心爱的诗篇。十字会圣约翰的抒情诗和圣特蕾莎的著作，使神秘主义深入民间。教会本身必须反对信奉"寂静主义者"声称的与神交感和天国的幻想。1640 年，宗教裁判所将它的利爪伸向阿伦布拉多斯（Alumbrados）的一个支派——"开明者"——他们声称他们与神的神秘结合即使在他们欲情入狂时也能洗净他们的罪。如果我们想了解何以西班牙人能用热烈赞成的态度观望对异教徒的火刑、何以能因信仰而与德国和荷兰交战直至国家破产和精疲力竭，我们必须将这种普及而非常热心的虔诚记在心里。这种宗教狂热中也含有一些高贵的成分。这个民族似乎觉得除非其信仰是真实的，否则生命就会变成毫无意义的荒谬。

因此，宗教裁判所继续它光明正大的残忍行为。它也使用"温和的"惩治方法——如一百鞭——这惩罚针对那些不认为私通是罪或认为结婚生活和修道院独身生活同样神圣的异教徒。但对"重蹈邪路"的马拉诺斯（Marranos）——原来改宗后来又秘密恢复犹太教的犹太人——标准的赎罪方法就是死亡或终身监禁。菲利普二世于 1559 年抵达西班牙时，在瓦拉多利（Valladolid）宗教裁判所以处置刑犯的方式来欢迎他。那次处刑中，在这位国王的主持下，20 万群众目击 10 名异教徒被绞死，另外两名被活生生地烧死。一位被定刑者向菲利普乞求怜悯，他拒绝了，并说了一句话："若是我自己的儿子像你这么坏，我就亲自拿柴捆将他烧死。"他因此赢得群众的赞美。菲利普偶尔也会抑制宗教裁判所侵害民权的趋势，但大体而论，他是鼓励那个机构作为鼓舞民族热情和团结的工具的。被判罪的人可以得到改判，成为大型划船的奴隶。在一年中（1566 年）他收到 20 万杜卡特，这是宗教裁判所的罚款和没收物中政府应得的 2/3。这对于菲利普而言也是一种实利。

宗教裁判所因保持中古的信仰未被污染，及将西班牙从那种使法国瘫痪的宗教分离中拯救出来而自傲。它将重点置于信仰而不是行为，将维护道德的责任委诸教士——他们自己以行为不检而臭名昭著——和市政官员，他们对公众的权威，由于必须顺从宗教裁判所的拘禁和罚款而受损。妇女的纯洁不仅受宗教和法律的监视，而且受荣誉的约束，荣誉要求每个男子防卫或者对侵犯他家庭中妇女贞节的人用剑复仇。决斗是不合法的，却非常流行。女人和男人分开吃饭，很少在公共场合与男子同行，离家外出时就坐在密闭的马车中。求爱的人在街道上用音乐向格子窗后的少女们示意。在双方父母同意之前，他们很少被允许进入屋中，然而仍有很多自由恋爱的婚姻。在菲利普二世的治理下，道德水准保持在妇女的美丽和男人的想象所容许的高度上；官吏们贪财的天性因为受到国王的密切监视而较为缓和；"无敌舰队"被击败之前，西班牙的士气受到认为西班牙正领导一次反伊斯兰教、荷兰和英国的圣战这种信念的鼓舞。这个梦破灭后，西班牙就彻底崩溃了。

此时，西班牙的生活具有特有的豪华和魅力。慈善事业分布甚广，良好的礼节贯穿各个阶层。全国半数的人自称拥有贵族血统，尝试保持骑士礼节的虚伪，并坚持要穿得和最上层的 1/10 人口一样。在菲利普二世的统治下，西班牙服饰相当简单：男子穿皱领紧身上衣、紧身黑长袜和带扣的长靴；淑女们将她们的曲线用僵硬的平胸衣遮盖起来，在异性面前除了眼睛以外整个脸部都用面纱罩住（西班牙女子的眼睛特别具有煽动力），她们的玉足被羞涩地掩藏起来，即使惊鸿一瞥，都要被认为是对一个求爱人祈求的最富刺激的回报。随着菲利普去世，道德较前松弛，女性的服饰较前富于想象，在无言的打趣中，扇子被夸大了，脸上、肩上、胸部和手中都擦了胭脂，神秘的腿隐藏在衬有铁环的裙子中。裙子非常宽阔，因此戏院老板要这种穿大裙子的妇女买两个位子的票。

斗牛仍是受人欢迎的运动。教皇庇护五世于 1567 年发布一个反斗牛的法令，但菲利普二世抗议，说这道禁令将会在西班牙引起一次革命，那道敕令因此归于无效。宗教的游行在平凡的生活中加进了一首严肃的诗，而嘉年华会中的面具掩盖了多样的罪恶。音乐是仅次于——也紧密关联于——宗教和爱情的兴奋剂。吉他型的维忽拉（vihuela）替爱情韵事拙劣地奏出催眠的助奏，情歌小唱流行了一段时期。教堂中，西班牙音乐与意大利互争长短。西班牙音乐中的委拉斯开兹——托马斯·路易斯·维多利亚——在圣特蕾莎的阿威拉（Avila）长大，或曾经受到她的影响。他具有美妙的歌声和神召，他或许在 1564 年被任命神职。一年后，菲利普确曾允许他到意大利研习音乐。1571 年，他已是罗马语法学院（Collegium Germanicum）中的唱诗班长。1572 年，他 32 岁，发行了一本赞美诗集，其中包含富有启发性的歌词，是耶利米（Jeremiah）对耶路撒冷的悲叹。1583 年，他回到西班牙后，呈献给菲利普二世一本弥撒曲集，其中包含他最高贵的作品之一弥撒曲。为菲利普姐妹玛丽亚——也是神圣罗马帝国皇帝马克西米利安二世的寡妇——的葬礼，他写了一首令人深受感动的安魂弥撒。一位著名的音乐史家将该曲列为"整个文学中最庄严华贵的作曲之一"。他把它叫作《维多利亚的天鹅之歌》，1603 年，该曲印行之后，他就将自己完全奉献给神职。他是西班牙最著名朝代中最显眼的装饰品之一。

菲利普二世（1556—1598）

这是历史上最奇特、最壮健的一个人物之一，狂热而正直，被西班牙以外的人们深切地恨着，却又被西班牙境内的人们热情地爱着。对任何为客观性而努力的学者，他都是一项挑战。他的祖先决定了他的命运：他的父亲查理五世遗留给他一个王国和一付顽固的个性；他的祖母便是天主教徒菲迪南的疯女儿胡安娜·洛卡，因此在他的血液中也有疯狂和暧昧的因子，而遗传中有独断和专制的成分；他的母

亲是葡萄牙的伊莎贝拉，她另有两子，都在童年时死于中风，菲利普
12 岁时，他母亲自己在 36 岁的英年去世。他 1527 年出生于瓦拉多利，
正是他父亲的军队劫掠罗马、拘禁教皇之时。他生长于牧师和妇人之
手，他们将他沉浸在虔敬之中，并使他相信天主教是道德和帝国不可
或缺的支持者。虽然他那在佛兰德斯长大的父亲已经成为一位世界性
的人物，大部分时间都生活在西班牙的菲利普，尽管有美好的皮肤和
丝绸般的黄发，却变成一个彻头彻尾的西班牙人。

　　他几乎没有少年时代，13 岁时被任命为米兰的总督，16 岁便成
为西班牙的摄政——后者不仅是挂名的。查理替他指定顾问，将他们
的个性透彻而深入地解释给他听，命他利用一名议员对抗另一名议
员，并怂恿他将一切实际的权力和最后的决定保留给自己——这事菲
利普一直做到他去世。1543 年，菲利普和他的表妹葡萄牙的玛丽公
主结婚，在替他生了一名"命运多舛"的儿子堂·卡洛斯之后不久，
玛丽便于 1545 年死去。现在菲利普娶了那位地位卑微的女子伊萨贝
尔·奥索里奥（Isabel de Osorio），她替他生了好几个小孩。他父亲
唆使他将这次婚姻作废，每一个哈布斯堡王子的义务是协助对他们古
老的仇敌法国形成一个包围圈——经过婚姻或战争。为了使西班牙在
荷兰的势力不受英国的干涉，菲利普牺牲他对美的享受而与英国的天
主教女王玛丽·都铎结婚，让她生儿子，使英国保持天主教信仰。因
此 1554 年，他横越英法海峡，和那位姿色平庸、常常闹病、乐观的
玛丽女王结婚（她较他年长 11 岁），他尽一切力量使她怀孕，然而失
败了，于是便在 1555 年离开她，成为荷兰的总督。

　　他的责任一年一年地增加，1554 年，他曾被任命为那不勒斯和
西西里两个王国的总督。1556 年，查理将西班牙的王位让给他。有 4
年的时间，菲利普在布鲁塞尔治理他那四处分散的疆域，他竭力想将
西班牙的严肃与佛兰德斯人的欢乐及荷兰的财政调和。他不好战争，
但他的将军们于 1557 年替他在圣昆丁赢了一仗，导致他与法国签订
《卡特—坎布雷西斯和约》。为了和法国建立友谊，菲利普与亨利二世

和凯瑟琳·美第奇的女儿瓦洛伊斯的伊丽莎白结婚。之后，他认为事情已经平定，便向荷兰告别，于 1559 年 8 月自根特（Ghent）起航，将余生隐居在西班牙。

他将首都从托莱多迁往马德里（1560 年）。不久，由于喜欢独居，自觉在人群中不自在，便委托胡安·巴蒂斯诺和胡安·赫莱拉在马德里西北 27 英里处替他建了一个宫室，其中包括一处王宫、一个行政中心、一所大学、一所神学院、一所修道院、一间教堂和一处陵庙的整套建筑——因为现在菲利普对宗教非常虔诚。圣昆丁一战中，他的大炮曾击毁一座奉献给圣劳伦斯的教堂，为了对这次亵渎神物表示忏悔，并对战胜表示感谢，他曾立誓替那位圣徒在西班牙建立一座神龛，他将这个巨大的建筑物集合命名为圣劳伦斯的王座。然而，日久之后，名字变成了埃斯科里尔，这是从附近一座小镇的名字而来，而小镇的名字又是由"scoriae"（铁渣）一字转化而来，因为该地有铁矿。一般人相信圣劳伦斯是被放在铁丝格子上烧死的，因此胡安·巴蒂斯诺将这座建筑的平面图设计成铁丝格子状，一边到另一边的那些厅堂互相交叉，将内部空间分成 16 个天井。

我们离开马德里驱车前往该地时，不禁会感到奇怪，在一个没有任何交通工具比马跑得更快的时代，菲利普如何能从这个坐落在群山之中的圣所中，治理他分布在全球各地的疆域。然而马德里距这个世界更为遥远。今天，那个伟大的建筑被遗落在荒无人烟的深山里。然而，在它的黄金时代，其建筑正面纵长 744 英尺，它的高塔和尖顶及教堂上巨大的圆顶，处处是西班牙权势令人敬畏的象征，各处都用虔诚和艺术加以修饰。基督教世界的一半就在这里被统治着，宗教和政府同处于权谋和石头的迷宫中。在这里，菲利普二世能像他盼望的那样远离朝臣，而和修道士、僧侣及圣徒的遗骸生活在一起，一天之中，他可听到数次弥撒钟声。这里的名人公墓（Panteón）埋葬了西班牙国王和后妃们的遗骸；这里的图书馆变成欧洲藏书最丰的图书馆之一；画廊中不久便集满了拉斐尔、提香、丁托列托、韦罗内塞、埃

尔·格列柯和委拉斯开兹等人的杰作；贝莱格里诺·迪巴尔蒂、巴尔
托洛梅奥·加尔杜奇、费德里戈·朱卡罗等人从意大利来到此地加入
胡安·纳瓦雷特、路易斯·摩拉斯、路易斯·卡巴亚尔和其他西班牙
艺术家的行列，共同为那无尽的墙壁和穹隆作壁画。皇宫很朴素，教
堂虽然属于严肃的多利安柱式建筑，却拥有一个闪耀着斑岩、玛瑙的
黄金光辉的祭坛，祭坛由一个高架支持着，那上面也被精巧地装饰
着。接待贵宾的大厅广阔而华美，菲利普自己的房间却是整个建筑物
中最可怜的一间，与隐士的小室一样朴实无华。整栋建筑物象征着菲
利普的权势，他的房间则表现出他的个性。

　　他想成为一位圣徒，却无法忘记自己是个国王。他知道自己是
世上最强有力的统治者，觉得"傲慢"对于他而言是一种政治上的义
务。但他穿着如此朴素，有些陌生人在埃斯科里尔遇到他还误认他为
侍从，让他做他们的导游。他那突出的下颌可能会使别人识出他的
真相，因为它对整个世界都是一个显著的挑战。1559 年，在时光和
患难使他变得冷酷之前，一位威尼斯的大使描述他："永远显得如此
文雅和慈爱，没有任何王子能超过他。"而一位英国大使的报告说他
（1563 年）："气质良好，本性温柔，耽于宁静。"无人发现他在大庭
广众之中有任何幽默的举动，无情的敌人说他终身只笑过一次——在
听到圣巴托罗缪大屠杀时。私底下他喜欢开玩笑，而且笑得够热情。
他兴致勃勃、热心地收藏图书，但对艺术的爱好更甚于文学。他是提
香的著名赞助人，也是埃尔·格列柯的批评家。他爱好音乐，四处无
人时，他会弹奏吉他。他懂西班牙的一切礼节，但因羞怯和笨拙，在
庆典中显得很不自然。他嗜好发面食品和甜食，使他染患痛风而瘫
痪，但在此之前，他的身材俊美。他从小身体就不好，但活到 70 高
龄，那是由于他要完成工作的顽强决心支撑着他。他将治理国家视
为神圣的义务，在工作上操劳达 50 年之久。他好像真相信上帝选择
他来抑制新教的浪潮，因此也给予他冷酷的固执和非他本性的残忍，
"他天性中并不喜好暴行"。他从不忘记一个恩惠（埃格蒙特的案子除

外）或是伤害。有时他复仇心重，但通常度大量宏。他以诚挚的慷慨分发救济品。在一个腐化的时代，他不被腐化，没有任何的贿赂或礼物能改变他虔诚的迫害行为。

在政治道德上他足以和他同时代的任何君主媲美。他痛恶战争，没有主动挑起一次战争。在派遣无敌舰队远征英国之前，他忍受了几乎整整 30 年来自英国的伤害。他在假装虔诚和伪善上甚至能够超出大部分统治者。显然，他曾参与刺杀伊丽莎白的阴谋，作为他挽救玛丽·斯图亚特的最后手段。他治下的西班牙政府虽然专制，但很公正。他对他的臣民极为关怀，而且纠正他能发现的任何社会不公。

他的私人道德高出大部分 16 世纪的君主。如果我们相信他敌人们的话：年轻的他在布鲁塞尔时，是"非常放肆的"，"他主要的消遣就是夜间改装，以在一般的罪恶窟中沉迷于平民的和各式各样的淫行之中"。几年以后，领导荷兰起义的奥伦奇的威廉指控这位埃斯科里尔的隐士曾经谋杀自己的儿子，并毒杀他第三位妻子，但是一个愤怒者的话往往不可轻信。然而，一位可信的伟大而勇敢的历史学家——西班牙的耶稣会教士马里安纳——也提出一个相似的敌对意见：他承认菲利普具有"豪爽、果决、警觉、饮食节制"等美德，又指责他有"色情、残忍、骄傲、不忠及其他几种恶行"。一位近代荷兰历史学家说："菲利普二世不应该被指责为放纵……浪荡，不道德……他回到西班牙后，据我们所知，过着一种严格的道德生活。"就像一位忠实的丈夫和关切的父亲一样，他的第三位妻子——瓦洛伊斯的伊丽莎白——染患天花（当时经常致命）时，菲利普很少离开她的身边，虽然他的大臣们恳求他不要冒被传染的危险。伊丽莎白死后，菲利普和奥地利许多安娜中的一位结成另一次外交婚姻（1570 年），安娜死于1580 年。此后，菲利普便将他温暖的家庭之爱倾注到女儿们的身上。他写给她们的信，皆具有人类的幽默感和爱。在他老年的忧患和挫败中，伊莎贝拉·克拉拉·尤金妮娅成为他最亲近的伴侣，也是他主要的安慰。在遗嘱中他把她叫作他的"眼中之光"。他不曾从他的儿子们那里得到安慰。

传说和文学及人类的同情，使菲利普的第一个儿子较这位父亲更为人熟知。堂·卡洛斯体质衰弱，易患间歇热、忧郁症，易发脾气。他慷慨近于浪费、勇敢近于凶猛，他取笑他的祖父——那位伟大的查理五世——说他曾经从因斯布鲁克（Innsbruck）的莫里斯逃跑（1552年）："要是我的话我绝不逃！"在《卡特—坎布雷西斯和约》的序文中，当时 14 岁的堂·卡洛斯曾被允和瓦洛伊斯的伊丽莎白结婚，但在条约本身，当时因玛丽·都铎之死而成为鳏夫的菲利普，自己娶了那位公主，将法国和英国的友谊变为法国和西班牙的友谊。一年以后（1560 年），这位新娘来到马德里，堂·卡洛斯看到她动人的美貌，可能会愤恨他父亲改变主意，但没有证据显示他和这位 14 岁的皇后之间有任何罗曼史。

堂·卡洛斯虽然多病，他仍是被正式承认的王位继承人。1561年，他被送往阿尔卡拉（Alcalá）大学。在那里，有一次色迷迷地追赶一个女孩子时，从楼梯上掉下来，头骨挫伤而陷入昏迷。伟大的维萨里为他头骨动手术而救了他一命；但一般人却将孩子的好转归功于一位神圣的圣多米尼克教派修士的骨头——那个修士在 100 年前去世——那些骨头被从棺材里拿出来放在这位王子的床边。在这个少年的漫长恢复期中，菲利普一直留在阿尔卡拉，大部分时间守在床边。堂·卡洛斯被带回马德里，在那里，他重新得到足够的气力加入那些少年贵族的行列，在街上对男人或女人冒渎不敬。他粗野的残忍加深了人们的怀疑，大家认为他的跌倒已经无法改变地伤及了他的头脑。他表示他同情荷兰起义时，并不能使菲利普受到他的影响。阿尔瓦被指派去坐镇荷兰时，堂·卡洛斯抗议那项职务应该给他，他禁止阿尔瓦前往，公爵坚持时，他便拔出匕首攻击他。显然，有一段时间这位王子想逃往荷兰去领导当地的叛变。菲利普命令那些不情愿的大臣们监视他。堂·卡洛斯设计逃走，他派人四出募集基金，聚集了 15 万杜卡特，并命令准备 8 匹马以便逃走（1568 年 1 月）。他将计划透露给奥地利的堂·胡安，而胡安又将此事泄露给菲利普二世。菲利普担心他的儿子一旦被允许离开西班牙，可能会被英国的伊丽莎白或奥伦奇的威廉利用，加以拥立而废立他。因此菲利普下令更加严格地监视王子。堂·卡洛斯以自杀威胁，菲利普便没收他的一切武器，将他拘禁在马德里的宫中。

至此为止，菲利普的行为被公认为是防护他的儿子，但从此顽固加深了悲剧。菲利普怀疑他的儿子是异教徒，除了一本每日祈祷书和祷告手册外，不许他接近任何书本。堂·卡洛斯将那些书本一脚踢开，并不理会一切宗教仪式。司铎警告他，宗教裁判所可能会因此而调查他究竟是不是一名基督徒。堂·卡洛斯尝试自杀，但被阻止；然而他在绝食 3 天后，又狼吞虎咽地吃下大量的肉和冰水而达到目的，结果染上了严重的赤痢。王子欢迎死神的降临，接受了最后的圣餐，原谅了他的父亲，于 1568 年 7 月 24 日去世，时年 23 岁。被菲利普放逐的敌人安东尼·佩雷兹指控他毒死了堂·卡洛斯，大部分欧洲人信以为真，调查以后证明是不确实的。但是苛刻地监禁那位年轻人，成为这位国王记录中许多污点中的一个。

他对他同父异母的兄弟——奥地利的堂·胡安——的行为，在他的记录上投下另一个阴影。查理五世与巴巴拉·布朗伯格（Barbara Blomberg）的私生子对菲利普似乎又妒又羡。即使如此，他将堂·胡安提升到王子的地位，并命令他组织一支远征军，去对抗阿尔及利亚的海盗。堂·胡安在这次行动中很勇敢，菲利普便命他统率陆军对抗格拉那达反叛的摩尔人。堂·胡安当机立断，铁面无私地完成了任务。菲利普又指派他——此时 24 岁——在"最后十字军"中担任联合海军的总司令。堂·胡安在莱潘托击败了土耳其人，成为基督教世界中的英雄。他觉得他应该得到一个王国，当菲利普仅使他成为荷兰总督时，他不高兴了。

这位沉默的国王——他太骄傲以致不愿意向公众解释并卫护自己——又因另一次悲剧而受到全面的指责。他曾经提拔了一位聪明而风雅的议员佩雷兹进入他的枢密院，一般人相信他是菲利普最信任的朋友埃伯利王子拉易·戈梅斯的私生子。戈梅斯死时（1573 年），佩雷兹成为那位水性杨花的寡妇埃伯利公主阿娜·曼多扎的心腹之友——可能是爱人。菲利普本人据说在 11 年前也和这位独眼美女私通，但此处的“历史”可能浪漫化了。佩雷兹和她阴谋以探取国家机密图利。胡安·埃斯科贝多威胁说要暴露他们出卖机密的勾当时，佩雷兹便在菲利普面前进谗言，说埃斯科贝多阴谋叛国。国王命令佩雷兹刺杀埃斯科贝多。佩雷兹将此秘密藏于心中 6 个月，然后在令菲利普感动和尴尬的情况下，完成了命令（1578 年）。一年后，奥地利的堂·胡安的秘密文件使菲利普相信埃斯科贝多是无辜的。他逮捕了佩雷兹并将那位公主监禁在她的宫中。佩雷兹在苦刑之下招供，而且同意缴还 1200 万马拉维迪给国库。在他妻子的协助下，他逃到阿拉贡，当地的宗教裁判所在菲利普的唆使下把他当作异教徒追踪。他逃到法国，将他的被迫害归罪于菲利普和埃伯利旧情的藕断丝连，将西班牙军事和财政上的弱点泄露给法国和英国政府，并鼓动埃塞克斯袭击西班牙的船只和海岸。他想取得菲利普三世的饶恕和收容，不得志后，于 1611 年死于巴黎。

菲利普发现遵从他父亲给他的、不要相信臣下的劝告是对的。西班牙的大公和法国的贵族们同样妒忌王室的权力，在阴谋反对国王这一点上，也不比法国贵族高级。他使他们互相对立，唆使一个反对另一个，综合他们对立的看法，做出自己的决定。由于对臣下失去信心，菲利普亲自为行政事务的细节——教皇的政策、公共建设、地方上的弊端、道路和桥梁、疏导河流以利航行、建立图书馆、修改或编纂西班牙的法律及指导一个从地理、历史和统计各方面出发而对西班牙做广泛的调查。而且，他的 15 本对开本的巨册犹未付印。他承担的事情，即使像他这样勤勉也无法胜任，因此他逐渐倾向于一种拖延的哲学。他发现，有许多问题，若决心加以迁延，便会失去它的紧急性和意义。然而，有几次，如对荷兰的事务，他在细思慢想之时，事情已对他不利。在他王宫的小卧室中,他口授或者亲自对他在五大洲的代表写下他的训令。他认为国王应该有绝对的权力;因此,除阿拉贡一地外,他藐视其他的地方会议。他不经公开审判,便发布判决令,即使死刑也是如此。他以坚定的信心问心无愧地行使他的独裁,他认为只有如此,才能保护穷人免受富人的欺凌。在一个几乎全面腐化的欧洲,他在他专制的国家中建立了一个相当有能力而且公正的官僚政治和司法系统。

他尊敬教会,认为它是道德的传统维护者和国王的保护人,但他使宗教屈服于国家之下,就与英国的亨利八世和伊丽莎白一世的做法一样。他将宗教统一视为政府的一个机构,并对此有很高的评价,他认为:"完全不统治也较统治异教徒好。"他深信那些摩尔人虽然装作信奉天主教,仍然施行伊斯兰教的仪式,因此他于 1567 年发布了一项专断的禁令,禁止一切摩尔人习俗,禁止使用阿拉伯语及保有阿拉伯书籍。1568 年,摩尔人起而反抗,占领了格拉那达以南大片土地,屠杀基督徒,对教士们施以酷刑,将妇女和孩童卖给柏柏尔人为奴隶,以换取弹药和枪炮。经过两年以牙还牙的残酷斗争,这场叛变被平定。所有的摩尔人被逐出格拉那达地区,他们被分布在卡斯提境内的基督教社区之中,他们的孩子被置于基督徒家中,所有的孩子都被强迫上学——这是欧洲首次如此要求。在和土耳其人作战时,菲利普怀疑留在瓦伦西亚和加泰罗尼亚等地的摩尔人有通敌的行为,但因他要处理的事太多了,只有将这个问题的最后阶段留给他的继承人。

他父亲的遗命中,防卫基督教世界对抗穆斯林是哈布斯堡政策的主要部分。1570 年,他加入威尼斯和教皇发动的一次对穆斯林的战争,以求结束土耳其人对地中海的控制。菲利普正在拟定计划而 3 个同盟国正集合舰队时,塞浦路斯岛落入土耳其人之手。1571 年夏,他们已在墨西拿聚集了 208 艘军舰、5 万名水手及 2.9 万名士兵,每一船头都竖有一架耶稣受难像,旗帜都被祝福,祈祷文被掷上天空,那位勇壮的年轻海军上将发布圣战的呼号:"基督是你们的统帅,你们为十字架而战。"1571 年 9 月 16 日，这支舰队夺得一次胜利，终止了土耳其人在地中海的优势。由于西班牙在这次战斗中供给了超过他分内的船只和人员，莱潘托之誉降临到堂·胡安和这位国王身上，此时菲利普已接近他生命的顶点。他在 1580 年继承了葡萄牙王位，将那块战略要地收入他正在增大的领域中时，他真正攀上了生命中的巅峰。

他历久难忘的伤心事是荷兰境内的叛变。他愤怒地获悉新教徒的领袖科利尼（Coligny）几乎已经说服查理九世使法国与叛军联盟。消息传来，说查理改宗旧教，对胡格诺教派展开圣巴托罗缪大屠杀时，菲利普为之大喜，同时也坚定了他对抗荷兰叛军的决心。他唆使并悬赏刺杀奥伦奇的威廉。他尝试用金钱购买那瓦尔的亨利的友谊，但亨利无法收买。因此菲利普收买了吉斯家族和"天主教联盟"，梦想使他的女儿成为法国的王后。如此，则西班牙和法国的联合兵力将可征服荷兰，再使玛丽·斯图亚特成为英国女皇，这样即可将任何地区的新教荡平。伊丽莎白派兵援助荷兰（1585 年）、后将玛丽处死（1587 年）时，多年以耐心容忍伊丽莎白对西班牙船只与海岸进行财物掠夺等海盗行为的菲利普，决心转向战争，并竭尽政府的财力装备"无敌舰队"。全西班牙的人都支持这一努力，并祈求胜利，他们感觉这支舰队的命运将决定欧洲的历史。

菲利普以外表的坚忍接受了这一次屈辱的灾难，他说他派遣那些船只是去和人作战而不是去和风作战。但那次的灾难使他精神崩溃，甚至也使西班牙崩溃了，虽然此后他继续奋斗了整整 10 年。一个世纪后，西班牙才承认她的失败。他几乎不相信，在他花了 30 年的时间为此一信仰奋斗后，上帝竟遗弃了他。阴暗的真相最后一定降临到他身上，他以赋税而使民穷财尽，除了意外地取得葡萄牙及暂时地逐退土耳其人——他们再度占领突尼斯并正恢复势力外——他在任何事情上都失败了。亨利四世在法国正走向胜利;荷兰人的叛变不能妥协;教皇对"无敌舰队"的损失分文不认账;新教已经掌握了繁荣的北方;

英国取得了制海权，不久便控制了美洲和东方；而那位不能信任的泼妇伊丽莎白，正得意洋洋地坐在她安全的宝座上，已经愚弄了那时的每位国王。

亲人的逝去、孤独和疾病，联合起来打击这位一度骄傲而自信的国王。他的第四位妻子死于1580年；她替他所生的3个孩子，只有一个活下来，是一个资质平庸的孩子，但第一帝国一定得传给他。人民依然尊敬菲利普，虽然他曾犯错而且遭受挫败。他们相信他曾经为一个神圣的动机而竭一己之力，而在强权的争夺上他不比他的敌人们更无耻，他们毫无怨言地忍受他的经济政策、赋税和失败带给他们的窘境。他老年时，他父亲的最后一件遗产——痛风——使他的四肢痛苦、全身瘫痪；一只眼睛因白内障而视力减退；剧痛折磨着他的肌肤。1598年6月，他睡在担架上被抬向埃斯科里尔，抬进他那心爱的房间，从窗子望出去，他可以看见教堂的祭坛。

他衰弱地卧病53天，承担了一切痛苦，深信这些都是上帝对他信仰的考验，他将那个信仰一直保存到这个可怖的最后日子。紧握着狂吻耶稣受难像，他反复念着祷词。他下令释放了一些囚犯，作为最后的慈悲举动。他派人将他的儿子召来，忠告他永远要慈悲公正，又命他看这尘世间一切权势的卑微结局。1598年9月13日，他的痛苦终止了。

教育使他受太多的束缚，他的帝国使他过分褊狭，他担负的各种责任使他顽固；但他利用他的睿智，竭尽所能地做了许多事。我们不能说他的信仰是虚伪的；我们只是感觉它顽固而残酷，就像那个时代几乎所有的信徒一样，它安慰其子民的贫困及欲维持其自尊时，我们觉得它已蒙蔽了他及其人民的心志。但他并不是敌人们尖刻的笔刻画出来的食人恶魔。在他良知所及的范围中，他和与他同时代的任何统治者（除了亨利四世外）同样公正和慷慨。在婚姻生活中他相当正经，他爱他的家人也为他的家人所爱。在挑衅之下他容忍，在逆境之中他勇敢，在阴谋之中他不忘良心。为了他所继承的帝国，他付出了所有的一切。

菲利普三世（1598—1621）

他的继承人是另外一个菲利普。看到这少年的毫无远见，他的父亲曾经悲叹道："上帝赋予我如此众多的王国，却不赐给我一个足以治理它们的儿子。"菲利普三世现在已经 20 岁，甚至比他的父亲还要虔诚，人们私下闲谈，怀疑他是否曾经犯过最小的罪。菲利普三世胆怯而柔顺，统御方面十分无能，他将政府的权力和财产整个交给莱玛公爵罗贾斯（Rojas）。

这位大公真是一位善心人，他几乎将他所有的亲戚都安插在肥缺上。他也不曾忽略自己。在他担任首相的 20 年中，他中饱了如此庞大的一笔财产，一般人愤怒地估计那是一个超乎想象的数目——4400万杜卡特。他在财政上省下足够的钱，两次装备舰队进攻英国（1599年、1601 年），都被无情的风吹打得粉碎。莱玛赞成詹姆士一世的和平建议，经过 19 年的战争，西班牙和英国于 1604 年签订了《伦敦和约》（*The Peace of London*）。荷兰境内的战争仍然继续着，这场战争使从西班牙境内流出的黄金，较从美洲流进来的为快。莱玛发现，要从一个财力枯竭的国家岁入中，来满足他那些碍手碍脚的将军及自己口袋的需要，是他力所不及的。他明白拒绝联合省份独立的进一步努力是徒劳的，因此他于 1609 年与他们签订了 12 年的休战条约。

他的下一步举动同战争一样浪费。他是瓦伦西亚人，该地住有3 万个摩尔人家庭，他真够爱国，以致憎恨这些农夫和工人，他们的勤劳和节约使他们在那些骄傲无能而贫乏的基教徒中显得繁荣而富有。他知道这些改宗基督教的摩尔人，由于愤恨受到菲利普二世的迫害，和非洲、土耳其等地的穆斯林及那位想适时在西班牙境内掀起叛乱的法王亨利四世，都维持着秘密的联系。摩尔人滴酒不沾，也很少吃肉，被认为是一种不爱国的行为；在这种情形下，就将这类商品的赋税负担几乎整个加在西班牙的基督徒身上。塞万提斯表示过恐惧，他怕这些摩尔人——他们极少独身——的出生率高过"老的基督徒",不久将会支配西班牙。瓦伦西亚大主教胡安·里贝拉向菲利普三世提出备忘录(1602年),怂恿他将7岁以上的摩尔人驱逐出境。降临到西班牙的一切灾难,包括"无敌舰队"的被风摧毁,都是(他如此解释)上帝对窝藏异教徒的惩罚;这些伪装的基督徒应该被放逐,或送到大木船上去划船,或者送到美洲的矿穴中去做奴隶。[1] 由于教皇的警告,而且不顾从摩尔人佃户那里得到利益的地主们的抗议,莱玛于1609年发布了一项布告——除了某些例外——所有瓦伦西亚境内的摩尔人要在3天之内登上为他们准备的船只,送到非洲去,他们只能携带背得动的东西。117年前驱逐犹太人的景象现在又重现了。那些绝望的家庭被迫以极低的价格出卖他们的财产。他们悲惨万状地向港口前进,在途中或上船后,很多人被抢劫,有些被谋杀。抵达非洲后,他们很高兴接触到伊斯兰教的土地,但2/3的人被饿死或被当作基督徒杀掉。1609年冬天,10次类似的放逐肃清了其他地区的摩尔人,总共有40万名西班牙最勤奋的人的财产被没收,人被放逐了。在西班牙人的眼中,这是那个朝代最光荣的成就,头脑简单的西班牙人盼望一个更繁荣时代的降临,因为上帝已因西班牙摆脱异教徒而高兴。没收摩尔人财产的结果,使西班牙宫廷大喜。莱玛收入私囊的有25万杜卡特,他的儿子10万,他的女儿和女婿15万。

1618年,莱玛的贪婪和轻率、国王和宫廷的挥霍浪费、官吏的贪污及驱逐摩尔人造成的经济上的瓦解,已经使西班牙退到连这位无能的国王也看得出需要改变了。在一个匆促的决定中,他撤免莱玛公爵(1618年),却将首相的位子交给莱玛的儿子乌切达大公。莱玛庄严地退休了,接受了一顶枢机主教的帽子,在虔诚和富有中又活了7年。1621年,卡斯提议会警告国王,他的王国正因为"过度地负担赋税和关税,而面临全面毁灭的命运",该会恳求他节约开销。他同

---

[1] 里贝拉于1960年被封为圣徒。

意了，然后在一个装备和供养极其奢侈的王室巡行队伍的前呼后拥下离去。同一年他去世了，留给他的儿子一个庞大而虚弱的疆域，一个腐化而无能的政府，一国贫穷、顽固和盗窃的人民，一群骄傲到不屑于缴纳赋税的贵族及一个僵化人们思想、破坏人们意志并将人们的迷信变为金窖的教会。

菲利普四世（1621—1665）

这个儿子除了奢侈浪费酷似其父之外，其他各方面都和父亲不同。我们从很多委拉斯开兹替他画的像中认识他的外貌。在纽约大都会艺术博物院收藏的画像中，他 19 岁（1624 年），英俊、金发，有点发福；在伦敦的国家画廊中，他是愉快而自信的 27 岁，肥胖而忧郁的 50 岁；在普拉多博物馆中，我们可以看到他光荣和衰落的 5 个阶段；在佛罗伦萨、都灵、维也纳、辛辛那提等地的博物馆也有他的画像——他一定有半辈子是活在委拉斯开兹的画室中。但是那些画像只显露出他的官式画像，实际上他并非真的如此严肃和骄傲。通过研究委拉斯开兹替他的孩子们所作的画像，我们可以对他有一个更公正的印象。大概他是毫无理由地爱着他的孩子们，就像我们爱我们的孩子一样。实际上他是一个仁慈的人，对艺术家、作家和女人非常慷慨，不像他父亲那样想做"半圣人"，而是享受食物和性、戏剧和图画、宫廷和狩猎，即使在一个垂死的西班牙，他也决心尽情地享受生活。或许由于他如此充分地欣赏生命，他在位时期，西班牙的诗歌和戏剧、绘画和雕刻都有着空前绝后的繁盛景况。他感觉享乐似乎太繁杂时，便增加祷告，他靠他的诚意铺平通往天国的道路。他有 32 个私生子，他承认其中 8 个。由于没有太多的时间留作处理政府事务，他将他的权力和工作托付给 17 世纪外交界的一位雄才。

奥利弗雷伯爵加斯帕·古兹曼（Gaspar de Guzmán）和黎塞留的事业相当，却站在对立的地位。为了争夺欧洲的领导权，这位伟大的伯爵和那位诡计多端的枢机主教斗智斗勇了 21 年（1621—1642 年）。委拉斯开兹毫无恐惧也毫无指责地将奥利弗雷显示给我们，他那好斗的个性显示在他那端正的胡须上，那髭卷曲得像凶恶的镰刀，他的长袍和绶带、链条和国家的钥匙都显示出一种权威。他帝王般的骄傲，易于激怒的个性及严肃的执拗等缺点，使所有人疏远他。他以奉献式的热情和勤勉为西班牙服务，在那个贫涩的环境中他仍然保持坦诚，除了取悦国王以外，他蔑视一切世俗的娱乐，私生活简约朴实。他热诚地支持西班牙的文学和艺术。只有知道他上述这些优点的人，才会继续和他亲近。他精诚努力以求减少浪费、抑制贪污，为财政上追回过去的侵吞款项，减少王室开销，在衣着和装备上力求经济、节约，甚至想抑制宗教裁判所的残忍。他亲自负起行政、政策、外交和战争各方面的重任。每天破晓之前他便开始辛勤工作，一直到精疲力竭。他咒骂那有着同样热诚的黎塞留，正在缓慢、狡猾又冷酷地蚕食哈布斯堡王朝在奥地利和西班牙的势力。为了面对这种致命的挑战，在加泰罗尼亚、葡萄牙、法国、那不勒斯、曼图亚、荷兰等地及那广阔而残酷的"三十年战争"战场，处处都需要军队。军队需要金钱，而金钱有待于赋税。货物税上升到 14%，贸易因而受到阻碍。收税员在余款抵达国库之前，先侵吞了 2/3。因此，凭借他爱国的决心，奥利弗雷损伤了西班牙的经济生活以挽救其政治权势。

我们撇开那血腥的战争场面，它们在增加我们的知识和人类尊严上一无助益。那是一场力量的搏斗而非原则的坚持，双方为了军事上的胜利都将宗教置之一旁：黎塞留资助德国境内的新教徒对抗天主教的奥地利；奥利弗雷每年给罗翰公爵亨利 30 万杜卡特，以延缓法国境内的胡格诺教派叛变。最后，西班牙被击败，她的海上势力在当镇（Down）一役（1639 年）中为荷兰人终止，陆上势力则被法国人在鲁西永（1642 年）和罗克罗伊（1643 年）两地击败。在西班牙衰竭之时，葡萄牙和加泰罗尼亚争取到了自由（1640 年），而加泰罗尼亚共和国则在法国协助之下和卡斯提对抗了 19 年。最后，这位曾在无数患难中信托其大臣的柔弱国君，勉强地免除了奥利弗雷的职务（1643年）。奥利弗雷逃离对他满怀敌意的马德里，自愿放逐到遥远的托罗，在那里，两年以后他癫狂地死去。

菲利普现在已亲政一段时间。他减少自己的开销，为良心所驱，将心力放在政府事务上。但是，导致西班牙衰落的各种因素，不是他能了解和控制的。战争继续进行，赋税未能降低，物产和人口减少。《威斯特伐利亚和约》中，西班牙求助无门，不得不在将近一个世纪的战争之后，承认联合省份的独立。《比利牛斯和约》（*The Peace of Pyrenees*，1659年）中，正式承认法国在欧洲的优势。在这一切灾难中，菲利普忠实而忍耐的妻子伊萨贝尔死了（1644年），两年以后，他唯一的儿子巴尔塔沙也随她而去。委拉斯开兹曾替这孩子作过非常迷人的画像。此时国王只剩下一个合法的孩子——玛丽亚·特蕾莎。他将这个女儿许配给路易十四。由于渴盼一位继承人，这时年已44岁的菲利普和他14岁的侄女——奥地利的玛丽安娜结婚（1649年），此前，她曾和巴尔塔沙订婚。她替他生了两个儿子，菲利普·普罗斯波，在4岁时夭折，及以后的查理二世卡洛斯·塞冈多。这位疲惫的国王，胆结石使他痛苦，痔疮使他衰弱，又受巫医僧侣的折磨，1665年，他终于离开了王位，也离开了尘世。临终时他因后继有人而感到安慰，却想不到他那半白痴的儿子会把整个西班牙赠送给法国。

葡萄牙（1557—1668）

3件大事足以概括葡萄牙在这些年代中的活动：失去独立，重获自由，卡蒙斯（Camões）写作《鲁西亚》（*The Lusiads*）。

葡萄牙与西班牙分享扩张的狂喜和教条的残忍，却先西班牙而衰落。她殖民地的迅速扩张，将国内富有事业心的子民都吸往海外；农业被忽视或是留给工作情绪冷淡的奴隶；里斯本充满了腐化的官吏、贪婪的商人和一文不名的劳动者，完全依靠帝国的剥削或贸易生活。年轻的国王塞巴斯蒂安受到满怀宗教热诚的耶稣会教士们的鼓励，向他的叔父菲利普二世建议，西、葡两国共同去征服摩洛哥并使之基督化。菲利普忙于其他事情，拒绝了这个意见；塞巴斯蒂安意欲单独负起这项事业。菲利普警告他葡萄牙的资源太少，不足以担负这场战役。塞巴斯蒂安坚持时，菲利普便对他的枢密院说："如果他得胜了，我们将会得到一位好女婿；如果他失败了，我们将得到一个好王国。"塞巴斯蒂安入侵摩洛哥，结果大败，自己也在亚卡撒基维（Alcázarquivir）一战中被杀（1578 年）。塞巴斯蒂安是一位虔诚的独身主义者，身后并无继承人，王位被他的叔祖枢机主教卡蒂纳尔·亨利（Cardinal Henry）继任。亨利本人也在 1580 年去世，自 1385 年开始统治葡萄牙的阿维斯王朝（Aviz Dynasty）至此告终。

这是菲利普等待已久的机会。他和萨伏伊的埃马努埃尔·菲力伯都是葡萄牙曼纽尔（Manuel）国王的孙子，因此成为这个空悬王位最直接的继承人。里斯本的葡萄牙议会承认菲利普，一些敌对的王位要求者则阻挠他进入葡萄牙。勇敢的阿尔瓦征服了他们。于是，菲利普二世在 1581 年进入里斯本，成为葡萄牙的菲利普一世。他以谦恭和贿赂，极力赢取这个国家的友谊。他禁止他的军队掠夺乡村，阿尔瓦则因这种侵犯吊死了许多菲利普的军人，致使他担心绳子不够用。菲利普保证将葡萄牙的领土置于葡萄牙的行政官员管辖之下，不指派西班牙人担任葡萄牙的官吏，而且维护葡萄牙人的特权和自由。这些保证在他有生之年都是被遵守的。因此，菲利普轻易便继承了葡萄牙的海军及她在非洲、亚洲和南美等地的殖民地。那条古老的划分西、葡两国领域的教皇线不见了，欧洲国王中权势最大的一位，如今势力更大，此时正准备用入侵英国来毁灭自己。

正当葡萄牙帝国转让给西班牙和荷兰人时，她最伟大的诗人却在歌颂其征战的光荣。国籍和语言的障碍再一次阻挠了我们求知的欲望。那些不是在葡萄牙历史中成长的人，那些不能察觉葡萄牙语言中音乐感的人，如何能公正地评论鲁兹·瓦兹·卡蒙斯呢？

　　在写出他的诗歌之前，他早就亲身经历了他的史诗。他的一位祖先和他一样也是一位"大兵诗人"（Soldier-Poet）；他的祖母是瓦斯科·达·伽马的一位亲戚，瓦斯科·达·伽马便是《鲁西亚》史诗中的主角；他的父亲是一位贫穷的船长，在果阿（Goa）附近遭遇海难。卡蒙斯出生于里斯本或科因布拉（Coimbra），出生后不久其父便死于果阿。这少年可能曾在大学求学，因为他的诗中带有卡图卢斯、维吉尔、贺拉斯和奥维德等人的气息。他的罗曼史开始在一家教堂中，礼拜的那一刹那：他看见一位美丽的女人长着"雪白的脸和金色的发"，因此诗兴大发。他的某些诗句一定开罪了朝廷，他被放逐到塔古斯河（Tagus）上游的一个村落中。在那里，他梦想写出一首史诗，那诗将"增加葡萄牙的光荣，而使士麦那嫉妒，即使她是荷马的出生地"。那不知感激的政府，将他放逐或充军到休达。在那里，不知因为作战或打架，他失掉了一只眼睛。回到里斯本之后，在一次打斗中，他为了保护朋友而刺伤了一位廷臣，因此入狱8个月，后来可能由于他答应到外国服务而获释。1553年3月26日，他29岁，以一名普通士兵的身份搭乘卡布拉尔的旗舰前往印度。

　　在半年的航程中，他吟出《鲁西亚》一诗的前两篇，以打发那些潮湿夜晚的沉闷。9月，他的船抵达果阿。他参加了多次战役：在马拉巴海岸（Malabar Coast），在阿拉伯外海，在蒙巴萨岛（Mombasa），在东印度群岛及澳门。他描述他自己一手舞剑一手挥笔，他的伙伴们叫他"虚张声势者"（*Trincafortes*），或是因他们佩服他的剑更甚于他的笔。澳门的一个洞穴，至今仍被认为是他当年写诗的地方。一个不确定的故事说他从澳门被戴上镣铐送回国，被捕的原因至今不明。另一个故事（略去了他的锁链）告诉我们，他的船如何在高棉外海遇难，卡蒙斯游泳上岸，嘴中犹不停地吟诗。然而，在那次海难中他失去了他心爱的中国妻子。几个月的苦难之后，他找到回果阿的道路，却因而被捕。释放之后，他又被监禁，这一次是为了债务。一位好心的总督释放了他。此后一段短短的时间，这位诗人得以享受生活及那些不同肤色的情妇们带给他的多彩多姿的感受。1567年，他借钱搭船回葡萄牙。他的钱在莫桑比克即已用罄，他在那里贫困地耽延了两年。一些朋友替他付清了债务和旅费，终于在1570年将他带回里斯本。他唯一的财物便是他的诗集。塞巴斯蒂安国王给他一笔适度的年金，那诗集最后终于付印（1572年），而他被允在贫困的宁静下度过了8年。1580年，他死于里斯本，和其他流行病的死者一起被埋在一座公墓中。葡萄牙将他的生日——6月10日——当作一个纪念假日来庆祝，而把他的《鲁西亚》一诗当作民族史诗一般珍爱。那诗的题意是"葡萄牙人"。卡蒙斯从西班牙西部，古罗马时名为鲁西塔尼亚（Lusitania）的地方，而得到鲁西亚一词。

那些曲折的故事围绕那次历史性的航行而发展，而航行是指瓦斯科·达·伽马（1497—1499年）从葡萄牙出发，绕过好望角前往印度。向塞巴斯蒂安国王和塔古斯河中的女神们祈告之后，故事便随着瓦斯科·达·伽马的舰队向非洲东岸进行。觉得模仿荷马和维吉尔是他的义务，这位诗人也刻画了一个众神的会议，他们争辩着究竟应否让这探险队抵达印度。酒神巴科斯投否决票，因而鼓动莫桑比克的摩尔人攻击那些上岸取水的葡萄牙人。爱神维纳斯和丘比特替水手们解围，摩尔人被逐退了。莫库里神命瓦斯科·达·伽马继续前进。舰队停在肯尼亚外海岸，受到殷勤的接待，当地的土王按照卡蒙斯的安排，要求瓦斯科·达·伽马告诉他葡萄牙的历史。那位海军上将最后答应了，他细述卡斯特罗的悲剧，描述惨烈的阿留巴罗塔（Aljubarrota）战役（1385年），那次战役使葡萄牙人首度从西班牙赢得自由，最后他说到自己这次从里斯本出发的探险航行。这位新的"冒险者"横越印度洋时，酒神和海神搅起一阵台风来阻止他们。由于卡蒙斯曾亲自遭受过这种暴风雨，他做了非常刺激的描绘。维纳斯使风浪平静下来，而那支舰队也成功地抵达卡利卡特（Calicut）。

回航时，维纳斯和她的儿子丘比特替这些疲倦的水手安排了一个宴会。在她的命令之下，可爱的海的女神内莱兹（Nereids）升出海面，在宫廷式的豪华桌面上堆满了美食鲜花，用食物、饮料和爱情来安慰这些水手：

> 那林中有着何等饥渴的吻！
> 又有何等柔和的轻叹之声！
> 何等甜蜜的爱抚！
> 何等亦怒亦羞的轻憎，最后却化为明朗的欢欣！
> 爱神燃起祝火，
> 他们自清晨直至日中，
> 追逐着如此的欢愉！
> 人们宁可尝试，何忍指责，
> 指责那些无法尝试它们的人。

唯恐某些葡萄牙人会抱怨这些诗句侮辱了一夫一妻制的尊严，卡蒙斯告诉我们，这只是一个寓言，女神们象征的"不是别的，正是荣誉……凭着它，我们可以提升和净化我们的生命"。无论如何，那些水手跌跌撞撞地回到他们的船上，舰队也觅路回到里斯本。诗的结尾请求国王论功行赏，并不要忽视这一篇爱国的诗。

即使通过翻译的迷雾，一位外国人也可以感受这位著名诗人飘荡的音乐和抒情的忘我情境，一位"大兵诗人"的热血，他将那扩张年代中葡萄牙人活泼的性格和冒险的历史介绍给我们。据说，塔索曾经提出卡蒙斯的名字，认为他是那个时代唯一的一位诗人，在他面前，塔索不敢充满自信地估量自己。而韦加（Lope de Vega）在西葡两国不像今天那样疏远时，将《鲁西亚》一诗同时列在《伊利亚特》和《埃涅阿斯纪》两首诗之上。今天，只要是使用葡萄牙语的地方，这篇诗就是一体的结合、光荣的旗帜。

据说卡蒙斯听到菲利普正将葡萄牙收为己有时，就像他的临终遗言："我如此深爱我的祖国，我愿和她一起死去。"菲利普在世时，这个被俘的国家生存得相当好，但是他的后继者违背了他的誓言。奥利弗雷建议将这两个民族和语言合并为一，西班牙从葡萄牙的属地和商业中取走了大部分的收益，而英国和荷兰由于正与西班牙作战，不但掳掠西班牙，也掠夺葡萄牙的财产、市场和舰队。西班牙人拥进葡萄牙的机关，西班牙的传教士们进入葡萄牙的教区。宗教裁判所在葡萄牙的文学和思想上笼罩了一层恐怖的阴影。

国家收入减少时，民间的不满便升起了，直至最后，贵族和教士们领导这些激怒的人民起来叛变。受到英国和黎塞留的鼓励，爱国分子宣布布拉甘萨（Braganza）的大公约翰成为葡萄牙的国王（1640年）。法国和荷兰派遣舰队进入塔古斯河，而法国更保证它绝不与西班牙谋和，直到西班牙承认葡国的独立为止。西班牙为国外战争所苦，几乎没有任何人员和金钱可用来扑灭邻国的叛变。处压力减缓时，派遣了总数 3.5 万人的两支军队来镇压这个新政府（1661 年）。葡萄牙只能召集 1.3 万人，但是英国的查理二世回报布拉甘萨的凯瑟琳一份更漂亮的嫁妆——一个厚利的条约，规定英国与世界上任何葡萄牙港口进行自由贸易，又派卓越的腓特烈·斯丘伯格将军率领一支军队进入葡萄牙。西班牙的军队，在埃沃拉（Evora，1663 年）和蒙特·卡拉洛斯（Montes Claros，1665 年）两地被击败。1668 年，精疲力竭的西班牙承认了葡萄牙的自由。

第三章 | 西班牙文学的黄金时代
（1556—1665）

黄金世纪

"今天生活在我们西班牙的卓越天才真不少。"塞万提斯在1584年这样写道。当时或者只有他一个人知道他是这些天才中最伟大的一位，他还未写《堂吉诃德》一书（1604年）。稍后，"黄金世纪"（1560—1660年）便进入全盛时期。

究竟是什么引起这次文化的爆发，使文学和艺术的灿烂交辉？或许是西班牙在政治、经济和宗教上的多次胜利——美洲的征服和剥削，西班牙在意大利、荷兰、葡萄牙和印度等地的权势和利润，及在西班牙本土战胜摩尔人和在莱潘托战胜土耳其人。在西班牙人的危机已相去甚远的今日，我们很难了解，那些多姿多彩岁月中的危险和成功如何燃起天主教信仰的热情，从而使大部分西班牙人对他们的血统和对他们的宗教一样引以为荣。检查制度和宗教裁判所，我们或许会觉得令人窒息，但在十字军抵抗伊斯兰教的战争中，为了国家的统一，却被政府视为必须采用的手段。那些被禁止逾越神圣教义的西班牙人，却在狭窄的领域内翱翔于小说、诗歌、戏剧、建筑、雕刻、绘画等至高无上的境界。

这也是一个属于耿直的学者们和大胆的历史学家们的时代，是一个属于神学、政府、法律、经济、地理、古典文学、东方研究等各种著名著作的时代。博学的亨利·哈勒姆评论说："菲利普二世治下的西班牙，在学术上远超出伊丽莎白统治下的英国。"确实，教育更加普及。穷人和富人一样进入大学就读，这个时代有 20 所新设立的大学加入那些闻名遐迩的大学行列。萨拉曼卡（Salamanca）一校，1551 年时即拥有学生 5856 人。"除了作家之外，没有一个人能自称为绅士。"国王、大臣、贵族和高级教士们都慷慨地资助学者、诗人、艺术家和音乐家。然而，白璧之中也有微瑕：教会严格地监视着每位教师，而菲利普二世本人，为了保持西班牙大学的完美及西班牙人在神学方面的净化，除了科因布拉、博洛尼亚和罗马等地的大学外，禁止西班牙青年进入任何其他的外国大学。"黄金世纪"之后，这种知识上的垄断，可能已在西班牙的文明不育症中扮演了一个角色。

此时，两位著名的耶稣会教士进入历史的画面，一位是巴尔塔萨·格拉西安（Baltasar Gracian），他是塔拉戈纳一所耶稣会学院的校长，曾写过一部 3 卷的小说《评论》（*El Criticón*），描述一位西班牙绅士在圣赫勒拿岛乘船触礁，在那里发现一名孤独的土人，并对他加以教导（这或许是《鲁滨孙漂流记》故事的蓝本？），之后他们一起旅行世界，对欧洲文化进行深刻的批评。他们的悲观主义和对女性的憎恶颇得叔本华的好感，他把这本书称为"世界上最好的书籍之一"。一位朋友从格拉西安的著作中摘出了 300 个段落，印成《处世名言和艺术》（*A Handy Oracle and Art of Worldly Wisdom*），因而使他名闻国际。这书的很多译本中有一本是叔本华所译。下面是一些名言的例子：

> 勿光芒震主……高傲常为人忌，最高傲者受忌也最深。当小心掩饰你的美德，如同掩饰你的美丽。
> 平庸加勤劳胜于卓越但懒散。

幸运有路，智者的一切并非完全得自偶然。

完美不在于量而在于质……有人用数量衡量书籍，殊不知言贵精而不在多。

像少数人那样思想，像多数人那样说话……惟少数深思者得近真理……让智者常保沉默；自认宜于说话时，出语也当深思。

当知如何说“不”……切莫断然否决，因是非殊难肯定……用谦卑恳切填满拒绝的空处。

处世深者不轻信。

加上一句话易如反掌，收回一句话难如登天。

这时西班牙历史学家是欧洲最卓越的。菲利普二世将官方文书和其他文件，广泛地收集在他位于西曼卡斯（Simancas）的档案处，他说：“因为编年和历史学家对国家事务所知甚少，而那又是人所渴望知道的，为了免除这个缺点，我将一切可能用得着的资料集合起来。”自此，这些档案就成为历史学家们的宝藏。耶罗尼摩·朱利塔（Jerónimo de Zurita）在撰写他的《阿拉贡编年史》（*Anales de la Corona de Aragón*，1562—1580 年）时，参阅了数千种原始文件，因而赢得“精确作家”的美名。

西班牙最伟大的历史学家马里安纳原是特拉维拉（Talavera）一位牧师的私生子。青年时代便离家自谋生活，为了应对贫穷和困乏，他磨锐了他的智慧。那些一向敏于辨识人才的耶稣会教士，给予他严格的教育。他 24 岁时，他们将他送往设在罗马的大学讲学，稍后，又送他到西西里，而后再送到巴黎。在巴黎，他发表了关于阿奎那的一连串演说，吸引了热情的听众。后来他身体转坏，37 岁（1574年）时，他被允退休，回到他在托莱多的教会。残余的 49 年中，他很少离开住所。在那里，他撰写了一些重要的论文，其中之一引起国际热烈的赞扬，另外一篇《论王国的货币》（“On the Coinage of the Realm”）是一篇大胆攻击莱玛货币贬值的文章，还有一篇《耶稣会当局的谬误》（"The Errors in the Government of the Society of Jesus"）未曾付印。最后的 40 年中，他主要致力于撰写《西班牙史》（*Historiae de Rebus Hispaniae*，1592 年）一书，此书用拉丁文写成，以便欧洲所有受过教育的人都能了解西班牙如何崛起、成为领导和强权国家。在枢机主教班柏（Bembo）的鼓励下，他将此书的大部分译成纯粹的卡斯提语。这是西班牙编史工作中最光荣的成就，叙述生动，文体优美，精于性格描写，而作风坦诚不惧——"生动的记录与冷静的历史最杰出的结合，真是前所未见。"

古老的编年史逐渐变为具有文学和哲学形式的历史著作。这一时代的西班牙小说也历经带有骑士气概和田园韵事的过程，一跃而至小说史上的制高点。骑士的爱情故事仍然很多，从圣·特蕾莎到塞万提斯的每个西班牙人，都渴盼地读着这些作品。对于某些读者来说，这些作品或是对过度强烈的西班牙宗教的一副缓和剂，因为爱情故事的信条是爱，而骑士们效忠的对象并不是圣母玛利亚，而是他们选中或幻想中的淑女。为了保护和拥有这些，他们会击败许多其他的骑士，但并不是破坏上帝或人们的法律。塞万提斯开始写作时，人们对这类故事的疯狂热情正逐渐沉静下来。蒙田和胡安·鲁斯·维维斯（Juan Luis Vives）已经嘲笑过这类作品，而更早之前（1538 年），卡斯提的议会就抱怨，浪漫爱情故事"对成人、男孩、女孩和其他人等，为害至大"，而且有很多人"被它们引诱而脱离真正的基督教义"。

另外一种文体也发展到极点。1553 年，一位身份不详的作者在《引导盲人的孩子》（*Lazarillo de Tormes*）上曾写过第一部"恶汉体裁"的小说，将一位有趣的恶汉英雄化，他用违法补救穷困，又用机智补救违法。1599 年，马提奥·阿里曼（Mateo Alemán）印行了一本《流浪汉》（*Vita del Pícaro Guzmán de Alfarache*）。5 年后，塞万提斯采取了这两种情绪——骑士们褪色的梦和一般人的幽默智慧——将它们在他那本最著名的，也是最好的小说中紧密地结合在一起。

塞万提斯（1547—1616）

依据西班牙在孩子出生那天为纪念圣徒而替孩子取名的风俗，创造出堂吉诃德和桑丘·潘沙（Sancho Panza）两个人物的作者，于1547年10月9日在阿尔卡拉受浸而命名为塞万提斯。他——或者他父亲也是——在名字前加上萨维德拉（Saavedra）一词，这个词来自一个卡斯提家族，他的加里西亚（Galicia）祖先们在15世纪曾和这个家族通婚。他父亲是一位医生，耳朵不好，贫困，常常从一个城市到另一个城市，替人接骨或疗治一些轻伤。显然，年轻的塞万提斯曾陪伴他到过瓦拉多利、马德里、塞维利亚等地。这孩子的教育情形我们一无所知，虽然他出生在一座大学城中，但似乎不曾接受大学教育。他不曾受到古典文学的磨炼和洗礼，必须从生活中拾取关于生活的知识。

除了他的受浸记录，我们所知有关他的第一件资料是1569年一位马德里的学校校长印行了一卷书，其中包括6首诗，由"我们可爱的学生"塞万提斯所写。同年9月，一位名叫米格尔·泽班兹（Miguel de Zerbantes）的人，因决斗遭逮捕，被判割去右手，之后离开西班牙，有10年之久。在12月的档案中，我们发现这位米格尔在罗马一位高级教士家中服务。1571年9月16日，同一位米格尔，或许（像卡蒙斯一样）为了逃避监牢而选择服兵役，此时正在奥地利的堂·胡安舰队中的"复仇号"战船上，从墨西拿出发。那支舰队在莱潘托遭遇土耳其人时，塞万提斯正因热症卧病舱中。由于他坚持执行自己的任务，因此被派去对付船边一艘小艇中的12个敌人。他身受3处伤，两处在胸部，另一处创伤使他的左手永远残废——"右手托天之幸"，他说。他回到墨西拿的一所医院中，而由西班牙政府付给他82杜卡特。此后他又在那瓦里诺、突尼斯、格莱塔等地参加其他的战役。最后，他被允回西班牙，但在回国的航程中，他和他的兄弟罗德里戈被巴巴里海盗所执（1575年9月26日），而后在阿尔及利亚被卖为奴。他从堂·胡安和其他人那里带来的信件，使俘虏他的海盗们相信米格尔是一个相当值钱的人。他们要他付出大笔赎金，虽然他的兄弟在 1577 年就被释放了，他则被羁押 5 年之久。他一再尝试脱逃，结果只是使他所受的惩罚更加严酷而已。他的母亲尽力筹措使他获释需要的 500 克朗，他的姐妹们也因为同样的原因牺牲了她们的嫁妆，最后（1580 年 9 月 19 日），他终于获得自由。经过一段艰苦的行程，他回到马德里的故居。

一文不名而肢体残废，他发现除了再去当兵之外简直没法活下去。有迹象显示他在葡萄牙和亚速尔群岛等地寻求服役的机会。他爱上一位比他小 18 岁的女士，这位女士——卡塔利娜·德·萨拉萨尔·帕拉西奥斯——除了名字长之外，别无长物。受到爱情和贫困的双重刺激，塞万提斯写了一本田园爱情故事《伽拉泰亚》（*Galatea*），这本书他卖了 1336 个瑞尔。那位女士现在和他结婚了（1584 年）。婚后，他将他一年前一段露水姻缘中生下的一名私生女交给她，而且说服她当作自己的孩子抚养。卡塔利娜自己没有生孩子。她常因他的贫困责骂他，但显然她是一直忠于他的。她活得比他久，而且在临死时要求葬在他的墓旁。

《伽拉泰亚》一书不曾给他带来更多的钱财，书中角色们的对话——除了作诗之外——过分雄辩。虽然塞万提斯曾计划写一本续集，而且一直认为这本书是他的杰作，他始终不曾有时间和灵感来完成它。有 25 年的时间他尝试写作剧本，他编了约 30 个剧本，认为它们都是杰作，他肯定它们"都上演过，未遇到任何冷场"。但这些剧本中并没有一本触及公众的嗜好，也不曾替作者掘到金矿的矿脉。他隐退到陆海军的一个补给部门（1587 年），借着这个职务，他旅行了一二十个城市，将妻子留在家里。他协助补给西班牙的"无敌舰队"。1594 年，他被指定担任格拉那达的收税员。由于账目不合，他被囚禁在塞维利亚，3 个月后获释，但被免除了政府职务。他在塞维利亚又过了几年穷困潦倒的日子，想靠笔杆子为生。然后，他在西班牙各地浪游时，又在阿加马西拉（Argamasilla）被捕。据说，在牢房和苦难中，他继续写作一本世界上最欢乐的书。回到马德里后，他将《拉曼卡的堂吉诃德的传记与冒险》（*The Life and Adventures of the Renowned Don Quixote de la Mancha*）一书的手稿卖给弗朗西斯科·罗贝尔（Francisco de Robeles）。1605 年印行，现在，经过 58 年的艰苦奋斗，塞万提斯终于触到了成功之门。

除了批评家外，每个人都盛赞这是一本幽默而富于哲学意味的不朽之作。菲利普三世（据一个古老的故事说）"有一天站在他马德里宫廷的阳台上，看见曼扎纳雷斯（Manzanares）河对岸有一个学生手里拿着一本书。他正在阅读，但他不时地中断阅读而用力地敲打自己的前额，伴着无数乐极入狂的动作。'那个学生，'国王说，'如果不是神经错乱就是在读……《堂吉诃德》。'"

正如每本杰作，在这 800 页的篇幅中少不了白璧之瑕。结构不太精巧——一连串插曲，大多是些不相关的故事，而全书的结构就像书中的骑士那样毫无计划，他"骑马前进，由着他的马，愿意到哪里去就到哪里去"。结构中的某些线索到最后都松软无力，或者纠缠不清，如桑丘失去其骡子，而后又复现，但未解释原因。生动的叙述不时陷入沉闷，文法松弛不严，用语粗俗不驯。地理学家们则断定书中的地理背景是不可能的。但是这一切何伤大雅？我们读这本书时，我们会在有意无意中越来越被一种亲切的引力左右，我们会惊奇，塞万提斯在一切苦难中能对理想主义和幽默做如此的融合，能将人性中这距离遥远的两极如此高明地并置一起。体裁是长篇故事应有的体裁——不是枯燥无味的滔滔雄辩，而是一条清澈舒畅的小溪，偶然会闪现一两个隽永的语词（"他一脸福相"）。全书的故事皆显示其创造力，桑丘的格言永无竭尽，最后的一个幽默或哀愁绝不逊于第一个。塞万提斯所谓："这个最庄严、自负、精细、厚道和幽默的历史"中包括的，就是西班牙的人民和生活，用一种无偏的爱，并借着无数生动活泼的琐碎细节加以描述。

塞万提斯引用了一个古老的手法，伪称他的"历史"是采自一位阿拉伯作者西德·哈米特·本恩吉利（Cid Hamet Ben-Engeli）的手稿。序文中，明白地宣布他的目的是：描述对骑士风尚的一个讽刺……"那些曾如此奇妙地迷惑大部分人的……一大堆未加设计的有关骑士风尚的浪漫故事的衰灭……做了一个讽刺。"

乔叟曾在《坎特布雷故事集》中的《托帕斯爵士的押韵诗》（*The Rhyme of Sir Topas*）一文中做过类似的工作。拉伯雷在《巨人传》一书、普尔奇（Pulci）在《莫冈特·马焦雷》（*Morgante Maggiore*）、特奥费罗·佛兰格（Teofilo Folengo）和其他"混淆体"诗人也曾讥讽过骑士，而阿里奥斯托在《奥兰多的暴怒》一书中曾讥嘲过书中的男女主角。塞万提斯并不是毫无保留地否决浪漫故事，有些，如阿马蒂丝·高拉和他自己的加拉蒂，他是保留下来的，他在他的故事中穿插了一些游侠的浪漫韵事。最后，历经无数的挫败和不名誉的抛弃，富有骑士精神的堂吉诃德仍是故事中的秘密主角。

塞万提斯把自己描画成一位想象中的乡绅——豪侠而机敏——非常沉迷于图书馆中的小说，所以将自己从头到脚穿上骑士的服装，携着骑士的武器，骑着马——罗西南特——冲出去保护那些被压迫的人，纠正邪恶，护卫圣洁和天真。他憎恨不公，梦想那金色的过去。那时没有黄金，那时"那两个不祥的字，'你的'和'我的'，压根儿就没有区别。在那个圣洁的年代，一切东西都是公用的……那时一切都是联合，世界上都是爱和友谊"。遵照骑士风俗的要求，他不但将他的武器，而且将他的生命奉献给一位女士——拉杜奇尼·德尔·多波索。他未曾见过她，但他能将她描绘成纯洁、优雅、一无瑕疵。"她的粉颈像雪花石膏，她的酥胸像云石，她的玉手像象牙。将白雪和她的玉体并列，白雪也将失去光彩。"这"云石"使他坚强，"白雪"使他温暖，于是堂吉诃德出发向全世界的邪恶作战。在这以寡敌众的战斗中，他并不感觉自己势单力薄，因为"我一个人抵得上100个"。陪伴着他进出小酒店和磨坊，跨过污秽的沟渠和冲过惊慌四窜的猪群，作者塞万提斯爱上了这位"不吉的骑士"，不仅把他写成疯人，也把他写成圣徒。历经那一切的灾祸和痛苦的挫败，堂吉诃德仍然保存着谦恭同情和慷慨的心灵。最后，这个忧郁的狂人被作者改写成一位哲学家，他即使身在泥淖中，仍仁慈地言及良知，而且原谅那个他不了解的世界。作者按照预定的计划仍使堂吉诃德一败涂地时，我们开始迁怒于作者的安排，而当桑丘告诉他城里唯一的一位拉杜奇尼·德尔·多波索只是"一个粗壮的老妈子……一个高大、壮硕如男人一样的丑妇"时，我们开始同情这位梦成幻影的骑士。骑士用一句金言回答了桑丘，他说："美德使肉体高贵。""每一个人，"他说，"都是自己作品的继承者。"

堂吉诃德缺乏的就是幽默，而幽默是哲学的妻子。因此，塞万提斯给他一个健壮的仆人——一位庄稼汉的儿子桑丘——作为跟班。他替那位骑士服务，而骑士则管他吃喝，而且答应将来征服土地中的一部分由他管辖。桑丘是一个头脑简单、胃口奇佳的人，虽然常在挨饿的边缘，但直到最后一页，他一直是一个胖子。他是一个心地善良的家伙，爱他的驴子就像爱自己一样，看重它的"甜蜜的伴随"。他不是一位典型的西班牙农人，因为他太富于幽默而缺少威严。但是，正如任何从过度狂热的神学中解脱出来的西班牙人一样，他居心善良而仁慈，聪明但文盲，忠于他的主人。他不久就断定堂吉诃德疯了，但也变得爱他了。"我一直紧随着我的好东家，这些月来一直和他做伴，"最后他这么说，"现在他和我已经合成一人了。"这话是对的，因为他们两个人代表着人性的两面。那个骑士转过来尊敬他这位随从的智慧，认为即使不如他本人那么高贵，也和他本人一样有好的根基。桑丘用谚语来表现他的哲学，这些谚语一个接一个，几乎占了他思想的全部："母鸡女人爱漫游，游来游去迷了途。""女人是不是真难分，中间容不下一根针。""医院门开，有病无钱莫进来。""孩子天真可爱，长大了越变越坏。"塞万提斯或者使用了一本这类谚语的谚语集，他说这些谚语是"长期经验凝结成的简短语句"。桑丘辩解他的"慢板",说是由于这些谚语阻塞了他的喉咙,必须吐出来,"先来的先请"。堂吉诃德对这滔滔不绝的谚语毫无办法,只有认了。"老实说,"他说,"你似乎没有我清醒,我宣判你'精神错乱'。我原谅你,而且已经这么做了。"

《堂吉诃德》的成功使塞万提斯得到两位赞助人,一位是莱莫斯(Lemos)的伯爵,一位是托莱多的枢机主教。他们给他一笔小小的年金。现在他可以供养他的妻子、私生女、守寡的姐妹和一个侄女了。这本书印行后几个月,他和他全家突然因涉嫌参与发生在塞万提斯家门口的加丝帕·埃兹贝雷塔(Gaspar de Ezpeleta)谋杀案而被捕。谣言说加丝帕曾爱上了那个私生女,但调查证明并无其事,又全被释放了。

塞万提斯好整以暇地进行《堂吉诃德》的第二部。1613 年,他中断这个心爱的工作,印行了 12 本《训诫小说集》(*Novelas Ejemplares*)。"我曾给这些故事一个名字,叫作'模范',"他在序言中说,"如果你细读此书,你会发现没有一个故事不提供一个有用的范例。"第一个故事关于一群盗贼和塞维利亚警察,可作为模范的和谐。另外一个故事《狗的对话》(*Colloquy of the Dogs*)描述该城市的礼节和道德。在这本书的序文中,塞万提斯描绘他自己:

> 本书中你看见的那个容貌倾斜,长着栗色头发,平顺而不纠结的眉毛,明亮的眼睛,钩形但比例均匀的鼻子,银灰色的胡子——不到 20 年前,还是金黄色的,上唇长着很长的髭……牙齿不多,不值得一数……中等身高……略微下垂的肩膀,相当大块头的人。这个人,我告诉你,就是《伽拉苔亚》和《堂吉诃德》两书的作者。

1614 年,《堂吉诃德》第二部的出现使他惊奇,因为这书不是他写的,而是由一位自称阿维拉内达(Avellaneda)而身份不明的人所撰写的。序文中取笑塞万提斯受伤，而为这个可能毁坏塞万提斯本人第二部的诡计自喜。这位被打扰的作者于是匆匆地完成了续集，于1615年付印。文化水准颇高的西班牙读者很高兴地发现这个续集无论在想象、精神和幽默各方面都不逊于第一部。经过这额外的500页，兴趣一直维持到那悲哀的——如果不是痛苦的——结尾。有人认为堂吉诃德和他的随从在那位公爵宫廷中——桑丘的恶作剧及关于他挨打屁股的痛苦故事，使第二卷成为较好的一部分。桑丘被命为巴拉塔里亚总督时，每个人都预料他会成为有史以来最昏庸的一位地方官。恰恰相反，他善良的心地和常识，他简单而公正的管理和改革及他在一次抢劫案中聪明的判决，都足以使当时政府蒙羞。但那些残酷的邪恶势力太强大了，它们不断地折磨他，终使他怀着解脱的心情挂冠而去，恢复他做堂吉诃德随从的生活。

剩下来的是骑士同样由梦想中逃回现实。他出发去做种种新的冒险，但遭遇到最后的失败。在那次失败中，他得胜的对手逼迫他做出保证，他将回家去过一年非骑士的平静生活。这位疲惫的战士同意了，但他美梦的幻灭使他生命的源泉枯竭。他将他的朋友们召到床边，分送礼物，预立遗嘱，解除骑士的誓言，而让自己的精神加速崩溃。桑丘回到自己家中，满足地耕耘着田园。他入世已深，更使他感觉自己家乡的可爱。最后，他温和的现实主义显然胜过他主人丰富而虚幻的理想主义，但也不完全如此。那位骑士在墓碑上留下最后一句话："如果我没有完成伟大的事业，那么我就是为追求它们而死。"那位现实主义者继续活着直至死去，但那位理想主义者那时开始新生。

剩下的最后一年中，塞万提斯印行了8个剧本，时间还不曾肯定他对它们的估计，但已经给予他的《拉纽曼西亚》（*La Numancia*）一个崇高的地位，那是一首美丽有力的诗剧，赞美那个西班牙城市抵抗罗马人的包围（公元前133年）。他和他笔下描写的骑士一样，自己深信的事物遭受幻灭。他以为后世子孙们会由于他的剧本而记住他，他以带有不适切却值得原谅的嫉妒语气，谈论有着惊人成就的韦加。

嘲笑了大部分的浪漫故事之后，他在生命的最后，自己写了另外一个浪漫故事《贝雪莱斯和西吉斯蒙达历险记》(*Pérsiles y Sigismunda*)。死前 4 天，他将它奉献给莱莫斯的伯爵：

> 昨天，我接受了临终涂油礼，今天我提笔写下这献词。时间不多，我的痛苦渐增，希望渐灭……所以我向诙谐，向我生动的幽默及愉快的朋友们告别。我感觉我行将死去，我别无欲望，只希望在另一个生命中见到你们快乐。

他死于 1616 年 4 月 23 日。[1]

用他特有的堂吉诃德方式，他曾预计他的《堂吉诃德》一书会卖到 3000 万册。世人对他天真的话发出微笑，结果不止 3000 万册。除了《圣经》外，没有再比这本伟大的故事有更多的各国文字译本。在西班牙，最单纯的乡下人也知道堂吉诃德，大概除了《圣经》外，他是"所有文学作品中最生动、最可爱、最著名的一个角色"，比历史上成千骄傲的著名人物更真实。塞万提斯使他的故事成为生活方式的深刻描绘，这种做法树立了现代小说的规范，也替勒萨日（Lesage）、菲尔丁（Fielding）、斯摩利特（Smollett）和斯特恩（Sterne）等人做了开路先锋。他使这个新形式的小说揭露并启发了人类道德的全域，因而使它升入了哲学的境界。

诗人

卡斯提语言中强有力的延长音，就像托斯卡纳的意大利语中悦耳的装饰音一样，正适于音乐和韵律，而这个民族的精神在天性中对诗

---

[1] 看上去他和威廉·莎士比亚死于同一天。英国那时仍然使用朱利安历法，如果换成西班牙使用的格列高利历法，则莎士比亚死于 1616 年 5 月 3 日。

较对散文更易于反应。诗人和僧侣一样众多。韦加在他的《阿波罗的桂冠》(*Laurel of Apollo*，1630 年) 一书中描述诗神的聚宴和竞赛，在他的幻想中，300 名当时的西班牙人为桂冠而竞争。这种诗意的竞争对于西班牙这个民族而言，就像火焚异教徒一样盛行。这些诗中包括令人瞌睡的说教诗，写成韵文形式的教条、押韵的浪漫故事、田园诗、英雄诗体的滑稽诗、民谣、抒情诗和叙事诗。并不是所有作者都有弗朗西斯·菲格罗亚 (Francisco de Figueroa) 那种勇气，将自己的诗文付之一炬。

叙事诗中最好的是《拉阿劳卡娜》(*La Araucana*，1569—1589 年)，诗中描写南美印第安部落的反叛。它的作者是阿隆索·埃里奇拉·朱尼加 (Alonso de Ercillay Zuñiga)，他在那次战争中是一名出色的西班牙士兵。所有抒情诗人中最好的可能是一位奥古斯丁教团的僧侣路易斯·庞斯，他的部分犹太血统并未阻止他表现基督徒虔诚中最优美的部分。更值得注意的是，他集神学家和诗人于一身，34 岁时，他被指派为萨拉曼卡大学的神学教授，至死他从未终止和那所大学的关系。他在学术上的追求和严肃的生活并未终止他在抒情诗方面的奔放。宗教裁判所在 1572 年即召他前往，因为他将《歌中之歌》(*Song of Songs*) 译成田园诗的形式。他受了 5 年牢狱之灾，然后获释，再度到那所大学讲学。他用奇趣的话说："我们上次见面时，曾谈到……"他同意他上级的看法，认为诗不适于神学家。因此他不曾将其诗付印，这些诗直到他死后 40 年才被印行。它们被认为是卡斯提语中最接近完美的作品。

贡戈拉和克维多·比列加斯 (Quevedoy Villegas) 两人更出名，因为他们用押韵诗和辩论搅动了学术的空气，他们死后留下贡戈拉派 (Gongorismo) 和概念派 (Conceptismo) 两个相争的学派，叫作文体哲学。塞万提斯对他所有的对手都有一番推荐的话——除开韦加和阿维拉内达两人，他把贡戈拉叫作"一个难得而活泼的天才，再找不到第二个"。我们从他《舰队颂》("Ode to the Armada") 的一节中可以捕捉这位诗人怒吼的遥远回声：

> 啊，这岛啊！一度如此强壮的天主教堡垒，
> 现在，异端的污秽神龛充斥，
> 是训练战争的营地，智慧的神圣学校。
> 时光飞逝，这些高贵都曾属于你，
> 你皇冠上的光彩仍为人歌颂。
> 现在，从冥府水池萌芽之暗晦杂草
> 正适合你的花冠。这片土地曾为
> 亚瑟·爱德华、亨利诸王统治过，而今他们安在？
> 他的子民，正欣喜他们的倾倒，
> 是否仍坚决地站立于强大的信仰之下？
> 应该谴责和责难那些
> 现在统治着他们的耻辱与罪恶。
> 啊！可恶的女皇！你的心和额头如此无情，
> 秉性残酷、凶猛、卑下，而使你淫荡不贞，
> 你以女性而君临天下，实是美德的毁灭，
> 在各方面你都像一只狼，
> 让上帝的热情雨般地打在你虚伪的卷发上吧！

　　这是一支值得爱慕的笔。难怪菲利普四世要使这位激烈的诗人（现在成为一位僧侣）成为他的宫廷牧师，将他的才能传于皇宫。贡戈拉在风格方面力求洗练，字句力求斟酌，他反对韦加等人匆促写作的作风，坚持每一行都必须细加琢磨使之成为逸品。他在这方面的热心，将艺术带进矫揉的境界，字里行间夹杂着过多的隐喻、形容词、倒装和对语，及超过了李利的夸饰文体和马里尼的装腔作风。下面就是这样写一个女孩的迷人的妩媚：

> 她那对明亮如日的双眸
> 仿佛转向那酷似冬日的挪威夏日长空；
> 那惊人的白色是她如雪的玉手
> 真令那伊索匹亚的子民惊慌畏缩。

西班牙的诗人现在分成三个阵营，一是模仿贡戈拉的贡戈拉派，一是模仿克维多的概念派，一是对两者都加以抗拒的，如韦加。

在阿尔卡拉大学，克维多在法律、神学、拉丁文、希腊文、法文、阿拉伯文、希伯来文和决斗方面都卓有声誉。虽然他近视而且有罗圈腿，但在笔和剑的任一方面，他都是一个危险人物，他的讽刺和他的剑锋同样锐利。杀死了几名对手后，他逃往西西里和那不勒斯。35 岁时，他在那里担任财政部长。他参与欧逊纳反抗威尼斯的密谋（1618 年），失败后入狱 3 年。回到马德里后，他并未因获得菲利普四世秘书的休闲职位而沉默，他的诗冒犯了国王、罗马教皇、奥利弗雷、女人和僧侣。他恶名昭彰的小书《狗与热病》（*The Dog and the Fever*，1625 年）向所有的事物狂吠，将一些较桑丘使用的尤为尖刻的谚语，暴风雨似的向它们劈头泼去。他给世人一个最后的忠告，但他从未如此做：别插手那场战役，"让那些有头有脸的人过去"。克维多渴望树敌和惹事，他攻击贡戈拉派主张的迷信崇拜，而以概念派与之对抗：他认为诗人不应该在字句上慢斟细酌，而应该寻求概念——不是人人熟知的陈腐意念，或因常用而形成固定的意念，而是要寻求精巧、华美、庄严而有深度的构想。

他被误控写信给菲利普四世，其内容为警告他停止浪费，并将无能的大臣们免职。他在一间潮湿的地牢中被关了 4 年。获释后他的健康已被摧毁，三年后（1645 年）去世。这不是一个和平的文学生涯，而是一个充满战斗的生命，墨水就是鲜血，而诗就是战争。生命结束时，他警告他的国家，说它也在濒死边缘：

我曾见我祖国的城堡

一度如此坚强，而今却濒于倾颓。

它们的强劲为新的方式所毁，

这磨损并腐蚀了原有的庄严华美。

我走进原野，取新融之水，

而山顶上，呻吟的牲口焦急的徘徊。

它们的痛苦令我心灰意懒。

我走进家门，我看到它斑驳点点。

我疲惫的双足已弯曲，

时代获胜而我剑锈毁，

极目四顾，无一物非残存于临毁。

韦加（1562—1635）

在那个活泼的时代中，剧作家和诗人一样多。在此之前，正如在当时的英国，舞台都是临时搭架的，贫穷的江湖艺人在各小镇上卖艺。宗教裁判所致力于控制他们那些喜剧中的粗鄙，制止了一切戏剧（1520 年）。马德里成为皇室居地后（1561 年），两个演员团体要求国王允许他们可以永久在那里营业。他们获得许可，宗教的禁令因而被解除（1572 年），两家戏院——克鲁兹（Cruz）戏院和普林西波（Príncipe）戏院建立起来了。戏院的名字表示西班牙的忠贞和权力。1602 年，瓦伦西亚、塞维利亚、巴塞罗纳、格拉那达、托莱多和瓦拉多利等地也建立了戏院。1632 年，马德里一地已有 1000 名演员，卡斯提境内有 76 名剧作家。裁缝、商人、牧人都在写剧本。1800 年，西班牙人已经看过 3 万出不同的戏剧。历史上没有任何国家——即使伊丽莎白治下的英国，曾对戏剧如此入迷。

戏院的形式由庭院演变而成——四周由房屋或临时看台围绕——早期的戏剧就在其中上演，所以这些永久性的戏院被设计成由渐升的座位和包厢围绕着舞台。无论戏剧的时间和地点是什么背景，服装全是西班牙式的。观众包括各阶层的人士。女人也来，但坐在一个特定的区域，而且脸上围着很厚的面纱。演员们的生活极不安全，随时可能遭遇不幸。对他们的穷困和漂泊无根，唯一的安慰是希望。少数男性的"明星"发迹了，获得了财富和引人注目的美名。他们昂首阔步地走在马德里的要道上，抚摸着佩剑和胡须。有些首席女演员则能和国王们共眠。

西班牙的戏剧之王是韦加·卡皮奥（Vega Carpio）。1647年，宗教裁判所不得不禁止一个已经印行的信条，那信条开端说："我相信韦加是万能的，是宇宙的诗人。"历史上可能没有别的作者，在生前就享有如此美名，只是由于诗歌翻译的困难，才使他的盛名局限于西班牙。即使如此，他活着的时候，他的戏剧就在西班牙、那不勒斯、罗马、米兰等地上演。而在法国和意大利等地，他的名字被冠在并非他写的剧本前面，用以吸引观众。

在莎士比亚出生前两年，他出生于马德里一个贫穷然而（我们相信）高贵的家庭。14岁时，他逃离家庭和学校，投身军旅，在亚速尔群岛目击一些血腥的战役。他陷入爱情的罗网，但在仅受轻伤时候退出。他写了一些关于那位女士的低级讽刺短诗，结果因诽谤罪被捕，被逐出马德里。他又潜回那座城市，和乌尔比诺的伊萨贝尔私奔，后来和她结婚。为了逃避追捕和法律制裁，他加入"无敌舰队"，参与那只舰队被击败的战役，他的兄弟在那次战役中死在他的怀中。他妻子的去世使他免除了其他的纠缠。他和女伶米卡拉同居，生了两个小孩，因而再度结婚。1609年，他成为宗教裁判所的一名职员。在失去他的第二任妻子后，他被任命为祭司（约1614年），又坠入新的桃色事件。

西班牙因为他的剧作而宽恕了他的那些情妇。他写了多达1800部剧本，外加400部在宗教节日上演的短剧。他被认为曾在一周中写出10篇剧本，其中一篇是在早餐之前完成的。塞万提斯在这种迅速而大量的创作面前也自愧弗如，而把他的对手称为"自然界的怪物"。韦加能在灵感来时即兴写作，有这种不经细思即能多产的天赋，他无须伪装出一副艺术和哲学的脸。在他的《作剧新术》（*New Art of Making Plays*）一书中，他亲切地承认他的写作是在面包上涂奶油，所以能迎合大众的口味。一些侵犯著作权的出版者派遣一些有着特殊记忆力的人去参观他剧本的演出，这些人听过三遍台词后就能背出一部剧本，而提供一个窜改的对白给这些出版者。他们不付作者分文，否则他可能不会将他的那些剧本付印。韦加的演员们一度拒绝继续演出，直到将一个记忆力惊人的观众撵出场外——因为剧本的印行可能减少观众的人数。韦加极小心地印行他的那些诗意的浪漫故事——阿卡迪亚、圣伊西德罗、耶鲁萨伦·康科斯塔达、拉赫尔摩苏拉·安吉丽卡、拉·德罗蒂——都是好听而平庸的。

在他剧本中，情节的安排是最重要的。剧中人物很少做过精密的研究，人们或许可以引用梭罗批评报纸的话批评这些剧本——你只需将人名和日期改变，内容永远是一样的。故事几乎永远转向两个要点：有关荣誉的事，谁将和那个女人睡觉。大众对于后者的变化从来不会厌烦，因为当时他们自己从不允许有这种事发生。同时，他们欣赏附带的幽默、生动的对话及从那些美丽的女人和勇敢的男人嘴中轻快说出的抒情诗句。这些浪漫故事的精神在西班牙舞台上获得新的生命。

韦加的剧本中最著名的是《塞维利亚之星》（*La Estrella de Sevilla*）。卡斯提的国王——"大胆的桑丘"——来到塞维利亚，他称赞那些城市街道的壮丽，但是他要求他的顾问埃利亚斯更详细地告诉他关于该城市的女人：

国王：这城里的少女美如天仙，你为什么不谈谈她们？……告诉我，你在这温柔乡里难道无动于衷吗？

埃利亚斯：多娜·莱昂诺·里贝拉似乎就是天上仙女，因为在她脸上闪耀着春阳的光辉。

国王：她太苍白……我需要一个炽热的太阳，不是冰冷的。

埃利亚斯：向你投掷玫瑰花的那一个是多娜·曼奇亚·科罗内尔。

国王：那是一个漂亮的女人……但我看见其他更可爱的……我看见那边有一个美丽优雅的少女，你略去不曾提起……她是谁，谁在她的阳台上吸引了我的注意？我向谁脱帽致意？那两眼闪烁着雷电似的光芒，而将那要命的光线射入我心深处的是谁？……

埃利亚斯：她的名字是多娜·史蒂拉·塔贝拉，塞维利亚城充满敬意地叫她塞维利亚之星。

国王：应该把她叫作"塞维利亚的太阳"……我的导星把我带到塞维利亚……埃利亚斯先生，你用什么方法能使我得以见她并和她谈话？……啊，那景象将深铭在我的最深处！

史蒂拉正与桑丘·奥蒂兹相恋，因此她愤怒地拒绝了埃利亚斯让国王享受君主所有权力的建议。于是，埃利亚斯贿赂了史蒂拉的女佣，让国王进入她的房间。然而，正在这荣誉攸关的时刻，史蒂拉忠实的弟兄布斯托斯进来了，他阻止了国王，准备杀他。但为王威所慑，他让国王离去，轻蔑国王但未伤国王。一小时后，国王看见那个受贿的女佣的尸体止悬挂在他的宫墙上。他派人将奥蒂兹召来，问他对国王是否无限忠顺，得到骄傲而满意的回答后，国王便命他去杀布斯托斯。奥蒂兹遇到布斯托斯，布斯托斯带给他史蒂拉的口信，她爱他并接受了他的求婚。奥蒂兹向他致谢，然后杀掉他，几乎因此疯狂。国王害怕众人反叛他，因此将这件谋杀案是他主使的事实隐蔽起来。奥蒂兹被捕了，将要处死时，史蒂拉找到解救他的方法。结局并不愉快，这一对恋人承认那一次谋杀已将他们的爱情永远毒死。

写作了1000个这类剧本后，韦加成为马德里的偶像。贵族和平民向他表示钦敬，教皇送给他马耳他十字勋章（The Cross of Malta）和神学博士学位。他在街道上出现时，被热爱他的群众包围。女人和孩子们吻他的手，求他祝福。他的名字被冠在同种之中最好的东西上：韦加马、韦加瓜、韦加雪茄等称呼。一个曾经对他吹毛求疵过的批评家，终日生活在恐惧中，生怕这位诗人的忠实拥戴者会置他于死地。

虽然如此，韦加并不快乐。他曾因剧本得到相当好的报酬，但他的钱来得快去得也快。如此成功后他还是贫穷，以致必须向菲利普四世求援。菲利普四世虽也破产，仍然送给他一大笔钱。较贫穷更使他伤心的是丧失其子女。他的女儿马切拉进了修道院；他的儿子劳普加入海军淹死了；他的女儿安东尼娅和克里斯贝尔·多诺里奥私奔了，卷去她爸爸相当多的值钱的东西；韦加和她脱离了父女关系，而克里斯贝尔遗弃了她。韦加认为这些苦难都是神因他的罪而给他的处罚，所以将自己锁在一个房间中，凌虐自己的肉体，直到墙壁上沾染了他的鲜血。1635 年 8 月 23 日，他写成了他最后一首诗《那个金色的黄金时代》（*EL Siglo de Oro*），4 天后便去世了，享年 73 岁。马德里一半的居民参加了送葬的行列，行列故意绕道经过他女儿住的修道院，以便他女儿能在所居小室的窗口向他道别。他的礼赞在一个公共舞台上表演。

和伏尔泰一样，我们无法将他和莎士比亚相提并论。但我们可以说，由于他卓越的天才、他生动的诗文及他可爱的性格，从那 1000 个剧本中闪射出来，因而使他在那"黄金时代"中，高升至文学领域的巅峰，唯有塞万提斯和卡尔德隆足以与他颉颃。

卡尔德隆（1600—1681）

有人曾短暂挑战过韦加的地位。卡斯特罗·圭伦（Guillén de Castro）于 1591 年写成《西德的少年时代》（*Las Mocedades del Cid*），对这篇作品，有些人喜欢高乃依更有名的仿作。贝莱斯·格瓦拉（Luis Vélez de Guevara）放弃了他的法律业务，使他有时间写出 400 个剧本，其中包括《瘸腿魔鬼》（*El Diablo Cojuelo*），这是《勒萨热跛足魔鬼》（*Le Diable Boiteux*）一剧的蓝本。狄尔索（Tirso de Molina）于 1630 年在巴塞罗纳上演《塞维利亚的讥嘲者》（*El Burlador de Sevillay Convidado de Pietra*）一剧，这次演出使唐璜成为一名淫荡的渎神者，为莫里哀的《皮埃里》（*Le Festin de Pierre*）和莫扎特的《堂·乔万尼》（*Don Giovanni*）提供了故事的情节，也给予拜伦写《唐璜》一诗的灵感。这短短的几行略微暗示了一点西班牙戏剧在国外造成的广大影响。1803 年，施莱格尔（Schlegel）宣称在现代戏剧中卡尔德隆为仅次于莎士比亚的剧作家，而使德国举国大为震惊。

卡尔德隆和牟里罗一样，见证了"黄金世纪"的结束。他是菲利普二世和菲利普三世时代财政部长之子，在萨拉曼卡大学接受了一切耶稣会教士所能提供和允许接受的教育，在受教育期间宗教大大影响了他的作品和生命。他在萨拉曼卡大学研究法律，但他发现自己能成功地写出舞台剧本时，他放弃了法律。在一个剧本中，他太明显地提到一位有势力的传道者在讲道中的用词累赘。卡尔德隆因而入狱一段时间，但他的盛名已成。他剧本中的一卷，其中包括《浮生若梦》（*La Vidaes Sueño*），于 1636 年出版，使他立即赢得了西班牙戏剧界的领导地位。菲利普在那一年指定他继承韦加为宫廷剧作家。1640 年，他加入一个胸甲骑兵连，在塔拉戈纳，因神勇而崭露头角。在西班牙和在伊斯兰国家一样，文士常常以立功来实现自己神秘的梦。两年战争生活后，卡尔德隆的身体衰退，他退休并依靠军队的年金度日。家属的死使他转向宗教，成为圣方济各教派中的一名俗人教士，被任命为祭司（1651 年），有 10 年的时间在托莱多的一个教区中工作，在此期间他断续为舞台编写剧本。领受了世界上的一切荣誉后，他在 81 岁时逝去。因一生编写了好几百出圣剧，而且终生只有一个情妇，他死时满怀着获救希望。

他的宗教戏剧是所有宗教戏剧中最好的，因为在那里他写抒情诗的能力受到虔诚信仰的支持。他的俗世剧本一度为他得到比韦加更大的国际声望，在诗文上这些剧本和韦加的同样美丽，在思想上则有过之。他缺乏一些韦加那种难以想象的气魄和变化，他也用热情和技巧写出一些"斗篷和剑"的剧本。只有熟悉卡斯提语言的人才能充分欣赏他，但我们注意到两位英国诗人感受到他的天才，而费尽心力地将它从语言难局中抽出。对卡尔德隆和施莱格尔抱有同样看法的雪莱，用很流畅的手法翻译《奇异的魔术师》（*El Mágico Prodigioso*）中的部分。爱德华·菲茨杰拉德在《卡尔德隆的六个剧本》（*Six Dramas of Calderón*）一书中尝试对这位西班牙剧作家做一些介绍工作，但失败了，6 年后，他却很成功地翻译了穆斯林作家奥马·开俨的诗篇。

《荒谬的魔术师》（*The Monstrous Magician*）是浮士德传奇的变体。西普利安是安条克著名的学者，为了解除两位学生因争夺朱斯蒂娜而举行的决斗，他同意去找朱斯蒂娜，看她究竟爱谁，想使双方收剑入鞘。他去了，一见朱斯蒂娜便坠入情网。她轻蔑地将他赶走，之后又思念他。学生们也被拒绝了，他们就和她的妹妹利维亚相爱，但西普利安无法驱除他心中对朱斯蒂娜的爱意：

> 她如此美丽——而我，
> 介于爱妒之间，
> 因希望与恐惧而战栗，
> 没有她，
> 生命是如此痛苦而无意义。
> 听着，地狱的魔鬼，最可恶的精灵，
> 我愿将我的灵魂永远给你，
> 接受惩罚和痛苦，
> 为的是——
> 能得到这可爱的女人。

"我接受。"魔鬼说，但他发现朱斯蒂娜很顽强。最后他将她带到西普利安面前，学者上前拥抱她时，朱斯蒂娜的面罩打开了，显露出来的只是一副骷髅。魔鬼承认只有基督的力量才能和他开这个玩笑。最后，西普利安和朱斯蒂娜都被带到耶稣殉难像前时，她供认了她的爱。

菲茨杰拉德所译的剧本中，《萨拉米市的市长》（*El Alcalde de Zalamea*）一剧因为技术优异而赢得高度赞美。《浮生若梦》一剧则有较深的隐义，它抛开旧有的主题荣誉和爱不谈，大胆地将几乎是一个东方的问题带上舞台：生命的胜利和盛衰究竟有几许恒久和真实？或它们只是表面的幻象、幻影，遮盖基本的永恒的真实的薄幕？波兰国王巴西利厄斯（Basileus）因为星象显示他的儿子将会反叛他，将他新生的儿子下狱。西格斯蒙德因此被用铁链锁着，和森林中的野兽一起养大，成人以后，他比任何不驯服的野兽还要野蛮。这时，国王又发慈悲，邀他的儿子来共治国家。但西格斯蒙德对治术方面未受过良好训练，常在无意中做出粗暴的行为，必须用药物麻醉使他屈服。他恢复神志后，发现自己又回到林中被锁起来。别人告诉他，他近日登上王位只是一场破碎的梦，而后——请你相信——他像莎士比亚中被击败的理查二世一样说：

> 于尘世隐约的微光中，
> 生命仅是春梦一场：
> 在梦中，人扮演种种角色，
> 醒时万事却已成空。
> 国王梦见他是国王，
> 拥有无限权威地活在虚幻之宫。
> 环绕他的一切欢乐，
> 来自幽幻而飘荡的虚空，
> 终而死神夺去富贵荣华。

梦境醒时，

谁能将冠冕带过死神的门洞？

不问出生如何，

举世之人，浑然皆如梦。

生命究系何物？

虚幻的琼楼，虚幻的沉醉，一切转头空。

浮生至多成一梦，

梦中复有梦。

然后，经过另一次未充分说明的改变，西格斯蒙德脱离野蛮而变得有理性。一次革命后他登上王位，成为一位贤君，谦卑地体察到这次得意不过又是另一场梦，不过是生命泡沫中一个毫无实质的泡影。

剧本中的对话过分冗长，一连串空幻的语词大大冲淡了诗意的芳醇。它仍不失为一出有力的戏剧，全剧行为混合着思想，辅以戏剧性的悬疑。如果我们生长在不同的地方，接受不同的教育因而能够充分了解卡斯提语言，我们或许会认为这是世界上伟大的戏剧之一。

我们的想象为时空所围，无法了解戏剧在 17 世纪的西班牙扮演一个多么活跃的角色及它产生了如何深远的影响。在意大利，它几乎将本土的悲剧逐出境外。在法国，它提供给亚历山德罗·哈迪（Alexandro Hardy）、高乃依、莫里哀等 10 余位作家故事情节。它在拉辛之前确立了法国悲剧的形式，强调道义而唾弃修辞。我们回想到塞万提斯和其他西班牙小说家对勒萨日、笛福（Defoe）、菲尔丁和斯摩利特等人的影响及由这些人间接影响狄更斯（Dickens）和萨克雷（Thackeray）；我们将伊丽莎白时代的英国艺术，甚至是现代的法国艺术和西班牙"黄金时代"的建筑、雕刻和绘画加以比较时，我们就不难了解，为什么世界上西班牙语系的民族，在任何人面前都会因自己的遗传和血统而骄傲。

第四章 | 西班牙艺术的黄金时代
（1556—1682）

多彩多姿的艺术

在这一时期，西班牙的海上优势为英国所夺，陆上优势复沦于法国，而经济又全部陷入失败或破产，她仍能建造塞格维亚大教堂，引导赫尔南德兹（Hernández）和胡安·马丁内兹·蒙塔涅斯（Juan Martinez Montañes）等人的雕刻，供给埃尔·格列柯、苏巴朗（Zurbarán）、委拉斯开兹和牟里罗等人的绘画以灵感，对这种现象我们应该如何解释？是否由于西班牙教会依然富有，西班牙的王室依然富裕，美洲的黄金仍旧进入塞维利亚，而靠信仰和财力支持的西班牙艺术家们感觉到一个光荣时代的余晖仍未完全逝去？

这一时期建筑方面的成绩最小，因为过去在这一方面的成就已满足了信仰上的一切要求。在塞维利亚，大教堂的建筑超过摩尔人的成就，它的顶端加上一个基督教钟楼，使清真寺的尖塔更加完美（1567年）。一年后，巴托隆·摩瑞尔（Bartolomé Morel）又在这整个结构上冠上一个"信仰"的形象，这个形象重达1吨，但安放得如此轻巧，一遇微风便能转动。一位埃斯科里尔的建筑师艾莱拉于1585年开始在瓦拉多利建造庄严的升天大教堂，教堂的规模非常宏伟。在俯视塞格维亚的一座山上，建筑师和工匠于 1522 年开始建造不朽的大教堂，费时 200 年之久，那座教堂骄傲地象征着西班牙信仰的优越和坚定。在萨拉曼卡，胡安·摩拉（Juan Mora）用多利安式加上圆顶的形式替耶稣会设计巨大的塞米纳里奥·康西利亚（Seminario Conciliar，1617—1755 年）。

即使西班牙逐渐俗世化了，教堂和宫廷也要求艺术。菲利普二世于 1575 年在阿兰胡埃斯（Aranjuez）建造了一所夏宫，那凉爽的花园使他免受埃斯科里尔的酷热和严肃之苦。菲利普三世扩建了帕多王宫作为他游宴的中心，该宫装饰豪华的大使厅以它的枝形吊灯闻名于世。菲利普四世和奥利弗雷在马德里的东门建造了一座游乐园（Buen Retiro，1631—1633 年），这几乎为凡尔赛宫提示了蓝图，在它的宫廷剧场中上演过很多韦加和卡尔德隆的戏剧。在莱昂和阿斯托加建立起庄严的市政厅，在托莱多的那一幢是由埃尔·格列柯设计的。

在形式和气派上，雕刻几乎全部是教会的。哥特式的风格受到意大利的影响和巴洛克装饰的修改，但肖像画在意大利非常流行，在西班牙却不受欢迎。画家们——即使是一代大师如苏巴朗和牟里罗等人——都使他们的雕刻品让礼拜者印上基督受难或殉教的真实感，几乎所有的雕像都是以多色的木头雕刻。一位非常热爱西班牙艺术的博学之士，苏格兰人威廉爵士，认为胡安·朱尼（Juan de Juni）是西班牙最好的雕刻家。朱尼因在瓦拉多利的大教堂中雕刻了一座祭坛而闻名，并在另外一座教堂中刻了一座雕像《悲恸的母亲》。那座雕像被群众珍爱，以至——在他们信仰感动的内心深处——他们请求让它穿上昂贵的衣服。西班牙通常将格里格利奥·赫尔南德兹（Gregorio Hernández）的地位排得更高，他也在瓦拉多利刻了一座《悲恸的母亲》，使用他特殊的写实手法，在她的袍服上画上血迹，而在她脸上用玻璃镶出泪痕。这位"悲恸的母亲"——死去的基督就躺在她的膝上——可能是这个时代西班牙雕刻中最好的作品。

这些雕刻家中最伟大的是蒙塔涅斯（Montañes）。他和他的妻子来到位于塞维利亚的修道院时，只有 18 岁（1582 年），他向它呈献了一座圣母像，他的报酬是终身自由在那里居住。他用伊格那修和格扎维埃等人的雕像赢得耶稣会的好感，又用圣哲罗姆的雕像取悦于圣哲罗姆教派（Hieronymite）的僧侣们。塞维利亚大教堂中仍然陈列着他的《耶稣受难像》，一位艺术史家认为那"可能是对那位神圣牺牲者最好的描绘"。教皇保罗五世应大众的要求强迫所有天主教徒接受"圣灵怀孕"说时，西班牙特别高兴，因为她和法国一样，在此之前即将虔敬集中于圣母玛利亚。蒙塔涅斯利用这个机会雕刻了他的《切夫·奥佛雷》——上帝的年轻母亲正在沉思她由原罪中解脱出来的神秘。这座雕像也被列入世界雕刻杰作中，但这位安达鲁西亚少女像似乎显得太平静和满足，虽然垂有帷幔。

我愿简洁公正地列举并赞美图画在西班牙艺术中所占的较小的成就，那些铁栅、屏风、铁式铜制的门；很多祭坛后面屏风上的木制品以及类似摩那（Pedro de Mena）为马拉加大教堂所刻的唱诗班座位；灯、十字架、圣餐杯、用银或金铸造的圣体器和圣柜，有如世界著名的胡安·阿佛（Juan de Arfe）的卡斯多迪亚（Custodias）；用木材、象牙、大理石或铜等刻成的小像；美化祭坛和女人的刺绣及锦缎，巴塞罗纳的搪瓷玻璃以及塔拉维拉的上釉锡制品。

委拉斯开兹之前，教会几乎是绘画的唯一资助者和仲裁者。西班牙神学和信仰的忧郁激情，反映出那个地区幽暗的　崖和炽热。这种激情很少容许在处理主题时表现幽默、愉快或优雅，禁止裸体画，对人像和风景画也不赞同，鼓励的是一种粗糙的写实主义，这种主义强调的是信仰中的畏惧而不是慰藉的情感，图画是要以鲜明的形象和修道院似的庄严，将教义灌输并使它在灵魂中燃烧。最后，画家们自己看见种种幻象而声称受到神的启示。菲利普二世足以与教会匹敌而成为画家的资助者，图画的主题仍然是宗教性的。贵族们使用图画时，他们通常也服从于同样的规则，一直到委拉斯开兹和菲利普四世才真正使图画世俗化。有些外来的影响力修正了这种宗教影响。卡尔杜奇、朱卡罗和约 18 位其他意大利人将一种较柔和的情绪带进西班牙的艺术领域中。1572 年，安东尼斯·摩尔（Anthonis Mor）自佛兰德斯来到西班牙，那些正在荷兰访问的西班牙画家，受到凡·戴克的影响。而才华洋溢的鲁本斯本人，于 1603 年旋风似的降临马德里，他要求当地的艺术家们看重生而不要看重死。

除了在这一时代主宰西班牙画坛的四位大家外，还有很多次要的画家：阿隆索·桑切斯·科伊罗（Alonso Sánchez Coello），他以佛兰德斯的风格为菲利普二世的皇子堂·卡洛斯和公主伊莎贝拉绘像；桑切斯·科伊罗的学生胡安·克鲁兹，留给我们一幅忧郁的《菲利普二世》和一幅有力的《圣奥古斯丁》画像；里巴塔以黑暗包围光明的特殊风格出现在《天使慰藉生病的圣方济各》一画中；弗朗西斯·帕凯科——他教导委拉斯开兹，并将一个女儿嫁给他——他在《绘画之艺术》（*Arte de la Pintura*）一书中解说西班牙绘画的原则（1649 年）。"艺术的主要目的，"他写道，"是说服人们虔诚并倾向于主。"1611 年，他在托莱多访问埃尔·格列柯，鄙夷地批评希腊的图书是"粗陋的画稿"。

埃尔·格列柯（约 1548—1614）

他出生在克里特岛，在那里他自称为基里亚科斯·西奥托科普洛斯，意为"上帝的神圣儿子"；在意大利，他被称为多米尼科·迪奥托科普罗；在西班牙，被称为多明各·迪奥多科普利；他用希腊字母把名字改成多米尼科斯·西奥托科普洛斯（Domenikos Theotokopoulos），时间一久这个名字就变成埃尔·格列柯，这是他在西班牙时别人给他的绰号。他在克里特岛的生活我们一无所知。他的祖先可能是在穆斯林征服了克里特（1453 年）后，从君士坦丁堡迁入该城的。无论如何，他能在克里特，正如以后在威尼斯，感觉到拜占庭镶嵌画的严肃影响。在他生活的那段日子，克里特隶属威尼斯。这位青年艺术家听说那里正是绘画全盛期时，满怀激动地希望搭船驶向那众多的碱湖所在地，并加入那个世界性的大都会，这并不奇怪。他在提香的指导下研究绘画两年或两年以上，他倾慕丁托列托在一幅拥挤的画中画着一群人像的艺术，也可能捕捉到韦罗内塞对鲜艳多彩袍服的鉴赏力。他以忍耐的谦恭在威尼斯、雷吉奥·埃米利亚（Reggio Emilia）、帕尔马、佛罗伦萨等地描摹名画，在米开朗基罗去世（1564 年）不久后抵达罗马。

我们所有关于他的第一个肯定的文件是一封由朱利奥·克劳维欧（Giulio Clovio）于 1570 年 11 月 16 日从罗马写给枢机主教法尔内塞的信：

> 一位年轻人从坎迪亚来到罗马，是提香的一个学生，我认为他是一位拥有少见才能的画家……他曾替自己画了一幅画像，那画受到罗马所有画家的赞赏。我希望他能受到阁下的资助，除了在法尔内塞宫供给他一个房间外，并无须捐助其他的生活所需。

那位枢机主教同意了，埃尔·格列柯用一幅杰出的画像报答了克劳维欧的善意。米开朗基罗《最后的审判》那幅画中的裸像引起议论时，他建议，如果那幅画能够拿下来，他愿用另外同样好或更胜于它的着衣服的画像代替它。他和罗马艺术家们共处的希望失败了。有些住在罗马的西班牙高级教士告诉他，菲利普二世正在寻求画家装饰埃斯科里尔。1572 年，他迁往西班牙，从衣服和鞋袜上拂去了罗马的尘埃，但在他画笔的尖端，却保留着一些意大利守旧作风的笔触。

直至 1575 年我们没有关于他的记录。那年，我们发现他设计并负责美化那位于西班牙宗教首都托莱多城中的圣安迪格奥教堂。他替它的祭坛画了那幅华丽的《圣母升天图》，现在在芝加哥艺术学院中占有显著的地位——那幅画部分是模仿威尼斯弗拉里教堂中提香的那幅《圣母升天图》，依然保有意大利那种健康年轻的形体，配上庄严

的旧有的风格。他替托莱多大教堂画了一幅著名的画《掠夺上帝的外
衣》。指定评判那幅画的一个委员会抱怨耶稣衣服的红色过于耀眼，
还有左下方的那些女人——三位玛利亚的位置不当，因为《圣经》上
说她们是从远方旁观。虽然如此，那些裁判者仍然预言性地宣布：那
画"难以估价，它的价值太高了"。三位玛利亚中的一位是那位画家
的情妇多娜·耶罗尼玛·拉斯科瓦斯，她那忧郁而可爱的容貌出现在
大部分埃尔·格列柯的圣母像中。他如此忠于她和教会，却未曾和她
结婚。这不是一个古老的西班牙风俗，而是一个长期在艺术家的画室
中尊崇的习惯。

　　30年后，有一位作者琼斯·马丁内斯（José Martinez）已相信埃
尔·格列柯将会不朽，描述他：

> 　　他住在……托莱多，掀起一个至今仍无与之匹敌的放纵风
> 格，尝试讨论他会使最健全的心智也感到迷惑……他了解没有任
> 何东西能超出他的作品……他的本性就如他的绘画一样放肆……
> 他总是说他的作品是无价之宝，所以他将那些画典押给它们的所
> 有人，那些人心甘情愿地将他所要的东西预付给他……他是一位
> 著名的建筑师，且能言善辩。他几乎没有学生，因为没有人愿意
> 学他那种善变而放肆的画风，那种风格只适合他自己。

　　约1580年，菲利普二世召见埃尔·格列柯，要他画《圣莫里斯
及底比斯军团》。经过4年的辛劳，艺术家将成果呈献给国王。菲利
普发现那些成群的图像太混乱了。他买了那幅画，但不曾接受那幅
画。他怀着忧伤的心情回到托莱多，据我们所知，他从未再离开那个
地方。

　　似乎为了报复，他替圣书教会画了他最著名的一幅画（1586），
那是绘画艺术中登峰造极的作品之一。合约中规定他应该表现僧侣们
正在庆祝圣传，圣徒们自天而降，来埋葬堂·冈扎罗·鲁伊斯奥加兹

伯爵；圣史蒂芬和圣奥古斯丁（穿着主教的法衣）要被画成正将尸体放进墓中，周围围着一群敬畏的贵族。在这些图像上端的天空——空处——将显示荣耀中的"上帝之子"。所有一切都按照合约绘制，而且绘得比约定更好，因为每个头都是一幅精巧的肖像，那些袍服是金色、绿色和白色组合成的奇迹，伯爵的甲胄闪着亮光；同时，在圣史蒂芬身后我们可以充分看出埃尔·格列柯自己。这幅杰作之中的杰作是长着胡须、戴着法冠的圣奥古斯丁的头像。或者我们会更喜欢那具漂亮的尸体？或者那可爱的圣史蒂芬的面部？或者那位正在宣读葬仪的秃头牧师？或者是埃尔·格列柯的 8 岁儿子乔治·曼纽尔正愉快地擎着一只火炬，让一方手帕从口袋中显露出来以展开埃尔·格列柯的签名？在弗朗西斯·比萨的《托莱多史》（*History of Toledo*，1612 年）一书中，我们读到或许如我们料想到的一些事：这幅《奥加兹伯爵的葬礼》"是全西班牙最精美的绘画之一。人们怀着特别景慕的心情从外地来看它，而托莱多的人民从未厌倦它，他们不断地从画中发现新的事物。在那幅画中，可以看见许多描绘逼真的当代人物画像"。然而，教区会议却在润资上斤斤计较，这位性格急躁的希腊人因此诉诸法庭，他赢了那次官司，得到了 2000 克朗。

他现在不缺钱了。他发现了自我。他不再想到提香或丁托列托。他能够实验形象的拉长，他这么做并不是由于视觉上有任何缺点，而可能是由于他感觉如此可以象征他的图像在精神上的超脱。普拉多博物馆中《圣安德烈》和《圣方济各》两幅画中这种憔悴似乎无法理解，除非我们考虑到这种象征性，同时想到哥特式的雕像由于建筑物的限制而细长化。我们看到他为伊利斯卡斯（Illescas）城的卡里达德医院所绘的《圣艾尔德古索》时，一切都被谅解了。这里，那位中古大主教值得尊敬的精神、全神贯注的心智、苦行者的面容、细长的白发及纤弱的双手是埃尔·格列柯最深刻的概念之一。"这一幅画就使西班牙之旅值回票价。"

从我们对埃尔·格列柯生平的这一点了解，我们无法相信他

是西班牙式的虔诚信徒，他似乎倾向于享乐而非宗教。他替特维拉
（Tavera）医院绘《神圣家庭》一画时，他赋予那位圣母以肉体的美
丽而不是母性的奉献。《耶稣受难》一画在构造上是属于学术性的，
但情绪是冷静的。格吕奈瓦德（Grünewald）对那个悲剧的感觉更为
深刻。在宗教绘画中，他最长于表现那些附随的人像——如在《圣灵
降临节》一画中的自己，白胡须和秃头。在一个挤满宗教人士的城市
中，他可以毫无困难地使有力人士坐下来让他画像：他的朋友帕拉维
奇诺之像，生着一副半学者、半宗教裁判所法官的脸；或宗教裁判所
的主席法官，枢机主教格瓦拉之像——不如委拉斯开兹摹绘英诺森十
世的画像那么好。埃尔·格列柯自己在《特维拉的枢机主教》一画中
更为醒目，他瘦削的脸、突出的骨头和阴沉的眼睛，再次表现那位画
家宗教神圣化的概念。所有人像画中最好的是科瓦卢比亚斯兄弟的画
像：一位是安东尼奥，俗世的、灰白的、幻灭的、倦乏的、仁慈的；
另外一位是迭戈，穿着牧师的服装，但表情较前者有更多的俗世意
味、更多的诙谐，调和得相当好。只有伦勃朗和提香的少数作品和拉
斐尔的《尤里乌斯二世》超过这些深刻的研究。

　　它们夹杂在托莱多城的卡萨德尔博物馆收集的珍品之中。那里
还有一幅名为《托莱多平面图》的画，在那幅画中，这位艺术家好像
自云中俯视全市和包围那座城市的群山。在格列柯晚年，在《托莱多
的风景》一画中，他将那幅画又画了一次，这次是在暴风雨的天空
之下——那是一幅印象主义的绘画，完全鄙弃了写实主义的正确性。
1600 年以前，这位"希腊人"已成为该城最出名的市民之一。他那
骄傲而善变的精神、神秘而爱钱的个性，在一个旧皇宫中占用了 24
个房间，雇用乐师在吃饭时替他演奏，将托莱多城的知识分子聚集
在他四周，而被尊称为"杰出的哲学家"，这些事已为全城熟知。约
1605 年，他画了一幅被假定为是他的自画像——秃头、灰发、近乎
憔悴的容貌。1611 年，帕凯科发现他已虚弱得无法举步。虽然他保
有他的 24 个房间，但无力偿还债务；市议会一再给予他大笔的金钱。

他死于 1614 年，享年 73 岁。

他在艺术世界中的地位来自身后的变化。贡戈拉替他写了一首十四行赞美诗，委拉斯开兹也承认他的天才，但他那奇怪的艺术引不起别人模仿的兴趣，也无法归入任何学派。1650 年之前，他在委拉斯开兹盛名的光辉下显得黯然无光。有两个世纪之久，他几乎被人遗忘。而后，德拉克洛瓦（Delacroix）重新发现了他，德加（Degas）、莫奈（Manet）、塞尚（Cézanne）等人则从他的情绪描写中找到榜样，而高更（Gauguin）则从其中看到他们自己的前辈。1907 年，格拉佛（Graefe）的《西班牙之旅》将埃尔·格列柯的地位提升到远超过委拉斯开兹，而至西班牙绘画的最高地位。这种声望的时高时低是不稳定的，完全取决于"趣味的剧烈变化"。但埃尔·格列柯对以后许多世纪那些超出形象而进至概念和感觉，及超出肉体而至灵魂领域的艺术家，是一个具有鼓励作用的榜样。

苏巴朗（1598—1664）

埃尔·格列柯之后三十年，西班牙绘画的特点是出现了一些次要的角色，他们尽力而为，然后消逝无踪。几乎是在同时，苏巴朗和委拉斯开兹将伟大的艺术带进西班牙。在这三十年中，二人互补不足：苏巴朗像一个被恐吓而敬慕和靠近上帝的修道士般作画，委拉斯开兹则在俗世中发达，更接近国王。

1598 年 11 月 7 日，苏巴朗在西班牙西南部的佛恩特·坎托斯（Fuente de Cantos）受浸命名，他是一位成功的零售商之子，他的父亲有足够的能力将他送到塞维利亚去发展他的才能。研习两年后，他在他的第一张记有日期的图画上签名（1616 年），一幅《圣灵受孕图》几乎毁了他的一生。一年后他迁往雷累玛（Llerema），距他的出生地 15 英里。附近散布着修女院、教堂和隐士住所，在那里他赚取微薄的佣金和灵感。为了使他的孩子身份合法化，他和长他 9 岁的玛丽亚结婚。她在替他生了两个小孩后便去世了。1625 年，他和一位长他 10 岁但有一份诱人嫁妆的寡妇结婚，她替他生了 6 个孩子，其中 5 个夭折了。她死之后，他又和一位有钱的寡妇结婚。她又给他 6 个孩子，其中 5 个也于童年夭折。爱情总是很辛苦地使他面对死亡。

在艺术上，他的创作期始于一份绘画的合同，6 个月中为塞维利亚的圣多米尼克教派的修道院圣保罗画了 21 幅画（1626 年）。完成这个任务后，他显然访问过马德里，并受到委拉斯开兹的影响。在此之前，他的绘画中反映出卡拉瓦乔，也许是里贝拉的深色而魁伟的画风。现在，他在他严格的自然主义风格中加进一些阴影使它更精巧优雅。此后不久，我们发现他在塞维利亚替圣母教团画了 22 幅巨幅油画，致力于赎回被捕的基督徒。这些画中流传下来的 4 幅称不上杰作，但值得纪念的是在其中一幅画中，有个孩子气的脸，或许是那位艺术家的儿子胡安。塞维利亚的群众一定爱上了这些画，因为 1629 年，该城正式要求他定居下来——"塞维利亚将深感荣幸……认为绘画艺术是该政府主要的装饰之一。"他同意了。

1630 年，他替圣布纳芬杜拉（San Buenaventura）的圣方济各教会画了一些他最伟大的作品。其中之一是《圣布纳芬杜拉为圣阿奎那指示耶稣受难像》：那位伟大的神学家——不幸是一位圣多米尼克修士——被温和地告诫，宗教不存在于哲学的理论，而存在于对基督的冥想。这幅画——苏巴朗艺术的主题画——于 1810 年被马沙尔·苏尔特（Marshal Soult）从西班牙盗走，送入柏林的凯瑟尔（Kaiser）博物馆，而在第二次世界大战中被毁。这一系列画中的另外一幅：《圣布纳芬杜拉在他的棺架上》也被苏尔特盗走，1858 年卖给卢浮宫存留至今，其左边的 4 个图像非常精巧。更好的一幅是《圣阿奎那被封圣徒》，这幅画是他替塞维利亚城中一所圣多米尼克的大学绘的。他惊讶地从一个深刻的面孔转到另一个——安布罗西、格列高利、杰伦、奥古斯丁和查理五世。然而，委拉斯开兹替该画做框却拿到 6 倍于作画的苏巴朗的报酬。

1630 年，为圣阿尔贝托的圣衣会教堂，这位忙碌的画家画出圣方济各全神贯注于谦卑的祈祷，而修道士圣彼得·托马斯则因等待天堂而形容枯槁。1631 年，他回到圣母教团，他为该院一些最受尊崇的修道士画像。这些肖像中有一幅是华丽的《弗雷·佩德罗·马卡多》。1633 年，他接受别人的委托作了许多画：他替里斯本的一家教堂画了十二使徒像，替加尔都西教派画了 3 幅画，又替那大教堂中的圣彼得礼拜堂画了 10 幅画。其中之一《忏悔者圣彼得》仍留在原来的地方，那是写实主义的引人注目的小品文，或许令人想起里贝拉。

现在各处都要求苏巴朗作画，很多作品他都委托助手代作。他替埃斯特雷马杜拉修道院画了《圣哲罗姆的考验》一画，其中那位圣者的头和手是绘画技术上的奇迹，而那些正在玩弄乐器的女士的诱惑几乎令人无法抗拒。求画的订单甚至来自秘鲁和危地马拉。一套使徒画像送往利玛，另一套送往安提瓜。《伊姆瓦斯的耶稣》一画则送往墨西哥城，画中将复活的耶稣画成一位强壮而快乐的农夫，正在用餐。这些油画中的某些部分是仓促草成或由别人代作，而苏巴朗必须到利玛取他的报酬。

1645 年起，他在塞维利亚的优势受到年轻的牟里罗的挑战，牟里罗以非常亲切的基督故事的图画供给当地的教堂和修女院，以致人们对苏巴朗那种杂乱的写实主义的需求急剧减少。这位年长的艺术家尝试使他的画柔和，有一段时间他也努力以虔敬和驯良的情感与牟里罗对抗，如《圣母、圣子和圣约翰》，但这种新的画风不适合他的艺术和情绪。他迁往马德里（1658 年），企图重拾他的运气，但这时菲利普四世自己也一文不名，除了请他装饰一个猎舍外，没有更好的事请他做。委拉斯开兹待他很好，但突然过世。苏巴朗活得比他的朋友长，也享受了较久的盛名。

他的声望本来是很难越过比利牛斯的，直到拿破仑的将军们爱上了苏巴朗画的那些不朽的修道士和忧郁的圣者，而将其中的一些带回法国。西班牙的那些修道院在 1635 年俗世化后，他的更多作品被带到巴黎。1638 年，菲利普四世在卢浮宫放置了一个西班牙画廊，共藏 400 幅画，其中有 80 幅是苏巴朗的。以我们现代人的眼光而论，他的范围太窄，修道院的气氛太重，他的精神太郁闷而恍惚。我们在他的画中找不到牟里罗画中那些衣衫褴褛的人和委拉斯开兹画中的那些哲学家和美丽的公主。然而，在他的作品中有一种固定的真诚、一种奉献的深度、一种彩色和形式上的强而有力，这些使他超出无常的好恶领域，进入人们的记忆深处。

委拉斯开兹（1599—1660）

他的祖父是一位葡萄牙贵族，失去所有财产后，便和他的妻子从奥波多迁到塞维利亚。委拉斯开兹是胡安·塞尔瓦和多娜·耶罗尼玛所生的。他和凡·戴克同年，较苏巴朗和贝尔尼尼晚一年，较牟里罗早 18 年。他被取名迭戈·罗德里格斯·席尔瓦·委拉斯开兹，通常他以母亲的名字自称，这种做法在西班牙南部很普遍。他受过良好的教育，学过一些拉丁文和哲学，有段时间也尝试学习科学，而后转向绘画，跟艾莱拉学习一段时间，跟帕凯科学得较长。"我把女儿嫁给他，"帕凯科告诉我们，"因为我看中了他的年轻、正直、良好的品质及他伟大的天赋将会给他带来的远大前途。"

委拉斯开兹建立了自己的画室，不久就因他偏爱俗世的主题而引人注意，他和出身低微的人混在一起，喜欢将他们的思想和身世画在他们的脸上。他还是一个 20 岁的少年时，画了一幅伟大的画：《塞维利亚的挑水夫》，包藏在破衣和耐力中的是诚实的贫穷表现的尊严。23 岁时，他以成熟的透视力描绘诗人贡戈拉——眼睛和鼻子惟妙惟肖，使他声名大噪。

这幅画可能是委拉斯开兹第一次到马德里（1622 年）时画的。塞维利亚和那里的教士们对于他来说太狭隘了。热切的野心促使他前往西班牙的首都，手臂下挟着"挑水夫"那幅画。他想投身宫廷，但未能如愿，因为菲利普四世和奥利弗雷正忙于政治、婚姻和战争，除此之外，那些借此进身的艺术家也太多了。他回到塞维利亚。一年过去了，这时英国的查理·斯图亚特王子来到马德里，向公主求婚，并表示了对艺术的兴趣，于是奥利弗雷将委拉斯开兹召来。这位黑眼、黑发的青年，再一次骑马进京，成为宫廷画师。为了迎合国王，他将他画成一位无畏的骑士，骑在一匹腾跃的战马背上。菲利普不仅本人替委拉斯开兹做了10余次模特，并鼓励他的家人和朝臣轮流地出现在这支不朽的画笔之前。他在皇宫里拥有一间画室，在那里，或在附近，他几乎度过了剩余的37年。那是一个重要的机会，但也是一个狭窄的监禁。

两个主要的影响扩大了他的眼界。鲁本斯是当时世界上最著名的一位画家，1628年，他再度造访马德里，他是一位善于调和光和影的大师，一位不知顾忌的画家，他画异端的邪神，也画刺激肉欲的裸像，委拉斯开兹被他鼓动了。鲁本斯劝他到意大利，尤其到威尼斯研习那些色彩的精髓。他向菲利普请求，菲利普答应了，并送他400杜卡特作为旅费。委拉斯开兹于1629年8月10日离开巴塞罗纳、于8月20日抵达热那亚时，我们可以大致推算出当时的航海速度。他穿过意大利来到威尼斯。在丁托列托和韦罗内塞的伟大油画前，及提香的肖像和神话中诸神的画像前停留了很多天。然后继续前往费拉拉和罗马，在罗马广场中描绘古代的大理石像，以羡慕的眼光注视米开朗基罗在西斯廷大教堂天花板上作的壁画。那些庄严的形象，协助委拉斯开兹越过卡拉瓦乔黑暗的阴影，而进入在明确的光线中更锐利地表现形象。然后他南下到那不勒斯拜访里贝拉，再从那不勒斯回航西班牙（1631年1月）。

是否由于虚荣——这是每个自私的人终身无法拂去的阴影——促使菲利普经常坐在一位具有如此敏锐的眼光而明察秋毫的艺术家面前，或由于他想将他的画像给予每一个向他求画像的朋友？从早期画像中那位修挺的翩翩公子，变成晚期画像中显示的白发苍苍的老者形象，因岁月和打击而从冷静的蓝眼睛和卷曲的哈布斯堡下额中，显示出阴郁专横的固执。如果这些君王画像都有某些肤浅的话，那必然是由于在目见的外壳下空无一物。如果那里有东西的话——像在贡戈拉和奥利弗雷等人画像中所有的——一定会在画布上表现出来。

夹在国王画像中的有伊莎贝拉皇后的画像，而后有玛丽安娜王后和菲利普的妹妹——匈牙利的玛丽亚王后的画像，都是普通的坐姿像。菲利普的弟弟——枢机主教斐迪南王子——扮成一名猎人，带着一只肌肉发达、激动而机警的狗。存放在普拉多博物馆的一张奥利弗雷的画像，骑在一匹黑色的战马背上，而一匹白色战马也有同样姿势的那幅画则存放在纽约大都会艺术博物馆中。至于马鞍上坐的是谁，这在西班牙是毫无争论的。这些西班牙宫廷画像中最可爱的是年轻的巴尔塔沙的那些画像，那个王朝的一切希望都寄托在他身上。委拉斯开兹一再用明显的愉快感来描绘这个可爱的孩子：1631 年他和一位陪伴的矮人一起；1632 年他已经成为宫廷的宝贝；1634 年的那一幅，他摇着一位将军的官杖（5 岁），并骄傲地骑在一匹巨马身上；1635 年他扮成一位猎人，小心翼翼地握着枪，但很明显，他太文雅而不会杀伐和统治。那一派纯真的脸，是对那些认为委拉斯开兹只会描绘表面者最好的解答。他替巴尔塔沙画了同样一系列的画，从他 2 岁一直画到16 岁，那年这位可爱的王子因感染热病去世。

这些图画中的一幅里见到的那位侏儒，是宫廷里数名侏儒中的一位，这些侏儒给菲利普宫中那些失意者一种自感卓越和伟大的安慰感。这种习惯由罗马帝国或更古老的东方流传下来。甚至在教皇的宫廷也有侏儒，枢机主教维特利搜寻了 44 名侏儒侍候他的宾客。第一任白金汉公爵送给亨丽埃塔·玛丽亚王后一块饼，它的馅为一名 18 英寸高的侏儒。为了使他们满意，也为了取乐大众，菲利普四世的侏儒们穿着豪华的衣服，闪耀着珠宝和黄金。委拉斯开兹用同情和幽默的笔法描绘他们：有一位名叫安东尼·艾尔·因格尔斯的，因为比他的狗高而神气得不可一世，虽然他赶不上那狗一半漂亮；另外一名塞巴斯蒂安·摩拉，从他那大胡子后面露出满面愁容，握紧拳头反抗他的命运。宫廷中也有小丑，委拉斯开兹画了其中的5个：第一个叫"地理学家"，因为他指着一个地球仪，那神情比奥利弗雷还要理智；第二个"巴巴罗萨"，凶恶地握着一柄剑；第三个把他自己打扮得和奥地利的堂·胡安一样；第四个满头大汗地读着一本厚书；第五个，在《白痴》一画中扮演一个不伤害别人而善于逢迎的疯子。

虽然他一直是宫廷中的一员，而且毫无疑问是一位绅士，但委拉斯开兹私底下喜欢研究那些点缀在西班牙各个地方的庄严的普通人的生活来松弛自己。在他画家生涯的早年（1629 年），他说服两位漂亮的青年和五六个农夫替他的《酒徒们》（*Los Borrachos*）一画做模特：一位几乎全裸的酒神坐在一个酒桶上；头上戴着葡萄藤的，是一个跪姿的形象；围绕他们的，是一些粗犷的嗜酒者，有些因工作而形容憔悴，有些因年老而头发斑白。这或许是西班牙艺术的黄金时代中，唯一著名的酒徒画像。较这些酒徒画像更著名的，是两幅奇怪的图画，一幅委拉斯开兹命名为《埃索普斯》（*Aesopus*），画的是一位年老而忧郁作家的像，贫困、半盲，手里拿着他多年写的书；另一幅《美尼普斯》（*Menippus*），是一位公元前 3 世纪的犬儒派哲学家的画像，这些都是令人难忘的面孔。委拉斯开兹遗留在世上的动物画像也不少；那些马现在看起来好像壮得不好看，但这缺点由那骄傲的头部和闪闪发光的眼睛得以弥补；一匹雄马的富有哲学意味的面部，给人一种人类狰狞的感觉；那些狗对各种行动都很警觉，或是机警地睡熟了。

这些是委拉斯开兹画笔触到的旁支，或许是为了减少因画图而未对朝中显要表示敬意的危险。我们看到图画中的这些贵族穿着非常谦逊的袍服，用一种骄傲的信心面对着这个世界，而他们心爱的祖国几乎因衰败而瘫痪时，我们对 17 世纪的西班牙人的评价更高了。堂·迭戈·克拉尔·阿雷拉诺，枢机主教加斯帕·包亚·维拉斯科，那壮健的雕刻家蒙塔涅斯，那傲慢的《圣地亚哥的骑士》，那漂亮而害羞的弗朗西斯二世，那庄严、威风凛凛的弗朗西斯·皮曼塔尔（Francisco Pimental）——这些都是画笔触及灵魂的画像。如果罗马卡皮多林画廊（Capitoline Gallery）中陈列的《人像》中画的确是委拉斯开兹自己，我们无法不爱他——那漫不经心的卷发、谨慎的服饰、柔和而沉静的眼睛。

在委拉斯开兹画中，非常显著的是宫廷画如何超过了教会和神圣的宗教主题，他在画满面皱纹的年老使徒和圣者方面，不是埃尔·格列柯和苏巴朗的对手，他的宗教画中只有《圣母的加冕礼》一幅表现出他的力量。他对俗世的景象更加喜爱。在《拉斯·兰萨斯》（Las Lanzas）——这画更常见的名字是《布雷达的投降》（Surrender of Breda）——一画中，他倾全力使它成为艺术史上最大也是最详尽的一幅油画（120 英寸宽、144 英寸长）。在西班牙对抗荷兰反叛分子的长期战争中，安布罗西奥·斯皮诺拉（Ambrosio de Spinola）替西班牙攻占了那座位于布拉班特（Brabant）北部的战略城市布雷达（1625 年）。1629 年，委拉斯开兹从意大利回西班牙时曾遇见过斯皮诺拉，那位伟大将军侠义的高贵情操，曾留给他深刻的印象。现在，他将其表现在一幅杰作中，那幅画显示出胜利的西班牙枪手们高举他们的矛；被占领的城市正在四处被焚；战败而投降的将军拿骚岛的贾斯汀正将该城的钥匙交给斯皮诺拉；那位勇武的得胜者则正在赞扬失败者守城的英勇。在颜色显明的对比和图中人物个性的刻画上，委拉斯开兹得到非凡的成功，菲利普四世很高兴地将它陈列在布恩·雷蒂罗（Buen Retiro）宫中。

1649 年，为了报答他 26 年的工作，菲利普出资让委拉斯开兹第二次造访意大利，委托搜求古典雕像的铸模，并购买意大利诸大师的画。委拉斯开兹发现价格已高得惊人。那些伟大威尼斯人的主要作品几乎很难买到，为了 5 幅画他必须付出 1.2 万克朗。是否那些百万富翁和其他人已经使用艺术作为防止通货膨胀的樊篱？

1650 年，意大利最好的画是委拉斯开兹的英诺森十世的画像。这位教皇同意坐下让他作画时，那位艺术家自感荒疏太久，因而替他黑白混血的奴隶胡安·帕雷亚（Juan de Pareja）先画了一张像，来做手和眼的准备工作。[1] 这幅画受到罗马艺术家们的一致赞扬。他们立刻将委拉斯开兹选进圣卢克艺术学院。教皇只在画家面前摆过少数几次姿势，委拉斯开兹对教皇头部作过多次的预备研究，这些研究画中的一张，现存于华盛顿国家艺廊，几乎和那张完成图的头部毫无分别。那张完成图一代一代地流传下来，成为教皇所属的多利亚家族的传家之宝。它被保藏在多利亚·帕费里宫，雷诺兹在那里看到它，断定它是"罗马最美的画"。今日我们在那里见到这幅画，会感觉画中有一股力量，一种同属于人物和艺术的力量，那种力量使之得以与拉斐尔的《尤里乌斯二世肖像》和提香的《保罗三世肖像》并列于所有时代最能感人的画像中。英诺森十世被画时已 76 岁高龄，5 年后便去世了。如果他不是穿着教皇的衣服、戴着教皇的指环，我们会将他误认为一个使如此众多教皇大伤脑筋的土匪头目。但经仔细研究那幅坚强而决断的画像后，我们了解英诺森十世实在不得不像画像中的他——一个治理无法无天的意大利人的统治者，一个领导由不像基督徒的基督徒组成的教会的教皇，所辖之地从罗马到菲律宾群岛，再从罗马到巴拉圭；他必须具有坚定的热血、刚毅的眼神及尊严的容貌。委拉斯开兹看到这一切而将它们融入画中。看到这幅画像后，教皇作了一个离谱的评论："太逼真了！"罗马的艺术家们钦慕那精密的构图，那红色、白色和金色惊人的和谐，那蓝灰色眼睛中显出怀疑、搜查、斜视的眼神及那将个性表露无遗的双手。委拉斯开兹离开意大利时（1651 年 6 月）不再是一个访寻名师的学生，而成为当世公认的名家。鲁本斯现在已死，没有人会想到这位卑贱的荷兰人，被债务弄得焦头烂额而且不久就退隐阿姆斯特丹的犹太人区，将会在几个世纪后从坟墓崛起，向他的优势挑战。

---

[1] 帕雷亚替委拉斯开兹准备画笔、颜色和画板，并观察他的构思和作画，又偷用他的画具，最后他画得非常好，甚至菲利普四世都将他的画误认为委拉斯开兹所作，因此还他自由之身，但帕雷亚至死仍留在艺术中，做一名学生和仆人。

　　回到马德里后，委拉斯开兹做了一件生平大错事：他要求被指定为宫廷管理员，或许他已倦于绘画，或许他感觉自己在绘画方面已达于极限。他的新差事并不是一个闲缺，它涉及对宫廷、家具、装饰、取暖和卫生各方面的亲自监督；更有甚者，他要安排宫廷中的表演、舞会和比赛，并在皇室旅行时为宫廷人员预备住所。他必须陪伴国王从事一切主要的旅行，无论是为游乐、为政治或为战争。对于一个曾替英诺森十世画过像的人来说，还有任何其他的事情比这更为荒谬的吗？对于委拉斯开兹而言，地位的虚荣超过了他对天才的意识。

　　在他所余的 9 年中，只有在公余之暇他才作画。他重新替王室、宫廷中的达官显要和国王本人画像。他替玛格丽特公主画了 3 张可爱的画像，再一次把她画成其杰作《宫娥》（*Las Meninas*）一画的主角；仆役、侏儒和狗围绕着这位公主，在背景中可以看见委拉斯开兹本人，他将他们一起置于画布之上。他再一次描绘她穿着那条大蓝裙子的像，使她的腿成为神圣而不可测的神秘。他死前不久，将她画成一个穿着花边衣服的天真无邪的奇迹。1657 年，他离开宫廷的主题，画了一幅《编织挂毯的人》（*Las Hilanderas*）——由工作的喧闹和尊严中捕捉到的庄严形象。同年，他不怕得罪宗教裁判所和愤慨而欢愉的西班牙，画了一幅罗科比·维纳斯漂亮而绰约的背部及臀部的画像，该画如此命名是由于它长期被保存在一个英国家庭中，那家庭以 500 镑将它买进而以 4.5 万镑卖给伦敦国家画廊。这幅画曾被一位女权主义运动者撕成 6 块，但又被补合起来。

　　在《宫娥》一画中，我们看到委拉斯开兹在晚年描绘的他自己的形象——浓密的头发、骄傲的胡髭、略现忧郁的眼睛。嘴角有一丝浪荡，然而从他的记录中，我们不曾听说那些大多数艺术家都有的性放纵和个人的冲突。他美好的仪表、他的幽默感及他庄重的家庭生活，使他在宫廷中得到很高的地位。他留给我们他的妻子胡安娜（Juana）和女儿弗朗西斯卡的画像，《拿扇子的淑女》一画中的主题可能又是弗朗西斯卡。她的丈夫胡安·包蒂斯塔·马佐画了一幅《艺术家的家庭》，在画室的背景中显出委拉斯开兹和那 5 个孩子。

他的死归因于他的职务。1660 年春，他安排《比利牛斯和约》的签订，以及玛丽亚·特蕾莎公主和路易十四订婚同时而来的复杂庆典，那条约将在边境的毕达索亚河（Bidassoa）中的一座小岛上签订。委拉斯开兹必须安排宫廷横越西班牙至圣·塞巴斯蒂安的运输，并照顾那 4000 头驮着家具、图画、挂毡和其他装饰用品的驴子。画家现在迷失于公务，"因为夜间旅行、白天做工而疲惫不堪"，返回首都后，他向一位朋友这样报告。7 月 31 日，他因隔日热而卧病。8 月6 日，或者，依据他第一本传记中的话："在基督变容节那天……他将他的灵魂交还给那位将他造成人间奇迹的上帝。"8 天后，他的妻子也被埋在他的墓旁。

我们这些不懂绘画技术的人只能欣赏委拉斯开兹的作品，而无法判断它们的品质，只能让它们向我们显示一个时代、一个朝廷及一个高傲但文雅的灵魂。即使如此，我们能够赏玩那些画中古典的澄澈、单纯、庄严和真理。我们可以推测那潜伏在成功之下的劳力和技巧，那试验性的草图，那用来实验的图像分配，那色彩的配合、深度和透明，那光暗的铸造。批评家们已倦于陈腐的谄媚，他们已指出这位西班牙大师的缺点：一些小瑕疵，如公主画像中笨拙的头饰，那些马像酒桶一样的肚子，《罗科比·维纳斯》一画中不相称的镜中之脸。主要的缺点，如他的缺乏感情、想象、理想或情趣，他几乎专注于女性的形貌而忽略了概念，他显然盲于任何他肉眼看不见的东西。甚至在委拉斯开兹还活着的时候，他的对手之一卡尔杜奇指责他是一位近视的自然主义者，把图画艺术的最高功用误认为外表真实性的诚实再现。

谁愿替委拉斯开兹答辩（他即使听到这些话也不会答辩）：他对那些头饰和那些马的腹部是无须负责的，含蓄的情绪较表现在外的情绪更能感人。堂·卡洛斯王子和那些公主的画像，《宫娥》和《布雷达的投降》画中表现的是一种细致的情感；《埃索普斯》和《美尼普斯》是哲学的研究；贡戈拉、奥利弗雷和英诺森十世等人的画像，不仅绘表面，而且触及灵魂深处。在委拉斯开兹的画中没有明显的唯美的追求，而是一种对启示的寻求。些微女性的持重使女人可爱，但线条和性格赋予大多数男人生命。

委拉斯开兹一直被誉为西班牙最伟大的画家，但很少为比利牛斯山以北的人所知——或是由于他大部分画收集在普拉多博物馆中——一直到 1761 年拉斐尔·曼格斯（Raphael Mengs）将他介绍给德国，及拿破仑在西班牙的诸次战役将他显示给英国和法国，他的声望才越出西班牙。莫奈和印象主义诸画家向他欢呼，认为他在对光线和气氛的研究和模仿方面是他们的先驱；有半个世纪，委拉斯开兹被排在最高的地位。维斯特勒（Whistler）称他为"画家中的画家"，将他视为所有人的老师。罗斯金承认其"权威地位"，"委拉斯开兹所做的一切，都可被认为绝对正确"。米埃尔·格拉佛到西班牙的普拉多博物馆去寻委拉斯开兹，他在托莱多发现了埃尔·格列柯，并宣布"委拉斯开兹停步的地方正是埃尔·格列柯的起点"及"永远逗留在艺术的接待室中"。霎时间，半个世界都相信委拉斯开兹是二流画家。

美名如同时尚。我们已倦于用我们的笔再复述以前的赞美，我们发现将陈腐的偶像从我们想象中抛开是一件乐事。同样，我们也乐于将已死的伟大人物移下他们的宝座，而换上对新神的赞美。这些新神由我们的创见所捧起，或由一些新的名望发掘。我们无法预知，兴趣的风向针再度转动时，委拉斯开兹又会变得如何伟大。

牟里罗（1617—1682）

一度，在我们充满信仰的少年时代，牟里罗的《圣灵受孕图》在声望上足以和拉斐尔的《西斯廷圣母》匹敌。欧洲和美洲基督教信仰的衰落已使图画的美失去一半，这些图画都是我们一向认为美丽的。牟里罗正是这种情形下的一个牺牲者。

但是，首先让我们对阿隆索·卡诺（Alonso Cano）致意。他是一个怪人——祭司、决斗家、画家、雕刻家和建筑师。他生于格拉那达，移居到塞维利亚，随帕凯科学画，随蒙塔涅斯学雕刻。他替圣阿尔贝托学院和桑塔·保拉教堂设计了讲坛背面凸起的装饰构造，他在和苏巴朗竞争中成功了。他替保拉教堂所刻的宗教雕像引来很多外地学生来对它表示赞美并模仿。他作过一次决斗，重伤了他的对手后，逃到马德里，由于委拉斯开兹，他赢得奥利弗雷的保护。他在西班牙首都或其附近的作品，替他获取了一项宫廷职务。1644 年，他的妻子被人发现死在床上。他控告他的仆人，但他自己有杀人的嫌疑。他再次逃走，躲藏在一座遥远的修道院中，后来仍被发现并逮捕，身受酷刑。他忍受了一切痛苦，但不承认犯罪，结果又被释放，一切重新开始。1651 年，50 岁时他重回格拉那达，在那里他成为一名牧师和大教堂的牧师会会员。他替教堂刻了很多雕像，绘了很多画，又做了一个读经台和一扇大门。那扇大门做得非常好，他的傲慢也取得别人的谅解。他受格拉那达一位王室会计官的委托，替帕多瓦的圣·安东尼做雕像。他完成该雕像，那位官员十分满意，却和他讨价还价。卡诺要 100 杜布伦。"你花了几天时间做它？"那官员问卡诺。"25 天。""那么，"那会计说，"你做一天工要 4 个杜布伦啰？""你是个差劲的会计，因为我学了 15 年，所以才能在 25 天内做成。""我把我的青春和家财都花在大学求学中，而今天，我是格拉那达的会计，我的职业比你高贵，但我一天只 1 个杜布伦。""你的职业比我高贵！"雕刻家喊着，"你知道国王以地上的土造就出会计，而上帝将创造阿隆索·卡诺的权利保留给他自己。"盛怒之中，他将雕像一下子砸得粉碎。有一段时间，人们认为宗教裁判所会囚禁他，但菲利普四世保护了他，卡诺继续画画和刻雕像——几乎都是宗教性的——那些被他多种天才感动的崇拜者称他为西班牙的米开朗基罗。他的钱来得快也花得快，通常都用在慈善布施上，晚年非常穷困，以至那所教堂的牧师会不得不筹募他的救济金。临死前他拒绝别人送给他的基督受难像，"因为它刻得太差了。"

牟里罗——全名巴托洛米·埃斯特班·牟里罗——完全是另一类型的人，谦虚、文雅、虔诚，是学生们的偶像，对手们爱戴的人，也是一个慈爱的人。1617 年，当时西班牙的艺术大都会——塞维利亚目睹他降生于世，他是 14 个孩子中最小的一个。他在胡安·卡斯蒂罗的指导下学习绘画。14 岁时，父母去世，这个孤儿便在一个每周一次的市集上以出卖那些粗陋而草成的绘画维生。他听说菲利普四世善待艺术家，便前往马德里，在那里——根据一个不确定的传说——委拉斯开兹照顾他，让他寄住在自己家中，担保他获准进入皇家艺廊，并鼓励他研究里贝拉、凡·戴克、委拉斯开兹等人的作品。

然而，我们发现 1645 年时，他又出现在塞维利亚。那里的一所圣方济各修道院以一个不太高的价钱征求 7 幅大画。有地位的艺术家们嘲笑那个价钱，牟里罗同意了，并画了他的第一幅杰作《天使的厨房》（*The Angel's Kitchen*）。画中显示天使们自天而降，带来了食物，烹调好后又收拾饭桌，喂饱那些饥饿的虔诚信徒。牟里罗虽然尝试追随里贝拉、苏巴朗等人的阳刚风格，但他用一种柔和的感情表现这个故事。这幅画和《桑塔·科拉拉之死》使这位艺术家获得声望。塞维利亚半数的知识分子赞美他，订画的人也越来越多。这些画几乎全是宗教性的，所以牟里罗推出大量的圣母、神圣家庭和圣者的画像，他在基督教传说中画了如此美丽的妇女、英俊的男子、迷人的孩子、艳丽的色彩和神秘的气氛，天主教的欧洲都热情地称他是最可爱教义的最可爱解释者。

经济上有了来源，牟里罗在 30 岁时冒险踏上婚姻之路，使他家中充满了 9 个孩子的喧嚷、吵闹和快乐的叫声。为了满足他们的需要，他劳苦地工作至死。大教堂的牧师会付给他 1 万瑞尔购买他的《帕多瓦的圣安东尼》肖像，那幅画至今仍挂在那里。宙克西斯（Zeuxis）曾说过的一个传奇，却在牟里罗死前 11 年印出来，故事告诉我们说小鸟们飞进大教堂，想栖息在图画中的百合花上，并啄食画上的水果。

虽然他的主题几乎全是宗教性的，但牟里罗使它们充满人性，而不是宗教意味。如果整个罗马天主教的欧洲非常关心他送出去的许多《圣灵受孕图》的仿本，那不仅因为它们赞美一个在当时的西班牙格外令人感到亲切的主题，而且因为它将女性捧上了理想主义与神圣的云端。安达鲁西亚可爱而带有羞涩肉欲的妇女是《玫瑰经的圣母》（*The Madonna of the Rosary*）、《吉卜赛的圣母玛利亚》（*The Gypsy Madonna*）及朦胧而美丽的《圣家与鸟》（*Holy Family with the Bird*）诸画灵感的来源。

谁画小孩会比他更好？普拉多博物馆中的《报喜》让我们看到一个刚过 10 岁的小女孩，害羞而娇美，正是一个生命的杰作。牟里罗把基督画成各种形式的孩子，他喜欢以家中和附近街上的美丽小孩做模特：可能是因为那些小孩，而不是那些固定的主题，引起他的兴趣，他把他们画得和意大利文艺复兴时期的任何《耶稣童年画像》一样迷人可爱。如果他无法把那些孩子硬塞进他的宗教画中，他就单独画他们。慕尼黑的哈斯·科斯特有一面墙挂满了那些孩子的画像：孩子们掷骰子，吃西瓜顺便洗脸，一个孩子大口咬着面包，而他母亲正从他头发里捉虱子。《一个靠在窗外的男孩》（*A Boy Leaning out of a Window*）明白地表示出金钱和快乐之间有了争论，而且分道扬镳。《一个和狗在一起的男孩》（*A Boy with a Dog*）显示世界是他的小天地。在陈列于卢浮宫的《乞儿》（*Beggar Boy*）一画中，这位理想主义的画家告别了超自然，将眼光凝注于地上的生命，他发现生命是可爱的，即使处在贫困中。在他的写实主义中，牟里罗仍然是一位理想主义者。

他的生活就像他的绘画一样没有悲剧，除了最后。在加的斯一个教堂中，他爬上一个架子去完成一幅画，失足落下来，伤口很大，毒素进入体内，这位全安达鲁西亚的宠儿便去世了（1682 年）。他死得如此突然，没有完成他的遗嘱。依据他的遗言，在他的坟上刻了他的名字，一具骷髅和两行字——"像你即将死去一样地活着"。

　　经过两个世纪，在那些注重图画内容胜于表现方法的人们心中，牟里罗保持着很高的声望。拿破仑的将军们偷窃他的作品，之后当作合法的战利品卖出，因而使他的美名得以远播。无能的临摹画家大量模仿他的作品，因而惹起批评家们对他艺术的怀疑。他了解他那行的技术，却因教会的成功而限制了他作画的范围。他太易于倾向生命中阴柔而善感的一面，而开始时的美丽，经过铅版的复印，变成毫无笔触的表面美。他画像中的圣徒们如此固执地仰望苍天，以致欧洲背弃苍天时，牟里罗也就从欧洲人的眼中消失。同样的理由，西班牙绘画约自 1680 年后也从欧洲人的眼中消逝。欧洲人对基督信仰发生争论时，西班牙仍执着于她的中古遗产，直到戈雅（Goya）的降生，她的艺术才再次震动世界。

　　在牟里罗的一生中，数以百计的致命因素结束了"黄金世纪"。黄金本身及向外寻求黄金，都是原因：西班牙的青春和活力，毁于该半岛对美洲的探勘和利用；而他们从美洲送回的黄金腐化了西班牙的生活，助长了怠惰，提高了物价；西班牙的商业运输落入荷兰和热那亚人手中。西班牙政府贮存黄金，货币贬值，将从事生产的摩尔人逐出国外，以钱财鬻爵，向每种物品征收高税，使经济陷于停滞。工业萧条、失业大增、商业萎缩、人口减少、而城市倾颓时，却将财富虚掷于海上探险和宫廷的奢侈生活上。狭隘的贵族政府失去了一切威严，街道上到处陈放收款箱，挨家挨户地乞求捐献，以支持国内的财政无能和国外的失败。西班牙军队据守西西里、那不勒斯和米兰，强行通过新大陆上的丛林和沼泽崎岖之地，在"三十年战争"中丢掉性命，对顽强得难以置信的荷兰人做失利的战争。这一切使一个微小的，土地贫瘠而多山，领土被海面局限，而海面复为外国商业竞争者与海上敌人所制的小国家，逐渐消耗了它的人力和资源。只有修道院和教堂依然存在，固执地把守着它们巨大的、不容剥夺、不容征税的财产，而那些除生活奢侈之外一无所长的僧侣人数却与日俱增。当宗教以天堂应允的空话来劝慰贫困、钳制思想、引导西班牙过已过时的生活时，法国和英国却致力于奖励工业、掌握商业，向"未来"进军。对日益变化的环境的适应，是生命的体现，也是生命的价值。

第五章 | **法国的角逐**
（1559—1574）

敌对的势力

人只要心里疑惧不安，便表现出竞争性。各种团体、阶级、国家、种族，一如其组成分子因疑惧不安而钩心斗角，争其所欲，尤以法律不彰和缺乏保护力量的社会为然。大自然使所有生物为生存而竞争。欧洲 1517 年宗教改革至 1648 年《威斯特伐利亚和约》的纷乱期间，这种集体的竞争利用宗教为其外衣，达到政治经济的目的。经过一个世纪后，斗争集团终于放下了武器，而基督教仅于废墟中幸免于难。

法国首遭其难，但最先复原。1562 年至 1594 年的"宗教战争"对法国的影响如同 1618 年至 1648 年的"三十年战争"对德国及 1642 年至 1648 年的内战对英国的影响一般。法王亨利二世在 1559 年比武中不幸去世时，他 15 岁的儿子继承王位——弗朗索瓦二世。法国因哈布斯堡王朝与瓦洛伊斯家族的长期战争，几乎濒临破产局面。当时法国政府每年收入为 1200 万里弗，公债为 4300 万。许多地方官 4 年从未领到薪俸。法国人不理政府催促，拒绝纳税。财政冲突迫使里昂于 1559 年陷入经济混乱的局面。美洲的金和银从西班牙和葡萄牙流入法国以后，法币贬值，通货膨胀，工资与物价竞相上涨。在此情况下，除消息灵通、老谋深算的金融业者和投机者外，一般民众都深受其害。1567 年和 1577 年，政府曾明文规定最高物价和工资，但实际经济情况的混乱，并非法律条文所能遏制。战争一日不停，通货膨胀难以遏制。或许这是偿付宗教战争的一种不虔诚的手段。天主教会是全国一枝独秀的机构，1600 年，全国共有 9.4 万名传教士、8 万名修女、7 万名僧侣或修道士及 2500 名耶稣会教士，拥有雄壮宏伟的大教堂、堂皇的主教辖区及广大肥沃的土地。法国 1/3（有人说 2/3）的财富属于教会。宗教战争的幕后，隐藏着争夺或保有这份教会财产的野心。

所幸教会有一名叫查理·吉斯的人，他 35 岁时曾被推为洛林枢机主教，现为弗朗索瓦二世的首相。吉斯公爵世家之名，得自其靠近拉昂（Laon）的城堡，但大本营是在洛林，其地不久前刚并入法国版图。洛林枢机主教英俊潇洒、机警、睿智，生活严谨。他长于行政工作，并能说一口漂亮的拉丁语、法语和意大利语。他只热衷于财富和权力，巧言令色，排除异己，大力削减政府的支出，到处树敌。他的长兄弗朗西斯（即吉斯公爵）曾以熟谙兵略名噪一时，被聘为国防部长，但在法国财政濒临破产需要和平时，他就英雄无用武之地了。他喜欢光荣、华服和表现骑士精神，他高雅的风采和优美的仪表，使他成为崇信天主教的法国人的偶像。他不能容忍异端，主张以武力铲除它。他和他的弟弟都认为，如果法国像英、德两国一样地接受新教，法国教会可能会寿终正寝，同时也可能使维持法国国家统一与社会秩序的宗教热忱消失无踪。为了维护他们的信仰和权力，吉斯兄弟冒险犯难，备尝拂逆，负起拯救法国的责任。

法国的新教徒"胡格诺"派，在来自日内瓦的教改家加尔文的号召和领导下，不再是一个弱小无助的团体，已成为从教义和社会两方面反抗教会的一股急速蔓延的力量。加尔文认为这些人约占 1559 年全法国人口的 10%。米什莱（Michelet）则估计他们到 1572 年时，人数将增加两倍。从多芬省到布列塔尼省，他们都有据点，尤其在法国西南部的势力更强。300 年前，阿尔比派的异端曾在该地被根除。新教徒不顾弗朗索瓦一世与亨利二世严刑峻法的压迫，照常举行祈祷会，在庄严的布道上讲述宿命道理，并出版许多小册子，揭发教会的黑暗并攻击吉斯家族的暴政。他们在巴黎举行了一次全国大会（1559年 5 月 26 日）。他们坦承效忠于法国的君主政权，但要在新教势力所及的地区组织共和政体。像其他被压迫的少数分子一样，他们对自由有一套暂时性的观念，但他们同意天主教的主张，法国须推行"真正的宗教"使之遍播全国。他们的教规比其他敌对的教会的教规更严格。他们不参加舞会，不穿华丽的服装，不看戏。他们愤怒地指责宫廷的淫乱，诚如珍妮·阿尔伯特告诉她的儿子说："那里并不是男人勾引女人，而是女人主动勾引男人。"

当时太后凯瑟琳·美第奇认为双方均"以宗教为外衣，掩护罪恶……然而在他们心目中，并无宗教的存在"。她或许言过其实，但社会与经济的因素无疑是造成宗教不和的主要原因。农人仍崇信天主教，他们信仰天主并非物质上的因素，是因为天主教古老的信仰中，有令人向往的神话，也有节日庆典慰藉身心，非严肃刻板主张宿命论的新教可比。无产阶级人数虽少，反抗却大，他们谴责雇主，凡提倡改革的事，他们都表示赞同，至少意味着某些改变。正如罗拉派信徒和清教徒时的英国，也如"农民战争"（The Peasants' War）时的德国，《福音书》成为革命的教科书。中产阶级也同样听信那些在日内瓦受训练、被遣送到法国的勇敢传教士的话，法国的商人在大博览会里遇见有钱的德国人、英国人和瑞士人后，都注意到这些商人和新教徒领袖的合作无间及他们信仰新教而获致的繁荣。他们长久以来遭受主教的轻视商业和墨守种种封建陈规的压迫，听说加尔文对商业和财政具有好感，并与俗人合力控制教会、重整道德，他们既感兴奋，又感艳羡。他们憎厌教会的财富、什一税和封建的贸易税。他们不能原谅君主国对中央政府的懦驯，致将数百年来他们视为政治禁脔的地方行政区归隶于中央政府。甚至银行家也欢迎胡格诺派教徒，因为胡格诺派教徒主张贷金取息，而教会对这件事自始即不赞成，虽然后来对此视若无睹。

不少贵族正进行叛乱的工作。他们不愿和国家统一的中央集权制度唱和。他们一定听过德国诸邦领主联合新教以抗拒教皇与皇帝，并瓜分教会财产以充实自己财富的事。但勇敢的胡格诺派教徒如何适时地作为压制国王的工具呢？贵族们控制了法国的农庄、粮食和农夫。他们组织统领军队，握有城堡，统治各省。如果这次改革能够赢得贵族阶级的拥护，就可获得全国的支持。早在1553年，洛林枢机主教曾警告亨利二世说：贵族阶级正秘密与新教徒勾结。1559年，诺曼底、布列塔尼、普瓦图、安茹、曼恩、塞东奇等省的贵族们，已公然出面领导新教徒的反抗。

骄傲的波旁王朝并不谅解瓦洛伊斯王朝驱逐波旁公爵，即查理三世，而导致他的反叛与早死（1527年）。他们也不喜欢被吉斯家族排挤出法国政府之事，因为他们视吉斯家族为来自洛林省的异族。出生于波旁王族的路易一世（孔代亲王）是路易九世的后代，他具有皇室血统，官阶高于吉斯，他加盟胡格诺派，因企图扩张新教势力而去世。他的兄弟安东尼虽尊称为那瓦尔国王，实际上仅统治法国西南部的贝阿恩省，受到王后让娜·阿尔伯特的影响，有一段时期曾倾向胡格诺派。野心勃勃的让娜是文静的玛格丽特的女儿。玛格丽特表面上遵从其兄弗朗索瓦一世，信奉正统的宗教，暗中却保护着很多异教徒和胡格诺派教徒。热爱诗和生命的玛格丽特是文艺复兴时代妇女的典型人物，她的女儿也代表了法国宗教改革时期妇女们扮演的角色和特质——对宗教坚信不移，培育并鼓励她们的孩子前仆后继以赢取神圣战争的胜利。她把她有名的儿子（后来的亨利·果特）抚养成人，使他具备了斯巴达和清教徒的美德，却未亲眼看到她儿子恢复文艺复兴时代的放纵欢乐。她一定极为仰慕科利尼，因为他正是她的理想的化身：他有高贵的荣衔与人格，他是献身胡格诺派革命的一位思想缜密、志虑忠纯的领袖，又是严肃的军人和政治家，他完美无缺的德望实令伪信宗教的宫廷诸臣感到惭愧。

加尔文曾警告他的信徒，对政府不要采取激烈的反抗，但他们在政府加紧迫害之下失去了耐性。1559 年 6 月，亨利二世曾经命令全国的法官将反抗政府的新教徒处以死刑。弗朗索瓦二世在吉斯唆使下重申前令，又下令摧毁所有新教徒聚会的场所，凡隐匿新教徒或知情不报者，不论其是否该犯的亲戚，均处以死刑。1559 年的最后 5 个月，有 18 个人，以执迷不悟崇信异端、拒绝参加弥撒或接受天主教圣餐会等罪名而被活活烧死。数百名法国胡格诺派教徒因此逃入日内瓦接受加尔文的援助。留在法国的胡格诺教徒则开始组织军队以应付未来的内战。

1559 年 12 月 23 日，伯格的安妮在巴黎议会上大胆发言攻击迫害异教徒，因此在火刑柱上被烧死。随后加斯帕德·休被吉斯下令在查蒂·维琴尼斯被绞死。他的姻弟拉·雷纳迪的领主格德佛罗伊·巴里阴谋联合贵族和其他人预定在昂布瓦斯发难，推翻吉斯王朝。但洛林枢机主教揭发这个阴谋，立即调动军队平复叛乱，逮捕了叛徒，有的吊死，有的砍头，其余的分别装入布袋中投入卢瓦尔河。当时的一部史书记载："整整一个月来不是吊死，便是淹死，浮尸漂满了卢瓦尔河面。"孔代因这事被召进皇宫为共谋罪辩护。他否认这些控告，并以决斗方式向任何控告者挑战。他终因无任何证据被释放。"昂布瓦斯之乱"因恶毒的镇压手段和激怒贵族与胡格诺教徒的那股复仇狂热，惊扰了凯瑟琳·美第奇，她说服孱弱的国王和勉强同意的吉斯允许从宽审判。她征召米契尔·奥皮塔尔（Michel de L'Hôpital）为首相（1560 年 5 月），并敦促他绥靖全国。奥皮塔尔在意大利求学时便立志做人道主义者而非教条主义者，他任法国行政长官后，以同等的恕道和体恤对待新教徒和天主教徒。他对国会的数点建议，将安妮送上火刑："每人均曾选择一种自己信仰的宗教。有些人希望他们的宗教应被他人接受，而其他宗教则应受排挤……各种宗教应设法和平相处，发明一项和平法则。"凯瑟琳听从他的建议，举行了一次"名人大会"（Assembly of Notables），由新教徒和天主教徒组成，双方于1560年8月21日在枫丹白露集会。科利尼当场将一份胡格诺教徒的请愿书呈给国王。胡格诺教徒在请愿书内向国王申致效忠之忱，但要求享有充分的信仰自由。有些主教呼吁双方抑制，并敦促天主教教士重整宗教道德。大会认为各有关问题必须由法国各阶层和各地区的代表集会解决。国王下令10月10日召开国会，同时禁止审判异教徒，直到这个新国会解决了各种使法国面临分裂的基本问题。

信奉胡格诺教的波旁王朝因怕被捕下狱，拒绝参加"名人大会"。孔代亲王和安东尼怀疑这是一种怀柔的手段，阴谋筹组军队，并以里昂为首都成立了一个独立国家。但孔代的一个信差被政府军截获，重要文件落入政府手中，军机外泄，孔代被捕后送审，并于12月10日处死。吉斯王朝重掌专制政权。

12月5日，年仅16岁的弗朗索瓦二世驾崩，整个情势为之一变，他的弟弟查理九世继位，因年仅10岁，由其母后摄政，开始与英国伊丽莎白女王和西班牙菲利普二世鼎足而立，共同维持欧洲混乱的局面。

凯瑟琳·美第奇

经过400年的各种诠释之后，她仍然是谜一样的人物，她是"慷慨者"洛伦佐的后裔、教皇利奥十世的侄孙女，是典型的美第奇族人。她因世袭得到权位，其血液中具有聪明狡猾的特质。她于1519年生于意大利的佛罗伦萨，未满月时父母亲即双双死于梅毒。她小时候是无助的孤儿，一直被她好战的亲戚利用为外交谈判的抵押品。直到14岁那年，她的叔祖教皇克莱门特七世将她许配给未来的法王亨利二世。但婚后10年她一直没有生育，阴郁的亨利便沉迷于狄亚娜·普瓦提埃（Diane de Poitiers）怀中。之后，孩子一个接一个地来，几乎一年一个，共生了 10 个。她企图安排她的孩子继承王位，其中 3 个夭折、3 个儿子成为法国国王、两个女儿成为王后，她所有的儿女几乎都尝到了悲剧的苦果，尤以其本人为最，她亲眼看着她的丈夫和 3 个儿子死去，身为王后和太后，她身负 4 个朝代的兴亡。靠着谨慎、自制和不择手段的欺骗，她安然度过她经历的 4 个朝代。

当时的人形容她："挂着面纱时，她是一个美丽的女人。"换句话说，她有美好的身材，布朗托姆（Brantôme）肯定地告诉我们，她的胸脯"雪白而丰满"，她的"大腿非常美"，她的手指也是纤细的。但她的脸多皱纹，眼睛太大，嘴唇太厚，嘴巴又太大。如果她要勾引男人，只有找别的女人代劳。当时谣言指控她的身边有一队行动快捷的美女，能把她所要的男人带到她的身边。但这显然是一种虚构的传说，在狄亚娜与亨利二世相恋并干预政治时，凯瑟琳受到心灵的创伤。亨利死后，她利用这个机会报复。长达 35 年的时光，她在幕后控制大权。她的精通谋略弥补了她儿子们的无能，他们憎恨她的干预，但他们的失败，使他们徒呼无奈。她卷入宗教革命的旋涡中，被一群野心勃勃的贵族和一些偏执的教条主义包围，她用她仅有的 3 种武器与环境搏斗——美第奇的财富、意大利人天生的精明能干及马基雅维利的外交权术。马基雅维利曾以《君王论》一书赠予凯瑟琳的父亲，她几乎不需要这本书的指导，因为她在法国和意大利各地，都已看过这些原则的实践。如同英国的伊丽莎白女王一样，她击败了所有环绕在她四周的政治家，使之无还手之力。"她的诡计比为国王决策的枢密院还多。"她工作勤奋，具有灵活的政治手腕。一个意大利观察家说："任何一件事都须先经她批准才能施行，她甚至工作到废寝忘食的程度。"虽然如此，她照胖不误。她的道德观念超越当时的标准，她似乎对她不忠实的丈夫及以往两人的情感忠贞不贰。丈夫死后，她终生戴孝。她最伟大的继承人亨利四世，宽大地评论她：

　　一个寡妇要抚育 5 个小孩，又要对付 2 个法国王族——我们波旁王族和吉斯王族觊觎王位，一个女人能够做些什么呢？为了保护她的儿子们，在她精明的指导下陆续继承王位，她怎不会被迫到处玩弄欺骗的手段呢？我很惊奇！因为她始终没把事情弄得更糟。

我们或可将上述这段话，作为 1570 年以前对她的公允的评价。她在强敌环伺下，以灵活的手腕纵横捭阖，使各种敌对势力互相制衡，减轻对自己的压力。她写道："我深深了解他们除了追求自己的利益和野心的满足外，对上帝、国王和我均无敬爱之心。如果上帝恩待，我将不容许被任何人指使。"她的意大利文艺复兴的气息太浓，以至无法体会出胡格诺派教徒宿命论的严肃性。她还要求教会拨一笔款项，以防止国家财政破产。虽然如此，为了法国，她准备将她的女儿玛格丽特嫁与信奉胡格诺教派的那瓦尔的亨利，并让其子亨利与被教会逐出的伊丽莎白结婚。她认为当时局势是王朝的与政治的因素多于宗教与经济的因素。她必须保护她分裂的国家，以对抗由奥地利与西班牙联盟组成的哈布斯堡王朝的势力。《卡特—坎布雷西斯和约》使西班牙王权在佛兰德斯称霸，并威胁到法国的东北部。瓦洛伊斯王朝与哈布斯堡王朝随时都可能重燃战火。那时法国需要胡格诺教徒与天主教徒的和平与团结，以应付外来的危险。

在这种想法下，她与首相奥皮塔尔准备在奥尔良召开全国代表大会，会议的代表并非依地区选出，而是来自各阶层。贵族、僧侣及第三阶级——贵族和僧侣以外的平民，他们大部分是乡镇或特别行政区的中产阶级或资产阶级。而且在较低阶层的代表中，也有农夫与早期的无产阶级。这些代表是由各阶层和地方派系推举，并非由普选，因此没有立法权，只有对君王咨商的权利。然而在需要经费的情况下，看在金钱的分上，君王对这些建议也给予适当的尊重。

1560 年 12 月 13 日，奥皮塔尔召开会议，希望双方互相容忍。她呼吁，政府的功能是维护和平秩序与正义，不受宗教观念的影响。当然最好是所有的法国人都信奉同一宗教，因为共同的宗教可以促使全国团结、使法国强大，但这个理想若不能以和平的手段达到，大家就应该互相容忍。最后，她问到底有谁知道什么是异端、什么是真理呢？"你说你的宗教比我的好，我说我的比你的更好，那是否由我采纳你的意见就会比由你采纳我的意见更合理呢？让我们停止这些罪恶的、煽动性的党派称呼——胡格诺教派、路德派、天主教派，让我们改称基督徒！"

她的陈词虽慷慨激昂，但反应一般，巴黎神学院一位博士主张对所有异教徒判以死刑，罗马教皇的使者建议凯瑟琳把所有胡格诺教的代表全部烧死，然后对付在奥尔良的胡格诺教徒。胡格诺教的代表建议太后做各种改革：所有教堂的牧师应由会议选出，而非委派；所有的主教应由教区的牧师与贵族选出；1/3 的教会收入应作为救济穷人之用，1/3 用于建筑教堂、学校、医院；教会的教义应以《圣经》记载的为限。这些建议对于凯瑟琳来说太激进了，何况她又迫切需要教会的钱。她为了安抚胡格诺教徒而释放孔代，敦促教皇庇护四世下令允许撤除教会里的神像，允许以酒与面包来施圣礼。1561 年 1 月 28 日，她释放所有因宗教罪名被捕下狱的人，而且命令，除非另行公告，应停止所有对宗教的迫害。同月 31 日，她又令全国代表大会休会，定于同年 5 月重新召开，届时缴付她需要的款项。

胡格诺教徒在此情况下迅速扩展。3 月 2 日，他们在普瓦提埃举行第二次全国大会。新教的牧师在枫丹白露广场、孔代及科利尼寓所中自由传教。1561 年 1 月 1 日，在法国南部卡斯特尔市的选举中，所有当选的官员都是新教徒。不久，所有的市民都得参加新教礼拜。天主教仪式遭到禁止，宗教偶像则由官方没收并予以摧毁。在阿让和蒙托邦（Montauban），胡格诺教徒接收了未经使用过的天主教堂。1561 年 4 月 6 日，老蒙特莫伦西和吉斯公爵马沙尔·圣安德烈组成一个三人委员会以保护天主教的利益。巴黎、卢昂、博韦及其他各地都发生暴动。太后公布了《七月诏书》（*Edict of July*）禁止暴行及胡格诺教徒公开聚会，但胡格诺教徒不予理睬，在很多城镇攻击天主教的游行，并进入天主教堂、烧毁圣物、捣毁偶像。1561 年秋，蒙彼利埃60 个教会与修道院都被抢劫了，很多传教士被杀；蒙彼利埃的卜克列修道院被烧毁；修女们被遣散，并劝告她们去找丈夫成家。在卡尔卡松（Carcassonne），天主教徒屠杀了所有他们找到着的新教徒。在尼姆（Nimes），胡格诺教徒驱逐了全部天主教传教士，摧毁教堂或占为己有，烧毁了大教堂，并把供奉用的圣体放在地上践踏（1562 年 2月）。在朗格多克与吉耶纳，新教徒一旦占据优势，即夺取天主教堂、教产并驱逐天主教牧师。新教牧师的个人品德虽比天主教牧师堪为表率，却同样心胸狭窄，不能容忍异教。他们把由天主教士主持婚礼的，或允许其子女与天主教徒结婚的胡格诺教徒逐出教会。至此，双方都没有容忍的迹象。

1561 年 8 月 1 日，全国代表大会再度在蓬蒂兹（Pontoise）召开，该会献出了政府所需的款项，但先决条件是政府今后征税或宣战，须先获得该会同意。身为该款项主要供应者的第三阶级，又增加了一项大胆的要求：法国境内所有天主教会的财产应收为国有，天主教教士应由国家支薪，从由此获得的 7200 万银币余额中，应拨 4200 万清偿公债。天主教牧师惊慌之下，匆促地与凯瑟琳订了一项和约，由天主教提供 1660 万银币，谨慎地采取了 10 年分期付款的方式，凯瑟琳接受了，全国代表大会也就解散了。

同时，奥皮塔尔在凯瑟琳的授意下，不理教皇的抗议，邀请天主教与新教牧师共同寻求和平共处的方案。1561 年 9 月，6 位枢机主教、40 位主教、12 位巴黎神学院的神学博士、12 位圣典学者、来自法国的 10 位新教牧师、1 个英国新教徒、日内瓦的贝兹、20 位新教徒居士，在巴黎以西 11 英里的普瓦西举行有名的普瓦西会谈（Colloquy of Poissy，9 月 9 日）。国王、太后、各亲王及国会都参加。贝兹代表年迈的加尔文，受到几近皇室的礼遇。他在凯瑟琳的宫中布道，并举行一次新教的礼拜仪式。起初他言谈温和，并以其完美的法文吸引了所有与会人士，但他评论圣餐："基督的圣体远离供奉的圣饼，就像天堂离人间这么远"时，天主教代表起哄抗议，秩序一时大乱，主教们敦促凡怀疑实存说布道者均应被驱逐。这次会谈因教义的冲突，彼此积怨而破裂。

胡格诺教徒习于在天主教堂前面的广场举行集会，并用洪亮的赞美诗来干扰天主教弥撒的进行，这样做他们深感快慰。天主教徒则以教堂顶上的钟声压制胡格诺教徒的干扰以为报复。在巴黎圣马达德教堂前面，新教徒的一次集会因受教堂钟楼嘹亮钟声的干扰而取消。这时，一个新教徒到教堂抗议而被杀。出于愤怒，新教徒劫掠了这座教堂，并把神像与十字架捣碎。在这场争斗中，有 80 个信徒受伤（1561 年 12 月 27 日）。

凯瑟琳想用《元月诏书》（*Edict of January*）来安抚天主教徒（1562 年）。该诏书要求胡格诺教徒把以前侵占的教会建筑还给天主教，只能在城墙之外的郊外举行聚会。天主教领袖同意贝兹的观点，认为该诏书实际上要求双方互相容忍，并承认新教是法国一个合法的宗教。议会领袖们当面告诉凯瑟琳，他们宁可死去，也不愿签署通过该项诏书。蒙特莫伦西与圣安德烈指责凯瑟琳的政策时，她即解除他们的职务。图尔农（Tournon）枢机主教抨击她时，她命令他退休，并解除他教区的教职。天主教的传教士指责她是一个残忍淫荡的王后——当时苏格兰教改家新教徒约翰·诺克斯，也以同样的词语形容"苏格兰天主教王后"。

1562 年 3 月 1 日，星期日，吉斯公爵带着 200 名武装随从经过第戎（Dijon）西北方约 40 英里的瓦西村庄时，停在该地一所教堂内望弥撒。这时附近谷仓内胡格诺教徒聚会所唱的赞美诗干扰了仪式的进行。他派一个人请那些新教徒暂停 15 分钟，等弥撒完毕后再唱。胡格诺教徒拒绝了。吉斯公爵继续他的弥撒时，他的一些随从与新教徒发生言语上的冲突，随即拔出宝剑，胡格诺教徒也用石头攻击。一块石头在吉斯公爵离开教堂时打到他，公爵头破血流，他的随从立即冲入由男女老少 500 人组成的聚会，杀死了 23 人，伤了 100 人。"瓦西惨案"激起法国新教徒战争的狂热，天主教徒，特别在巴黎，认为应该给少数捣乱分子一个适时的警戒。凯瑟琳命令吉斯公爵到枫丹白露来见她，他拒绝了，继续往巴黎迈进。蒙特莫伦西和圣安德烈，带领 2000 人加入他的阵容。孔代召集新教徒的军队，携带武器在摩城（Meaux）集合。天主教由 3 人联合率领的军队向枫丹白露进军，监禁了太后和王室，并强迫他们前往距巴黎 27 英里的麦兰（Melun）。他们设立一个新的枢密院，大部分由吉斯公爵的亲信组成，而把奥皮塔尔的人排斥在外。孔代领导 1600 名战士到奥尔良，呼吁所有新教的聚会所提供军队。宗教战争从此揭开了序幕（1562 年 4 月）。

仲裁浴血记（1562—1570）

　　双方都寻求并接受外援，天主教徒的援助来自西班牙，新教徒的则来自英国和德国。伊丽莎白，被加莱以承诺贿赂派遣了一支 6000 名的军队，其中的 2000 人攻占了卢昂。但吉斯又于 1562 年 10 月 26 日攻占该城，掠夺整座城市，他的部队疯狂地抢夺战利品，不分天主教徒、新教徒，均遭劫掠杀戮。在这些战役中，信奉天主教并加入其军队的波旁·安东尼受到了致命的创伤。胡格诺教徒控制了法国南部的大部分城镇。他们抢夺天主教堂，捣毁神像。在孔代和科利尼领导下，1.7 万主力军向诺曼底出发，以期和英国的增援部队会师。到德勒（Dreux）时，这支部队被 1.7 万名天主教军队截击。12 月 19 日，发生一场猛烈的大战，6000 人在此役中遗尸沙场。圣安德烈被杀，蒙特莫伦西受伤后被胡格诺教徒捕获，孔代受伤后也遭天主教徒逮捕。一时之间，法国式的殷勤大行其道，蒙特莫伦西被天主教徒视为英雄，礼遇备至。他虽贵为国王军队的总司令，但勇敢善战，身先士卒，曾在 7 次战争中受伤。而吉斯公爵也待孔代为上宾，与他同桌共餐，并同寝于营中唯一的床上。天主教徒赢得这次非决定性的胜利，但有一段时间巴黎人士和王室认为胡格诺教徒已获胜利。凯瑟琳听到这消息时显得很平静，她说："好极了，那么我们就用法语向上帝祷告。"

吉斯公爵在这次胜利后去世。1563 年 2 月 18 日，他分兵围攻奥尔良时，中了埋伏，被 19 岁的胡格诺教徒波得洛特击伤，卧于病榻 6 日后不治去世，波得洛特被带到凯瑟琳面前时，坚称科利尼曾以巨金雇他谋杀吉斯公爵，并答应若他成功的话，让他上天堂。凯瑟琳随即写信给科利尼，要他答复这项指控。他否认参与此次暗杀计划。他说以前经常警告公爵，要提防暗杀，不过他承认曾听过波得洛特扬言要谋杀公爵，但并未采取任何行动阻止这次谋杀行动。他曾给波得洛特 100 银币请他做一些事，但与本案无关。他对此次阴谋的成功并不感到遗憾，"因为……对于法国和上帝的教堂，特别是我的家族和本人而言，幸运之神无法再给予更佳的恩赐了"。波得洛特于 3 月 18 日惨受五马分尸极刑，临刑之时，他重申对科利尼的控告。亨利继承为第三任吉斯公爵后，誓言为他死去的父亲复仇。

凯瑟琳继续为法国的和平努力。很显然，敌对的派系中只要有一方获得决定性的胜利，便会废除她的儿子，并把她丢在一旁。她将奥皮塔尔召回她的枢密院，然后安排蒙特莫伦西和孔代会谈，并说服他们签署《昂布瓦斯诏书》（*Edict of Amboise*）。1563 年 3 月 19 日，第一次宗教战争结束。这些条款只是胡格诺教派的贵族们的胜利：给予所有的伯爵、高级司法领主与其家人臣属及在法国境内领有属地但无臣仆的贵族，特别是这些贵族与其家属本人，享有良知的自由和实践宗教的革新。新教徒可以在 1563 年 3 月 8 日以前在城镇聚会的地方做礼拜仪式，之后就要到地方官所辖区域以外的市郊，但在巴黎，他们所有的活动一律受到禁止。科利尼指控孔代为了保护他的阶级利益，而牺牲了信奉胡格诺教派的老百姓。

查理九世于 9 月 15 日正式宣布届满即位 3 年，实际上他未满 14 岁。凯瑟琳结束了她的摄政，仍掌有实权。1564 年 3 月，她率领国王和文武百官出巡全国各地，一方面向法国人介绍新君，一方面巩固脆弱的和平。在鲁西永她发布了一项要求双方局部容忍的诏书，呼吁各宗教尊重其他信仰的自由。皇家之旅经 14 个月后，于 1565 年 6 月 3 日到达贝约讷（Bayonne），凯瑟琳满怀欣悦地在那里与她的女儿伊丽莎白（已成为西班牙的王后）相见，并与阿尔瓦公爵举行秘密会谈，这惊动了胡格诺派教徒。他们自然怀疑阿尔瓦公爵主张采取严厉的手段来对付新教徒。但阿尔瓦公爵致菲利普的信澄清了那些谣传，信上说明凯瑟琳曾反对他的建议，她拒绝革除奥皮塔尔的职务，并将继续坚持她的和平政策。1565 年 12 月，回到巴黎后不久，她即运用各种影响力，以缓和科利尼、蒙特莫伦西、孔代和吉斯之间的紧张情势。

耶稣会会员于 1564 年进入法国，他们的布道立即引起天主教徒的热情，特别在巴黎一地，他们曾使不少新教徒改变信仰。在几个省份，天主教徒强烈的反应使新教徒前功尽弃。那些容忍异教的诏书一再被破坏，双方野蛮的行动愈演愈烈，信奉天主教的地方，行政官经常吊死信奉胡格诺教派的人。在尼姆，新教徒屠杀了 80 个天主教徒（1567 年）。1561 年至 1572 年，有 18 宗屠杀胡格诺派教徒的案件，5 宗屠杀天主教徒的案件，暗杀事件则超过 30 次。凯瑟琳从瑞士引入雇佣兵，孔代询问这支军队作何用途时，她并无令人满意的答复。孔代和科利尼认为自身已陷入危险之境，于 1567 年 9 月率人到摩城企图擒拿国王和太后，但阴谋被蒙特莫伦西所阻而不能得逞。凯瑟琳从此对科利尼深怀戒心，这种情形就像当年她忌惮吉斯公爵一般。

科利尼和孔代觉得胡格诺派教徒权力受制，第二次战争无法避免。这次轮到他们引入雇佣兵，以补兵员的空竭。这些雇佣兵大部分来自德国，他们攻陷奥尔良和拉·罗契尔，大军直逼巴黎。凯瑟琳便向阿尔瓦求助，他立即派军增援，蒙特莫伦西率领的 1.6 万人军，在巴黎郊外的圣丹尼和孔代的军队遭遇，随即展开一场最惨烈而又不能决定胜负的浴血战。蒙特莫伦西受伤去世，这次战争使法国人再度怀疑是何种宗教使人们如此互相残杀。奥皮塔尔利用这个机会于 1568

年 3 月 23 日促成《隆瑞莫和约》（*Peace of Longjumeau*），恢复《昂布瓦斯和约》适度宽容的精神。

天主教徒摒斥这份和约，拒绝履行和约中规定的条款。科利尼向凯瑟琳抗议，她诿称爱莫能助。1568 年 5 月，西班牙驻罗马大使胡安·苏尼加（Juan de Zunñiga）报告称，他曾听教皇庇护五世透露法国政府正考虑暗杀孔代和科利尼的阴谋。也许他两人已经得到同样的情报，即逃往拉·罗契尔，在那里他们会合了让娜和她 15 岁血气方刚跃跃欲试的儿子。他们组成了一支胡格诺教徒新军，集结一个舰队，增强城堡的防御工事，而且击退了所有政府军想攻入这城堡的企图。英国私人的船只受孔代的雇用，悬挂着孔代的旗帜，任意抢劫天主教徒的财产。孔代此时俨然成为法国南部卢瓦尔河以南地区的统治者。

凯瑟琳认为第三次宗教战争是一场革命，企图瓜分法国成天主教和新教两个国家。她谴责奥皮塔尔和解政策的失败，奥皮塔尔辞职，吉斯受命继其首相职位。1564 年 9 月 28 日，政府取消宽忍法规，宣布法国的新教为非法。

那年整个冬天，双方都在积极准备下一次决定性的战争。1569 年 3 月 3 日，两军在昂古莱姆附近的雅那科相遇。胡格诺教徒被击败，孔代受伤后投降，但被人自背后刺杀身亡。科利尼继续指挥作战，重整军队并循序撤退。在蒙康图尔胡格诺教徒又被击败，但科利尼战略运用得当，兵力又渐复原。这支胡格诺教徒军队虽未获胜，而且几乎没有任何食物，却不屈不挠，继续进军至距巴黎仅数小时行程处（1570 年）。那时法国政府虽有西班牙和神圣罗马帝国的资助，但支付战场上的军队的庞大军费仍感力不从心，再加上贵族们无心恋战，要想维系军力也是一大困难。当时成群结队的外国雇佣兵蹂躏法国，皂白不分地到处打劫天主教徒和新教徒的财物，胆敢挺身抵抗者均遭杀害。

凯瑟琳促科利尼重新履行《隆瑞莫和约》，但他认为条件不够，拒绝接受，并下令军队继续前进。这时年轻的查理九世突然运用他的权力，于 1570 年 8 月 8 日在圣热尔曼（St.Germain）与新教徒签订一项和平条件，给予屡战屡败的胡格诺教徒比以前更优厚的条件——允许胡格诺派教徒在巴黎或皇宫附近以外的地区自由礼拜，不受限制地担任公职，并有权利独立统治 4 座城市达两年之久，以作为对这些条款的保障。天主教徒对此大为愤怒，他们不明白经过多次的胜利，为何还要做这样的投降让步。菲利普和教皇提出抗议，凯瑟琳支吾其词，只说她正在等待机会。

虽然如此，她继续致力于加强和平，尽管凯瑟琳与让娜是死敌，尽管亨利曾在战争中杀死了一部分天主教徒，她仍以其女玛格丽特下嫁那瓦尔国王，亨利在孔代死后继承为胡格诺派教徒的名义领袖，这是凯瑟琳最后、最大胆的一举。亨利年轻有为，也许年轻貌美活泼的玛格丽特能够使他放弃宗教上的成见。盛大的婚宴将在巴黎举行，天主教徒与胡格诺派教徒的绅士淑女们都将会被邀请，快乐的文艺复兴气息，将重现于艰辛的宗教改革中，战争、屠杀、宗教歧视暂时平息。法国此时有一个短暂的宁静。

大屠杀

但亨利的母亲会同意吗？让娜从里到外完全是一个胡格诺教徒。1561 年，她到王宫时，曾宣称："即使他们以性命要挟，我也不去做弥撒。我宁可马上将我的儿子与国家丢入海中，也不愿屈服。"相反，她要她的胡格诺教派牧师公然向她布道，而且大胆忽视巴黎民众的指责。1562 年，她的丈夫改信天主教时，她就离开宫廷回到贝阿恩，替孔代招兵买马筹募粮饷。在她丈夫死后，她强迫贝阿恩地区民众信奉新教，天主教的教士被排除，其职位由胡格诺教派牧师取代。在以后的 50 年，贝阿恩再没有听到弥撒的声音，教皇庇护四世开除她的教籍，并希望能废除她，但被凯瑟琳劝阻。让娜同意瓦洛伊

斯与波旁王朝联姻时，她或许对此仍有记忆，同时也想起凯瑟琳长期
为和平所做的奋斗。此外凯瑟琳几个儿子体弱多病，或许有一天他们
全部死去，而把法国王位让给那瓦尔的亨利？占卜者诺斯特拉达姆斯
（Nostradamus）不是曾预言瓦洛伊斯王朝很快就要结束了吗？

　　凯瑟琳最体弱多病的儿子查理九世，除偶尔大发雷霆、神志不清
外，还算是可爱的年轻人。他像风中的芦苇，很少有自己的主意。也
许他是因纵欲过度而致身体虚弱，他与神圣罗马帝国马克西米利安二
世的女儿伊丽莎白结婚，但他与胡格诺教徒玛丽私恋甚久。他对艺
术、诗歌、音乐极为敏感，喜爱背诵皮埃尔·龙沙的抒情诗，他也能
写出像龙沙那般优美的诗句：

> 我俩都拥有王冠，
> 身为国王，我接受加冕；身为诗人，你赐封他人。
> 你的诗，以柔和的韵律令人销魂，
> 你屈服了人们的心灵，而我只能屈服人们的躯体。
> 你的诗令人心酥神醉，而令世俗之美黯然无光，
> 我能带来死亡，你却给人永生。

　　科利尼在布卢瓦（Blois）入朝掌权时（1571 年 9 月），查理对待
他犹如弱者欢迎强者相助一般。至此，科利尼简直是一人之下万人之
上，他无视百官的殷勤，他是绅士、贵族，但文静而沉着，半个法国
臣服在他的号令之下。年轻的国王称呼这位年老相国为"我的爸爸"，
任命他为海军舰队司令，并从国库内拨发 10 万银币以偿还他在数场
战争中的损失。科利尼参加了枢密院，国王缺席时即由他主持会议。
查理对菲利普二世一直又妒又怕，而天主教法国依赖西班牙之事，也
使他愤怒不已。科利尼建议他向西班牙开战，如此，可使整个法国团
结一致，同时也可更正目前正受西班牙侵占的东北部的国界。现在时
机已经成熟，奥伦奇的威廉正领导荷兰人反抗他们的西班牙领主，只

要稍加推动，佛兰德斯就将归入法国的版图。查理听了颇以为然，即于 4 月 27 日写信给拿骚的路易伯爵，他此时正在埃诺（Hainaut）领导新教徒的叛乱。他信上说他"已下定决心……运用上帝赐予的力量，解救'低地国家'人民于水深火热之中"。路易和他的弟弟威廉奉献佛兰德斯和阿图瓦两地给法国，以报答他们在对抗西班牙时所给予的决定性的帮助。同年秋天查理与萨克森选帝侯奥古斯都一世商讨法国与新教徒德国之间共同防御的问题。

凯瑟琳指责科利尼的建议虚浮、不切实际。既然她已获有法国迫切需要的和平，若因此而使战火重燃，岂非愚不可及？西班牙虽如法国一般破败，但仍是基督教世界中最强的国家，因在莱潘托战胜土耳其，西班牙刚恢复往昔荣光。如果法国加盟新教国家，西班牙很可能在所有天主教欧洲（以及天主教法国的大部）的支持下对抗法国。如果战争一旦爆发，科利尼将会担任总司令的要职，加之无主见的查理对他言听计从，他将成为实际上的君王。到那时，凯瑟琳即使未被放逐到意大利，也会被放逐到切诺凯（Chenonceau）。国王的弟弟——吉斯公爵亨利和安茹公爵亨利——获悉查理正批准科利尼派遣胡格诺教徒军队加入拿骚的路易之大军后颇为惊恐。但阿尔瓦事先受到他在法国宫廷内的朋友的警告，于 1572 年 7 月 10 日击败了这支部队。御前会议便召开大会（1572 年 8 月 6 日至 9 日）听取科利尼就他向西班牙开战的计划提出辩护，遭到一致的反对。科利尼继续坚持说："我为了个人因素而答应援助奥伦奇亲王（The Prince of Orange），希望在我借助朋友之力或亲身实践这项诺言时，国王不要为此不悦。"他又向太后进谏："夫人，今天国王正想躲避一场对他非常有利的战争，但愿上帝不再让另一场他避不开的战争爆发。"面对这似乎是另一场内战的威胁，群情怨尤，御前会议因此散会。马沙尔·塔内尼（Marshal de Tavanne）提出警告说："让太后晓得她儿子的密谋策略和言论；她要是不提高警觉，胡格诺教徒将会控制他。"凯瑟琳把查理带到一旁，责备他不该对科利尼言听计从。如果他再坚持对西班牙的战争计划，她将请他和他的一位弟弟退回到佛兰德斯。国王听了这话，即请求母后原谅，并表示此后将会孝顺，但仍与科利尼维持知己之交。

在这种情况下，让娜来到布卢瓦准备那场为促使天主教和新教团结的联姻。她坚持枢机主教查理·波旁要以亲王身份而不以教士身份主持这项婚礼，地点应选择教堂以外的地方，同时亨利不可陪同他的妻子进入教堂望弥撒，凯瑟琳同意了，虽然此举会引起和教皇之间更多的麻烦，教皇本已不允许玛格丽特和被逐出教会的新教徒的儿子结婚。让娜即到巴黎购物，突发肋膜炎病逝（1572年6月9日）。胡格诺教徒疑有人下毒，但这个假设并未引起一般人的兴趣。那瓦尔的亨利在伤心和怀疑之余，8月从布卢瓦赶到巴黎，同行的有科利尼及800名胡格诺教徒。接着有4000名武装的胡格诺教徒跟着他们进入巴黎，一则为参观结婚庆典，一则保护他们年轻的国王。天主教的巴黎被这次新教徒的大量流入及新教徒煽动性的布道唤醒，指斥这次婚姻为政府向新教徒势力的屈服。然而8月18日，婚礼在未得教皇特准的情况下仍照原定计划举行。凯瑟琳特采取一些措施，以防止教皇的干预。亨利陪着他的新婚夫人到巴黎圣母院的门口，自己并未进入，巴黎仍不值得他做弥撒。他和玛格丽特临时住在巴黎的卢浮宫。

巴黎一直很少有这样热闹的场面，科利尼极力呼吁法国公开赞助荷兰人的反抗运动，这时一般人相信科利尼正准备开赴前线。某些天主教徒借此机会向凯瑟琳提出警告，称新教徒正阴谋绑架她和国王。而巴黎城内到处传来一片打铁的声音，显示出正在赶制兵器。这时候凯瑟琳应其子亨利的要求，同意谋杀科利尼。

8月22日，科利尼从卢浮宫回到寓所时，突然窗口两次枪击，射断了他的左手大拇指，并将左臂到肘之间撕裂。他的左右护从立即冲入该幢建筑内搜索，只发现一支火绳枪，枪口还冒着烟，暗杀的人已从后门逃之夭夭。国王闻讯后大为震怒，说："我就永远不能有一点安宁吗？"他派私人医生——胡格诺教徒派尔治疗科利尼的伤势，命令御林军到他的寓所保护他，并下令邻近的天主教徒迁到别的地方，允许胡格诺教徒迁入。太后、国王及亨利亲身慰问这位伤者。查理发了"最可怕的重誓"，决定报复这次攻击。科利尼趁机一再敦促他发动战争，以取得佛兰德斯一地。他把国王带到一旁，低声地说了些机密。回到卢浮宫时，凯瑟琳坚持要国王说出那些秘密，国王答道："很好！我就对上帝发誓，因为你就会知道，下面是他讲的话：'权力在你手中粉碎，罪恶则将归之于我。'"在疯狂状态中国王关门独处私室，凯瑟琳则在极可怕的愤怒中沉思。

那瓦尔的亨利来访科利尼，商讨防御之策，科利尼几个手下情绪激动，立刻要去暗杀吉斯家族的领导者，但被他所阻。那些胡格诺教徒说："如果此事公理未彰，他们自己可能会采取行动。"当天胡格诺教徒整日在卢浮宫附近徘徊，其中有一个人告诉太后说，如果不马上主持公道，他们自己便要动用私刑了。成群结队携有武装的胡格诺教徒一再地经过吉斯家族居住的洛林旅社（Hôtel de Lorraine），大声恫吓要杀死他们。吉斯家族向国王求援，要求保护，并在房屋四周设防。查理怀疑他们藏匿行刺的罪魁，逮捕了几名家仆，威胁吉斯公爵。亨利和他的弟弟奥玛尔公爵请求离开巴黎，获准后即远走高飞到遥远的圣安东尼港，随后又回到巴黎，秘密潜入洛林旅社。

8月23日，枢密院召开会议审问罪犯。与会人士获悉凶手开枪的那栋建筑属于吉斯公爵夫人所有，她曾誓言要为被谋杀去世的丈夫复仇。本案的凶手即从吉斯官邸的马厩中夺马逃逸，凶器则属于安茹公爵的一名卫兵所有。凶手一直未逮获归案。依据安茹后来的叙述，他和吉斯决定科利尼及胡格诺教徒必须被铲除。正当凯瑟琳和枢密院数名院士在土伊勒里皇宫集会时，安茹的代表波查瓦尼（Bouchavannes）奔入报告说，住在科利尼寓邸的胡格诺教徒正酝酿暴动，时间可能是在次日晚间。凯瑟琳对这位总司令最感不满的事，是他诱使她的儿子脱离她的领导，她深信与西班牙重启战端只会给法国和她控制的王朝带来不幸，眼下她又获悉生命有危险，而且大权可能很快就落入科利尼及其党徒之手。于是她赞同铲除胡格诺教徒的领导分子。

国王对科利尼被人袭击一事仍耿耿于怀，要求严办一切牵连在内的人，铲除胡格诺教徒领袖虽然不一定要获致他的同意，但最好能经他认可。约 8 月 23 日晚上 10 时，太后派遣雷斯伯爵（Count de Retz）向查理警告可能发生的暴动。凯瑟琳和她的咨询大臣们随即包围在国王的四周，他这时的激动几达疯狂的程度。凯瑟琳肯定地对他说，3 万名胡格诺教徒图谋在明晨捉拿他，将他带到某个新教徒碉堡内软禁，如此，国王即变成阶下囚，听人摆布。以前新教徒不也曾发动过两次类似事件吗？他们如果胜利，可能一口咬定凯瑟琳曾下令批准对"总司令"袭击为借口而杀死她。他们告诉这位 23 岁的大孩子，要在他母亲的性命和 6 名胡格诺教徒的性命之间做一选择。他若是不同意，天主教巴黎一旦荡平暴乱，他可能因愚懦而遭放逐的命运。国王对这些理由不以为然，他问难道逮捕胡格诺教徒领袖并遵循法律途径加以审讯还不够吗？大臣们答称现在采取这项行动来避免战争暴动，已经太迟了。凯瑟琳威胁要迁回意大利，让查理独自面对恶劣的情势。最后，约午夜时分，狂怒交集的查理几临精神崩溃边缘，一阵发作后他突然叫嚣说："天啊！既然你们一定要杀'总司令'，我同意！但你们必须杀死法国所有的新教徒，免得留有活口跑来责备我……杀吧！统统把他们杀光！"他口出秽言，躲开了他的大臣们，把自己关在房中。

如果本来阴谋者只计划谋杀少数几人，现在他们更利用国王疯狂的命令尽可能将胡格诺教徒赶尽杀绝，凯瑟琳坚持保全那瓦尔的性命，而年轻的孔代亲王亨利一世和蒙特莫伦西则得助于他们高贵的出身而幸免于难。派尔医生被国王所救，这时巴黎各区的队长已接获命令，武装其部下准备在 8 月 24 日，即圣巴托罗缪节，凌晨 3 点，教堂钟响时采取行动。全权委任状已下达吉斯家族，准许他们执行延缓多时对"总司令"的报复行动。吉斯传话给民兵队军官说，教堂钟响时，他的部下应四处搜捕胡格诺教徒，见者即杀。为防止逃逸，巴黎的城门将关闭。

夜晚时分，吉斯亲自率领300士兵前往科利尼下榻的寓所，在科利尼身边的，有他的私人医生派尔、秘书莫林和仆人尼古拉斯。他们被士兵行进的声音惊醒。接着是一连串的枪声和喊叫——科利尼的卫士被杀了。科利尼的一位友人冲入他的房间喊道："我们完了。""总司令"回答："我对死亡已早有准备。你自己逃命要紧。我不希望你们的亲人因你们的死而见责于我。我已把灵魂交给仁慈的上帝。"他们看时机紧迫，各自逃命去了。吉斯公爵的士兵破门而入，发现科利尼跪在地上祈祷。一个士兵冲上前去打他耳光，其余的人用剑刺他。他仍未死去，被掷出窗口，刚好落在站立人行道上吉斯的脚边。他确定科利尼已死后，即传令士兵到巴黎各处，散布"杀！杀！国王下令杀！"的口令，到处喊杀。科利尼的头被砍下来送至卢浮宫——但有人说是被送至罗马。

这时候，太后突然感到一阵懊悔或恐惧，即下令吉斯家族停止屠杀，但他们回答已经太迟，因为科利尼一死，胡格诺派教徒必须根除，否则反抗必随之而起。凯瑟琳屈服了，命令敲打警钟，开始屠杀胡格诺派教徒。有些城市的屠杀行动惨绝人寰，几至空前疯狂程度，即使真正残酷的战争中也很少有这种情形。一般人因久受压抑，获此解放，也欢欣地参加了屠杀的行列。他们搜杀了2000—5000名胡格诺派教徒或不相干的人。一些以前尚心存顾忌的凶手，现则目无法纪，放胆杀人；苦恼的男子或变心的妇人趁机抛开了讨厌的伴侣；商人被竞争的对手所杀；老而不死的长辈被其继承家产的子孙指控为胡格诺派教徒。在一名嫉妒的教授的唆使之下，一人杀了哲学家拉莫斯。人们闯入每一个涉嫌藏匿胡格诺派教徒的房中进行搜索。胡格诺派教徒和家属被人拖到街上杀死，信天主教的瑞士籍的御林军冲进嘈杂的人群，皂白不分，逢人便杀，纯粹以此为乐。拉罗什富科（La Rochefoucauld）公爵前日曾陪国王打网球，今日则被一位他以为是来邀请他参加皇家娱乐节目的蒙面人所杀。住在卢浮宫的那瓦尔国王随员中的胡格诺派教徒、贵族和官员，被召唤到庭院——被杀，亨利于当天黎明时分即往网球场打球，查理把他和孔代召来，问其选择"弥撒或死亡"。孔代选择了死亡，但太后赦免其罪。那瓦尔表示归顺，才免于一死。他的新娘子玛格丽特睡得焦虑不安。她在一位受伤的胡格诺派教徒闯入卧房，并钻到她的床上时惊醒，她说服追逐者放过他。"在我执笔之时，"西班牙大使的报告中说得很详尽，"他们正在把新教徒彻底杀光、剥光……即使婴孩也不能免。上帝可怜可怜他们吧！"法律规章此时已不生效力，抢劫作奸犯科则不受拘束。这时有人告诉国王：某些朝廷官员居然也参与了抢劫首都的勾当。中午时分，一些受惊的市民联名请求国王遏阻这场屠杀，并有一群警察自愿帮助恢复秩序。国王即下令停止残杀的行动，他命令警察拘捕新教徒入狱，以免再遭攻杀。一部分人因此幸免于难，另一部分人则在这道命令下投入塞纳河身亡。一时之间杀戮已然稍减。但在 25 日（星期一）那天，一棵山楂树在无辜者公墓（Cemetery of Innocents）上突然开花。因为这不是山楂开花的季节，天主教教士为这一奇迹欢呼。巴黎各教堂的钟声再度响起，以宣告此事。民众误认为这是屠杀的钟声，残杀之事再度发生！

　　26 日，国王统率百官威风凛凛地经过仍然堆满尸体的街道，抵达了司法宫，骄傲地对巴黎议会证明他曾下达屠杀的命令。议会主席即以长篇演说表示祝贺。议会投票表决：将科利尼之子孙放逐，其在沙提永（Châtillon）的故居应予拆毁，其家产被安茹公爵没收。28 日，国王、太后及朝廷百官访问了数家教堂，为法国免于异端之害及王室得以保全性命举行宗教感恩仪式。

　　其他省份也多少响应了巴黎的行动。里昂、第戎、奥尔良、布卢瓦、图尔、特鲁瓦、摩城、布尔日、昂热、卢昂、图卢兹等地获悉巴黎事件后也受到感召，于 8 月 24 日至 26 日展开疯狂的屠杀。依雅克的估计，里昂一地有 800 名受难者，奥尔良则有 1000 名。国王先鼓励他们的响应，但后来即下令禁止杀戮。他于 26 日口头下令各省总督杀死所有的新教徒领袖，27 日又下诏书，保护恭驯守法的新教徒。同时他写信给驻在布鲁塞尔的代表洽邀阿尔瓦的合作：

> 公爵辖境内有不少我国叛逆，望他能攻夺蒙斯城并惩罚城内俘虏。若他回答说，此无疑是要求他杀害蒙斯城的战俘，并碎尸其居民之事，你可向他进言：此为他必须做之事。

阿尔瓦公爵拒绝这项邀请。他攻陷蒙斯城时，他让法国驻军安全撤离。他私下斥责，圣巴托罗缪节大屠杀事件是引起战争的一种卑鄙的手段；但在公开场合，他下令举行庆祝会，颂扬这次大屠杀为唯一真正的基督精神的一大胜利。

有些省份的行政长官则有效控制民众，防止野蛮杀戮。香槟、皮卡迪、布列塔尼等省没有残杀事件，奥韦涅、朗格多克、勃艮第、多芬等地也只有少数几起。里昂的天主教徒斥责屠杀的行为，当地的士兵则拒绝参与这项行动。维也纳的主教给予胡格诺派教徒庇护，而当地的天主教徒把有生命危险的胡格诺教徒藏匿起来。奥尔良和特鲁瓦两地的主教则纵容屠杀。波尔多一位耶稣会会员宣称天使米歇尔下令屠杀，他指责地方官迟迟不下令执刑。各省在这个事件中被杀者约5000 人，巴黎几达 2000 人。但据一般估计，被杀者总数为 5000 至30000 人。

天主教徒通常诬称这是多年来胡格诺教徒压迫天主教徒，积怨日久终致宣泄复仇的惨案。菲利普二世一反日常严肃态度，笑道：现在可不必再担心法国干预荷兰了。教廷驻巴黎大使向教皇报告说："余谨以至诚恭贺圣驾之荣邀天主圣宠，圣驾登基以来，由于诸事因应得体，致使法国国王及太后得受恩宠，慎谋能断，适时一举捕捉叛逆，铲除恶根。"消息传到罗马，洛林主教欣喜若狂，立即赏赐传令者1000 克朗。顿时，整个罗马灯火通明;圣安吉罗城堡发射礼炮庆祝，教堂钟声大作，教皇格列高利十三世率领枢机主教们参加庄严的感恩弥撒，感谢"这次对基督子民的恩赐"使教廷和法国免于一场浩劫。教皇并下旨订制一种特别的奖章以纪念新教徒的战败或屠杀——同时命令意大利画家瓦萨里在梵蒂冈的雷古亚厅绘画一幅大屠杀图，刻上"教皇特准杀死科利尼"等字。

欧洲的新教徒把这次大屠杀事件视为卑鄙野蛮。奥伦奇的威廉告诉法国特使：查理九世永远无法洗清他血腥的双手。在英国，伊丽莎白女皇接到许多复仇的要求而感困扰，主教们进谏称安抚民愤的唯一方法是，立即处死那些拒绝宣誓效忠王室而被捕下狱的天主教徒，至少苏格兰王后应即刻处死。伊丽莎白不为所动，她一大早即整装上朝接见法国大使，她对法国大使所称胡格诺教徒阴谋叛变，致被屠杀一事颇表怀疑。但她继续联法抗西，并对阿朗松（Alençon）的求婚加以戏弄。11月，她答应做查理九世女儿的教母。

凯瑟琳满怀欣悦地脱离屠场，国王再度成为她的臣属，而胡格诺教徒的问题也似乎获得解决了。但她错了。虽然很多法国的新教徒见风转舵以免被杀，但这种反悔，日后被证明是一种权宜之计。大屠杀后不到两个月，胡格诺派教徒发动第四次宗教战争。拉·罗契尔以及其他几个市镇闭门禁止御林军入内，随后陆续负隅顽抗。1573年7月6日，查理签订了《拉·罗契尔和平条约》，保证新教徒的宗教自由，就政治方面言，这次大屠杀并无任何成就。

胡格诺派教徒知识分子以前曾表示效忠国王，现在对查理九世感到恐惧，并怀疑诸侯的权力和君主政治的体制。胡格诺派教徒法学家弗朗索瓦·霍特曼（François Hotman）于大屠杀后逃亡瑞士，一年后他著书大胆攻击查理。在书中他说："国王的罪恶已使人民失去了对他的忠诚。他是一个罪人，应予废位。"那年年底以前，霍特曼又在日内瓦出版他的《法国—高卢》（*Franco Gallia*）一书，该书为宪政史上最早尝试的论著。他认为高卢—法国的君主政体，皆由选举而来；至路易十一以前的历代君王均向国民大会或其他类似机构负责；目前卑鄙的议会及久经忽视的全国代表大会即为选举权被削弱的剩余物；而该选举权即由人民授权上述机构而来的。"仅人民有权选举和罢免诸王。"他要求全国代表大会定期召开大会，该会有权制定法律，宣战或媾和，任命主要官吏，规定承继权，并废除庸君。此为1789年法国大革命的肇端。

死神不久劫走了查理九世，其内心善恶交战的紧张心情，终使先天不佳的身体不支倒地。他有时注视着他心黑手辣的斑斑罪迹，有时则谴责自己不该同意那场屠杀，有时被杀的胡格诺派教徒的哀号一直在他耳际回绕使他难以成眠。于是他开始责备他的母亲："你就是罪魁祸首。上帝的血，你就是罪魁祸首！"她抱怨她的儿子精神不正常，他渐渐郁郁寡欢，形容枯槁，脸色苍白。他常有患肺病的倾向，现在抵抗力更加薄弱，1574年咯血，病况一再恶化。近春天时咯血不止，病中他仿佛又看到那些被屠杀的胡格诺派教徒，他对着护士大喊："溅血啦！残杀啦！我就是听信谗言！上帝啊！饶了我吧！……我完了！"在他去世的1574年5月30日那天，他召来了那瓦尔的亨利，深情地抱着他，说道："弟弟，你马上要失掉一位好友了。如果我相信别人跟我说的话，你可能活不到现在了，但我永远爱着你……我相信你会好好地照顾我的妻女的。为我祈祷吧，再见了。"说完后不久他便断气，时年不到24岁。

第六章 | 亨利四世
（1553—1610）

爱情与婚姻

亨利的祖母即玛格丽特，她是勇敢善战而又多情的弗朗索瓦一世的妹妹，可爱、聪敏、虔诚。亨利之母即是叛逆而难以驾驭的异教徒——让娜，他的父亲波旁·安东尼是圣路易的后裔，温文风雅，英俊潇洒，勇敢出众，只是宗教信仰不坚定。1553 年 12 月 14 日，亨利在贝阿恩的波城诞生时，他可能秉承了除虔诚以外的一切先人特质。他快乐的祖父确认这是一个好兆头，于让娜分娩阵痛时，劝她对圣母玛利亚颂歌一曲。这位婴儿在贝阿恩受浸时，他用大蒜头摩擦婴儿的嘴唇，并给其饮酒。这位英雄一共吸干了 8 位奶妈的乳水。

他不喜欢读书，讨厌文法，却写得一手好文章。他喜欢阅读普鲁塔克的英雄传记，视之为英雄主义的《圣经》。他几乎是在户外长大的，擅长跑步、追逐游戏、角力、骑马、拳击；吃黑面包、干酪和洋葱；严冬溽暑，无不欣然乐在其中。他出身于胡格诺教徒家庭，父母将他培养成一个新教徒，但他绝不让宗教妨碍他的生活。他 9 岁时奉召入宫学习宫廷仪礼和道德规范，很快就接受了天主教教规；13 岁时返回贝阿恩，像更换衣服适应天气一样，又重新信仰新教。他轻易地经历了数度恋爱——拉·佩蒂特、梅莉·蒙塔古、阿娜迪尼、拉加尔丝、凯瑟琳·鲁克、安妮·康伯福。他在更换信仰和情人时，从没有良心上的不安。

他的目标是登上法国皇帝的宝座。19 岁时父亲去世，他即继位为那瓦尔王，这仅是王权的初步尝试。他到巴黎与瓦洛伊斯的玛格丽特成婚时，他成为仅次于安茹公爵和阿朗松公爵二人外法国王位的第三个继承人了。他成婚后便发生屠杀新教徒事件，他及时叛离新教而保全了生命。

他的新婚夫人玛格丽特是法国最娇媚、最殷勤的女人。没有人对她的美表示怀疑，龙沙以诗歌赞美她的美；布朗托姆歌颂她那晶莹雪白的肌肤、如云的秀发或变化的假发、她那善解人意而发射出喜怒哀乐的迷人的眼睛、她的像一个妓女般美好，但也庄严得像皇后的身材、她那领导宫廷舞会活泼的玉腿以及她那明朗活泼的性格。成群的追求者都在她的魅力下成为爱情的俘虏，流言传播她那些机巧甚至乱伦的艳事。亨利自己风流成性，对这种事情几乎无从抱怨。但玛格丽特被迫和他成婚，婚后不久，她又不安于室了，亨利开始怀疑到底哪一个男人会是他孩子的父亲呢？他有了一个情妇，后来病倒了。虽然玛格丽特说他荒淫无度，罪有应得，但仍细心看护他。不久两人因猜忌而疏远，她这样写道："我们既不睡在一起，也不再互相交谈。"

他满心不情愿地在宫廷中待了 3 年。有一天晚上（1575 年）狩猎时，他疾驰狂奔出领界之外，然后化装越过法国国界，经过重重难关抵达内拉克，以正义和睿智来统治贝阿恩和吉耶纳。他舍弃了天主教，在贝阿恩恢复新教徒的势力，在吉耶纳保护新教徒。3 年后玛格丽特来了，而这位年轻的国王在出外狩猎或与天主教徒战争之余，即帮她举行小规模宫廷宴会，以遮掩彼此的不忠。1582 年，她厌倦了帮他的情妇分娩，返回巴黎。但她在巴黎秽行四播，致使她哥哥亨利命令她速返丈夫身边。在贝阿恩又待了 2 年后，她退隐到阿让。两个国王——两个亨利，同意将她软禁在查蒂·德·乌松（Château d'Usson），并给她一笔数目相当可观的养老金（1587—1605 年）。她把监狱变成沙龙，招待一些诗人、艺术家、学者、情人，写她那漫谈式的回忆录。黎塞留推崇她的文体，蒙田把自己的文章献给她，布道家赞扬她的仁慈。经过多方劝诱后，她同意离婚，于 1605 年回到巴黎和王宫，重拾沙龙和浪漫的生活。她的身材逐渐肥胖，内心也感到一丝悔意，于是请了维琴特·保尔当私人牧师，创设一座女修道院，1615 年在安详与虔诚中去世，享年 62 岁。一位当时人士曾这样评论她："玛格丽特作为瓦洛伊斯王族唯一的残存者，浑身充满了善意……除了她自己之外，她不曾伤害过任何人。"

亨利三世（1574—1589）

安茹公爵登上波兰王位后不久即回国，时年 24 岁，成为亨利三世——法国瓦洛伊斯的最后一个国王。巴黎的卢浮宫内有一张未具名的画像，显出他身材修长、脸色苍白、表情玄默——一个性情善良而掺杂着不良遗传的人。他身体屡弱，情绪不稳，容易疲劳，不得不避免骑马和狩猎，动辄便在床上休息数天。他皮肤常发痒，无药可治。加上头痛、胃痛、耳鸣，年未 36 岁即已齿牙脱落，白发皤皤。他表面上的傲慢其实是缺乏自信，他冷酷表情之下隐藏的是恐惧，通常他是温和而谨慎的。不幸的是，他有异装癖。有一次他出现于舞会中，穿着低领的服装，颈上挂着一串珍珠，耳带有珠宝装饰，双手套上了手镯。他在身边召集了 12 个娇小妩媚的男孩子，卷曲着长发，脸上涂抹脂粉，穿上化装的服饰，再洒些香水，使之摇曳生香。他有时候装扮成一个女人，由这些不男不女的人前呼后拥，于晚间逐街嬉游并戏弄市民。在国家财政濒临破产而政治几成无政府状态之时，他竟不惜耗费巨资以 1100 万法郎用在一个男宠的婚礼上，并将法官的捐俸加倍为另一个男宠购买结婚礼物。不过他也将民脂民膏用在公益的方面——建造新桥，装修卢浮宫，整顿脏乱，使巴黎数个落后地区楼阁林立，焕然一新。他推动文艺活动和戏剧，励精图治，为了偿付他所有的借贷，他步行到沙特尔（Chartres）和克莱里（Cléry）朝圣。他走遍巴黎的教堂，手中不离大串的念珠，热心地收集主祷文和圣母颂。他参加了"蓝色苦修僧"（Blue Penitents）幽灵似的夜间游行行列，将麻袋套在身上，只开几个洞供眼睛看和脚活动。他没有孩子，他母亲将双亲羸弱多病的体质又传给了他，伤心地眼见她的子嗣即将凋零灭绝。

当时政治环境的混乱，远非亨利所能了解。他天生不善战，凯瑟琳年纪大了，渴望的是和平。胡格诺教徒虽失势，但未屈服，他们继续起来反抗。他的弟弟阿朗松公爵这时正在和英国信仰新教的女王互通款曲，参加荷兰境内新教徒的叛变，并加入那瓦尔的亨利在贝阿恩的势力。一小部分被其批评者称之为"政治家"的天主教领袖，采纳奥皮塔尔的意见（他于 1573 年抑郁而死），建议双方在敌对的信仰中互相宽容，并力主国家在宗教不统一的情况下才能够继续生存，显然这个意见在双方阵营中都不受欢迎。他们争辩说，如果教皇不容许这样的妥协，则法国应终止其与罗马的宗教关系。慑于"政治家"和胡格诺教徒的联合及增援新教徒的德国军队的入侵，亨利于 1576 年在博略（Beaulieu）签订《蒙塞尔和平条约》（*Peace of Monsieur*），并公布了和平诏书——《博略诏书》（*Edict of Beaulieu*），结束了第五次宗教战争。《博略诏书》赋予胡格诺教徒在法国各地充分的信教自由，适任各种公职，并允许胡格诺教徒在 8 个城市享有政治和军事的完全独立自主。

大部分天主教徒，尤其是巴黎那些顽固守旧的民众，都对这次向那些本以为可被铲平的新教党徒所做的让步感到震惊。1562 年，洛林的枢机主教曾提议筹组"神圣同盟"，其会员须宣誓不惜运用任何手段和代价来保护教会，亨利·吉斯于 1568 年在香槟即曾筹组类似的组织，此时很多省份也已成立类似的机构。1576 年，吉斯公爵公开宣布"神圣同盟"的组织，并誓师出征，决心彻底消灭胡格诺教徒。

　　我们自应避免赘述第六、七、八次宗教战争的前因后果，除非其能影响法国国情或思潮。此时，哲学再度介入这个纷争之地。1579年，一位未经指明的作家——很可能是菲利普·杜普利西斯·摩那（Philippe Duplessis Mornay），那瓦尔的一位议员——从瑞士西北的巴塞尔城，发出一则激动人心的宣言，名曰《人民有权反对暴君的辩白》（Vindiciae Contra Tyrannos）。它以拉丁文写成，但马上被译成各国文字。它的影响达一个世纪之久。在法国，胡格诺教徒以它为工具，荷兰人则用它来对抗菲利普。清教徒用它来反抗查理一世，英国的辉格党利用它为废立詹姆士二世辩护。往昔国家与统治者之间默许的"社会契约"理论（Social Contract），至此定型。而日后的托马斯·霍布斯、约翰·洛克、卢梭等政治学者也提出了同样的主张。第一，政府是上帝、人民与君王三者组成的盟约（Covenant）以维护和服从"真正的宗教"（True Religion）——新教；任何国君未能遵行这些原则，均应遭废立。第二，政府是介乎国君与人民之间的一项协定：国君治世，凡百庶政，大公无私，臣民在野，恭驯服从。国君与人民均须服从自然法则——理智和天生的正义的法则，类似神圣的道德律，而超乎所有"成文的"（人制定的）法则之上。国君的职责即在维护这项法则，使之具有积极的、自然的、神圣的性质。他是推行这一法则的工具，而非其主宰。"人民……是一个整体，应被视为王国绝对的主人和所有人。"但国王是否为暴君将由谁评定呢？不是群众可以决定的，"那就像万头的怪物"，宁可由地方长官来决定，或是像法国国民代表大会一类的议会来决定。

　　阿朗松公爵于1584年逝世、亨利三世承认那瓦尔的亨利为假定王位继承人后，双方武力和思想的冲突更加尖锐。一夜之间，胡格诺教徒闭口不谈暴政和废位问题，他们成为亨利继承王位的热烈赞助者，盼望着体弱多病的瓦洛伊斯王早日驾崩，把法国让给他们新教的波旁王朝。胡格诺教徒最近公布的宣言——《辩白》不再受欢迎，而霍特曼则宣称凡反对那瓦尔的亨利继承王位的都是罪人。但大部分法国人一想到胡格诺教徒国王来统治他们，就不寒而栗。一个新教徒怎能在兰斯接受教会的涂油仪式呢？而不经这种涂油仪式，谁又能成合法的法国国王呢？保守的教会人士在激昂的耶稣会教士领导之下，指斥这项王位的继承，并召集所有的天主教徒加入神圣同盟。亨利三世在局势驱迫之下改弦更张，加入神圣同盟，并命令全国的新教徒改信天主教，否则即须离开法国。那瓦尔的亨利向欧洲各国控诉，要各国承认他的继位是正当的。但教皇西克斯图斯五世将他逐出教会，宣布他是一个固执的异教徒，无权继承王位。波旁枢机主教查理现在宣布自己是假定继承人。凯瑟琳再度为和平奔忙，表示如果那瓦尔放弃新教的话，她愿意支持他，但那瓦尔拒绝。他率领一支包括部分天主教徒的军队首先发难，在数月内攻陷了 6 座城市，并在库特拉斯（Coutras）击败一支两倍于他的"神圣同盟"的军队（1587 年）。

胡格诺教徒的数目约占全法国人口的 1/12，现在占有法国主要城市的一半。巴黎是法国的心脏，该城热烈支持神圣同盟。神圣同盟不满亨利三世暧昧的态度，由来自 16 个区的代表在巴黎组织了一个革命政府。这一"十六人当局"（The Sixteen）即与西班牙磋商，要求西班牙入侵英国和法国，并计划捉拿国王。亨利迫于局势，召来了瑞士禁卫军团。"十六人当局"即要求吉斯公爵控制巴黎，但被国王阻止。此时吉斯抵达巴黎，民众夹道欢呼，拥他为法国天主教领袖。亨利三世遭此羞辱，发誓要报一箭之仇。他逃亡到沙特尔。后来又失去了勇气，排除了那瓦尔的亨利，任命亨利·吉斯为统帅，并下令全国代表大会在布卢瓦召开。

代表们集会时，国王愤愤然注意到几乎所有的皇族荣耀都为吉斯一人占尽。一日，他做了疯狂的决定，要他的助理谋杀吉斯公爵。他邀吉斯参加一个秘密会议。这位年轻的贵族接近国王的房间时，9 个刺客拥上将他刺死。国王开了房门，满怀兴奋地注视着这一场景（1588 年 12 月 24 日）。他下令监禁"同盟"的领袖们，宣判吉斯公爵的弟弟吉斯枢机主教死刑。怀着骄傲和恐惧的心情他向母后报告自作主张的行动，她绝望地搓着手说："你已经把法国毁了。"

　　12 天后太后驾崩，享年 69 岁。她因责任、焦虑、阴谋或懊悔而心力交瘁，几乎无人为她的去世哀伤。她下葬于布卢瓦的一个普通的墓中，因为提出把她的遗骸安葬于她预先准备好的圣丹尼墓地时，"十六人当局"马上宣布：若她的遗骸被运回巴黎，他们便把它投入塞纳河中。半数的法国人指责亨利三世是谋杀者，学生沿街示威，要求他退位。在教皇的支持下，巴黎神学院的神学家解除人民对国王的效忠。各地的教士们呼吁进行武装叛变。国王的亲信一一被捕，担心被认为是保皇党的男女，大群挤入教堂内寻求保护。神圣同盟政治宣传小册子的著者接收了胡格诺教徒的政治理论：人民被视为统治者，可以通过议会或官吏行使他们的主权废立暴君；未来任何一位君王都须受宪法的限制，而君王主要的职责是推动真正的宗教——天主教。

　　此时亨利三世与一些贵族和士兵，在图尔城受到两大可怕势力的夹击："同盟"的军队在马耶纳公爵率领下，正从北方南下；攻城略地的那瓦尔大军，也从南方直上；两军都志在捕获他。胡格诺教徒的亨利把握机会，派遣杜普利西斯·摩那晋见国王，表示支持与保护，并请国王加盟。1589 年 4 月 30 日，两个亨利在普罗西斯尔斯——图尔会师，誓言互相忠信。他们会师，一举战败马耶纳，大军继续向巴黎推进。

　　在这个疯狂的首都，有一位叫雅各·克莱门特（Jacques Clément）的圣多米尼克教派僧侣，热情地倾听着有关亨利三世被指控为刺客的事。他确信，一次神圣伟大的壮举可以使他消除业障。同时被杀的吉斯公爵的妹妹，蒙庞西耶（Montpensier）公爵夫人凯瑟琳的悲伤和美丽——也激励了他。他身藏一把匕首，摸索潜入国王营帐之内，然后将匕首戳入国王腹中。他当场被卫兵杀死，死时怀着灵魂升入天堂的信心。亨利·瓦洛伊斯于翌晨逝世（1589 年 8 月 2 日），临终时嘱其部属要投效他的表亲那瓦尔。这时军心大乱，士气低沉，进攻巴黎的计划只好暂搁一旁。消息传到巴黎时，"同盟"及其部属欣喜若狂。有些教堂的祭坛上挂着这位僧侣的遗像。虔信的徒众为这次暗杀喝彩，他们认为这是自基督降生以来，上帝最伟大的行动。克莱门特的母亲被人从乡下请到巴黎的各教堂传道，人们以一首赞美诗欢迎她："怀汝之胎有福了，赐汝吸吮的乳头有福了。"

通往巴黎之路（1589—1594）

亨利·那瓦尔正面临生命的危机，突然之间，他因法律和传统而成为法国国王，但几乎同样突然地，他的部队有一半背弃了他。先前效忠亨利三世的贵族离他而去，归返家园，他部队中大部分天主教徒也不见了。法国有2/3的人表示坚决反对新教徒当国王。两次暗杀事件暂时使"政治家"沉默下来，巴黎议会承认波旁枢机主教为法国国王。西班牙国王菲利普向神圣同盟保证倾美洲的黄金为后盾，维持法国为天主教国家。这时令菲利普稍感快慰的是：法国生产和贸易的瓦解使法国到处荒芜寥落，人怨沸腾，民不聊生。

巴黎反对那瓦尔甚为激烈，以他目前骤然大减的兵力和杂乱无章的军队，进攻巴黎实在大有问题。那瓦尔统帅指挥受到情妇的阻挠多于敌人的阻挠，这时他谨慎地撤回北上的部队，以接受英国方面的援助，而马耶纳公爵乘机快速追赶。在迪耶普（Dieppe）之南的阿奎兹（Arques）两军遭遇，亨利兵力只有7000人，马耶纳公爵则有2.3万人之多（1589年9月21日）。我们可从亨利致他的指挥官克里朗的信函中得知战果："你自己上吊好了，勇敢的克里朗，我们曾在阿奎兹奋战，而你却溜到别的地方去了。"这次的胜利使各地暗中支持亨利的人受到鼓舞，好几个城镇大开城门欢迎他进入；威尼斯共和国承认他为法国国王；伊丽莎白女王为了使法国免沦为西班牙的统治，也和威尼斯同样急迫地派遣了4000多士兵前来支援他，赠送他2.2万金镑，7万磅火药，数船的鞋子、食物、酒、啤酒等。菲利普则从佛兰德斯派遣一支部队增援马耶纳以为报复。援军于1590年3月14日在厄尔（Eure）的伊夫里大战。他在头盔插上一根装饰用的白翎——几乎不能称为白色的羽毛，并对他的部下说："若你们在战事最激烈时被冲散了，赶快在我右方的梨树下集合……如果你们失去了军旗，就以我头盔上的白翎为准——你们会永远发现它在荣耀的道路上迈进，我希望我们旗开得胜。"他和平常一样，总是身先士卒。他的右臂因搏杀而青肿，宝剑变形。他仁慈的美名对他非常有利，因为马耶纳属下数千名未获薪饷的瑞士兵归降于他。亨利在此役中大获全胜，"同盟"战败，已无可战之兵。他一路无阻，再度向巴黎围攻。

1590 年 5 月至 9 月，他那支又穷困又饥饿的军队，迫切地想攻入巴黎抢劫一顿，但为亨利所阻。他拒绝下令屠杀，担心造成比圣巴托罗缪惨案更坏的局面。巴黎被围一月后粮食不继。巴黎人仅以马、老鼠、狗和草糊口。亨利顿生怜悯之心，下令让粮食入内。菲利普命令驻荷兰总督帕尔马公爵率领装备精良、久经战阵的西班牙精锐部队前来救援。亨利使出谋略，大军退至卢昂诱敌来犯。帕尔马尾追不舍，两军展开策略决战。帕尔马因病魔缠身无能为力而溃败，亨利大军再度把巴黎团团围住。

现在，他面临一个根本问题：身为新教徒，他能在这个 90% 都信奉天主教的国家赢取并保有王位吗？甚至他的兵士多半是天主教徒。另一个困扰他的难题是他现在财政短绌，已无力给他的兵士发饷。他召进重要幕僚，坦承有意改信天主教。有些幕僚赞成，认为这是通向和平的唯一途径。另一些人指责该计划，认为对于曾经提供血泪和金钱以期能有一位新教徒当国王的胡格诺教徒来说，这无疑是一次残酷而丑陋的背弃行为。对此，亨利的回答是："如果我照你们的意见继续战争，法国很快就没有皇帝，也没有国王了。我希望把和平带给我的臣民，也让我的灵魂得到休息。你们好好商量，看什么才是你们需要的，我将永远准备满足你们。"他补充说："这两个宗教之间差异之所以扩大，或许因传道者的仇视而起。有一天，我将借我的权力设法解决这件事。"然后他给自己的基本信仰下定义："那些坚信不疑不违背良心的人，就是我的教友，所有勇者和善者信仰的宗教也就是我的宗教。"杜普利西斯·摩那、阿格里帕·德奥比格尼（Agrippa d'Aubigné）及其他的新教领袖纷纷离开他，但亨利最忠诚的顾问索利公爵仍坚信新教，却同意了他的决定："巴黎很值得做弥撒。"

1593 年 5 月 18 日，亨利派人告知教皇和巴黎的天主教当局，说他愿学习天主教的信仰。教皇格列高利十四世重申破门律，但法国天主教当局不盲从罗马的决定，准备辅助这位新的忏悔者成为虔诚的国王。但他不是一个很听话的学生。他不愿保证对异教开战，他拒绝签字或相信"他十分清楚，他们大多数人也不信的无价值的东西"。他婉转地接受赎罪的教条因为"这是你们收入最好的部分"。在 7 月 25 日他写信给他当时的情妇说："我即将尝试一次危险的跳跃。"他到圣丹尼修道院忏悔，接受赦罪，并聆听弥撒。

两大阵营中成千上万的人谴责他是伪君子。耶稣会对他改信天主教之事加以否定，神圣同盟的领导分子继续反抗。但自帕尔马公爵和波旁枢机主教死后，神圣同盟势力大为减弱，而"十六人当局"因支持菲利普促成其女为法国王后之事，已失去法国爱国人士的拥护。很多贵族投奔亨利，视亨利为能够阻止西班牙侵略的一位将领，他们认为他是一位仁慈的统治者，他能使濒临四分五裂边缘的法国恢复原来健康的面貌。这时有一份构想精巧的刊物《梅尼普斯讽刺诗》（*Satyre Ménippée*）道出了"政治家"和中产阶级的心声，以机智讽刺的文章调侃耶稣会会员和"同盟"，并宣称："从来没有和平是如此不公正的，甚至它连最公正的战争都比不上。"连有宗教狂热的巴黎也呼吁和平。小部分人的敌视持续 8 个月之久。1594 年 3 月 22 日，亨利在几乎无人阻挡的情况下，受到热烈的喝彩和欢呼，他必须被抬着穿过人群，进入巴黎圣母院。22 年前，他在卢浮宫当阶下囚时，几乎性命不保，如今他在同一个地方登上王位，心中乐不可支，发布大赦，甚至连吉斯王族及"十六人当局"也包括在内。他对一部分敌人以宽恕礼遇争取过来，另一部分则以借贷得来的款项加以贿赂。

虽然如此，人心并未全部归向他。在里昂，皮雷·巴里耶雷买了一把刀，把它磨得锋利后，即动身前往巴黎，声称此行的目的是要刺杀国王。他在麦兰被捕，立刻被处以绞刑。"啊！"亨利说，"如果我知道这件事，会饶恕他的。"教皇克莱门特八世颁召赦免国王之罪，但耶稣会教士继续传道反对他。12月27日，年仅19岁的让·查特尔（Jean Châtel）以匕首向国王行刺，但仅割破口唇和打碎一颗牙齿。亨利又建议饶恕这个狂徒，但有关当局认为查特尔须受弑君罪应得的刑罚制裁。查特尔傲然坦承刺杀这一异教皇帝的意愿，并供认为其本身的超脱，他准备进行另一次暗杀。他承认是耶稣会的学生，但不愿意以自己的所作所为牵连到他们。西班牙耶稣会教士马里安纳曾说过赞成昏君被弑，亨利三世尤其该杀。法国耶稣会教士圭格纳德（Guignard）曾经撰文评论亨利四世，认为他在圣巴托罗缪大屠杀中即应被杀，而现在应该"不惜任何代价和运用任何手段"加以铲除。1595年初，巴黎议会应巴黎神学院世俗教士的请求，下令耶稣会教士们离开法国。

富有创造力的国王（1594—1610）

亨利披荆斩棘，发现国家重建的工作比权力的征服更为艰难。32年的宗教战争使法国的景象萧条混乱，几乎像100年前"百年战争"后一样，法国商船已从海上消失。30万家园惨遭摧毁。战争的仇恨使道德坠落，复仇的狂欲已经毒化了法国。复员的士兵横行于道路和乡间，到处抢掠、谋杀。贵族们以效忠为条件阴谋敲诈，要求恢复封建领主的主权；各省长久以来自谋发展，使法国分割成一些自治政府；而胡格诺教徒叫嚣着政治独立与宗教自由。神圣同盟仍有一支仇视的军队继续作战。亨利以金钱收买该军指挥官马耶纳同意休战，最后于1596年1月达成全面和平。在签订议和条件时，亨利让这位胖公爵步行得气喘如牛精疲力竭，然后告诉他这是给他唯一的惩罚。这时亨利手下一位将领比龙公爵查理·贡托阴谋叛变，亨利愿意给他一个悔过的机会。比龙公爵加以拒绝，被处以极刑（1602 年）。至此全法国才意识到那瓦尔是法国国王了。厌倦无政府混乱状态的法国人开始拥护他——商人阶级请求他——奠立新波旁君主专制政体。王室的专制政治是英国内战的起因，却是法国内战的结果。

政府首要之需既为金钱，亨利下令征税。现在的法国财政委员会因贪污声名狼藉，亨利以不畏任何势力的索利公爵主管财政，并授以全权来清除纳税人与收税者之间沆瀣一气的污浊气氛。马克西米利安·贝苏尼（Maximilien de Béthune）是与亨利交往达 25 年之久的知己，随他南征北讨已有 14 年，现在（1597 年）才 37 岁，他采取铁腕措施攻击盗用公款和腐败无能的官吏，使自己成为法国内阁中最重要但不受欢迎的阁员。挂在卢浮宫内一张杜蒙斯蒂尔（Dumonstier）所画的人像显示：他大头浓眉，有一双锐利而表示怀疑的眼睛。对辅助一个风流成性的国王——像卡萨诺瓦（Casanova）一样忙于女人的事情，因此无法做出查理曼那样的伟业，他是所需要的真正的天才。索利以政府的守望者自居。他身兼财政、公路、交通、公共建筑、防御工事、炮队的监督者，巴黎巴士底监狱狱长，巴黎总检察官。他无所不在，无事不管，坚持做事要有效率、节约及正直。他从起床一直工作到就寝时，生活在一间朴实无华的房间中，墙壁上仅挂着加尔文和路德的画像。他维护胡格诺教教友们的利益，稳定金融货币，重新整顿官僚，并加以训练，强迫盗窃公款公物的官吏如数退还，要求老百姓将战时据为己有的国家财产和岁收退还给政府，并强迫 4 万个逃税者缴税。他上任后，发现国家财政负债达 2.96 亿里弗，他不仅偿清了这些债务、平衡了预算，而且积存了盈余达 1300 万里弗之多。他保护、鼓励开创各种经济的新局面，如筑路、建桥、计划开凿大运河以沟通大西洋和地中海之间的航运，并使法国内部的卢瓦尔河衔接塞纳河。他宣布所有可资航行的河川均属于王室领土，禁止任意封锁，重新舒畅陆上货物的流通。

得益于这几位精选的贤能部长的辅助，亨利才能着手重建法国的工作。他使朝廷和议会恢复其合法的职权和威信，如他批准官吏把职位让给他们的儿子，不仅可收集一笔款项，还可稳定政府，使中产阶级抬头——特别是合法的团体或法官等高贵阶级，以与敌视的贵族阶级互相抗衡、抵消。亨利平时忙于享受生命和工作，很少有时间看书，但对奥利维·塞尔斯（Olivier de Serres）的《农业剧场》（*Les Théâtre d'Agriculture*，1600年）细心研读。该书详介更科学的耕种方法，他将这些改良的方法用于皇家土地，作为忙碌度日的农人耕作的鞭策和榜样。他曾说，他渴望看到每个家庭星期日用餐时锅中都有一只鸡。他下令禁止贵族们狩猎时在葡萄园或稻田上骑马奔驰，也严禁军队践踏农田。他取消农民欠缴的2000万里弗的税款（可能是因为他知道他永远收不回这笔款项），将人头税从2000万减至1400万里弗。在柯尔伯（法国政治家、财政家）之前，就实施以关税来保护本国现存的工业，并将制造精致陶瓷和玻璃、丝织等新工业引进法国。他在土伊勒里皇宫和枫丹白露两处的花园种植桑树，要求每个主教辖区必须种植1万株桑树。他帮助并扩展巴黎戈布林工厂（The Gobelins）的织挂毛毡。为使工人免受同业公会中工头们法律规章的束缚，他重组法国的工业，使其建立在一个共同的基础——各行业的雇主与受雇者联合而受国家法律的约束。但贫穷继续存在，部分是由于战争、瘟疫、税捐，部分则因各人才能不等，但贪欲则一，使大多数的物资历代都被少数人占取。国王本身生活俭朴，只在情妇身上挥霍无度。为了辅导失业者就业并清除乡间成群好吃懒做的老兵，他筹资兴建一系列公共工程：铺平并拓宽街道，开凿运河，沿着公路栽培树木；开放公园和广场——如皇家广场和多芬广场，好让巴黎有足够的活动空间。国王还为残废的穷人创设慈善医院。这些改革在他突然去世以前虽未能一一实现，但终他统治之期，法国确已享受到弗朗索瓦一世以后未有的繁荣。

最重要的是他结束了宗教战争，而且教导天主教与新教徒和平相处。双方并不友善，因为虔信的天主教无法容忍胡格诺教徒权利的存在，而狂热的胡格诺教徒也视天主教的崇拜为异端的偶像崇拜。1598年 4 月 13 日，亨利冒险颁布历史性的《南特诏书》，赋予除 17 个天主教徒占绝大多数（如巴黎）的城镇外法国 800 个市镇信仰自由。自此胡格诺教徒担任公职的权利已经确定，国会中已有两名胡格诺教徒担任要职，而胡格诺教徒蒂雷纳（Turenne）将出任法国元帅。政府将支薪予新教徒部长和每一所新教教会学校的校长。新教徒的子女与天主教徒的子女享受同等待遇，得以进入小学、学院、大学和医院，由胡格诺教徒控制的城镇——如拉·罗契尔、蒙彼利埃和蒙托邦将保留原状，其城堡和驻军将由政府维持。像这样已经放宽的宗教自由仍未臻完美，因它仅针对天主教和新教而已，其他宗教则未受惠，但它已在欧洲创立最进步的宗教容忍范例。唯有这么一个对信仰充满怀疑的人才能改变"笃信基督教的国王陛下"成为一个基督徒。

法国各地的天主教徒呼吁反对这个诏书，认为这是背叛了亨利支持他们信条的诺言。教皇克莱门特八世指责"这是人们能够想象的最不幸的事件，人人享有良心的自由，那是世界上最坏的事情"。天主教作家再次宣称异教国君应被废或被杀死，而像霍特曼之流的新教作家，在亨利三世时曾为民权论辩护，现在对新教君专制的德政大加赞扬。巴黎议会在很长的时间中拒绝给予该诏书官方的登记，依照惯例，如果没有这项登记，任何皇家谕令均无法成为被接受的法律。亨利召集该会会员，解释其所作所为是法国和平重建不可或缺的。议会终于让步，并接受 6 位胡格诺教徒为会员。

1603 年，亨利允许耶稣会会员重返法国，可能是平息天主教反对势力和抚慰教皇的一种手段。索利坚决反对这一措施。他辩称，耶稣会教士都是"天才人物，但巧言令色，诡计多端"；他们为哈布斯堡王族效力，是法国之敌——西班牙和奥地利的人；他们宣誓无条件效忠教皇，而教皇地理上是哈布斯堡王族的阶下囚，财政上是其依赖者；他们迟早会左右亨利的政策，此计未能得逞，他们将会说服几个狂人"以下毒或其他方法取你性命"。亨利回答,如获耶稣会教士的支持,对法国的统一工作是一大助益,若继续予以放逐和敌视,对于他的生命及政策而言,可能比让他们回到法国更危险。他以耶稣会教士皮埃尔·科顿(Pierre Coton)为听他告解的神父,后来发现他忠诚、人缘好、热心于法国的行政和慈善运动。

登徒子

在孔代博物馆内,有一张小法兰斯·波伯斯(Frans Pourbus the Younger)画的愉快的亨利肖像,显示他骄傲和权力的充分成熟:体格柔软,衣着简单,仅穿松弛垂落的宫廷仪式裤,黑色的紧身上衣和长筒袜,左手叉腰,灰色胡子下有一条绉领,庄严的鼻梁,坚定的嘴巴,眼光锐利、怀疑而仁慈。多年的军旅生活使他具有军人的仪表、涵养和名望,强壮、活跃、不知疲倦、过分忙碌使他无法保持清洁或按时更换衣服。有位朋友说,有时"他臭得像腐尸一般"。终日行军或战斗后,他还叫手下安排田猎。他是勇敢的人,但披挂上阵时,即有腹泻的毛病。在他去世前 7 年中,他患了赤痢、小便困难、痛风等症。他的心志跟他的身体一样具有坚定和弹性。他能够很快听出讨好的话,立刻把握问题的本质,写信快捷,精神勃勃,他的睿智使法国历史平添光彩。他提名拉·维维里(La Vieuville)任某项职务时,这位感激的受惠者以《圣经》的口吻说:"主啊!我不配。"亨利答道:"我很清楚,但我的甥儿要我任命你呀!"有一次他参加餐会,被一位请愿者挡驾了,那人一开头就以浮夸的口气说:"陛下,阿格西劳斯,斯巴达拉塞达埃蒙之王——"亨利叹了一口气说:"肚子要紧!我曾听过这个人,但他已经吃过饭了,我还没有呢。"一位法国历史学家称:"他是法国历代君王中最英明的。"

他也是最受爱戴的国王,但不是最受欢迎的,尚有半数的法国人只是勉强接受他。那些熟知他的人誓死为他效力,其中一部分人不惜一切予以支持。他是最随和的统治者，不矫揉造作，纯真，本性善良，不轻易动怒，永不吝于宽恕他人的过错。他的朝臣抱怨他不喜欢展示国君威仪，他允许诗人和剧作家对他开玩笑，虽然他更喜欢马莱伯把他塑造成美德和迷人之神。他跑去看那些讽刺他的闹剧，他的笑声使他们黯然失色，他不对曾经以言行反抗他的人施加报复——"如果吊死那些曾经著书或布道反抗我的人，那就是砍尽全国的木材，也做不出足够的绞台。"他像诗人一般敏感，对人民的疾苦，正如欣赏尤物佳丽一样地感受深刻。他不是禁欲主义者，他的美德不包括控制感情在内。他有很多缺点，可能漫不经心地露出粗俗或愉快的粗犷举止。他身旁有位像拉伯雷的幽默家——他喜欢听黄色淫秽的故事，自己也讲得非常好。他嗜赌如命，输了很多钱。他也经常作弊，但最后总会把那些不义之财交还别人。他穷追女人，以致无法追赶撤退中的敌人。

我们不必列出他所有的情妇，在他登上王位的历程中，有 3 个女人特别值得一提。他在写给"美丽的科里桑迪"热情如火的信上说："多少次，我紧紧吻着你的双手……吻你的玉腿……我们互相厌倦之处会是多么荒凉。"1589 年他感到厌倦了，又爱上伊瑟·伊伯特·波丝兰伯特。一年后，他已 37 岁，不顾淋病缠身，又移情别恋，投入 17 岁的加百利·埃斯特雷丝的怀中。有位诗人描写她有"金黄色的秀发，星光明亮、含情脉脉的明眸，像百合花的咽喉，珍珠般的玉指和雪白光滑的胸脯"。她的情郎贝尔加德鲁莽地向国王描述她的美丽，亨利一听，马上乔装，快马加鞭，冲过敌阵，奔驰了 12 英里的路程去会见这位丽人。她嘲弄他的长鼻子，而他立即拜倒在她的脚下。贝尔加德看情形不对，只好急流勇退。后来她终于屈服在金钱和皇家的权势诱惑下，替亨利生了 3 个孩子。他带她入宫、狩猎，在公开场合抚爱她，心想如果玛格丽特答应跟他离婚的话，就跟她结婚。胡格诺教士与天主教教士联合起来攻击他，骂他是可恶的色狼，索利大胆斥责他把公帑花在高级妓女身上。他恳求大家的谅解，辩称他婚姻失败，精神无所寄托，为消除战争和公务疲惫的身心，他应像标准的军人一样，有一些娱乐。8 年来，他热爱着加百利，对她敬畏得无以复加。但她后来发胖，又贪求无厌，阴谋暗算索利，称他为"奴才"。亨利听到后大为震怒，当面对她说，像她这种模样的情妇十个都比不上一个这样好的大臣。后来他还是原谅了她，再度谈论婚嫁。1599年 4 月 10 日，她产下一个死婴并因此去世。国王哀痛不已，特为文悼念："我心中的爱苗已凋谢了。"

两个月后，爱苗重新在他的心田滋长。她是曾服侍过查理九世的玛丽·托切特的女儿亨利特·恩托拉格斯。全家人劝告她除非带上了结婚戒指，否则不可被甜言蜜语所惑。亨利写了一份婚姻的允诺书给她，答应跟她结婚，条件是要她为他生一个儿子。索利当着他的面把它撕成碎片。亨利又写了一封，附了 2 万里弗，差专人送去。她也知情会意，便成为国王的情妇。国王的几位外交官认为，这该是他定下心来的时候了，他们劝玛格丽特在亨利答应不和情妇结婚的条件下同意离婚。教皇克莱门特八世也答应在同样的条件下允许他离婚，同时他又建议托斯卡纳大公爵的女儿玛丽亚·美第奇为后。意大利佛罗伦萨的银行家提议：如果这件婚事成功的话，他们愿意将法国向其借贷的为数庞大的款项一笔勾销。婚礼由人代理，在佛罗伦萨举行（1600 年 10 月 5 日），亨利特地从战场上脱身，远奔至里昂迎亲。他发现新娘子身体高大肥胖，神态傲慢。他尽了各项宫廷礼数，生了路易十三后，重回恩托拉格斯的怀抱。虽然如此，他仍旧定期履行做丈夫的责任。玛丽亚·美第奇在 10 年内一共生了 7 个孩子。在圣热尔曼·拉伊，亨利把他们及加百利与恩托拉格斯所生的孩子，一起抚养长大。

恩托拉格斯被介绍给王后，住在卢浮宫附近的另一座宫院内。因替国王生了一位王子，她坚持合法的王后是她，而非玛丽亚。她的父亲和异母兄弟阴谋绑架玛丽亚和她的儿子，把他们劫持到西班牙，要求菲利普三世承认她的儿子为法国王位继承人（1604 年）。这项阴谋被人发现，她的兄弟被捕，她父亲在退还亨利结婚的许诺后被释放。亨利继续纠缠着恩托拉格斯，像一头饥饿的色狼。她对他的爱抚则报以厌恶和憎恨，同时她接受菲利普三世的贿赂，权充西班牙的间谍。

暗杀事件

在这些难以令人相信的荒谬事件中，国王也曾打算突破哈布斯堡王朝封锁法国的包围圈——西班牙占领下的荷兰、卢森堡、洛林、法兰奇·孔特、奥地利、瓦迪林隘口、萨伏伊公国、意大利、西班牙等包围法国坚固如钢铁的圈子。索利在撰写回忆录时，透露他曾向亨利和英国的詹姆士一世建议一个"伟大计划"：联合法国、英国、苏格兰、丹麦、瑞典、联合省份（荷兰）、新教德国、瑞士、威尼斯等国，以对抗哈布斯堡王朝，使美洲脱离西班牙的统治，解放德国，使其脱离神圣罗马帝国皇帝之手，驱逐荷兰境内的西班牙人；然后战胜者把俄国、土耳其、意大利及西班牙以外的欧洲瓜分成一个由 15 个自治邦组成的联邦"基督教共和国"（Christian Republic）；各自治邦免除关税，互通贸易，将外交决策提交拥有最高军权的联邦委员会处理。亨利对这个伟大的构想似乎没有多大兴趣，可能是因为他仅希望扩张法国的领土到比利牛斯山、阿尔卑斯山及莱茵河等"天然疆界"，并消除法国遭受西班牙和奥地利威胁的恐惧感。为达到这些目标，他采取一切可行的办法：他与新教国家结盟，帮助荷兰人反抗西班牙，策划与支持西班牙瓦伦西亚城内摩尔人的叛乱，同时他鼓励土耳其人攻打奥地利。

一点小小的争端便激发了波旁和哈布斯堡王朝之间的仇恨，酿成一场欧洲大战。1609 年 3 月 25 日，科隆附近三人执政的小国朱立奇－科利维－伯格（Jülich-Cleves-Berg）的公爵约翰·威廉去世，身后无嗣，他的宗主国皇帝鲁道夫二世（Rudolf Ⅱ）凭借宗主权力，想给这个小国立一位信仰天主教的新君。亨利提出抗议，他说这个小国若再受哈布斯堡王朝的操纵，势将威胁到法国东部的疆域。他联合勃兰登堡、巴拉丁挪及联合省份，决心任命一位新教国王以继承约翰·威廉的王位。奥地利的利奥波德大公以神圣罗马帝国的陆军占领朱立奇时，亨利做了战争的准备。

他的最后一次罗曼史也与准备这场大决战同时发生。他已届 56 岁高龄，外表比实际年龄更老，1609 年，他却对年轻貌美的蒙特莫伦西发生了不可抑制的迷恋，那时她不过 16 岁。她拒绝了他的追求，但在他的命令下，她同意和新的孔代亲王结婚。据说他的情妇恩托拉格斯曾揶揄他："你想和你的媳妇同床，不是很下流吗？因为你大约也记得以前曾告诉我，他（亲王）是你的孩子？"孔代为情势所迫，与他的新娘子逃到布鲁塞尔。亨利心痒难禁，穷追不舍。诗人马莱伯把这段风流韵事写成诗章。亨利的外交部长维勒鲁瓦（Villeroi）请求荷兰的阿尔伯特大公把这位王妃引渡回巴黎。阿尔伯特大公有西班牙的菲利普三世为其撑腰，拒绝了这项要求。维勒鲁瓦以"一场足以使整个基督教世界天翻地覆"的战争要挟。大概是天意安排，布鲁塞尔处于往朱立奇的路上，这对亨利甚为有利。他将可以获得那位女人——及西班牙控制下的荷兰——作为征服西班牙、粉碎神圣罗马帝国的前奏。他招兵买马，雇了瑞士佣兵，并准备募集一支 3 万人的大军。英国詹姆士一世答应另外支援 4000 名士兵。

天主教法国为此感到惊慌，一般人都相信，王妃的美丽是这次战争的主要原因。人们察及国王的盟友和手下大将大部分是新教徒时，不免垂头丧气。他们怀疑，一旦天主教势力把持的南方被北方的新教徒征服，而国王又是前不久才从胡格诺教徒转换成天主教徒，天主教和教皇政治将会遭遇什么样的命运？战祸连绵、苛税不停，使亨利不稳固的声望每况愈下，甚至朝廷上下也众叛亲离。他们认为他太愚蠢，未能了解他自己已无法集罗萨里奥（Lothario）和亚历山大的风流与智勇于一身。这时到处流传一个预言——国王即将被弑。

昂古莱姆的弗朗西斯·拉瓦亚克（Francois Ravaillac）听到了这

个预言。他当时含冤入狱，在狱中沉思时有一些幻象出现。他潜心研究神学，研读鼓吹暴君应被铲除的小册子。他臂力极强，但心智脆弱，这时他脑海里转着一个念头，即上帝挑选他去实现这项预言，以拯救法国免遭新教的祸害。出狱后他到了巴黎（1609 年），与恩托拉格斯的朋友埃斯科曼（Escoman）夫人住在一起，他向夫人坦承谋杀国王的企图。有人立即将这个消息向亨利报告，但他听惯了这些警告，并不在意。亨利经过街道时，拉瓦亚克设法接近他，但被卫兵所阻。他说，他想问问亨利关于对教皇发动战争和胡格诺教徒正准备屠杀天主教徒这两件事是否真实。他想要进入一家寺院，参加耶稣会，但被拒绝，只好回到昂古莱姆，参加复活节的礼拜。这时他接受了圣礼，并收到某位僧侣寄来的小包裹，里面装的据说是耶稣罹难的十字架的碎片。他买了一把刀，回到巴黎。埃斯科曼夫人向索利示警，索利也将这个消息转告国王。

亨利正要动身到沙隆加入他的部队。1610 年 5 月 13 日，他任命王后为摄政王，在他出征时掌理政事。14 日，他的私生子旺多姆（Vendôme）公爵请他待在家中，因为人们预言暗杀将在这个不幸的日子发生。下午，他决定坐马车兜风，访问卧病中的索利及呼吸"一口空气"。为了避免外人注意，他遣散了卫士，仍由 7 位朝臣陪同前往。拉瓦亚克已在卢浮宫守望多时，一见国王车骑出行，即尾随不舍。一行人到弗隆内里（Ferronnerie）街时，因交通拥挤，只好停了下来。拉瓦亚克一个箭步跃到国王面前，手中利刃猛然插入他的心坎。由于用力过猛，刀子直透背部，亨利当场毙命。

拉瓦亚克受到严刑拷打，他对他的所作所为全部承担，否认有任何唆使者或共犯，他为他的暴行感到悲痛，但相信上帝会宽恕他这种替天行道的行为。他惨遭四马分尸的酷刑。遗尸在一个公共广场上火化。很多人谴责耶稣会鼓励暗杀暴行，他们指出马里安纳的一本书《论国王及其教育》内容尽为弑杀暴君辩护，曾在巴黎的书店公开出售。耶稣会回答说，1606 年在巴黎集会的耶稣会，曾明白地斥责该书。巴黎神学院判定耶稣会危险的教义是罪魁祸首，并正式焚毁马里安纳的作品。玛丽亚·美第奇身为摄政，下令保护耶稣会免于遭到迫害，同时接受他们在信仰与政策方面的指导。

亨利的最后功业和突然逝世，使法国又陷入四分五裂的局面。少数人认为这次暗杀是上帝的旨意，以拯救教会。但大多数人，不论新教徒还是天主教徒，则哀悼亨利之死，他们认为亨利为法国人民所做的，远非其过错、愚蠢和罪恶所能比拟。法国人不会忘记他登基时法国的贫穷，宗教混乱，官吏无能，贪污盛行；而在他的大力整顿下，法国现已秩序井然，气象一新，税捐虽高，但社会安定繁荣，国势富强，足以向西班牙的长期霸权挑战了。他们欣然忆起亨利朴实的言行和衣着，仁慈的天性和善解人意的幽默，战场上豪迈乐观的神情，热情的友谊和灵活的外交手腕。他们原谅亨利的好色，因为饮食男女是人之常情。他曾保证要成为一位"忠诚笃信和纯真的国王"，他是最有人情味和慈善心肠的法国国君，他也是法国的拯救者。他计划扩展法国领土到"天然疆界"在当时可能是不切实际的，但 20 年后，黎塞留遵行这项政策，路易十四则实现了这个理想。他死后不久，欧洲同意称呼他为亨利大帝。在法国大革命期间，所有继他之后的国王都遭责难，只有亨利四世仍高居在人们心中。

第七章 | **黎塞留**
（1585—1642）

二王之间（1610—1624）

亨利四世的突然去世，使法国重新陷入分崩离析之境，多种根深蒂固的斗争普遍存在于各阶层和各势力之间：贵族对抗君主政体，中产阶级对抗贵族阶级，天主教徒对抗胡格诺教徒，教士对抗国家，年轻的新君路易十三对抗他的母亲，法国对抗奥地利和西班牙。在这种错综复杂的环境下，能安抚庶黎，维持社会秩序，打败封建势力，平息新教徒的愤怒，使教会臣属国家，拯救新教的法国的崩溃，突破环绕法国四周的哈布斯堡王朝的势力，提高法国君权为一独立自主，睥睨欧洲的人，是一代雄才的一位天主教神父，他是法国历史上最伟大、最具谋略、最无情的政治家。

亨利去世后，继位者是年仅 8 岁的路易十三，这也可算是他悲剧的一部分。新君因年幼无法掌理国事，由太后摄政，她是一个有勇无谋的寡妇，如果对方的条件对她有利，她愿意把法国的政权拱手让给意大利的当政者。她放弃了亨利对抗哈布斯堡王朝的计划，相反，她令子女与西班牙的王子公主联姻——以其子路易娶奥地利的安娜，女儿伊丽莎白（波旁的伊莎贝拉）下嫁未来的菲利普四世——作为法国和西班牙联盟的手段。以后的事实证明，黎塞留的意志比这种姻亲关系更坚强。

法国在亨利和索利的经营下，国库已盈余 4134.5 万里弗之多，孔西尼和他的妻子莱昂拉·加利该、伊普农公爵及其他垂涎欲滴的皇亲国戚，对这一大笔金钱都存觊觎之心。索利用各种手段保存了这笔款项，但孤掌难鸣，该款项最终还是被动用了。索利见大势已去，愤而提出辞呈，退隐后专心撰写他敬爱的亨利的回忆录。

贵族们见中央政府腐败无能，决心趁机恢复往昔的封建权力。在他们的要求下，召开了全国代表大会。他们认为这次会议将与以往一般，是他们借以对抗君主政体的一项利器。但全国代表大会于 1614 年 10 月在巴黎召开时，由于第三阶级（The Third Estate）——即既无爵位也无教职的平民，他们由律师代表表达中产阶级的权力与意愿——势力雄厚，未能与贵族阶级采取一致的行动。贵族与教士认为家世和涂油礼超乎财富和法律之上，向造成一个敌对贵族势力的司法官的新继承权挑战。第三阶级则要求彻查政府最近拨给贵族们的一笔庞大的恩俸及礼物作为报复；他们要求教会消除各种弊端，反对在法国境内实施特伦特会议的严厉法令；要求教士须受平民服膺的法律约束，犯罪须受法庭制裁，要求无须纳税的教会停止继续扩张其教产；教士主持洗礼、婚礼和葬礼不收任何费用；最后，第三阶级更拥护国王的神圣和最高权力，不但教皇无权罢免，也不受制于贵族。这是意料不到的革命。闹事的代表被各项许诺安抚，大会于是解散（1615 年 3 月）。然而大部分的诺言被遗忘，盗用公款和管理不善之事死灰复燃。此后直到 1789 年，君主政体、贵族制度和教士制度崩溃时，全国代表大会再未召开。

然而，法国的天主教教士现在进行诚挚而有效的自我改革，教会的混乱情形并不能全归咎于他们，因为主教和修道院长的任命，都是由那些生活放荡、信教不坚的王公贵族做主，许多弊端因是而生。亨利四世赐给索利 4 个寺院，任命情妇科里桑迪为沙提永的女住持。贵族的领主们往往将主教、僧院长、女修道院长等职位赠给他们的王子王孙和勇敢的部下或宠爱的情妇。在特伦特会议的改革命令未被法国接受之前，没有几所训练教士的神学院。任何已剃度的年轻僧侣，凡能读拉丁祭文、懂得祭礼者，均可任祭司之职。有很多出家前生活优裕的主教，任命知识浅薄、缺乏虔诚的人担任教士之职。一位教士说："教士已成为放荡和愚昧的同义字了。"圣文森特·保尔说："教会中最大的敌人，是它那些卑鄙无耻的牧师。"

波杜斯神父攻击教会道德败坏，他于1610年建立牧师住所，并要求一个教区的全部教士宣誓以忠诚与朴素精神同住一处。1611年，贝吕勒神父创立礼拜聚会所，该聚会所模仿意大利圣菲利普·内里（St.Philip Neri）所创，后来成为训练青年教士使其获得更好的教育和奉献的神学院。1641年，让·雅克·奥利尔（Jean Jacques Olier）神父组织了苏尔比斯修道会（The Sulpician Order）储备教士人才，并于1646年在巴黎开放圣苏尔比斯教会和神学院。1643年，皮雷·让·厄德（Père Jean Eudes）神父（圣约翰）组成耶稣和玛利亚聚会所训练教士和传教士。往后的几代中，波舒哀、布尔达卢（Bourdaloue）、马勒伯朗士（Malebranche）等聚会所相继成立，同时教会权力也在路易十四的极力提倡下有卓越的成就。

新的宗教组织显示出人们宗教虔诚的复苏。乌尔苏拉修女会（Ursuline）的修女们于约1600年进入法国，负起教育女子的责任。100年内，她们共创设了350个聚会所，并有1000幢建筑物。西班牙胡安·迪奥斯（Juan de Dios）于1540年所创的仁爱兄弟会在玛丽亚·美第奇的推荐下传入法国，不久即筹设了30所医院。1610年，珍妮·弗雷米奥特（Jeanne Frémiot）男爵夫人，在弗朗索瓦·塞尔斯（François de Sales）的帮助下，创办了圣母探视聚会所以照料贫病的妇女。1640年，它已拥有100所修道院；1700年，仅一个支会即有400位修女。1600年，法国全境约有8万名修女。

有两人对17世纪天主教的复兴功不可没。弗朗索瓦·塞尔斯以他的出身地萨伏伊作为名字的一部分。他在帕多瓦攻读法律，后来成为萨伏伊参议院的一位官员。但他的血液中流着宗教的血。他被任命为神父，并于 1594 年承担赢取日内瓦湖南部的查布拉斯（Chablais）的人民重信天主教的艰巨的工作，该地区自 1535 年后即为加尔文教徒把持。5 年内，他完成了使命，部分是将那些不改变信仰者驱逐出境，绝大部分是靠他具有说服力的虔诚、忍耐和机智。荣升主教时，他自己以身作则，教导孩童和成人。他到巴黎访问时，高尚淑女对他敬爱有加，那时虔诚成为一种风尚。

另一位知名人士为文森特·保尔，他的业绩并不遵循传统的轨道前进。起初，他是养猪的，但他终能进入加斯科涅（Gascony）的圣方济各学院进修。他的父亲像每位信仰天主教的家长一样，想奉献一个孩子给教会，冀求一人得道后，九祖能获升天堂，卖了一对母牛筹款把他的儿子送到图卢兹大学研究神学。文森特在图卢兹获授神父职位（1600 年）。他在一次地中海航行途中落入海盗之手，在突尼斯被售为奴。他借机逃离，回到巴黎，权充与亨利国王离婚的玛格丽特的私人神父，后来又成为冈蒂（Gondi）夫人精神上的指导者。在冈蒂夫人的赞助下，他在农村设立了布道会，又在各布道会设立慈善会，以救济当地的穷人。为了继续筹募资金，他组织布道会修士聚会所——通常称为"拉撒路"（The Lazarists），因为他们巴黎的总部设在圣拉撒路修道院。冈蒂先生任法国船队司令时，文森特即向船上的罪犯讲道。他对罪犯的疾病困厄感到震惊，特为他们在巴黎和马赛两地设立医院，同时呼吁法国人拿出善心对待囚犯。他劝服一些富裕的妇女定期到这些医院服务，筹募一笔数目相当可观的慈善款项。为了管理这一切事务及帮助他的"慈善妇女"（Ladies of Charity），1633 年，他组成"慈善姐妹会"（The Sisters of Charity）为人道服务。

他貌不惊人，衣着粗陋，类似一些满脸皱纹、蓄胡的犹太教师。他因极力为穷人、病人、罪犯谋幸福，被人称为"文森特先生"，几乎所有认识他的人无不对他表示爱戴与尊敬。他筹集大笔款项，建立医院、收容所、神学院、养老院、俗人或教士退休的地方。他的善行难以穷尽。1648 年至 1653 年巴黎被围时，他供养了 1.5 万名困苦的民众，但教条凌驾慈善的目的之上，他要求以信仰天主教作为领取食物的条件。他参加了反对波特·罗亚尔（Port Royal）的运动，但设法减轻对该岛修女们的迫害。他逝世时，巴黎一半民众为他哀悼。法国教会于 1737 年把他列入圣徒墙时，全国各地民众心悦诚服。

在他和弗朗索瓦·塞尔斯、不屈不挠的耶稣会教士及无数热心服务的妇女的努力下，法国天主教在路易十三在位期间恢复元气和信仰。老的修道院重振教规，修女院也自我改革，詹森派信徒（Jansenist）们在波特·罗亚尔岛发扬基督救世精神。那些认为灵能与神交流而专心冥思上帝的人大为增加。新国王年少热情，郑重其事地下诏，使法国置于圣母玛利亚的保护之下。"使所有的臣民能够进入天国……这是他的善意与心愿。"与中世纪的法国一样，守夜人仍然以钟声唤醒巴黎居民，叫他们为死去的人祷告：

> 醒来吧，沉睡中的人们，
> 为那些死去的人祈祷。

信仰的冲突仍然痛苦地持续着，不顾对天主教的虔诚，玛丽亚·美第奇固执地遵守着《南特诏书》。但胡格诺教徒与天主教徒都无意容忍，教皇及其派驻巴黎的使者和天主教教士，都谴责法国政府允许异端的存在。在天主教控制的地区，天主教徒禁止新教徒举行礼拜仪式，摧毁新教会、家宅，有时杀死新教徒。胡格诺教徒的孩子被强迫离开他们的父母，因为胡格诺教徒家长们阻碍他们的孩子成为天主教徒的愿望。反之在新教徒控制的地区，他们也采取同样的报复手段，在他们控制的 250 个城镇中，不允许天主教徒做弥撒。他们要求政府在他们势力范围内禁止天主教徒的游行行列。新教徒嘲笑、骚扰游行行列。他们禁止新教徒参加天主教的洗礼、婚礼或葬礼。他们的牧师们则宣称：凡父母允许子女与天主教徒结婚的，皆停止给予圣餐。一个有名的自由思想家说过："天主教在理论上比新教固执时，新教徒也以牙还牙，比天主教更固执。"在压迫异端与批评方面，新教的传教士足可与天主教教士抗衡。他们把耶雷米·费里尔（Jérémie Ferrier）天主教教士逐出教会，并"让予撒旦"（但未将其烧死），原因是他嘲笑宗教集会。新教徒写文章攻击天主教的"作品中包含的愤恨，鲜有其他作品能与比拟，更不要说超越了"。胡格诺教徒一方面担心废止《南特诏书》，另一方面怨恨法国与西班牙结盟，觉得法国应以其本身的军力和法律，努力争取政治独立和军事上的安全。

路易十三访问波城时（1620 年），惊讶地发现，找不出一所天主教堂供他做礼拜。这位年轻的国王以惊慌憎愤的表情，思索着威胁分裂法国国土与民心的信仰问题。他焦虑地在文武百官中寻找一位铁血汉子，以改变这个混乱的局势，使法国成为一个统一富强的国家。

路易十三

他知道自己缺乏应付这些挑战所需的体力与智力。得自 48 岁纵欲过度身体孱弱的父亲的遗传，他患上肺病、肠炎，说话时结结巴巴，易露窘态。长时间里他因身体太虚弱，无法运动，因此转而作曲，演奏音乐，种植豌豆，腌藏水果蜜饯，参与炊事。遗传与疾病使他的容颜体态毫无迷人之处。他的体型瘦不禁风，头和鼻子太大，悬垂的下巴使他的嘴巴经常微微张开，他铅色的面孔却与有意穿着的浅黄色外衣显得很配。他长期受医生和药物的煎熬，一年内医生为他放血 47 次，给他 215 次灌肠药，并有 212 次将药汁倒入他的喉咙。他能继续生存下去，是因为他能够在体力允许范围内想办法运动、狩猎，加入军旅生活，露天睡觉，吃兵士们吃的简单食物。

由于屡次被老师鞭打，他憎恶受教育，除祷告时翻开《圣经》外，他似乎不曾阅读任何书籍。他每日定时祷告，对少年时灌输给他的宗教信仰不加怀疑地全盘接受，遇有任何载有上帝神座的游行队伍，便立即加入，而且相随到终点。他天性仁慈，但偶然的神经质使他变得残暴不堪。他害羞、隐秘、脾气不好，以为生命对他并不宽厚，他也不怎么爱惜它。他的母亲因他心智薄弱，对他毫不关心，并公开表示偏爱他的弟弟加斯顿奥尔良公爵。他因此恨她而崇拜父亲的英雄事迹，由此变得厌恶女人。在私慕奥特福（Hautefort）小姐的姿色后，他将感情移转到年轻男子身上。他的原配为奥地利的安娜，每次都须别人逼他上床和她睡觉。她流产后，他一直未再和她接触达13年之久。朝廷亲信劝他找一个情妇，但他另有嗜好。37 岁时，他禁不住举国上下渴求他生下一位太子来继承王位，他再度尝试，而满怀感激的安娜也非常合作，终于（1638 年）生下路易十四。两年后，她又生了奥尔良的菲利普一世，菲利普一世继承了父亲喜爱男宠的嗜好。

　　在某些方面，路易也有其国君的威仪。16 岁那年，他忽然不能忍受孔西尼的贪污无耻，暗中下了一道命令将他暗杀（1617 年）。太后抗议他这样铲除她的宠臣时，他竟把她放逐到布卢瓦，另以策划此次行动的查理·阿尔伯特为首相，并册封他为路易尼斯（Luynes）公爵。路易在教皇保罗五世和路易尼斯公爵的压力下，下令胡格诺教徒缴回得自教会的财产。贝阿恩藐视这个命令时，他即向这个省份进击，强迫他们服从命令，并置贝阿恩与那瓦尔（该省曾为其父的封邑）于国王的直接统治之下。当时胡格诺教并未立即反抗，但 1620年，他们在胡格诺教徒势力最大的城市拉·罗契尔举行总会议时，要求退回那些缴还的财产，因为它们本是属于人民的，并非教会所有。更有甚者，他们将法国分成 8 个区域，在每个区域中任命一位行政首长，同时设立一个行政委员会以缴税和筹组军队。路易宣称，他对法国国土内竟然有这样的国家感到无法容忍。1621 年 4 月，他率领一支大军，在其他将领率领的 3 支军队的陪同下，向新教徒据守的城堡进攻。夺下几个城堡后，在蒙托邦遇到顽强的抵抗，该城在亨利（即罗翰公爵）督战之下，固若金汤。懦弱无能的将领无计可施，战事拖延达1年6个月之久。1622年10月9日签订和平条约，规定新教徒不得集会，但允许新教徒保有蒙托邦和拉·罗契尔两地。在这几次战争期间，首相路易尼斯去世了，黎塞留爬上了相位，大权独揽。

枢机主教与胡格诺教徒

这个人如何攀上权位的顶端呢？那时，出身名门对事业有很大的帮助。黎塞留的母亲是巴黎议会一位律师的女儿，他的父亲塞纽尔·黎塞留（Seigneur de Richelieu）是亨利四世时皇家大教堂的主持人。古老的普瓦图家族有一项世袭权利，即向国王推荐一位卢肯（Luçon）的主教候选人。黎塞留21岁即如此被亨利任命了（1606年）。依照主教任用的制度，他年龄尚差两岁，因此他匆匆赶到罗马，谎报岁数，并在教皇面前发表了一篇声情并茂的拉丁文演说，教皇赐予职位。黎塞留妙计得逞后，坦承谎言，要求赦免。教皇允其所请，并批以"该年轻人往后必将成为一个大无赖"。

这位年轻的主教形容他的主教辖区是法国"最穷、最肮脏的"，但他家里有钱，不久他就有马车银盘装点门面。他上任后，努力工作，恪尽职责，且尽量逢迎巴结权势。普瓦图的僧侣们特选他为全国代表大会的代表（1614年）。在大会中，他严肃的面孔、高瘦的身材及抓住问题核心、条理井然地诉说观点的才能，打动了每一个人，尤其给玛丽亚·美第奇留下深刻的印象。在她和孔西尼的安排下，黎塞留被任命为国务卿（1616年）。一年后孔西尼被杀，黎塞留失去了他的职位，他偕同被放逐的太后逃到布卢瓦。很快他回到卢肯。太后企图逃亡，黎塞留也被人列入共谋的嫌疑犯，被放逐到阿维尼翁（Avignon，1618年），他的政治生涯似乎已经结束。但即使他的敌人也注意到了他的能力。太后在晚间从布卢瓦城堡的窗口逃亡，与一支由贵族组成的叛军会合后，路易尼斯公爵再度征召这位年轻的主教，并派他前去说服太后和国王，他圆满地完成任务。路易即令他担任枢机主教，而且给他参议会之职。不久，黎塞留优异的才能表露无遗，1624年8月，39岁，他登上法国首相的宝座。

国王发现他客观的才智、清晰的目标、坚韧的意志和灵活的手段，正是自己所希冀的，聪明的国王接受他的指导，征服了新教徒、贵族和西班牙。黎塞留在他的回忆录中感激地说："唯有雄才大略的国君，方能知人善任。"路易并非一味听从首相的话，有时也当面斥责他，但总是嫉妒他的才能，时而会想把他开除。但他如何能将一位在法国握有绝对权势、在整个欧洲有极为崇高地位的人免职呢？何况这人比索利给国库带进更多的税收。

这位大主教首先在处理宗教事务时显露出他的才华。他未经讨论，即全盘接受天主教教会的原则，而且增订了一些迷信条文，人们很难相信这些迷信会出自如此睿智的头脑。但他略去"教皇至上论者"（Ultramontanist）主张教皇有充分权力统治各国国君的要求，保留法国教会内享有"高卢式的自由"（Gallican libeny，即主张限制教皇权力的自由）以对抗罗马。他像英国人一样果断，将教会有关俗务置于国家控制之下。他免除考辛（Caussin）神父的职务，因为他身为王室告解神父，居然干预政治。依照他的观点，宗教绝不能与国家大事有丝毫瓜葛。他为法国筹组的同盟，是采用不偏不倚的姿态与新教和天主教两种不同势力合组而成的。

他应付玩弄政治手腕的胡格诺教徒时，始终坚持他的原则。胡格诺教徒无视于1622年所订的和平条约，他们将拉·罗契尔视为一个享有完全主权的城市，由胡格诺教的商人、牧师和将领控制。商人利用这个富战略地位的港口，与世界各地进行贸易。海盗们则利用该港抢劫法国或其他国家的战利品或任何船只。而且，只要经过胡格诺教徒的许可，包括与法国敌对的任何船只，都可驶入港内。路易也破坏了上述和约，他曾允诺拆除路易炮台，因为该炮台直接威胁拉·罗契尔的安全。路易非但没有拆除炮台，反而增强工事，并在邻近的勒·布拉维特（Le Blavet）港集结了一支小型舰队。本杰明·罗翰（亨利的弟弟，苏比斯的领主）指挥一支胡格诺教徒的舰队，捕获了这一支皇家舰队，以胜利者的姿态，将其拖入拉·罗契尔港内。黎塞留又造了另一支舰队、筹组一支军队，随同国王向这个胡格诺教徒盘踞的要塞进攻。

苏比斯领主说服白金汉公爵遣送一支由120艘战船组成的大舰队保护这个城市。这支大舰队驶抵法国时，受到雷（Ré）岛皇家要塞炮火的猛烈攻击，损失惨重，只好不光荣地撤回英国（1627年）。同时，黎塞留因国王生病，代理统帅的职务。他领导下的大军把通往拉·罗契尔路上的要津全部占领了，仅留下出海口尚需封锁。他命令工程师和士兵们建造一座1700码长、由石头砌成的防波堤，横在该港入口处，仅留一个缺口调节潮水的涨落。但涨潮与落潮高低相差12英尺，猛烈的潮水使这项工程不切实际，每天堆砌的石头有一半被潮水冲失。国王见久攻不下，感到厌烦，返回巴黎。许多大臣预料他会因黎塞留久战无功而剥夺其相位。最后，防波堤终于筑成，也产生了它预期的效力。拉·罗契尔一半的居民死于饥饿，仅最富有的人取得少许食物，他们以45里弗购买一只猫、2000里弗购买一头母牛。拉·罗契尔市长让·古顿（Jean Guiton）声言将以其匕首杀死任何谈论投降的人为要挟，禁止人们投降。然而，经过13个月的饥饿和疾病交迫后，拉·罗契尔在绝望中陷落（1628年10月30日）。黎塞留一马当先进入城内，随后的士卒则仁慈地把面包分给饥饿的民众。

半个法国鼓噪着彻底根除胡格诺教徒。这时胡格诺教徒已弹尽援绝，精疲力竭，仅能祈祷。但黎塞留所订的和平条件使他们大为惊奇，那种宽大的作风使天主教徒愤愤不平。拉·罗契尔城不再享有自主权，它的城堡和要塞都被撤除。樊篱虽失，但居民的生命财产未受伤害，幸免于难的战士准予解甲回家，城中天主教和胡格诺教徒信教自由也受到保障，其他胡格诺教徒盘踞的城市也接受与上述相同的和平条件，相继投降。凡胡格诺教徒侵占天主教的财物均须退还，但那些暂时无家可归的胡格诺教牧师，由国家津贴 20 万里弗，而且比照天主教教士，免缴人头税。政府颁布了大赦，凡以前参与叛乱的人均获赦免。1629 年 6 月 28 日，黎塞留颁布《恩典诏书》（*Edict of Grace*），重申《南特诏书》的基本精神。全国陆、海军及其他文职职务开放给各教人士。看到法国的天主教徒服膺并尊崇新教将领蒂雷纳、斯丘伯格和亨利·罗翰等人时，整个欧洲都报以惊愕的目光。"从那时起，"黎塞留说，"我在任命胡格诺教徒各种要职时，宗教的歧异从未成为一种障碍。"以一种路易十四缺乏的明智，黎塞留洞悉——如后来柯尔伯注意到的——胡格诺教徒对法国确有极大的经济价值。他们放弃了反抗，安居乐业，从事发展工商业。繁荣景象前所未有。

枢机主教与贵族

黎塞留以同样的决心平定主张各自为政的贵族的叛乱，其手段不如上述对新教徒的宽大。这时封建制度并未根除，为取得中央政府的控制权，贵族曾多次参加宗教战争。势力雄厚的贵族有其坚固的城堡，拥兵自重，交战不休；自定法律，各有私人法庭和执行法律的人员；他们仍然拥有佃农，遇有人通过他们的领地，则强收过路费。法国受封建主义和宗教的祸害而成四分五裂的局面，不复为完整的国家。她是一个不稳健和骚动的结合体，由傲慢、半独立的伯爵控制，他们随时能够破坏和平，动摇国家经济。大部分省区则受公爵的统治，他们宣称拥有终身统治权，并将其传给子孙。

黎塞留认为，收拾这种混乱局面，唯一切实可行的办法是实行中央集权，由国王总揽大权。可以想见，他之所以恢复某些市政自治权就是为了抑制这种权力，不使其过分伸展。但他无法恢复中古的自治区，因为它是建立在同业公会及保护性的地方经济的基础上。由城市演变为国营市场的过程，使公会和自治区的制度受到破坏，而且将中央立法的重要性提升于地方立法之上。以我们今日的眼光来看，黎塞留恢复专制君权之举，似乎是一种反动的暴政；但就历史演进及当时 17 世纪大多数法国人的想法而言，这是从封建的暴政趋向全国统一的一种开明的进步。那时法国实行民主政治的时机尚未成熟，大部分法国人仍然恶衣恶食，目不识丁，笃信怪力鬼神，社会黑暗异常。法国的乡镇大多为商人控制，他们除自己的利润盈亏外从不热心公益，造福桑梓。而这些人因受到封建特权的限制，也无意笼络次要的贵族，组织类似英国的国会以遏阻君权。法国的议会不是代议和立法（Legislative）的议会，它们是超然的法庭，墨守成规，不是由人民选举产生。这些机构却成了保守主义的堡垒。中产阶级、工匠和农人赞成实施专制的君权，因为这是他们所能想见的唯一可以免遭封建领主专政迫害的途径。

1626 年，黎塞留以国王的名义颁布了一道诏令，使封建制的基础受到很大的打击：他下令摧毁法国边界之外所有的堡垒，往后任何私人住所不得设有防御工事。同年，（由于他的哥哥在与人决斗中被杀）他宣布决斗非法。蒙特莫伦西·布特维尔（Montmorency Bouteville）和康特·查普利斯（Count des Chapelles）对此置之不理、依然进行决斗时，两人均被处死。为此，他坦承"良心不安"，但他告诉国王说："这是一个根除决斗或陛下令出不行的问题。"贵族们为此怀恨在心，誓言复仇，企图逼他下台。

他们发现太后是志同道合的人。她一度支持过黎塞留，后来见黎塞留反对她的政策，才开始憎恨他。路易患重病时（1630 年 7 月），太后和王后细心照料。他病体复原将半，两人乘机挟恩索报，欲以黎塞留之头为酬。太后在其卢森堡皇宫，心想黎塞留现远征外地，再三向国王催逼要求，并建议以掌玺大臣米歇尔·马里亚克（Michel de Marillac）取而代之。黎塞留这时由秘密通道到来，未经通报径自闯入房中，适和太后相遇。她坦承曾对国王说过与黎塞留势不两立。国王为此颇感左右为难，决心退出这场纠纷，骑马到了凡尔赛专供狩猎的别墅。朝臣以为太后将再得势，都向她靠拢。不料路易遣人召唤黎塞留，重申他继续留任首相之职，保证给予皇室的支持，同时下了一道命令拘捕马里亚克。参与此项阴谋的贵族受此"愚人节"（1630年11月10日）的愚弄，陷入愤怒之中。

马里亚克留住了性命，但其身为法国元帅的弟弟，后来被控盗用公款，旋即被处死（1632年）。路易在事情过去之后，诏请太后退隐到摩兰（Moulins）的别墅修身养性，不再插手政治。她置之不理，竟逃至佛兰德斯（1631年），在布鲁塞尔组织流亡政权，继续为打倒黎塞留的工作奋斗。从此，她未再与国王晤面。

她另外一个儿子加斯顿先生，即奥尔良公爵，在洛林省筹募了一支军队，公开反抗他的哥哥（1632年）。一些贵族响应并加入阵容，其中包括法国地位最高的蒙特莫伦西公爵和朗格多克总督亨利。成千的贵族也参加了这次叛乱。37岁的蒙特莫伦西在卡斯特尔纳达里（Castelnaudary）附近与黎塞留遣派的大军决战。他奋勇杀敌，直至身受17处伤后始被擒获。他和加斯顿的部属均空负盛名，缺乏良好的军纪，一受到攻击即溃不成军。蒙特莫伦西被俘，加斯顿见大势已去，只好投降，他供出同谋的名单后获释。路易命令图卢兹的法务院以叛国罪审讯蒙特莫伦西，经判决裁定死刑。蒙特莫伦西王族的最后一个公爵从容就义时说："我认为国王的旨令就是上帝的恩诏。"大部分法国人指责国王和黎塞留冷酷无情，路易回答："我若有私情作祟，也不配为人君了。"黎塞留则辩称，这次的死刑是一个警告，使贵族们引以为戒，知道他们也必须遵守国家的法律。他说："惩罚一个穷凶极恶几与其官爵相等的达官，实是申张法治最好的方法。"

至此黎塞留要获得政权尚需剔除两大障碍：摆平各法务院和各省总督的势力。他对贵族总督、资产阶级或小贵族的地方官的渎职和无能，而使各省财政的收入受到严重损失之事感到愤怒，因此他在各区设置"监督者"（Intendants），监督财政和司法的管理及法律的执行。这些朝廷命官比任何地方官的职位都高，地方分权从此式微，而行政效率和税收也大大提高了。中央派遣专员到地方执行政务的制度，在亨利四世时期已实行了一部分，后来被弗朗得（Fronde）的贵族所阻。路易十四即位后，使这一制度奠定基础，拿破仑又加以修改，监督制度成为中央集权政治的主要特色，由此进一步统筹运用全法国的法律。

巴黎法务院认为在脆弱的君主政体下，将该院现有的登记和解释法律的功能，扩展为国王的咨询机构，时机已经成熟。黎塞留不能忍受法务院与他的参议院（Council of State）为敌，或许是在他的锋利言词激励之下，法王路易召集了巴黎法务院的领袖们，并告诉他们说："法务院的职责仅在判决彼得大爷和约翰大爷们之间的是非，如果你们贪求无厌，当心我打断你们的狐狸尾巴，那时你们后悔都来不及了。"巴黎法务院只好让步，各省的法务院也步其后尘，甚至连他们传统的职能都被削减。黎塞留又设立了一些"特别委员会"（Extraordinary Commissions），审判特殊的案件。至此，法国已成为一个警察国家。黎塞留的特务充斥各地，甚至娱乐憩息的场所也有这些人的影子，密令变成政府部门常用的手段。这时的黎塞留，事实上已是法国的国王了。

枢机主教位极人臣

黎塞留大权独揽后，各种措施都以法国的富强为目标，很少考虑到人民的福利。他认为法国是一个整体，而非个人的总和。他不曾把一般老百姓理想化，但很有可能，他认为老百姓为国鞠躬尽瘁是理所当然的事。他会牺牲他们，使未来的法国免受哈布斯堡王朝的包围。他日理万机，至深夜才就寝，但大部分时间以处理外交政策为主。他无暇改进国家的经济，除非搜查逃税者。国家的岁收和情报必须保持完整，使他不得不花一番工夫处理。1627年，他设置了公共邮局。

税捐由一些承包收租的财政人员负责征收，这些人将两三倍于缴给国库的税收金额塞入私囊。贵族和教士豁免缴纳一些主要的税。聪明狡猾的商人和囤积居奇的官吏，笼络收税员，或以特异手法逃税。市镇等商业区仅缴付小额税款以掩人耳目，逃避人头税。因此主要税收落在农人肩上。黎塞留上台后，一心想把法国打造成基督教世界中最强盛的霸主，任凭农村荒凉贫困。如同亨利四世一样，他喜欢以金钱而非鲜血征服敌人。他签订的多项条约，即是以金钱津贴盟国，使之肇启战端。有时遇到财政困难，他倾私囊给国库，有一次他雇了一位化学家帮他制造金子。税捐和强迫性的国家劳役——道路上那些拿不到工资的劳工们——加上天旱、饥荒、瘟疫、军队的破坏，几乎使农人自杀。有些农夫因为无法生存，杀死家人后自杀。有些饥不择食的母亲，竟忍心宰杀自己的婴孩食之（1639 年）。1634 年，根据一项可能夸大的报告称，巴黎竟有 1/4 的居民以乞食为生。穷人为生活所迫，此起彼落，定期反抗，但都被无情的手段荡平。

黎塞留以税款建立数支陆军和一支海军，因为武力是伸张主权最坚强的后盾。由于他拥有大元帅之名，容易贯彻命令，坚决果断地执行职务。他修筑港口，增强防御工事，建立军火工厂和粮仓，造了 85 艘船，设立海事学校，训练海军。他成立了 100 个步兵团，300 队骑兵，恢复了军队的纪律。他唯一的失败，即是不能够扑灭娼妓。随着军备的重整，他面临着自玛丽亚·美第奇摄政时所遗留的混乱的外交关系，他回到亨利四世时代的外交政策，由此集中全力，解放法国免受哈布斯堡王朝在荷兰、奥地利、意大利、西班牙等地的包围。

太后曾使法国和西班牙联盟，依黎塞留的说法，她曾经向敌人臣服。同时，她同亨利四世时代曾与法国结成秦晋之好的国家——英国、荷兰、新教德国疏远了。黎塞留独具战略远见，特别重视瓦迪林隘口在战略上的重要性——该隘口衔接奥地利和西班牙控制下的意大利，是西班牙和神圣罗马帝国互换补给品和军队的要塞。12 年来，他一直为夺取这些隘口努力。几场对胡格诺教徒和贵族的战争使他分心，争夺隘口均遭失败，但他成功的外交政策弥补了战场上的失利。他曾赢得弗朗索瓦·克拉克·特雷布莱（François Le Clerc du Tremblay）的忠诚服务。弗朗索瓦出家为圣方济各教派托钵僧后即自称为约瑟夫，约瑟夫神父奉命执行外交事务，他以灵活的手腕从事外交工作。当时法国人称喜欢穿玄色僧袍的约瑟夫神父为"玄衣主教"，称喜欢穿红色衣服的黎塞留为"红衣主教"，两人互为辅佐。黎塞留获此得力助手后，更是如虎添翼，他誓言将"向世人证明，西班牙的时代正在消逝，法兰西的时代已经来临"。

1629 年，德国国内划时代的冲突似乎即将结束，天主教的哈布斯堡皇帝大获全胜，压制了信奉新教的诸邦领主。黎塞留即以金钱改变整个局势。他与瑞典国王古斯塔夫二世（Gustavus Ⅱ）签订了一项条约（1631 年）。根据该项条约，这位英勇的国王每年获得法国 100 万里弗的援助，将攻入德国以拯救新教各邦的命运。法国国内亲教皇的人士随即指责黎塞留是天主教的叛徒。他机敏地答称，凡主张中立的，都是法国的卖国贼。古斯塔夫在吕岑（Lützen）一地获得胜利却不幸去世时（1632 年），大部分德国小邦国王，也一一向皇帝投降。黎塞留看情势不妙，便积极加入这场战争。他扩充法国陆军，由原来 1621 年的 1.2 万人，至 1638 年时增加到 15 万人。他又鼓动西班牙境内加泰罗尼亚的叛乱。他以外交手腕控制了特里尔、科布伦茨、科尔马、曼海姆、巴塞尔等地。他的军队攻占了洛林省，并经萨伏伊向西班牙在意大利北部的势力中心——米兰推进。

不久，幸运的钟摆又荡到另一边，以前的大小胜利显得毫无意义了。1636 年 7 月或 8 月，一支强大的西班牙和神圣罗马帝国的军队经荷兰侵入法国，陷亚琛和科比埃，直逼亚眠，将索姆和瓦兹河的青翠山谷夷为平地。黎塞留的军队远在天边，无法解燃眉之急，通往巴黎之路毫无设防地暴露在敌军的攻击下。太后这时在布鲁塞尔，王后在圣热尔曼，亲西班牙的党徒在法国欢欣不已。他们已在计算黎塞留将会在何时覆亡。巴黎城内，愤怒的民众群集街道之上，要求处死黎塞留。但他突然在他们面前出现时，他在庄严威武的马背上显得那么平静，这时没有一个人敢向他接近，很多人祈祷上帝赐给他力量以拯救法国。那时他不仅显出智慧和勇敢，他的真知灼见和勤奋的精神也表露无遗。很久以前，他即训练巴黎的民众成为后备民兵，他为他们贮藏了武器和各种物资。现在，他激起他们的爱国情操，他们也响应了他的号召。同时，巴黎法务院、商业团体、各业公会也踊跃捐款，不到几天就成立了一支大军，踏上征途向科比埃城进攻。加斯顿统率着这个部队，调度不当，延误军机。黎塞留特地赶来亲自指挥，下令进攻，在 11 月 14 日那天攻下了科比埃。哈布斯堡王朝的军队节节退败，大军撤回荷兰境内。

1638 年，萨克森·魏玛（Saxe-Weimar）公爵伯恩哈德（Bernhard）率领一支由法国资助的大军攻占艾尔萨斯（Elsass）。一年后他去世了，将该地转给法国，艾尔萨斯和洛斯林根（Lothringen）并成阿尔萨斯—洛林，开始归入法国的版图。1640 年，大军又攻陷阿拉斯。1642 年，国王和黎塞留又率领一支大军攻陷佩皮尼昂，使鲁西永附近省区脱离西班牙的统治。每到一个地方，黎塞留似乎战无不胜，攻无不克，他是胜利的筹划者！

法国不妥协的贵族、朝廷亲西班牙的派系和图谋不轨、蠢蠢欲动的名门贵妇，发动最后一次打倒黎塞留的运动。1632 年，黎塞留军事和外交上的助手埃菲亚侯爵去世，遗下寡妇和一个俊秀的 12 岁男孩，名叫亨利·考费尔·鲁兹，辛马斯的侯爵。黎塞留将这个孩子带回照顾，并将他推荐给国王。他可能是利用这个小玩物把路易从心怀不轨加入阴谋集团的奥特福身边拉过来。事情因此发生了。国王被这位面貌姣好的少年的机智和无礼的态度迷住了，即封他为御马长官，要求陪他睡觉。辛马斯到 21 岁时，偏偏看上了高等妓女玛丽安·德洛姆（Marion Delorme）和平步青云后来成为波兰王后的贡萨格的玛丽，后者更是黎塞留的死对头。或许出于她的建议，或许被她以退为进的战略激怒，这位少年竟一再要求路易准其参与御前会议，并能统率一支军队。黎塞留反对这些建议时，辛马斯便要求国王解除黎塞留首相的职位。这种要求又被拒绝，他愤然投向奥尔良的加斯顿（即布永公爵）及其他的人，企图挟持色当（Sedan）投降西班牙军队。有了这支军队当后盾，这些阴谋家打算攻入巴黎以控制国王，同时加斯顿本人也誓言安排刺杀正动身往佩皮尼昂途中的黎塞留。辛马斯的友人雅克·奥古斯特·图征求王后的合作，但安娜王后正期盼路易能早日去世，好让她升为摄政，因此将这次的阴谋暗示给黎塞留。他假装手头上持有一份法、西协定的副本，加斯顿信以为真，坦承一切阴谋，而且又像以前一样，背叛了他的同党。辛马斯、图、布永被捕，布永以无罪获释。这两位年轻人在里昂的法庭受审，被判有罪。他们从容就义，使叛国之罪显得神圣庄严。

叛乱事件发生后，国王匆匆赶回巴黎以保卫他的王位。黎塞留则病况垂危，在抬轿上，经过疲于胜利与切盼和平的法国国土。

墓志铭

黎塞留自认不配为好人，他的言行也不像一位基督徒。那么，这位伟大人物该属于哪种人呢？卢浮宫珍藏一帧菲利普·德·尚帕涅所绘的稀世名画，将他的形象显示给后人：高大的身材，形状可笑，穿着红袍、戴着帽子才显示出他的威严，他像在法庭上争辩的样子，清秀的五官和优雅的双手使他平添许多高贵的气质，他的双目对敌人深具挑战性，但在无情岁月的捉弄下，他的眼神苍白而忧伤。他是热衷权力与热忱服务的人。

为了使目标顺利达成，不因错误而受阻，他必须是坚强的。他初入朝廷时，逢迎拍合，态度谦恭有礼；后来得势了，便目空一切，态度傲慢，以为报复，自认仅在一人之下而居万人之上。有一次，王后访问他，他仍高居座位之上——这是国王之外，无人敢做的无礼行为。他和一般人一样，自认相貌不凡。他贪求虚荣，不喜欢别人的批评，却渴望声名远播。他对诗人高乃依又妒又羡，梦想有朝一日能以诗人和戏剧家的美誉扬名世界。实际上，从他的回忆录的文笔显示，他的确写得一手漂亮的散文。像沃尔西（莎士比亚的《亨利八世》剧中的一个角色）一样，他迅速协调对基督的信仰与对财神的小心崇拜。他拒绝贿赂，也不领薪水，但他领取好些教职的收入，宣称这是为了资助他的政策。与沃尔西一样，他为自己盖了一座冠冕堂皇的宫殿，又觉得太过分，在未去世之前献给了太子，所以大主教宫变成了皇家宫殿。不过我们可以这么看：这座宫殿是为办公和外交目的而建的，并非纯然出于个人的奢侈浪费。他不是一个守财奴，他帮助亲戚，使之富有，而且适时拨支公帑慷慨助人。他以私人积蓄之半赠送国王，劝他在"财政制度因循延误而又急需款用时"动用这笔款项。

在他看来，残酷无情是治理国事必须的手段，而且自然而然地认为对人、对诸邦不能存有仁慈心肠，他们应受严刑峻法控制。他热爱法国，但法国人对他很冷漠。他同意科西莫·美第奇的看法，即祈祷念经无法治理国家大事。他也同意马基雅维利的观点，认为基督的伦理道德无法安全无虑地被用以统治或保全一个国家。他写道："一位基督徒很快地原谅一次伤害，但一位统治者对一个反抗国家的罪行，则应立即加以严惩……缺少这种（严厉的）德行——杀一若能儆百即是慈悲——国家将会覆灭。"黎塞留使"存在的理由"（Raison d'êtat）一词普遍流行：道德律应屈服在国家的动机之下。他似乎从未对其政策是否符国家需要表示过怀疑，因此，他像惩罚国王的仇敌一样排除异己。

在他的城堡与外交阵线内，他是通情达理的。他感到高官厚爵后的落寞，因此特别渴望友情的温馨。塔拉曼特（Tallemant）的闲话"闻逸"中，使我们相信黎塞留曾经想以大他20岁的太后玛丽亚·美第奇作为他的情妇，这是非常不可能的事。又有一些传说，谈到黎塞留的秘密艳史，甚至与尼农·朗克洛（Ninon de Lenclos）也有关系。如果黎塞留不这么风流成性的话，也不会触怒当时的显贵。关于他的罗曼史，我们知道最详细的，是他和他的外甥女玛丽·马迪列尼·康伯拉特（Marie-Madeleine de Combalet）那段亲密的孽缘。她婚后不久即守寡，心灰意懒之下，想出家做修女。此事为黎塞留获悉，即说服教皇勿准其所请，并把她留在身边，替他管理家务。而他即承受她较诸其他恋情更为炽烈的奉献。此后她装扮得像一位修女，但包藏了满头秀发。黎塞留借各种正当的理由亲近她，王后和太后则蓄意阻挠，飞短流长地造谣，使黎塞留的艳闻更为刺激。他所爱的"不是男人，也不是女人"（指修女），而二者都向他寻隙复仇。

他的意志力更值得一提。历史上很少有人像他这样一贯不懈地追求既定目标，他的意志力实非常人所及。他热心工作，经年累月、日夜不休地忙于国事，确实值得我们钦佩。在他不眠不休的悉心照顾下，其他人均能乐享安息。我们应该承认他具有超乎常人的勇气，面对强权贵族和图谋不轨的妇人及一再威胁他生命的阴谋，均无惧色，并能避开他们的攻击，最后歼灭他们。他时常甘冒生命危险而执行既定的政策。

他身体不太好，自从在普瓦图的沼泽害一场热病后就容易头痛，有时甚至持续数日方能停止。或许他的神经系统天生就很脆弱，不然就是先天已受损害。他的一个妹妹是低能儿，一个弟弟一度疯狂，而宫廷中谣传他曾数度爆发癫痫和病态的幻觉。他患过痔疮、脓肿和膀胱的疾病，与拿破仑的情形一样，他每次政治危机多多少少与小便不通有复杂的关系。为此，他曾经不止一次打算退休，而后因其意志，重新振作，继续奋斗。

当然，除非我们能看到他的全貌，了解包括以下所要提到的各种特点，否则很难得出公平的结论。他是宗教容忍政策的先驱，学识渊博，灵敏机智。他是音乐的行家、具有鉴赏力的艺术品收藏家、戏剧和诗歌的热爱者、文人骚客的益友及法国研究院（The French Academy）的创办者。但以历史的眼光来看，他的丰功伟绩在于解救法国，使其脱离西班牙统治。在此之前，法国由于宗教战争，几已沦为西班牙的附属国。他完成了弗朗索瓦一世和亨利四世渴望而未能达成的目标。他破除哈布斯堡王朝环绕四周欲置法国于死地的包围。对于法国本身而言，他以独裁与君主专制政体的代价换取了法国的统一和富强，而独裁与君主专制在后来终于导致了大革命的爆发。若说一个政治家最主要的任务是为人民谋幸福与自由，黎塞留在这方面则离标准太远了。雷斯大主教——一个精明但不公正的判断人——指责他"建立最丑陋与危险的暴政，使整个国家沦为奴役"。黎塞留将会回答说，政治家必须考量本人及后代的自由和幸福，因此须先使国家富强，防止外力入侵和统治，为达到这个目的，政治家有正当理由牺牲这一代，以便其继承者获得安全。从这个观点，黎塞留的西班牙劲敌奥利瓦累斯称赞他为"基督教世界数千年来最能干的首相"，英国政治家和作家查斯特菲尔德公爵把他列为"当代最能干的政治家，置之其他时代可能也是如此"。

他从鲁西永胜利班师回朝，简直像一个活人的出葬行列一般。在罗讷河之上，他乘坐一艘御船自塔拉斯孔（Tarascon）航行到里昂。到了里昂，他停留直到辛马斯和图两人受审和处死。因为痔疮剧痛，他的身体越显虚弱，卧于抬轿之上，由其 24 名扈从扛护。该抬轿甚大，除能放下一具病人的卧床之外，尚可放置一张桌子、椅子，并容纳一位秘书，记录外交训令和军事命令等。死亡之旅共历 6 周，沿途民众引颈观看这位集宗教和政治大权于一身、不为人民所爱却令人敬畏的大人物。到巴黎后，被连人带病床移入他的宫内。他即向国王提出辞呈，但获慰留。路易亲自来到他病榻之旁看护他，喂他食物，担心他一旦去世后自己能否应付那种局面。黎塞留听告解的神父给他施了最后的圣礼，问他是否已饶恕了他的敌人。他回答，他一生从未曾有过敌人，除非是国家的公敌。他昏迷一日后，于 1642 年 12 月 4 日去世，享年 57 岁。国王下令以一周时间举行葬礼，人们花了一天半的时间瞻仰遗容。但在很多省区，人们点燃了庆祝的火烛，感谢这位"铁血主教"的逝世。

他推荐马扎然为首相的继任人，路易答应了。他留下了 10 册回忆录，记述国家大事俨如出于人君之笔。在晚年，他将一本《政治圣经》（*Testament Politique*）献给路易，"我死之后，可作为治理国家大事的参考"。虽说是老生常谈，但也不乏言简意赅、确切可行的行政箴言，文藻足以与当时任何名作媲美。他劝告国王要避免战争，因为陛下天生不适此道。"能够协调一打敌人，比摧毁一个敌人更有利、更光荣。"此外，法国不适合战争，法国人虎头蛇尾，一开始显得热忱勇敢，但在紧要关头缺乏耐性和冷静，最后"意兴索然，变得比妇女们更软弱"。人君应该像一个雄才大略的将领，必须具备英武勇猛的气质始能克服情感上的好恶。他不应予妇女有置喙政治事务的余地，因为妇女受制于情绪和欲望多于理智。女人拥有才智是不相称的，"我从未见过多才多艺的女人未受其知识所伤"。女人不能守密，而"机密则是政治家精神的灵魂"。"一个小心谨慎的政治家多闻寡言"，避免因失言而冒犯他人，除非为了国家的利益而外，绝不说人之长短。路易应对"诸国，尤其是其本国的结构和历史，有广泛的认识"。黎塞留希望国王了解他的为人处世和政治措施。"伟大人物被授命掌管国家大事，就像那些罪犯送去服刑一般，唯一不同之处，即后者因罪须受刑罚，而前者则是因功。"

国王较黎塞留多活了约 5 个月，他短暂的仁政深获民心，人民欢声载道。他释放政治犯，准许在国外的流亡分子返国定居，并开放言论。他抱怨黎塞留未能让他随心所欲作为一番。他的母后较黎塞留早逝数月。他将她的遗体自科隆运回巴黎，以隆重葬礼安葬，而且在他即将去世时，一再地祷告，要求上帝和人民宽恕他对母后的无情。

他清楚自己逐日衰弱，但眼见他 4 岁大的儿子的俊美和活泼，也甚觉安慰。他开玩笑地问道："你叫什么名字？"孩子答道："路易十四。""吾儿，未到时候，未到时候。"国王回答。

他吩咐朝中文武大臣尊崇王后为摄政，直到太子即位为止。左右告诉他死神降临时，他说："啊！上帝，我现在死而无憾了。"他于1643 年 5 月 14 日去世，享年 41 岁。塔拉曼特记道："人民奔丧，如同参加结婚庆典一样欢愉。他们出现在王后面前，又像参加竞技一般。"经过令人望而生惧的黎塞留的苦心经营，"泱泱大国"和"伟大世纪"已现曙光，伟大的日子即将降临于法国国土之上。

第八章 | **战争下的法国**
（1559—1643）

道德

宗教的分歧曾为许多战争制造似是而非的借口，但现在开始因政治方面的涉足而身受其害。许多人逐渐怀疑那些为流血冲突辩护的教义的权威。在上流社会中，对基督教伦理的怀疑开始夹杂着对教条的怀疑。

农民仍保有他们的宗教信仰，对基督教教义的尊崇也不因触犯教规而稍减。他们可能一时恍惚而互相残杀，也可能在无人监视而有机可乘的情况下不遵从一夫一妻制，在别的方面，他们过着一种还算正当的生活，按时望弥撒，每年至少领一次圣餐。中产阶级——无论天主教徒还是新教徒——为基督徒德行做了最佳的表率：他们衣着朴素无华，一生只结婚一次，专心致力于事业和照顾孩子，上教堂，做教士、医师、律师、行政官服务于国家，并使国家安定。甚至在贵族社会中，也有可做模范的妇女。查理九世曾经称道他的妻子奥地利的伊丽莎白是世界上最贤德的妇女。但一般说来，在都城的有闲阶级和市镇的技工中，色情的勾当逐渐成为无法控制的事情。柏拉图式的恋爱继续存在于上流社会中，不过这多半是一种女性的策略，一种深度的抗拒使她们歌颂这一避难所。

就我们所知，凯瑟琳·美第奇是一位忠实的妻子和热爱子女的慈祥母亲，当时谣言却指控她训练美丽的女子勾引她的敌人使他们屈服。阿尔伯特（一位极端谦逊守礼的人）将当时的宫廷描述为："有史以来最腐败、最令人痛恨的社会。"布兰托姆是喜欢散布谣言的人，但他的证词应该是可以相信的：

> 至于我们法国的美丽妇女……在最近 50 年里，学会了如此的温文体贴和高尚有礼，她们的服饰、姣好的脸庞和淫荡的作风是那样诱人……谁也不能否认，无论在哪个方面她们都超过其他的女人……尤有甚者，在法国谈情说爱时的淫言秽语较其他语言更加淫秽，更富于刺激，听来也更甜美。在上天赐给法国的自由下……使得我们的妇女较其他妇女更合人心意，更吸引人，更温顺和容易接近。加上私通在法国并不像在其他国家那样普遍地受到惩罚……

国王们开风气之先。弗朗索瓦二世即因荒淫过度早逝。查理九世拥有玛丽·塔切特。亨利三世不喜欢情妇，但专情于男宠。亨利四世则对异性恋爱十分忠实，他本人和情妇加百利·埃斯特雷丝似乎未反对在她被绘像时腰部以上裸露。他的女儿亨丽埃塔·玛丽亚在 17 岁那年与查理一世结婚时，已经与许多人发生暧昧关系，以至于她的牧师劝她应以抹大拉的玛丽亚为榜样，好好改邪归正，并以英国作为自己忏悔赎罪之地。

即使如此，女人们的顺从与男人们的渴望之间仍然有差距，为迎合这种日益膨胀的需要，娼妓辛勤地工作。巴黎的娼妓有三种类型，分别服务于宫廷、中产阶级和贫苦阶级。也有受过教育专与贵族交往的女人，例如玛丽安·德洛姆，她在将死之时，曾忏悔了 10 次，因为在每次忏悔之后，其他的罪又浮上心头。查理九世和亨利三世曾下诏书宣布妓院为非法，而路易十三（1635年）曾下令对所有被查出之娼妓加以"鞭打、削发和驱逐出境"，所有株连此项交易的人都应被遣入帆船中服终生苦役。包括蒙田和一位法国胡格诺教派的牧师在内，好几个人曾抗议此种措施，并建议为了维护公共道德，娼妓应该合法化。不过一直到18世纪末，上述君王所颁布之法规条文，仅徒具形式而已，并未积极实施。

社会和政治道德因战争每况愈下，卖官鬻爵已成为一种普遍现象。在索利整顿之前，财政管理已腐败到混乱的程度。军队里不论胡格诺教徒和天主教徒，正忙于屠杀、抢劫、强奸，将市民玩弄于股掌之间。为了强索私藏的黄金，更是到处放火。决斗在16世纪更加风行，也许这是因为佩剑已成为男人服饰的一部分。查理九世时，在奥皮塔尔的劝谏下，将决斗禁止了。但到亨利三世时更加普遍，上等人士和次等人士都可能发生战斗。决斗一词，依蒙田之言，现已成为战争。黎塞留的法令和其前任不同，他强力地、公平地下令禁止决斗，在他死后，决斗又死灰复燃。

犯罪是寻常之事，夜巴黎十分黯然，抢劫、谋杀触目可见。漫天的争吵使街上秩序大乱，在乡间旅行则随时有丧生和断手残足的危险。处罚是残酷的，我们不能确定这种处罚是否有效制止犯罪，但没有处罚，情况可能会更糟。坐牢是上流社会绅士们犯罪时的专利，贵族们犯罪后被送至巴士底监狱，在那里他们可付钱住在装设自己家具的舒适房子内，并可与妻子同住。一般罪犯则被遣送于足以令人窒息的地窖，或被驱逐至殖民地，或被判服划桨的劳役。这种划桨劳役的惩罚，可追溯至1532年，但在法国最早被颁定成为法律，应在1561年。划桨劳役一般期限是10年，在罪犯的背后贴着"GAL"三个字母。到了冬天，罪犯有的停留于船坞的桨船上，或成群被关入牢中，这些地牢主要在土伦或马赛。宗教战争期间，许多被俘的胡格诺教徒就被判入划桨劳役中，在这里，他们承受残忍的虐待，死对他们算是一项恩赐。在痛苦的10年处罚中，自杀十分普遍。

礼仪

道德虽然堕落，礼仪却有改进。凯瑟琳·美第奇带来意大利式的礼仪，美感、高雅的鉴赏力、约会的优雅气氛及华丽的服饰。布兰托姆认为她的宫廷是前所未有的最好的宫廷，至少300多名穿着极其华丽的仕女和少女穿梭其间，使她的宫廷成为"真正地球上的乐土"。法国宫廷的礼节是弗朗索瓦一世所设，现在取代意大利成为欧洲国家的典范。亨利三世设立专司法国宫廷礼节的职务，并颁布诏令详细说明宫廷仪式和外交礼节。还规定在国王面前服侍的人如何称呼国王，如何服侍国王起床、梳洗、餐膳及退朝，哪些人陪伴他狩猎或散步，哪些人可参加宫廷舞会等。亨利三世是一位胆怯而讲究细节的人，坚持照这些细节实行，亨利四世却把它破坏了，路易十三不理睬这些仪节，路易十四则将之增订为一种特别礼拜仪式可以与大弥撒匹敌。

宫廷服饰越来越华丽、昂贵。马沙尔·巴索皮雷（Marshal de Bassompierre）穿一件纯金制的衣服，镶满重达50磅的珍珠，价值约1.4万埃库。玛丽亚·美第奇在她儿子洗礼时，穿一件镶着3000颗钻石及3.2万颗其他贵重宝石的礼服。一个朝臣倘若没有25种不同式样的服装，会认为自己太寒酸了。限制服饰价格的法令层出不穷，但无人理睬。其中，亨利四世曾发布一则禁令如下："本王国之子民除娼妓和穷贼外，一律禁止穿金制或银制的衣服。"虽然如此，这项法令依然失败了。牧师们抱怨女士们尽量使曲线毕露所呈现的危险，如果我们相信蒙田——他并不惯做惊人之语——的话，"我们的女士们（虽然是那样娇美）常常袒胸尽可能低至肚脐"。为了使白皙的皮肤和粉红的脸颊更加明显，17世纪妇女们采用一种平常叫作莫切斯（mouches）的点和块来作装饰。她们用鲸鱼骨头使胸衣变硬，用铁线撑开她们的环裙，将头发梳成12种以上诱人的发型。男人蓄着长而下垂的卷发，戴着插有羽毛宽而华丽的帽子。路易十三因太早秃头，使假发大为流行。男女之间在虚荣上互相竞争。

他们优美的礼节却没有影响到他们以手取食的习惯。1600 年以前，即使在贵族之间，刀叉仍然没有取代以手取食的习惯。而 1700 年以前，除贵族外，其他阶级用刀叉的习惯仍不可见。拉托尔·阿根特（La Tour d'Argent）是一间十分时髦的餐厅，因为在亨利三世打猎回程时，供应刀叉给亨利三世用膳而名噪一时。在 17 世纪的法国，已经有吃青蛙和蛇的习俗。酒是他们喜爱的饮料。咖啡开始上场，但不是必需品。巧克力从墨西哥经西班牙传入法国，有些医生认为它是不合宜的泻便剂，有些医生则用它作医治性病的处方。塞维涅侯爵夫人说，有一个极喜爱巧克力的孕妇生下一个迷人的小黑炭。

礼节的进步可由交通工具和娱乐反映出来。公共马车在西欧已十分普遍，法国富有的人家开始用装设有窗帘和玻璃的华丽四轮马车到处游历。网球十分流行，跳舞在各阶级也很普遍。壮丽的西班牙舞由西班牙传入，其名由西班牙文"孔雀"一词转化而来，它愉快、优美的旋转动作深得贵族喜爱。接吻是跳舞中的一部分，加速了血液的循环。用诗或哑剧配合音乐和舞蹈来表现故事主题的芭蕾舞，在凯瑟琳·美第奇的提倡下，成为当时宫廷最高尚的娱乐。由她最宠幸的女士参加演出，服装和布景都经过美术设计，一出这样的芭蕾舞剧会在圣巴托罗缪大屠杀后一日在土伊勒里皇宫演出。

音乐家是当时的英雄。在法国他们具有如此迷人的魅力，1581 年的一个演奏会上，一位朝臣激动得以手拍剑，发誓他必须与他遇见的第一个人决斗，因此乐队指挥立刻指挥他的乐队演奏柔和的曲调，从而缓和了此人暴戾的心胸。琵琶仍是最受欢迎的乐器，但 1555 年，历史上第一个著名的小提琴家巴尔塔扎尔·博若耶（Balthazar de Beaujoyeux），带领一队小提琴手至凯瑟琳的宫廷演奏，使小提琴深受欢迎。1600 年，里努奇尼继玛丽亚·美第奇之后到了法国，介绍了歌剧的观念。歌唱一直是人们喜爱的音乐，梅森（Père Mersenne）

正确地断言：自然界没有其他声音足以与女人的声音媲美。

　　音乐、文学、优美的礼仪及文雅的谈吐交织成一项法国对人类文明最基本的贡献——沙龙（Salon）。现代艺术的发源地——意大利，已为这种文雅的聚会指明了方向，就像卡斯底里欧内《谄媚者》一书中描述的乌尔比诺。沙龙一如小提琴、城堡、芭蕾舞、舞剧等由意大利传至法国。而在法国，沙龙的创建者是出生在罗马（1588年）的凯瑟琳·维冯娜，其父是法国驻教廷大使让·维冯娜（Jean de Vivonne），母亲是奥西尼女继承人朱利亚·萨维莉（Giulia Savelli）。凯瑟琳·维冯娜 12 岁时嫁给查理·安根尼斯（Charles d'Angennes），即朗布耶侯爵，他在亨利四世和路易十三时代均高居要职。年轻的侯爵夫人曾批评法国的语言和礼貌在正确性和礼节上比起意大利差太多了，她不赞成让各知识圈——诗人、学者、科学家、博学之士——与贵族各行其道。1618 年，她为自己家人设计了位于巴黎圣托马斯·洛弗雷街的朗布耶厅（Hôtel de Rambouillet），有一个房间挂满了以金银镶边的蓝色绒布的窗格。在这样宽敞的"沙龙"内，侯爵夫人邀来她的客人，而成为历史上最著名的沙龙。她以适当的礼节，加上不同方式的关怀，招呼来访的男女宾客：贵族们，如伟大的孔代和拉罗什富科；教会人士，如黎塞留和休伊特（Huet）；将军，如蒙塔西尔（Montausier）和巴索皮雷（Bassompierre）；出身名门的淑女孔蒂公主、隆格维尔和罗翰公爵夫人；受过良好教育的仕女拉法叶（La Fayette）夫人、塞维涅夫人及斯屈代里（Scudéry）夫人；诗人马莱伯、沙普兰（Chapelain）和巴尔扎克；学者康拉德（Conrart）和沃热拉（Vaugelas）；才子沃图雷（Voiture）和斯卡龙（Scarron）。波舒哀 12 岁时曾在此处布道，高乃依则在此处宣读剧本。贵族们从此处学习有趣的语言、科学、学问、诗、音乐和艺术，男人们从女人处学习文雅的礼节，作家学习消敛其虚荣心，博学之士传授所学，才子们相互切磋。语法被讨论，谈话成为一种艺术。

　　侯爵夫人以她的机智，使这些如狮似虎的人毫无困难地修整自己的锋芒利爪。虽然她已是 7 个孩子的母亲，她纤长的身段和妩媚的笑容足以煽起诗人们——如沃图雷和马莱伯——如火的热情。她具有燎人的火焰，但她对平庸丈夫的忠贞受大家的尊敬。她玉体欠安，她仍以欣然的神情和活泼伶俐的智慧周旋于宾客之间。虽然她失去了两个儿子，三个女儿也皈依天主，但直至她死前撰写碑文时，她一直未曾表露内心的悲伤。在这性放纵和大放厥词的年代，她仍保有那份彬彬有礼和端庄的行为。良好的风韵和优雅的格调成为进入沙龙必需的条件。高级军官和诗人在大门口留下了他们随身的刀剑。礼仪消除了歧异，讨论风气盛行，争吵被抑制了。

文雅的作风太过火了，因此侯爵夫人草拟一项修改言词和行为的规则，那些过分风雅的人被称作"矫揉造作"（précieux）。1659 年，侯爵夫人隐退后，莫里哀以囫囵吞枣的方式将她的艺术残渣攫获，而且以讥讽的口吻结束了它们。即使文雅过分，矫揉造作却发挥了作用，他们使许多文字格言的意义和暗示更加明显化，并使方言、生硬文法、迂腐得以涤除。这后来成为法国学院的起源。在朗布耶厅，康拉德和沃热拉将这些文学的优美鉴赏力带至布瓦洛与古典的世纪中。过分的风雅助长了爱的热情，而且诱惑了笛卡儿和斯宾诺莎。他们利用撤退的战略来润饰两性之间的关系，对难以琢磨却十分珍爱的爱人加以理想化，因此也就造成浪漫的爱情。女人的地位兴起了，在文学、语言、政治、艺术上，女人逐渐增加了影响力。对知识和智慧的尊重渐增，美感也随之散播。

沙龙和学会是否使讽刺家的幽默消失？是否会使法国轻松活泼的气氛、放任的伦理及如蒙田炫耀才学的心灵为之闭塞？或驱使这些才子臻于更微妙、更高深的艺术境界呢？

我们已离题太远了。朗布耶夫人开设沙龙时，蒙田已辞世 26 年。让我们回到主题，静静倾听法国在这个时代最伟大的作家和思想家的事迹吧！

蒙田（1533—1592）

·教育

约瑟夫·斯卡利杰尔（Joseph Scaliger）记载，蒙田的父亲是一位贩卖青鱼的商人。这位伟大的学者记载有误，是他的祖父格里蒙·埃奎姆（Grimon Eyquem）在经营生意，从波尔多出口干鱼和酒。格里蒙从蒙田的曾祖父拉蒙·埃奎姆（Ramon Eyquem）那里继承了庞大的事业，蒙田的曾祖父曾给这个家族带来财富，买下了在城郊小山上著名的蒙田大厦及地产。格里蒙利用明智的婚姻选择，大大地扩充了他父亲的遗产。他的儿子皮埃尔·埃奎姆（Pierre Eyquem）喜爱战争，而不愿做青鱼生意。他曾参加法军，跟从弗朗索瓦一世在意大利作战，他带回脸上的疤痕和一块文艺复兴时期的磨石，回来后晋升为波尔多的市长。1528 年，他与图卢兹富商的女儿安托瓦妮特（Antoinette）结婚，她是犹太人，受的是基督教的洗礼，却具有西班牙文化的背景。日后成为"蒙田先生"的米歇尔·埃奎姆（Michel Eyquem），是皮埃尔和安托瓦妮特所生，混着加斯科涅人和犹太的血液。蒙田的父亲是虔诚的天主教徒，母亲则可能是新教徒，兄弟姐妹则是加尔文派信徒，这些使他的视野大为开阔。

皮埃尔对教育有他自己的想法。蒙田曾说："我那好父亲，在我尚在襁褓时就把我送到属于他的一个贫穷的小村庄里抚养，在贫贱和质朴的民风里，我度过了婴儿期，甚至也许更长一段时间。""我尚在哺乳时，他请了一名德国看护，整天用拉丁文对我讲话。""6 岁以前，我的阿拉伯文比法文要好。"蒙田进入吉耶纳学院时，他的老师们（乔治·布坎南除外）已无法教他拉丁文，因为他讲得实在太流利了。由于精通拉丁文，他深获赞誉："不需课本、教则、文法，不需鞭打的好学生。"

也许他的父亲曾读过拉伯雷有关教育的书。他试着以自由主义的原则——以感情取代强迫来教养他的儿子。蒙田很喜欢这种方法，曾在一封公然写给黛安·佛伊科斯（Diane de Foix）女士讨论教育问题的长信中推荐。但在后来一篇散文中，他又撤回这种见解，并推介教鞭主义，认为能有效地弥补理性的不足。同时，他对拉丁文和古典文学也不像他父亲那样重视，他的古典文学造诣极深，但他反对单纯的古典教育，轻视书中的学问和书虫，而强调训练强健、富有活力的身体及培养谨慎优美的性情。"完美的心灵不需要太多的知识。"打一场网球可能比议论卡蒂利内更有益。男孩应刚毅、勇敢，能忍受暑热酷寒而不啜泣，对生活中不可避免的冒险甘之如饴。蒙田引用雅典作家的话，但偏好斯巴达的作风。他的理想是具有勇敢坚忍的德行，如同在罗马人的意识里"勇敢"对于他们是不必赘述的——除了勇敢外，他又加上希腊人的理想"节制"。对每件事情都要有节制，即使节制本身也不能例外。一个男人对饮酒要有节制，但若情况必需时，则要能喝一些，至少要能喝许多酒而不致昏迷不省人事。

对于教育来讲，旅行是重要的一部分，假如我们抛开偏见。"苏格拉底说：'某种人旅行对他是没有一点好处的。'他说：'我对此深信不疑，因为某些人是将自己围限在某些范围内。'"倘若我们打开心胸和眼界，世界将是我们最佳的教科书，因为"有许多奇异的幽默、各色各样的宗教、互异的见解、不同的法律、奇异怪诞的习俗，教我们正确地判断自己"。旅行以外，最佳的教育就是历史，历史是对过去的浏览。学生"应借历史之助，吸取人类智慧的精华……读了希腊传记作家普鲁塔克的《生命》一书，还有什么他不能收获的呢？"最后，学生应知道一些哲学——并非那些锋芒毕露的逻辑诡辩，而是如下的哲学，如："教我们如何生活……什么应该去认识，什么不应认识；什么是勇气、节制和公平；以及野心与贪婪的分别，奴役与自由的分野；人如何识别真正的和全然的满足；人对死亡、痛苦或耻辱当惧怕到何种程度……从孩提成长中所得的'教训'，比他由学习读写中所得到的，更具深刻印象。"

在吉耶纳学院 7 年后，蒙田继入大学学习法律。以他富于推论和明晰的言词而言，没有一门学科比法律更适合他。他从不倦于褒扬习俗的可贵和痛恨法律的可恶。西班牙的斐迪南二世没有派律师到西属美洲去，以免印第安人之间增加纷争之事，使他大为愉悦。他也希望医生不要被派到那里，以免因他们的治疗方法而产生新的疾病。他认为法律最多的国家是最不幸的国家，他责备法国"是世界各地立法最多的国家"。他以为法律在人道方面毫无建树，并怀疑在野蛮民族中是否能发现这样的野蛮人，如同欧洲各地在拷问房内施加暴行的穿着宽袍的法官和削发的传教士。他自慰道："在今天所有法律环绕之下，我仍然是纯洁的。"

·友谊与婚姻

我们发现，1557 年蒙田是佩里格（Périgueux）的艾迪斯法庭（Court of Aids）的议员，1561 年是波尔多议会——自治法庭——的议员。在那里他遇见并结交了埃蒂尼·拉波蒂（Etienne de La Boétie）。这位年轻的贵族，18 岁时写了一本热情洋溢的《论志愿奴役》（*Discours sur la Servitude Volontaire*），该书后来被称为"Contr'un"，意即反对一人统治。他以丹顿（Danton）流利的口才，鼓励人们起来反抗专制主义。也许蒙田在年轻时具有这种共和的热忱。无论如何，他已被这位贵族里的叛徒吸引，拉波蒂只长蒙田 3 岁，但他似乎成为智慧与正直的典范：

> 在我们素未谋面以前，即已相互寻找，由于消息报道，我们彼此互有所闻……我想在上苍冥冥安排之下，我们的名字已在对方脑中留下深刻的印象。初次会面，是在镇上庄严会议的大餐会上偶然相识，我们如此惊异……如此熟识，如此志趣相投，从那时起，没有任何人能够像我们这样接近。

为何能有这样深的情谊？蒙田说："这因为是他，也因为是我的缘故。"因为他们在各方面如此不同，能取长补短。拉波蒂是一个理想主义者，热诚而具温情；蒙田也具有智慧、谨慎，而能持平献身于社会。因此，蒙田这位最好的朋友描述他为："能为至圣，也可成大恶。"也许蒙田一生最刻骨难忘的经历是眼看他朋友死去。1563 年，波尔多的一场瘟疫中，拉波蒂突患热病和痢疾。拉波蒂以坚韧不拔的毅力和基督徒的耐心，与病魔缠斗，这给一直陪伴他至临终的友人永难忘怀的回忆。蒙田继承了那篇具危险性的散文的原稿，保藏达 13 年之久。1576 年，有盗印的翻印本问世，他立即印行原版，并解释说：这是一个"16 岁"男孩修辞学上的练习罢了。

这种亲密的友谊使蒙田对往后的友谊都感乏味。他写了又写，称他半个心灵已随拉波蒂而去。"过去我多么习于彼此相依，而不惯于形单影只，依我看，现在的我仅是半个我。"在温馨的回忆中，他将友情置于一切父子之情、男女私情、夫妇之情之上。对任何女人，他似乎不曾付出任何浪漫的爱情："年轻时，我反对任何足以僭取我心的爱情意念。我尽量减少迷恋于它，以免最后我会因怜悯而被俘虏。"

他同意许多哲学家的看法，认为仅是欲望的膨胀不能构成婚姻的理由。"再也没有比美色和欲念造成的结合崩溃得更快、更令人困扰了。"婚姻应由"第三者"安排，婚姻应该丢弃"性"爱的陪伴与条件，而应该"模仿友谊"，婚姻应以友谊的形态存在。他赞同希腊思想家的观点，男人在 30 岁前不应结婚。他尽可能避免受到束缚。28 岁时他到了巴黎，爱上了那里，享受短暂的宫廷生活（1563 年）。回到波尔多后，他与弗朗西丝·沙赛涅（Françoise de Chassaigne）结婚（1565 年）。

他的结婚更多是为了理性上的原因：为了有一个家庭来延续他的财产和姓氏。在他总共 1500 页的著作中，几乎没有只言片语是关于他妻子的，但那也许是为了礼貌的缘故。他声称他对她是忠实的："尽管世人指责我放荡不羁，我确实是谨守着婚姻的律法，远超过我当初允诺或希望的。"她对专于自己事情的天才丈夫十分容忍，因为丈夫对事业全然不管，她对家务、土地的治理、账务等显得十分能干。他对她是很尊敬的，他离开家时，他托付她一切重任，并偶尔以一个动作、一句话对她表示关爱之意——他从马背上掉下来时，他对她迅速的帮助由衷感谢，或将他出版故友拉波蒂翻译的普鲁塔克的《安慰信》（*Letter of Consolation*）献给她。这是十分成功的婚姻，我们对蒙田《散文》（*Essays*）中，对女人所做的讽刺不应看得太认真，这是那个时代哲学家们的风尚。弗朗西丝为他生了 6 个孩子，都是女孩。除了一个女孩外，其余都夭折了。这个仅有的小女孩，他对她十分娇宠。他 54 岁时，收养了一位 20 岁的女孩子，名叫玛丽·古尔娜。"我俩之间已真正超越了父女之爱，而她已成为我生命中最好的一部分，她使家中的孤寂一扫而空。"总之，他不能超越人性的共同情感。

·散文

1568 年，他父亲去世了，蒙田以长子身份继承了遗产。三四年后，他辞去波尔多议会的职务，从喧嚣的城市退隐到清静的乡下。但这份宁静也是岌岌可危，因为宗教战争正使整个法国的家族和城市陷于分裂。士兵们侵入村庄，窃入民宅，偷窃、抢劫、杀戮。"许多个夜晚，我上了床，想象我或许就在今天晚上在床上被出卖或被杀。"为了劝阻暴力，他门不加锁，并下令：若抢劫者来到，他们将在不抵抗的情况下被接纳。这些抢劫者避开了，使蒙田得以在教条与武器的喧扰声中，自由地生活在自己哲学的领域。巴黎和某些省份正在圣巴托罗缪事件中屠杀新教徒时，蒙田写出了法国散文的最佳作品。

他最喜爱的僻静处是面对他别墅的一座高塔三楼上的图书馆（别墅于 1885 年毁于大火，此塔仍在）。他爱他的图书馆，就像他的另一个自我：

> 圆形式样的图书馆没有平面，除了我的书桌和椅子……一眼望去我的藏书尽收眼底……我的座位就是我的宝座。我竭力遵守

我的原则，并使这个角落与妻子和孩子熟知的社会分离。

很少人对孤独如此有兴趣：

> 人必须退隐，从自己寻求自我……我们必须为我们自己保留
> 一个贮藏库……糅合我们……在贮藏库里，我们可以贮藏并建立
> 真正的自由。对于男人而言，世上最伟大的事是知道如何成为他
> 自己。

在图书馆，他拥有1000册书，大部分用精细的皮革装订，他称这些书为"我的喜悦"（*meas delicias*）。在这些书中，他可选择他的同伴，并与其中最智慧和最佳者在一起。单只普鲁塔克一人，"因为他说法文"（经过阿米奥的翻译），他就可以找到近百位伟人与他交谈，而在塞涅卡的《书信》（*Epistles*）中，他领会了斯多葛学派含有韵味的词汇。这两位（包括普鲁塔克的《莫拉利亚》在内）是他最喜爱的作家。"从他们我可以在心灵空虚时，如汲水般，随汲随空，无厌倦之时……我对这些书的熟悉，在我年老时给我很大的帮助。这些几乎成为我的战利品，使我与他们的荣耀共存。"

虽然他时常引用圣奥古斯丁，但他绝不引用《圣经》（也许过于家喻户晓）。大体言之，他喜爱古代甚于现代，同时也比较喜爱异教徒的哲学家，而不太喜欢基督教神父。他是一位人文主义者，深爱古希腊和罗马的文学与历史，但他并不盲目崇拜古典和原稿。他认为亚里士多德立论肤浅，西塞罗只是空发议论而已。他不十分精通希腊文，他旁征博引地引用拉丁诗，甚至连马希尔的最神秘的讽刺短诗也被他引用。他敬佩罗马诗人维吉尔，却较喜爱卢克莱修。他读伊拉斯谟的《阿达吉亚》（*Adagia*）。在早期的文章中，他以古典事物来推崇自己，是一个爱炫耀学问的人，这是当时的风气使然。读者若无法阅读原文，而爱好这些作品，就好像用小窗一瞥古代之景一样，有些人

因此埋怨其文章无独特之处。由他收集来的作品，蒙田表现了特异的自我，他讥讽学问的卖弄，而且由这些收集来的资料，构成自己的心灵和言词，它看起来像剪刀和糨糊，而品尝起来却极神妙。

因此，他在 1570 年后，悠闲地页复一页、日复一日写下了《散文》。[1] 他似乎发明了新名词和新形式。他发现了一些名词，但在其谈话中免不了有些传统的格式。不过，他这种风格直至他死前仍深深注入他的文章中，而造成现代散文的主题。"我对纸说话，"他说，"好似我遇见的第一个人一样来谈。"他的风格是自然、暗示、自信；心平气和地叙说心灵中熟稔的主题。翻开任何一页来看，我们就会被他的笔捕获，我们将不知道也不会注意到被带往何处。他写得很零碎，他的主题是袭上心头的灵感或与心灵一致的主题。他浏览而有所领悟时，他又从他起始的题目上分岔出其他标题。在《论教师》（*On Coaches*）一书，他综论古代的罗马和新兴的美洲，其中有 3 册是题外之言。他是懒惰的，没有任何事比安排和维持一贯的思想或人物更费力的了。他承认自己跨踏和繁杂，他本人并不十分崇拜一贯性，他的思想随时间的流逝而起变化，最后组成的图样则是蒙田本身。

随着他的观念复杂而不断改变，他的风格随心灵的朴素而愈加清晰。然而，如莎士比亚的作品一般，它闪烁着匠心独具的隐喻。那些发人深省的逸事，可立刻将抽象转成真实。他明察秋毫的好奇心，随时套取事物的本质，无视任何道德的阻力。

·哲学家

他声称仅有一个主题——他自己。"我的全部关注都在自己内心；我没有自己的事业，而仅有自我；我不断地思考……品尝我自己。"他以自己的感情、习惯、好恶、疾病、感触、偏见、恐惧与思想做第

---

[1] 第 1 版包括第 1 册和第 2 册，1580 年出版；第 2 版增编第 3 册，1588 年出版；第 3 版包括他自己最后的修订，由玛丽·古尔娜（Marie.de Gournay）辑成，1595 年问世，此时他已辞世。1580 年至 1598 年出了 9 版，足证这本书的畅销。

一手资料，来研究人类的天性。他没有写过自传，在文章中，他几乎不曾提到他议会议员和市长的生涯，或他的旅途及他访问宫廷的任何事。他本人不带任何宗教或政治上的色彩。他给我们的是一些更宝贵的东西——对他本人的肉体、心灵、个性做坦白和深入的分析。他以欣然的态度极详尽地叙述自己的错误和罪恶。为了完成他的目的，他要求畅所欲言。他不顾良好风尚，将人的肉体与心灵袒露出来。他以喧嚣的坦诚谈论自己的生理机能，并引用圣奥古斯丁和维维斯关于浮夸的言论。

> 每个人总是避免去看一个人出生，却急于跑去看他死亡。为了毁灭他，我们找寻一个广大的空间和足够的光亮；为了创造他，我们将我们自己隐藏于黑暗的角落，并就我们所能，尽量秘密地工作着。

即若如此，他声称做了某些保留。"我说的是真理，非倾我所有，而是尽我敢言者言之。"

他告诉我们许多有关他自己的身体，逐页告诉我们他的养生之道，健康是至善。"利用神意，辉煌与荣耀往往可由具有如我这般心境的人获得。"他找寻着哲学的瑰宝，却发现它贮存于自己的身体中。他希望在爱情的狂喜中超越这些宝石，却发现它们"奇异地惊怪我"，使他丧失人道能力。他以骄傲的度量自慰道："贮满十小时路程的水"，并可长时间骑坐而不疲惫。他结实强壮，非常贪吃，在大嚼时几乎咬到自己的指头。他以对艺术爱好的不屈不挠精神深爱着自己。

他深以他的家世、纹章、华服和作为一个圣米歇尔勋位得主为荣——而且写了一篇文章《虚荣》（"Of Vanity"）。他有很多缺点，并向我们保证，若有任何美德存在他心中，那一定是秘密进入的。然而，他确实有着许多优美的特性：诚实、和蔼、幽默、镇定、怜悯、节制、容忍。他将富有爆炸性的思想投入空中，却在落地前将其捕获并熄灭。处在一个因教条冲突任意杀戮的时代，他请求他的同胞们对这方面的谋杀不可太过偏执。他成为近代世界首先具有容忍心灵的一个范例。我们原谅他的错误，因为我们也有相同的错误。我们发现他的自我分析十分吸引人，因为我们知道故事中提及的是我们自身。

为了更进一步了解自己，他研究哲学家。虽然这些哲学家以虚荣的自负来分析宇宙整体，指示超越坟墓之外的人类命运，他仍然喜爱他们。他引用西塞罗说的话："除了哲学家所言外，没有一件事看来是荒谬的。"他赞美苏格拉底，因为"将人类失落已久的智慧从上苍重新带至凡间"。他附和苏格拉底道：劝世人少研究些自然科学，而多研究些人类行为的导向。他自己毫无"体系"，他的思想无休止的演化，没有一种标志可说明他哲学思想的飞驰。

在他的早期思想中，他勇敢地采纳了禁欲主义。基督教已分裂成许多自相残杀的宗派，利用战争与屠杀，使本身染上血迹，很明显，它已很难给人一个控制本能所需的道德标准了。于是蒙田转向哲学，寻求一种自然伦理，其道德法则不受教条起落的影响。禁欲主义似乎颇符合这个理想，至少它曾塑造了几个古代最佳人物作为典范。有一段时间，蒙田以禁欲主义作为他的理想，来训练自己的意志以自我征服。他尽量避免让感情骚扰他行为的正当和心灵的平静。他以平和的气度面对噩运，把死视为自然的、不可避免的。

虽然某些禁欲色彩陪伴着他以至终了，但他不久发现另一种哲学来辩护它的正确性。于是，他反对倡导追随"本性"又极力压抑人性的禁欲主义。他透过自己的本性来解释"本性"，而且决定在不伤害到理念的原则下，随心所欲。他非常高兴地发现伊壁鸠鲁并非粗浅的感官论者，而是为正当享乐辩护。他非常惊异地发现卢克莱修具有如此的睿智与高贵气质。现在，他热心地宣扬人类追求快乐的权利。他承认唯一的罪恶是无节制。"无节制是扼杀快乐的瘟疫。节制并非快乐的枷锁，它是一种调味品。"

由于他的看法游移不定及当时法国基督教的堕落，他变成了怀疑论者，后来一直深深地影响着他的哲学思想。他的父亲曾经深受图卢兹自然神学家雷蒙·萨邦迪（Raymond Sabonde）的影响，此人继承了经院学派的努力，意图证明基督教合乎理性。蒙田的父亲要他的儿子翻译论文。他照做了，并在 1569 年出版了他的译本。传统的法国受到他的熏陶，但一些议论指责雷蒙的理性主义。1580 年，蒙田在他《散文》的第 2 集中，刊入了一篇 200 页《为雷蒙·萨邦迪辩护》的论文。其中他正式对反对者提出答辩，他辩证理性是有限制而不可信任的工具，而且提到最好将宗教建立在对《圣经》和圣母院的信仰上。他这样做等于自动放弃了作者的学术立场，反而为雷蒙作了一次反宣传。一些人如圣伯夫，指出这是一次毫无诚意的辩证。不管怎样，这是蒙田最具毁灭性的论文之一，而且可能是现代文学中怀疑论最具体的表现。

早在洛克之前，蒙田就确认"所有的知识都是由感觉传给我们"，并认为理性依靠感性，而感觉会欺骗我们，因此严重地限制了它的范围，得到的结论为理性是不可靠的。"在人的内在和外在都充满了弱点和虚假。"甚至于听任直觉的本能都要比理性安全些。且看看动物是如何利用这种本能相处——它们有时确比人要来得聪明些。"一群人和另一群人之间的差异，要比一群人和一群动物之间的差异大得多。"人不再是生活的中心，就好像地球不再是宇宙的中心一般。人认为他和神相差不远，人的事情是神关心的焦点，世界是为人而存在的，这些想法都未免过于妄自尊大。更荒谬的是，人自以为他的心灵可以彻底了解神的本性。"唉！麻木不仁的人呀！你甚至不能造出一条虫，何况想造出一打的神！"

蒙田由另一条途径掠近怀疑论——他思考人们对法律、道德、科学、哲学和宗教的信仰及其变异——在这些真理中，哪一个才是真正的真理？他喜欢哥白尼的天文学甚于托勒密的。但是"又有谁知道，一千年后，是否会有第三家理论起而代之"，而"更可能的是这个世界会不会全然不是我们想象的世界？""世上没有科学"，只有一些自命不凡的人做的武断假设罢了。在所有哲学中，最好的莫过于皮洛（Pyrrho）的——我们一无所知。"我们所知最多的部分，即是我们所不知的最小部分。""我们所坚信的是我们所知最少的部分。""对任何事情予以确定，是愚蠢的表现。""简单地说，就是没有永恒的存在，我们的存在是如此，万物的存在也是如此。我们及我们的判断，和所有其他的生灵，都在不断地滚动、转变中逝去。因此，没有任何东西是屹立不变的，而我们和存在之间并没有任何的联系。"之后，蒙田重新建立了他对基督教的信仰，对不可知的神，唱着宇宙即神的赞美歌，他渐渐地治愈了心灵的创伤。

此后，蒙田常怀着对教堂的尊敬，将他的怀疑论引用到所有事物上。"我到底知道了什么"变成了他的座右铭，他将它刻在他的印信和书房的天花板上，他还在屋椽上刻了这些箴言："赞成与反对都是可能的""它可能是也可能不是""我不了解任何事，我不做任何决定；我不匆促下判断，我必须审视清楚"。他之所以有这种态度，部分是受苏格拉底"我无知"的影响，部分则取法于庇罗和科尔内留斯·阿格里帕（Cornelius Agrippa），大部分则取自塞克斯都·恩皮里柯（Sextus Empiricus）。所以他说："我把自己紧紧地系缚在我看到的和把握到的东西上面，因而我不会离岸太远。"

如今，他到处所见都是相对的，没有一处是绝对的，尤其在审美的标准上，他更是如此，我们这位活泼的哲学家沉迷于女人胸部美的不同意见的研究。他相信很多兽类比我们美，并认为人们衣饰自己是明智之举。他发觉人的宗教观和道德观常由其环境决定。如莎士比亚所说："我们对善与恶的判断，常受主观意见的影响。""人的烦恼起自他对事的看法，而非起自事的本身。"良知的法则不是出自上帝，而是来自习俗。我们违反了部族的习俗时，我们才感到良心的不安。

蒙田并不认为由于道德是相对的，它们可以因而被忽视；相反，他坚决反对扰乱道德的稳定。他大胆地谈论"性"，并为男人要求更多的自由。但仔细审视他时，将会突然发现他是传统派的人物。他力劝年轻人注重贞操，因为他知道，花在性方面的精力，来自平日力量的贮存。他还特别提到，参加奥林匹克运动会的运动员，是绝对戒绝性爱与接触女人的。

将他的怀疑论扩展到文化本身，是他的心愿之一，在这方面他要比卢梭与夏多布里昂（Châteaubriand）抢先一步。他在卢昂看到印第安人，激发他阅读旅行者日志的决心，从这些日志中，他写成了他的论文《食人族》（"Of Cannibals"）。他认为折磨活着的人，要比吃死去的人野蛮得多。"我不觉得在那个国度里（指印第安美洲）有任何野蛮或残暴的地方，除非人们认为，那些不常发生在他们之间的事就是野蛮。"他猜想这些土著很少生病，经常是快乐的、可不用法律而能融洽相处的。他赞扬阿兹特克（Aztec）人的艺术和印加（Inca）人的生活方式。他借书中卢昂印第安人之口，提出对欧洲财富与贫穷的控诉："他们发现我们当中的某些人应有尽有，另一些人则因饥饿而濒于死亡，他们惊奇于贫穷者安于现状和对不公平之事的忍耐力。"他比较印第安人和他们的征服者之间的道德观，提出了如下指控："那些虚伪的基督徒……带着罪恶的传染病，传给了那些急于学习、身心健康的无辜者，使他们受到了感染。"蒙田一度忘记了他的诚恳而爆发他高贵的愤怒：

> 如此多的美好城镇遭到了洗劫和毁灭；如此多的国家被破坏或变得荒凉；成千成万的各种性别、阶级、年龄的无辜者，被置于刀剑之下，遭到了屠杀与蹂躏；那些世界上最富足、最美好的部分，为了胡椒和珍珠的交易，被破坏和本末倒置！啊！这就是机械带来的胜利！啊！这就是彻底的征服！

他对宗教的尊敬是出自诚心吗？很显然，他对真理的追求，早已使得他和基督教的教条绝缘。他对神保有的模糊的信仰，是将神想象为大自然，有时则想象成宇宙的灵魂或世界上深不可测的智慧。好几

次他还预言了莎士比亚的《李尔王》："神将我们当手球般玩着，时而
抛上，时而抛下"；但他将那些无神论者讥为"违反自然、荒诞不经"。
他还将那些不可知论当作另一种教条主义而拒之千里——我们怎知道
我们将永不知道？他将所有企图定义灵魂或解释其与肉体关系的努
力，视为矫揉造作而徒劳无功。他想要真心接受灵魂不朽的说法，又
苦于找不到经验或理念上的证据，而且这些永恒存在的想法，着实曾
令他惊骇不止："除非是为了信仰的缘故，我绝不相信神迹。"他讥讽
那些朝圣者，他们认为不管教会行政人员如何腐败，基督教能在这样
长的时间中屹立不坠，必然有其神圣性。在这件事上，他比伏尔泰抢
先一步。他提到，他之所以为基督徒，是因为地理上的关系，若不是
如此，他说道："我宁可参与那些崇拜太阳的人。"就一位读者所记得
的，蒙田只提过一次基督（耶稣），而那些有关圣母的可爱的故事，
也只在他冷静的心中激起适度的感应而已。虽然如此，他横渡意大
利，在洛雷托的圣母院前放下了4尊许愿的肖像。他缺乏那些所谓宗
教精神具备的特征——谦卑、罪恶感、忏悔、自我惩罚及对神的宽恕
和救赎的切望。他是一位厌恶殉道的自由思想家。

　　在他不再是一位基督徒后很久，他仍保持着一分天主教徒的诚
心。好像早期一些明智的基督徒偶尔也崇拜异教的神一般，蒙田，一
个极端的基督异教徒，有时也会抛开他精选的希腊和罗马哲学家，去
冥拜基督的十字架，甚至亲吻罗马教皇的脚。他不像帕斯卡只从怀疑
走到信仰，他还身体力行，不只是小心而已。他可能早就了解他的哲
学是如此犹疑和矛盾，只能作为文明的心灵的奢侈品及当代浴教条于
赤血的法国，是不会易之以信仰"只有死才是实在"的智慧迷宫。他
也认为一种具有智慧的哲学，是不会和宗教互相抵触的：

　　　　单纯的心灵、缺乏好奇心和缺少深一层的教育，可以造成
　　好的基督徒，他们由对神的敬畏和顺从，坚守着他们单纯的信
　　仰和遵行法律。在那些中等资质的智慧中，却容易产生意见的错

误……那些所谓最好、最明视的心灵，形成了另一类好的信仰
者，他们由长久对宗教的探讨和对《圣经》意义的深入研究，发
现了基督教会的神圣奥秘……那些淳朴的农人是诚实的一群，哲
学家也是如此。

因为所有的信仰不过是为了掩饰人们无知的恐惧，在他对基督教
做了彻底的批评后，他劝导我们接受此时此地的宗教，而他也忠于他
的地理处境，回到他先人的宗教信仰。他喜欢具有仪式、感情强烈的
宗教，他喜爱天主教甚于新教。他厌恶加尔文教派的过于强调宿命，
作为一个具有伊拉斯谟血统的人，他喜欢入世的、亲切的罗马枢机主
教，甚于日内瓦的罗耀拉。他对新的教条因袭了旧教条狭隘的观念
感到遗憾。虽然他嘲讽那些因竞争性神话而小题大做的异教徒，他看
不出焚毁这些迷途的羔羊有何意义。"毕竟，只因他人与我们意见不
同就将之活活烧死，是太高估自己的判断力了。"或是别人以此对待
我们。

在政治方面，他也只是一个安分的保守主义者，他看不出改变政
府的形式会有什么作用，新的政府将会和旧的一样不好，因为它还是
由人治理。社会是如此"大的一个架构"，如此由本能、习俗、神话
和法律构成的复杂的结构体，它由"尝试—错误"的智慧的历程而成
形，所以不可能有一个单种的智慧——不管它多么强有力——可以不
造成混乱和伤害，将它拆散又复合。除非他们企图限制人们的思想，
否则最好服从当今的统治者，即使他们劣迹昭彰。思想受到牵制时，
蒙田可能毅然决然地起来反抗，因为"我的思想是不可屈的，虽然我
的膝盖如此"。智者只对公职怀着敬意，但尽量避开它。"最伟大的职
业是保护大众福利，而又对大多数人有利"，然而"就我来说，我远
离了它"。他履行了他的诺言。

他哀叹他的大半生是在法国的惨遭破坏中度过，"在一个如此堕
落又无知的年代里"，"看看所有古代的史实，没有一个是如此悲哀，

你将找不到一个可以和我们日常所见相比的"。在当时法国的斗争中，他不是一个中立者，"我的兴趣从没使我忘记敌人值得颂扬的特质和我方遭人谴责的缺点"。他虽然没有披挂上阵，但他的笔总和"政治家"站在一起，他们是一群主张与胡格诺教徒妥协而且爱好和平的天主教徒。他称赞米歇尔·奥皮塔尔的中庸及有远见的人道主义。他的朋友那瓦尔的亨利成功地实行了奥皮塔尔的政策而步上胜利之途时，他兴奋极了。蒙田是那个野蛮年代中最文明的人。

· 结石

膀胱结石比法国的战事更困扰着蒙田。1580年，他的《散文》初版后不久，他就起程做了一次全面的西欧之游，一方面固然是为了看看世界，另一方面则是广求医术，以减轻一直缠绕着他的"腹痛"（colic，他自己所称）。他留下他的妻子看管财产，却带着他的弟弟和一位内弟埃斯迪萨克（Estissac）男爵。他还带着一位秘书，替他笔录部分旅行日志，加上一些服侍和驾车的家仆。他这一行所做的记述都很简短，以致蒙田宁可留作纪念，也不拿出来出版。他将它们藏在箱底，一直到他死后178年才被发现。

他们这一批人首先来到巴黎。这位骄傲的作家将他的《散文》的复本呈献给亨利三世，而后他们很顺利地到达布隆比利（Plombières）。在这里，蒙田在9天中，每天喝下两夸脱的药水，才痛苦地除去了一些小的结石。后来，他们经过洛林到了瑞士，"他看了这个国家自由美好的政府后，内心充满无限的喜悦"。第三者的日记曾如此记载。他在巴登－巴登（Baden-Baden）取了药水后，进入德国。他不但参加天主教的仪式，还参加加尔文教派与路德教派的礼拜式。他和新教的牧师讨论神学，他提到一位路德派的教士，发誓宁可做1000次弥撒，也不参与加尔文的教会——因为加尔文教派否定圣餐中有基督肉体的存在。进入提洛尔（Tirol）时，他比卢梭更早发现了阿尔卑斯山的壮丽。由因斯布鲁克，他们登上了布伦纳山口

（Brenner Pass），这时蒙田又除去了一块不大不小的结石。而后，他们经特伦特、维罗纳、维琴察、帕多瓦到威尼斯，在这里，他又将"两块大的结石"投入大运河（Grand Canal）中。他认为这个城市并不如他想象中的美丽，娼妓也不如想象中的标致。到达费拉拉（根据《散文》而非根据日记所说）后，他拜访了发疯的塔索。他又去了博洛尼亚和佛罗伦萨，阿尔诺河（Arno）接受了他的"两块结石及一些小结石"。经锡耶纳到了罗马，他又"除去了一块大如松果的结石"。所有的这些分泌物加起来，应该足够构成一个美丽的角锥了吧。

在罗马，他访问了犹太教会堂，亲眼见到了割礼，与犹太教的牧师谈论他们的宗教仪式。他甚至和罗马的娼妓交换哲学观。他不像司汤达（Stendhal）所说的丝毫不懂罗马的艺术。日复一日，他徘徊于古迹之间，从未停止对它们的伟大发出赞叹之声。最重要的，他拜访了格列高利十三世。就如所有教会的子民一般，蒙田亲吻了罗马教皇的足趾，教皇还特地亲切地将足提起来，给予蒙田方便。在这同时，掌理关税的官员发现了《散文》的复本，他们把它送到宗教裁判所审理。蒙田被召唤到圣殿去，受到恳切的劝告，他们告诉他，有些章句确是充满了邪说异端，问他在以后的版本中会不会改变或删除。他做了保证，"我使他们对我非常满意"。事实上，他们还邀请他到罗马住下（他将他的保证置之脑后，1676年，他的书被列入天主教的禁书目录中）。也许是为了表现他的诚心，他特地横渡意大利，在洛雷托的圣母院前供奉了一块许愿的匾额，然后再度横过亚平宁山脉到卢卡拿取药水。

1581年9月7日，传来他被选为波尔多市长的消息。他推辞不就，但亨利三世命他接受，如此一来，由他父亲遗留下来为公服务的传统得以维持下去。他从容地取道回法国，一直到11月30日，才回到了阔别17个月的庄园。

市长的职务很轻松，除了荣誉以外没有薪给。他做得很成功，1583年8月，再度连任了两年的市长。1584年12月，那瓦尔的亨利携同情妇与 40 个随从拜访他。这位未来的法国国王亨利四世，就睡在这位哲学家的床上。他第二任期届满时，瘟疫袭击了波尔多。蒙田和所有的行政官一样，离开了城市，退避在乡间。1585 年 7 月 30 日，他将印信交给继任者，退休在家。

那时他只有 52 岁，但他的结石定期侵扰着他，有时甚至几天无法排泄。1588 年年初，他的健康还允许他做第三次巴黎之行。在那里，他被视为亨利三世的拥护者，而被当时统治首都的联盟党（The League）拘捕，拘禁在巴士底狱（7 月 10 日），但同一天晚上就由凯瑟琳·美第奇说项保出。10 月，他参加了在布卢瓦举行的全国代表大会，他及时返回波尔多而避开了吉斯公爵被刺后引起亨利三世盛衰的风波。

在他最后也是最好的一篇论文《经验论》（"Of Experience"）中，他描述了身体的衰退情形。举个例子来说，他的牙痛已经到了那种所谓"自然而然延续着"的地步，但他能忍受它的"煎熬"而没有一点痛苦。他的一生，大致是如他计划的一样度过，因此他骄傲地写道："回顾以往，你将很难找到一打曾过着固定而有计划生活的人，而这种生活正是智慧的象征。"他被告以大限将至时，他把他的管家和遗产继承人集合到他的周围，亲自将遗嘱中所列的财物分给他们。他虔诚地接受教会的临终礼，好像他从不曾写过一句怀疑的话一般。1592 年 9 月 13 日，这位伟大的哲学家终于与世长辞，享年 59 岁。

蒙田的思想影响及于 4 大洲达 3 个世纪，黎塞留曾高兴地接受了由古尔娜小姐出版的最后一版《散文》。他的朋友和弟子沙朗早在 1603 年就把蒙田的论文系统化，使之成为一种正式而有条理的哲学。约翰·弗洛里欧（John Florio）将之译为英文，但他做得不怎么好，他给原著的简洁涂上了累赘冗长的色彩。莎士比亚可能看过他的译本，并从这本书出发，形成他伟大悲剧中怀疑的色彩，这一点我们已提到过。本·琼森批评英国作家剽窃蒙田的思想时，相信他心中已想到莎士比亚。培根感受到了这种影响，笛卡儿也深深感觉到蒙田所予他对宇宙怀疑的启发。帕斯卡为了逃避蒙田的怀疑，以拯救自己的信仰，甚至濒于发疯边缘。以蒙田为根源，先后出了贝尔（Bayle）、沃夫纳格（Vauvenargues）、卢梭、狄德罗、伏尔泰——其中卢梭受益于他的《自白》及《教育论》、《食人族》两篇论文，伏尔泰则接受了所有其他的。贝尔是启蒙运动之父，而蒙田则是祖父。迪凡德夫人，一位有锐利眼光的女人，她亟欲"除了蒙田以外，放把火烧掉哲学家们所有广博的作品，因为他是这些哲学家之父"。蒙田还将心理分析带进了法国文学的领域，从高乃依和莫里哀、拉罗什富科和拉布吕耶尔（La Bruyère），到安纳托尔·弗朗斯（Anatole France），都深受他的影响。梭罗博采这位哲人的智慧，爱默生（Emerson）在写《论文集》前，将自己沐浴在他的思想中。读蒙田的作品，如同读18世纪前少数几位作家的作品，我们将会发现好像昨天才写成一样。

世人很久以来认识并原谅了蒙田的过错，那些过错很多他已经自己承认过，以至于他几乎挖空了评论家的心思。他对自己的喋喋不休与自负有深刻的了解。有时我们不免对他作品上的引文感到厌烦，而且可能陷入了马勒伯朗士对《散文》所做不公正的批评："一叠除了稗官野史、小故事、隽语、诗、箴言外，一无所有的东西……确是如此。"毋庸讳言，蒙田使自己的作品紊乱无章，因而减少了紧密性和扼要性。他在成百的问题中自相矛盾，他说事情的正面和反面，所以他注定是对的。对宇宙的怀疑在某方面麻痹了人心，它虽然使我们免于宗教的控制，却使我们意志消沉，失去了扬起生命之帆的原动力。我们被帕斯卡不顾一切维护信仰感动的可能性要比被毫无信仰的蒙田感动的为大。

我们万不可陷自己于此不公的评论中，它会妨碍我们对这位多言哲学家的欣赏和欢笑的学习（*Gaya Ciencia*、*Allegro Pensieroso*）。在哪里我们还能够找到如此生动的智慧与幽默的结晶？智慧与幽默二者之间有微妙的相同点，因为二者可能都是透视万事万物的结果。蒙田集两种特质于一身，他多言的缺点被诙谐与明晰补救。在他的作品中，没有陈腐的字句，更没有华而不实荒谬绝伦的东西。我们对那些思想晦暗不明、空洞无内容的文章，往往如此厌倦，以至于可以忽视隐含在文章下夸大的自我主义。我们看他的文章时，却惊异于亲切的健谈者（Causeur）如此深知我们的心。我们感到很慰藉，因为我们发现，如此的一位智者也分担了我们的错误，而且都被他解决了。我们看到他也有不知和犹疑时，可以此自慰。他述说道，我们的无知一经认知也会变成哲学，这时我们是多么高兴。在圣巴托罗缪事件后，我们能碰上如此一位不具破坏性的人，那真是一件令人欣慰的事！

总之，不管他对理性所做的攻击如何，我们发觉，他使法国的理性时代萌芽，正如培根在英国所做的一样。蒙田——一位理性主义的评论家——如非理性本身，他什么也不是。为着他对教会的敬意，这位非理性的人深具理性。只有他在法国人的心中播下理性的种子后，他才答应妥协。假如他（像培根一样）试着不去扰乱穷人赖以慰藉的信仰，我们就不应拿他的小心与仁慈来非难他。他不是生来就爱批评的人。他知道他也会有错，他是理性与中庸主义的布道者。他是这样一位绅士，除非已有栖身之处给人，否则他是不会放火的。他的修养比伏尔泰更加深厚，因为他同情那些被他摧毁的东西。

吉本认为"在那个固执己见的年代里，在法国只有两位自由人士（有自由而且宽宏的思想）例外，他们是亨利四世和蒙田。"而一向以帕斯卡眼光冷眼看着蒙田的圣伯夫，最后也显出罕有的热心，称他是"前所未有的最有智慧的法国人"。

"不朽人物"

蒙田以后，法国文学整整有一个时代毫无发展。它几乎成功地逃过了宗教战争的灾祸，一直冬眠到战事过去。但另一方面，一些好战的宗教狂热摧毁着法国的文学。正如英国文学在内战后落在法国之后一样，在蒙田到高乃依之间，法国文学也遥遥地落在英国和西班牙后面。政治家黎塞留曾试着用恩俸养士，却以检查制度来妨碍它，并使它沦为对他个人歌功颂德的工具。他死后，这种恩俸制度被路易十三轻松地一笔勾销："我们不想再受到它的困扰。"此外，予法国文学以更大刺激的有朗布耶厅的著作家协会及黎塞留创设的法兰西学院。

这个学院始终聚集学者与作家于康拉德的私宅中，他是国王的秘书（1627 年）。黎塞留不但注意战争，也注意文学，他羡慕意大利的学院和西班牙的文学，建议组成一个为国家承认的研究团体。有些人反对他的计划，而视之为对传统的贿赂。但诗人沙普兰，一位枢机主教的养士，发出了如下警语："与他们打交道的这个人想要得到什么，就一定要得到的（指黎塞留）。"沙普兰的警告发生了效果，最后他们接受了他的建议，并将这个团体编入了法兰西学院（1635 年）。它的规章里宣称：

> 除了将我们所说的语言，从南蛮舌之列提升出来以外，要寻求国家的幸福是不可能的……假如我们能一直留意的话，它已经比现存的任何语言都要完美，最后甚且可能媲美拉丁文，就好像拉丁文曾和希腊文媲美一样。院士的职责是净化语言，使它们免于过去已沾染过的亵渎，不管是出自庶民之口，或法庭中的群众……或那些无知的谄媚者。

最初 30 位会员之一的沃热拉被委以编纂辞典的工作，在它第 1 版发行前（1694 年），整整 56 年的光阴已如水逝去了。学院方面也提升了学者们的地位，能当上 40 位"不朽人物"（Immortals）中的一个，就如同在政府中居高位一般光荣。没有一个国家像法国这样尊崇文学的。这个大多由老者组成的学院，时常像老的制动器一般，限制了文学与语言的进展，且有时闭门不纳一些天才之人（如莫里哀、卢梭）。但它能超出党派之外，要它的会员诚恳地接纳不同的意见。法国给予它的是恒久与不变，使它能在大多数都被摧毁的改变中，屹立不移。

聚集了诗人和学者后，黎塞留把他猎鹰般的眼光投向了新闻记者。1631 年 5 月，西奥弗拉斯特·雷那多特（Théophraste Renaudot）靠枢机主教的帮助，发行了法国第一份报纸，后来名之为《法兰西报》（*Gazette de France*）。每周出版一次，每次 8 大张，刊登经黎塞留同意发布或提供的官方消息，它还增辟了一般新闻（*nouvelles ordinaires*）的篇幅。路易十三经常投稿。在这份报纸中，他答复一些对政府的批评，并为他放逐母亲的事辩护。有时他还亲自送来自己的文章，并监督它们排成铅字。即使一位国王，都会因自己的文章被付印而雀跃。从此，法国的印刷事业成了宣传的工具——这意味着向少数能阅读的人解释政府的政策。人们很快就不再信任《法兰西报》，他们宁可在街头，买那些由枢机主教的政敌出版的嘲弄性文章。

在那个年代，最畅销的是罗曼史之类的作品。那些骑士风范的风流艳史慢慢过时了，不只是塞万提斯和其他人的嘲讽，而是因为封建制度屈服于王室之下，越来越丧失影响力。那些花一般的骑士们的故事，也已渐渐为欲望受到压抑而形成的苦闷的罗曼史取代。在路易十三的年代，每一位悠闲而具有文学素养的人都读霍诺里·乌尔费（Honoré d'Urfé）的《阿斯特莉》（*The Astrée*，1610—1619 年）。爱情的创伤激发作者的天赋。他的妻子有一个很美的名字，叫戴安娜，她喜欢逐猎式的性爱甚于婚姻。她和她的狗一起用餐和睡觉，她几乎每年都要堕一次胎。后来，霍诺里退隐到他的家园，写一些像田园派罗曼史一般的自传，来掩饰他的悲哀。他发现这对他的创痛有非常令人满意的弥补作用，所以他把它加长至 5500 页，1610 年至 1627 年分 5 巨册陆续出版。在描写牧羊人塞拉丹与牧羊女阿斯特莉的爱情故事中，我们听到了蒙特马约尔的《戴安娜》以及桑那沙罗和西德尼的《桃园赋》冗长的反响。这种反响是和谐而美妙的，牧羊人和牧羊女都有法国宫廷的温文与优雅，描写的文笔足可达到著作家协会的要求，叙述情节的婉转绮丽，比之亨利四世的恋史毫不逊色，其对女人的敬慕，更使那些专制造纯情派情史的沙龙女神愉悦。从此，这股活泉先后涌出了斯屈代里夫人、普雷沃神父、塞缪尔·理查森及卢梭等的感情派罗曼史——他们都承认，在他们的大半生中，几乎每年看一次该书。几乎整整一个世纪，法国、德国、波兰宫廷中的贵族和仕女，都在玩着阿斯特莉同样的爱情游戏。大半的法国散文的沃野，都在耕耘罗曼史。

　　另一半包括让·路易的书信（1624 年后）在内的作品，则是一些值得纪念的散文，是真正好的论文，它想予人对"矫揉造作"有深刻的印象，并与沃热拉、马莱伯一同负起净化文学和为法国散文塑造古典形式与伦理的责任……布兰托姆离开了愉快的朝廷和军队生活后，到他死时（1614 年），留下了一束传记，他很艺术、风趣地描述法国仕女的爱情、凯瑟琳·美第奇的美德、玛丽·斯图亚特的美丽、瓦洛伊斯的玛格丽特的机智。很可惜他这些迷人的故事都无法予以证实。他认为："拘泥于一个圈子里过活并不是好事，没有一个正常的人曾如此做过。一个人必须大胆地在各方面冒险，在战场上如此，在爱情上也是如此。"他的智慧达到更圆熟时，他认清了："上帝给我们婚姻最佳的祝福，是姣好的后代，而非乐享齐人之福。"……亨利四世的朋友、国家参议员、法官迪图，曾帮着草拟《南特诏书》，并花上他大半生的时间，写了《生涯历史》（*Historia sui Temporis*，1604—1608 年），此书以其学识、公正、及指控圣巴托罗缪的大屠杀为"一种前所未有的愤怒的爆发"的勇气而闻名于世。索利公爵也在他的晚年，得秘书之助，写成著名的作品《亨利大帝逸事》，他以此书奉献给"法国，所有的好战士及法国人民"……在路易十三治下的最后一年，一个由让·博兰德（Jean de Bolland）领导的佛兰德斯耶稣会会员的团体，开始发行《使徒行传》（*Acta Sanctorum*），叙述那些依照天主教教条起居的圣徒们的生活方式，并加以审慎的批评。虽然耶稣会一再变迁，他们这种工作一直进行着，到 1910 年已出版了 65 卷。一些宗教贩子曾提出了他们的抗议，但这种工作一直被教会认作最有学术意义的探讨而继续不辍。最后，我们还须提一下那无处不插一手而又不可思议的黎塞留。在文学的各个领域，都留下了他的文采，并传下了著名的回忆录——虽然这个回忆录稍微偏袒了枢机主教，却在那些无可匹敌的法国回忆录中，享有极高的评价。

无足轻重的诗人在此时充斥了整个法国。西奥菲尔·维奥（Théophile de Viau）、文森特·沃图雷（Vincent Voiture）、霍诺拉特·布埃尔（Honorat de Bueil）等人的作品，至今仍然被一些忠实的法国人阅读着，即使仅局限在学校。西奥菲尔放荡不拘的爱和诽谤性的刁疑，使他成为当时的维庸，他因而招致被判火刑，但后来改为放逐。沃图雷如春风般的机智，使他变成了朗布耶沙龙里最佳的讽言家。波舒哀年仅 12 岁就在该沙龙中做午夜布道时，沃图雷幽默地称之为"从未听过的，最早也是最晚的传道"。

在那个时代，出了两位闪闪发光的诗人。其中，马莱伯阐述了"每一个时代，如要使它别具风格，必须指责与推翻过去"的原则。伟大的龙沙在马莱伯年轻时仍健在，他和他的七星诗社曾使法国诗走向古典的模式和主题。然而他们的接棒人，日后却钻研于十四行诗，他们的一些情妇则沉湎于古代的语法、新奇的句型、意大利式的理解力、笨拙的倒装句、隐晦的暗示和奥秘的神话。马莱伯崛起后，认为这些已经够了，是该停止的时候了。马莱伯在 1555 年生于卡昂（Caen），在巴塞尔和海德堡（Heidelberg）求过学，并曾花数年时间游历各处。他被网罗入法国朝廷时，已 50 岁。虽然他表现鲁莽而不恭，但他我行我素，成了亨利大帝眼中最宠信的诗人，亨利大帝赐予他的"称颂比金钱多"。他卖诗给出高价的人，赖以维生，并撷取前人的精华，推广他本人的作品。就好像朗布耶沙龙的"矫揉造作"一般，他向那些乡野鄙里的、累赘冗长的文句提出挑战。他摒弃了那些倒装句法、暧昧的文句、口语文章、乡土文章、吹嘘文字（对国王尤其过分）、添凑语、刺耳的音韵、违反语法、外来语、拉丁语法、专门用语、诗的破格用法和不完全的韵律。他特别注重文章中思想的高

尚、表达的精简、韵律的和谐、譬喻的一致及叙述的条理和句法逻辑
化。好的著作必须诉说清晰，并悦人耳目。间断常造成一种听觉上的
不适和呼吸上的不均。马莱伯就曾在仆役的耳边试过他诗句的韵律。

现在，让我们来欣赏他的一首诗《慰藉》（"Consolation"），这是
他为一位哀悼亡女的朋友写的：

> 毕竟她是属于这个世界的——
> 在这里，最美好的事物总有着最悲惨的命运。
> 她，一朵玫瑰
> 在晨曦里含苞待放……
> 但死神无处不咄咄逼人。
> 我们无望地向它祈祷，
> 它却掩塞双耳，
> 任我们哀号。
> 可怜的老人在他的茅屋里，在葺草屋顶之下，
> 无言地服从了它的定命；
> 然而，即便是看守卢浮官大门的卫士
> 也不能阻止他亲近吾王的心愿。

马莱伯的原则，似乎比他的实际作为给人以更强烈的印象。他
的诗从他的原则里感染了冷漠的气氛。当代从事散文改革的巴尔扎克
就曾指出，在马莱伯的诗中，他只见到优美的散文。虽然马莱伯是一
位注重原则而不重实际的人，但朗布耶沙龙仍把他当作该组织的核
心，学院也接受了他的箴言，而布瓦洛甚至将这些箴言当作古典风格
的基础。它们在往后两个世纪中，变成法国抒情诗人披着坚毅而高尚
的外衣。在那个过去的年代，马莱伯渐渐地成为诗宗及解决文学风格
和语言疑难的哲人。一些崇拜者称颂他是"空前伟大的雄辩家"，而
且他也同意。"马莱伯的作品将永垂不朽。"在他垂死的病榻前（1628

年），他甚至不忘从最后一次昏迷中醒来，只是为了谴责护士的用词不当。

马苏林·雷尼耶（Mathurin Régnier）认为马莱伯是惹人生厌的人，他忽视马莱伯的原则，而且像维庸一样，写一些无病呻吟的小诗。他在维纳斯堡（Venusberg）削发为僧时如此迷惘，年纪轻轻的他，看起来已非常苍老。31 岁时，他因染上了痛风和梅毒，显得孱弱不堪。他仍认为"每个女人我都喜爱"，只不过她们越来越挑剔而已。他写了些法国文学上最具力量的诗，鲁莽的性爱、残酷的讽刺是它们的特色，几乎可与贺拉斯的格调、尤维纳利斯的酷意匹敌，其中穿插着他所见所觉的人或地，益见生动。他嘲笑"矫揉造作"、纯洁不邪的诗句和马莱伯严谨的古典作品。从内心发出的热情，比之传统的文法、修辞学和韵律学，赋予他的诗更多的养分和生命。在古典主义刚兴起的时刻，浪漫主义又激起了它的浪花。即使是科学与哲学都不免因自我吹嘘，而遭到雷尼耶的攻击：

> 做着梦的哲学家呀！
> 你们趾高气扬地谈论着——像小孩子一般。
> 你们不能从地球跳到另一个星辰；
> 却要使整个穹苍随着你们的韵律舞动，
> 用宇宙的尺度，衡量你们的论述……
> 你们提着一盏小灯，
> 走向深不可测的大自然。
> 你们说你们因而知道了花儿色彩的故事……
> 描述着天国与地球的奥秘；
> 啊！
> 你们的理智欺骗了你们，
> 正如你们的眼睛一样。

1609 年，雷尼耶成了亨利四世的宫廷诗人。4 年后，他因纵欲过度而死，享年 39 岁，死前他曾自拟了墓志铭：

> 我活着，不带一点思想，
> 依照自然美妙的法则，
> 逍遥自在地过了一生；
> 我不知道为什么死神会记起了我，
> 我可不管纡尊降贵去想起她。

皮埃尔·高乃依（1606—1684）

高乃依是黎塞留时代的文学巨子，他使法国戏剧成为文学，而且在以后的一个世纪里，戏剧成为法国文学的主流。

在他之前，已经有了许多试验。1552 年，埃丁尼·乔德尔（Etienne Jodelle）上演第一出法国的悲剧，模仿塞涅卡的悲剧也继之而起。它模仿塞涅卡暴力、心理分析及华丽的辞藻，但除去了古典式的合唱，被套入所谓亚里士多德的三一律之中，亚里士多德只要求情节的统一而并未要求地域的统一，也不坚持时间的统一。博学的斯卡利杰尔·朱利阿斯在他《诗论》（*Poetices Librisptem*，1561 年）一书中，却要求所有戏剧家遵循希腊和拉丁的形式。沙普兰在 1630 年重复这一要求，但这一争论在英国因一位既拙于拉丁文又不精希腊文的乡野天才的兴起而失败了。在继承拉丁语文及文化的法国，却获得全面的胜利。1640 年后，塞涅卡三一律的形式在法国悲剧舞台上，历高乃依和拉辛，经伏尔泰和 18 世纪法国大革命、帝国复辟，把持了法国上演的悲剧，直至维克利·雨果的《赫纳尼》（*Hernani*，1830 年），浪漫剧赢得其历史性的迟来的胜利。16 世纪，法国的戏剧上演并无定所，而寄托于学院且需奔波于宫廷与宫廷、厅堂与厅堂之间演出。1598 年，第一家永久性法国剧场建于莫肯塞尔街的博格尼旅馆。

1600 年，又有马亚斯剧院于现在的维埃尔街开幕。二者的形式均是中央一长形的场地，下层阶级站着，一面吃、赌、吵，一面欣赏剧情的进展。沿着墙壁是两排包厢，专供有钱的士绅使用。在黎塞留朝代以前，仅有一些邋遢的妇女跑跑龙套，参与演出。舞台位于长方形的一端，距离观众太远，以至演员们根本不须用面部的表情来传达感觉和思想，只要放大音量使远处观众能够听见。演出时间都是在下午，通常在 5 点到 7 点。由于这两家剧院皆处于危险地区，因此法律规定演出必须在天黑前结束。在莫里哀以前，演员大部分来自意大利和西班牙，其时女性角色均由女人担任；同时为了增加剧院的收入，特别在喜剧中对"性"做夸大的强调。教会和议院曾尝试净化或压抑喜剧，但无成效。黎塞留一方面资助、监督剧作家，一方面自己亲临观赏演出，又和罗特劳（Rotrou）、斯卡龙等剧作家合作写剧本，因而提高了法国戏剧的道德水准。在他全面督促下，高乃依的先驱者——加尼尔（Garnier）、哈迪和罗特鲁——替《李·奇德》（Le Cid）成功的新时代铺下了坦平之途。

高乃依在成名之前也曾经历过一段艰辛的日子。他于 1606 年生于卢昂，生长在这个小省会里，他接触不到巴黎的文学气氛和文学研讨的机会。他的父亲是一个颇有地位的法官，能供给他上当地最好的耶稣学院。在这里，那些热心的教育学者把戏剧当作一种教育的工具，教导学生们参演拉丁、古典或其他的戏剧，这种耶稣会训练影响了法国戏剧的主题、技巧与风格。当然无人期望高乃依成为一位剧作家，他受的是法律的训练，而且曾开业一段时间，而雄辩的艺术和习惯对他日后悲剧中的铿锵言词多少有些作用。

21 岁那年，他同时陷入爱情与诗的旋涡中，他的爱遭到拒绝，只好在韵律中寻求慰藉。受了这次创伤，很长一段时间他变得抑郁而胆怯，把对爱情的向往寄诸戏剧写作中。11 年后，他才找到一位妻子——还是黎塞留的帮忙——但在同时，他构思了一系列的悲剧、爱情喜剧和英雄豪侠剧。1629 年，他到巴黎发表了他第一出戏剧《梅利特》(*Mélite*)，并在博格尼旅馆的剧院上演。此剧描写爱与风流艳事的荒谬事迹，但它生动的对话使此剧大大地成功，高乃依陶醉在成名的喜悦里。黎塞留要他和另外 4 个剧作家根据枢机主教建议的题目和结构写剧本，高乃依不甘被局限在狭小的范围里，因而触怒了枢机主教。盛怒之下，他回到卢昂，此后他继续支领黎塞留每年 500 银币的恩俸。

受到麦雷特 (Mairet) 的悲剧《索福尼斯比》(*Sophonisbe*) 演出成功的激励，他放弃了喜剧，转而研究塞涅卡的悲剧，并于 1635 年在巴黎发表他的作品《美迪》(*Médée*)。此剧中，他首次表露他基本的特质——有力的思想和高贵的言词。此后他塑造的舞台人物仍不免稍有瑕疵，但都是很有地位的绅士淑女，充满着高尚的情操，而这一切赖以表达的是华丽的言词和严密的推理。同时代的英国诗人埃德蒙·瓦勒听了《美迪》之后，喜见一位新的艺术大师的出现。他说："别人……（单纯）作诗，高乃依则是唯一具有思想的剧作家。"最高的艺术是隐含哲学的艺术，从罗马和希腊英雄剧里，由于他受耶稣会牧师的影响及他特有的忧郁和孤独的沉思——壮丽的亚历山大诗行，在其梦际即已成型——高乃依成就了法国戏剧上从未有过的思想和风格水准。

他还受到另一种戏剧文学的吸引和影响，他由伊丽莎白时代的戏剧获得的启示很少，因其太忽略古典法则，无法投合他古典的思想形态。但这时，西班牙热衷于戏剧，并极力推崇韦加、狄尔索、卡尔德隆等人，将之誉为自索福克勒斯、泰伦斯及塞涅卡以来为数不多的悲剧承继者。在西班牙的戏剧中，高乃依发现一个自然的戏剧主题——荣誉传统在面临侮辱或诱惑时必须以死亡为代价。他学习西班牙语，阅读卡斯特罗的《拉斯·莫切达迪·奇德》(*Las Mocedades del Cid*，约 1599 年)，和莎士比亚一样毫不客气地借用情节，写成了法国文学上最著名的戏剧。

《李·奇德》于 1636 年演出，观众觉得在法国的舞台上从未上演过如此生动有力的戏剧。一位同时代的人说："它是如此之美，即使是最冷酷无情的妇女也会亢奋，她们有时也会不由自己，在公共剧院中任由感情奔放。那些平日很少离开金碧辉煌的大厅、雕着鸢尾花的靠臂椅的人，也出现在包厢里。"很少人知道这些情节是借来的，高乃依也坦白地承认，大家惊异于错综复杂的微妙情节。出身高贵的奇米尼与贵族罗德里格深深爱恋着对方。但奇米尼的父亲堂·戈梅斯与罗德里格年老多病的父亲吵起来，而且侮辱了他。罗德里格在荣誉心的驱使下，觉得应该为他的父亲报仇，向堂·戈梅斯挑战并把他杀死。奇米尼虽深爱着罗德里格，却决心请求费南德国王将罗德里格驱逐或斩首。荣誉与爱情的冲突，使故事和复杂的情感散发出一种奇特的力量。罗德里格将自己的宝剑献给奇米尼，并请她杀死自己，但她迟迟不忍下手。他离她而去，与摩尔人作战，拖曳着掳获的国王与如云的荣誉回到了赛维尔，所有赛维尔人都歌颂着他的名字。奇米尼仍祈求他的死亡，费南德国王拒绝了她的请求后，她发誓将委身于任何能将她所爱的人杀死之人。桑乔接下这份工作，罗德里格愿意死在桑乔手下。奇米尼懊悔她的报复行为，哀求他防御自己，最后他制服了桑乔，但赦免了他。结果荣誉传统获得满足，奇米尼接受了他的爱，一切皆大欢喜。

有半季之久，巴黎赞美奇米尼的美，并为她这样做是否明智辩论着。黎塞留已禁止决斗，而剧中决斗似乎仍是最高法律的一部分。憎恨黎塞留的贵族们，以此剧表现了自掌法律的贵族政治而感到光荣。枢机主教因高乃依曾拒绝接受其文学指导，对他这次的成功不以为然。他要求他新成立的学院就此剧发表一篇公正的评论，而且毫不隐瞒他的意愿——对此剧做不利的批判。学院延长讨论，以使火暴气息冷却。最后，经过了5个月，他出版了《观点》一书，总之此批判是适度而公正的。显然它反对赞扬浪漫的爱情，认为结局缺乏真实感，认为奇米尼在罗德里格与桑乔交战前向罗德里格最后说的话不合适又荒谬空洞——"待你胜利归来，奇米尼即作为你的战利品"。但是，学院很漂亮地以一段结论缓和了以上批评："即使博学之士也应该原宥一部作品的逸出常轨，它能引起社会的共鸣，必有其特殊的美……而且其热情的自然和激烈，思绪的有力和微妙，及混合着瑕疵的一种无以描述的魔力，使它在同类法国诗中获得很高的评价。"

学院以后再也没有从事文学批判的工作，高乃依为了缓和这种情势，将已出版的《李·奇德》献给枢机主教的爱侄，并将他下一部杰作《贺拉斯》（Horace，1640 年）呈献给枢机主教。李维在《历史》一书中提到这段传奇：

在同一天，在两个不同的城市，一对孪生姐妹各生了三胞胎的男孩。作父亲的分别是罗马的霍拉修斯（Horatius）和阿尔巴·朗加（Alba Longa）的克里亚图斯（Curiatus）。等到孩子成年，这两个家族又以克里亚图斯的女儿萨比娜（Sabina）与霍拉修斯的儿子贺拉斯联姻，及霍拉修斯的女儿卡米拉（Camilla）与克里亚蒂（Curiati）的三胞兄弟之一缔婚而结成亲家。

那时，这两座城市正浴于血战中，两军正面交战。卡米拉与萨比娜在罗马的军营极度害怕，因而萨比娜就发出了充满女性主题的呼喊：

吾为罗马人！啊！因为贺拉斯是罗马人！

自出嫁以来，我得此名衔，但如果我因此而不得再见我出生的故乡，则此结合将陷我于奴役禁锢之中。

啊！阿尔巴斯土！我生命中第一次呼吸！阿尔巴斯土！我挚爱的土地，我的第一所爱，眼见战争在你我之间掀起。

我害怕我们战胜，正如害怕我们战败。

如果罗马，你抱怨这是对你的背叛，那么选择那些我可以恨的人与之为敌吧！

我从你的城墙中，看见两军交锋，一方是我的 3 个兄弟，另一方有我的丈夫，我又怎能祈祷上苍助你得胜而不致冒渎他呢？

高乃依的主题不仅是人与人、军队与军队之间的争战，而且是内心忠贞与情感的冲突，正义与正义不能两全的悲剧。基于这种高尚的情操，他的笔凿出了简洁有力的词汇，及势如千军万马、铿锵和谐的句子。

阿尔巴的司令官提醒罗马人，他们和阿尔巴人是同一血统、同一土地上的（高乃依此处是否想到了天主教徒和胡格诺教徒？），若因内部的不和而瓦解了意大利（法国？）是有罪的。而且他建议：以3个阿尔巴人和3个罗马人的决斗来解决战争。此议被接受了。妇女们于是有一小时既忧且喜的时刻，阿尔巴首领选了克里亚蒂的三胞兄弟，而罗马也选了霍拉蒂的三胞兄弟，妻子们伤心哀悼，英雄们也一度在她们的眼泪下软化。但霍拉修斯这位父亲，道出了男性至上的主题，谴责他们是在和妇女们浪费时间，因为荣誉正在召唤：

尽你的责任吧！将其他的一切付诸天命！

上帝搜寻着！克里亚蒂三兄弟被杀，而霍拉蒂三兄弟只贺拉斯一人幸存，他妹妹卡米拉怨詈他杀死她的未婚夫，诅咒罗马、战争和它光荣的传统。嗜杀的凶性被挑起，贺拉斯在盛怒之下又杀死了他的妹妹，以她不配作为罗马人；他的妻子萨比娜谴责他残忍，哀悼她逝去的兄弟，要求贺拉斯将她一并杀死，但贺拉斯试图要她了解爱国主义是超越爱情之上的。

这个情节当然令人难以置信，但比起莎士比亚的作品，其可信度还算高的，戏剧的定义本来就有别于寻常事物，如果它们只如实地描述现实，也就不成其为戏剧了。如果能略过不相关而选择有意义的部分，我们对生命产生更圆满的关照，戏剧将擢升为艺术。高乃依继承了文艺复兴时代对古罗马的推崇。他主张人应不畏艰苦，尽其应尽之责，反对那些在他之前泛滥法国舞台的放纵爱情观念。他剧中的主角不是情圣，而是爱国者或英雄。

他从天主教的编年纪中选了一位圣者作为他一出更强烈的戏剧的主角。圣伯夫说："世人皆知《波连克特》（*Polyeucte*），知它且能背诵。"此处结构甚为古典，完全符合三一律，但呈现的是强而错综的悲剧。时至今日，唯有剧中的滔滔雄辩，深深地打动着我们。我们可以想象在舞台上，荣军院（Invalides）或卢浮宫庭院里，夜晚星辰之下，法国演员穿着庄严华美的戏装，慷慨陈词。而且那时我们甚至像是会法语，具有法国人的心境，重燃年轻的赤诚。《波连克特》的情节是一位新近皈依基督教、自负而有教养的罗马人——波连克特——决心捣毁异教神祇的祭坛。时间是 249—251 年，地点在美利蒂尼，罗马在亚美尼亚的前哨。全剧以罗马总督费里克斯的宫殿作为背景。由于罗马人的统治，所有基督徒濒于死亡边缘，他们被迫参加一项全国性的祈祷大会，并献身对古老神祇的祭礼，以祈求上天助罗马对抗围绕于四周的野蛮民族的入侵。身为叛教者，波连克特心中充满了热情，他很戏剧化地鼓舞基督徒起来反抗皇帝的敕令。他对妻子宝琳——总督的女儿——的爱阻止了他这么做。但是，有如高乃依剧中真正的英雄，他为担负起责任而牺牲了爱。当着费里克斯的面，他和一位朋友打断了异教的仪式，并恳求那些异教徒舍弃淫逸的宙斯，改信天地间唯一"至高无上的主宰"的基督徒的上帝。为揭发罗马众神的无能，他们登上祭坛将仪式用的器皿及宙斯的雕像倾倒在地。费里克斯逮捕了这些暴乱者，宝琳恳求丈夫为他的亵渎神圣忏悔，他反而要求她与他同信上帝，她于是向父亲求情，然为其所拒，她决定改变她的信仰，并准备伴夫一同就死。费里克斯在深受感动之余，辞去了他的职务，而成了一名基督徒！突然，迫害终止了。费里克斯再度被任命，波连克特也殉道了！

除了殉道及亵渎祭坛的神圣外，高乃依不过是对历史稍加润色，同时傲然地侮辱圣者和残暴的行为也是他的独创。作者在朗布耶厅朗诵此剧本时，包括主教在内的好几位听众同声责难波连克特为不必要的残酷与极端。高乃依曾一度考虑不发表它，不过它在舞台上的成功，把他的事业带入巅峰。在以后的41年中，他致力于剧本的写作，与拉辛互争长短，但他本人并不知道他已经写出了他最伟大的3出戏剧——有人说此剧在法国戏剧史上是最杰出的。这些戏剧与伊丽莎白时代英国和19世纪法国的"浪漫"剧截然不同，因此必须借助想象力来解释它们在戏剧史上的地位以及对现代戏剧的影响。与莎士比亚一样，高乃依也是浪漫的，而且比在笛卡儿的谨慎与精细中学得更多的热情。随着那个时代的古典理想，这种热情虽很生动地被表达出来，不过多少蒙上了理性——或是辩证——的色彩。无数的辩证是这些戏剧的基石，因此它们的光芒也就无法如拉辛耀眼逼人。舞台上没有动作，有的只是叙述、劝诫和雄辩，高乃依描写的人物都是一个完整的逻辑系统。不过就法国人而言，这些不足都在高乃依华丽的文体和雄伟的主题下消失了。如果我们想在任何艺术作品中寻求高贵的情操，让某些思想或感觉提升我们超越自己或所处的时代，这一点可在高乃依的作品中找到。他的作品似乎是为政治家和哲学家而写，他遣词造句有如推敲乐曲。现在这种古典的贵族化的精神——以理性抑制热情，造型支配实体——掺杂了坚忍主义式的自我克制、西班牙式的光荣及法国式的睿智，产生了迥异于伊丽莎白时代的戏剧作品，与拉辛、莫里哀一起，在人类历史上留下珍贵而璀璨的一页。

建筑

是否古典思想对所有艺术的影响一如其在文学上的显而易见？面对那个时代留传下来的法国建筑，我们的答案是肯定的。有些哥特式的教堂如奥尔良大教堂即以哥特式重建的，但是许多老式的教堂——如圣杰瓦伊斯和圣埃蒂尼-蒙特的教堂——却被重新装饰以文艺复兴式的外貌。新式的教堂可能完全显示出新意大利式的风格，因此勒梅西耶·杰克斯设计的索邦教堂，即以圣彼得教堂——其柱、墙、圆顶——等为模型。就建筑而言，有如道德、文学和哲学，异教的复活给基督教一种崭新夺目的外貌。

甚至耶稣会会员也被卷入文艺复兴的潮流，自此以后，更迅速地、如出一辙地，他们摆脱了中古时代的束缚。最初几个时代，在罗耀拉和雷恩斯的领导下，他们是严峻无畏的传教士和正教及罗马教皇的虔诚卫道者，但在特伦特会议上，他们保全了一些人文主义的标准。此外，正如古典文学一样，建筑在他们执教的学院里被列为主要课程。于建筑方面，他们著名的教堂均采取半古典式的建筑。从他们罗马光辉灿烂的格苏教堂，他们携带这种华丽装饰的风格越过了阿尔卑斯山和比利牛斯山。他们并非毫无变化地以丰富的装饰令人折服。最著名的建筑家——曾替奥尔良大教堂的袖廊正面设计的建筑家——在不违背其风格和预算的前提下，以最淳朴的结构设计教堂和学院。不过教会蓬勃后，教堂建筑也随之趋于典雅富丽。1627年，一般称之为耶稣堂的教堂在巴黎完成，外部是罗马式的，其内部的柱头、圆拱及飞檐都雕刻着精致的花纹，飞檐和唱诗班席位上的拱形圆屋顶和谐地交叉相合，以支撑光亮的穹隆。伊夫林在1644年遨游巴黎时，称赞此教堂为"欧洲最完美的建筑之一"。此建筑不属于令人感觉不快的巴洛克式的风格，它并无扭曲或怪异之处。在法国，巴洛克风格被贵族化的风格端庄化了，犹如龙沙和马莱伯把拉伯雷的残锐磨平一般。

宗教战争期间，宗教式的建筑式微，而和平时期，平民式的建筑兴起，市政厅也林立于拉·罗契尔、里昂、特鲁瓦、兰斯诸城市。在巴黎，凯瑟琳·美第奇希望把卢浮宫让给查理九世及其王后，雇了菲利伯特·德洛姆（Philibert Delorme）为她及其随从建了土伊勒里宫，此名取之附近的陶器砾瓦。此新宫位于现在的卡鲁塞尔广场，即卢浮宫西侧，沿着塞纳河绵延807英尺，正面采取文艺复兴时代的风格和科林斯式的柱子。此宫焚毁于1871年，只留下花园——悦目的图里雷斯花园。

城市建筑在亨利四世在位时迅速翻新。新桥于 1604 年通车，成为横跨塞纳河最受欢迎的桥。市政府建于亨利四世驾崩那年，1871年以前，它一直与圣母院、卢浮宫鼎足而立，使法国人引以自豪。与弗朗索瓦一世和路易十四一样，亨利四世召集艺术家于他的羽翼下，了解他们并协调他们的工作。因此他们为他扩充了卢浮宫，加上了地方植物阁，而且把卢浮宫和土伊勒里宫以大画廊连接起来。在枫丹白露，他们建造了礼拜堂、牝鹿走廊、椭圆形沙龙宫、多菲尼门和晨钟走廊；枫丹白露在亨利的领导下实现了法国的文艺复兴。

寡妇玛丽亚·美第奇在和黎塞留冲突以前，曾要布罗斯·萨洛蒙为她设计普拉伊斯卢森堡宫，位于塞纳河以南的沃吉拉德街。路易十三和黎塞留摆脱她后，他们授权勒梅西耶再次扩充卢浮宫作为政府的所在地。那时霍络奇阁（I'Horloge）已完工，侧旁厢房也大大地扩充了，而此气度轩昂的建筑，成了当今卢浮宫的主要部分。由于勒梅西耶的计划，黎塞留在巴黎建立了极尽奢侈华丽的卡蒂纳尔宫（Cardinal），里面陈列着绘画、雕刻及其他艺术收集品，其中包括了曼泰尼亚、达·芬奇、韦罗内塞、米开朗基罗精心的杰作。宝藏的大部分经路易十三和路易十四而到了卢浮宫，并呈现于我们的眼前。

在住宅式建筑方面，弗朗索瓦·芒萨尔重新改造了巴黎建筑物的轮廓，他创新一种双重斜坡的屋顶——屋顶有两个坡度，较低面比较高面陡峭，作为雪雨的流通处，并让顶楼有较大的空间；很多巴黎的学生或艺术家都曾住过这种双斜式的阁楼。在巴黎芒萨尔设计了好几所教堂，又在法国各地设计了许多城堡别墅——最成功的一座位于巴黎近郊，现今的米松·拉菲特（Maisons Laffitte）。1635 年，加斯顿任命他重建其在布卢瓦的家族城堡，芒萨尔只完成了西北边厢房部分，其文艺复兴式的建筑和壮丽的楼梯，仍然是"法国最精巧的建筑师"的主要杰作。

其他艺术

古典传统在法国的文雅和敏感中被冲淡了，在同一思潮下，雕刻家们美化了教堂、大厦、花园及伟人的墓园。热尔曼·皮隆（Germain Pilon）继承了切利尼（Cellini）、普利马蒂西奥（Primaticcio）、让·古琼（Jean Goujon）等人文艺复兴式的典雅，但也没忘记哥特式的纤细与力的结合。他的杰作是 3 座墓园。一座位于圣丹尼的僧院教堂，凯瑟琳·美第奇与其露水丈夫亨利二世死后即合葬此处，王后使它有了理想化的美，以求温暖她孤寂的芳心。另一处如今在卢浮宫，是光荣的里尼·毕拉格（René de Birague）——弗朗索瓦二世和查理九世的首相——一幅骄傲屈服于虔诚之下的景象，一块柔软的布幔嵌刻在铜板上的奇景。旁边是里尼的太太瓦伦蒂尼·巴尔比亚尼；在上方是这位青春年少的贵妇，穿着饰以图案的长袍。在下方，同是这位大美人，却无情地被雕成尸体的模样，虽具有姣好的脸蛋和四肢，胸部满是皱纹，乳房下陷而空荡，这是对当时对美的亵渎一个有力的抗诉和嘲讽。单只这些坟墓就足以使皮隆凌驾当时法国任何一位雕刻家之上，但他又加上许多引人入胜的雕像，如今这些都齐集于卢浮宫中，成为法国无价的宝藏。

在那里，数步之内可见到皮隆后继者的杰作：巴斯里米·特雷布莱（Barthélemy Tremblay）的亨利四世雕像，如真人般大小，嘴角带着一抹媲美蒙娜丽莎的神秘微笑；巴斯里米完成的蒙特莫伦西的坟墓；皮埃里·布里亚奥德（Pierre Briard）完成生动的雷诺米（Renommée）——一位裸女正鼓着脸颊吹气，在风中写诗——像是在诠释约翰·济慈的诗："此处躺着一位女郎，她的名字写在风里。"在尚蒂伊的礼拜堂有一座雅各·萨拉辛（Jacques Sarazin）为枢机主教贝鲁尔所作的纪念碑。这些雕刻家，有几位在罗马研究雕刻，并带回了由贝尔尼尼开创的巴洛克式的式样，倾向夸张的装饰、动作和情感；但此种夸张在黎塞留的冷眼和路易十四对古典的爱好下消失无踪了。平滑完美的《伟大的世纪》（*Le Grand Siècle*）也已出现在让·瓦兰（Jean Varin）的大奖牌中，他是由列日迁到法国的。而且在他为黎塞留、马扎然及奥地利的安娜皇后所作的小型肖像，使他成为史上最有成就的雕刻家。

即使法国没有为我们留下雕刻、建筑或绘画，她在一些次要艺术上的成就仍会赢得我们的礼赞。甚至在弗朗索瓦一世和路易十四这段外敌侵扰期间，法国的绘画、雕刻、瓷釉、冶金、金工、铸工、木工、丝织、织锦画及庭园设计，仍可媲美——有人说超越了——当时由佛兰德斯到意大利的类似产品。雅各·卡洛（Jacques Callot）画中的吉卜赛人、乞丐和流浪汉散发出强烈的生命气息，他一系列的蚀刻——《战争的悲惨》——超前两个世纪。这个时代的铸铁艺术可从卢浮宫中加雷里德·阿波龙（Galerie d' Apollon）的铁栅来评定。织锦画被视为和雕刻或绘画一样重要的艺术。让·戈布林（Jean Gobelin）于15世纪在巴黎开设了他的染坊，16世纪又增设了一间织锦画工厂；弗朗索瓦一世在枫丹白露建立了另一工厂，第三家由亨利二世在首都设立。凯瑟琳·美第奇在贝约讷召见西班牙公使时，随身带着她的22片为弗朗索瓦一世所织的织锦画，以显示法国的财富之盛和艺术之美。亨利二世时，这种手工艺术渐趋式微，但亨利·果特征募了新一代的佛兰德斯的设计者、染匠、织匠来到巴黎的戈布林工厂，重新恢复了这种艺术。在他统治期间有五幅最著名的作品，其中《黛安娜之猎》（*The Hunt of Diana*）现存纽约摩根图书馆。

由室内装潢可感觉出由意大利渗入的巴洛克式风格的影响，椅子、客桌、大箱、餐橱、架橱、床架皆有华丽的雕刻和弯曲的线条，并常嵌入乌木、碧琉璃、半宝石、玛瑙，或被饰以小的雕像。在路易·特雷泽（Louis Treize）时代，许多椅子都装有天鹅绒、刺绣或织锦。墙壁、檐板和天花板可能被雕或画上植物或动物形态的嬉戏图。壁炉已经丧失一些中古粗犷之风，有时还被饰以五彩精致的错综图饰。

在陶器方面，由两位老人而达其全盛时期。利穆赞（Limousin）

直至 1574 年才造出搪瓷制品，使他在弗朗索瓦一世时颇负盛名。另一个是巴利西·伯纳多（Palissy Bernard），他生于 1510 年，死于 1589 年。巴利西是一位醉心于陶器艺术的人，同时对农业、化学和宗教都有强烈的好奇心，从石头的形成到神性都深感兴趣。他研究不同土壤的化学性质，选择最佳的黏土做窑，而且花了好几年时间研制出一种白色的瓷釉，能够着上精致的色彩。他典当一半的财产以维持他的制陶熔炉，而且他雇不起助手，凡事均亲自动手。他常常划破手，他说："喝汤都得用我绑着破布的手。"……"如此工作 10 年以后，我瘦得在手臂或腿上找不出一块肌肉，我的腿细长若竹竿，而我用以系住袜子的袜带（不再有任何作用）……走路时，我的长袜却掉到褴褛的鞋子上"。他的邻居们都责备他迷恋魔术而忽略他的家庭。约 1550 年，他找到了他一直找寻的混合物，造出了彩虹色的瓷釉，使用它做成容器和小雕像，上面饰以光彩夺目的鱼、蜥蜴、蛇、昆虫、鸟、石头等各式各样的自然物。凯瑟琳·美第奇喜欢在她的花园和花圃中放置这些工艺品，她在土伊勒里给这位老陶工一座工厂，而在新环境里，他加添了水晶和河边女神等装饰品。他是热心的新教徒，却未遭圣巴托罗缪屠杀的厄运。因为凯瑟琳皇后的朝臣们为他的花瓶、杯盘、烛台及其古怪有趣的构想着迷。但在 1588 年，天主教联盟再度对新教徒施行迫害，巴利西被逮往巴士底监狱。一份 1590 年的日志记着："在这年（1589 年），在巴士底监狱的地牢里，巴利西，一位因宗教被捕的罪犯，去世了，享年 80 岁。他死于悲伤、恶劣的待遇及匮乏中……他的姑母曾至监狱探视，并询问他的状况……狱吏告诉她，如果她希望看到他，可沿着监狱四周土堤在人狗尸体混杂的地方找到他。他们把他像狗般丢弃在那里。"

普桑与其他画家

法国的绘画仍局限于佛兰德斯和意大利的桎梏中。佛兰德斯的织锦画者支配了巴黎的艺术，而佛兰德斯的画家们在巴黎、里昂、图卢兹、蒙彼利埃、波尔多等地兴盛起来。此时最好的法国肖像画是旅居法国的佛兰德斯人弗朗索瓦·克卢埃（François Clouet）所作的《可爱的奥地利女皇伊丽莎白》，年轻的法兰斯·波伯斯所作的《骄傲的亨利四世》），而最出名的是尚帕涅的《黎塞留》。

这段时期法国绘画的主要影响来自意大利。学艺术的学生都到罗马，有些是在法国政府的资助下成行的，回国时却徘徊于 17 世纪佛罗伦萨的理想主义和 17 世纪博洛尼亚或那不勒斯黑暗的现实主义之间。西蒙·武埃（Simon Vouet）在 14 岁时（1604 年）就以绘画闻名。三个国家都在争取他。查理一世曾想把他留在伦敦，但是桑西男爵带他一同前往君士坦丁堡担任一项特殊使命。在苏丹召见大使一小时之内，西蒙暗中研究他的面孔，画出这张不凡的艾哈迈德（Ahmet I）的肖像。回程经意大利，他爱上了威尼斯、韦罗内塞及罗马的卡拉瓦乔，那些地方的公爵和枢机主教都善待他，他因此在意大利停留了 15 年之久。1627 年，路易十三召他回国担任宫廷画师，每年给他 4000 银币恩俸，并在卢浮宫里给他一个房间。不久，整个法国都需要他了，他装饰了黎塞留庄园的礼拜堂，为圣尤斯塔切教堂设计祭坛，提供皇家织锦画的图案设计，并为宫廷画肖像。由于专心于他的使命，他召集了一些助手组成一间学校，后来成为皇家绘画雕刻学院，在那里他训练出并雇用了勒叙尔（Le Sueur）、麦纳（Mignard）、勒诺德（Le Nôtre）、布尔东（Bourdon）和勒布仑（Le Brun）。他留传下来的作品几乎不能用来解释他为何具有如此高的声名，但他是法国历史上绘画达到巅峰时期之前的关键人物。

勒南三兄弟安东尼、路易斯、马蒂厄，改变了时代的路线。他们以抑郁的同情画出农人的生活，并在农民身上发现了 17 世纪法国无言的贫困和坚忍不拔的毅力。乔治·德拉·图尔（Georges de La Tour）也把他的画笔对着这些低阶层的人民，他的《农夫》（*A Peasant Man*）和《农妇》（*A Peasant Woman*）几为当时绘画作品之冠。

我们可以由他的《看相者》(*Fortuneteller*) 以高价被纽约大都会艺术博物馆收购而鉴定其价值。类似这种由宫廷而到田舍的转变,是这个时期法国绘图的特殊成就——风景渐成为绘画艺术的主要特质。

尼古拉斯·普桑的父亲是亨利四世军队的一名士兵,在伊夫里战役驻扎于尼古拉斯·德莱塞蒙 (Nicolas Delaisement) 的家乡,他娶了尼古拉的女儿——一个连自己名字都不会写的农家妇,在接近诺曼底的李斯·安德利 (Les Andelys) 附近躬耕而食。他们的儿子热爱田园风光,而且有时也以铅笔或钢笔把风光的瞬间捕捉住。昆丁·瓦兰 (Quentin Varin) 到李斯·安德利装修一所教堂时,年轻的普桑热切地注视着他,请求瓦兰在素描和绘画方面指点一二。瓦兰离开后,18 岁的普桑 (1612 年) 即离家出走到巴黎学习艺术。在巴黎,他过着三餐不继的生活,发现雷蒙迪 (Raimondi) 雕刻的拉斐尔作品,又使他的生命光耀起来。在这里普桑得到两个启示:线条,而非色彩,是艺术的工具;其次,罗马是艺术之都。前后八年,他一直尝试到达那里。有一次他已远至佛罗伦萨,但是在无钱、生病、沮丧失意下,又回到了巴黎。他再次尝试,但被债主阻于里昂。在卢森堡王宫,以一些不入流的绘画来偿还他的债务并维持贫贱的生活。1622 年,意大利诗人马里尼到了巴黎,雇用他为他的诗《阿多尼》绘图。普桑的图画博得马里尼的赞赏及一些佣金。普桑勤勉地作画,将赚得的每一分钱储蓄起来,终于在 1624 年到达罗马。

马里尼把他推荐给枢机主教弗朗西斯科·巴尔贝里尼 (Francesco Barberini),说:"你将发现这个年轻人有着魔鬼似的狂暴,疯狂地沉浸于绘画中。"他也醉心于意大利。但他热衷的是古罗马广场 (Roman Forum) 断壁残垣的美,对文艺复兴大师们的绘画则没有多大兴趣,他发现古代残留下来的壁画对他的吸引力还不如罗马本身——远景、田野、树木、山峰、特有的土壤。与一些日后的热心者一样,他一定极欲知道为何上帝不让他生在意大利。

枢机主教巴尔贝里尼任命他画《杰马尼科斯之死》来试验他,结果令人满意，不久普桑的艺术几乎无所不包了。他的赞助人——俗世的或教会的——渴望裸体画，他一度以女性化的作品来满足他们，如为枢机主教奥摩迪奥（Omodeo）所作的《佛洛拉的胜利》（*Triumph of Flora*）及为黎塞留所作的《酒神祭的一景》（*A Bacchanalian Scene*）。他在罗马定居下来，36 岁那年与一位 17 岁的女孩结婚，而且过了 10 年与她和油料厮守的快乐时光。那时（1640 年）黎塞留和路易十三召唤他回巴黎。普桑说：“我回去就像是去接受腰斩两半的判决。”他得到很高的荣誉及 1000 银币的恩俸，但面对巴黎艺术家们的恶性竞争，他觉得极不自在，于是又匆忙赶回意大利（1643 年）。他在品西安山（Pincian）买了一幢房子，就在克劳德·洛兰（Claude Lorrain）的隔壁。在那里他专注艺术的创作，安享宁静的家居生活以至天年。

就他的生涯有如他的画，是古典的组合，是秩序，有分寸和自我约束的楷模。除了绘画工具外，他没有一般艺术家的表征。他既不像拉斐尔风流多情，也不像提香热衷名利，更不像米开朗基罗般充满魔鬼似的天才，他只是一个中产阶级，照顾着他的家庭，偿还着他的债务而已。枢机主教马辛摩看过他朴素的家后说道：“好可怜！你竟没仆人！”普桑也还之以牙道：“好可怜！你竟有那么多的仆人！”每天早晨，他在山上散步，然后整天画画，他宁愿相信努力而不相信灵感。以后当有人问他如何达到巅峰，他回答：“我不忽略任何事。”

就他以辛勤作画及不求助于人的方法而论，他的作品实在很多，他应该一共画了约 400 张画，因为就我们所知有些已失落，剩下的342 张至今留存着；加上 1300 张的素描，温莎宫收藏了其中 100 张，以线条的精确和淳朴而深爱之。不过他不擅长变化。他的裸像画常是无生命的雕像，而我们常是喜欢更丰满而肉感的。他是一位以画笔做工具的雕刻家，他有意将女人视为雕刻的人物——虽然有时他把她们当作神圣的艺术原作一般认识。他说：“我们在尼姆街道看到的女人愉悦我们的眼睛和灵魂，并不逊于麦逊·卡里（Maison Carrè）可爱的大柱，因为后者只是前者古老的翻版。”同时，对《圣经》的主题他也不甚娴熟，有些则很成功，如《在城门倒下的腓力斯人》（*The Philistine Struck Down at the Gates*）和《杰里科城的盲人》（*The Beind Men of Jericho*）。而《埃列泽及丽贝卡》（*Eliezer and Rebecca*）一画中的妇人又是多么可爱庄严。他的长处是描绘古代废墟中的古典神话，背景是一片古意盎然的宁静。他绘画中的人物并非取自活生生的人，而是沉湎于古代的爱的幻想——其中的男人都是强壮的，女人都是美丽的。为路易十四所绘的《阿卡底的牧羊人》（*The Shepherds of Arcady*）中的女性形体已臻完美之境。注意在所经过的牧羊人的墓上，有如下的题字"我也曾在阿卡底"，是否普桑也梦见他与奥菲欧及诸神共处于希腊草原上？《福基翁的葬礼》（*The Funeral of Phocion*）是普桑最有力的神话。《奥菲欧与尤利迪丝》则最动人心弦，这可能是因为我们忆起了格鲁克（Gluck）痛苦绝望的旋律。这种浪漫式的心灵，在发现故事几全消失于田园景色之中时，不禁感到困扰。事实上普桑爱的并不是男人，也不是女人，而是净化心灵的一片广阔的田园、山水和青空——所有周遭的景色，在闲逸中缓缓地变幻着，或被永恒嘲弄。人类的不幸也在时空的透视下消失了。因此，他最伟大的绘画是山水画，在其中人只是像在中国绘画或现代生物学中不占重要位置罢了。

这些山水画都很雄伟，却显得单调。如果普桑不加上一些辨认的符号或随意的标题，我们几乎不能分辨出图画中的人物。很明显，他十分喜爱线条，但因为太喜爱了，忽略了色彩的协调，而抹了太多棕色。难怪后世的画家们会反对他这种似乎欲从树上滴下的浓厚色彩，然而那些极轻淡、柔和色彩的林荫景色，虽不得深喜特纳（Turner）明朗色彩的罗斯金的欢心，但在经过我们这个时代绘画界意识形态的冲击后，是一种慰藉。他持有的美的观念是古典的——整体的美存在于部分的和谐，并非近代的"表现"艺术观——可能是孩童的涂鸦，也可能是小贩的叫嚣。在特异的格调和巴洛克式风格之间及面对着17 世纪意大利绘画的情感、力量，普桑谨守凡事不可过分的古典理想。没有叫嚣的色彩，没有眼泪，没有奇形怪状，没有光和阴影的强烈对比。这是男性的艺术，类似高乃依而与拉辛不同，较接近于巴赫而不近于贝多芬。

　　他于 1650 年完成的自画像里，眼神显示了些微的疲惫，这可能由于绘画或是在微弱光线下阅读的缘故。他广览群籍，尝试全盘通晓古希腊罗马的生活，自达·芬奇以来，从无一位艺术家如此博学。迈入老年时，他发现他的视力衰弱，他的双手颤抖。他太太在 41 岁时逝世，把他生命的联系力切断了，他仅苟延残喘地比她多活了一年。"阿佩莱斯仙逝了。"一位朋友这样写着。在圣洛伦佐教区教堂的墓场上或附近，夏多布里昂（1829 年）树立了一块大理石纪念碑，以昭示这业已凋零的不朽者，上面写着：

　　　　夏多布里昂
　　　　为尼古拉·普桑
　　　　乃法国最光荣
　　　　因艺术而得荣名者

　　作为一名风景画家，他最亲密的对手是他的邻居、他的好友克劳德·盖利（Claude Gellée），因出生的省份又被称为洛兰，他一样坚持必须到意大利。为了在意大利生活，任何卑贱职位均可屈就工作。在那里，这些搜寻者的眼光每一转动都会发现基督教艺术的一些永垂不朽的事物，或是一些令人振奋的古物。在罗马，他拜阿格斯蒂诺·塔西（Agostino Tassi）为师，帮他调色、为他掌厨，并跟他学习绘画。他画了近 1000 幅试验性的画，并创作了一些仍为现代鉴赏家称道的蚀刻画。他工作进度迟缓而拘谨。有时为一个小地方会花两个星期的时间。终于他也成了画家，并得到一些欣赏他的大公或国王的酬劳。不久，他在品西安山上有了他自己的家园。他和普桑一同满足日渐兴起的对自然景物体验的需要。

他内心深受感应，因为他深爱罗马的土地和天空。他黎明即起，注视着白天的光线，捕捉太阳跃出时造成的光和阴影的变化。对于洛兰来说，光线不仅是他画中的一个要素，而是主要的主题，虽然他不像特纳审视太阳的真实面目，他是第一位研究并告诉我们有关光的外缘扩散的人。他掌握了原野上和天空中不可捉摸的景色，其花簇、叶、水、云、天空中每一瞬间都是新奇的，而且他似乎专注于使每一流动的瞬间，凝固在他的艺术里。他喜爱帆遇风的战栗和威武的船凌驰海面。他感到远处的诱惑、透视的逻辑和魔力，他渴望在眼目所及的范围外，观看无限的空间。

风景画是他唯一的兴趣所在。在普桑的忠告下，他将古典式的结构——庙宇、古迹、半身塑像——融入他的画中，目的可能是使随风即逝的风光有一种古代的庄严性。他曾应允加添一些人物于他的自然景物画中，他的心思却不在这些累赘物上。"人物的插入不为什么。"他"卖掉了他的风景画，也将人物抛弃"。标题及它们暗示的故事，是对那些若无基督传奇的柔美和古典片断事迹便不能感觉出光的奇迹和宇宙的奥秘的心灵的让步。但事实上，洛兰只有一个主题——日出、日中、日落的世界。他给欧洲美术陈列馆可喜的变化。那些画的名称毫无意义，其泛神论则是诗和哲学神秘的结合。

我们可能同意罗斯金对洛兰和普桑的批评，认为他们表现了自然温和的一面，错过了她的宏伟壮丽的景象，忽视了她无情的破坏的狂暴。但透过他们的作品，一个伟大的风景画的传统得以建立。现在将有更多风景画来和图画、肖像、《圣经》的、神话的景色一争长短。这种方式已经从雷斯达尔、雅各和萨洛蒙到科罗特以自然的程序展开。

黎塞留和国家统一，高乃依和法兰西学院，蒙田和马莱伯，布罗斯·萨洛蒙和芒萨尔，普桑和洛兰——对于一个处于战争中的国家来说这些已是极其丰硕的成果。路易十四屹立于那些不断上升的艺术遗产中，在伟大的时代里统治着法国。

第三部

理性的考验

《威斯特伐利亚和约的缔结》（泰尔博赫，1648 年）。《威斯特伐利亚和约》是"1648 年欧洲协议"的总称，结束了西班牙与荷兰八十年战争及德国"三十年战争"的局面。

第一章 | 荷兰的叛乱
（1555—1648）

序幕

1555 年 10 月 25 日，查理五世将荷兰的主权授予其子菲利普二世。26 日，在布鲁塞尔国会之前，菲利普接受了效忠的誓言，他也发誓将依照传统、条约与法律来维护 17 省的权利与特权。随着他们双方的誓约，自由奋斗史上一段最辉煌的时代于是展开。

当时的情况很复杂。荷兰——低地国——包含了现在的比利时和荷兰王国。而荷兰语——低地德国语——不仅是北方 7 省荷兰、西兰、乌得勒支、夫里斯兰、格罗宁根、奥维里塞尔、吉德兰省，也是北部比利时 4 省佛兰德斯、布拉班特、梅赫伦、林堡的语言，而属于法国方言的华隆语则在南方 6 省通行，阿图瓦、华隆、佛兰德斯、坎布雷、图尔奈、埃诺及那慕尔。所有这些及邻近卢森堡公爵所管辖的土地，都属哈布斯堡皇族统治。

1555 年，大多数人都信奉天主教，但其教义则为伊拉斯谟在半世纪之前倡导、被文艺复兴时代的罗马广泛采用的人道的人文主义——这有别于西班牙在经过几个世纪对抗之战演变而成的阴沉又不妥协的类型。1520 年后，路德教派和再洗礼派的教义由德国渗入，之后为数更多的加尔文教义从德国、瑞士和法国渗入。查理五世曾试图以种种方法来阻止其入侵：引进罗马教皇或主教的宗教裁判所及使用公告的方式宣布凡是背叛正统天主教的人将受到最严厉的处罚，等等。但在他的权力于 1552 年经《巴苏和约》（*Peace of Passau*）被削弱后，这些措施就很少被执行了。1588 年，一群鹿特丹的群众将几位再洗礼派的教徒从火刑柱上强行救出。惊惧于异教势力的壮大，菲利普二世重新告示处罚的规定。恐惧很快蔓延开来，称他意图引入最残酷的西班牙式的宗教裁判所。

加尔文教派适合于经济中的商业特质。安特卫普港和阿姆斯特丹港是当时北欧商业活动的中心，到处都是进出口业、投机买卖及各种类型的商业，单单保险业就有 600 个生意兴隆的代理商。莱茵河、马斯河、爱塞海、瓦耳河、须耳德河、莱斯河及上百的运河里，有各种不同的船只静静地来往如梭。布鲁塞尔、根特、伊普瑞斯、图尔奈、瓦伦辛、那慕尔、梅赫伦、莱登、乌得勒支、哈伦等地的手工艺业和制造业都很兴盛。多数把持城市的商人们敬重天主教教义，认为是政治、社会和道德根深蒂固的稳定力量，但他们不喜欢其华而不实的教阶组织，而喜欢加尔文教派容许受过教育的俗人参与教会政策管理和聚会的方式。他们很快开始对西班牙政府加诸于荷兰经济上的税收心怀不满。

在叛乱中，以农人受害最深、获利最少。与德国和法国的封建领主一样，达官贵人们拥有大部分土地，争取独立的战争都是由这批人发起的。霍恩的伯爵菲利普·蒙莫朗西，在南部诸省拥有广大的土地。拉摩拉尔的爱格蒙特伯爵在佛兰德斯和卢森堡两地有广大的地产，其富有的程度足以迎娶巴伐利亚女公爵。在数次战役中，他英勇善战，深受查理和菲利普二世的宠爱。他曾率领菲利普二世的军队在圣昆丁（1557 年）大获全胜。在他那华丽的宫廷里，他极端奢侈，慷慨好客，以致负债累累。这些客人和地位较低的贵族都觊觎教会的财富，他们羡慕那些强夺教会财物而致富的德国男爵。因此，"他们认为国王应该在教产以外的地区召训一支英勇的军队"，以用"这些训练有素，优秀善战的骑士……用来代替那些手持念珠、好逸恶劳的家伙"。

在诸大地主中，以拿骚的威廉即奥朗日王子最为富有、最具能力。这个家族拥有的巨大产业，包括德国的赫斯—拿骚、威斯巴登及荷兰周围地域，他们的名衔则是得自法国南部的小侯国——奥朗日。威廉 1533 年出生在德国的狄伦堡（Dillenburg），11 岁之前受的是路德教派式的教育，尔后为了有资格继承表哥雷内的地产，他搬到了布鲁塞尔，并恢复为天主教徒。查理五世很喜欢他，促成他与爱格蒙特的安妮的结合，并在 1555 年历史性的让位仪式中选他为侍从长。菲利普二世派遣他——一个 22 岁的年轻人，但已精通佛兰德斯语、德语、西班牙语和意大利语——作为其外交全权代表之一，协商《卡特—坎布雷西斯和约》。在这些场合里，威廉明达的判断能力和谨慎的言词，使他被法国人称为"缄默者"。沉静的菲利普二世任命他为国家议员、"金发骑士"及荷兰、西兰、乌得勒支的行政长官。但威廉另生异心，以致菲利普二世永远不原谅他。

这位年轻的王子气质高贵，腰缠万贯。他身材高大，应对得体，温文有礼，除了敌人外，所有人都很敬爱他。作为军事领袖，他总是失败，可作为一个政治战略家，他的坚忍和勇气足以弥补他的缺点。他进而建立了一个新的国家，与欧洲最强的政治和宗教力量抗衡。事实证明，他统御人的能力较之统率军队的能力要强得多。他的政敌指控他，为了适应个人或政治的需要而改变宗教信仰。事情或许如此，但在当时，所有的领袖人物都是以宗教作为政治的工具。[1] 他的婚姻受到很多非议，他的第一位夫人去世了，他差人去磋商与富家女安妮的婚事——一位萨克森选帝侯，新教徒莫里斯的女儿。他们 1561 年依照路德教派的仪式结婚，但一直到 1573 年，他才宣称自己是新教徒。安妮 1567 年陷于半疯狂状态，寄居在朋友家里。她尚在人世时，

---

[1] "那些致力建立宗教、保护宗教和改变宗教的王公贵族，鲜有自己的宗教信仰。"——伏尔泰

威廉取得 5 个新教徒牧师的允许，而于 1575 年再娶夏洛特·波旁。她出身于法国的皇室家族，刚从女修道院中逃出来，并接受改革派的信仰。夏洛特死于 1582 年，在为她哀悼了一年后，他第四次结婚，迎娶路易丝·科利尼为妻。她是将门之女，其父死于圣巴托罗缪大屠杀。很有可能由于这些婚事，威廉虽然广有田产，却短缺金钱。1560 年，他几乎负了百万金币的债务。为了应付经济的窘境，他辞退了 28 位厨子。

菲利普二世拙于处理有关荷兰贵族的事务。他的父亲由于生长在布鲁塞尔，熟悉那里的民俗语言，因此统治得有条有理。菲利普二世生长于西班牙，既不谙法语，又不懂荷语，很难讨好那些大地主，尊重他们的习俗和债主。他不赞成他们的奢侈酗酒和对女人的随便态度。最令他不解的，是他们竟要求过问他的权力。而从当地贵族的角度来看，他们也不喜欢他的孤傲、他对宗教裁判所的偏好、他任命西班牙人在荷兰就任有利可图的职位以及分派西班牙军队来镇守荷兰城市。他向那些组成荷兰议会的贵族和巨商富贾索取金钱——由于他的父亲和新近的战争，他的财政出现巨大的赤字，他要求 130 万金币，增加 1% 的不动产税和 2% 的动产税。这些要求使他们大吃一惊，他们拒绝批准他的要求，仅以他们认为现阶段需要的数目拨款。3 年后菲利普又召集他们，提出 300 万金币的经费要求。他们如数照付，条件是所有的西班牙部队必须撤出荷兰。他让步了，但打消了抚慰新教徒的努力，而经教皇的同意，在荷兰设立 11 个主教区，任命那些愿意执行他父亲对抗异教邪说诏令的人担任这些教职。他在 1559 年 8 月 26 日乘船起程赴西班牙时——此后他就从未回到荷兰——经济与宗教大战的轮廓已渐渐形成。

帕尔马的玛格丽特（1559—1567）

菲利普任命帕尔马女公爵玛格丽特为他的摄政，她是查理五世与一个佛兰德斯女人所生的私生女。她在荷兰长大，虽然在意大利住了很长一段时期、虽然不懂荷兰语，她了解佛兰德斯语。她既不偏执也不顽固，但她是一个虔诚的天主教徒，每年在复活节的前一星期，她都要洗濯 12 个少女的脚，并给她们结婚妆奁。她是一个能干和仁慈的妇人，却不幸失落在革命的大旋涡里。

她的权力被菲利普任命的顾问牵制。虽然爱格蒙特和奥朗日都是她的阁员，他们发现其他 3 位阁员统一投票时，就很少出席内阁会议。其领导人物是安东尼·皮雷诺特、阿拉斯主教，即历史上著名的枢机主教格兰维尔（de Granvelle）。他是一位本着良心行事、具有高尚品德的人。与玛格丽特一样，他也赞成以和平的手段对付异教徒，但他极端忠于天主教义和君主政体，以至觉得很难谅解反叛国教的行为。他和摄政受到的阻碍，主要是菲利普坚持没有王室的同意，就不能采行任何重要的措施，而"批示"由马德里转达到布鲁塞尔则费时数周。枢机主教因服从国王牺牲了名望。他私下反对主教区的增多，却屈从于菲利普坚持的 4 个教区对于 17 个省而言是不够的主张。

1563 年 3 月，身为天主教徒的奥朗日、爱格蒙特与霍恩，写信给菲利普，控诉格兰维尔侵犯各省的权力，这些权力是国王曾发誓要维护的。他们认为枢机主教应该对这些新主教负责，因而要求国王免除他的职务。玛格丽特本人对他的当权不高兴，她渴求与这些不满的贵族取得协调，因为她知道他们有助于社会秩序的维持。最后（1563 年 9 月）她也认为格兰维尔应被遣送到其他教区。坚持了很长时间，菲利普屈服了，请这位仪态高雅的大臣去职。格兰维尔离开了布鲁塞尔（1564 年 3 月 13 日），但他仍是国王最信赖的顾问。这些贵族又回到玛格丽特的内阁。他们任命的官员有些竟然出售官职、公理正义和赦罪令，玛格丽特似乎也从中渔利。

宗教裁判所四处蔓延。菲利普远在西班牙亲自监视督促，派玛格丽特侦办异教徒。几乎没有一天不执行死刑。1561 年，格利恩·穆勒（Geleyn de Muler）在奥德纳德（Audenaarde）被执火刑；托马斯·卡尔伯格（Thomas Calberg）在图尔奈活活被烧死；一位再洗礼派教徒在他妻子面前被一把生锈的剑连刺7下毙命，她目睹此惨状惊恐而死。被这些残忍行为所激怒，贝特兰德·布拉斯（Bertrand le Blas）在圣诞节望弥撒时侵入图尔奈大教堂，闯入祭坛，从教士手中抢取圣礼，把它践踏在脚下，并对聚会的信徒大叫："误入歧途的人，你们怎能把这个东西当作耶稣基督，你们的主与救世主？"

　　荷兰的第一位西班牙宗教裁判官是修道会长彼得·泰特尔曼（Peter Titelman），他的手段极为专横残忍，以至布鲁日全部由天主教徒组成的市议会向摄政揭发他的野蛮暴行。他把民众从屋里拖出来，未经任何法律程序进行审问，逼他们说出任何他希望他们说的话，然后将他们处死。佛兰德斯的法官们以诚恳的心向菲利普正式请愿，请求他终止这项暴行。玛格丽特胆怯地要求宗教裁判官行为要"明辨谦逊"，然而执行死刑持续不断。菲利普支持泰特尔曼，命令摄政加强执行最近由特伦特会议（1564年）颁布的法令，不必有丝毫仁慈与迟疑。内阁认为法令中有几条违反了经过认可的省特权而提出抗议，并延缓其公布实施。

　　奥朗日的威廉极欲维护传统的政治自由、保持荷兰的倡导宽容政策，远超越了他的时代。他告诉内阁说："假使国王认为荷兰人能无限期地支持这些残暴的敕令的话，那他就错了。我坚信天主教，我却不能赞同王子们企图统治他们的子民的良心及剥夺他们的信仰自由。"天主教徒这时也加入新教徒的行列，攻击国王的敕令暴虐专横。爱格蒙特被派到马德里请求缓和敕令的内容，玛格丽特私底下也赞成这项请求。爱格蒙特在西班牙受到款待，却空手而归。伊普瑞斯、那慕尔、根特、圣奥默的主教们也共同呈上了一封请愿书给菲利普（1565年6月），请求他缓和敕令及"以温和慈爱，代替严刑峻法儆戒人民"。对所有这些抗议，菲利普的答复是，他宁愿牺牲10万人的生命，也不愿改变他的政策。1565年10月，他将这篇清楚的指令交给宗教裁判官：

关于宗教裁判所，我的意愿是必须予以执行……依照古老的方法及依照法令、人性和神性的要求来加以执行。我对此极为关切，我要求你们执行我的命令，将所有判罪的犯人处以死刑，而使他们不再因为法官疏忽、怯弱和信仰不坚定而脱逃。假如任何人太怯弱不执行敕令，我将以较忠心热诚的人来代替他们。

玛格丽特服从菲利普，下令全力执行敕令（1565年11月14日）。奥朗日与爱格蒙特再度退出她的内阁。奥朗日、其他贵族及许多法官都拒绝执行敕令。新教徒四处散发小册子与大幅标语，公开揭发宗教迫害。外国商人意识到革命的气氛弥漫，开始离开这个低地国。店铺关闭，商业萧条，安特卫普如死城一般寂静。许多荷兰新教徒逃至英国或德国。在英国，他们协助发展了纺织工业，使之在17世纪能与联合省竞争，在18世纪领导了工业革命。

许多地位较低的贵族秘密接受了新教的教义。1565年12月，其中一些人——拿骚的伯爵路易（威廉具有侠义气的弟弟）、菲利普·马尼克斯（圣阿德冈德的洛德）、他的兄弟让·马尼克斯（索鲁斯的贵族）、布雷德罗德伯爵亨德里克及其他的人——在布鲁塞尔科兰波切伯爵的大厦集会，草拟出一份《协议书》，指责将宗教裁判所带进荷兰，并组成一个联盟，誓言将它驱逐出境。1566年4月5日，约400位较次一等的贵族行军到摄政的宫殿，对她提出一个"要求"，请她要求国王终止荷兰的宗教裁判所与敕令，并停止执行所有敕令直至收到菲利普的答复。玛格丽特回答说，她会将他们的请愿书转呈给国王，她没有权力停止敕令，但她将尽力而为缓和执行的手段。她的一个顾问见她被请愿人数之众和决心之坚所惊骇，于是促使她恢复信心，对她说道："夫人，难道殿下会害怕这些乞丐吗？"这些同盟者挑衅般地接受这个名称，他们大部分穿着粗俗灰色的服装，随身携带旅行袋和碗钵，十足地表现出当时乞丐的特色。"乞丐万岁！"变成了革命战斗的呐喊声。有一年的时间,这些年轻的贵族领导并酝酿叛乱。

　　玛格丽特把"请愿书"及其受到广大民众支持的事向菲利普报告,她再次努力使他采取中庸之道。他的回答很明显带有安抚的意味(1566年5月6日):他希望能够压制异教徒,不要有进一步的流血事件,而且答应不久访问荷兰。内阁还派了蒙特莫伦西、蒙蒂格尼男爵、伯格昂侯爵去他那里强调摄政的恳求。菲利普慷慨地接待他们。他写信给玛格丽特(7月31日),允许废止在荷兰主教统辖的宗教裁判所,并提供大赦给所有摄政推荐的人。

　　在荷兰的加尔文教派、路德教派及再洗礼教派,都利用风暴间歇的机会,使他们的宗教由秘密转为公开。新教徒难民大量地从英国、德国和瑞士回来,各种的传道者——前僧侣、博学的神学家、有野心的帽商、鞣皮匠、制革者——对着热烈的善男信女发表演说。他们许多人都带着武器,所有的人都唱着赞美诗,并大叫着"乞丐万岁!"在图尔奈附近,曾跟从加尔文学习的安布罗西·威尔(Ambrose Wille)向6000人传道(1566年6月28日)。两天后,在同一地点,另一位牧师向1万人演说;一星期以后,增至2万人。半数的佛兰德斯人似乎加入新教。在星期日市民参加新教的集会时,教堂与市内几乎是空的。以雄辩出名的彼得·加百利要在接近哈伦的奥维利恩(Overeen)布道的消息传遍荷兰全省时,成千的新教徒汹涌而至,他们唱赞美诗的歌声震撼着大地。安特卫普附近新教徒聚集的人数计有1.5万人——有人说是3万人——几乎每人都有武装。摄政命令安特卫普的法官们阻止这类对国家有危害的集会,但他们的回答是:他们的民团是无能为力、不可靠的。西班牙卫戍部队离开后,玛格丽特就没有军队听其使用。安特卫普处在这样的混乱中,经济生活受到严重的阻碍。摄政要求奥朗日的威廉前往该地安排天主教徒与新教徒之间的一些和平解决方案。他平息了这些争吵,劝服传道者将他们的集会限制在城郊地区,并卸下武装。

同一个月（1566 年 7 月）有 2000 名"乞丐"，在拿骚的路易伯爵领导下，在列日主教区内的圣特隆德（St.Trond）集合，于狂欢豪饮中，拟定计划传播他们的主义。他们决定联络德国新教徒，并在他们中间征募一支军队，以便荷兰新教徒遭受攻击时能够予以援助。7 月 26 日，路易与 12 个人，打扮得像乞丐，向摄政提出一个要求，要她召集国会，同时接受奥朗日、爱格蒙特和霍恩的指导。由于她的答复含糊，他们威胁要求取外国的援助。（拿骚的）路易立刻行动，与他行事谨慎的兄弟威廉共谋，在德国募集 4000 骑兵与 40 个连的步兵。

8 月 9 日，菲利普签署一项正式的法定文件，宣称他提出的赦免令是被迫的，违背了他的意志，因此不能约束他。8 月 12 日，他向教皇保证，宗教裁判所的停止全视教皇同意与否。8 月 14 日，一群新教徒因为传教士指责宗教的肖像是一种邪神而被触动，闯入圣奥默地区所有的教堂，捣碎圣像与祭坛，并毁坏所有的装饰品。在这个星期，类似的暴徒在伊普瑞斯、库特赖、奥德纳德、瓦伦辛等地如法炮制。在安特卫普，16 日和 17 日两天，暴民闯入大主教总教堂，捣毁祭坛，砸碎彩色玻璃、十字架与其他的圣像，毁坏风琴、刺绣艺品、圣餐杯、圣体匣，打开坟墓，剥去尸体的装饰品。他们喝圣餐中用的葡萄酒，烧毁珍贵的弥撒书，践踏艺术杰作。他们拿来梯子与绳索，把雕像从壁龛上拖下来，用大锤子敲碎它。群众狂呼大喊着，横扫安特卫普，毁坏了 30 间教堂以及修道院的圣像与装饰品，烧毁修道院的图书馆，驱走修道院中的修士与修女。"加尔文教派的复仇女神"的消息传到图尔奈时，破除偶像的运动爆发了，每一间教堂都惨遭掠夺和破坏。仅佛兰德斯一地就有 400 个教堂的雕像被洗劫，科兰波切伯爵主持这次大破坏，并以被奉为神圣的圣饼喂他的鹦鹉。在别处，一些曾为牧师的人，用叉子烤圣饼。复仇女神从佛兰德斯进入北方诸省，到达阿姆斯特丹、莱登、代尔夫特、乌得勒支，最后到达格罗宁根与夫里斯兰。大部分新教徒领导者责备这些破坏，但有些人则认为与那些曾经施诸人民的暴政相比，这只不过是小小的暴动而已，因而判断破坏雕像和肖像比活生生地烧死"异教徒"的罪要小得多。

帕尔马的玛格丽特经此风暴之后退缩了。她写信给菲利普说："此刻，这个国家除了天主教外，对任何一件事情都加以纵容。"菲利普想伺机报复，但摄政面对这些武装的暴民与大无畏的领导者，不得不让步了。8月23日，她与"乞丐"的代表签署了一项"协定"：根据此协定，早已实施的加尔文教礼拜仪式的地方不再受限制，唯一的条件是不得骚扰天主教的仪式；而且根据此协定，新教徒应该把武器放在家里。同盟的发言人宣称，只要政府遵守协定，他们同意解散他们的组织。于是，宗教上的迫害停止了，各处立即显得和平宁静。

奥朗日的威廉与西班牙国王都不满意让事情就此平息。威廉认为热烈的新教的扩展，是赢得荷兰独立的一种方法。虽然名义上是天主教徒，他辞去了所有的公职，组织了自己的间谍活动组织，到德国（1567年4月22日）招募士兵与寻求财源。5天后，阿尔瓦公爵接受菲利普的委托，离开西班牙，征召军队，对那些加尔文教徒施以报复，而且坚决采取武力，摧毁荷兰境内所有的异端、叛乱及自由。

阿尔瓦在荷兰（1567—1573）

阿尔瓦当时59岁，在埃尔·格列柯画像中的模样是这样的：修长纤瘦，黑眼珠，黄皮肤，银须。20岁时他继承了显赫的头衔与庞大的地产。他很早就开始军事生涯，以勇敢、智慧与严厉著称。菲利普要他加入自己的内阁会议，并虚心聆听他的谏言。在此紧要关头，作为一位曾受西班牙式纪律与虔敬训练的军人，他的献策是：毫无怜惜地扫平叛乱者，因为任何退让将使敌人更加顽强。菲利普授以全权并祝福他成功。

阿尔瓦横过意大利，并在意大利招募一支1万人的精选部队，其主要兵源是驻扎于那不勒斯与米兰的西班牙卫戍部队，给他们最新的武器与甲胄，并挑选出2000名妓女慰劳他们。他率领他们越过阿尔卑斯山，穿过勃艮第、洛林和卢森堡，于 1567 年 8 月 22 日进入布鲁塞尔。爱格蒙特非常恭谨地迎接他，并送他两匹罕见的骏马。玛格丽特带着遗憾与他相见，觉得她兄弟的这一举措，无疑在她才重新恢复人道秩序时免除了她的职务。阿尔瓦将他的西班牙部队驻进几个大城市时，她提出抗议，但是公爵冷漠地回答说："我已准备对此负全责。"玛格丽特请求菲利普允许她辞职，他答应了，并赐给她一份相当丰厚的恩俸。她离开布鲁塞尔，回到她在帕尔马的家。天主教徒很忧伤，因为他们尊敬她；新教徒也很忧伤，因为他们知道不久在阿尔瓦有计划的严酷暴行之下，她那些最残忍的措施也会显得温和。

这位新摄政兼总督，把自己安顿在安特卫普的城堡，并着手准备清除荷兰的异教徒。他邀请爱格蒙特和霍恩共进晚餐，摆下"鸿门宴"将他们逮捕，并在层层重兵护卫下，把他们送到根特的一座城堡里（9 月 7 日）。他指派了一个"纷争委员会"——这个委员会被恐惧的新教徒们称为"血腥委员会"，9 位委员中荷兰人有 7 位、西班牙人有 2 位，但只有西班牙人有投票权，阿尔瓦则对一些他特别感兴趣的案件保留了最后裁定权。他命令议会搜捕所有反对天主教和西班牙政府的可疑人物，秘密地审问他们，如发现有罪即毫不留情地迅速予以惩治。密探们四处侦察，告密者受到鼓励出卖他们的亲戚、敌人、朋友。对外移民是被禁止的，船长如果帮助移民将被吊死。凡是不能阻止或不惩治叛乱的城市，则被判为有罪，有关官员则被禁锢或罚款。成千的人遭到逮捕，在某一清晨就有约 1500 人在睡眠中被捕而送往监狱。所有的审判立即进行，一次投票判处死刑的人数达 30 人、40 人甚至 50 人。在一个月中（1568 年 1 月）有 84 名瓦伦辛的居民被执行死刑。不久，佛兰德斯的居民几乎没有一家人不沉浸在家人被"血腥委员会"逮捕或杀害的悲痛中。在荷兰几乎没有一个人敢反抗，即使是轻微的批评，也可能导致逮捕的厄运。

阿尔瓦感到他的成功中唯一的瑕疵是：未能引诱奥朗日的威廉进入他的掌握中。"纷争委员会"草拟了一份起诉书，对威廉、威廉的兄弟路易、威廉的连襟——范登伯格（Van den Berg）伯爵、蒙蒂格尼男爵及其他曾经鼓动异端邪说及叛乱的领导者诸人予以起诉。蒙蒂格尼男爵仍然留在西班牙，菲利普将他囚禁起来。威廉的儿子菲利普·威廉，即布伦伯爵，是卢万大学的学生，也被捕了，被送往西班牙，并被教养成为一位激烈的天主教徒，否定了他父亲的主义。威廉被宣布为一个罪犯，任何人都可以杀他而不受法律的制裁。

威廉继续编组军队，鼓励他的兄弟路易也如此做。他求援于路德教派的王子们，但他们的反应冷漠；他向伊丽莎白女王请援，她很谨慎地予以婉拒；他筹募的金钱从安特卫普、阿姆斯特丹、莱登、哈伦、夫勒辛等地送来；范登伯格伯爵、科兰波切、胡赫斯特拉滕（Hoogstraaten）每人各送了 3 万金币；而他本人也卖掉珠宝、金银器皿、织锦画、家具，贡献了 5 万金币。由于法国宗教战争的休战，许多雇佣兵都身无分文地回到德国，兵源很充裕。这时宽容政策对威廉是相当必要的，他必须赢取路德教派和加尔文教徒的支持，他还必须向荷兰的天主教徒保证：在脱离西班牙统治后，绝不干扰阻碍信奉天主教的活动。

他计划三支军队同时行动。法国新教徒的部队从西南方攻击阿都瓦，胡赫斯特拉滕率领他的部队攻击南方马斯特里赫特（Maastricht），拿骚的路易由德国攻入东北方的特里斯兰德。法国新教徒的部队和胡赫斯特拉滕的部队都被击溃，但路易的部队在海利杰里（Heiligerlee）把西班牙的军队打败了（1568 年 5 月 23 日）。阿尔瓦下令处死爱格蒙特和霍恩（6 月 5 日），以便征调原来用于警卫他们及根特的 3000 人的军队。他率领这支增援部队向夫里斯兰进发，在杰敏根击溃了路易的脆弱部队（7 月 21 日），并杀了 7000 人。路易逃脱。10 月，威廉率领 2.5 万人进入布拉班特，决心与阿尔瓦拼死一战。阿尔瓦军队数目虽不如威廉多，但训练精良，战略的运用更胜过威廉。阿尔瓦除摧毁其后卫部队外，尽量避免正面战斗。威廉的军队因发不出军饷，士兵们拒绝作战。他只好把他们安全地带到法国予以解散。然后，他自己化装成为一个农夫，从法国逃到德国，由一城潜至另一城，以防被杀。这几场惨烈的战役掀起了"八十年战争"（Eighty Year's War）的序幕，荷兰人表现了空前的毅力，直到1648年他们最终获得胜利。

此时，阿尔瓦是战场上光荣的胜利者，但也同样遭遇到军费短缺的问题。菲利普安排热那亚的银行家由海运送45万金币给他，该船舰却遭英国的掠盗，迫入普利茅斯港，加之伊丽莎白女王本来就有意帮助威廉，便没收了这笔钱财。阿尔瓦召集贵族和国会议员到布鲁塞尔开会，而且建议（1569年3月20日）所有财产征收1%的直接税、不动产每次转让征收5%的永久税、每批交易征收10%的永久税。国会抗议此项税收，因为许多物品在一年中将数度易主，此种交易税近乎没收。此案呈各省议会表决，遭到激烈的反对。阿尔瓦不得不延缓10%税捐的征收，直到1572年才施行。同时，在以后的两年中，他必须安于1%的税收和每年200万金币的赠款。纵使是1%的税也很难征收到。乌得勒支地区拒绝缴付税款，尽管他在当地驻了一团军队，抗拒之事仍然发生。阿尔瓦宣布该区为叛国区，废止其特许状和特权，没收人民的所有财产，归于国王之手。

由于这些税捐及其执行的手段，使从未尝过败绩的阿尔瓦被打败了。现在几乎全体民众（天主教徒和新教徒）都反对他。他们抱怨他的苛刻税收使已经繁荣的荷兰商业活动受到阻碍和打击，迁怒之声与日俱增。这位打仗比管理财务更熟练的阿尔瓦，为了报复伊丽莎白擅自占取热那亚那笔款项，强占英国在荷兰的财产，同时禁止和英国通商。伊丽莎白随即没收荷兰在英国的货物，又把贸易转向汉堡。荷兰商业很快没落。店铺关闭，失业情形日趋严重，而过去一向对新教徒的吊死及掠夺教堂事件耐心容忍、势力庞大的商业阶级，也秘密倾向于革命，并资助经费。天主教教士唯恐国家经济即将崩溃，也反对阿尔瓦，并警告菲利普说阿尔瓦正在毁灭这个国家。曾经为阿尔瓦的胜利而高兴的教皇庇护五世，也和枢机主教格兰维尔同为阿尔瓦的残酷而悲痛，主张大赦所有悔改的叛徒和异教徒。菲利普同意此举，并通知阿尔瓦（1569 年 2 月）。但阿尔瓦要求暂缓，因此大赦一直到 1570 年 7 月 16 日才正式公布。在这一年，教皇赐给阿尔瓦神圣的帽子和佩剑，赐给阿尔瓦的妻子金玫瑰。菲利普把监禁在牢狱中的蒙蒂格尼处死（1570 年 10 月 16 日）。

新的暴动相继发生。1568 年 3 月，一群自称是"蛮横乞丐者"的人改变他们的初衷，掠夺教堂和修道院，并把牧师和修道士的耳朵和鼻子割掉，仿佛有意和"血腥委员会"的残暴一较高下。1569 年至 1572 年，另一批自称为"海上乞丐"的群众攫取 18 条船的控制权，以奥朗日的威廉的名义，袭击荷兰的海岸，抢劫教堂和修道院，夺取西班牙的船只，并在友善的英国港口——甚至在远方，那时还为新教徒把持的拉·罗契尔取得补给。任何沿岸城市只要没有西班牙卫戍部队驻守，那些"海上乞丐"就蜂拥而至，占领要塞堡垒，并开筑险峻的堤坝，使西班牙的军队没有办法接近。阿尔瓦无法再得到由海运而来的供应。受到这样的保护，一些主要城市如荷兰、西兰、吉德兰、夫里斯兰等都向奥朗日的威廉表示忠贞不贰，并且同意给予他军需补给（1572 年 7 月）。威廉先把总部迁移到代尔夫特，并宣布自己是"秃子、加尔文教徒"，他的脑袋的确比他的信仰更真切。菲利普·凡·马尼克斯（Philip van Marnix）写了一首诗歌《威廉·凡·那叟》，这首诗成为荷兰的国家赞美诗。

由于受到如此的鼓励，威廉组织了另一支军队，攻入布拉班特。同时，拿骚的路易靠着科利尼的支持，在法国筹组一支部队进入埃诺，攻陷了瓦伦辛和蒙斯（1572 年 5 月 23 日）。阿尔瓦进军收复蒙斯，希望借以阻止路易由法国取得进一步的支援。威廉向南方进军支援他的兄弟。他虽赢取了小小的胜利，不久其财源耗尽，他的部队靠抢劫教堂维持，以杀戮教士自娱。天主教起而反抗，威廉的军队逼近布鲁塞尔时，发现城门紧闭，市民武装抗拒。他们继续前进，当距离蒙斯仅 1 英里时，他们在睡梦中受到 600 名西班牙士兵的袭击。威廉的

800 名士兵在来不及整军抗拒之前就被杀，威廉自己也弃甲逃遁，带着残余的部队逃到布拉班特的梅赫伦。由于科利尼被杀及圣巴托罗缪大惨案的发生，从法国取得援助的希望也告幻灭。9 月 17 日，蒙斯城落在阿尔瓦的手里，阿尔瓦允许路易和他的残存部队安然离去，但阿尔瓦的将军菲利普·诺瓦梅斯（Philippe de Novarmes）自作主张，吊死上百的居民，没收他们的财产，并廉价收买居民的财物。

威廉在战略上的失败、对军队的缺乏控制及"乞丐们"的蛮横，破坏了他团结天主教徒、加尔文教徒和路德教徒反对阿尔瓦暴政的希望。这些"乞丐"几乎都是狂热的加尔文教徒，他们对付天主教徒的残暴，与宗教裁判所、"血腥委员会"对付叛徒和异教徒如出一辙。他们要天主教的俘虏在皈依加尔文教和死之间做选择，有时候在经过难以置信的痛苦拷问后，他们毫不犹疑地杀死这些坚守旧信仰的天主教徒。在争斗中，双方都杀死了许多战俘。

> 许许多多的地方都可以看到吊刑……他们自己的兄弟，被敌人虏获……岛上人民在这些残酷的行为中找到了残暴的乐趣。在他们眼中，西班牙人不再具有人性。有一次在维尔，一位外科医生把一个西班牙囚犯的心脏割出来钉在船首，邀请市民观看，并以牙咬嚼心脏。许多人做了此事以满足兽性。

这些残忍的"乞丐"击败了阿尔瓦，阿尔瓦从战役中退休下来，把收复和惩罚那曾经赞同或屈服于威廉的城市的工作交给他的儿子阿尔瓦雷斯（Álvarez）。阿尔瓦雷斯从梅赫伦开始着手，这个城市仅做稍微的反抗，教士和市民都参加悔罪的行列，请求赦免此城。但阿尔瓦下令复仇。3 天内，阿尔瓦雷斯的部队抢劫民家、修道院和教堂，偷取珠宝和神像穿的贵重外袍，把圣饼践踏于脚下，屠杀男人，侵犯妇女，不论其为天主教徒或新教徒。他的军队侵入吉德兰省，击溃聚特芬微弱的防线，几乎杀尽城里的人。小纳登（Naarden）城经过短暂的抵抗也屈服了，款宴迎接这些西班牙征服者。士兵们又吃又喝，然后杀死城里每一个人。他们继续向哈伦前进，此城是加尔文教的中心，曾对叛乱表现得特别热心，他们有一支4000名军士的卫戍部队坚守城池，以致阿尔瓦雷斯打算撤退。但阿尔瓦威胁他，假如他停止围攻，就不认他这个儿子。威廉派3000名士兵去攻打阿尔瓦雷斯的军队，但全军覆没，而所有拯救哈伦的努力均告失败。经过7个月的围攻，城内的粮食殆尽，人民以野草树皮果腹，最后终于投降（1573年7月11日）。当时守军仅剩1600名，他们大都被处死，400个居领导地位的市民被处决，其余同意以缴付25万基尔德而获得赦免。

这是阿尔瓦政权的最后、花费最大的一次胜利。伤亡的士兵超过1.2万人，令人痛恨的税收所得都徒然倾入战争的漏勺里。菲利普把金钱的损失看得比人命的伤亡更重。他发现阿尔瓦不仅不受拥戴，而且支付无度，更发现阿尔瓦将官们要联合荷兰反对西班牙。阿尔瓦察觉局势的改变而请求离去。他自夸曾处决1.8万个叛徒，但异教徒的势力仍然屹立不动，他们甚至控制了港口和海域，荷兰和西兰两省都完全脱离国王的控制。那慕尔主教估计阿尔瓦在7年里对天主教的伤害远较路德教派和加尔文教派在这30年对天主教的伤害更大。阿尔瓦辞呈获准，他离开了荷兰（1573年12月18日），受到菲利普的善待，在72岁时又率领西班牙军队征服葡萄牙（1580年）。班师回国途中，他患了慢性热病，只能靠喝人奶苟延生命。他死于1582年12月12日。他以人奶维持了一年生命，却有半个世纪活在血腥中。

雷克森斯与堂·胡安（1573—1578）

菲利普派了前任西班牙驻米兰总督堂·路易·雷克森斯（Don Luis de Requeséns）接任阿尔瓦的职位。这位新任统治者对叛徒的数目之众和士气之旺感到惊讶，他在给国王的信中写道："在我到达之前，我不理解他们怎么能够维持如此多的舰队，陛下却一支舰队也不能支持。然而，好像这些为生命、家庭、财产及错误的信仰——也就是说，是为他们自己的主义——而战的人们，只要有一口饭吃就满足了，并不要求薪酬。"他请求菲利普允许他大赦所有人，除了坚持不肯让步的异教徒，允许他们移民，并废除 10% 的交易税。奥朗日的威廉明白这些建议只是一个争取时间的把戏、想把新教徒从荷兰根除的新诡计。唯有在西班牙允许充分的宗教自由、恢复省的特权及所有西班牙人从民间和军事据点撤退的情况下，威廉才愿接受和约。战争继续进行，在穆克（Mook）一役中（1574 年 4 月 13 日），威廉的兄弟拿骚的路易和亨利相继阵亡。

此时发生的两件事有助于这场叛乱：菲利普宣告破产（1575 年）和雷克森斯死于围攻齐里科齐（Zierikzee）之役（1576 年 3 月 5 日）。国王指派他的异母兄弟奥地利的堂·胡安接任那个令人讨厌的职位，但堂·胡安直到 11 月才到达卢森堡。在此时期，荷兰和西兰的代表在代尔夫特（4 月 25 日）签订《和解法案》(*Act of Pacification*)，给予威廉陆海至高的统帅权和任派官职权，甚至在紧急需要时，有权将其盟国置于一位外国亲王的保护之下。获得这个新的职权，威廉呼吁其他诸省加入，驱逐荷兰境内的西班牙人。他保证天主教徒和新教徒同样有思想上和宗教上的自由。

在南方诸省，如果不是西班牙士兵在齐里科齐发生兵变（7 月），开始了一场不分青红皂白的掠夺和暴行，使佛兰德斯和布拉班特笼罩着恐怖的气氛，他的呼吁可能引不起什么共鸣。在布鲁塞尔的内阁谴责他们，他们却公然蔑视之。内阁宣布他们为不法之徒，却缺乏实力对付他们。威廉表示愿意派军队保护并重申其宗教自由的誓言，但内阁迟疑不决，于是布鲁塞尔的人民推翻它成立另一个由菲利普·克罗伊（Philippe de Croy）领导的内阁，由他与威廉谈判。9 月 26 日，根特欢迎一队由威廉派来保护他们、抵抗西班牙反叛士兵的部队。10 月 19 日，布拉班特、佛兰德斯及费纳特的代表在根特开会，他们都不愿其政府与威廉联盟。20 日，西班牙的叛乱者抢劫了马斯特里赫特。28 日，参加会议者为了得到威廉部队的保护，签订了《根特和约》(Pacification of Ghent)，停止了所有对异教徒的迫害，同意联合起来把所有的西班牙人从他们的省份驱逐出去。南方诸省的国会在布鲁塞尔开会，拒绝签署和约，认为这是对抗国王的战争宣言。

叛军的作乱再次增强了威廉的论点。1576 年 11 月 4 日，西班牙军队占领了安特卫普，发动了荷兰历史上最大的一次抢劫。市民起来反抗，但是都遭击溃，有 7000 人被杀。上千的建筑物，其中有些是建筑的杰作，都付之一炬。男女老幼都被疯狂的西班牙士兵屠杀，他们口中大喊着"圣地亚哥！西班牙！流血吧！纵欲吧！放火吧！抢劫吧！"整个晚上士兵都抢劫着这座富裕的城市，几乎没有一家幸免。为了逼出隐藏的财物，不管真有还是假有，他们当着子女的面拷打双亲，婴儿在母亲的怀中被砍杀，丈夫目睹妻子被鞭打至死。在两天多的时间里，"西班牙复仇女神"继续发着狂怒，直到士兵们抢够了黄金珠宝及贵重的衣服，开始在死尸杂陈的街上，互睹他们所抢来的东西。11 月 28 日，国会批准了《根特和约》。

堂·胡安从卢森堡通知他将进入布鲁塞尔时，国会答谢：除非他接受和约，恢复各省的特许状，解除荷兰境内所有的西班牙部队，否则国会不接受他为统治者。堂·胡安骁勇善战，但不长于外交，无兵又无钱，在卢森堡烦闷地度过了一个冬天，1577 年 2 月 12 日，他签署了《永久的诏书》(Perpetual Edict)，承认和约及各省的特权。3 月 1 日，堂·胡安设宴庆祝他进入布鲁塞尔，而此城也高兴有一位这样英俊而无实权的统治者。西班牙部队离开了，和平的笑容在这曾遭蹂躏的地方呈现片刻。

堂·胡安的梦想超出了他的财力所能负荷的范围。经过在莱潘托和突尼斯的征战无功之后，这位无助的贵族心灰意冷。在邻近的英格兰，美丽的玛丽·斯图亚特正被凶恶的伊丽莎白囚禁。他不禁发问："为什么不召集一支军队和船舰，渡过海洋，废除伊丽莎白，与玛丽·斯图亚特结婚，做英格兰和苏格兰的国王，而使那陷入黑暗的地区重回天主教的怀抱呢？"菲利普畏惧现实与梦想之间的差距，认为他的弟弟愚不可及。堂·胡安证明了这一点，他突然离开布鲁塞尔（6月11日），成为天主教华隆军团的领袖，否认和约。国会与堂·胡安谈判，未获任何结果，于是邀请威廉来到首都。他在到达时（9月23日）受到大部分天主教市民的欢迎，认为只有他能够引导荷兰走向自由。10月8日，国会通知堂·胡安，不再承认他为统治者，但将会接受他的一位血亲接替他的职位。1577年12月10日，除了那慕尔省外，所有省份联结为"布鲁塞尔联盟"。惧于威廉的加尔文主义，国会中的天主教会员请求奥地利大公马赛厄斯接受荷兰政府。这位20岁的年轻人来了，而且正式就职（1578年1月18日），但威廉的支持者说服这位新统治者指派威廉为他的副官，实际上就是内阁和政策的指挥者。

　　只有各种宗教的相互容忍，才能够保持这个联合，而不致失于偏执。荷兰的加尔文教徒和西班牙的天主教徒一样，坚信只有无宗教信仰者能够实行容忍。他们许多人公开称奥朗日的威廉为无神论者。加尔文教派的牧师彼得·达西纳斯（Peter Dathenus）指控威廉把国家当作唯一信仰的神，改变他的宗教信仰，就像别人换一件衣服那样。加尔文教徒只占荷兰人口的1/10（这种情形持续到1587年），但他们都是活跃而有野心的人物，都是武装的。他们控制了政治集会，以新教徒取代天主教徒官员。1573年，各省议会禁止所有天主教徒在荷兰进行礼拜仪式，理由是每位天主教徒都可能臣服西班牙。1578年，加尔文教义在西兰几乎是普遍化的宗教信仰，而在夫里斯兰，虽然人数不多，却保有政治上的支配力。1572年，破坏偶像的浪潮掠过荷兰和西兰，1576年后，其他各省，甚至佛兰德斯和布拉班特也都经历了类似浪潮。所有宗教与艺术的结合都被指斥为崇拜偶像和冒渎神圣。教堂里的画像、雕像、十字架及装饰品一律除尽，金银器皿被熔掉毁掉，仅存的是空白的墙壁。那些"乞丐"拷问天主教教士，把一些教士处死。

威廉反对这些措施，却默许少数加尔文教徒在布鲁塞尔、伊普瑞斯、布鲁日及北方的佛兰德斯夺取政权。在根特，胜利的加尔文教徒任意禁锢议员，抢劫教堂和修道院，没收教会财产，禁止所有的天主教活动，在大庭广众下把修道士烧死，并建立了一个革命性的共和国（1577 年）。在阿姆斯特丹（1578 年 5 月 24 日）武装的加尔文教徒进占市政府，赶走了官员，而以加尔文教徒取而代之，并在被洗劫一空的教堂举行"宗教改革派"的崇拜仪式。第二天，同样的暴乱也使哈伦城面目全非。在威廉的总司令部所在地安特卫普，新教徒把天主教的教士和修道士赶出这个城市（5 月 28 日）。威廉痛责他部下的这些暴行，并劝服他们让天主教恢复活动，但 1581 年，安特卫普和乌得勒支的天主教活动都被禁止了。加尔文教徒指责天主教的教士以伪造的圣徒遗物和捏造的奇迹欺骗人民。

威廉忧伤地看着自己多年来辛苦促成的联盟在分歧、混乱和仇恨的情况下收场。几个实施加尔文教派民主政体的城市都陷入混乱，以至于一些有财产的人，无论新教徒还是天主教徒，不禁怀疑这些新的统治方式，对于他们来说，是否比旧日的敕令及所有其他的行政措施更糟？威廉为了迎合这一要求秩序的趋势，与弗朗索瓦即安茹公爵商议，从腐败无能的马赛厄斯手中接管统治权。但后来事实证明安茹公爵是一个不忠与无用的人。正在此时，一支拥有 2 万士兵、受过严格训练的西班牙新军，在当时最具才干的将领的领导下向北方进军。这对于威廉来说真是一件极端不幸的事。1577 年 12 月，亚历山德罗·法尔内塞，即帕尔马公爵率领他的部队到达卢森堡的堂·胡安那里。1578 年 1 月 31 日，他在格布罗克斯（Gembloux）打败了国会的部队。勒芬（Louvain）城及上打的小城市都向这位新征服者投降。荷兰的国会从布鲁塞尔迁到安特卫普，堂·胡安刚刚嗅到新的荣耀气息，却在 1578 年 10 月 1 日因恶性热病，死于那慕尔城，享年 33 岁。于是菲利普指派法尔内塞为新总督，开始了新的一页。

帕尔马与奥朗日（1578—1584）

亚历山德罗·法尔内塞当时 33 岁，是前摄政玛格丽特的儿子。在西班牙长大，他宣誓效忠于菲利普，曾参加莱潘托战役，他把生命的最后 14 年贡献给国王，致力于拯救南荷兰。1586 年，他继承了帕尔马的公国和头衔，但他从没有即公爵之位。他有锐利的眼睛、黝黑的容貌、短黑的头发、鹰鼻及浓密的胡须，显示出他是具有才能、勇气及聪明的人物。他拥有阿尔瓦的军事才能，可没有他的残酷，他更精于谈判和演讲。荷兰的战争现在变成帕尔马公爵的外交手腕和军械与奥朗日王子的英雄毅力之间的决斗。帕尔马公爵是靠天主教的财源和希望支持，奥朗日王子则是靠荷兰商人的财源资助、朋友们的宗教狂热的帮助。

1579 年 1 月 5 日，一群来自埃诺、杜埃、阿图瓦、里耳等地的天主教贵族受到阿拉斯主教的鼓励，组成了一个保护他们的宗教与财产的阿拉斯联盟（League of Arras）。1 月 29 日，荷兰、西兰、格罗宁根、乌得勒支及吉德兰诸省，为保卫他们的信仰和自由，组成了乌得勒支联盟，不久他们又联合了夫里斯兰、奥维里塞尔。这 7 省的“联合省”变成今天的荷兰，其余诸省变成“西班牙人的荷兰”，于 19 世纪成为比利时。这 17 省分裂成为两个国家，一部分是由于南方绝大多数民众信奉天主教，而北方新教徒居大多数，同时也因大海港与河流在低地形成的地理上的分割使然。这些宽阔的河流及可资控制的海堤，提供了防御性的军港，阻挡了来犯的西班牙舰队和军队。

5 月 19 日，阿拉斯联盟与帕尔马签署了协约，约定除了天主教外不容许其他宗教存在，而且假如能恢复省的特权和自治组织，便接受西班牙的统治。经过游说、贿赂、武力等各种软硬兼施的手段，公爵很快为西班牙收复了几乎所有的南方诸省。在布鲁塞尔、根特和伊普瑞斯的加尔文教领袖放弃他们的征战地，逃至北方的新教徒之地。

1579 年 3 月 12 日，帕尔马率领一支庞大的军队攻打马斯特里赫特。马斯特里赫特在一条同名河上极具战略地位，也因此得名，双方都表现得英勇非凡、残忍异常。攻击者掘通了几英里长的地下通道，想借此攻入城堡，而防御者——不分男女——一起掘地道迎战，人们就在地道中做殊死决战。经过 4 个月的努力及猛烈攻击，围攻者在城墙上凿了一道缺口，在晚上悄悄地侵入，捕捉正在睡眠中疲惫的守卫者，屠杀 6000 个男女老幼。城里 3 万人口现在仅存 400 人。帕尔马召来了华隆的天主教徒定居于此。

对于新教徒而言，那是一场较大的灾祸。威廉虽曾试着去援救此城，却徒劳无功。这使他受到指责，称他不能胜任和延误军机，其中一部分也是事实。那些曾因他们的偏执和暴乱而破坏威廉的联盟政策的激进党人，现在控诉他在与天主教的安茹公爵谈判时背叛了他们的主义，并指出他在过去一年内没有参加宗教礼拜仪式。菲利普趁机颁布禁令（1581 年 3 月 15 日）打击奥朗日，详细描述威廉所有的罪状：忘恩负义、不忠、重婚及罪恶。

> 因此……基于他所有的恶行看来，他是滋扰社会和平的首脑，是社会的害群之马，我们要放逐他，并禁止所有臣民公开或秘密地与他结合或联络，或者供给他食物、水、火或其他的必需品。我们宣布他是人类的敌人，并把他的财产给予所有该得的人。为了早日把我们的人民从他的暴政及压迫下拯救出来，我以国王及神的仆人的身份保证，假如我们的臣民中有如此慷慨心肠之人……私自执行这个法令，而帮助我们驱除此害群之马，不论其是死是活，若有人将他送交我们，或立刻刺杀他，我们将如其所愿地赐给他及其子孙土地或钱财——总数达 2.5 万金币的奖赏。假如他犯罪，不管是哪种罪，我们将赦免他；假如他不是贵族，我们将封他为贵族。

国会对此法令的反应是，指派威廉为荷兰和西兰的行政长官（1581 年 7 月 24 日）。两天后，荷兰、西兰、吉德兰、乌得勒支、佛兰德斯及布拉班特的代表们在海牙签订了《誓绝法案》(*Act of Abjuration*)，庄严地弃绝对西班牙国王的效忠。在文献上，此法案在荷兰历史上就如《权利宣言》在英国历史上那样著名。他们宣称：对待他的臣民如奴隶及破坏他们的自由的统治者，将不再被承认是他们合法的最高统治者，并可以依法将他免职。威廉由他的牧师为他写了一篇正式的答辩呈送国会和欧洲各宫廷。他欣然接受"禁令"就像是一种荣誉。他控诉菲利普乱伦、通奸及谋害妻儿，并表示只要能有益国家，他愿意立刻辞退官职，离开荷兰，甚至牺牲性命。他以他的箴言签署了这项文件，保证"我将坚守"。

不久（1582 年 3 月 18 日）菲利普的禁令初收成效。让·若雷吉(Jean Jaureguy)为了那笔巨额赏金，携带了一支枪，并祈求神的帮助，发誓把部分战利品献给圣母玛利亚，便动身前往安特卫普刺杀奥朗日的威廉。子弹射入了威廉右耳下方，穿过上颚从左面颊露出来。刺客当场被威廉的侍卫捕杀，但其使命几乎达成——数星期来王子濒于死亡边缘。法尔内塞邀请叛乱诸省，既然他们固执的首领死了，就来与他们仁慈的国王讲和。威廉在他妻子夏洛特的细心照料下逐渐康复，他的妻子于 5 月 5 日因疲劳过度发烧而死。7 月，两个无名的阴谋者计划毒害奥朗日王子和安茹公爵。这件阴谋被及时发现，罪犯遭到逮捕，其中一个在狱中自杀，另一个被送到巴黎。

1582 年，安茹在安特卫普募集到一些法国士兵作为亲身侍卫。他不满公爵头衔，梦想自称为王。1583 年 1 月 17 日，他的部下突然呐喊"弥撒万岁"，企图攫取控制此城。人民起来反抗他们，几乎 2000 人因这个"法国复仇女神"而丧生。叛变失败，安茹逃走，威廉因为曾经长期支持安茹，受到更大的损失——声望下降。3 月，又有一件谋刺事件发生，这使他感到住在安特卫普并不安全，便迁移总部到代尔夫特。格罗宁根和吉德兰两省现在与帕尔马讲和了。只有两个"联合"省仍然服从威廉，荷兰和西兰这两个省份为了表示忠诚，将荷兰行政长官变为威廉家族世袭（1583年12月）。此事奠定了奥朗日皇室的基础，该皇室在1688年半征服、半继承地进入了英国。

暗杀事件仍相继而起。1584年4月，夫勒辛的汉斯·汉斯朱恩（Hans Hanszoon）想要炸死威廉。他失败了，被处以死刑。勃艮第的巴尔塔萨·热拉尔（Balthasar Gérard）受到宗教狂热及2.5万金币赏金的吸引，他去找帕尔马公爵表示愿意杀死奥朗日王子。帕尔马判断这位20岁的年轻人不适合执行这样危险的工作，拒绝先付给他些许赏金，但答应假如他成功的话，会给他全部的奖金。热拉尔到代尔夫特，伪装成贫穷而虔诚的加尔文教徒，接受威廉12个银币的施舍，而以3枚子弹射杀威廉（1584年7月10日）。威廉叫道："上帝啊，怜悯我的灵魂……怜悯这个穷人吧！"几分钟后他就死了。热拉尔被捕，接受城里法官的审判。他对他的成功感到欣慰，坦然接受极端残酷的死刑。威廉被尊称为"国父"，葬在代尔夫特。为倡导革命他几乎牺牲了全部财产，留下12个几无分文的孩子——他仅具贵族之名，而无贵族之实，以至身后极为凄凉。

全部奖金付给了热拉尔的双亲。荷兰的天主教徒欢欣鼓舞，认为这桩罪行是上帝在为那些亵渎神圣和谋杀教士的暴行复仇。他们把刺客的头当作珍贵圣徒遗骸送到科隆，在以后半个世纪，他们费尽心机想为他争取到圣徒的尊称。

胜利（1584—1648）

领袖威廉的去世使这些在佛兰德斯和布拉班特的部属们士气低落。帕尔马攻取了布鲁日、根特、布鲁塞尔、梅赫伦、安特卫普，1585年年底，马斯以南所有的荷兰领土除了奥斯坦德和斯卢伊斯外——都归入西班牙。但"乞丐"仍控制港口海域。

北方诸省再三求援于伊丽莎白，直到现在她才采取行动。她深知荷兰的叛乱防止了西班牙对英国宣战，她不能坐以待毙，而且荷兰人民控制英国的羊毛市场。1585 年 12 月，她派遣一支由莱斯特及菲利普·西德尼爵士率领的精良部队到荷兰。莱斯特因为是叛乱诸省的总督，掌握至高无上的权力。看到南方诸省从北方输入生活必需品，他禁止与任何西班牙属地交易。但荷兰的商人以这种贸易为生，他们与西班牙战争时，依旧输出货物到西班牙，拒绝服从莱斯特的禁令。在聚特芬战败（1586 年 9 月 22 日）后，莱斯特在羞愤交加的情况下离开了荷兰。在以后的一年中北方仍呈现混乱的局面，这个小共和国能继续存在实得力于下列几个原因：菲利普正专心致力于入侵英国的计划，又分心攻打法国的那瓦尔的亨利；荷兰人控制了海域以及荷兰商人的财富和坚毅；奥尔登巴内费尔特的政治才能及拿骚的莫里斯的军事才干，拿骚的莫里斯是威廉一世之子。

莫里斯在父亲死后不久，就被选为荷兰和西兰两省的行政长官。1588 年，21 岁时，他被任命为联合省的总司令和舰队总司令。1590 年，乌得勒支、奥维里塞尔和吉德兰省颁布他为行政长官。西蒙·斯蒂文（Simon Stevin）在莱登教授的数学课程使他受益匪浅。莫里斯就把这最新的科学应用于弹道学、工程学及围攻术方面。他训练荷兰军队加强团结和整顿纪律。在一连串的战役中（1590—1594 年），以快速的机动力和出其不意的战略，收复了聚特芬、代芬特尔、奈梅亨和格罗宁根。菲利普突击攻打英国及亨利四世则遭受失败。帕尔马技穷财尽，身体负伤，心力交瘁，死于斯巴（1592 年 2 月 20 日）。

菲利普派遣奥地利的大公厄尔内斯特继承帕尔马，他不久就死了。枢机主教阿尔伯特大公代之，阿尔伯特辞去教皇的圣职，娶了国王的女儿伊莎贝尔·克莱拉·尤金妮娅。在菲利普死前不久（1598 年），他赐给阿尔伯特和伊莎贝尔在荷兰的君权，附加条件是：假如他们过世了，而又无子女可以继承，则君权应复归还西班牙。他们是有才干、很仁慈的统治者，不能征服北方诸省，但在南方建立了一个文明的政体。在此政体下，教会的艺术和鲁本斯的裸体画在愉快与和谐中蓬勃发展。

1603 年，出现一位新人物。阿尔伯特围攻奥斯坦德，两年未获成功。一位意大利银行家斯皮诺拉（Ambrosio de Spinola），以他的财产帮助西班牙，筹组一支 8000 人的部队，给予最优良的装备，参加围攻而取下了奥斯坦德。但是他巨大的财产也比不上荷兰商人的富有。他们继续不断建造舰队，而且提供经费，去侵扰西班牙船只、威胁西班牙与美国之间的黄金航线。阿尔伯特和伊莎贝尔疲于封锁和屠杀，急于与荷兰谈判。菲利普三世也因厌倦破产，同意这项建议。奥尔登巴内费尔特不顾莫里斯的反对，说服荷兰人民与西班牙和解。双方终于在 1609 年签订了休战协定，这项协定带给荷兰 12 年的和平。

外部的和平反而使内部不协调。莫里斯怨恨奥尔登巴内费尔特干预共和国的事务。在技术上来讲，荷兰省财政首长的权限应只限于该省之内，但荷兰省如此富有，其所付给国会的税额，等于联合省其他省份的总和。因此，奥尔登巴内费尔特很能结合他的智慧和财富的支持，适当地运用其影响力。此外，统治诸省的地主和管理地方行政区的富商都倾向奥尔登巴内费尔特，因为他和他们一样反对民主政体。他说："由君主统治比由暴民统治好。"莫里斯转而求助于人民，他发现假如他结交加尔文教的牧师则能赢得民心。

现在共和国内的宗教问题有三部分：日益尖锐的教会与政府之间的对立，天主教徒与新教徒之间的冲突，新教教会内部的教义之争。加尔文教派会议谋求决定政治的政策及利用政府执行他们的教条。国会不信任加尔文教的集会，视其为一种危险的例子和民主政体的温床。奥尔登巴内费尔特命令牧师离开政府到民间去的行为，也为他树立了更多的敌人。说也奇怪，即使地方诸省，1609 年，绝大多数的人仍然信奉天主教。法律虽然禁止天主教的礼拜仪式，但并没有认真执行，有 232 位教士主持天主教的仪式。乌得勒支的省议会命令牧师娶他们的管家，但归顺者寥寥可数，根本毫无服从的气氛。

在新教徒宗教团体内部，有加尔文教徒与少数的"怀疑论者"之间的斗争。后者被如此称呼并不是因为生活放荡不羁，而是热衷于宗教自由——甚至对天主教徒也不例外——及他们主张从一种宽容人道的观点来解释新教神学。这些伊拉斯谟传统的继承人（奥朗日的威廉也曾是其中之一）被坚信宿命论和认为他们的信仰应在联合省各地强制执行的清教徒，或正统的加尔文教徒指斥为秘密的"天主教徒"。科恩赫特·狄克曾做过奥朗日王子的秘书，著文力主宗教信仰自由，并建立了荷兰的文学。一位阿姆斯特丹的传道者雅各·阿米纽斯（Jacobus Arminius），被指派去反驳科恩赫特的观点，但他研究这些观点以准备答辩时，却被说服，因而改变了原来的想法。他在莱登教授神学时，即因怀疑宿命论说和反对路德与加尔文的论点，主张行善和虔信上帝一样能使人得救，而得罪了清教徒。他认为有品德的异教徒也可以免入地狱，并臆测所有人最后均将得救。他的同事弗朗西斯克斯·格马鲁斯（Franciscus Gomarus）教授称他为狡猾的异教徒。

阿米纽斯死于 1609 年。那时他赢取了一些有势力的党羽，包括奥尔登巴内费尔特和雨果·格劳提斯（Hugo Grotius），后者是鹿特丹受年金者。在 1610 年，这些"怀疑论者"草拟了一份抗议书，反对宿命论、选民论、定罪论等教条，并建议召开一个由教士与俗人共同参加的国家宗教会议，以重新定义基督教改革派的信仰。而清教徒则有系统地发表一篇反驳的抗辩书，用来再次肯定加尔文教的神学理论：

> 在亚当堕落之后，上帝保存了一部分人类，使免遭毁灭的命运，而且……注定他们将由耶稣基督来拯救……在这些选民中，上帝并不考虑他们的信仰或改变信仰，只是单单依照他的意愿。上帝派他的儿子基督拯救这些他所选定的人，而且仅是这些人而已。

格马鲁斯一派的人则坚持这样的问题只能由牧师来处理，他们称雷蒙斯特兰兹（*Remonstrants*）为天主教徒，使大多数新教徒站在清教徒一边。拿骚的莫里斯最初对神学的辩论采取一种轻视不理会的态度，后来转变为暂时加入正统宗教的一方。因为他这样做，可以获得人民的爱戴，为他企图重新获得国家的领导权奠定基础。

一场布道和印发小册子的战争随之而来，其激烈实不亚于兵戎相见。激烈的骚动破坏了停战的和平。在海牙，"怀疑论者"（Libertine）的住宅被袭击。鹿特丹正统的加尔文教徒被驱逐出境。荷兰召集一支军队保卫它的神学，其他各省也照样行事。内战似乎即将毁坏这个最近才诞生的共和国。1617 年 8 月 4 日，荷兰省议会通过奥尔登巴内费尔特的《斯切普改革方案》（*Scherpe Resolutie*）——莫里斯认为它确实严厉——宣称国家在宗教事务上有至高无上的权力，并命令各省、各城市武装起来以抵抗加尔文教徒的暴乱。经过乌得勒支，他劝服其省议会招募军队支持荷兰。1618 年 7 月 25 日，一些人率领一支武装部队进入乌得勒支，强迫该省解散新军团。8 月 29 日，联合省的国会命令逮捕奥尔登巴内费尔特、格劳秀斯及其他的雷蒙斯特兰兹的领导者。11 月 13 日，改革教派的宗教会议在多德勒克（Dordrecht）集会，给雷蒙斯特兰兹神学家一个申述论点的机会，随即判定他们为异教徒，并免除所有雷蒙斯特兰兹的传道者教会与教育的职位。阿米纽斯派的教徒像天主教徒一样被禁，并不得举行公开的集会和礼拜仪式。他们之中有许多人逃到英国，在那里他们受到国教徒的热情接待，并强烈影响了英国国教自由主义的信仰。

奥尔登巴内费尔特受到一个特别法庭的审问，不准他请律师。他被指控曾阴谋分裂和危害联盟，并企图在国内另设国家。庭外纷飞的小册子向群众宣传他私生活上的污点，他以强有力的滔滔雄辩为自己辩护，使他的儿女产生很大的信心，认为他必将被释放，于是在监狱前竖起一支五月柱，准备庆祝他即将到来的释放。1619 年 5 月 12 日，法庭宣告他有罪，在次日执行死刑。格劳秀斯被判终身监禁，由于他妻子的巧妙安排，他逃脱了，后来写了一本值得纪念的书。

尽管这次不宽容主义获得了胜利，宗教自由仍在各省滋长着。天主教徒太多了，根本无法压抑，多德勒克宗教会议有关教义的法令又不能执行。同一年（1619 年），门诺再洗礼派教徒自由地在里恩堡（Rijnsburg）设立他们的似教友派（Quakerlike）的学会。有了他们，斯宾诺莎将找到安全的避难所。1629 年，笛卡儿称颂他在阿姆斯特丹享受到的学术自由。而 17 世纪末，荷兰省成为来自各国异教徒的避风港。

1621 年 8 月 9 日，与西班牙之间的战争又开始了。阿尔伯特大公死而无子，南荷兰又归于西班牙。斯皮诺拉攻击荷兰的边境城市。莫里斯驱军抵抗，但长年的奋战使他疲倦不堪，在 57 岁时猝然逝世（1625 年）。斯皮诺拉攻陷布雷达，并乘胜直驱阿姆斯特丹，这成为委拉斯开兹画中的一个主题。

荷兰顽强地重整旗鼓。腓特烈·亨利（Frederick Henry）继承他的兄弟为荷兰行政长官，表现了至今隐藏不露的政治家与将领的才能，使他的朋友和敌人同感惊愕。由于弗朗西斯·艾尔森（Francis Aerssens）的外交手腕，他从黎塞留那里得到每年 1 万里弗的津贴。他筹募了一支新兵，经过长久的围攻，取下了塞托肯波、马斯特里赫特、布雷达。斯皮诺拉当时被幸运地召回伦巴底去了。

同时，荷兰的商人把金钱投资到建造船只，因为每一次海上的胜利都扩展了贸易。1628 年，一支荷兰的舰队在皮耶特·海恩（Piet Hein）的率领下，俘获一支从墨西哥运载黄金的西班牙舰队。另一支荷兰的舰队在斯拉克河攻击一支有 13 只船的西班牙舰队，把它击毁并房获 5000 名战俘（1631 年）。最辉煌的一次海上大捷是由海军中将马尔顿·哈皮兹朱恩·特罗普在位于多佛（Dover）和迪尔（Deal）之间的美国海峡赢取。西班牙人决心从荷兰人手中重新夺回荷兰港口的控制权，便召集了一支有 77 艘船的舰队，备以 2.4 万人。特罗普在海峡看见此舰队，便召来增援船舰。1639 年 10 月 21 日，他以 75 艘船舰，驶近前去与敌人交战，击沉、摧毁或俘获大量西班牙的船舰，除了 7 艘逃逸，1.52 万名西班牙水手在战争中被杀或溺死。这场战役在荷兰的历史上，与英国历史上击败西班牙"无敌舰队"占同样的地位。这次战役使西班牙丧失了海上所有的海域控制权，截断了西班牙与殖民地之间的生命线，并与法国在罗克罗伊（1634 年）战胜西班牙军队，一同结束了西班牙在欧洲的权势时代。

深深地卷入"三十年战争"的战火中，西班牙决定放弃荷兰，以便全力以赴与法国作战。1648 年 1 月 30 日，在芒斯特，西班牙的全权大使签署了《威斯特伐利亚和约》，结束了荷兰的"八十年战争"。联合省宣布脱离西班牙，他们的胜利得到承认。莱茵河贸易仅能经由荷兰港口进出北海，荷兰的商人在东西印度得以自由贸易。在人类历史上为争取自由最长、最勇敢、最坚忍的奋斗，就这样胜利地结束了。

第二章 | 从鲁本斯到伦勃朗
（1555—1660）

佛兰德斯人

这是多么令人惊讶：占欧洲那么小比例的荷兰，竟发展成为两种如此不同的文化，如佛兰德斯与荷兰文化；两种性质不同的信仰，如天主教与加尔文教；两种格调与画法截然不同的画家，如鲁本斯与伦勃朗、凡·戴克与哈尔斯。

我们无法从言语的不同来解释这种显著的差异，因为半数的佛兰德斯人[1]，与所有的联合省人一样，都是说荷兰语。造成这种不同的原因，部分可能是由于荷兰人与新教德国接壤，佛兰德斯人则近天主教的法国，部分是因为信奉天主教、效忠王室和实行贵族政治的西班牙与布鲁塞尔、安特卫普之间较紧密的关系使然。佛兰德斯继承了中世纪的宗教、艺术和习俗，而荷兰的贫困使他们一直未有属于自己的文化。可能是由于南方诸省的阳光普照，那里的人民倾向于世俗的、安逸的、放纵的天主教教义，而北方由于多雾、生活艰苦，促成他

---

[1] 为了方便起见，让我们用佛兰德斯（Flemish）称所有的西班牙荷兰，而用荷兰（Holland）称所有的北方诸省或联合省。

们严格坚忍的信仰。或者，更确切地说，是因为西班牙军队在南方获胜，而北方河流的阻挠与荷兰雄厚的财力使他们吃了败仗。

安特卫普一定是一座相当美丽的城市，在它大教堂的塔尖、正面及装饰艺术品还完好无缺时，附近商业贸易中心的商业气氛蓬勃辉煌，河流里穿梭着来自世界各地的船只。但后来战争发生了：狂暴的阿尔瓦和宗教裁判所使新教徒的艺术家和商人逃到了荷兰、德国和英国；加尔文教的"复仇女神"掠夺教堂，西班牙的"复仇女神"洗劫民家并烧毁皇宫，法国的"复仇女神"乘胜屠杀；而法尔内塞 14 个月的围攻，饿死了无数的天主教徒和新教徒。最后，天主教徒加入了新教徒的行列，大批离去。安特卫普的商业也转移到阿姆斯特丹、鹿特丹、哈伦、汉堡、伦敦、卢昂等地。

值得安慰的是，一些地区和城市很快从战争的废墟中复原，1579年后的佛兰德斯也是如此。纺织工业复苏了，佛兰德斯的花边仍然畅销，甘霖仍旧滋润大地，金碧辉煌的宫廷背后是人们的血汗辛劳。在喜好挥霍但仁慈的大公的统治下，安特卫普和布鲁塞尔有着显著的复兴成果。佛兰德斯人重建他们的大教堂，欢度宗教节日，并恢复了异教徒露天市集。也许卢浮宫中鲁本斯狂野的《大市集》（Kermis）这幅画稍嫌夸张，从枢机主教斐迪南于 1639 年在安特卫普写给菲利普四世的报告，可略见一斑："昨天他们举行盛大的庆宴……长长的行列跟随着许多凯旋车，延至乡间，游行之后他们大吃大喝，最后酩酊大醉。因为不如此，他们就不认为是在过节。"枢机主教自己在从西班牙到布鲁塞尔（1635 年）时就曾受到这种持续数天的盛大欢宴，四周辉煌的装饰品均出于鲁本斯自己的设计。革命之前的佛兰德斯城，曾被一位意大利的观光客这样描述过："笙歌榭舞不绝，欢乐满城。"在战事的蹂躏下，这一切精神并未全部消失。彼得·勃鲁盖尔所绘的各种在街上进行比赛的游戏，现在仍然可见。每个教堂洋溢着圣歌，就像往日宫廷要求佛兰德斯歌手们所唱的情景一样。佛兰德斯进入它最灿烂的年代。

佛兰德斯的艺术

宫廷与教堂，贵族与老百姓，共同负担佛兰德斯文艺复苏的费用。除了鲁本斯外，阿尔伯特与伊莎贝尔支持了许多艺术家。一时间，安特卫普成为全欧洲的文艺中心。得到了鲁本斯大型设计之助，布鲁塞尔的绣帷又恢复其精美。威尼斯的玻璃业者曾于 1541 年将他们的艺术作品带到荷兰，如今本地的技工已能复制这些易碎的奇妙工艺品。有些作品是那么值得珍爱，虽经几个世纪的动乱，仍能保存。技工们以熔浆制成他们喜爱的形象，如碧丽辉煌的圣物盒，至今可在比利时的天主教教堂中找到。商人贵族订购艺术品，请人作画，建筑王宫和城市会堂——这些使安特卫普恢复到动乱之前的辉煌（1561—1565 年）。宗教狂热肃清了教堂中的艺术品时，他们转而成为画室热心的赞助者，要求这些艺术形象和图画能引人想象教条的尊严。

雕刻则未受影响，因为布鲁塞尔的弗朗西斯·迪凯努瓦（Francois Duquesnoy）的大部分作品都在罗马雕制。他在罗马曾雕刻一座巨大的圣安德鲁像，供奉在圣彼得教堂。"最早的布鲁塞尔市民"曼内肯·匹斯（1619 年的喷泉）——一个铜铸的小男孩，他以自己内在泉源来增添城市的水源，这是迪凯努瓦最早的作品。

在佛兰德斯的画家很多，荷兰的每家每户必有一些原版画。上千的画家在上百间画室里忙着画肖像、风景画、动物画、食物画、神话画、圣家堂、耶稣受难图及他们在艺术史上有特殊贡献的画，如市政团的画册、家庭生活或乡村生活的风俗画。初期，这些画家都循着意大利式的手法。意大利的船只每天驶入安特卫普，意大利商人在那里开设商店。意大利的画家嘲笑当地的绘画，而留下来教他们作画。许多佛兰德斯的画家都去意大利深造，有些人则定居在那里。安特卫普的朱斯图斯·苏斯特曼（Justus Sustermans）成为托斯卡纳（意大利西部之一行政区）公爵们最喜爱的肖像画家。一些挂在比蒂宫中最好的几幅肖像画，就是出自这位精力充沛的佛兰德斯人的手笔。弗朗斯·弗洛里斯（Frans Floris）在罗马跟米开朗基罗学成归国后，就坦承自己是"浪漫主义者"，喜爱画的结构，重视线条远甚于色彩。20 余年（1547—1570 年）的时间，他在安特卫普的画室成为佛兰德斯的绘画中心。康尼的博物馆中那件充满欢愉的大幅画《猎鹰者之妻》（*Wife of the Falcon Hunter*），可以说是很值得一看的。弗兰斯生活富裕，自盖华舍，慷慨解囊，尽情吃喝，最后却死于贫困。康尼利斯·沃斯（Cornells de Vos）出身于一个绘画家庭，而且是最具才能的一位。太多知名之士要求鲁本斯为他们绘像时，他就推荐沃斯给其中一些人，并保证沃斯所作的画一定与他的为人一样好。至今我们仍可看到康尼利斯本人、他妻子及两位美丽女儿的画像，安适地挂在布鲁塞尔博物馆。

16 世纪末，对意大利的迷恋消失了，佛兰德斯的画家们又恢复乡土的题材与画法。老大卫·泰尼耶（David Teniers the Elder）在罗马习画，却回到安特卫普画了两幅画，《荷兰的厨房》（*Dutch Kitchen*）和《乡村市集》（*Village Kermis*）。他指导其子作画，并使之青出于蓝。"有趣的老农夫"彼得·勃鲁盖尔的后裔形成了一个画家王朝，专门致力于地方风景画和乡村景色：儿子彼得·勃鲁盖尔和扬·勃鲁盖尔，孙子扬·勃鲁盖尔二世和安布罗西，曾孙亚伯拉罕，重孙巴普蒂斯·勃鲁盖尔（Jan Baptist Brueghel）等人——他们持续了两个多世纪，让我们把他们都列名在这里。他们继承了那些多才多艺的祖先遗留下来的善画乡村风景和乡村庆典的天分，而他们之中有几人也为忙碌的鲁本斯画风景背景。

荷兰的画家把艺术从教堂和修道院带进家庭、原野及森林。丹尼尔·塞格赫斯（Daniel Seghers）仔细地描绘花木和水果，把所画的花圈奉献给圣母玛利亚，他本人也加入耶稣会。弗兰斯·斯奈德斯（Frans Snyders）所画的具有刺激性的、血腥的狩猎景色及许多一盘一盘的兽肉与水果的画，分别陈列在 20 多家博物馆中，平添了活力与芳馨。鲁本斯的声望后来居上时，弗兰斯仍是最伟大的动物画家，在捕捉动物的毛或鸟的羽毛光线的深浅上，无人能与之匹敌。

阿德里安·布鲁威尔（Adriaen Brouwer）绘画的题材又回到布鲁塞尔的农夫们身上，他把农夫们进餐、喝酒、唱歌、跳舞、玩牌、掷骰子、打斗、宴会及睡眠的样子都画下来。阿德里安在他 32 年的岁月中，过着多彩多姿的生活：他在哈伦跟随哈尔斯学习过一段时间的画；21 岁时已经是安特卫普画家协会中合格的艺术大师；他常入不敷出，不久就为负债所累；又曾被西班牙当局关入监狱，原因至今不明，但在狱中生活仍很奢华；他以几幅小张的作品恢复了自由并偿还债务。这些画栩栩如生，作画的技巧和光线的处理也极美好，鲁本斯买了 17 幅，而伦勃朗也买了 8 幅。他画的农夫们似乎除了迷醉于强烟劣酒外，从来没有快活过，阿德里安却宁愿成为一个把酒高歌的农夫，不愿做谄媚王公、举止奢华的伪君子。1638 年，他被发现死于酒馆门外，时年 32 岁。

雅各布·约尔丹斯（Jacob Jordaens）则是一个较严肃的人，他在一幅画中题了他的警句"没有人比醉汉更像癫狂者"。他画中的人物都是能喝酒而不满口胡言的人，女人则穿着端庄、雍容大方。他出生于 1593 年，精神奕奕地活到 85 岁。他留给我们一幅题名为《画家及其家庭》（*The Artist and His Family*）的自画像。在这幅画中，一位站得笔直的男人，自信、英俊、精神抖擞，手抱着琵琶；一位坐着的安适地披着柔软披肩的妻子；一位含苞待放的美丽女儿；另外则是一位快乐的小女孩，在一个安详的宗教气氛的家庭里——看着她的十字架项链。约尔丹斯曾皈依新教，那时他已 62 岁。他画了几幅宗教画，但还是比较喜欢风俗画和神话画，因为在这种画中，他能够把他在安特卫普家乡看到的雄赳赳气昂昂的男人和珠光宝气的女人表现在画上。此处，在《水果》（为雅各布之友斯奈德斯所作）及《半人半兽的森林之神》中，我们被一位美丽的裸女震惊，虽然仅能见其背部，但年轻人的那种青春优美线条都表现出来了。

鲁本斯（1577—1640）

这位佛兰德斯最伟大的画家，出生于 1577 年，家境殷实。他的父亲扬·鲁本斯（Jan Rubens）曾在帕多瓦攻读法律，娶了玛丽亚·派普林克斯，31 岁时当选为安特卫普市议员。他被指控为新教徒，而 1574 年的大赦并未包括他的名字在内，他于是带着妻子及 4 个小孩流落到科隆，被萨克森的安妮选为法律顾问。他与她通奸而被王子监禁在迪伦堡。玛丽亚原谅了她的丈夫，写了数封温柔感人的信给他，并为他的开释而奔波，经过两年的艰难辛苦才达到目的，条件是要在监视之下住在威斯特伐利亚的锡根（Siegen）。她在 1573 年与他团聚，而鲁本斯可能就在那里出生。鲁本斯被施以路德教派的受洗礼，他还是小孩时，他的家人已改信天主教。1578 年，扬与他的家人搬回科隆，在那里他执行律师业务并获腾达。当他死时（1587 年），玛丽亚和孩子们又搬回安特卫普。

鲁本斯接受的正式教育到他 15 岁时就停止了，但他以博览群书和经验来增加他的知识。在两年中（1590—1591 年），他在奥德纳德担任拉拉英（Lalaing）伯爵夫人的随从。他可能是在那里学习了法文和良好的礼仪，这使他在同时代的画家中显得与众不同。他的母亲觉察到他在绘画方面的天才，送他到托比亚斯·沃哈切特（Tobias Verhaecht）处习画，之后随亚当·诺特（Adam van Noort），后又随奥索·瓦尼斯（Otho Vaenius）学画。奥索是一位知识广博、谈吐文雅的人。跟随这位令人敬佩的老师习画 8 年后，鲁本斯已经 23 岁，他动身前往意大利研习那些震撼画家心灵的艺术名作。在威尼斯，他出示他的作品给曼图亚公爵——维琴佐·贡萨加的一位侍从官看，不久鲁本斯就住进曼图亚公馆，成为一名宫廷画家。他在那里画的两幅画已经不同凡响：一幅《朱斯图斯与他的学生》（*Justus Lipsius and His Pupils*），画中那位著名学者的学生，包括彼得和他的兄弟菲利普；另一幅《自画像》，画出鲁本斯在 25 岁时就已半秃，但是留着胡子，很勇敢、很自信也很精明。他来到罗马为公爵描摹油画，又到了佛罗伦萨，在那里他目睹（后来在其画中将之理想化）玛丽亚·美第奇与缺席的亨利五世举行的结婚典礼。1603 年，公爵派遣他去西班牙从事外交任务，还带了礼物送给拉玛的公爵。公爵接受了鲁本斯所绘的复制品，把它当作真品，而后这位画家以成功的外交家的身份回到曼图亚。第二次去罗马旅行时，他与他那位担任枢机主教的图书管理员的兄弟，永久定居在那里。当时他创作了很多幅圣徒画像，在这些画中，他认为《圣格列高利敬拜圣母玛利亚》（*St. Gregory Worshiping the Madonna*）是他第一件伟大的作品。1608 年，得知母亲卧病，他匆匆赶回安特卫普，却发现母亲已经去世，因此极为伤感。她明智和耐心的爱，使他在意大利学到很多东西：威尼斯浓郁的色彩，朱利奥·罗马诺在曼图亚的壁画中表现的感觉主义，柯勒乔画的帕尔马妇女柔顺优雅的形象，异教徒与罗马基督教的异教艺术，基督教派与酒、女人、歌唱种种享乐的调和——所有这些都灌输到他的血液与艺术中。阿尔伯特大公在安特卫普（1609 年）任命他为宫廷画家时，哥特式的残余风格从佛兰德斯的绘画中消失了，而佛兰德斯与意大利艺术的融合也在这时完成。

那是他下意识的智慧的一部分，当"八十年战争"时，他远离荷兰，而在休战的第一年就接到了任命。在以后的整整 12 年中，安特卫普和布鲁塞尔人都致力于恢复他们的文化生活。鲁本斯对这次的文艺复兴尽了很大的力，他的传记上曾列出他创作了 1204 幅油画和 380 幅图画，可能还有许多作品没有列上去。他多产的才华在艺术史上是无与伦比的，而题材的变化多端和落笔的快速，更是异乎寻常。"我的才干是这样的，"鲁本斯这样写道，"无论画面如何大，或题材何其多，没有一件委托会难倒我。"他为安特卫普大教堂在 25 天之内完成了三大画板的《从十字架上下来》（*The Descent from the Cross*），在 13 天之内完成了现存放于卢浮宫的大幅画《国王的崇拜》（*Adoration of the Kings*）。他除了每年从宫廷中领到 500 金币的薪水外，还收取每件作品的润笔费，而且索价极高：如上面的两件杰作就索价 3800 金币，即一天 100 金币的酬劳。当然，部分要归其为数甚多的助手所有，他们当中有几位是得到艺术协会认可的画师。绰号是"天鹅绒"的扬·勃鲁盖尔在鲁本斯的画中帮忙画花卉，扬·威尔登斯（Jan Wildens）帮忙画风景及附属物，保尔·沃斯画矿物和水果，弗兰斯·斯奈德斯在《狩猎归来的狄安娜》（*Diana Returning from the Chase*）这幅画中，把狗的脸部表情刻画入微。从存放在德累斯顿和慕尼黑画廊与纽约的大都会博物馆的一幅猎景伟构中，我们不知道哪些部分是出于斯奈德斯的手笔，哪些是出自鲁本斯的手笔。有些作品，鲁本斯只勾勒轮廓，其他的由助手代劳，但他会诚实地把他作品中出自手笔的程度告诉顾客。只有如此才能使他一一满足索画的要求。他的画室成为工厂，反映荷兰经济的运营方式。他的多产与快速有时难免降低了作品的品质，然而因多数作品均臻于完美之境，使他足以被尊为佛兰德斯的艺术之神。

1609 年，他觉得可以成家了。伊莎贝拉·布兰特（Isabella Brant）是安特卫普一位律师和市议员的女儿，和同是安特卫普律师和市议员的儿子的鲁本斯可谓门当户对。鲁本斯住在他岳父家里，直到他在瓦潘斯·卡纳尔（Wappens Canal）的华美新居落成。他最好的作品之一，画的就是自己与伊莎贝拉新婚幸福的情景：她穿着镶有花边的曳地长袍，手信赖地放在他的手上，似乎以拥有这样一位丈夫为荣，她那傲然的脸颊，从蓝色的披肩中显露出来，头上戴着一顶骑士帽；他则有一双挺直刚健的腿、金黄色的胡须、英俊的容貌，戴着镶有缎带的帽子，充分表现出功成名就的成熟男子的气概。伊莎贝拉仅与他生活了 17 载便撒手尘寰，为他生了几个子女，他很慈爱地把他们抚养长大，为他们画像。让我们看看他的一幅存在于柏林凯瑟尔博物馆的作品，画中那个卷发的小男孩，胖胖的，快乐地逗弄着一只鸽子。让我们再看看他在《艺术家之子》这幅画中，整整 7 年的时间，小男孩已长成一个庄重的少年，只有善良的人才能画出这些画像。

他基本上是一个异教徒，他毫不羞赧地喜爱人类的躯体，不管是男性还是女性，同时他对强壮的劲道、力的表现、柔和的曲线都颇为着迷。佛兰德斯沉醉在他亵渎神圣的神话中——恣情肉体的欢乐——而教会也欢迎他的对宗教主题的注释。这就是佛兰德斯的一个象征。在圣母玛利亚与维纳斯女神之间，他不太能够拿定主意。可能他觉得两者没有矛盾的地方，因为画她们两个都使他赚钱。在《维纳斯女神的崇拜》(*The Worship of Venus*) 一画中，异教的成分表露无遗——一群酒神的祭司羞怯地遮住自己的肘或腿，躺在好色的森林之神的怀抱里，同时有 12 个小孩围绕着爱神雕像的四周跳着舞。虽然这些异教的主题反映出他居留意大利时受到的影响，但画中的那些女神都缺乏古典的身段线条，原因是住在北方的人不像住在南方的人一样，可以享受到温和的阳光、空气与美酒，他们必须喝烈酒以抵抗那多雨、多雾而又寒冷的气候。条顿人的身体就像威士忌酒——英格兰的也好，苏格兰的也好，都是一种对自然气候的防御。在鲁本斯的作品中有一幅——画的是 3 个肥胖的裸女——定名为《无酒、无面包，维纳斯是冷漠的》(*Without Wine and Bread Venus is Cold*)，他优雅的风度使他没有采用"没有肉和啤酒"为题。他在《牧羊人做爱》(*Shepherd Making Love*) 这幅画中没有定出好坏的标准，图中画的是一位牧羊人试图去勾引 300 磅重的胖女人。没有所谓好或坏，美或丑，只是环境使然而已。《萨宾人的抢劫》(*The Rape of the Sabines*) 这幅画画的是两个强有力的罗马人协助一个他们抢来的美丽俘虏骑上马。甚至在《战争的结果》(*The Consequences of War*) 画中也没有萧条的景色。《狩猎归来的狄安娜》(*Diana Returning from the Chase*) 画中的希腊女神，不是整齐纯洁的，却酷似一位佛兰德斯的家庭主妇，肩膀宽阔，肌肉发达，表情严肃。在这幅巨型画中，只有狗是瘦的。鲁本斯画的森林，充满了紧抱着胖女人的森林之神，如《伊克森与海拉》(*Ixion and Hera*) 和《天涯海角》(*The Four Corners of the World*) 这两幅画；

又如，在我们预料之中的《银河的起源》（*The Origin of the Milky Way*）这幅画并非对群星所作的臆测，而是一个肥胖的家庭主妇从丰满的胸部挤出奶水。然而在《三美神》（*The Three Graces*）画中的 3 位女神则是较苗条的，《巴黎的审判》（*The Judgment of Paris*）画中的两位淑女也比较时髦，其中一位还是艺术作品上最美丽的女性之一。通常在这些异教徒的作品中，除了肉体之外，还有许许多多的内容，鲁本斯常把他那丰富的想象力注入他的作品中，上百的附加物布满在画面上，轻描淡画的色彩、热情及生命的活力便跃然纸上。画中既没有任何波涛汹涌的肉欲表现，如《情绪高涨》（*Mens Plena in Corpore Pleno*）表现的仅仅是动物的活力而已，也没有一幅表现着色情的刺激。作为一个艺术家，鲁本斯本人这么循规蹈矩是很少有的，因为艺术家对色彩和形体是必须具有高度敏感力的。他是出了名的好丈夫，一位"注重家庭的人"，从不会牵涉到任何对女人献殷勤和风流艳事的丑闻中。

佛兰德斯、意大利和西班牙的教士们知道他在色欲方面是那么清白，都安心地请求他一再绘制圣母玛利亚、基督和圣徒们的故事。他以自己推陈出新的方式，顺应他们的要求。在他的无数的前辈中，有谁能以更丰富的想象力或以更佳的技巧绘出《国王的崇拜》这类古典的题材，谁又胆敢把画中的焦点集中在那大腹便便、面如青铜、罩着头巾、带着蔑视的神情注视围绕在他四周苍白的面孔的伊索匹亚王？又有谁能想象出这个对女人胴体观察入微的异教徒竟会喜欢耶稣会教士，而加入他们的圣母会及接受由伊格内修斯·罗耀拉（Ignatius Loyola）以地狱的幻想为净化灵魂所订的仪式？1620 年 3 月，他和耶稣会签订合同，要在年底之前，为华美的巴洛克式建筑的教堂的屋顶完成 39 幅画。该教堂坐落在安特卫普，从 1614 年就开始建造。这些画都是由鲁本斯起草、画轮廓，然后由凡·戴克及其他助手着色，可惜几乎所有这些作品都于 1718 年被毁。高大的祭坛上的两幅画是由鲁本斯亲自画的，现在存放在维也纳孔西托里切斯博物馆，一幅是《伊格内修斯治愈恶魔附身者》（*Ignatius Healing the Possessed*），另一幅是《圣方济各的奇迹》（*The Miracles of St.Francis*）。

然而，鲁本斯信奉天主教，只是文艺复兴式的，信奉基督教也只是因地制宜，他对异教徒信仰的虔诚则是持久的。他不太擅长画圣母玛利亚和圣徒们，他画中的玛利亚都是强壮的妇人，我们可以很清楚地看出，她们更适于驾驭男人而非孕育神子。在《花园中的圣母玛利亚》（*The Madonna in a Garden of Flowers*）画中圣母玛利亚抱的不是一位神，而是一位裸露下体的漂亮小男孩。《由埃及回来》（*The Return from Egypt*）中的耶稣基督是一个卷发的小孩，而圣母玛利亚穿得像一位头戴新帽、星期日在公园里散步的佛兰德斯主妇。甚至在《十字架的升起》（*The Elevation of the Cross*）这幅画中，鲁本斯对人体构造的兴趣凌驾于宗教主题之上：基督是强健的运动员而非垂死的神。在《枪矛之一击》（*The Blow of the Lance*）中，每一件事物都在强调结构：基督和盗贼都是大块头，显示出绷紧的肌肉，而十字架下面的妇女则似摆弄姿势给画家作画，而非悲伤欲倒。

至少有 5 次，鲁本斯以一幅《圣母升天图》向提香挑战。在这几次努力中最著名的一幅画里，圣母似乎了无生气，而马格达伦及面对空墓惊愕的使徒（十二门徒）反而画得栩栩如生。比较好的作品是一幅大桢的三折叠画，由大公之妃伊莎贝尔为布鲁塞斯的圣艾迪方索（St.Ildefonso）社团订制。在中央画板画的是圣母玛利亚从天上下降，赠送托利多大主教一件来自天堂的十字架；那位圣徒非常谦恭，"屏息崇拜"；两侧画板上的伊莎贝尔与阿尔伯特把他们的皇冠放置一旁，跪着祈祷；此处鲁本斯一度将虔诚赋予生命。在《圣安布罗西与狄奥多西皇帝》（*St.Ambrose and the Emperor Theodosius*）一画中，他极其入微传神地刻画教会的神秘力量和权威：米兰大主教，虽然只有教士们与一位僧侣追随其后，却极具威严，他把拥兵自重、残暴不仁、不知悔改的皇帝逐出教堂。鲁本斯画老人很少失败，因为他们的脸就是一部传记，而对视觉艺术提供显而易见的性格。这一点，让我们看看鲁本斯存在于美国最好的作品之一——《罗得与其家人离开所多玛》

（*Lot and His Family Leaving Sodom*）这幅画中那位年高德劭的老人的脸部就可以明白了。

　　玛丽亚·美第奇与他签订了他事业中具有诱惑力的合同时，他的艺术风格又恢复到糅合着神话的世俗题材。1622 年 2 月 16 日，他签订了一份合约，同意在 4 年之内，完成 21 幅大幅画和 3 幅有关玛丽亚王后与她丈夫亨利四世在生活上值得纪念之事的画像。王后曾邀请他到法国王宫居住，但他很聪明地选择留在家中。1623 年 5 月，他携带了第一批的 9 张画到巴黎。王后很喜欢这些画，黎塞留也赞美不已。这一系列的画在 1624 年全部完成，鲁本斯把剩余的画带去巴黎，并看着它们被陈列在卢森堡宫。1802 年，这些画转移陈列卢浮宫，其中有 19 幅现在仍陈列在卢浮宫的一间专室。那些曾经观赏、研究过这些作品的人，都不会吝惜付给鲁本斯的 2 万里弗。毫无疑问，这笔钱由他与助手们分享。总之，这些画是他的最高成就，假使我们能体验他的画因为匆忙而有瑕疵，并接受画中那些不可置信的故事，就如我们接受奥维德、莎士比亚与威尔第（Verdi）的故事一样，我们将发现这些作品反映了鲁本斯本人的各个方面，除了他偶尔的虔敬未包括其中，他一直喜爱庄严的宫廷礼节和至高无上的皇室权力；他对画肥胖的女人、华贵的衣服、华丽的帐帏从不感厌倦；他半生都与古典神话中的神祇与女神生活在一起；现在他把他喜爱的都编成一个流畅的故事，以富有创造性的情节、丰富的色彩、杰出的结构及图案设计，使这一系列的画成为绘画史上的史诗和歌剧。

　　对鲁本斯的赞扬中，还有两种荣誉是值得一提的，成为一个外交家和接受贵族的特许状。1623 年，伊莎贝尔希望与荷兰恢复休战，她请他为谈判代表。鲁本斯有他私人的理由要促进和平的实现，因为他的夫人期望从荷兰她的叔叔那里继承一笔遗产。虽然这个方面的努力失败了，伊莎贝尔却劝服菲利普四世赐给他爵位（1624 年），并封他为"王后宫中的侍从"——她自己的侍从。稍后国王反对用这样卑微出身的鲁本斯来接待外国特使、商讨国家大事。但是，伊莎贝尔在一年之后（1628 年）仍派遣鲁本斯到马德里协助安排菲利普四世与查理一世之间的和约。他带了一些他的画去，至此国王才改变他的家谱观念，并坐着让鲁本斯为他画了 5 幅肖像，就像委拉斯开兹画得还不够多似的。这两位画家很快成为要好的朋友，29 岁的西班牙画家很谦逊地顺从这位 51 岁的佛兰德斯画家。最后，菲利普指派这位"卑微"的鲁本斯出任英国特使。尽管黎塞留从中作梗，但在伦敦，这位画家还是很成功地缔结了和约。鲁本斯画了一些英国人的肖像——白金汉宫的公爵及公爵夫人、阿伦德尔伯爵——托马斯·霍华德庄严的脸、胡须和甲胄。他在 1630 年 3 月回到安特卫普时，不仅获得了剑桥大学的学位，并被查理王封为爵士，而且也为凡·戴克铺了一条坦荡大道。

他的第一任夫人于 1626 年去世，依照佛兰德斯的风俗，需要耗费极大的酒宴来举行葬礼，光是这场酒宴就花费了这位画家和外交家 204 个金币，"用于食物、饮料及租赁餐具"。在佛兰德斯办丧事真是一件吓人的奢侈事。夫人死后，鲁本斯把他的寂寞寄托在外交事业上。1630 年，53 岁的他又娶了 16 岁的赫丽娜·弗尔蒙特（Helena Fourment）为妻。作为一位画家，他需要生活在美丽的事物之中，而她所具有的温情，正好可以充实他的艺术和梦想。他一次又一次地画她，各种装束的画和裸体画。画她穿着结婚礼服，拿着手套，愉快地戴着一顶俊俏的帽，只有一件皮大衣遮着臀部。所有之中最好的一幅，是陪着鲁本斯在家里的花园里散步——最后这一幅画是佛兰德斯绘画艺术的顶尖作品之一。之后，他画他夫人与他们第一个孩子的肖像，而后又画了他夫人与他们两个小孩的肖像——《勒努瓦的先兆》，更不用说她那些娇艳如维纳斯或端庄如圣母玛利亚的画了。

他画他敬爱的统治者阿尔伯特和伊莎贝尔，丝毫不带阿谀。我们在维也纳和比蒂画廊所看到的他们，大概就是他们本来的面目——以善意糅合着西班牙的理想来统治这个问题重重的地方。鲁本斯在佛兰德斯挖掘了很多理想的男女造型，他把他们表现在《让·查理考德与他美丽撅着嘴的妻子》的画中及米歇尔·奥佛维斯（Michael Ophovius）和塞托肯波主教的肖像画中，而且留给我们一幅表现坚毅的斯皮诺拉强有力的肖像。但是肖像画并不是鲁本斯的专长，他的画不如提香的观察精微，也没有伦勃朗那些深刻的启示性。他最伟大的肖像画是他于 1624 年为未来的查理一世所绘的自画像：戴着宽边金质流苏的帽子，只露出秃头的宽大前额；锐利的眼睛闪着揶揄的目光；长而尖的鼻子看上去就像一个天才人物；竖立的髭及美丽红色的胡须，画中人清楚地知道他是他那一行中的佼佼者。然而表现在他与伊莎贝尔那幅像中，那种充沛的体力、感官的快乐、平静的满足的某些东西，已随着岁月消逝了。

他很富有，生活奢华，他在安特卫普的华丽房屋是当地的名胜之一。1635 年，他以 9.3 万金币买了一片广大的地产和贵族斯蒂恩的封邑城堡，外围有 18 英里，并接收了斯蒂恩爵士的头衔。他在那里度夏，画风景画和风俗画。即使在豪华舒适的生活中，他用了 3 个女用人、2 个男仆人，买了 3 匹马——他继续努力工作着，享受家庭生活和工作的乐趣。因为他待人和气、慷慨好施、富于同情心，使他的妻子、孩子、顾客和助手都很敬爱他。

有关他的艺术品质和技巧的分析可以留给那些更专精的人去做，我们大可把他形容为"巴洛克式"艺术的主要典型人物——鲜艳的色彩，生动的画面，丰富的想象力，使人赏心悦目的装饰，与古典派的呆板及对观念与线条的约束形成一个对比。在这些眼花缭乱的美丽事物中，批评家们告诉我们，他的作品具有极佳的技巧。鲁本斯以他的素描画供给一所出名的雕刻学校之用，他们以鲁本斯的素描画来加以雕刻，作品闻名于基督教的欧洲，就像雕刻家拉伊蒙迪用拉斐尔的美术设计来雕刻一样。此外，从鲁本斯的手，或者说是画室里画出许多著名的漫画，供给巴黎和布鲁塞尔的织锦织工，然后他们便为路易十三、查理一世及伊莎贝尔大公王妃做成王室的礼物或装饰品。

他在最后 10 年中赢得举世的赞誉，体力却衰退了。在艺术的名望上只有贝尔尼尼堪与匹敌，绘画上则无人梦想他的崇高地位。学生们从各地来拜他为师。6 个以上的宫廷委托他画画，甚至连荷兰一省的行政长官腓特烈·亨利也越过战争防线来求画。1636 年，菲利普四世请他为帕多的狩猎木屋画一些有关奥维德的《变形记》的景色。鲁本斯的画室里画出一系列 50 幅画，其中有 31 幅现存于帕多，当中有一幅画《巴黎的审判》，斐迪南亲王枢机主教认为是"鲁本斯最好的一幅画"。而我们可能会更喜欢他于 1636 年画的那幅嘈杂的《大市集》——画中的女子不管是老的还是胖的，背后都有男子追逐。

他的 60 岁自画像显示出他最后几年的另一个面目：仍是一位自负的人，手握着表示他贵族身份的剑，只是脸孔瘦削，皮肤松垂，眼下有鱼尾纹——一幅勇敢和诚实的肖像。1635 年，痛风症使他盘桓床第一个月；1637 年，他的手瘫痪了一段时间；1639 年，他的手已不能签名；1640 年，他的两只手都瘫痪了。1640 年 5 月 30 日，他死于关节炎及动脉硬化，享年 63 岁。

这是一段惊人的经历。虽然他不是文艺复兴理想中的"全才"（uomo universale），他却了解自己的野心，在国家和画室中都扮演了一个重要的角色。他不像达·芬奇与米开朗基罗那样多才多艺，他没有留下雕刻，而且除了自己的家外也没有设计过建筑物。但在绘画方面，他在每一领域都达到了极高的成就。宗教性的画，异教徒的狂欢，神祇和女神，裸体和着衣，国王和王后，小孩和老人，风景和战争，所有这些各色各样的画，都从他那多彩多姿、妙笔生花、满装花果、状如羊角的画笔下涌出。鲁本斯结束了意大利画风对佛兰德斯艺术的统治，不是反叛，而是兼容并蓄的。

鲁本斯的作品没有伦勃朗那么深沉，而更广阔。他避免伦勃朗揭示的深度。他喜欢的是阳光、新鲜空气、灯光闪烁、生活中的色彩与风趣。他以微笑来回报这个世界对他的厚道。我们今天偶尔想起个人与国家灵魂的不健康时，他的艺术作品正是健康的气息。我们的活力衰落时，让我们翻阅鲁本斯的画集，它会使我们精神焕发。

凡·戴克（1599—1641）

　　鲁本斯给予这位 1617 年加入他画室的早熟的天才画家毫不吝惜的激赏与鼓励，正足以代表他的为人。安东尼·凡·戴克在 8 岁时就跟从斯奈德斯的老师亨德里克·凡·巴伦（Hendrik van Balen）习画，16 岁时就自收学生，19 岁时已是登记在册的艺术大师。与其说他是鲁本斯的学生，不如说他是一位得力的助手更恰当。鲁本斯认为凡·戴克的一幅早期的作品与他同一年所画的一幅《但以理》（Daniel）价值相当。他自己收藏了一幅凡·戴克的作品《基督以荆棘加冠》（Christ Crowned Thorns），后来在很不情愿的情形下才把它让给菲利普四世，陈列在埃斯科里尔。在宗教画方面，凡·戴克深受鲁本斯的影响，却缺乏这位较他年长的画家在笔调与色彩上的生动与活力，除了肖像画外，其余的他都比不上鲁本斯。在约 1615 年的《自画像》中，他已显露了在这一方面的特殊才能，但也仅限于这方面的才能——温雅、精巧及一种柔和的美，几乎缺乏男子气概。他的同行画家们都很喜欢坐着让他画像，他画了几幅令人赞叹的肖像画，如斯奈德斯、科奎斯诺、扬·威尔丹斯、扬·威尔、加丝帕·科拉耶、马顿·普皮恩等的画像。喜欢他的对手似乎是凡·戴克许多可爱的特性之一。这些画像显示了鲁本斯的画室中存在着一种愉快和谐的情谊，这在艺术界是不常见的。

　　1620 年，阿鲁得伯爵接到从安特卫普来的一封信："凡·戴克与鲁本斯住在一起，而他的作品受到的评价几乎与他老师的那些作品一样高。"他立刻邀请这位年轻的画家到英国。凡·戴克去了。接受詹姆士一世微不足道的 100 英镑的恩俸，画了几幅肖像画，为了抗议英王要他作复制绘画的卑下工作，他请求英王给他 8 个月的假期，英王接受了他的告假，后来把假期延长到 12 年之久。他到安特卫普把他的情妇及她的孩子安顿好，便急忙赶往意大利（1621 年）。

在那里，他第一次开始向前迈步，几乎在每一个停留处，他都留下美好的画像。他仔细研究伟大的威尼斯人的作品，但不像鲁本斯那样注重作品的色彩与轮廓，而是寻找马焦雷、提香及韦罗内塞等人富有诗意的肖像画中的秘诀。他继续前往博洛尼亚、佛罗伦萨、罗马，甚至西西里岛。在罗马，他住在枢机主教吉多·本蒂沃利奥那里，并以一幅画像作为回报。他的阿谀奉承引起正在意大利挨饿的佛兰德斯的艺术家们的愤恨，他们给他取了一个绰号"画家情人"，而且做出许多令他很不愉快的事情，以致他只好一走了之，欣然陪同阿伦德尔夫人前往都灵。在热那亚他特别受欢迎，人们怀念鲁本斯，也对凡·戴克使贵者益显尊贵及使每一个坐以供画的人看起来像王子的本领仰慕已久。保存在纽约大都会艺术博物馆的一幅《都拉索伯爵夫人》（*The Marchesa Durazzo*）即表现了热那亚贵族敏感的脸和美好的手（似乎在凡·戴克的画像中常有这美好的手），华盛顿的国家画廊里的《巴尔比伯爵夫人》（*The Marchesa Balbi*）和《格里马尔蒂伯爵夫人》（*The Marchesa Grimaldi*）两幅画则表现着自负和含蓄，柏林和伦敦尚有其他代表不同特性的画，而热那亚的红宫帕拉佐·罗索（Palazzo Rosso）也保存了一幅《布里格诺尔-塞尔伯爵与伯爵夫人》（*The Marchese and Marchesa di Brignole-Sale*）。凡·戴克于1628年回到安特卫普时，他已是腰缠万贯，衣锦荣归。

他的故乡使他从为贵族作画改为画圣徒画。为了适应这种转变，他对过去杂乱的交往表示忏悔，并把刚获得的财富给了他两位当修女的妹妹，自己则加入了未婚者耶稣会社，着手绘画宗教方面的题材。在宗教画方面，他不能与鲁本斯相提并论，但他尽量避免这位充满活力的艺术大师（指鲁本斯）夸张和世俗的光辉，而使他的画表现出高雅优美，正如他在意大利所学的一样。雷诺（英国著名的人像画家）认为凡·戴克存放在梅赫伦大教堂的那幅《耶稣被钉十字架》（*Crucifixion*）是世上最伟大的画之一，但他说这话可能只是想报答凡·戴克给予他的影响。

　　凡·戴克曾尝试神话方面的题材，虽然他曾追求过很多女人，对裸体画却不很在行。他的特长是肖像画，而他在安特卫普的 4 年里，留传给后世的画像计有：巴隆·菲利普·罗埃男爵与他的忠实的狗；弗朗西斯·蒙卡达将军和他的马；看起来像斯温伯恩（英国诗人）的罗多克·阿娜基斯伯爵；看起来像费尔斯达夫的让·蒙特福特；最优美的一幅维也纳年轻的王子画像，这位王子不但英俊潇洒，而且很勇敢地在英国为他的伯父查理一世打仗。塔西斯的玛丽亚·路易莎的画像也很迷人，画中的她隐在宽大的黑缎衬白丝的长袍下。而不逊于这些画像中任何一幅的，是凡·戴克为彼得·勃鲁盖尔所作的肖像，画中一位老人仍然散发着前一个朝代未尽的充沛活力。

　　查理一世邀请他再度去英国一试身手时，他带了一些上述的肖像画。查理与他父亲不同的是，他能真正领悟艺术。他猜测出这位英俊的佛兰德斯人能为他做委拉斯开兹为菲利普四世所做的事。凡·戴克来了，而且以他那优美的笔调将国王、亨丽埃塔·玛丽亚皇后及他们小孩的形象留传给后世。在这 5 幅皇室画像中最著名的，是存放在卢浮宫的那一幅——骄傲无能的国王，穿着骑马装，手叉着腰，挂剑高隆，戴着气派非凡的帽子，留着凡·戴克式的胡子，而他那匹疲倦的坐骑，在那些狩猎队中咬着它的衔铁发出咯咯的声音，更易为人喜爱。保存在德累斯顿和都灵的，则是毫不逊色的查理的孩子们的画像，清纯可爱、童稚天真。查理比他佯装的外表更富人情味。他的热情个性表现在他对凡·戴克的钟爱。他授爵位给他，送给他伦敦和乡间豪华的房子，每年 200 英镑的恩俸，每一幅画附加酬劳，出入宫廷，备受礼遇。

　　这位收入优厚的快乐艺术家，衣着讲究，拥有轿式四轮大马车、纯种马及美丽的情妇，家里充满着音乐和艺术品。在委托工作方面，他的做法比鲁本斯高明——把绘画服饰的工作留给他的助手去做，由一次描摹的草稿绘成一幅肖像只要一个小时的时间，并能随时把握时机。据说有一次，查理一世受了那些小气的国会议员的气，质询这位奢侈的艺术家，问他是否知道什么叫短缺金钱。"是的，阁下。"凡·戴克答道，"一个人对朋友过分慷慨、对情妇予求予取，那么他的钱袋很快就会见了底。"

假使有时他陷入债务中，原因绝不是无人请他作画。半数以上的英国贵族都排着队请他：英俊的兰诺克斯公爵詹姆士·斯图亚特、沃里克伯爵罗伯特·李奇、德贝伯爵与其家族及向命运挑战的斯特福德伯爵汤玛利斯·温特欧兹。也有诗人请他作画——卡鲁、基利格鲁、约翰·萨克林。一位叫老帕尔（Old Parr）的人也请他画像，他说他已 150 岁，而看起来也像那个年纪。凡·戴克在英国画了 300 多张肖像画，几乎每一张都具有贵族的优雅与高贵气质，即使被画的人本人没有这种气质，他也可以运用想象力画出来。

他的情妇玛格丽特·莱蒙花钱如流水，奢侈不输贵族。国王建议他结婚会比较节省，并帮他获得玛丽·鲁斯文小姐的垂青，她出生于苏格兰历史上著名的家族。这位画家为他那位美丽的新娘画了一张画，但这张画无法与他那张名闻世界的自画像相比——可爱的脸孔，浓密弯曲的头发，锐利的眼神，文雅的相貌，修剪整齐的胡须，胸前挂着象征爵士身份的金链。凡·戴克是想将安东尼爵士（凡·戴克的头衔）加以美化吗？若想如此，那是没有用的，他的健康因耗损过度已开始衰退。不愿只以肖像画家留名后世，他要求查理让他在皇宫贵宾厅的墙壁上绘历史画，但这时查理已经没有经费了。凡·戴克跨海前往巴黎（1640 年），希望能受委托去画卢浮宫的大画廊（Grande Galerie）。但路易十三早已选定普桑，普桑放弃这件派定工作时，对于凡·戴克而言已经太迟了。他生了病，很快回到伦敦即将临盆的妻子身边。在她为他生下一个女儿 11 天后，便与世长辞（1641 年），不到 42 岁。

他没有自成一家，也没有在欧洲大陆艺术留下痕迹，但他对英国的影响势不可挡。当地的画家如威廉·多布森（William Dobson）、罗伯特·瓦克尔（Robert Walkcr）及萨缪尔·库珀（Samuel Cooper）争相模仿他的风格。雷诺与庚斯博罗（Gainsborough）生动的人物描写大量涌出时，其画风可追溯至凡·戴克的指导和刺激。凡·戴克的肖像画并不深奥，他匆匆而过，不及探寻灵魂深处，而有时又太专注于脸部或胡须的描绘。我们知道效忠查理一世的保皇党党员素以其仪表知名，但在凡·戴克的笔下，他们大多数看起来都像诗人。一些保皇党忠勇护君的传奇，也可能都透过凡·戴克的看法而呈现在我们的眼前。去期望这么脆弱、幸运的一个年轻人能有鲁本斯的充沛活力，或者像伦勃朗一样，那是不公平的。但我们将继续珍爱这些热那亚人、佛兰德斯人及英国人的画像，视之为辉煌的、弥足珍贵的文化遗产。

荷兰的经济

从那些养尊处优的英国贵族，到强壮、坚忍的哈伦、海牙及阿姆斯特丹的市镇公民，确是一步极大的跨越。位于海堤后面的世界，是多么独特的一个世界。在这世界里，水域多于陆地，船只和商业投机多于宫廷和骑士团。世界经济史上再没有比荷兰的崛起为经济大国更令人惊讶的事，在人类文化史上也再没有比这种由财富转向艺术更具鼓舞性的例子。

1600 年，联合省的人口约 300 万，仅有半数从事农耕。1623 年，其中的半数住在城市，大部分土地属于市区的地主所有。这些地主相信把商业利润投资到土地上将可获致财益，即使在农业方面，荷兰的潜力和技术也为欧洲之冠：新建的海堤和水坝，可以围海造田成为可耕地；运河灌溉农田并为商业运输通道；密集的园艺与稀疏的畜牧业相辅相成。荷兰的工程师们在 16 世纪末，把风车改造得更趋完美，如同荷兰的画家们把它带入艺术一样。半数的工业仍为手工业，在采矿、冶炼金属、织布、炼糖、酿造啤酒等方面，则进步到产量增加、品质精密、利润更高的程度。每年有 1500 只双桅渔船驶出荷兰港口，从事捕捉青鱼的工作，造船业成了主要工业。与西班牙休战期间（1609—1621 年），荷兰派出 1.6 万艘船，每艘平均 57 吨，与总数 16 万的船员——这些数字超过了英国、西班牙和法国的总和。

由于渴望对外贸易、获取原料，荷兰的船长前往地图上未记载的海域探险。1584 年，荷兰的商人们在阿尔汉格尔（Archangel）开埠，他们努力寻找通往中国的"东北通道"，因为受到北极冰面的阻碍而无法前进，他们也没能获得荷兰政府提供的 2.5 万金币的奖金。在现代地图上最早由荷兰人命名的斯匹茨卑尔根（Spitsbergen）列岛，使我们忆起威廉·巴伦兹（Willem Barents）在 1697 年严寒的冬季，航行在新地（Novaya Zemlya）的冰海上，丧失生命的景象。1593 年，爱好冒险的荷兰人，驶入非洲的几内亚黄金海岸，与当地土著做朋友，并开拓了鼎盛的贸易市场。

1581 年以前，荷兰商人在里斯本的码头买进东方的产品，再在北欧出售。但就在那一年，菲利普二世征服了葡萄牙，并下令禁止与荷兰人通商，因此荷兰人决定自己航行到印度和远东。从西班牙和葡萄牙逃出来的犹太难民及其后裔们，对葡萄牙在远东方面的贸易情报非常灵通，而荷兰人就从这些情报中获得很大的利益。1590 年，荷兰的商人们，即使在与西班牙交战期间，仍能在直布罗陀海峡畅通无阻。不久他们就与意大利通商，然后又与阿拉伯诸国通商，无视宗教上的分歧。随后他们前往君士坦丁堡，跟土耳其君主签订条约，将货物卖给土耳其及他们的敌人波斯人，并向印度继续推进。1595 年，康尼利斯·霍特曼率领一支荷兰远征军绕过好望角，经过马达加斯加到达东印度群岛。1602 年，65 艘荷兰船只又回到印度。1601 年，荷兰东印度公司正式成立，资本额为 660 万金币——比在 3 个月以前成立的英国东印度公司多出 44 倍。1610 年，荷兰商人与日本通商，1613 年与泰国通商。1615 年，他们取得了马六甲群岛的控制权，1623 年占领台湾（Formosa）。他们征服了这些列岛王国达 30 年之久，并以爪哇的首府雅加达为统治中心。在那 30 年中，该公司平均每年以 22％的本金额归还给股东们。胡椒从香料群岛输入，再以高于产地 10 倍的价格在欧洲出售。

荷兰人把地球当作他们的省区，派遣船只寻求通往中国的"西北通道"。1609 年，他们雇用了一位英籍船长亨利·哈德森（Henry Hudson）去探索哈得逊河。12 年后，他们组成了荷兰西印度公司。1623 年，他们建立了新荷兰殖民地，包括现在的康涅狄格、纽约、新泽西、宾夕法尼亚、特拉华等州。1626 年，他们以价值 24 美元的饰物，从印第安人的手中买进新阿姆斯特丹。他们在北美的属地被当作战利品而落入英国人手中时（1664 年），他们还正着手于清除并发展着这些地区。同样，他们在南美所据有的属地，也因战败而拱手让给西班牙与葡萄牙。至此仅有荷属圭亚那保住了。

尽管损失惨重，荷兰帝国仍能充分分享对欧贸易，荷兰的商人也因此能以他们的财力影响政治，维持华美的房屋及赞助艺术。17 世纪前半叶，荷兰联合省在商业上居全欧洲的领导地位。英人雷利对荷兰的生活水准和企业经营远在英国之上深表惊慌。一位威尼斯的大使（1618 年）认为，每一位荷兰人都生活在舒适的环境中，他可能不大知道低层的人是怎么生活的。这些低层者的贫苦生活伦勃朗知道得最清楚。在荷兰"百万富翁"真是难以数计，其中有些人是靠出售劣等货给保卫荷兰的陆、海军而致富的，这些军人却热心地为维护和平而工作着。

大部分荷兰财富都集中在荷兰省，该省从邻海而来的贸易多于北方诸省好几倍。荷兰省好几个城市都有繁荣富足的中产阶级——鹿特丹、海牙、哈伦、乌得勒支，但其中以阿姆斯特丹为最。我们从它人口的成长来看就更明白：1590 年，人口是 7.5 万；1620 年，人口已是 30 万。商人、艺术家和银行家都从受到战争破坏的安特卫普群集于此。1576 年后，安特卫普的犹太人把他们的金融业务、商业及珠宝工业移至阿姆斯特丹——阿姆斯特丹的钻石切割业，一直居于世界领导地位。统治城市的商人允许相当的宗教自由，因为唯有这样才能鼓励与各种不同宗教信仰的人通商。阿姆斯特丹银行成立于 1609 年，是当时欧洲最坚强的金融财务机构。荷兰的货币在各地都受到喜爱与信任。

荷兰人的生活与文学

荷兰人常以过分重视商业主义、对赚钱的狂热、及太过专心致力经济生活时而表现出粗俗态度遭人诟病。荷兰的许多历史学家也很坦率地接受这些论断。对于像荷兰这样一个民族——喜爱清洁、郁金香、音乐、艺术，普及教育、扫除文盲，鼓励讨论及思想交流，同时允许思想、言论、出版自由，因而成为国际上的政治避难所——如果我们仅仅称呼他们的文化为商业文化，显然是不公平的。笛卡儿曾说："没有一个国家比荷兰拥有更完全的自由、更大的安全保障、更少的犯罪率及更完美的淳朴古风。"1660 年，一位法国作家这样写道：

> 今天世界上没有一个地区能像荷兰省这样享有如此多的自由……任何农奴或奴隶只要一踏上这块土地，立刻就获得解放。每个人都可随意出国，而且只要他自己愿意，也可以把自己的所有金钱带走。昼夜行路都是安全的，即使是一个人单独旅行也无所谓。雇主不能违反仆人的意愿而强行留雇。没有人会因宗教信仰的不同而惹来麻烦。每个人都可以自由发表言论，甚至批评官吏。

维持这些自由的基础是秩序，而家家户户的井然有序，也反映出荷兰人清晰的思路。胆识、勤奋与坚忍是男人的特性，妇女则精勤于操持家务。性情温和、豪放、善良则男女兼而有之。许多荷兰人，在赚了一笔适度的财富之后就退休，从事政治、文学、高尔夫[1]、音乐

---

[1] 这种游戏可能起源于荷兰，在 15 世纪传到苏格兰。

等活动及享受家庭幸福。荷兰人"极度憎恶通奸"，洛多维科·圭奇亚迪尼（Lodovico Guicciardini）写道："他们的妇女都非常慎重，因此拥有较多的自由。她们可单独外出访客甚至旅行，从来没有任何败坏的风闻……她们是管家，也爱她们的家。"有许多受过很好教育的妇女，如玛丽·斯胡尔曼（Maria Schuurman），就享有"荷兰的雅典娜"之誉，她会讲 11 种语言，具有说写能力的有 7 种之多，擅长绘画和雕刻，精研数学和哲学。玛丽亚·塔塞耳叶达（Maria Tesselschade）所作诗文之美，一如其人，她翻译塔索的《耶路撒冷的解放》，获得全世界的赞誉。她能绘画、雕刻与蚀刻，而且擅长弹奏竖琴和歌唱。约有半打以上的社会名流，包括惠更斯（Huygens）、约斯特·冯德尔（Joost van den Vondel）、杰布兰德·布雷德罗（Gerbrand Bredero）等，都曾向她求婚未果，后来她与一位船长结婚，婚后成为一位献身于家庭的主妇和母亲。她留下来的智慧、才艺和高贵的传统，至今存在荷兰人珍贵的记忆中。

荷兰人对音乐广泛的爱好，还在艺术之上。阿姆斯特丹的扬·彼得松·斯韦林克（Jan Pieterszoon Sweelinck）是荷兰最伟大的钢琴家，他授艺给海因里希·沙伊德曼（Heinrich Scheidemann），再由沙伊德曼授艺约翰·亚当，再由亚当传授给约翰·贝奇（Johann Bach）。与这些杰出才能并行的，是荷兰商业的腐败、大量的酗酒、众多的妓院、尝试各种赌博的勾当，甚至投机于郁金香的囤积，以操纵货物价格。

哈伦是郁金香文化的中心。15 世纪末，郁金香的球茎由意大利与德国南部输入。巴黎人也认为玩赏郁金香是一种高贵、时髦的风尚。1623 年，有一位花卉玩赏家曾出价 1.2 万法郎购买 10 株郁金香球茎而遭到拒绝。1636 年，几乎所有的荷兰人都选择经营郁金香作为投机买卖的行业，当时有特别的商业交易中心，专营买卖整批郁金香或期货。郁金香在经济上也曾疲软过，1637 年，在一次为筹募孤儿院救济金而举行的拍卖中，120 株名贵的郁金香球茎，只售得 9 万金币。

佛兰德斯、法国、葡萄牙和西班牙各地难民，来自半个世界的外国商人都拥进了这片乐土，输入了带有刺激性的多种外来的习尚。莱登、弗拉尼克、哈得维克、乌得勒支、格罗宁根诸学校，罗致了许多世界著名的学者，造就了不少人才。在莱登大学创办的最初半个世纪中（1575—1625 年），贾斯图斯·利普修斯、约瑟夫·斯卡利杰尔、达尼尔·海因修斯、赫拉德·福西厄斯等著名学者，都在该校执教。1640 年以前，莱登大学是欧洲最负盛名的学术研究中心。在荷兰联邦各省区，民众的知识程度可能高于世界其他任何地方。荷兰的报纸是最先享有新闻自由的。《莱登周刊》与《阿姆斯特丹官报》畅销之广，遍及西欧，这些刊物是人们公认的最有言论自由的杂志。在同一时期，其他地方发行的报纸均受到政府的控制。一位法国皇帝下令压制一家荷兰出版公司时，他惊讶地发现这竟然办不到。

荷兰有很多作家，但何其不幸，他们写的作品不是用拉丁文便是用荷兰文，拉丁文已成明日黄花，行将消逝，荷兰文则使读者局限在狭窄的范围里。荷兰人不能使他们的语言像他们的船舶那样到处通行。狄克·科恩赫特和亨德里克·斯皮格尔（Hendrik Spiegel）两人都赞成把生动的荷兰文当作一种文学的表达工具，并努力使它避免受到不好的影响，达成精确与明晰。柯尔特——艺术家、作家、政治家和哲学家——在政治动乱的文化全盛时期，他是第一个最有力的人物。担任哈伦城的秘书长一职时，他因替奥朗日王子草拟 1566 年的宣言而被监禁在海牙，随即逃至克莱沃（Cleves），充当一名雕刻师以维持生计。他翻译《奥德赛》、薄伽丘和西塞罗的作品及《新约》。之后他又回到荷兰，致力于宗教的宽容运动。经历了这场血肉模糊的流血纷争，他丧失了信仰——这足以象征未来 17 世纪的知识史，他变成了一个不可知论者，承认世人永远不明了真理。他主要的著作《优裕生活的艺术》（*The Art of Well-Living*），提倡没有神学的基督教和独立于宗教信条之外的道德制度。由于官方的疏忽，他未遭迫害并得以寿终正寝。

荷兰的特色在于商人常常将文学与实体的事务混合。勒默·菲斯海尔（Roemer Visscher）是阿姆斯特丹的一个富商，他对年轻的作家常给予帮助与款待，使他的家成为沙龙，几可与法国沙龙媲美。他写的诗为他赢得"勇武的荷兰人"的称号。在须德海（Zuider）上，彼得·霍夫特（Pieter Hooft）建造了穆登（Muiden）城堡，这是荷兰文艺复兴时期的一个避难所。他欢迎诗人、科学家、外交家、将军和医生进入穆登城堡，而他自己，在最后 20 年内，完成了《荷兰历史》（*Nederlandsche Historienn*）的巨作，以强劲优美的散文述说荷兰动乱的故事，因此他被尊称为荷兰的塔西佗。

上百位诗人中的三位，将荷兰文带进了文学的巅峰。曾任荷兰国会议长达 22 年之久的雅各·凯兹（Jacob Cats），以通俗的韵文和有趣的逸事解释格言中的真理。几个世纪以来，《凯兹神父》流传于每一个受过教育的荷兰人家中。约斯特·冯德尔在噩运与敌人的阻挠下，终于在荷兰的文坛获得至高的地位。他的父亲是一个帽商，因主张再洗礼说，被从安特卫普放逐到外乡。约斯特出生在德国科隆。1597 年，他家定居在阿姆斯特丹，在那里他父亲做了 180 度的转变，开了一家袜子店，约斯特继承衣钵，但是他将工作留给他的妻儿，自己则专心研究拉丁文、希腊文、意大利文、法文和德文，以弥补正式教育的不足。他的 28 个剧本，是根据希腊和法国剧本的模式写成的，谨守三一律。他撰文讥讽清教徒和新教徒之间的争辩，他觉得罗马天主教的仪式与天主教徒美丽的玛丽亚·塔塞耳叶达对他有强烈的吸引力。玛丽亚的丈夫（1634 年）与冯德尔的妻子（1635 年）去世后，这两位诗人变成了很亲密的朋友。1640 年，他接受了天主教的信仰。他继续攻击宗教的仇恨、经济的弊端和政治的腐败，他以歌颂荷兰的勇气与光荣，赢得了荷兰人的尊敬与爱慕。1657 年，他做的袜子生意，因其子经营不善而倒闭。他儿子逃往东印度群岛，这位诗人出售了所剩无几的财产偿还债务。他当了 10 年的当铺店员以维持生计，最后获得政府的养老金，平静度过了最后的 13 年，享年 92 岁。

康士坦丁·惠更斯因具有多方面的才智，成为荷兰文坛上最具吸引力的人。他父亲克里斯蒂安·惠更斯是海牙国家会议的秘书，他的儿子小惠更斯后来成为牛顿时代欧陆最伟大的科学家，在他们之间，康士坦丁继续保持了这种家族优越的传统。他于 1596 年出生于海牙，在莱登、牛津和剑桥接受了广泛的教育。他用拉丁文和荷兰文写诗，在运动方面也有卓越的表现。他还是一位优秀的音乐家和艺术家。22 岁那年，他参加驻英外交使节团的工作，在詹姆士一世御前弹奏琵琶，并对约翰·多恩极表倾慕，不久之后将多恩的诗篇译为荷文。23 岁时，他被派遣至威尼斯任外交使节。在他回程途中，他因攀登斯特拉斯堡大教堂的塔尖，几乎丧命。1625 年，他担任几个行政长官的秘书，1630 年，他在枢密院任职，同时发表了一些诗集，其文体优雅、构思柔美，堪称杰作。他在 90 岁时去世（1687 年），结束了荷兰最光辉的时代。

荷兰的艺术

荷兰新教徒认为，中世纪的教堂建筑与装饰物已经成为灌输教条的形式，使传奇永存不朽，却使思想受到了阻碍。他们宁愿以祈祷和讲道的方式，而不愿以艺术的方式来崇拜上帝，在他们保持的仪式中，唯一的艺术是歌唱。因此他们教会的建筑构造极为淳朴，即使在联邦各省区中，天主教也未曾建立任何值得纪念的教堂。16 世纪，海外的商人从叙利亚或埃及带进了球茎状圆屋顶的建筑概念。这种建筑形态广布于荷兰和俄国，后来又传入德国，而成为中欧巴洛克式建筑的一种特色。

支配荷兰建筑艺术的不是教士，而是商人，首先他们为自己建筑坚固的住宅，这种住宅的结构，几乎完全是同一样式的，既不像佛罗伦萨城大厦使人敬畏，也无特别醒目令人称羡之处，房舍内部则布置得相当豪华，花园各处也修剪得很仔细。市民的建筑物则有较多的装饰，显得颇为自负。利文·基（Lieven de Key）调和了法国、德国及文艺复兴时期的建筑要素，建造莱登的市政厅。他为哈伦的屠宰公会建筑的大厅，傲然挺立，有如哥特式的大教堂。在海牙的市政厅，显出纯然荷兰式的古典风格。

在建筑与雕刻方面，亨德里克·凯泽（Hendrik de Keyser）有"荷兰的米开朗基罗"之名，他在29岁时（1594年），就已成为阿姆斯特丹的城市建筑师。在那里他设计了威斯特科克（Westerkerk）票据交换所和东印度公司，其格调完全是意大利、荷兰文艺复兴时期的建筑样式。在代尔夫特，他建造了市政厅和威廉一世的纪念碑。1627年，他在鹿特丹以青铜铸造了高贵的伊拉斯谟像，这座铜像经过第二次世界大战的破坏后，仍完整无损。

在次要的艺术中，制陶术可以说是光芒四射。在鹿特丹和代尔夫特的瓷砖工业，因其具有优雅的风格，也成为一种艺术。在荷兰，几乎每个家庭都有一些代尔夫特出产的彩陶。约1610年，在荷兰与东方开始通商后不久，代尔夫特的制陶者开始仿制中国的陶器，制造一种精细供装饰用的蓝色陶器，称为荷兰瓷器。半个西欧世界很快也将代尔夫特陶器展示于墙壁或架子上供人欣赏。

绘画是荷兰最主要的艺术之一。历史上从未有一个地方——即使文艺复兴时代的意大利也不例外——的艺术，享有如此盛名。1580年至1700年的艺术说明书，列举了1.5万件荷兰绘画作品。虽然意大利的风格大大地影响到佛兰德斯的艺术，北方诸省因成功地抗御西班牙势力的入侵，产生了一种民族精神与民族自尊，只须由从事海外贸易获得的财富稍加资助，立可触发一次文化上的爆发。由于教会与贵族势力式微，艺术开始走上家庭生活与写实主义的路线。新兴的赞助者是商人、市镇长、律师、公司、公会、自治区、医院等，作品也以肖像画、团体画及风俗画为主。几乎每一个荷兰城市都有由地方势力赞助以培养艺术人才的学校，如哈伦、莱登、乌得勒支、阿姆斯特丹、多得勒克、代尔夫特、海牙等。普通的市民以各种画来装饰他们的家庭，有时不惜高价收购，如一位面包师为了证明他有良好的鉴赏力，付出 600 金币购入一幅维米尔（Vermeer）所作的单人画像。艺术力求通俗：圣者不再被用于题材了，商人取代了圣者的地位，住家与田野也取代了教堂。写实派大为风行，坐着供人绘画的资产阶级人士，欣赏画家们将他们稍加美化。那些悬挂在壁上的画大多是画着堤防和沙丘、风车和小屋、梭船和喧闹的码头，这些画使人清新愉悦，勾起实际与日常事物的怀念。前一世纪中，一般家庭悬挂的历史英雄、神圣殉道者及异端神像，现则被神情飘逸的豪饮者、酒坊醉酒者等画取代了。裸体画已经过时了，在那种潮湿的气候里，再加上画中那些肥胖的躯体，裸体已经不再引人遐思了。意大利式的美、文雅和庄严，在这种新的环境里似乎不适合，因为新的艺术环境只介绍日常生活和熟悉的景物，对艺术的其他部分则无所求了。

全国热衷于绘画作品时，也显现出悲哀的一面：依靠绘画为生的艺术家，大多数都贫困潦倒。在佛兰德斯，王公巨卿和主教们还肯高薪聘请他们喜欢的艺术家。但在荷兰，画家因为个人之间的竞争，只能将作品售予普通的市场，大部分画家的作品由中间商售予顾客，他们知道买贱卖贵的生意经。荷兰艺术家很少收到高的价格，伦勃朗最负盛名时，他的名作《夜巡》（*The Night Watch*）仅售 1600 基尔德，戈因（Jan Van Goyen）的《海牙景色》（*View of Hague*）仅得 600 基尔德，余者售价更低。斯蒂恩（Jan Steen）所绘 3 件人物画像仅得 27 基尔德，伊萨克·凡·奥斯塔德（Isaac van Ostade）13 帧作品也仅售相同数目而已。很多荷兰画家必须赚取外快以糊口，戈因兼售郁金香，霍贝玛（Hobbema）是收税员，斯蒂恩则兼营一家小客栈。艺术家过多，作品充斥市场、乏人问津。名画家成篇累页介绍不尽，其佳作须专门著书列举介绍。

弗兰斯·哈尔斯（1580—1664）

他的祖先在哈伦居住达两个世纪之久，他的父亲是当地的行政首长，不知何故，弗兰斯在安特卫普出生，直到 19 岁时才回哈伦定居。1611 年以前，我们无法知道有关他的更详细的资料，那一年哈伦教堂的登记册上登记了弗兰斯与安妮可（Anneke）所生之子霍尔曼（Herman）受洗的记录。另一个是来自警察法庭的记录（1616 年），叙述弗兰斯因毒打太太被捕，受到严厉的惩戒，最后由他保证以后不再犯，并远离酒肉朋友才被释放。7 个月后，其妻安妮可去世，又过了 5 个月（1617 年），弗兰斯与丽丝珀斯·瑞尼尔（Lysbeth Reyniers）结婚。9 天之后即生下一个孩子。他已为我们留下他和第二任太太一张令人钦佩的画像。在以后的 47 年里，她与他共同生活，忍受他的贫穷和酗酒。他除了是一位伟大的画家和一个愉快的人外，其余无任何动人之处。

他跨出成功的第一步时，已经 36 岁了。《圣佐利斯军官射击协会的宴会》（*The Banquet of the Officers of St. Joris' Shooting Guild*）——5 张《杜也伦》（*Doelen*）画中的第一件作品，获得巨大成功，弗兰斯因此奠定了他在绘画史上崇高的地位。"杜也伦"即义勇军司令部，义勇军在该处练习射术、举行竞赛和社交活动，也充当地方的民兵。这类团体偶尔也聘请画家为他们画团体像，每人都坚持以地位和支付费用的多寡来决定其在画中显示的重要性。当时那些军官都穿着最华丽的服饰，聚集在筵席旁边，其中一人手持颜色鲜明的队旗。哈尔斯绘出每个人生动有力的肖像、各种姿态和特色，每个人像均属上乘佳作，他也得到了应得的酬劳。

在以后的 11 年中，我们即未曾再听过他受命担任此类工作，但在这段时期，他作了很多名画，都被列为荷兰艺术的佳作，如《青鱼贩》（*The Herring Seller*）——又是将一部生命史表现在一张脸孔上的杰作，《欢乐的三位一体》（*The Merry Trio*）和《贵公子之怒吼及其爱人》(*Junker Ramp and His Girl*) 这两幅画现均存于纽约。有名的《欢笑的骑士》(*Laughing Cavalier*) ——自信的具体表现,所有的财物均在背面装饰昂贵的鸟类颈毛和花朵缀成的大衣上呈现出来,他绽开的笑容,一如拉·吉奥康达(La Gioconda)的一样神秘难解。1624 年,弗兰斯完成了他的自画像——健美英俊的脸孔,一对沉思的眼睛,似乎在否定他的锦绣服饰与环抱的双臂呈现出来的骄傲气质,这个人就是嗜酒如命,而又一心一意想达到完美境界的弗兰斯。

1627 年,又作第二次"杜也伦"团体画,即另一个《圣佐利斯军官射击协会》活动画,但没有第一次那样清晰明朗。哈尔斯故意改变风格,由轻淡明朗变为艰涩不重细节的画风——半色调、灰色阴影及柔和的轮廓。同年另一个"杜也伦"《圣佐利斯射击协会的军官》,色调也减弱了许多。那些射手一定感到很高兴,因为他们又请哈尔斯为他们画了一次(1633 年)。这一次这位艺术家想起了他喜欢的颜色,并显出他的绘画天才,把各人的脸部画得很有趣、很突出。1639 年,他画了另一幅《圣佐利斯射击协会的军官》,但在这次的画中,个人的部分都消失在群体中了。总之,这些"杜也伦"团体画可以说都是历史上最杰出的作品,他们说明了中产阶级在荷兰历史和艺术方面的抬头并进入骄傲显著的地位。

哈尔斯在他的第二阶段画的人像以纪念性为主,《欢乐的酒鬼》中的酒鬼在一顶大得足以遮住很多酒鬼的帽子之下;《在沙地上跑的人》(*The Sand Runner*) 是头发蓬乱、衣着褴褛而迷人的;《吉卜赛人》(*The Gypsy*) 现存卢浮宫中,微笑且挺胸凸肚;《弄臣》现存于阿姆斯特丹;极富幻想的《巴尔萨扎·科伊曼》(*Balthazar Coymans*) 现存于华盛顿;《圣伊丽莎白医院的董事》是哈尔斯登峰造极的杰作,是他成熟的顶点,此画与 21 年后伦勃朗画的《杜累波协会的董事》(*Syndics of the Drapers'Guild*) 非常相像,又极不相像。

弗兰斯无数次的豪饮,虽然好像不会伤害到他的艺术,却损害了他的声望,即使当时的荷兰认为偶尔借酒狂欢并无伤大雅。他继续绘画，那些作品足以使任何艺术家因之成名：《希尔·鲍比》（*Hille Bobbe*），《哈勒姆的巫婆》（*The Witch of Haarlem*），醒悟的《笛卡儿》（*Descartes*）——大眉毛、大鼻子、会说"杜比托（Dubito）"的眼睛，及 80 岁作的《戴着垂边帽的年轻人》（*Young Man in a Slouch Hat*）。但灾难接踵而来。1639 年，他的儿子彼得被送至疯人院，一切费用由市政府负担。1641 年，他那任性的大女儿，在她母亲要求下，被送进贫民习艺所。1650 年，弗兰斯已是穷困潦倒。1654 年，当地的面包商控告他负债 200 金币，并查封了这位画家的家具。1662 年，这位落魄的老人请求并接受了贫民救济。两年后，哈伦市议会决议给他年俸若干，而且马上送他一份礼物——3 大包泥煤，以便点燃他家的炉灶。

他在 1664 年受委托画的两幅画很可能就是属于额外的赈济，《救济院的董事们》（*The Regents of the Almshouse*）和《救济院的女董事们》（*The Women Regents of the Almshouse*）。男组像中显示出这位 84 岁高龄老画家不稳定的手，很多人的容貌被涂得模糊不清，但另一幅姐妹作《女董事们》，则令人惊异地感到他恢复了当年的雄风。该幅作品中的 5 个人，被描绘成 5 张温驯的脸谱，5 个被烦厌的工作所折磨的老女人，在清教徒法规的约束下竟显得那么刻板、严肃，浑然忘却了她们年轻时的嬉戏和欢笑，但这些冷酷的表情中，似乎散发着一种怯懦的慈祥和一种疲惫的同情。这些最后的画，这位画家生命之火最后的火焰，现在连同"杜也伦"的油画，一起被悬挂在哈伦的弗兰斯·哈尔斯博物馆中，馆址即当年救济院的所在地。

1664 年，他在贫苦中逝世，葬礼在市内圣巴蒙教堂四周举行，极尽哀荣。哈伦市以长期抵抗围攻及她最伟大儿子的作品载誉于世。在他逝世后的 200 年中，他几乎被人淡忘了。他的画被零碎出售以换取食物，有时被廉价拍卖，或者根本无人问津。如果说艺术史家还记得他的话，那也只是记述他作品内容的狭窄——没有宗教画，没有神话、历史、风景或裸体画，或是他作画手法显然是轻率的快捷——没有初步的构图，只是快速地挥毫与涂色，这些都需要联想和观赏者的记忆，将其中的细节部分填满，可能是为平衡这种长期的忽视，今天他的画受到极高的评价。一位宽厚的评论家认为，哈尔斯是"世界上有史以来最出色的人像画家"。时间这样最可靠的判断者，竟无法对他盖棺论定，那么让我们心满意足地赞美他吧。

伦勃朗（1606—1669）

他生于莱登一位富有的磨坊主人——杰里特·哈尔门斯（Gerrit Harmens）的家中。哈尔门斯在他的名字上加了"凡·莱因"（van Rijn），大概是因为他家俯瞰莱茵河。这位画家定然极敬爱他的父亲，因为他为他画了 11 张或更多的肖像，戴着高贵的帽子，挂着链子，酷似一位兑换钱币的人，又像是位高贵的斯拉夫人——一张造型极佳的脸孔，很有性格——似饱经岁月而呈阴郁神情。他的母亲也被画了 12 次之多，最值得纪念的是珍藏在维也纳画廊（Vienna Gallery）的《老妇人》（Old Woman），神情显得焦虑而疲惫。在阿姆斯特丹的莱克博物馆中，我们可以看到一幅她正专心阅读《圣经》的画。假如像某些人所言，她是一位门诺派教徒的话，我们更可以了解伦勃朗对《旧约》的偏好及亲近犹太人的原因了。

他在 14 岁时入莱登大学读书，但他不热衷于文字或概念。一年后他退学，而且说服他的父亲让他研究艺术，他在这方面表现良好，1623 年被送到阿姆斯特丹拜皮埃特·拉斯曼（Pieter Lastman）为师，其时拉斯曼被认为是当代的阿佩莱斯。拉斯曼从罗马带了古典的正统画法回到荷兰，伦勃朗很可能从他那里学得做一个卓越的画家。但在阿姆斯特丹待了一年后，这位好动的年轻人匆匆忙忙回到莱登，急欲绘出自己的风格。他素描或画出每件亲眼看见的东西。他借画自己的像为实验，改进自己的艺术，镜子成为他的模特儿。他给我们留下了比许多大画家的作品还多的自画像。在这些早期的自画像中，有一个迷人的头，现存于海牙。伦勃朗 23 岁时，自是英俊非凡（因为镜中的我们都非常英俊），头发自然散乱着，透出一股年轻人对传统的睥睨，敏锐而骄傲的眼睛，显示出对自己能力的信心。

事实上，他已经确立了自己的事业基础了。1629 年，一位鉴赏家以 100 金币向他购买一幅画——在画家多得像面包商却未能获得同样温饱的地方，对于这样一个年轻的竞争者而言，的确是一笔大数目。继描画自己和双亲后，他第一个主题是《圣经》上的人物。《耶利米哀悼耶路撒冷的毁灭》（*Jeremiah Mouring the Destruction of Jerusalem*）那股神秘气氛使伦勃朗在宗教画上一举成名，《在殿堂里的西米恩》（*Simeon in the Temple*）完全抓住了人物的精髓。伦勃朗因受阿姆斯特丹各项邀请委托，于 1631 年又回到该地，并在那里度过余生。

他抵达阿姆斯特丹不到一年，便画了一幅举世杰作《尼古拉教授的解剖课》（*The Anatomy Lesson of Professor Nicolaes Tulp*）。那时荷兰的绘画中早已有数幅解剖画了。那位曾 4 次担任阿姆斯特丹市长的杰出外科医生，委托伦勃朗画他在"外科医师同业公会的大厅"中进行解剖示范时，并未破坏先例或违反善良风俗，他计划将那幅画呈献给该公会，作为他教授职位的纪念。尼古拉医师选了画中的这 7 位"学生"——显然并不是学生，而是在医学界或其他行业有地位的成年人，伦勃朗也充分利用这个机会把这些人的性格与智慧的面容表现出来。尸体似乎显得过分膨胀，另两个旁观者也为后世留念而摆出了姿势。尼古拉医师本人进行这项工作时十分镇定，坚强而自信，但在尸体头部上方凝视的两个人，则是好奇心和注意力的生动表现，对绉领和肌肉光线的处理，更显出伦勃朗的专长。

现在委托作画源源而来，两年之内共有 40 件之多。口袋里有了钞票，体内又流着饥饿的血液，这位艺术家已届成婚之年（1634年）。萨丝基亚·乌伦波切有一张可爱的脸孔、灵活的眼睛、满头金丝秀发，并有足够令人愉悦的身材和财富。什么比存放于卡塞尔的那幅萨丝基亚像更迷人呢？她是一位富有的行政长官和律师的遗孤，可能是她的表亲，一位艺术品商人，说服她让伦勃朗为她画像。两次后，伦勃朗提出了求婚的要求。萨丝基亚带来 4 万金币的嫁妆，这笔钱使这位后来宣告破产的画家一度成为历史上最富有的艺术家之一。撇开金钱的资助不谈，她后来成了一位贤妻良母，她对丈夫专心绘画的天才显得很有耐心。她坐着让他画了好几次，虽然这些画逐次显示出她身体的一再发福，他还给她披上奇装异服，完成了那幅现存于伦敦的愉快的《花神》（*Florla*），及较简单的现存于纽约的沉思的《花神》。我们在一幅德累斯顿的画中看到了他的幸福，画中他拥着她坐在膝上，他的微笑使画面生辉，并举杯祝贺他肉体上和金钱上的狂喜。

在这些愉快的岁月（1634—1642 年）中，他的佳作一幅接一幅地问世。他继续画他自己：存于卢浮宫的自画像中（1634 年），他显得英俊而快乐，帽上饰有珠宝，胸前挂着金链；又在同年的《官吏》（*An Officer*）中——戴着一顶似乎征服世界的帽子，显得很华丽；1635 年，他又画了戴着一顶羽毛高耸天际的华丽帽子的自画像。为寻求性格而非美丽，1634 年他画了《老妇人》（*Old Lady*），显出无情岁月侵蚀下布满皱纹的脸孔，现存于伦敦的国家画廊。一年之后，又画了《靠椅上的老妇人》（*Old Woman in an Armchair*），现存于纽约。他在阿姆斯特丹发现了一个孤苦伶仃的 80 多岁的老人，即替他包上头巾，穿上衣服，描绘在《东方人》的画中。他有收集服装、珠宝、宝剑、昂贵礼帽和鞋的癖好，我们可在《马丁·代伊》（*Martin Daey*）看到这些（除宝剑外）东西——他的袖口饰有花边，长裤缀着绲边，鞋上有盾形物。他也以清新的虔诚，画了一些古老的宗教人物的画，以大街小巷中他遇见的老人和少女当模特儿——每幅画的技巧均极突出，光线的处理也扣人心弦，感觉的强度上也很感人，任何一件作品都堪称杰作，如《亚伯拉罕的献祭》（*The Sacrifice of Abraham*）和《拉斐尔天使告别托拜厄斯》（*The Angel Raphael Leaving Tobias*）即是很好的例子。从这些幸福的岁月中产生了一些著名的人像画，如《执扇的淑女》（*Lady with a Fan*）和《戴手套的男人》（*A Man with Gloves*）两幅画实在难以笔墨形容。

这段时期的最后成就，也可能是伦勃朗所画的最伟大的作品，是一幅巨型油画（14 英尺长，12 英尺宽），即历史上闻名的《夜巡》，但名为《寇克上尉的火药枪队》（*Captain Cocq's Company of Harquebusiers*，1642 年）则更为适当。在那巨大的画面上一切细节均已完备，每一暗影或光线的投射都经过仔细的计量，而颜色的对称更经过事先周详的考虑。在图的中央，骄傲的上尉站着，穿着黄靴，身着白色外套和红色的帽子；左侧的少尉穿戴着金黄色的长靴、外套和帽子，宝剑闪闪发光，枪身发亮，各种旗帜如浪潮起伏；右侧是鼓笛队，这支队伍从总部出发，显然是参加庆典的游行。伦勃朗曾与被画的 16 人签约，每人付费 100 金币。很多人觉得付一样的钱，但在画中并未被同样显著地画出，有些人抱怨他把他们放在太暗的阴影中，或是由于下笔疏忽，未能使他们的朋友一眼就可辨认出来。之后就少有团体委托他作画了，他的事业也已有了衰微的迹象。

1639 年定然是他收入丰富的一年，因为那年他购买了一幢宽敞舒适、位于乔登—布利德斯特拉特（Joden-Breedstraet）街的房子，住那条街的都是有钱的犹太人。这处房子耗资 1.3 万金币，这一笔庞大的款项他后来一直没有还清，很可能这幢房子不仅是供他家人栖息之用，也供学生、画室及日益增多的古物、古董及艺术品收集之用。住进去之后第一年他只付了一半，其余留作债款，日积月累之后本利相加，债台高筑，终使他走上了破产的厄运。

同时，他深爱的萨丝基亚的健康每况愈下，她为他生了 3 个孩子，但都在孩提时夭折，孩子出生时痛苦的分娩和凄惨的结果，也缩短了她的生命。1641 年，她生了一个儿子蒂图斯，孩子活下来了，她却在 1642 年去世。她的遗嘱是留下她所有的财产给伦勃朗，但附带条件是他再娶时，这笔遗产必须转给她的儿子。她死后一年，伦勃朗从爱的追忆中画她的像。

妻子的去世使他的心情变坏。从此，他似乎被死亡的念头困扰，虽然对家有着一股深情，但他总喜欢一人独处，不愿加入人群。现在他渴望的是一个人静静地独处。他作画时，他把那些先睹为快的人赶开，对他们说："油漆的味道对健康不好。"他不像鲁本斯那样具有丰厚的文学涵养，他读书不多，除《圣经》外几乎没有读过其他书。他生活在颜色、阴影和光线组成的无言的国度中，其繁杂多姿一如文学世界，完全不同而有其特点，求画者来为他摆姿势时，他总难以表现出应有的社交礼仪，也未能略为交谈，使他们感到愉悦、安静。当他们发现伦勃朗也像以前大多数画家一样，不先勾勒轮廓再润饰细节，而喜欢直接画在画面，这就需要被画者多次摆姿势，求画的人也越来越少了。更有甚者，他的画法是依感觉或想象的印象派，而非忠实地画下他所见的，其结果并非总受人家欢迎。

他那间位于犹太人地区的房子，并不能对他有所助益，很久以前他就和很多犹太人交往。他曾于 1636 年为马纳萨（Manassah）雕刻一幅肖像。现在（1647 年），他在木板上为犹太医生伊夫拉·波尼斯（Ephraim Bonus）画那张忧郁的脸。他接触的几乎都是希伯来人，他显然也喜欢他们，他逐渐在阿姆斯特丹的葡萄牙和西班牙籍的犹太人中找到了画人像的题材。很可能他也知道斯宾诺莎，后者 1632 年至 1660 年一直住在这个城市。有些人认为伦勃朗本人是犹太人，这是不可能的，因为他是受过洗礼的新教徒，而且他的相貌也完全是荷兰人的样子，但他对宗教和种族并无偏见。在他的犹太人画像中，有一种特别深刻的同情与了解。他沉迷于犹太老年人，他们留着智慧的胡须，有着忧伤的眼睛。大部分的希伯来苦难都在列宁格勒赫米泰奇（Hermitage）所藏的《犹太老人》（1654 年）和伦敦的《犹太教牧师的画像》（约 1657 年）等脸上表现出来。最后的那位犹太牧师就是伦勃朗破产后给予精神慰藉和物质援助的人。

我们发现他在 1649 年画了《睡中的亨德里耶·斯托福尔》（*Hendrikje Stoffels in Bed*），而且有了一位情妇。她曾是萨丝基亚的女仆，她留下来和这位鳏居的艺术家住在一起，忠实地照顾他，不久即以身相许。他没有娶她，因为他不愿放弃萨丝基亚留给他年仅 8 岁的儿子的那笔遗产。他于 1652 年画亨德里耶时，她还算漂亮，两只眼睛射出诱人的光芒。1654 年，可能是她两度裸身供他研究裸体画《沐浴中的拔示巴》（*Bathsheba at the Bath*）和《涉水的女人》（*A Woman Wading*），两幅画均具色彩和丰盈之美。那年 6 月，她被召唤至教区教堂长老们的面前，他们严厉叱责她的通奸罪，并拒绝她参加圣事。10 月，她为他生了一个小孩，伦勃朗承认那是他的孩子，并设法安排让孩子安然受洗。他试图像爱他的妻子那样深情地去爱他的情妇，否则他在 1658 年她穿着那件与头发相衬的红袍时，怎能在她脸上注入如许的柔情？她对蒂图斯来说是一个好继母，蒂图斯现已长成一个英俊迷人的少年。在大都会艺术博物馆中他 14 岁时的一幅画像，像女孩子那样可爱，一双年轻人的眼睛为生命所惑，而父爱也仅能给他一半的安全感。在华莱士收藏馆中，更长一岁的画像也是如此。我们多少能想象出当伦勃朗这一年面临经济困境时，蒂图斯定然是他父亲一个极大的慰藉。伦勃朗努力工作以使收支相抵，一些伟大的宗教作品即完成于这个时期（1649—1656 年），如《雅各祝福其子孙》（*Jacob Blessing His Grandchildren*）、《井旁的基督》（*Christ at the Fountain*）、《基督与撒马利亚妇人》（*Christ and the Woman of Samaria*）、《从十字架上下来》（*Descent from the Cross*）。然而，在新教的荷兰，教会的题材是不被需要的。他尝试画些以神话为主题的画，但只在替下列各角色披上服饰时才显得成功，《达娜伊》（*Danaë*）毫无诱人之处，但《雅典娜》（*Athene*）和《战神》（*Mars*）在同类作品中则无有出其右者。他继续描绘那些引人入胜的性格肖像。《尼古拉斯·布鲁伊宁》（*Nicolaes Bruyningh*）是直接从一段生动的生命和思想里攫取出来的，而《扬·西克斯》（*Jan Six*）画中的荷兰市长，是他最佳、最有力的作品。大约就在这时，伦勃朗画了一些无名但能深刻表现人物特性的作品：《头戴金盔的男子》（*The Man with the Golden Helmet*）、《波兰骑士》(*The Polish Rider*)、《百夫长科尔内耶》(*The Centurion Cornelius*),除此以外,大部分画像似乎都只有光辉的表面。

伦勃朗 50 岁那年,灾难降临了。他一向对财务方面的事情懒得过问,他曾鲁莽地买下房屋和艺术品,甚至买进荷兰东印度公司的股份。现在因收支相差悬殊,他突然发现自己已经债台高筑。1656年,阿姆斯特丹孤儿院为了保护蒂图斯,将房屋和地产移交给他的儿子,虽然孩子的父亲被允许在那里住一段时间。7 月,伦勃朗宣告破产。他的家具、油画、画图和收藏品,在匆忙中被廉价出售(1657—1658 年),但所得之款不足以偿清债务。1657 年 12 月 4 日,他被逐出那栋房子。他一再迁居,最后在犹太人住区定居。这次破产后剩了约 7000 金币给蒂图斯。蒂图斯和他的继母亨德里耶为了保护伦勃朗,合伙组成一个公司,出售伦勃朗剩余的作品,避免那些画被债权人抢光。他们似乎一直都给予这位年老的艺术家以充满爱心的照顾。

遭逢这些苦难时,他继续画了数幅杰作:《马背上的男子》(*Man on Horseback*),以 40 万美元售予伦敦的国家画廊;神奇的《老人的脸》(*Head of an Old Man*)——画家在 80 余岁时的觉醒,令人惊叹不止;生动而自然的《剪指甲的女人》(*Woman Cutting Her Nails*)——可能是安息日前夕需洗净全身的宗教仪式的一部分。现在他也画了一些令人惊骇的自画像:《伦勃朗与其素描簿》(*Rembrandt with His Sketch Book*,1657 年),现存于德累斯顿;而纽约弗里克收藏馆一幅更有名的自画像,表现严肃的脸和臃肿的身材(1658 年);现存于维也纳的全身人像(1659 年);及存于华盛顿的苦恼的脸(1659 年)。

在他生命的最后 10 年中(1660—1669 年),他依赖儿子和情妇为生。他的寓所狭窄,他画室的光线非常恶劣,由于年老和喝酒的关系,他的手已不若往日的果断。《圣马太》(*St.Matthew the Evangelist*)在结构上是粗糙的,但画中的天使不是别人,而是他那现年 20 岁仍美如处子的蒂图斯,而后这位艺术大师的最后佳作于 1661 年问世。《布商公会的理事们》(*The Syndics of the Drapers' Guild*),布料的管理员和检查员委托这位年老的艺术家为他们作画留念，以便悬挂在公会的大厅上，我们或会原谅他在构图时的踌躇、细节上的粗糙及投影的疏忽，却很难在这些地方挑出毛病。前后背景柔和的光线，使5个主要人物跃然入目，他们每人是"分开而单一的人"，但他们共同思想燃烧的一瞬被捕捉下来。在他落魄残年的很多作品中，鉴赏家发现他技巧和精力衰退的迹象——色彩的单调、细节的疏忽、匆促挥毫、运笔粗劣等。虽然如此，他仍画出了引人注目的作品，如《浪子回头》（*The Return of the Prodigal*）——一幅令人难忘的爱的宽恕之画像，以及《犹太新娘》（*The Jewish Bride*）。这是从一棵逐渐枯萎的树上所结的不可思议的果实。

我们尚未谈及他的风景画、图画和蚀刻版画。风景画中只有一小部分是突出的，图画则是同类作品中的佼佼者。著名的有存于维也纳的钢笔画《阿姆斯特丹景色》（*View of Amsterdam*）和存于柏林的《坐着的老妇人》（*An Old Woman Sitting*）。伦勃朗的蚀刻版画就像那种辛苦的艺术历史上任何有名作品那样珍贵，其中之一的《基督治愈病患》（*Christ Healing the Sick*），后来成为著名的"百元金币佳作"（*The Hundred-Guild Piece*），因为该画当时出售的这个价格尚属空前。然而，1867年，该画的一张复制品即卖了2.5万法郎。

300件蚀刻版画、2000幅图画、650件油画——这是伦勃朗留下来的作品，几乎像莎士比亚的戏剧一样闻名遐迩，那样的多彩多姿，具有原创性和深刻性。虽然有助手帮忙，但几乎所有的画都是由他亲手绘成的，因为没有任何助手分享他揭示无形事物的秘密。他有些作品是漫不经心做成的，有些作品如存于卢浮宫《剥去皮的牛》（*Flayed Ox*）则令人感到厌恶。有时他全神贯注在技巧方面，有时则因视力的关系草率了事。他像大自然一样，以中立的姿态介于美与丑之间，因为对于他而言，真理就是最后的美，而一幅真实地表现丑的画就是美的。他拒绝把《圣经》中的一些人物理想化。他怀疑《旧约》中的希伯来人看来很像住在阿姆斯特丹的犹太人，他即用这种观感画他们，结果使他们走出历史和神话而进入实际生活中。他越是年老，越爱他周围那些心灵单纯的人，不喜欢那些利欲熏心、丧心病狂的人。在一些像鲁本斯那样的画家选择美丽、快乐、有力的人作为主题时，伦勃朗则把他的艺术贯注在对贫民、病患、不幸者，甚至畸形者的同情上，虽然他并不指明宗教的含义，但他似乎在无意中表现了基督和惠特曼对那些曾在互相杀伐中失败或拒绝对抗的人的态度。

　　最后我们来欣赏他年老时的那些自画像，画中的他一点也不虚荣，相反都是一些挫败的描绘。如 1660 年，他画的自己，那时他仍怀着容忍与勇气结合而成的心情，面对现实的生活，那张短胖不曾削修的脸虽然滑稽，但不悲伤。他仍然向前迈进，在同年的另一幅自画像中，则出现一幅忧虑的样子，使微红色鼻子四周的脸色显得阴暗而忧郁。1661 年，他看自己已走投无路，但很达观地耸动他脸上的皱纹。而他在最后一年，把自己画成在接受生命的限度和辛酸的嘲弄之后显得一片宁静。亨德里耶于 1662 年去世，蒂图斯仍以他青春的火花照亮他，1668 年这位老人为他儿子结婚感到欢欣。但是同一年，儿子也随亨德里耶去世后，这位艺术家失去了支撑。1669 年 10 月 8 日那天，威斯特科克的死亡录上记着："伦勃朗，画家……遗有二子。"

　　当时的人几乎都不曾注意他的去世，没有人会想到把他与鲁本斯甚至与凡·戴克并列齐名。他同时代的乔西姆·桑德拉特（Joachim von Sandrart）写道："他主要缺乏意大利及其他地方的知识，所以无法研究古物和艺术的理论（这件事现在对于我们来说，似乎是使他伟大的秘密）。要是他在事业上更谨慎一些，对社会的表现更礼貌些，他或许已经是一位更富有的人了……他的艺术因过分描绘社会上粗俗的一面而遭受了损失。"罗斯金同意德国艺术史家的话："粗俗、呆板或邪恶总是像伦勃朗作品一样，由棕色和灰色的艺术表达出来……最好的画家的目的，是要画出阳光下那些最高贵的事物。伦勃朗则以微弱的烛光画些最污秽卑下的东西。"但德拉克洛瓦反映了法国民主政治的发展，他认为："或许将来有一天，我们会发现伦勃朗是比拉斐尔更伟大的画家。我写下——无须袒护——这个冒渎的话，这将使学会会员（Academicians）毛发悚然。"今天艺术评论家一般都认为伦勃朗的地位应在拉斐尔和委拉斯开兹等人之上，而仅有埃尔·格列柯能和他并驾齐驱。我们知道，"真理"是时间的机能和奴隶。

从鲁本斯到伦勃朗，在范围和程度上，两人的画风竟有这么大的差异——欢愉的光线与抑郁的阴影，宫廷及出入宫廷的安特卫普贵族的欢纵淫逸与熟悉下层阶级的阿姆斯特丹破产者的痛苦悲伤。看这两位画家的画风，好比音乐上大和声中对位法的要素，会使人感到这个小国奋战庞大帝国的另一面的伟大及文明的复杂性，一端是欣然地以神话来装点它无可怀疑的信条和以艺术来装饰它所爱的神龛的天主教文明，另一端则是孕育出最伟大的艺术家以及当时最伟大的哲学家的新教文明。

第三章 | **北方的兴起**
（1559—1648）

丹麦的强盛

腓特烈二世于 1559 年登上丹麦王位时，丹麦正是欧洲最强盛、领土最广大的国家之一，它还不曾学到自谦的智慧。在与瑞典争夺北海和波罗的海之间商业上的控制权而展开的长期搏斗中，丹麦是最初的胜利者，因而更加扩张它的统治，一方面越过斯卡格拉克海（Skagerrak）抵达挪威全境，另一方面越过卡特加特海峡（Kattegat）而进入现在的瑞典南部。它掌握了奥雷桑德（Öresund），又名桑德（Sound）——那片旋涡密布，最窄处仅 3 英里半宽，介于今日丹麦、瑞典之间的水域——东西两侧的战略城市：西侧的哥本哈根和赫尔辛基（Helsingör），东侧的马耳摩（Malmö）和赫尔辛堡（Helsingborg）。更东——在这一段时期的大部分时间内——它掌握了博恩霍尔姆岛（Bornholm）、哥得兰岛（Gotland）、奥塞尔（Ösel）诸岛，因而控制了波罗的海。在南方它囊括了石勒苏益格（Schleswig）和荷尔斯泰因（Holstein）诸公国，而在遥远的西北方它统治着冰岛（Iceland）和格陵兰（Greenland）。丹麦对通过这些海面之间海峡的商船征收的通行税，是王国岁入和战费的主要来源。

政治大权掌握在 800 位贵族手中，他们拥有全国半数的土地，他们压制农民成为农奴，通过国会和各州议会选举国王、治理国家。宗教革命时，由于并吞了大量以前属于天主教会的财产，而使他们蒙受大利。国王豁免他们的赋税，期望他们能在战争时应国王的召集装备并领导属下的农民参战，但常常遭到拒绝。被剥夺了财产的新教牧师，在社会地位上低于贵族，对政治的影响也很微弱，但他们控制着教育，而且对于文学作品有检查权，因而这一时期的文学作品主要是神学和圣诗。为数约 100 万的平民则嗜美食和烈酒。一位理发师劝告他的顾客说："人们能够每月沉醉一次是一件大好的事，其最佳的理由是这可以使他们轻松，促进熟睡、利尿、发汗，而且促进全身的健康。"

这一时期有两位丹麦人在历史上特别值得一提：蒂丘·布拉赫（Tycho Brahe）——当时最伟大的天文学家——和克里斯蒂安四世，他做了 60 年丹麦国王（1588—1648 年在位），即使没有王室血统的有利条件，他也将会是一位人民的领袖。我们略过他的父亲腓特烈二世，只要知道那位佛兰德斯的建筑师安东尼斯·凡·奥伯格（Anthonis van Obberger）曾为他在赫尔辛基——哈姆雷特（Hemlet）的艾尔西诺雷（Elsinore）——设计了那座克隆堡（Kronborg）城堡（1574—1585 年）的要塞就够了。

腓特烈死时（1588 年），克里斯蒂安还是一个 11 岁的孩子，丹麦由四位贵族组成的摄政团统治了 8 年，然后克里斯蒂安正式亲政。以后的半个世纪，他以充沛的精力和多方面的才能使他的生活多彩多姿，使整个欧洲为之惊异。他进一步发扬了前述那位理发师的名言，在黄昏的酒会上他每饮必醉，每一次都需要别人扶他回家。他的举止不庄已经达到了一个高度，他的臣民们几乎无人超过他。他的私生子数目之多难以计算。然而，他的人民对这些缺点一笑置之而敬爱着他，因为他在他们的婚礼中起舞，参加他们的劳动，而且不止一次冒着生命的危险为他们服务。除此之外，他具有拉丁文和科学上的知识，对艺术有良好的鉴赏能力及一个不致引起信仰真诚问题而又不致妨碍行乐的简单宗教信仰。公余之暇，他使哥本哈根（原意为"商人的港口"）成为欧洲最吸引人的首都之一。他的建设计划使那个城市的范围倍增。他在位时，施洛斯（Schloss）、罗森伯格（Rosenborg）规模初具，此后不久，布尔西（Bourse）城中的高楼大厦也像雨后春笋一般兴建起来。他改革挪威的政府，发展它的工业，又重建它的首都，那座城市因此有三个世纪之久以他的名字为名——克里斯蒂安城（1925 年更名为奥斯陆）。在丹麦，他改革行政，鼓励制造，组织商业公司，建立大学和城镇，并在皇家所属的庄园中提高佃农的地位。

野心拖垮了他，因为他梦想将整个斯堪的纳维亚半岛再度统一起来，而自己成为唯一的君主。贵族们以瑞典无法征服而反对，而且拒绝支持他。主要依靠外国的雇佣兵，他对瑞典发动了卡耳马战争（Kalmar War，1611—1613 年）。"三十年战争"发生时，他很不情愿地为保卫新教而与瑞典并肩作战。危机过去后，他恢复和瑞典之间的战斗（1643 年），虽然这时的他已是一位 67 岁的老人。他以浪漫的豪情领导他那不适于战斗的部队。克尔伯格（Kolberg）海战（1644年）时，虽然负伤 20 处而且瞎了一只眼睛，他仍力战终日，赢得一次暂时的胜利。最后，仍是瑞典获胜，《布洛姆西布罗和约》（*Peace of Brömsebro*，1645 年）免除了瑞典在桑德海贸易的赋税，将哥得兰、奥塞尔两岛和斯堪的纳维亚半岛上的 3 省割让给瑞典。经过 50 年建设性的努力和破坏性的战争，克里斯蒂安四世去世时，他的王国较他继位时为小，而丹麦的黄金时代也已逝去。

瑞典（1560—1654）

·对立的信仰（1560—1611）

在古斯塔夫·瓦萨（Gustavus Vasa）——现代瑞典的建立者——和古斯塔夫·阿道夫（Gustavus Adolphus）——新教的救星——之间，

瑞典的历史笼罩在各宗教教派争夺政权的云雾之中。贵族寡头政治的执政者陷丹麦和波兰于封建、衰弱之时,瓦萨已将瑞典由丹麦的压迫之下解救出来,而且将他的国家统一在一位强有力的世袭君主下。瑞典的农民是自由的,而且和贵族、僧侣、城市居民共同推派代表参加国会,同样的一个词"邦迪"(bonde)在丹麦指的是农奴,而在瑞典则是一位耕种自己土地的自由人的光荣称呼。但是,土地资源受到气候、人手不足及桑德海中 3 个半岛地区被丹麦控制等因素的严格限制。贵族们由于新近屈服于国王而余怒未息,天主教会则因为在瑞典的财产被剥夺,也处心积虑地想再夺回人民、财产及瑞典的王位。

瓦萨的儿子埃里克十四很不适宜地面临了这些问题。他有勇气和才能,但他暴躁的脾气导致了外交上的失败,而且引他走上谋杀和疯狂。他处死了 5 名贵族领袖——其中一名为他亲手所刃——因而激怒了贵族。他继续对抗丹麦的"北方七年之战"(Northern Seven Years' War,1563—1570 年),并因为攻取利沃尼亚(Livonia)而为未来预伏战祸。他阻止可能使他弟弟约翰成为波兰王位继承者的婚姻,使他们兄弟之间感情疏远,而约翰不计一切和凯瑟琳·雅盖洛(Catharine Jagellon)公主结婚时,埃里克即将他囚禁于格里肖姆(Gripsholm)堡中。凯瑟琳赶来和约翰共度艰难的铁窗生活,说服他接受天主教的信仰,1568 年,埃里克的兄弟们强迫他逊位,经过 6 年的囚禁,他在国会和新王的命令下被处死刑。

约翰三世一方面和丹麦及国内的贵族们议和,一方面重新挑起信仰上的冲突。他的妻子依仗自己的魅力苦苦哀求他接受天主教的信仰。在他的默许下,耶稣会的教士们神不知鬼不觉地混入了瑞典,其中最能干的安东尼·波塞维诺(Antonio Possevino)负责说服国王皈依。约翰因过去同意处死他的哥哥,每遭受良心的谴责,思忖弑兄之罪,恐终难逃地狱的火刑。对这一点,波塞维诺力谏只有因忏悔而得到耶稣教会的赦免才能逃过。约翰顺从了,他依照罗马的仪式接受圣餐,而且同意只要教皇允许瑞典的教士结婚、弥撒时可以使用方言及圣餐时除面包外可使用酒等条件，他愿意使天主教成为瑞典的国教。波塞维诺衔命前往罗马，但教皇拒绝了这些条件，波塞维诺只有空手而回。约翰命令耶稣会的教士们以两种方式接受圣餐、用瑞典语做弥撒。教士们拒绝受命而纷纷离去。1584年，天主教徒凯瑟琳去世，一年后，约翰和一位信仰新教的女士结婚，她也善用枕边细语把约翰又带回路德教派的信仰。

1587年8月，他信仰天主教的儿子被选为波兰国王，成为西格蒙德三世。依据卡耳马法规，约翰死后，西格蒙德将同时统治波兰和瑞典，但西格蒙德誓言尊重瑞典的政治独立和新教信仰。约翰去世时（1592年），瑞典的国会在他弟弟查理公爵领导之下在乌普沙拉（Uppsala）召开（1593年2月25日），出席会议的有300位教士和300位教外人士——包括贵族、市民、矿工和农民——决定采用1530年的路德派"奥格斯堡声明"（Augsburg Confession）作为瑞典教会和国家的官定信条。这一次历史性的宗教会议宣布除路德教派外，其余宗教一律不容许存在于瑞典境内，唯有正统的路德派教徒可被指定担任宗教或政治上的职务，又声称只有在西格蒙德接受这些原则后，他才可以在瑞典加冕，同时承认查理公爵在国王虚位时担任摄政。

由耶稣会教士教育的西格蒙德梦想将瑞典和俄罗斯一起带进天主教会。他于1593年9月在斯德哥尔摩上岸时，发现瑞典的领袖们几乎众口一声地要求他郑重地保证服从乌普沙拉宣言。他花了5个月的时间寻求妥协，但领袖们的态度坚决，查理公爵则召集了一支军队，最后，西格蒙德依照他们的要求提出保证，一位路德派的主教在乌普沙拉为他加冕（1594年2月）。这件事之后不久，他发表了一篇声明，抗议他的保证是在胁迫之下提出的。他指派6位州长保护瑞典境内残余的天主教徒，他则于8月返回波兰。

查理公爵和乌普沙拉地方大主教安杰曼尼斯（Angermannus）准备强制实行上次宗教会议的决议。苏德·科平会议（The Diet of Süder Köping，1595年）要求终止一切天主教的仪式，同时禁止"一切反福音宗教的教派"。主教下令，任何人如参加路德教的礼拜仪式，将被鞭笞，而且他巡视教堂时，亲自执行这种处罚。所有残存的修道院全被封闭，所有天主教的圣坛也被拆除。

西格蒙德的谋臣们要求他率领大军进攻瑞典。他认为 5000 人足够应付，便带领 5000 人于 1598 年登陆瑞典。查理公爵在斯蒂奇堡（Stegeborg）应战，遭遇失败；第二次在斯坦格布罗（Stängebro）的战斗查理获胜，西格蒙德再次同意尊重乌普沙拉宣言而返回波兰。1599 年 7 月，瑞典国会废除了他的王位，当时担任摄政的查理公爵成为瑞典的实际统治者。1604 年的瑞典国会通过了一条继承法案，明文规定瑞典的王位将由瓦萨家族中信仰已定为国教的路德教派的男女成员继承，同时规定一切反对上述宗教者均不得在瑞典居住或置产。"任何君王如背弃奥格斯堡宣言，将依其事实丧失王位。"因此导致查理之子古斯塔夫·阿道夫的继位，也因此导致他孙女克里斯蒂娜（Christina）的逊位。1607 年，查理九世加冕为王。

他改革了紊乱的政府，大力促进教育、贸易和工业，又建立了卡尔斯塔德（Karlstad）、菲利普斯塔德（Filipstad）、玛丽斯塔德（Mariestad）、哥德堡（Göteborg）等城市。哥德堡的建立给瑞典一条进入北海的平坦大道，远胜过丹麦控制的那些海峡。1611 年 4 月，丹麦国王克里斯蒂安四世对瑞典宣战并进攻瑞典。当时 61 岁的查理要求与克里斯蒂安做个人决斗，为克里斯蒂安所拒。双方战斗达到高潮时（1611 年 10 月），查理去世，在他死前手抚他儿子的头说："他将完成我的未遂之志。"的确，他做到了。

·古斯塔夫·阿道夫（1611—1630）

瑞典历史上最富传奇色彩的人物此时正 16 岁。他的母亲是德国人——霍尔斯坦·格托尔普（Holstein Gottorp）阿道夫公爵的女儿。父母给予他瑞典和德国语言及新教教义方面严格的教育。12 岁时，他已学会拉丁文、意大利文和荷兰文；此后他又学习英文、西班牙文甚至一些波兰文和俄文；此外，他广泛地涉猎古典典籍并接受各种运动、公共事务、战争技术等方面的训练。9岁时他开始参加瑞典的国会，13岁时接见各国大使，15岁时他治理一个省份，16岁时参加战争。他高大、潇洒、谦恭、慷慨、仁慈、聪明、勇敢，历史还能要求一个什么样的人？他在瑞典人中广受欢迎，以至于那些被查理九世以叛国罪名处死的贵族们的儿子，也甘心情愿地替他效力。

他不曾显示出瓦萨那种个人的易怒和暴虐的倾向，但那种气质显现在他的好战之中。他自他父亲手中接下了丹麦的卡耳马战争，奋勇作战，但他觉得这个战争正把他导向错误的方向，1613年他给予丹麦100万泰勒以换取和平和瑞典船只通过各海峡和桑德海面的权利。这时使他更为关注的，是阻止俄国进入波罗的海。"任何时候，"他在写给他母亲的信中说，"如果俄国……知道她的实力，将不只能够攻击芬兰（当时是瑞典的一部分）的两侧，而且能够在波罗的海上建立一支足以危及我们祖国的舰队。"他派遣他最富机智的将军雅各·拉加迪（Jacob de la Gardie）征服英格里亚。1615年，他又亲自率兵包围普斯柯夫（Pskov）。俄国的抵抗使他颇受困扰，古斯塔夫·阿道夫威胁将和波兰联盟，因而说服罗曼诺夫（Romanov）签订了和约（1617年），承认瑞典对利沃尼亚、爱沙尼亚和英格里亚的西北部包括现在圣彼得堡的控制权。暂时俄国被排斥在波罗的海之外。古斯塔夫夸口说，没有瑞典的允许，俄国不能有片帆只桨出现在波罗的海。

现在，他的注意力转向波兰，波兰国王西格蒙德三世仍然自称是瑞典的君主。其时波兰境内天主教得势，热切地希望能有另一次机会使瑞典改变信仰，更重要的是由于当时波兰拥有但泽、美麦耳、里堡、里加等大港，在争取波罗的海的控制权上，是比俄国更为强大的竞争者。1621年，古斯塔夫率领158艘船和1.9万名军队包围里加，该地为1/3波兰货物的出口处。里加的住民大部分是新教徒，因此可能不会对于一位路德教派的君主有反感。它投降后，古斯塔夫仁慈为怀，以收买当地的民心。在和波兰的3年停战期中，他加强军队的士气和训练，而且和与他同时的克伦威尔一样，以虔诚作为鼓舞士气的工具。他研究拿骚的莫里斯的战术，学习如何用快速移动和高瞻远瞩的战略赢取战争。他从荷兰召来技术人员教导他的士兵围攻和使用大炮的技术。1625 年，他再度横过波罗的海攻占多帕特，确定了瑞典对利沃尼亚的控制，同时将立陶宛完全封闭在波罗的海之外。一年以后，他的军队征服了波兰王室封地内的东西两普鲁士。仅有但泽一地坚抗不屈。征服的地区成为瑞典的省份，耶稣会教士被驱逐，路德教被指定为官定宗教。整个新教的欧洲，此时都把古斯塔夫视为当时正在德国燃烧的大战火中可能的救星。

在和平的间歇中，他在处理内政问题上展示的才能略逊于战争中的表现。外出作战时，他将政府交给贵族们管理，为了确保他们的忠心，他允许他们垄断各项公职及以低价向王室购置广大的地产。他抽出时间来稳定岁入，重组法院、邮政、医院和贫民救济等事业。他设立官费学校，建立多帕特大学，再度捐赠大量资金给予乌普沙拉大学。他鼓励开矿和冶金，使瑞典拥有制造军备的材料和技术，这在他的成功中是一个重要的项目。他给予瑞典南海公司（Swedish South Sea Company）特许权状和专卖权，以促进瑞典和国外的贸易。他的那位以临危不乱出名的乌克森谢尔纳大臣也对他主人充沛的精力讶异不止。"国王，"他说，"驾驭矿业、贸易、制造工业和关税等各种重要事业，就像一位舵手驾驭他的小舟一样举重若轻。"他恳求古斯塔夫冷静下来。"如果我们都像你那么冷静，"国王回答他，"我们都会冻僵了。""如果我们都像陛下那么热心，"大臣反驳道，"那我们就要燃烧起来了。"

现在这位瑞典骑士将他日益枯竭的狂热倾注在"三十年战争"中，"使欧洲所有的战争合而为一"，他说。他曾焦灼地注视华伦斯坦（Wallenstein）赢得的各次胜利、哈布斯堡王朝军队进入北德国、丹麦的溃败及同为天主教国家的波兰和奥地利的联合。不久，哈布斯堡王朝的力量谋求控制波罗的海，那么瑞典的商业、宗教和生命，都将任由神圣罗马帝国和教皇支配。1629 年 5 月 20 日，古斯塔夫就华伦斯坦意欲将波罗的海变成哈布斯堡王朝内海的图谋向瑞典国会提出警告。他向国会建议攻击是最好的防御，因此要求国家对他加入这一场决定宗教信仰命运的大战役，给予精神和财政上的支持。瑞典由于以往的多次战役已负担沉重，但国会和人民响应了他的呼吁。在黎塞留的协助之下，他和波兰达成一项停战协定，为期 6 年（1629 年 9 月）。他花费了 9 个月的时间准备船只、补给、军队和盟国。1630 年 5 月 30 日，他向国会做了一次流畅而动人的告别演说，就好像他已预见他将无法再见瑞典一样。6 月 26 至 28 日，他的部队在波美拉尼亚（Pomeranian）海岸外一座岛上登陆，古斯塔夫迈向光荣和死亡。

·克里斯蒂娜女王（1632—1654）

他的女儿——王位继承人——还是一个 4 岁的孩子，他指定那个天才云集的时代中最能干的一位政治家——乌克森谢尔纳伯爵为摄政。克里斯蒂娜后来描述他："他年轻时曾博览群书，其后在公务繁忙中继续进修，他对世界事务和利害关系的把握能力和了解程度很强，他知道每个欧洲国家的长处和短处……他富有野心，但忠诚而廉洁，而有一点过于舒缓和镇静。"他以沉默闻名，即便说话时，也表现出一种外交的艺术。古斯塔夫转战异域时，有两年的时间他成功地治理瑞典。后来担任了克里斯蒂娜的摄政，他除了指挥瑞典在德国的军队外，尚治理国内的事务。两年中，欧洲没有一个国家的政府堪与之相比。1634 年，他起草了一份《政府的形式》（"Form of Government"），详述政府各部门的组织、权利和义务，这是现在所知成文宪法的一个最早范例。

1644 年，18 岁的克里斯蒂娜正式揽权。她自认适于治理这个人口已增至 150 万、生机勃勃的国家，事实上她也确实拥有一位早熟男子所有的一切能力。"我来到这个世上时，"她说，"浑身毛发，声音强壮而沙哑。宫女们都以为我是一个男孩，她们高兴地惊呼，最初也使国王受了骗。"古斯塔夫知道是个女孩后，表现得像一位宽怀大度的绅士，而且日后对她宠爱有加，仿佛对有她这样一位继承人十分满意；但她的母亲——勃兰登堡的玛丽亚·艾林诺拉（Maria Eleanora）对她的女儿身始终不能释然。或许她母亲的这种厌恶女孩子的态度促使克里斯蒂娜在她体能允许的范围内变成一个十足的男子。她有意地忽略外表，蔑弃修饰，语言粗俗一如男性，她喜欢穿男性服装，参加男人的运动：飞快地跨骑马上，狂野地狩猎，对猎物她一击必中，但"我每杀死一只动物，总免不了对它感到由衷的怜悯"。

虽然她有这些男性化的特征，她仍有一些女性的妩媚。后来做了阿夫兰切斯（Avranches）大主教的皮埃尔·休特如此描述她（1653年）："她的容貌高雅而美丽，发色金黄，目光闪烁……她面部带有一种羞怯的表情，一句粗鲁的语言使她面现报颜时，那种羞怯的表情就充分地显现出来。"替西班牙大使办告解的耶稣会神父曾说："她深恶结婚，因为她自由地出生，也愿意自由地死去。"她和英国女王伊丽莎白一样，知道她的丈夫将企图为王。她对自己的缺点非常敏感，而且勇于承认那些缺点。"我不信任他人，猜忌，野心勃勃地想超过别人。我脾气暴躁，骄傲而无耐心，轻蔑而爱讥讽。我残忍无情，我对事情怀疑的态度使我很难专注于某一方面。"但她慷慨得近乎奢侈，而且工作认真。"她每天仅睡3至4个小时，"那位耶稣会神父说，"她醒来时，花费5个小时阅读……除水之外她从不饮任何其他饮料，人们从来没有听她谈过她的食物烹饪得好或是坏……她定期参加国会……有一次她生热病达28日之久，但她从未忽视国家的事务……她亲自接待各国大使，从不假手秘书或大臣。"

她有多方面的才能和野心，不仅希望和青年们在运动上或和朝臣们在政治上一争长短，而且想和学者们在学识上一分高下，而这些不仅包括语言和文学，更包含科学。14岁时，她已通晓德文、法文、意大利文和西班牙文；18岁时，又学会了拉丁文；其后，她又研习希腊文、希伯来文和阿拉伯文。她爱读意大利文的诗集，对明朗活泼的法国文明深具羡慕之感。她热切地和各地的学者、科学家和哲学家们通信。她设立一座规模庞大的图书馆，其中包括珍贵的古代手抄本书籍，学者们从很多国家不远千里而来查阅这些珍本古籍。她死后，艺术品鉴赏家们对她生前从事搜购图画、雕刻、珐琅艺品、木刻及各种古物时显示的良好的鉴赏能力有深刻的印象。她像搜集艺术作品一样地求才若渴，她渴望和博学深思的人相处，她将克劳迪斯·萨尔马修斯、伊沙克·沃修斯、格罗齐乌斯、尼古拉·海因修斯等著名学人召入宫中，并厚加赏赐。那些不能进宫的学者也将他们的著作和颂词呈献给她，这些学者包括斯卡龙、巴尔扎克、斯屈代里及那位严肃的英国诗人弥尔顿。弥尔顿虽对萨尔马修斯颇有微词，但声称她"不仅适于治理欧洲，而且能治理整个世界"。帕斯卡将他的算数器呈献给她，并附了一封非常优美的函件，赞美她不仅是一国之君，而且是一位智慧领域中的女王。

她的次一嗜好是哲学。她和伽桑迪（Gassendi）通信，他像其他人那样恭贺她实现了柏拉图以哲学家为王的梦想。当时著名的哲学家笛卡儿来到宫廷中，见了她，并以惊叹的神情听她阐述柏拉图著作中为他深爱的观念。他企图使她相信所有的动物都是有机体时，她说她从不曾见过她的手表生出小的手表。关于这一点以后还会提到。

她不曾忽略本国的人才。瑞典在当时有一位真正多才多艺的人物——乔格·斯蒂耶姆（Georg Stjernhjelm），他是语言学家、法学家、科学家、数学家、历史学家、哲学家，是瑞典诗之父，也是当时瑞典知识生活的中心。古斯塔夫·阿道夫非常钦佩他，给予他贵族的爵位。克里斯蒂娜则以他为宫廷诗人，一直到他投敌叛她为止。

受到当时大教育家约翰·科梅纽斯（John Comenius）教学理论的吸引，她把他邀请到斯德哥尔摩，改革瑞典的学校制度。如英国女王伊丽莎白访问牛津、剑桥等地一样，她也亲自到乌普沙拉访问，以鼓励该地大学师生的情绪，她在那里聆听斯蒂耶姆和其他学者讲述希伯来文的《旧约圣经》。她在多帕特建立了一所学院，而且赠给该

学院一座图书馆；她建立了6所其他的学院；又将她父亲在芬兰亚波
（Abo）创设的一所学院扩充成为一所大学。她派遣学生出国留学，
其中有一些前往阿拉伯研习东方学术。她召来荷兰的印刷工人在斯德
哥尔摩成立了一家出版社。她鼓励瑞典的科学家用瑞典方言写书，以
便知识可以在平民之间流传。毫无疑问，她是历史上最开明的君主
之一。

她是否有自己的主见，还是无分轩轾地接受一切向她汹涌而来的
知识浪潮？关于这一点，大家公认在政府中她有自己的想法、做自己
的决定，不仅统辖而且治理。她留下的片断的回忆录，写得生动而迷
人。她亲笔写的那些格言中，嗅不出一点陈腐的气息：

> 人的高贵和他所能付出的爱心成正比。
>
> 愚人比无赖更可怕。
>
> 忠言逆耳。
>
> 不寻常的美德是一种永不为常人宽恕的罪恶。
>
> 虽然时代和距离会使至高的灵魂分离，
>
> 但灵犀一点可使他们紧密地结合在一起。
>
> 结婚比作战需要更大的勇气。
>
> 一个人不再崇敬或畏惧任何事物时，他就超越了一切。
>
> 对世界动怒的人，已经学到他所知的一切也是徒劳。
>
> 哲学既不能改变一个人，也不能纠正一个人。

最后，尝试了各家哲学之后，或许在她决心停止做一个基督徒之
后，她皈依了天主教。有人指责她从她的医生伯德罗特（Bourdelot）
那里吸收了无神论的思想；一位瑞典史学家认为她的转变是一种有意
的胡闹，这种说法得到伏尔泰的附和。依照这个理论，她已经得到一
个结论：既然真理无法被了解，一个人不如皈依一种最能投合自己感
情和美感的宗教，同时把最大的慰藉给予大众。但改变信仰皈依天

主教通常都是极端怀疑之后一种真诚的反动，在怀疑的深处，神秘主义将应时蠢动。克里斯蒂娜本身就有一些神秘因素，她的回忆录是直接写给上帝的。信仰是一件保护的外衣，一个知识分子如果完全放弃了信仰，等于让一个渴望衣服和温暖的人赤身裸体。而且到什么地方去找一件比那色彩缤纷、美感至上的法国和意大利天主教更温暖的衣服？"如果，"她说，"一个人不信天主教，他如何能成为一个基督徒？"

　　她对改变信仰的问题及由此而牵连到的一切复杂因素曾细加考虑。如果她放弃路德教，那么根据国家的法律和她深爱的父亲的意见，她不仅必须放弃王位，而且要离开她的国家。这个信仰上的改变，对他父亲为保护新教的欧洲所做的一切英雄式的努力，将是何等巨大的一股逆流？但她已厌倦那些传教士和国会议员的高谈阔论，也厌倦了那些学者、博古家和历史学家故炫博学的琐碎议论。同时，瑞典可能也对她感到厌倦了。她割让王室土地及对佞幸们所费不赀的赏赐，已经使国家的岁收入不敷出。大部分贵族联合反对她的政策。1651 年曾发生短暂的叛乱，叛党的首领虽立即被处死，但一股兴起的怨恨并未消失。最后，她生病了，可能过度地工作和思考损害了她的健康。她常常发着危险的高烧，加上肺部发炎的症状。好几次她昏厥过去，有时失去意识达一个小时之久。1648 年，在一次大病中，她"发誓放弃一切，成为一个天主教徒，希望上帝能保全我的生命"。她是一个地中海的灵魂，现今瑟缩在严寒的北国。她梦想着意大利的晴朗天空和法国格调迷人的沙龙。能加入那些富有教养，而以孕育法国智慧为天职的淑女群中，该是多么令人喜悦的事！如果她能随身携带一笔巨大的财富的话……

　　1652 年，她秘密遣送了一位葡萄牙公使馆的随员前往罗马，要求耶稣会教士到瑞典来和她讨论天主教的神学。教士们化装进入瑞典。她提出的一些问题很使教士们头痛：她问他们究竟是否真有上帝存在？肉体死亡之后灵魂是否还能继续生存？除了从实用的观点来看，是与非之间是否有真正的分界？他们正准备知难而退时，她安慰他们说："如果我比你们想象的更接近于变成一位天主教徒，你们作何感想？""请听着，"耶稣会教士中的一人说，"我们感觉那好像是一个人从死中复活。"

在退位之前变成天主教徒是国法不允的，但在退位之前，她想说服瑞典国会接受她的表哥查理·古斯塔夫为她的继承人，以便保持瑞典王室的世袭制度。长期的谈判使她的退位日期一直延迟到 1654 年6 月 6 日。这次退位典礼几乎和 99 年以前查理五世退位时同样感人：她摘下头上的皇冠，取下一切王室的标志，又脱去王袍，穿着朴实的白色绸衣站在国会前面，发表了一篇极为动人的演说，向她的国家和人民告别，使那些沉默严肃的年老贵族和那些冷静镇定的市民代表，也无法不潸然泪下。国会供给她未来的生活费用，允许她继续保有她的侍从。

退位之后第五天的薄暮，她离开了斯德哥尔摩，在努古平（Nyköbing）停下来向她母亲做最后的探视。在两天不眠不休的旅程中，她染患了肋膜炎，康复后她继续向哈尔姆斯塔德城进发，在此她写信给伽桑迪，赠送他一笔年金和一条金链。最后她接到新王查理十世的求婚信，她很礼貌地予以拒绝，然后化装成男子，使用多纳（Dohna）子爵的化名搭船前往丹麦。她不曾想到，在其后 35 年的岁月中，她仍要在历史上扮演一个角色。

波兰（1569—1648）

这个时期的波兰，和罗马教廷保持着和平关系。了解一下天主教如何快速地在那个王国中将宗教革命时丧失的土地几乎完全恢复，对我们是有教益的。但是，首先让我们浏览一下文化演进的政治背景。

·国家

这一时期以一项著名的政治上的成就开始。在波兰东南部的立陶宛大公国由公爵统治，而且将它的领地从波罗的海基辅和乌克兰扩向奥得萨和黑海。俄罗斯力量的茁壮对立陶宛的自治形成威胁。虽然它的希腊正教信仰和俄国的信仰大致吻合，但它不得已决定投向波兰。因为与其被俄国兼并，倒不如和罗马天主教的波兰合并，更能维护它的自治权。西格蒙德二世签署了历史性的《卢布林合并条约》(*Union of Lublin*，1569 年 7 月 1 日)，表明了他的统辖权。立陶宛承认波兰国王为它的大公，派遣代表前往华沙的塞姆 (Sejm)，接受那个国会为它一切对外关系的政府，但保存自己的宗教、法律及内政自主的权力。波兰经过这次扩充，现在拥有 1100 万人口，国土从但泽直至奥得萨、从波罗的海至黑海。毫无疑问，它已成为强国之一。

西格蒙德二世死后 (1572 年) 没有男性继承人，使那个始于1386 年、给予波兰一系列富有创造力的君主及一个在宗教上宽容和启发人道的文化的雅盖洛王朝告终。贵族们一直怨恨世袭君主，认为是对他们封建权力和自由的一大妨害。现在，他们决心以选举君主的方式将大权握在自己手中，他们建立了一个贵族的共和国，而使未来的国王成为国会的仆人。因为国会中不仅包含地位较高的贵族，而且包含士绅阶级，即地位较低的贵族，所以这个计划好像是实现了亚里士多德一个政府应该混有君主的、贵族的、民主的因素，以收相互制衡之效的理想。正当波兰在波罗的海中的竞争者瑞典和俄国，凭着世袭君主们为后代着想的特权，逐步走向军事联合之际，波兰的新宪法却使国家主权分崩离析。现在，每一次君王的选举都变成一次拍卖，贵族们把票投给竞选者中出价最高的人。这些竞选者通常都受其他国家的经济支持，所以法国的官员用送礼的方法，替那个不成材的瓦洛伊斯的亨利买下波兰的王位 (1573 年)——只为了一年后将他召回，成为法国的庸君亨利三世。

经过一阵混乱的王位虚悬，波兰国会最终选择了以斯特凡·巴托里（Stephen Bàthory）为王（1575年），算是挽回了一点失去的声名。巴托里还是特兰西瓦尼亚（Transylvania）的太子时，就以长于政治和作战而知名。他在华沙的代理人曾经应许，如果当选为王，他将付清国债，给予波兰国库20万金币，收复波兰被俄国所占的一切土地，而且在必要时愿为波兰的荣誉舍命。谁能抗拒如此诱人的应许？虽然一些富有的贵族倾心于支持参加竞选的奥地利马克西米利安二世，但司选举的国会中，有7000位议员热烈地支持巴托里。他当选以后带着2500名军人昂然地骑马而来。他和安娜·雅盖洛（Anna Jagellon）的婚姻赢得很多人的好感。他又领兵进袭但泽（因为但泽拒绝承认他为王），逼迫那个高傲的港口付给波兰国库20万基尔德的罚款。

即使如此，贵族们仍然不能确定他们是否喜爱这位眼光锐利、心境现实、蓄着威严而令人畏惧须髭的新王。他厌恶繁文缛节，衣着简朴有时甚至身着补丁，饮食也不讲究，牛排和白菜就能使他大快朵颐。他要求经费以便进行一次反俄战役时，贵族们悭吝地许他以不够支配的补给。靠着特兰西瓦尼亚的津贴，他带领一小支军队出发，包围了当时俄国的第三大城市普斯柯夫——当时在位的俄皇是伊凡四世，在人民心目中他虽是可怕的魔王，但他自认年龄老迈，无法对抗生龙活虎的一个敌人。他求和，将利沃尼亚割让波兰，而且应许俄国被阻挡于波罗的海之外（1582年）。伊凡去世（1584年）后，巴托里向教皇西克斯图斯五世建议征服整个俄国，使它与波兰合并，然后将土耳其人逐出欧洲，使整个东欧臣服在教皇的权威之下。西克斯图斯五世没有反对他的建议，巴托里却在辛苦准备这次征战的中途死去（1586年）。他停止给波兰招来更多麻烦时，波兰开始体会到他是最伟大的国王之一。

经过一年的讨价还价，波兰国会将王位给予西格蒙德三世，因为他们以为他既是瑞典王位的继承人，可能会把瑞典和波兰两个国家联合起来，以控制波罗的海、抑制俄国的扩张。但是，在前面我们已看到他在位的一半时间是徒劳无功地企图在瑞典树立他自己的权威和天主教的信仰。1605 年，波里斯·戈杜诺夫（Boris Godunov）突然去世，俄国陷入毫无防卫的混乱中，因而给西格蒙德另一次机会。不曾得到国会的同意，他即宣布自己是俄国王位的候选人，并率领一支军队进入俄国。他花了两年时间围攻斯摩棱斯克城（Smolensk）时，他的部将斯达尼斯拉斯·佐尔基斯基（Stanislas Zolkiewski）在克鲁辛诺（Klushino）击败俄军，进入莫斯科，说服了俄国贵族接受以西格蒙德的儿子拉迪斯拉斯（Ladislas）为俄国之王（1610 年）。但西格蒙德拒绝这个安排，因为沙皇应该是他，而非由他儿子即位。他攻克斯摩棱斯克城（1611 年）后，即领兵向莫斯科进发。但是他永远没有抵达目的地，因为俄国的冬天赶上了他迟缓的步伐。他的士兵领不到薪饷，发动了叛变，1612 年 12 月，他的军队在痛苦和混乱中由俄国撤回波兰。这一次耗费巨大的战役的唯一结果，是西格蒙德得到了斯摩棱斯克和塞维尔斯基（Severski）两座城市及在俄国人的生活中注入了强大的波兰影响。

西格蒙德统治的其余时期，是一连串导致灾祸的战争。他和哈布斯堡王朝联合，使波兰卷进一个耗资巨大的对土耳其人的斗争，这固然为那位神圣罗马皇帝乐闻，但波兰依靠着将领的多才和士兵们的英勇，才得幸免于亡国。古斯塔夫·阿道夫利用波兰专注于南方时进攻利沃尼亚。1629 年的《阿尔特马克和约》（*Peace of Altmark*），使瑞典成为利沃尼亚和波罗的海的控制者。西格蒙德死时已经是一位身心俱悴的人物。

波兰国会将王位给他的儿子，因为当时 37 岁的拉迪斯拉斯四世已经显示出他有膺任将军的勇气，而且他坦白和愉快的个性，使他赢得很多友人。他触怒了罗马教皇，因为他容许新教存在于波兰及希腊正教存在于立陶宛境内，在索恩（Thorn）的托伦（Tórun）允许天主教、路德教和加尔文教的教士们心平气和地作公开的辩论。他鼓励美术和音乐，购买鲁本斯的画和戈布林的挂毡，建立了波兰的第一座永久剧场，而且上演意大利的歌剧。他和那位被囚禁的伽利略通信，邀请信仰新教的学者格劳秀斯到他宫中。1648 年他去世时，正值一次大规模的哥萨克人叛变。这次叛变威胁着波兰的生存。

·文明

波兰的经济仍是中古式的。国内的商业停留在小贩的阶段，国外的贸易大部分局限于但泽和里加两个港口。商人阶级在财富上是不足道的，他们很少被允许进入国会。贵族们控制着国会、国王和国家的经济。贵族们广大的地产都由受封建规定束缚的农民耕种，这些规定在某些方面比中古法国贵族庄园下的规条更加严格。拥有土地的贵族自己制定这些规定，并用自己的军队强迫推行。没有他的同意，佃户禁止离开他的管辖区；他把他们从一地迁至另一地；他随意增减他们的土地；每年强迫他们义务劳动几天；他限制他们只能从他那里购买生活必需品，农产品也只能卖给他；他迫使他们每年从他那里购买定量的蹩脚的苹果酒；无论平时还是战时，他都可以征用他们的孩子。从法律上讲，农民是自由的，他们可以保有并遗赠自己的财产，耶稣会的神父斯卡加（Skarga）却把他们描述成奴隶。

生活方式主要是农村生活。贵族们聚集在华沙投票反映他们的共同意志，他们在自己的田庄上打猎、争论、恋爱、饮宴，相互之间慷慨款待、训练自己作战等。婚姻由父母安排，很少征求女孩子的意见，女孩子也很少反抗，因为她们认为爱情来自婚姻，而门当户对的婚姻较之因爱情而结合的婚姻更能持久。妇女谦逊而勤勉。性道德被严格地遵守着，我们不曾听到 18 世纪之前有婚姻以外的韵事。男人较女人更注意训练自己的礼节，除了塞西莲·雷娜塔（Cecillian Renata）和路易丝·玛丽·贡扎格（Louise Marie de Gonzague），前者于 1637 年和拉迪斯拉斯四世结婚，因而使早期由艺术家和传教士输入的意大利影响再度恢复；后者于 1648 年和他结婚。玛丽·贡扎格带来一股法国礼节和语言的浪潮，这股浪潮直到 20 世纪才逐渐平息。

波兰的舞蹈有一种庄严的优美，早在 1647 年就有一位法国人曾以钦羡的语调称这种舞蹈为波兰舞（*Polonaise*）。

波兰的艺术无法保持 1477 年维特·史托斯（Veit Stoss）在克拉哥建立的水准。西格蒙德二世那些华美的挂毯是在佛兰德斯织造的。来自意大利的建筑师和雕刻家在克拉哥大教堂中竖起西格蒙德、巴托里、安娜·雅盖洛诸人的纪念碑，为耶稣会在克拉哥和涅斯维兹（Nieswiez）等地建造巴洛克式教堂及在华沙建立那著名的西格蒙德三世之柱（Sigismund III Column）。绘画在新教各派攻击宗教偶像的情境下呈现萎缩，画家马丁·科伯（Martin Kober）仍然绘制了一幅传神的巴托里肖像。

教育和绘画同样受到宗教的骚扰。克拉哥大学已渐衰落，但是巴托里重建了威尔诺大学。同时，耶稣会在克拉哥、威尔诺、波兹南、里加及其他各地建立了多所学院。这些学院极为优秀，连很多信仰新教的人也愿意把他们的儿子送到这些学院，接受心智和道德的训练。办得更好的是拉科（Rakow）的唯一神教学院（Unitarian School），这所学院吸引了 1000 名属于各种宗派的学生。巴托里的那位人文学者大臣让·扎莫伊斯基（Jan Zamojski）在萨莫奇创办了一所新的大学，以古典课程为主。

文学作品甚为丰富，宗教辩论作品的内容常流于粗糙，形式却非常优雅。为天主教辩护的斯坦尼拉斯·奥泽丘斯基（Stanislas Orzechowski）的作品中虽充满了激烈的排斥新教的思想，他的作品却是"用最美妙的波兰文写出来的，应该列入我们历史上最好的作品之中"。以同样风格闻名的有鲁卡兹·格尼奇（Lukasz Gornicki）的《波兰之臣》（*The Polish Courtier*，1566 年），根据卡斯底里欧内的《扈从者》（*Cortegiano*）一书改写而成。耶稣会神父彼得·斯卡加以散文和诗著名，也以教育和政治学著名。卸下威尔诺大学校长职位后，他做了 24 年波兰的波舒哀，担任皇宫中的首席传教士，毫无畏惧地抨击环绕着他的腐化贪污现象。他预言除非这个国家能够发展一个更稳定和集权的政府，否则整个国家将成为列强侵略下的牺牲者，但他主张一个责任君主政体，其权力应受法律的限制和约束。直至 19 世纪，让·科查诺斯基（Jan Kochanowski）的诗在诗坛及其本国找不出可与之匹敌者。直到今天，其作品仍然受到广泛的欢迎。在他的《特雷尼》（"Treny"）一诗中，他的灵感达到最高峰，此诗是他为他夭折的女儿乌苏拉所写的。

这一时期波兰的一切文化都受到宗教教派冲突的骚扰。16 世纪前半叶，新教各派似乎势将控制德国、瑞典和波兰。很多贵族因为反对王室的权威和教会的腐化而加入新教，另外一些则把加入新教作为占有天主教财产的手段。西格蒙德二世采取一个广泛的宗教宽容态度。他死后一年，国会中的一个委员会起草了《华沙协约》（*Confederation of Warsaw*），保证绝无例外地给予一切不同宗教信仰上的自由。该协约提付表决时，在国会中曾受到主教议员的反对，98 位非主教议员却一致赞成，其中包括 41 位天主教徒。这一协约代表波兰宗教宽容史上的一个里程碑，因为在此以前，从没有任何一个官方宣言达到这个程度。在这样一个广泛的保护下，各种教派都在波兰境内繁荣滋生，这些教派包括路德派、加尔文教派、兹温格利派、再洗礼派、波希米亚教友派及三位一体派。1579 年，福斯图斯·索西尼乌斯（Faustus Socinus）来到波兰，开始组织一个唯一神派系统（Unitarian lines）的教会，但克拉哥民众把他从房子里拖出来，毁坏了他的图书室，如果不是克拉哥大学的那位天主教徒校长跑来解救，他们可能把他杀了（1598 年）。加尔文派和路德派联合起来要求将索西尼乌斯派逐出波兰。波兰国会于 1638 年下令关闭一神教派设置的学校，1658 年禁止该派在波兰境内传教。一神教派的信徒们逃往特兰西瓦尼亚、匈牙利、德国、荷兰、英国，最后逃到北美洲，借着美国大文豪爱默生说出他们最愉悦的心声。

民间的偏执、耶稣会的教学法、天主教的纪律、王室的政治、再加上新教本身的门户之见，终将破坏波兰境内的新教。新教教派之间的相互攻击，正如他们反对古老的天主教一样激烈。农民们执着于旧的信仰，因为它是旧的，含有习惯的舒适性。巴托里和西格蒙德二世等君主恢复天主教信仰时，很多新教信徒或他们的子女发现和天主教会和平相处是一件乐事。波兰境内大部分德国人都是新教信徒的事实，更给予天主教一种民族感情的助力。天主教会本身也主动和这些外来的助力合作，企图将波兰再度变成一个天主教国家。派遣一些最聪明的外交家和最富有进取心的耶稣会教士前往波兰，希望能够赢取国王、妇女、儿童甚至信仰新教的贵族们。教会的领袖们，斯达尼斯拉斯·霍休斯（Stanislas Hosius）大主教和乔万尼·康门多内（Giovanni Commendone）主教等，都曾警告波兰国君，没有一个稳定的社会、道德或政治秩序，是建立在流动的、相互倾轧的新教教派的基础之上的。耶稣会的教士们显示他们有足够的能力防止那些不信仰旧教的人信仰新教。同时，天主教的僧侣们遵从特伦特会议的命令，正在进行一次确实的、予人以深刻印象的改革运动。

天主教徒们也有一个问题，即由于立陶宛和波兰的合并，希腊正教和罗马的天主教很不愉快地发生接触，这两个宗教的教义差别很小，但正教礼拜时使用斯拉夫人的仪式，而且正教的牧师们拥有妻子。1596 年，让·扎莫伊斯基将一群僧侣和俗人组成一个东仪天主教会（Uniat Church），这个教会保持僧侣结婚的习俗和斯拉夫人的仪式，但接受了罗马天主教的教义，而且承认教皇的至高地位。罗马天主教的领袖们希望这种调和能够逐渐使希腊和俄国的教友们信服教皇，这个新设置的教会却遭遇到激烈的反抗，它在波罗克（Polock）的大主教也被希腊正教的民众谋杀。

整个 16 世纪，波兰的君主们一直采取宗教宽容的态度，较任何其他基督教国家显得更进步，但天主教的民众常常采取以往激烈仇视的政策。他们攻击克拉哥的一所新教教堂，而且从新教徒的坟墓中将尸体掘出乱加丢弃（1606—1607 年）。他们在威尔诺毁坏了一所新教教堂，而且殴击——也有人说杀死——教堂中的牧师们（1611 年）。

在波兹南他们烧毁了一座路德派的教堂，又毁坏了一处波希米亚教友派的聚会所。天主教的僧侣们不曾参加这些群众宗教信仰的示威行动，他们却从中得到了利益。所有的情况都对旧教会有利，1648 年它的胜利全部完成。

神圣俄罗斯（1584—1645）

·人民

"你只要一看世界地图，"纳狄斯丁（Nadiezdin）在 1831 年说，"就会对俄罗斯的命运充满敬畏之情。"早在 1638 年，它的领域经由西伯利亚而达到太平洋，又沿着伏尔加河直到里海，然而还未能抵达黑海——因此发生了很多战争。1571 年俄国的人口仅有 1000 万。如此广阔的土地养活 1000 万人应该是轻而易举的事，但任意的垦殖使各个农场的损耗殆尽，俄国的农民只得四处迁徙以开垦新的土地。

这种迁徙似乎是形成奴隶制度的原因之一，大部分佃农向他们的地主预支款项以清理土地、购置装备及耕种农场。这种借款的利息有时高至 20%，他们之中有很多人由于无法偿付债款，沦落为地主的仆役，因为 1497 年有一条法律规定，拖欠债款的债务人应成为债权人的奴隶，直到偿清债务为止。为了逃避这种奴役，有些农人向南逃至哥萨克人的营地；有些由于同意开发新的、难于垦殖的地带而赢得自由，因此西伯利亚那样荒寒的地区也有人定居；有些避到城市加入手艺工人的行列，从事采矿、冶金或制造军火弹药的工作，或者替商人服务，或者变成小贩沿街叫卖。地主们抱怨佃农们舍农场而去——通常债务也未付清——损害了农业的生产，因而使土地所有人无法交付日见增高的国家课税。1581 年，"恐怖者"伊凡（Ivan the Terrible）为了确保农耕不辍，禁止他管治阶级的佃农未经主人的同意而离开他们的农场。那个阶级当时已不复存在，但因此建立的奴隶制度继续存在于地产中，而且不久拥有绝大部分俄国土地的贵族和僧侣们，即以此要求他们的佃农。1648 年，大部分的俄国佃农虽然法律上并不承认，事实上他们是被土地束缚的奴隶。

俄罗斯仍然接近野蛮。习俗鄙陋，清洁是稀有的奢侈，识字是某些阶级的特权，教育是初民式的，文学大部分是宗教的编年史、教士讲道集或礼拜祈祷文。1613 年至 1682 年，俄国出版的 500 本书，几乎完全是宗教性的。音乐在宗教和家庭中占有很重要的地位，艺术成为宗教信仰的工具。建筑方面建造了很多结构复杂的教堂、礼拜堂、半圆形小室和球茎状的圆顶，如莫斯科的顿河圣母教堂。绘画用壁画来装饰教堂和修道院——如今这些壁画大部分已被掩盖——或作了很多圣像的镶版画，这些镶版画在绘画技巧上颇多创新，艺术技巧的发明则嫌不足，如克拉哥圣迈克尔神迹教堂中陈列的。1600 年，圣像画已不再是一种艺术，而变成一种工业，大量地生产同一模式的作品，以供家庭崇拜之用。这一时期著名的艺术产品是那个高达 100 公尺的"伟大者约翰"五钟塔，由一位德国建筑师在克里姆林广场建立，是波里斯·戈杜诺夫（Boris Godunov）为了缓和失业问题而计划的公共工程的一部分。

在俄国那些图画似的教堂中，昂贵的装饰品闪烁着光辉，适度的幽暗烘托出宁静的气氛，庄严的仪式和洪亮的圣歌与祈祷令人神思恍惚。在这里，正教的僧侣们把俄国人塑造成虔诚、顺服、怀抱谦卑希望的典型。很少有一个宗教如此密切地与政府合作。沙皇为民表率，虔诚地奉行教规，并对教会宠礼有加，教会为了报答这种优遇，给予沙皇令人敬畏的尊严，使他的王位变成不容侵犯的神坛，而且教导人民对沙皇的顺从和服务，是人们对上帝应尽的义务。戈杜诺夫于 1598 年设立莫斯科大主教，使其脱离君士坦丁堡而独立。约有一个世纪之久，莫斯科的大主教在尊严上，甚至时而在权威上，与沙皇分庭抗礼。1594 年，一位来自教皇克莱门特八世的使者抵达莫斯科，建议将东正教和拉丁教会联合共同置于教皇统治之下时，戈杜诺夫以轻蔑的态度拒绝。"莫斯科，"他说，"现在是真正的东正教的首都。"

同时，他命人们为他祷告，尊为"世上基督徒的唯一统治者"。

·戈杜诺夫（1584—1605）

至此，他只是一个事实上的统治者。沙皇是费奥多尔·伊凡诺维奇（Feodor Ivanovich），即"恐怖者"伊凡四世那位羸弱的儿子，也是罗立克王系（Rurik）中最后的一位沙皇。费奥多尔曾目睹他哥哥被他父亲凶神恶煞似的殴打而死，导致他意志崩溃，他用沉潜于宗教的方法躲避宫廷中的危险。虽然人民称他为圣者，他们知道他缺乏治理人民必需的坚强意志。伊凡四世曾指定一个委员会来指导这年轻人。戈杜诺夫是这个委员会中的一员，也是费奥多尔的姐夫，由于才能出众，他终于成为俄国的真正统治者。

伊凡四世七位妻子中最后的一位，曾替他留下另外一位儿子——德米特里·伊凡诺维奇（Dmitri Ivanovich）——这个孩子现在（1584年）3岁。为了防止这个孩子受其他阴谋左右，委员会将母子二人送往莫斯科以北约120英里的乌格利（Uglich）居住。1591年，这位年轻的沙皇之子死于该地，他究竟如何死的，至今仍无法确定。一个以瓦西利·沙伊斯基（Vasili Shuiski）太子为首的调查团前往乌格利调查此事，调查团的报告说，那个孩子是在癫痫症发作时自刭而死，但德米特里的母亲控诉说她儿子是被戈杜诺夫下令杀死。戈杜诺夫的罪名始终不曾确立，今天仍有一些历史学家怀疑这件事。那位母亲被迫成为修女，她的亲戚也被逐出莫斯科。德米特里被加入东正教圣者的名录中而暂时被人遗忘。

和英国的理查三世一样，戈杜诺夫做摄政时治理俄国较他以后正式为王时成功得多。虽然他缺乏正式教育，还可能不识字，但他有谋略，热诚地用劳动来解决俄国人生活上的一切问题。他改革内政，抑制司法上的贪黩，眷顾中下层阶级，从事公共建设以雇用城市中的贫民，减缓奴隶们的税捐，而且——根据当时的记载——"受众民爱戴"。他深得其他国家的敬仰和信任。沙皇费奥多尔一世死后

（1598 年），国会一致要求戈杜诺夫继位为王。他自谦一番后接受了王位，但有人怀疑曾有他的亲信在国会中预作安排。好几位贵族因为不满他偏袒平民，指斥他继位为不法，阴谋推翻他。戈杜诺夫将其中数人加以监禁，数人加以放逐，迫使费奥多尔·罗曼诺夫（Feodor Romanov，第一位罗曼诺夫族系沙皇的父亲）为僧。这群失败的贵族中有几人适时死去，有人认为是戈杜诺夫遭人谋杀的。戈杜诺夫现在终日生活在怀疑和恐惧中，他到处散布密探，将可疑分子驱逐出境，没收他们的财产，将一些人处死。他早期广受欢迎的情况现在逐渐消失了。1600 年至 1604 年，俄国的农业歉收，使他在和贵族们斗争时失去了饥饿民众的支持。

1603 年，一位青年在波兰出现，他自称他就是人们相信已经死去的德米特里，也是费奥多尔·伊凡诺维奇王位的合法继承人。戈杜诺夫持有充分的理由认出他是格里斯卡·奥特雷皮夫（Grishka Otrepieff），一位免去圣职的僧侣，曾经在罗曼诺夫家庭中任职。波兰人因为畏惧俄国的扩张，非常高兴在他们中有一个能被他们利用的人，自称应该得到俄国王位，更使他们高兴的是，"德米特里"和一位波兰女孩子结婚，加入罗马教会。当时刚和俄国签订（1602 年）20 年停战协定的西格蒙德三世，对德米特里召集波兰志愿军一事采取默许的态度。耶稣会教士们热烈拥护这位假冒者的主张。1604 年 10 月，德米特里带领 4000 人渡过了第聂伯河，其中包括俄国的放逐者、德国的雇佣兵和波兰的骑士。俄国的贵族们声称中立，但在暗中支持他，逃亡的农民加入这支前进的队伍，饥民们深信不疑地接受了这位新的德米特里，打着他的旗号作为王位正统和他们苦难中希望的象征。这一群呐喊着、祈祷着的暴民由俄国西部直奔莫斯科时，那随时准备起哄的哥萨克人也从南方疾冲上来，于是这次行动变成了革命。

戈杜诺夫把这次事件看作一次波兰入侵，派遣军队西向迎敌。俄军击溃了德米特里军队的一支分遣队，但错过了其余的部队。戈杜诺夫在其克里姆林宫的房间内，接到的新闻不外乎暴民的增多和向前推进。到处散布着不满和叛乱，那些贵族甚至在莫斯科城中为祝贺德米特里的健康而举杯互敬，他们向百姓宣布德米特里是被上帝派遣来成为沙皇的人选。经过犹疑和痛苦，戈杜诺夫突然在 1605 年 4 月 13 日逝去。关于此事，普希金（Pushkin）和莫索尔格斯基（Moussorgsky）都有生动的描述，反而不见于历史记载。死前，他曾将他的儿子托付给总主教巴斯马诺夫（Basmanov）和贵族们，但总主教和那些贵族后来都投向假冒的德米特里，戈杜诺夫的儿子和寡妇因而被杀。在举国若狂的欢呼声中，那位"假德米特里"被加冕为全俄罗斯的沙皇。

· 混乱的时代（1605—1613）

就君王而言，这位新沙皇并不坏。他体貌虽不动人，但能骑马舞剑，就像一位天生的贵族。他有一颗善解人意的心、滔滔无阻的辩才、愉悦的仪态及不受环境影响的简朴，他的简朴在宫廷社交生活中造成轰动。他的勤于政事使他的僚属惊奇，他亲自练兵又使他的军队诧异。但是，他对周围人物表现的优越感失之有意而明显。他公开表示他看不起贵族的粗鲁不文，他建议将贵族的儿子送往西方接受教育，他计划从外国聘请教师到莫斯科设立中学。他讥笑俄国的习俗，轻视东正教的仪式，拒绝向圣者之像行礼，餐桌还不曾洒过圣水他就开始吃饭。他食用小牛肉，依据东正教的仪式，那是不洁的。他隐瞒了他对天主教的皈依——或许他对此从来不曾认真过。他把他波兰籍信仰天主教的妻子带到莫斯科，由圣方济各修会僧侣和教皇使者护送，而在他的随从中，也有波兰人和耶稣会教士。他毫不在意地花费国库中的岁收，使军官们的薪水加倍，并将没收戈杜诺夫家的地产分派给他的朋友。他生性好动尚武，计划向克里米亚发动一次战争，他送给那位苏丹一件猪皮大衣时，他实际上已对其宣战。在他全力南下使莫斯科城中兵甲不留时，贵族们担心他正将俄国都门敞开，以便波兰进攻。

德米特里继位后几个星期，以沙伊斯基（Shuiski）为首的一派贵族便阴谋推翻他。沙伊斯基承认他早就认出那位伪装者，他之所以支持他，只是为了铲除戈杜诺夫，现在目的既已达到，那个工具就该丢到一边，而让一位真正的贵族为俄国之王。德米特里发现了这次阴谋，派人将那些领袖逮捕。他并没有像俄国传统的那样将他们立即处死，而是将他们交国会审判，当时的国会是俄国历史上第一次由各个阶级选出的代表组成。国会将沙伊斯基和其余诸人判处死刑时，他又将他们减刑为放逐。5 个月后，他允许那些放逐者回来。很多一直相信他是"恐怖者"伊凡之子的人，感觉如此不寻常的宽大，已经对他系出皇室的身份掷下可疑的阴影。那些被释放的阴谋者重新开始他们的阴谋。这次那个德米特里曾屡施恩惠的罗曼诺夫家庭参加了阴谋。1606 年 5 月 17 日，沙伊斯基和伙伴们带领他们武装的侍从进攻克里姆林宫。德米特里自卫有方，亲手杀死了几个攻击者，但他终被击败而遭杀害。他的尸体被暴露在刑场中，一张下流猥亵的面具丢在他的脸上，一只笛子放在他的口中。后来他的尸体被焚化，骨灰被用大炮射向空中，以防止他复活。

胜利的贵族们宣布沙伊斯基成为沙皇瓦西里四世，他同意未得贵族会议的同意，不处死任何人、不没收任何财产，而且他在乌斯本斯基（Uspenski）大教堂中慎重起誓："未得会议允许，不加害于任何人。"此处会议是指俄国国会或称全级会议（Assembly of All Classes）。这些保证以后虽屡被违反，但在俄国政治的演进上，跨出具有历史意义的一步。

他们未能安抚不满意于推翻德米特里的广大群众。一场叛乱在北方暴发，第二个假德米特里被推举为领袖，波兰的西格蒙德三世给予他民间的协助。沙伊斯基向西格蒙德的敌人——瑞典的查理九世求援，查理派遣一支瑞典军队进入俄境。西格蒙德对俄国宣战，他的将领佐尔基斯基占领了莫斯科。沙伊斯基于 1610 年被推翻，随后被带往华沙，在那里他被迫为僧。贵族中一派同意承认西格蒙德 14 岁的儿子拉迪斯拉斯为俄国的沙皇，前提是东正教教会能维持独立及波兰派兵协助俄国平定危及贵族政府的社会动乱。

接下来的一场动乱主要是基于宗教和爱国意识、对一位波兰籍沙皇的排斥。莫斯科的东正教总主教赫莫根斯（Hermogenes）禁止人民向一位罗马天主教的君主宣誓效忠。波兰人将他逮捕，不久他死于狱中，但他的宣言使拉迪斯拉斯的统治破产。宗教领袖们要求人民驱除那些信仰罗马天主教异端的波兰人。政府似将瓦解，而俄国陷入混乱。一支瑞典军队占领了诺夫哥罗（Novgorod），建议由一位瑞典王子入继俄国大位。俄国北方和南方的农民及南方的哥萨克人弃绝了拉迪斯拉斯，建立起自己的地方统治权。多股盗匪劫掠乡村和城市，对一切反抗他们的人施以苦刑。农业崩溃，粮食产量锐减，运输也受到危害，因而饥荒四起。一股谋反的暴民进入莫斯科，混乱中大部分城市化为焦土（1611 年 3 月 19 日）。莫斯科城中的波兰卫戍部队退入克里姆林宫，他们等待着西格蒙德的援兵，然而一切落空。

在尼兹尼·诺夫哥罗（Nizhni Novgorod），一位名叫科斯马·明因（Kosma Minin）的屠夫，在东正教的虔诚感应下组织了另外一支叛军。他要求每一个家庭拿出 1/3 的财产来支援他们向首都进发，目的达到了。但人们只愿意跟随一个有爵位的领导人。他邀请德米特里·波扎斯基（Dmitri Pozharski）王子做他们的将军。他同意了，这支新的军队继续向莫斯科进发，一路斋戒祈祷。抵达之后，他们将波兰的卫戍部队包围在克里姆林宫中。波兰军坚持抵抗，直到最后粮食告罄。他们在 1612 年 10 月 22 日波兰军投降后逸去。那一年在俄国人的记忆中留下长久而深刻的印象，被认为是解放的一年。两个世纪后，法国的拿破仑被逐出莫斯科，胜利的俄国人在他们再度被焚为灰烬的首都中，替明因和波扎斯基树立了一座纪念碑，感谢那位屠夫和那位王子，在 1612 年为他们树立了一个如此英勇的模范。

波扎斯基和德米特里·特罗贝兹科（Dmitri Troubetskoy）王子从帝国的各个地区邀请教外和宗教人士的代表们组成一个会议，以选出新的统治者。几个贵族家族暗中各自操纵，最后罗曼诺夫家族得胜，会议选出当时年仅 15 岁的米哈伊尔·罗曼诺夫，被迅速集合迅速训练的莫斯科群众欢呼他为沙皇（1613 年 2 月 21 日）。曾经救下这个国家的俄国人民，至此又谦卑地将国家交到贵族手中。

新的政府镇压社会不安和叛乱，认可并扩大奴隶制度，割让英格里亚以安抚瑞典，又与波兰签订了一个 14 年休战协定。这个休战协定使长期被拘禁的米哈伊尔之父——费奥多尔·罗曼诺夫——获得自由，他受戈杜诺夫之迫成为费拉雷特（Philaret）僧人。米哈伊尔使他成为莫斯科总主教，而且像欢迎一位议员一样来欢迎他，他掌握极大的权力，所以俄国人民称费拉雷特为"沙皇第二"。在父子的联合治理之下，仍有更多的起义和战争，但俄国在经过一个时代的混乱后，终于达成一个不稳定也不能令人满意的和平。"混乱的时代"始于戈杜诺夫之死，终于米哈伊尔的即位，而米哈伊尔的即位，依次又开始了俄国历史上的罗曼诺夫王朝，这个朝代将统治俄国直到1917 年。

第四章 | 伊斯兰教的挑战
（1566—1648）

土耳其人

在基督教世界因为政治和神学问题引起的内部冲突中，一些有远见的人因为上帝在基督教和伊斯兰教之间更大的斗争中采取的中立态度而惴惴不安。伊斯兰教信仰曾被从西班牙逐出，但伊斯兰教世界仍然广大。它包括印度尼西亚和印度北部。的确，这是一个属于德里的光辉的伊斯兰教莫卧儿王朝的时代（1526—1707 年）。它拥有阿富汗、大部的中亚和全部的伊朗，这个时期的波斯艺术将呈现它最后的余晖。波斯以西伊斯兰教的领域就是奥斯曼或称土耳其帝国，当时在面积上能与之颉颃的只有西班牙帝国。它继续紧握黑海的整个海岸线，控制多瑙河、第聂伯河、第聂斯特河诸河的河口，又帮助它的同盟者——鞑靼诸汗——控制克里米亚和顿河河口。它包括亚美尼亚、小亚细亚、叙利亚、阿拉伯，也就是整个近东。在那里，它掌握了上古和中古世界中最著名的都市：巴比伦、尼尼微、巴格达、大马士革、安条克、塔尔苏斯、士麦那、尼西亚、麦加和耶路撒冷。那里，在穆斯林的允许下，基督徒可以前往基督之墓礼拜。在东地中海中，它拥有塞浦路斯、罗得斯、克里特等大岛。在北非，伊斯兰教的势力占压倒性优势，从红海到大西洋：埃及是由伊斯兰教苏丹指定的总督统治；的黎波里、突尼斯、阿尔及利亚和摩洛哥由当地的伊斯兰教王朝治理，他们对苏丹顺服的程度，和他们与君士坦丁堡的距离成反比。这是摩洛哥萨阿迪王朝（Saadian Dynasty，1550—1668 年）的极盛时代，当时它的首都马拉喀什（Marrakech）商旅云集、艺品耀眼。在欧洲，奥斯曼帝国的势力从达达尼尔海峡经希腊和匈牙利直抵维也纳近郊 100 英里的地方；经过达尔马提亚（Dalmatia）直到威尼斯的大门；经过波士尼亚（Bosnia）和阿尔巴尼亚，然后只要跃过亚得里亚海即进入罗马教皇的意大利。在那里及在被包围的维也纳，主要的争论不在于新教和天主教之间，而在于基督教和伊斯兰教之间。在伊斯兰教四面包围中，基督教世界仍过着四分五裂的生活。

不论伊斯兰教深入西方多远，它仍保持着东方的本质。君士坦丁堡是开在欧洲的一扇窗户，但奥斯曼的根深植于亚洲，因而不容许骄傲的土耳其人模仿西方的一切。在伊斯兰教领域的某些部分，沙漠或热带地方的炎热耗损了人们的活力。渺无人烟的辽阔距离阻碍了贸易的进行。这些地方的人们不像西欧人那样汲汲营利，他们过着固定的农耕生活，非常易于满足。伊斯兰教缺少演变的手工艺品，品质精妙，但需要时间和鉴赏力品玩，而且不大规模地生产。穆斯林穿越沙漠的商旅队是坚忍可佩的，但是他们无法和那些利用水路进入印度的葡萄牙、西班牙、英国、荷兰等国的贸易船队竞争。然而，地中海沿岸有些港口如士麦那是由船队及商旅队的货物在此交换而繁荣的。伊斯兰教教义在战争时激励人们趋向充满希望的勇敢，但在平时却导人于消极的宿命论，它用苦行僧人的舞蹈和神秘的梦引诱人们。虽然伊斯兰教兴起的初期，在科学上曾有伟大的成就，但现在它迫使哲学成为浮夸而无内容的教条。伊斯兰教学者——那些博学的神学家，他们以《古兰经》为基础，写出穆斯林的法律——将伊斯兰教儿童塑造成忠诚固守伊斯兰教正统的典型，而且努力防止"理性时代"在伊斯兰教世界抬头。在那里，宗教在和哲学之间的冲突中取得决定性的胜利。

除此之外，伊斯兰教在夺自基督徒的土地上，轻易地赢得人们的信仰。在君士坦丁堡、安条克、耶路撒冷、亚历山大等城市，东方基督教会仍然设有总主教，但信仰基督教的人数急剧减少。小亚细亚的亚美尼亚人和埃及的科普特人仍然相信基督教，但一般而论，在亚洲、非洲和巴尔干半岛诸国中，大部分民众改信了伊斯兰教。理由或许是现实的：如果他们继续信仰基督教，将不能担任公职，他们要付出重税以代替兵役，而且每 10 个儿子中，他们要献出一个为伊斯兰军队服役。

另一方面，伊斯兰教世界中的基督徒享受到的宗教宽容，是任何一个基督教君主做梦也想不到的。如在士麦那，穆斯林有 15 座清真寺，基督徒有 7 座教堂，犹太教徒有 7 座聚会所。在土耳其和巴尔干诸国中，希腊东正教教堂由土耳其当局下令保护，禁止在他们礼拜时被伤害。佩皮斯（Pepys）认为大部分匈牙利人顺从土耳其人，是由于在奥斯曼统治之下比在天主教诸帝统治之下有更多的宗教自由。对于异端基督徒来说，这自然也是实情。"匈牙利和特兰西瓦尼亚境内的加尔文派信徒及后一国家中的唯一神教派信徒，"托马斯·阿诺德（Thomas Arnold）爵士记载说，"宁愿顺服土耳其人而不愿落入宗教狂热的哈布斯堡王朝之手……西利西亚（Silesia）的新教徒们以羡慕的目光遥望着土耳其，而且将乐于以臣服于伊斯兰教统治的代价换取宗教上的自由。"更惊人的是，关于现代希腊史的一流权威的基督徒的意见：

> 很多具有高度才能和德行的希腊人，深感穆斯林的优越，以至他们虽然逃脱被当作进贡的孩子送进苏丹的家庭，他们自愿对穆罕默德效忠。在导致这些信仰转变的因素中，奥斯曼社会卓越的道德，至少和个人野心占有同等的分量。

这种 17 世纪土耳其人的"道德优越"是很难评定的，塔韦尼埃（Tavernier）——他于 1631 年至 1633 年、1638 年至 1643 年及以后的时间，曾在伊斯兰教世界旅行和经商——后来说："土耳其遍地盗贼，他们成群结队地在大路上拦劫商旅。"土耳其人以他们沉静的德行闻名，但同样一个宗教，在平时将他们驯服得静若处女，在和"非教徒"的战争中却激烈地放任他们。奴役被俘的基督徒是被允许的，同时在靠近土耳其边境的基督徒的土地上，有土耳其人专为捕捉奴隶而做的袭击。但是，无论在数目和残忍程度上，土耳其的奴隶买卖都较基督徒在非洲大肆搜捕奴隶而发动的袭击逊色得多。

17 世纪土耳其欧洲部分中受教育的人数，或许高于基督教世界，在哈吉哈里发（Hajji Khalfah）编纂的一本书目（1648 年）中，超过 2.5 万册图书是用阿拉伯、土耳其和波斯文字写的，我们可以判断著作的丰富。数以百计的卷册是关于神学、法学、科学、医学、修辞学、传记和历史方面的著作。史学家中著名的是艾哈迈德·穆罕默德（Ahmed ibn Muhammad），他的《西班牙伊斯兰教王朝史》（*History of the Mohammedan Dynasties of Spain*）是本书经常参考的书籍之一，他主要是以艾尔·马卡里（Al Maqqari）之名为世人熟知。这个名字来自他位于阿尔及利亚境内的故居村落。他作品的大部分是由较早的故事改写或删节而成，但它仍是表现那个时代的一部上乘佳作，不仅叙述了政治和战争，而且涉及道德、法律、女人、音乐、文学和医学，并用生动的细节和富有人性的叙述赋予记录以生命。

几乎每位受过教育的土耳其人都写诗，而统治者则热衷于竞技。梅米特·苏里曼·奥格洛（Mehmet Suleiman Oglou）有个更好听的名字，弗朱利（Fuzuli）。他完成当时最优美的情诗，这些诗在现有的拙劣英译本中，声韵都被破坏了，但我们可以了解他的意思——巴格达的少女们热情、温柔、肌肤滑润、羞怯而亲切，直到她们披上嫁衣。马穆德·阿布都·巴齐（Mahmud Abdu'l Baqi）是土耳其最伟大的抒情诗人，他曾是伟大的苏莱曼宠爱的歌者。他的资助者死后，他继续歌唱了 34 年。内费·埃尔祖鲁姆（Nefi Erzurum）善写尖锐的讽刺诗，其中一首想必涉及安拉，因为穆拉德四世读那首诗时，这位国王的脚下突然响起一声霹雳。因此，那位苏丹将诗集撕碎，将诗人赶出君士坦丁堡。不久他又被召回，但他另一首讽刺诗刺伤了国务大臣拜拉姆·帕沙（Beyram Pasha），被处以死刑。

土耳其人的艺术仍然产生杰作，艾哈迈德一世的清真寺建于1610 年，它的尖塔俯视着整个首都，包括 6 个高耸入云的尖塔、一系列隆起的圆顶、内部粗大而刻有凹槽的柱列及那嵌镶细工做成的拱门，上面庄严地写着经文，而且装饰得闪烁耀眼。5 年后，艾哈迈德把耶尼·瓦利德—加米西（Yeni Validè-Jamissi）清真寺献给他宠爱的妻子。这一时期大马士革也加建了两座富丽堂皇的清真寺，而在亚得里亚堡那位技艺超群的建筑师辛南（Sinan）——他曾经设计苏莱曼清真寺，为塞利姆二世建造了一座庙宇，其中有些行列高过君士坦丁堡城所有的建筑。

没有一个文明在制造艺术碑砖方面超过穆斯林，如那些在艾哈迈德一世清真寺中的或更美丽的点缀在靠近圣索菲亚教堂的塞利姆二世之墓进口处的那些瓷砖：在蓝、绿、红色枝叶丛中，点缀着一束束白色或蓝色的花朵。真正的花也不可能比这些图案更美，而且没有这种耐久性。在这个时代的伊兹尼克（Iznik）——在这里，13 个世纪之前，君士坦丁大帝曾经主持那个确定基督徒信条的历史性会议——以出产彩色艳丽的瓷砖而著名，有一些令人心折的样品，现陈列在纽约大都会艺术博物馆中。

土耳其的微型画像术仿自波斯，这一方面的情形下面不久将会谈到。人们对书法的评价是如此之高（据说米尔·伊迈德的一行手迹，甚至在他活着的时候就可卖一块金币），1728 年以前，土耳其境内的书籍没有一本是印的。在纺织方面土耳其人也是波斯人的学生，但在产品精良方面他们并不逊色。土耳其地毯在质地精良、设计的错综、色彩的富丽等方面或许不及波斯，但它们在这种艺术的历史上占有很高的地位。15世纪，土耳其的地毯已在西方赢得声誉，因为我们在曼泰尼亚及其后的平图里基奥、帕里斯·波登、霍尔拜因诸人的绘画中看到它们。很多都铎王朝时代的大厦中铺有土耳其地毯，甚至以吃苦著称的克伦威尔也拥有22条，我们发现在描绘路易十四生活的戈布林挂毡之中它们再度出现。西方人从此知道东方除了枪炮之外更有艺术。

莱潘托之战

然而，西方的统治者必须提防那些枪炮，因为奥斯曼的苏丹们曾经扬言他们要使整个欧洲变成伊斯兰教的领土。广阔疆域中的人力和财富使他们得以拥有欧洲最强大、最精良的军队。单单近卫步兵就超过4万人。或许，西方和基督教的得救应归功于奥斯曼帝国异常辽阔的领域，因为距离太远无法将散布各地的资源汇集一点。那些伊斯兰教苏丹，虽然他们曾经建立一个比任何基督徒统治家族更能持久的王朝，但现在正在女色中堕落，他们将国事委托给那些任期短暂的大臣，后者由于任期短暂得不到安全的保障，因而营私自肥、预作退路。

塞利姆二世——他于1566年继苏莱曼为王——也是一个淫荡堕落、游手好闲的人，唯一显露天才的成就，是将国家行政和政策方面的事务完全信托给他能干的大臣穆罕默德·索可利（Mohammed Sokolli）。土耳其对神圣罗马帝国的攻击被阻止了，神圣罗马皇帝马克西米利安二世以每年进贡3万杜卡特的代价换取和平，而索可利转向较近的猎物。阿拉伯一直保持着宗教上的独立，现在（1570年）它被奥斯曼土耳其帝国政府征服。爱琴海中仍然散布着威尼斯的属地，妨碍土耳其的舰队和商业活动。拉拉·穆斯塔发（Lala Mustafa）受命带领6万人进攻塞浦路斯岛。威尼斯向基督教国家求援，只有教皇和西班牙给予反应。庇护五世不曾忘记1566年一支土耳其舰队曾在亚得里亚海中的港口和堡垒安科纳威胁教皇。菲利普二世知道西班牙境内的摩尔人在他的攻击下曾向苏丹求援（1569 年），而且他们派去的使者曾受善待。外交的情势渐趋明朗。神圣罗马皇帝不愿参加反土耳其的战争，因为他方才签署一个和平条约，而其力又不足以光荣或安全地撕毁它。法国反对一切可能增进西班牙力量和特权的计划，同时培养和土耳其人的友谊，以作为反神圣罗马皇帝之助。英国畏惧若与菲利普采取共同行动，一旦胜利英国可能被置于天主教西班牙的支配之下。威尼斯忧虑因这次胜利而将西班牙的力量带进亚得里亚海，终止了威尼斯在该海域中的商业垄断权。庇护教皇辛苦了一年来克服这些犹豫，他必须同意由威尼斯和西班牙支用教会的岁收，最后（1571 年 5 月 20 日）这三个国家成立一个神圣联盟，准备迎接战争。

这些谈判进行时，土耳其对塞浦路斯岛的进攻已经开始，双方都有重大损失。尼科西亚（Nicosia）在 45 天的包围之后被攻克，2 万名城中居民惨死剑下。法马古斯塔（Famagusta）抵抗将近一年，该地陷落后（1571 年 8 月 6 日），那位英勇的护城者马坎东尼奥·布拉加迪诺（Marcantonio Bragadino）被活剥，而他塞满稻草的皮被当作战利品送往君士坦丁堡。

受到这样的刺激，神圣联盟聚集它的军队。萨伏伊、佛罗伦萨、帕尔马、卢卡、费拉拉、乌尔比诺及威尼斯旧日的敌人热那亚等都捐献船只和人员。在那不勒斯，奥地利的堂·胡安在严肃的仪式中从枢机主教格兰维尔手中接过舰队司令的旗帜。9 月 16 日，士兵和水手由随军远征的耶稣会教士和卡普琴派教士供给圣餐后，这支舰队由墨西拿出发，经过意大利皮靴的脚尖和后跟，穿过奥特兰托海峡（the Strait of Otranto）抵达科孚岛。在这里，传来塞浦路斯岛陷落后土耳其人屠杀和暴行的消息。渴望复仇的心理激励了这支军队，而堂·胡安下令准备战斗时，舰队上爆发出"胜利！胜利！基督万岁！"的喊声。

1571 年 10 月 7 日，这支舰队通过帕特拉斯湾（the Gulf of

Patras）进入科林斯湾。那里，在莱潘托港外，土耳其的海军正在等待，其中包括 222 艘大型战船、60 艘较小的船只、750 尊大炮、3.4 万名士兵、1.3 万名水手、4.1 万名划船工人。基督徒有 207 艘大型战船、6 艘更大的威尼斯三桅战舰、上面装有重炮、30 艘较小的船只、1800 尊大炮、3 万名士兵、1.29 万名水手、4.3 万名划船工人。基督徒舰队的军旗上是一幅耶稣被钉十字架的画像，土耳其则带着苏丹的军旗，上面用金线绣着安拉的名字。基督徒舰队的右翼为土耳其人击败，但左翼威尼斯战舰由坚强的抵抗变成训练有素的进攻，而三桅战舰上的巨炮杀死了数以千计的土耳其人。堂·胡安命令他的旗舰直接驶向土耳其舰队司令穆西纳德·艾里（Muesinade Ali）的旗舰。两舰相遇时，300 名西班牙老兵登上那艘土耳其大船，一位卡普琴僧侣领导他们攻击，他站在桅杆高处挥舞一支十字架。那艘土耳其船被俘、艾里的头被砍下高挂在他自己的旗杆上时，这次战役的胜负已经决定了。土耳其人的士气崩溃了，他们的船只有 40 艘逃逸，被俘的有 117 艘，另外 50 艘被击沉或烧毁。8000 名以上的土耳其人死于这次战役，1 万名被俘，其中大部分被分配给胜利者做奴隶。这次战役中在土耳其大船上划船的，为数约 1.2 万名基督徒奴隶重获自由。基督徒损失了 12 艘大船，7500 人被杀，其中包括意大利最古老、最著名家族中的成员。无疑，这是现代最大的一次海上战役，7500 名受重伤的基督徒之一的塞万提斯描述这次战役是“古往今来所见最难遗忘的一件大事，将来也许永不会及得上”。

这次战争本来应该是现代历史上最具决定性的一次战役，但是由于划船工人的疲乏、得胜舰队本身的受损情况及一阵强烈暴风雨的来临，阻止了对土耳其人的追击。基督徒之间为荣誉和战利品的分配引起争论，因为西班牙曾付出一半的船只和费用，威尼斯 1/3，教皇 1/6，战利品依此分配。土耳其战俘也以同样的比例分配，菲利普二世得到 3600 名戴着手铐脚镣的奴隶，而从教皇的比例中，堂·胡安被许以 174 名奴隶作为酬谢。有些基督徒的领袖希望将从土耳其大船中解救出来的基督徒仍旧作为奴隶，但庇护五世禁止了此事。

胜利的消息传来时，整个天主教的欧洲欣喜若狂。威尼斯满街都是花环和艺术品，人们在街上相遇时拥抱亲吻，蒂希安、丁托列托、韦罗内塞等画家画出这次战役的巨幅画面，而威尼斯的领袖塞巴斯蒂亚诺·维尼罗（Sebastiano Veniero）日以继夜地被各方宴请，最后被选为总督。在罗马自从那支舰队离开墨西拿后，僧侣和俗人就每天花费几个小时在焦虑的祈祷中，现在也爆发在蒂德姆斯（Te Deums）的狂欢和慰藉中。这次的胜利促成教皇庇护五世，引用福音中的语句赞美堂·胡安，几乎将他奉为圣徒："有一个人，是从神那里差来的，名叫约翰。"望弥撒、放焰火、放礼炮以示庆贺。教皇请求胜利者集合另一支舰队，他恳求欧洲和圣地，又呼吁波斯王和阿拉比亚·弗里克斯（Arabia Felix）的酋长穆塔哈特（Mutahat）参加基督徒对土耳其人的攻击。法国由于嫉妒西班牙，莱潘托之战过后不久，就向伊斯兰教苏丹建议两国直接联盟以对抗菲利普二世。这项情报的获知及其他因素，阻止了菲利普对土耳其强权采取进一步的行动。他被卷进和英国的纠纷及阿尔瓦在荷兰惹起混乱的旋涡中。他对威尼斯坚持垄断亚得里亚海的商业愤愤不平，而且他怕另一次对土耳其的胜利将会使瓦解的威尼斯帝国再度统一，并增强她的力量成为西班牙的对手。教皇庇护五世被这次胜利和失败弄得身心俱悴，于 1572 年 5 月 1 日去世，神圣联盟也随之而去。

伊斯兰教势力的衰落

此时，其精力使西方世界为之丧胆的土耳其人建造了另外一支舰队，和那支几乎覆灭的同样强大。莱潘托之战后不到 8 个月，一支拥有 150 艘船只的小型土耳其舰队在那片海域上搜寻基督徒的舰队，基督徒的舰队则因为太无组织而不敢冒险驶出港口。虽然所有的国家都鼓励威尼斯继续对土耳其人作战，但没有一个国家给予实际的协助，威尼斯只得与土耳其议和（1573 年 3 月 7 日），不仅将塞浦路斯岛割让给土耳其，而且赔偿土耳其人为征服该岛付出的代价。土耳其在一次战役中失败，却在整个战争中获胜。土耳其距离衰弱还有多远，可以从 1573 年向威尼斯所做的一次充满自信的建议看出来：如果威尼斯加入土耳其反西班牙的战争，土耳其人将帮助她征服那不勒斯王国，以作为她失去塞浦路斯的一个丰厚的补偿。威尼斯拒绝了这个建议，认为此举会导致土耳其对意大利和整个基督教世界的控制。10 月，堂·胡安替西班牙攻克了威尼斯而重振声威，但不到一年，土耳其人——这次出动了一支 250 艘船的舰队——又夺回这座城市，而且屠杀那些新近定居该地的西班牙人。为了报复，他们袭击西西里岛各处海岸。塞利姆二世死于 1574 年，索可利继续领导内政和战争。

何以历史学家认为土耳其势力的衰落始于穆拉德三世呢？他喜欢女人，有 103 个孩子，太太的数目较此略少。他宠爱的妻子巴佛（Baffo）是一个威尼斯的奴隶，却用她的美色奴役着他，运用她的影响力插手国家大事，受贿。索可利的权威动摇了，当他建议在斯坦堡（Stamboul）建造一座天文台而引起民众的疯狂反对时，他被暗杀了（1579 年），可能出于穆拉德的指使。混乱随之而起，货币贬值，近卫步兵因不愿接受贬价的货币而叛变，贿赂腐蚀了官吏。一位土耳其总督竟夸言他曾贿赂过穆拉德。穆拉德沉迷于女色，终因淫乱而死。

巴佛对她儿子穆罕默德三世（1595—1603 年）产生的影响，几乎和她对其父产生的影响同样大。他以一种正统的方式即位，那意味着他在维护国内和平的动机下杀死了 19 个兄弟，但穆拉德的多子使这个问题趋于复杂，他还有很多儿子颇具危险性地活在那里。贪污和混乱蔓延各处。对奥地利和波斯的战争互有胜负。艾哈迈德一世（1603—1617 年）面临波斯强主阿拔斯一世的兴起，因此决心将土耳其的兵力集中在东方边境。为使西部无后顾之忧，他命令他的臣下和奥地利签订了《兹斯特瓦·托罗克和约》（1606 年），这是骄傲的土耳其应允在君士坦丁堡以外的地方签订的第一个条约。奥地利给付艾哈迈德一世 20 万金币，但免去了日后的纳贡。特兰西瓦尼亚现在自愿接受土耳其为其宗主国。波斯也与土耳其议和（1611 年），给予土耳其 100 万磅丝绸作为战争赔款。除了近卫步兵的叛乱继续外，大体来说艾哈迈德一世的统治是成功和稳健的。艾哈迈德是一位虔诚、有善心的人，他尝试结束王室兄弟相残的常规，但终于失败。

　　奥斯曼二世准备训练和改革近卫步兵，他们抗议并将之杀死。他们强迫他低能的弟弟穆斯塔法一世继位，但穆斯塔法够清醒地让位（1623 年）给他 12 岁的侄儿穆拉德四世。每当近卫步兵们思变时，就选择重要的官吏加以杀害。他们侵入王宫强迫王后库塞姆（Kussem）打开宝库来满足他们。1631 年，他们再度入宫，将年轻的苏丹赶进他的私室，并向他要求 17 位官员的首级。其中之一的哈菲兹（Hafiz）挺身而出，成为他们的牺牲者。他们将他碎尸万段。此时，穆拉德力有不逮，只能用无力的威胁来对付他们："上帝助我，你们这些血腥的刽子手，毫不敬畏安拉，在先知面前也一并羞愧，可怕的报应就要临到你们身上。"他伺机而动，组成了一支忠于自己的军队，然后将那些领导叛变的士兵一个一个杀掉。进一步的叛乱图谋被极残暴的手段扑灭，这位苏丹偶尔亲手处决死囚。他将他的兄弟全部杀了，只留下一个他认为无害的低能者。他沉迷于王权，公布占用烟草、咖啡、鸦片者，处以杀头之罪。据我们所知，在他统治期间有 10 万人被处以死刑，死于战争的尚不计在内。一时，社会秩序和行政完整恢复了。现在感觉已经相当安全，穆拉德向波斯宣战，他本人接受了一位波斯战士单独决斗的挑战，手刃了那名战士，征服了巴格达（1638 年），缔结了一次胜利的和平。他回到君士坦丁堡时，民众以疯狂的欢呼迎接他。一年后，他死于酗酒引起的痛风症，时年 28 岁。

　　他死后，土耳其的衰落重新开始，伊布拉辛一世（Ibrahim Ⅰ）由于——也可能是伪装的——智能迟钝而逃过他哥哥的毒手。在他漫不经心的治理下，混乱和腐败再度出现。他一方面和威尼斯作战，一方面派遣远征军进袭克里特岛。威尼斯人封锁达达尼尔海峡。君坦士丁堡的居民开始挨饿。军队叛变而将伊布拉辛一世勒死。西方基督教国家忆起古罗马护卫军卫士的故事，他们的结论是，土耳其势力已不再值得畏惧。不到 35 年，土耳其人又逼近维也纳的大门。

阿拔斯大帝（1587—1629）

1577 年至 1638 年，法国和德国先后被困于宗教战争中，而原本想将西方疆界推向维也纳的土耳其人，却转移力量对付波斯。这对信仰基督教的西方，毋宁说是一大恩泽。这里，宗教再度变成权力与野心的借口。土耳其人根据传统的伊斯兰教律法斥责波斯人为异端，因为他们信奉非正统的沙伊而把自穆罕默德女婿阿里以来所有伪伊斯兰教哈里发指为篡夺者。当然，真正的宣战原因是现实生活的驱策多于神学的因素——意欲借统治少数民族而独得额外的土地、资源和纳税的人口。凭借一连串坚忍的战争，土耳其人推进到幼发拉底河、高加索山脉、里海等地，吞并了新的波斯首都大布里士（Tabriz）和旧的阿拉伯首都巴格达。佩德罗·泰克西拉（Pedro Teixira）描述 1615 年前后的巴格达实质上是一个属于阿拉伯人、波斯人、土耳其人和犹太人的城市，他们住在 2 万栋砖屋中，四周围拥塞着成群的阉牛、骆驼、马匹、骡子和驴子。男人们衣着整洁，"多数女人都生得漂亮，几乎每人都有一双美目，从她们的面纱上端或透过面纱而窥视"。有一位公共官员专司保护外来的陌生者。

巴格达和幼发拉底河以东是伊朗那些分裂的小邦，它们的范围西北方抵达高加索山脉和里海，东北方抵达土耳其斯坦，东至阿富汗，南至印度洋，东南至波斯湾。这些散乱的小国正等待着一个大一统的国君。

阿拔斯大帝伊斯迈尔一世（Ismail Ⅰ）是 1502 年在大布里士建立的萨非（Safavid）王朝的第五位君主。在第二位波斯王塔马斯普（Tamasp）一世长期的统治下，这个新兴的国家遭受土耳其人的多次入侵。他死后，他们侵入并吞并了伊拉克、卢里斯坦（Luristan）和胡齐斯坦（Khuzis-tan）等波斯省份。正当此时，乌兹别克人从特兰西瓦尼亚南下，占领了赫拉特（Herat）、麦什赫德（Mashhad）、尼沙普尔（Nishapur）等地，并侵入波斯帝国东方的省区。30 岁那年（1587 年），阿拔斯在没有首都的情况下继位为王，他与土耳其人议和，而东向进军迎击那势力较小的敌人。经过多年的战争，他夺回赫拉特，将乌兹别克人逐出波斯。现在他热切地希望与土耳其人一决胜负，但他的军队因损失而耗竭，而部落之间的互相嫉妒和缺乏约束，导致军纪丧失。

约在此时（1598 年），两位富有冒险精神的英国人——安东尼·谢利爵士（Sir Anthony Sherley）和他的弟弟罗伯特因商务从英国来到波斯，他们带来珍贵的礼物、作战的经验及一位铸炮专家。凭借他们的帮助，波斯王阿拔斯重组他的军队，除了刀剑外，又用毛瑟枪装备他的士兵，不久又有了 500 尊大炮。他领导这支新军对抗土耳其人，将他们逐出大布里士（1603 年），收复了埃里温（Erivan）、施尔万（Shirvan）、卡尔斯（Kars）诸地。土耳其 10 万大军蜂拥而来，但阿拔斯以 6 万人击败了他们（1605 年）。随着阿塞拜疆、库德斯坦、摩苏尔、巴格达诸地的相继收复，阿拔斯的版图从幼发拉底河直抵印度河。

甚至在这些艰难的战争开始之前，他已经着手（1598 年）营建一处新都，比较大布里士远离入侵者，而较少受到对外国的记忆和穆斯林足迹的亵渎。伊斯法罕城（Isfahan）已有 2000 年的历史，城中有 8 万居民。在离开这座古城约 1 英里的地方，阿拔斯让他的工程师们设计了一块长方形的空地作为皇家方场，长 1674 英尺，宽 540 英尺，周围植树。两侧是有檐的走廊，以防日晒雨打。南侧建立一座皇家清真寺，东侧是卢图夫·安拉清真寺和一座皇室宫殿，周围空地上建有商店、客栈和学校。广场的西面是一条 200 英尺宽的大道——四花园大道（Four Gardens）——路的两边是树木和花园，喷泉和池塘点缀其间。这条公园大路的两边都是国家首长们的公馆。萨严德河（Zayand）贯通全城，河上建有 3 座砖桥，其中之一的阿拉维尔蒂·可汗（Allah Verdi Khan）是一座美丽如画的建筑，该桥全长 1164 英尺，桥面是宽广的石砌路面，两侧有为行人建造的拱廊街道。这座新建的城市用河流、水库、喷泉、瀑布等提供生活用水并保持全城的凉爽。全部的设计就当时的知识水平而言，堪称杰作。

让·查尔丁（Jean Chardin）于 1673 年拜访伊斯法罕城时，他惊奇地发现，那是一座伟大的行政、商业、手工艺和艺术都会，城市四周环绕着 1500 个村落，城中有 30 万人。该城和它的郊区共有 162 座清真寺、48 所学院、273 处公共浴室及 1800 家大小旅社。让·塔韦尼埃于 1664 年春到伊斯法罕，描述它的范围与巴黎相等，但人口密度和花园、城中的树木很多，似乎"与其说它是一座城市，不如说它是一片森林"。

欧洲因为波斯使土耳其人忙于东事无法西顾而感激波斯，波斯王阿拔斯派遣安东尼·谢利爵士和其他人员担负和基督教政府建立外交关系、开放波斯丝绸的出口，避免土耳其人居间操纵的使命。欧洲的使者们来到伊斯法罕城时，阿拔斯把他们安置在富丽堂皇的宾馆中，而且给予他们充分的宗教自由。他曾在对土耳其人的战役中俘获了 5000 名亚美尼亚人，他没有奴役他们，而是允许他们将伊斯法罕附近的朱尔发（Julfa）发展成为他们自己的中心，他则从他们的商业活动和经商手腕中获利。在那里他们建立自己的教堂，内部设计混合了基督画像艺术和伊斯兰教装饰品。有时候阿拔斯还转着熔所有宗教于一炉，"使天上和地下同得安宁"的念头。更实际地，他利用波斯人的什叶派信仰（Shiáfervor）作为鼓舞民族士气的方法。他鼓励他的人民到麦什赫德朝拜，就像波斯的穆斯林去麦加朝拜一样，他自己也步行 800 英里从伊斯法罕到麦什赫德祈祷和献礼。

因此他用来荣耀伊斯法罕的建筑主要是宗教性的，就像西方中世纪的教堂一样，他将穷人的小钱变成庙宇，它的堂皇、美观和宁静就成为全民的骄傲和所有物。新都之中给人印象最深刻的建筑是皇家清真寺，它是阿拔斯于 1611 年至 1629 年建立的。皇家广场就是它庄严的庙前广场和入口，整个广场似乎是导向那个环形的正门。人们的眼光首先被两翼的那些尖塔及它们突出塔楼的花边吸引，从那里通报祈祷时刻的人，宣布安拉是唯一的真神；其次引人注意的，是那覆盖大门门框的灿烂的彩陶及墙上刻有文字的横形饰带，带上的文字说明这个寺院是阿拔斯献给安拉的礼物，在波斯即使文字也是一种艺术。拱门之内，墙壁上布满闪烁着白花的钟乳石。然后就是内院，敞向阳光，穿过更里面的那些拱门，就进入那个巨大圆形屋顶之下的神殿。人们必须再走出来细究那圆形的屋顶，它庄严的阿拉伯文（Kufic）刻字，它的突出而不失优美的形状，依阿拉伯图饰绘着蓝色和绿色花卉的琉璃瓦。尽管时光不留情，此寺"即使在今天也是世界上最美观的建筑之一"。

形体较小而更见纤美的，是波斯王阿拔斯于 1603 年至 1618 年为他虔诚的岳父所建的那座清真寺——卢图夫·安拉清真寺——优美的大门、精制彩陶铺饰的神殿和壁龛（Mihrab），但更重要的是它内部那种令人难以置信的美：阿拉伯式的图饰，几何图案，各色花卉及设计完美而和谐的涡卷形装饰。这是合于逻辑的抽象艺术，其结构和效果给予我们心灵的，不是令人迷惑的混乱，而是清晰的条理和心智上的安宁。

在皇家广场的东侧，这位波斯王在一座巨大的拱门之下建造了一个露天宝座，名为"崇门"，他在那里召见臣下或观赏皇家广场中的赛马或马球比赛。这门之后就是皇家花园，园中有好几处殿宇，分别供他在特殊场合中使用。其中之一今日依然存在，但已饱受风霜的侵蚀："40 柱"是一处谒见室，殿宇用 20 棵法国梧桐做成的圆柱支撑，柱外镶有镜面玻璃和一条长长的走廊，廊中饰以描述这位波斯王生活细节的油画。宫殿的门扇都是由上漆的木材制成，其上点缀着花园景色的图画和花卉的涡卷形装饰，其中的两扇今日陈放在大都会博物馆中。仍然留在原地的，是谒见室天花板上色彩明朗的灰泥装饰，都是镀金和五彩的，这里抽象艺术再次达到逻辑和设计上的完美。

波斯王阿拔斯从他的许多宫殿和军营中，指导其广大疆域中人民的生活。像大多数伟大的统治者一样，他关心人民生活的每个方面。他修路建桥，而且将数以英里计的道路铺砌石板。他鼓励制造业、国外贸易及开发矿产。他建筑水坝，扩展灌溉，并将清洁的水导入城市。他重建那些曾受损害的城市——麦什赫德、卡斯维、大布里士、哈马丹。"他常常微服出行，"塔韦尼埃说，"像一个普通居民一样在伊斯法罕城中到处走动，而且假装买卖物品，想借此查访商人是否使用不实的度量衡……他发现了两个犯罪者，便令人将他们活埋。"这是过去东方人建立法律的方法：鉴于监视和管理的不足，严刑的目的就是要遏阻人们天生不守法律的习惯。或许长时间的军旅生涯，使阿拔斯王更变本加厉地诉诸这种残忍行为来吓阻或报复，他杀死了他的一个儿子，而使另外一个变成盲人。然而，他同时也是一个诗人，资助许多慈善事业，支持很多学艺活动。

他的死（1629 年）结束了萨非艺术和统治的黄金时代，然而他以他那调和的精力建立的秩序，几乎持续到下一个世纪。虽然经历一连串柔弱无能的君王，波斯的萨非王朝仍能维持下去，直到阿富汗人征服波斯，它才颓然崩倒（1722—1730 年）。即使在那个政治衰落的时期，萨非艺术继续跻身于人类鉴赏力和技术所能创造最优美的作品中。

萨非时代的波斯（1576—1722）

让我们细查萨非王朝自塔马斯普一世之死（1576 年）到它结束（1722 年）的这一段时间，因为这是一个不能为适应欧洲纪年而加以分割的文化发展。好几位西方旅行者留给我们对这一时期的波斯富有启示的报告：佩德罗·泰克西拉 1600 年时在波斯；耶稣会神父丘辛斯基（Kiusinski），1702 年至 1722 年居住在伊斯法罕，并写过一本《波斯革命史》（*History of the Revolution of Persia*），这书包含整个的萨非王朝时代；让·塔韦尼埃详细描述他在土耳其、波斯、印度、东印度群岛等地的旅行（1631—1668 年）；让·查尔丁也以 10 卷的篇幅记述他 1664 年至 1677 年停留在波斯的情形。虽然曾在波斯湾附近遭到阿拉伯的热风，但查尔丁深深爱上了伊朗。夏天，他宁愿住在伊斯法罕而不愿住在巴黎，而且发现"波斯的空气如此美妙而清新"。他写道："我自己既不能忘记它，也无法使我不对每个人提起它。"他认为晴朗的波斯天空影响波斯艺术走向光泽和色彩的明艳，也给波斯人身心方面一种愉快的影响。他相信波斯人因为与佐治亚和高加索山区的居民混合而受益，这两个地区的人民，他认为是世界上最漂亮、最勇敢的——但还及不上波斯马漂亮。

这个一度是许多珠光宝气的教主和曼妙诗人家乡的人间乐土，被毁于蒙古人的入侵。政府的崩溃、运河的被忽视和淤塞、商道的改变、从西方通往印度和中国的海上航道的发现，使波斯的商业萧条。然而，有些商业从陆上的那些河流移向波斯湾。1515 年，葡萄牙人占领了波斯湾上首要的港口霍尔木兹（Hormuz），他们控制该港达一个世纪之久。1622 年，波斯王阿拔斯的军队在英国东印度公司船只的协助下，将葡萄牙人逐出霍尔木兹。阿拔斯又在附近的班达·阿拔斯（Bandar Abbas）设立了另外一处商业补给站，该地商业的发展资助了他统治期间的艺术和繁华。商旅队仍然通过波斯由西方前往东方，给沿途的那些城市留下一些财富。泰克西拉描述阿勒颇是一座拥有 2.6 万间房屋的城市——很多房屋是用精制的石块建成的，其中有一些连王子也能住——城中的居民有穆斯林、基督徒和犹太教徒，城中有清洁而宽敞的公共浴室，有好几条街是用大理石石板铺砌的。

大部分工业仍然处在手工业阶段——中古的、费力的、精巧的、缓慢的，阿勒颇有一家缫丝工厂，全境都种有烟草。根据查尔丁的记载，波斯人对吸烟有一套过滤的方法：他们将烟在水中捞一下，因此"清除了烟草中油质和粗劣的品质"。吸烟成为波斯人的一种生活必需，"他们宁可不吃晚饭，也不能没有烟斗"。波斯王阿拔斯却是一个例外，他鄙视那个习惯，而尝试用一个恶作剧的方法纠正他的朝臣们。他命人将马粪晒干代替烟草，放在他臣子们盛烟叶的容器中，向他们解释这是哈马丹总督送给他的一种名贵烟草。他们吸食那种"烟草"，而且极力赞美它。"它闻起来就像 1000 朵花那么香。"一位客人发誓道。"那该死的药，"阿拔斯王喊道，"它的味道竟和马粪没有分别。"

任何有天赋才能和懂得礼貌的人，都可能在那位波斯王的宫廷中得到一个位置，那里没有天生的贵族。各个阶级、男人女人的衣着，基本上是相同的：一件长可及膝的外袍，窄袖、宽的腰带（有时候用有花的丝绸制成），袍下穿一件绸质或棉质的衬衣，裤管在脚踝的地方束紧，头上缠一块头巾。妇女们"衣着非常华美"，塔韦尼埃写道，而"和男子们差别甚小……她们和男人一样穿着裤子"。妇女们居住在深闺中，很少离开她们的家，即使离家她们也很少前行。那里有三种性别。很多情诗是男人写给男孩子们的，阿拔斯宫廷中的一个英国人托马斯·赫伯特（Thomas Herbert）看见"美少年们身穿锦织背心，头裹灿烂华丽的头巾，足踏精选的凉鞋，他们卷曲的头发在两肩之上摇摆，有着灵活的眼睛和红润的双颊"。

查尔丁注意到在他那个时代波斯人口的减少，将原因归于：

第一，波斯人有一种不幸的爱好，即违反自然，与两性均发生关系。

第二，那个国家的过度纵欲（性的自由）。当地的妇女很早便开始生养孩子，而且只持续一段很短的时间，并且她们一过 30 岁，就被认为老朽。男人同样在非常年轻时就接近女人，并且过度纵欲，以至于虽然他们得到享受，但不能有更多小孩。而且绝大多数的妇女想办法堕胎，服用阻止胎儿生长的药物，因为

（当）她们怀孕 3 至 4 个月时，丈夫们即开始沉迷于其他的女人，
原因是他们认为在女人怀孕期中和她同眠，是一件猥亵不礼貌
的事。

尽管实行多妻制度，妓女仍然很多。虽然穆罕默德的法律禁酒，
酗酒仍很普遍。咖啡店很多，所以这种植物的欧洲名字得自于阿拉伯
文中的"卡洼"（qahwah）。身体的清洁较语言的洁净更普遍，浴室
甚多，而且有时加以艺术的装饰，污渎猥亵却所在多有。塔韦尼埃称
他们为"伟大的伪装者和奉承者"，而查尔丁的记述是他们极喜欢欺
骗，但他接下去说："他们是世界上最仁慈的民族"，宽容而殷勤，具
有"最吸引人的生活方式、最柔顺的脾气、最伶俐的……口齿……总
而言之，是东方最文明的民族"。他们喜欢音乐，他们的诗人经常吟
唱他们写的诗。

我们可以从波斯诗人在德里的莫卧儿人宫廷中受到的欢迎来判
断他们的杰出，但这个时期的波斯诗人的作品很少传到西方人的耳朵
中。我们知道 16 世纪最杰出的波斯诗人是设拉子（Shiraz）的乌尔费
（Urfi），他认为自己至少要超过萨迪。他的诗比他的人更受欢迎，下
面是我们从那些跑来欣赏他重病的"朋友们"中采摘出来的：

> 我的身体已病重如此，
> 我那能言善道的朋友们似传道者站满床沿。
> 一人用手抚须并引颈前望，
> 他说："天啊，天啊，时运不常，
> > 为人不当用心于污浊的浮名、金钱，
> > 今日谁见贾姆希德帝国，又谁闻亚历山大之名？"
> 另一人引袖揾泪眼，出以悲语柔声：
> > "命乎，命乎，人人必经此永离之路，
> > 你我均为路上行者，而韶光催人行速。"

更一人巧言道:

> "镇定,镇定,莫使烦乱扰君心,
>
> 我但愿能集君诗文,
>
> 抄写校正之后,我将附序篇首,
>
> 恰似盛珠之椟,证明珠为君有。"
>
> 祈求我主,佑我康复,
>
> 你将见我以何等盛怒倾诸此等伪善者之头。

乌尔费在韵文方面的对手是伊斯法罕城的萨伊布 (Saib)。他追求时髦迁居到德里,就像当时法国和佛兰德斯的艺术家迁往罗马一样。两年后,他回到伊斯法罕,成为波斯王阿拔斯二世(1642—1666年)的桂冠诗人。他有点像哲学家,写了不少富于隽永智慧的片断:

> 所有信教与不信教之言最后归诸一途,
>
> 梦本相同而解释各有千秋……
>
> 治疗世上一切不快的良药是忽视它,
>
> 清醒者乃沉醉睡梦中人……
>
> 浪花不知大海的底蕴,
>
> 暂生者如何了解永恒?……
>
> 复活节给我唯一的困惑是,
>
> 那复活者将必须再面对人脸。

如果波斯诗歌的韵律困惑着我们,对萨非时代艺术的欣赏应是我们能力所及的,因为这是一种所有人都能了解的语言。那些经过2000年的演化,最后在伊朗形成的技术、手法和韵味,现在在建筑、陶器、装饰画、书法、木刻、金工、纺织、挂毯、地毯等艺术中,开出灿烂的花朵,这些艺术品是今日世界各处博物馆中珍品的一部分。我们曾经提到这个时期中最好的建筑物是在阿拔斯一世时代的伊斯法罕城中。阿拔斯二世在该城中建立了阿什拉宫（the Talar Ashraf，1642年），而在萨非王朝的晚期，波斯王侯赛因（Husein）又在该城建立了波斯王母后学院——这所学院曾被寇松勋爵（Lord Curzon）列为"波斯境内最堂皇的遗迹之一"。但其他的城市也有值得骄傲的新建筑方面的成就：设拉子的马德拉萨清真寺、麦什赫德的克瓦亚·拉比的巨墓、尼沙普尔现在虽被毁坏，但仍有可爱的卡达姆·加（Qadam-Gah）的神龛和埃里温的蓝色清真寺。

波斯王阿拔斯一世在伊斯法罕城建立了一所美术学校，该校学生必须临摹名画作为训练的一部分，临摹时构图的美观和线条的精细远较主题和形象重要。现在——显然是在欧洲的影响下——俗世画家们逸出正统的伊斯兰教习俗，他们作画时以人物为画中主题。这个结果和意大利的情形正好相反。文艺复兴时代的绘画中，风景最初是被忽略的，然后偶然用之作为背景，再后来风景的地位超过了人物。在伊斯兰教的绘画中，人物最初是被排除的，然后偶然被允许在画中出现，但是只有在较后的阶段，人物才在构图中占有主要的位置。因此在《放鹰者》一画中，一位穿绿衣的贵族，腕上停留一只老鹰，衬着极小以金色花卉构成的背景。而在《坐在花园中的诗人》一画中，每一细节都流露出典型的波斯优雅。另一项改革是发展壁画，关于这方面，我们已在伊斯法罕的宫殿建筑群中看到一个例子。绘画大师们主要仍致力于《古兰经》的装饰，或为古典文学像费尔达西的《帝王之画》，或萨迪的《蔷薇园》等作插图，后面这本书由巴格达的马拉纳·哈桑（Mawlana Hasan）以液体黄金绘图装饰。

萨非王朝中叶后，绘画上最有成就的人是里萨·阿巴西（Riza-i-Abbasi），他将波斯王阿拔斯的名字加在自己的名字上，以感谢王室对他的资助。很长一段时间里，他的声望超过比赫扎德（Bihzad）。他死后，绘画的艺术随之衰落，他构图中的感受性和精微性逐渐流为过度的颓废。此时，受中国影响的波斯风格，转而影响到莫卧儿宫廷之中的人像，甚至影响到他们的建筑。格鲁塞特（Grousset）认为泰姬陵（the Taj Mahal）只"不过是伊斯法罕艺术中一个新的篇章"。

书法在波斯仍然是一项主要的艺术，伊迈德因为他一丝不苟的古卷抄本几乎和里萨·阿巴西的画像一样受到波斯王阿拔斯的钟爱。书籍受到人们的喜爱，不仅是由于它们的内容，更由于它们的形式，一个美丽的封面给予人视觉和触觉的快感，实不亚于一只精致的花瓶。艺术家们在他们设计的封面上签名，和在他们所绘的画上签名一样感到骄傲，因此 17 世纪早期的一个烫金皮质封面上被题着"穆罕迈德·萨利·塔比里兹的作品"，一个纸做的封面用漆绘图，上面签着"阿里·里萨"（Ali Riza），日期是 1713 年。两个封面都美得诱人。

在波斯的城市中，除了圆形屋顶外，要算那铺在圆形屋顶之上的彩绘瓦片最惹人注目，而它们的年代使我们惊奇于他们的工艺竟能使如此明艳的色彩保持这么久远。这种用火烧上釉使颜色经久不退的方法，是波斯的一项古老的技术，阿赫门尼德·苏珊（Achaemenid Susa）时代（公元前 400 年）上釉的瓦片在技术上已臻完美。他们将金、银、铜及其他金属的合金熔合，以做成更富光泽的色彩，尤其对宝石红和蓝绿两种色彩效果更佳，而第二次煅烧增加陶土和釉的硬度以对抗几百年的日晒雨淋。住在朱尔发的亚美尼亚人或许是雇用波斯的陶器工人制造他们基督教堂上的瓦——这些瓦片都设计得和图画一样精美。更美的是陈列在科沃基安（Kevorkian）艺术品收集馆中的彩绘瓦片，它们都属于 17 世纪下半叶伊斯法罕城的成品。

在伊斯法罕，加珊（Kashan）及其他地方的陶器工人，继续制造有光泽的陶器——瓶子、碗、花瓶、盘子、细颈水壶、茶杯等，在釉下面用各种不同的颜色，画在各种不同的衬底上。作镶嵌细工用的法国彩陶，成为清真寺和宫廷中覆盖墙壁最受欢迎的材料。波斯王阿拔斯进口中国的瓷器，他的陶工们尝试仿制，却缺乏那种瓷土和技术。也是在阿拔斯的激励下，伊斯法罕和设拉子的工人们意图制造能媲美威尼斯的玻璃。金工在雕镂和嵌镶铜器方面特别擅长，大都会艺术博物馆中所保存的一件 1579 年的波斯烛台就是一个很好的例子。圣彼得堡的赫米泰奇珍藏馆中有一把金制的军刀刀鞘，上面嵌有大的、精工琢磨的绿宝石。

纺织是一项主要的工业和艺术。数以千计的图案设计工、织工和染色工占据伊斯法罕城中一大部分。他们的产品形成主要的出口货物，使波斯以缎子、天鹅绒、人造丝、刺绣和丝绸而举世闻名。阿拔斯想赐给臣下一件特殊礼物时，他经常选择波斯纺织品中的杰出作品。"他如此赠出的衣衫难以数计"，查尔丁记录道。庆典时，这位波斯王和他的朝臣们在正式场合穿着的丝绸和织锦，查尔丁认为，那是欧洲任何宫廷服装所不及的。"染色的艺术，"他写道，"在波斯似乎较在欧洲更进步，它们的色泽牢固而鲜艳，不会很快地就退色。"加珊的天鹅绒在世界任何地方均无可与之匹敌者，有些碎片现在珍藏在波士顿、纽约、旧金山和华盛顿各地的博物馆中。基督徒军队将土耳其人逐出维也纳（1683 年）时，他们获得的战利品之一，是一张由丝绸天鹅绒织成浮花锦缎的地毯，显然是波斯王阿拔斯时期伊斯法罕城的制品。

波斯的织品在设计和织造地毯中达到顶点，而波斯王阿拔斯时代，这种艺术在伊朗大放异彩。一张地毯对于波斯人来说几乎和他的衣着同样需要。17 世纪时托马斯·赫伯特记叙说："他们房屋中除了地毯和一些铜器外，几乎没有家产和家具……他们在地上吃饭，盘着腿坐在地毯上，好像裁缝一般。头脑再简单的人也会缝地毯，而整个的居室或房间……全部铺有地毯。"现在地毯的颜色趋向于深红和葡萄酒的红色，但为了中和这种色彩上的过分浓艳，图案的设计是平和的。可能是几何形的，而且变化无穷。更常见的设计图案是花卉，眼睛所见是富丽而规则的排列，一个波斯花园的得意产品——花朵插在花瓶中，或稀松地散置着，或诉诸想象而非视觉的花朵，点缀着松散而优美蔓草式花卉与几何图形并用的图饰。有时花园本身也是设计的好材料：大树、灌木、花床、流水，都被演化成几何图形。或图案置于一个大奖牌式的装饰中间，两端都垂有饰物，或呈现动物在嬉戏或追逐时的状态。

随之而来的是大量的劳动和耐心：将织布机上的经线和纬线交互编织，并将彩色的羊毛式丝质小结缝入经线之中，以便形成"堆"（pile）和图案，一平方英寸的面积可能需要 1200 个小结，也就是说一块 23 平方英尺的地毯中有 9000 万个小结。奴隶制度似乎已被织进这种艺术之中，但工人因为自己的灵巧和技艺，将散乱无序的材料变成整个工作中一个和谐有序、有系统的部分而感到自傲。这种地毯在波斯、阿富汗、高加索等境内 10 个以上的地毯中心被制造出来，用以装饰王宫、清真寺和家庭及用作赠送权贵友人的珍贵礼物。

波斯地毯和波斯装饰画在 16 世纪和 17 世纪经过一个相似的发展：它们在"云"或其他图案设计方面受到中国的影响，然后转而影响到土耳其和印度的艺术，而它们同样在萨非王朝时达到极盛期。一直到 1790 年，波斯地毯的生产建立在一个量的基础上，匆促的设计和编织，为的是供应一个较大而较不苛求的市场的需要，这个市场主要是欧洲的。即使在那个时期，仍有一些不寻常的产品，它们无论在结构、彩色和设计等方面，仍为世界任何地区所不及。

这就是波斯，这就是伊斯兰教，在他们力量和艺术最后灿烂时期的情形——这是一个和我们西方有着深刻不同的文明，而且不时怀着轻侮的敌意。他们指责我们是多神论者和唯物主义者，讥笑我们女性至上的一夫一妻制度，有时候蜂拥而来打倒我们的大门。当巨大的辩论尚停留在穆斯林和基督徒之间，而未达到达尔文和基督之间时，我们不可能期望了解这个文明和钦佩它的艺术。文化上的竞争还没有过去，但是大部分的竞争已经停止流血，而现在它们在交互影响的渗透下互相混合。东方采用了我们的工业和军备而"西化"，西方厌倦了财富和战争而追求内在的安宁。或许我们将要帮助东方消弭贫穷和迷信，而东方将帮助我们达成哲学上的谦逊和艺术上的精妙。东就是西，而西就是东，不久这对双生的孩子就将晤面。

第五章 | 帝国境内的大决战
（1564—1648）

神圣罗马帝国诸帝

1564 年，神圣罗马帝国虽然如伏尔泰所言早已名不副实，仍是一个面积广大由半独立小邦拼合而成的杂烩，这些小邦包括德意志、卢森堡、法兰奇·孔特、洛林、瑞士、奥地利、波希米亚、摩拉维亚及部分的匈牙利。这些小邦都承认那位属于古老哈布斯堡王朝的神圣罗马皇帝马克西米利安二世为它们的领袖，这个王朝从 1438 年开始统治神圣罗马帝国，直到 1608 年。查理五世逊位后，该王朝将欧洲的一半划分成两个部分，分属它的两个支系：奥地利的哈布斯堡王朝统治着神圣罗马帝国，西班牙的哈布斯堡王朝则统治西班牙及其属地。历史上由一个家族君临如此众多的人民达如此之久实属罕见。

哈布斯堡王朝在神圣罗马帝国境内的统治较在西班牙境内的统治宽大得多，因为构成神圣罗马帝国的诸小邦在政府、经济、语言、宗教及种族特征上不同，甚至以哈布斯堡王朝的权势和威望，也不能制止这些离心力将神圣罗马帝国变成一个由骄傲的自治单位组成的松弛的联合。偶尔召开的帝国国会（the Imperial Diet）发现抑制神圣罗马皇帝的权力，比制定为各邦所接受的法律来得容易，而那 7 位选举神圣罗马皇帝的帝国选帝侯则利用手中的选举权来控制他。这些选帝侯是波希米亚之王、萨克森、勃兰登堡、巴拉丁挪的统治者和"教会选帝侯"——科隆、特里尔、美因茨诸地的大主教。神圣罗马皇帝直接统治的地区仅限于奥地利、施蒂里亚、科林西亚、卡尼奥拉和提洛尔，有时也及于波希米亚、摩拉维亚、西利西亚及匈牙利的西部。他独立的岁入也来自这些地区，如果需要更多的钱，他必须低声下气地和控制帝国财源的帝国会议打交道。

斐迪南一世于 1564 年去世后，选帝侯们将其子马克西米利安二世选为神圣罗马皇帝，在此之前他已接受了波希米亚和匈牙利的王位。他太随和而不大像一位皇帝，每个人都沐浴在他善良的本性、随和的脾气、对任何阶级的仁慈和礼貌及开阔心智的春风中。除此之外，他更有着智慧和容忍，对科学、音乐和艺术的鼓励及令人难以置信的绅士风度。由于他在路德派和天主教传教士之间更为偏爱前者及在接受圣餐时除了面包之外坚持要酒，这曾经危及他的即位，而且只有在重行改信天主教否则放弃帝位两者之中选择其一时，他才在表面上遵从天主教的规律。同时他却保护新教徒免受迫害。他指责圣巴托罗缪大屠杀是集体大屠杀，同时允许奥朗日的威廉在德国征集军队迎战荷兰的阿尔瓦。在一个偏执无容、战祸连绵的时代，他给予神圣罗马帝国境内各小邦和各教派一个不平凡的楷模，即容忍而不歧视、和平而不畏缩。1576 年，他在垂危的病床上拒绝接受罗马教会替他举行的临终仪式，但整个神圣罗马帝国的人民都参加他的逝后祝福。

他曾说服选帝侯们接受他的儿子鲁道夫为继承人，虽然他已经看出他儿子性格上的一些特征。鲁道夫二世的性格是多疑而阴郁的。因为是菲利普二世的可能继承人之一，他曾被送往西班牙接受教育，那里的耶稣会教士们剥夺了他的宽容心。他继位后不久，即严格限制新教礼拜的自由和范围，他的理直气壮也并非全无道理，因为宣布宗教性辩论导致的暴乱及新教各派的互不相容，正在动摇神圣罗马帝国和平而稳固的根基。他并不完全缺乏他父亲那些令人喜爱的优良品性。他过着适度的简朴生活，没有帝王的架子。他的一个兄弟指责他和地位卑贱的人们过于亲近时，他回答说："虽然我们的地位和出身使我们高出众人，但不要忘记我们和所有其他人一样具有我们的软弱和缺点。"

确实，他宁愿做一个学者而不愿居君主的高位。他学习好几种语言，对每种科学和艺术都有涉猎，收集珍贵的绘画和雕塑、植物学上的各种变种和动物学标本。他帮助诗人和历史学家们，而且建立了很多学校。他成为数学、物理、化学、天文学、医学上的专家，也精通冶金和占星术，曾资助蒂丘·布拉赫和开普勒等在天文学方面的研究，他们将他们的"星群表"呈献给他。在布拉格——他的国都——宫廷之中全神贯注于科学研究，他发现他无暇结婚，也没有太多的时间治理政事。1594年后他不曾出席过国会，1598年后他拒绝批阅公文，而将国事委诸无能的宠臣。他年事渐长时，心智衰退，但没有变得疯狂，而是陷于一种沉思的、抑郁的孤独中，被谋杀的恐惧缠绕着。他曾梦见——或蒂丘·布拉赫曾从星象上——发现谋杀他的人会是一位僧侣，因此他变得不信任一切天主教的教士，尤其是耶稣会教士。内外交迫之下，他于1608年将奥地利、匈牙利和摩拉维亚的统治权让给他的弟弟马赛厄斯，1611年又将波希米亚王位和他剩余的一切权力让出。1612年，他去世了。

马赛厄斯这时已55岁，太疲于征战，未能享受到实际的治国之乐。他将行政和政策全部委托给那位能干而正直的维也纳主教梅尔吉奥·克莱塞尔（Melchior Klesl）。克莱塞尔因为对新教让步而触怒了天主教，又因让步太少而触怒了新教。马赛厄斯的表兄弟斐迪南，也就是施蒂里亚的大公，拘禁了克莱塞尔（1618年），马赛厄斯死（1619年）后不久，他自己被选为神圣罗马皇帝。此时大的决战业已开始。

神圣罗马帝国

形式上，瑞士仅仅是神圣罗马帝国的一部分，对抗神圣罗马皇帝和大公们赢得的光辉胜利，境内各州毫无忌惮地争斗。萨伏伊和西班牙在外交和军事上支持由卢塞恩（Lucerne）领导的天主教各州，意图将新教各州恢复为罗马教廷所有。耶稣会教士们以他们位于卢塞恩的学院为基地，于 1577 年开始一项教育、讲道和阴谋上的决战。教皇驻瑞士的使节们改革天主教教士的弊端，终止教士蓄妾，并阻遏那正由苏黎世、日内瓦、伯尔尼诸地向外蔓延的新教影响。

日内瓦正渐从加尔文手中恢复。西奥多利·贝兹（Théodore de Bèze）继承他的老师（1564 年）成为威尼拉公司（Venerable Company，属于牧师）和教会议会（the Consistory，属于牧师和教外人士）两个团体的领袖。通过这两个团体，他以机智和殷勤，继续推展改革后教会的工作，只有宗教仇恨才能使之分裂。他前往法国，参加加尔文教派的宗教会议，而我们已经看过他在普瓦西会议中为新教提出的议案。在国内，他努力想维持加尔文规定的严肃道德，但不太成功。由于商业领袖们日益违反那项法规，贝兹因而领导僧侣们指责僭取、专利和贪图暴利。城市会议（City Council）建议传教士们的权责应仅限于宗教事务时，贝兹辩称人类事务中没有一件应该脱离宗教的控制。他是伟大的宗教改革领袖中唯一活到 17 世纪的一位。他死于 1608 年，享年 89 岁。

奥地利在神圣罗马帝国中扮演主角。奥地利是神圣罗马皇帝们的驻地，是西方文明对抗野心勃勃的土耳其人的堡垒，是反宗教改革的桥头堡，也是"三十年战争"中天主教势力的大本营。奥地利仍然有一段时间在天主教和新教，甚至基督教和不信教之间举棋不定。斐迪南一世在位时，路德派的教义问答被大部分奥地利教区采用，路德教派盛行于维也纳大学。奥地利国会允许用两种形式领受圣餐，并允许僧侣结婚。1567 年，一位传教士估计："成千上万住在城里的人——

甚至乡下的——不再信仰上帝。"神圣罗马皇帝斐迪南因为惧怕奥地利政府和哈布斯堡王朝的权力失去宗教的支持,召唤彼得·卡尼修斯和其他的耶稣会教士前往维也纳大学。在他们的领导下,天主教开始恢复势力,因为这些受过训练的人不仅隐藏其智慧,而且过着一种予人深刻印象的简朴生活。1598 年,罗马教廷再度取得优势。

一个同样的变化降临到信仰基督教的匈牙利。2/3 的匈牙利自1526 年以来即受土耳其的统治,土耳其的边界距维也纳不到 100 英里,与土耳其的和平仅靠神圣罗马诸帝每年向苏丹们进贡来维持,这种进贡一直维持到 1606 年。特兰西瓦尼亚也支付类似的贡款,但1606 年,其王子斯蒂芬·波西凯(Stephen Bocskay)绝嗣而死,因此将该地区遗赠给哈布斯堡王朝。

由那些渴望侵占天主教教会财产的贵族控制的奥地利的国会,自1526 年以来即赞成宗教改革。在他们支持的宗教自由之下,新教在知识阶级中赢得优势。不久新教即分成路德、加尔文、唯一神教诸派,而唯一神教派又因直接向基督祈祷是否适当的问题而分成更小的支派。那些已经笃定可以得到天主教教产的贵族觉得再没有理由支持新教,因此他们欢迎彼得·帕兹马尼(Peter Pazmany)和其他的耶稣会教士们,以身作则地改信天主教,驱逐新教牧师而以天主教教士代其职。1618 年,施蒂里亚的大公斐迪南成为匈牙利国王,更加积极地推展反宗教改革运动。1625 年,国会中天主教又得到多数席次。帕兹马尼原为一位加尔文教信徒之子,现在成为天主教的枢机主教,也是当时匈牙利文笔最流畅的作家之一。

1560 年,波希米亚及其属地大部分是新教徒,都承认波希米亚王是他们的最高统治者,但每个小邦都有自己的国会、法律和首都,它们的首都分别为布拉格、布尔诺、布雷斯劳、包岑。布拉格在当时已经是欧洲最兴盛、最美丽的城市之一。波希米亚国会中只有 1400 位地主能够投票,会员却包含城市居民和农民代表,因为他们控制了经济大权,影响力自然不在话下。大部分贵族是路德教信徒,城市居民以路德教和加尔文教信徒居多数，农民则大部分为天主教徒，小部分为酒饼同领派信徒。1587 年，他们放弃他们的胡斯传统，只坚持可以两种方式接受圣餐，最后（1593 年）终与罗马教廷讲和。这些宗教团体中最虔诚的是波希米亚弟兄教派——他们严格地遵守"登山宝训"，除了农业外，摒除一切其他生活方式，过着一种宁静的简朴的生活。

1555 年，斐迪南一世将耶稣会教士带进波希米亚。他们在布拉格建立了一所学院，培育了一批赤诚天主教徒的核心成员，而且使许多与信天主教妻子结婚的贵族改信天主教。鲁道夫二世发布公告首先摒弃波希米亚弟兄教派信徒，然后是加尔文派信徒，但他缺乏执行这些命令的方法。1609 年，新教各派说服他签署了一个著名的《皇室宪章》（*Royal Charter*），保证波希米亚境内新教皇的礼拜自由。两年后，鲁道夫将王位让给马赛厄斯，马赛厄斯将帝国首都迁往维也纳，任由布拉格不快和反对。1617 年，波希米亚国会——虽然波希米亚全国仍是新教信徒占大多数，国会中则天主教徒日增——承认施蒂里亚的斐迪南大公为波希米亚之王，他曾接受耶稣会教士的教育，曾经誓言无论统治哪个地方，他一定要扑灭该地的新教。波希米亚的新教徒们准备作战了。

此时的德国异常混乱：它不是一个国家，只是一个名称，是由一群具有相同的语言、经济形态，但习惯、政府、货币、信仰各方面则互相歧异、互相猜忌的小公国所构成之大杂烩。每个部分除了神圣罗马皇帝之外，不承认有任何上司，而对神圣罗马皇帝通常都是不理不睬的。有些外国人对此感到快慰。"如果它完全臣服于一个君主，"托马斯·奥维巴里（Thomas Overbury）爵士 1609 年写道，"它将成为欧洲各国的一大威胁。"即使对德国而言，在很多方面这也是一个令人愉快的安排。它固然削弱了德国和统一国家在政治和军事上竞争的力量，但它给予地方上的自由，一个宗教上和文化上的多样性。这里没有暴虐繁荣的巴黎吸取整个国家的民脂民膏，有的只是一群著名的城市，每一个城市都有它自己的特色和活力。

尽管有这些千变万化的大城市和袖珍型的宫廷，但德国已不再享有马丁·路德之前在北欧掌握的经济优势。因西欧到印度的海上航线之发现和大西洋贸易的兴起，首先得利的是葡萄牙和西班牙，其后是英国和荷兰，而受损的则是以前统辖东方贸易的意大利。德国那些将商业由意大利传往北方的河流和城镇也随之衰落。北海沿岸的荷兰港口、波罗的海沿岸的丹麦和波兰的港口，夺走了大部分的贸易和赋税。汉撒同盟早已失去往日的优势。吕贝克在与瑞典之间的长期战争（1563—1570 年）中惨遭摧毁。只有法兰克福保持它旧日的繁荣，它每年一度的博览会仍然是欧洲最吸引游人的活动，因而使这座城市成为德国国内商业和国际财政的中心。

货币像以往一样流行。禁止利率超过 5% 的命令到处都被规避着。"这目中无神的僭夺之罪，"1585 年一位牧师说，"现在的基督徒比从前的犹太人更甚。""一种违反基督教义的贪恋金钱之风，"一位传道者 1581 年抱怨道，"已经猛烈地袭击着每个人和所有的阶级。任何人只要有任何可作为赌注的东西，他就不会从事正直而劳苦的工作……想用一切投机的方法，像金钱兑换和巧取豪夺的合约等致富。"数以百计的工人将他们的储蓄投资到著名的富格尔（Fugger）、威尔泽（Welser）、霍克斯泰特（Hochstetter）等家族所经营的事业中，而在接二连三的破产中全部泡汤。1572 年，洛伊特兹（Loitz）兄弟银行公司在吸收大量小户资金后宣布倒闭，那些投资的小户损失了他们的储蓄甚至他们的家。富格尔家族因为他们出钱资助的菲利普二世和阿尔瓦破产而被毁。威尔泽家族于 1614 年败落，负债达 58.6 万基尔德。或许对通货膨胀的惧怕，驱使人们走向这种投资，因为几乎每一个德国小邦的邦主都用降低货币成色的手段诈欺人民，而制造伪币和偷银盗两的人又特别多。1600 年，德国的货币陷入一种可耻的混乱中。

人口增加而生产落后，穷困已濒临到爆发革命的边缘。除萨克森和巴伐利亚两地外，德国全境的农民都变成农奴。波美拉尼亚、勃兰登堡、石勒苏益格、荷尔斯泰因和梅克伦堡诸地于 1616 年或稍后以法律确定农奴制度。"在德国的那一片土地上，"一位作者 1598 年问道，"德国农民还能享受他旧日的权利？他还能拥有或者使用公地、牧场和森林的利益？对封建劳务和规费还有丝毫的抵制？农民还拥有自己的法庭？上帝可怜他们吧！"很多农民改行开矿，但由于美洲的白银进入德国，竞争使得矿业的利润和矿工的薪资都下降。城市之中，旧日行会之中的友谊因为店主剥夺零工而被破坏。有些行业从早上 4 点开始工作直到下午 7 点，铜匠行会于 1573 年要求每周工作 92 小时。早在 1579 年，我们已经听到德国已有罢工反抗织布机的事件。

品德与习俗

如果我们相信"三十年战争"之前这半个世纪的道德家们所言，则道德的状况和经济同样黑暗。教师们抱怨送到他们那里去的年轻人不是基督徒，简直是野人。"人们对子女们的教养如此之坏，"马特西亚斯·布雷登巴赫（Matthias Bredenbach）在 1557 年时写道，"以至于显而易见，那些可怜的学校教师们……必须和……野兽打交道。""一切纪律显然已经荡然无存，"另外一人在 1561 年说，"学生们倔强粗野到了极点。"很多大学城中，市民们不敢夜间出门，因为惧怕那些有时候会拿刀攻击他们的学生。"学生们普遍堕落的主要原因，"1578 年拿桑·奇特兰辛（Nathan Chytränsin）说，"毫无疑问是由于家教的衰落。……现在我们已经除去古时法律和规程所加诸于我们身上的桎梏。无怪乎我们发现大部分的年轻人是如此无所约束地不自爱，如此粗野地无知，如此难以管教且目中无神。"另外的人以为："何以青年会沦入无德和淫放，一个不小的原因是各种戏剧。"

至于成人，那些传教士描述他们是喜欢口角的伪君子、老饕、酒鬼和奸夫。约翰·库诺（Johann Kuno）牧师 1579 年时抱怨说："各种淫邪现在是司空见惯，人们即使犯了罪也毫无羞愧之情，有人甚至以男妓的姿态炫耀自得，最粗鲁、最猥亵的罪恶已经变成美德，谁还会把普通卖淫视为一种罪恶？"巴托罗马斯·林沃尔特（Bartholomäus Ringwalt）牧师1585年认为那些日子是"地球上有史以来最败坏的末日"。亵渎神灵几乎是人所共有的罪，不论他属于哪一个教派。诽谤罪也非常盛行。"我的监督人，"奥登堡（Oldenburg）伯爵1594年写道，"曾向我抱怨不来梅的佩泽尔（Pezel）博士如何在一本书中辱骂和诽谤他，书中记述了终日暴饮暴食、酗酒贪欢、放荡淫逸，他……是一个贪吃的老饕、一个阴谋家、一个老色鬼、一个堕胎者……他必须要用吊死、淹死、监禁、被车压死或被剑刺死的方法除去。"萨克森选帝侯的宫廷传道士发现："几乎德国的每一寸土地都曾经伪传我在一次喝酒比赛中赢了一只大的镀金高脚酒杯……我如此拼命灌酒，以至于……我必须被人扶上一辆车子拖走，就像一只灌醉了的小母牛或老母猪。"

吃喝是两件要务。一个家道小康的德国人，一天之中有半天是消耗在忙着把食物从身体的一端送至另一端。城市居民以他们的食欲而自傲，他们的食欲就像他们妻女们的衣服一样，被看成成功幸运的一种表征。一个马戏团演员因为在一餐之中吃了一磅乳酪、30个鸡蛋以及一大块面包而赢得举国皆知的美名——那次之后就死了。正餐的时间长达7个小时，餐中14次举杯互祝并不是不寻常的事。多数的婚礼都成为大吃大喝的欢宴。一位快乐的王子在信末写道："祝君健康，开怀饮酒。"萨克森选帝侯克里斯蒂安二世在27岁时暴饮致死。一个戒酒社团反对这种罪恶，但是它自己的首任主席却因酗酒致死。人们坚信，暴食足以缩短寿命。伊拉斯谟·温特（Erasmus Winter）1599年说："由于无限制的吃喝，现在少有年老的人，而我们很少看见一个30或40岁的人不曾感染某种疾病的，或是结石、痛风，或是咳嗽、肺痨，要不就是其他病症。"

我们不要把这些当时人们的抱怨看得太严重。或许大多数的人仍是勤劳工作，长期忍苦，真正敬畏上帝的人，但是，历史和新闻一样，善行不是新闻——这证明它的平常。城市居民的妻子们，过着一种有节制的深居简出的生活，每天百务集于一身，除了长舌以外，没有时间让她们犯更大的罪。与萨克森选帝侯奥古斯都一世（Augustus Ⅰ）的妻子一样，很多上层阶级的女子们都全心贯注于她们的家庭。在那动乱的德国也有一些令人愉快的方面：对儿童和家庭的爱护，豪放的殷勤，快乐的舞蹈，美妙的音乐，欢愉的游戏和节日。历史上第一棵圣诞树是 1605 年德国一个庆祝会上的一部分，用过去异教徒美丽的遗物来装饰圣诞节的，也是德国人。

舞蹈和民谣都源于乐器，而赞美诗逐渐演变成团体的合唱。风琴成为建筑上的里程碑，大键琴、琵琶以及其他乐器本身就是可爱的艺术品，赞美诗集——尤其在波希米亚——有时被华丽地加以装饰。新教的赞美诗常含有说教或辩论的意味，丧失了中古圣歌的那种柔美，但是新教的合唱团已经指向巴赫。每一教派的学校都强迫实施音乐教学，音乐教授的地位在学术体系中仅次于院长，当时的风琴演奏家和现在的画家一样风头甚健。雅各·亨德尔（Jacob Handl）在布拉格颇享盛名，而哈斯勒兄弟（Hassler brothers）——汉斯、卡斯帕和雅各布——常常以他们自己作的曲子风靡德累斯顿、纽伦堡和布拉格等地的听众。音乐的才能趋进家庭，并不是由于神秘的遗传，而是由于家庭中的感染，所以一个真正的舒尔茨（Schultzes）家的主人拥有普拉托里斯（Praetorius）的名号。米歇尔·普拉托里斯（Michael Praetorius）不仅作了好几卷的乐曲，而且，在他的《音乐全书》（*Syntagma musicum*，1615—1620 年）一书中，他撰述了一部关于音乐史、乐器学和乐曲形式方面透彻而富有学术意味的百科全书。

这个时期德国伟大的音乐家，就是那位举世公认为现代德国音乐之父的海因里希·舒尔茨（Heinrich Schütz）。他于 1585 年出生在一个萨克森家庭之中，刚好早巴赫和亨德尔一个世纪，他建立的音乐形式和精神，由巴赫和亨德尔两人带向完美。24 岁时他前往威尼斯，在那里跟从乔万尼·加布里埃里学习。回到德国后，他徘徊于音乐和法律之间，但最后他安心地成为萨克森选帝侯约翰·乔治（John George）德累斯顿宫廷之中的音乐指挥。从 1618 年起，他大量地写作合唱团的乐曲，这些乐曲在它们合唱的处理和对比，独唱及乐器方面已为巴赫铺了一条坦荡的大路。现在，沉闷的德国合唱对位法第一次被用更和谐的"协调"方式加以融合轻快化，"协调"方式是将声音和乐器结合。为了庆贺那位选帝侯之女的婚礼（1627 年），舒尔茨作成第一个德国歌剧《达夫尼》（*Dafne*）——该剧是以 33 年以前在佛罗伦萨上演的佩里（Peri）所作的同名歌剧为基础。第二次前往意大利的旅行，影响到舒尔茨在他的《圣乐谱曲》（*Symphoniae sacrae*，1629 年）中给予独唱和乐器更突出的地位。《圣乐谱曲》是将旧约《诗篇》和《雅歌》（*Song of Songs*）中的拉丁文句谱上悦耳的音乐。1631 年，萨克森成为战场，舒尔茨就从一个宫廷流落到另一个宫廷，甚至远去丹麦，到处追寻合唱团和面包，直到 1645 年他才重回德累斯顿。那一年他以一首《来自十字架的七个字》（*the Seven Words from the Cross*）的圣乐，创立了德国耶稣受难音乐的风格，在这里他因使单音字发出相同的单声，同时乐器在这声音的前后奏出同样的旋律，建立了一个规范。巴赫在《马太受难曲》（*The St. Matthew Passion*）中即采用此一方法。舒尔茨在 1657 年印行《德意志协奏曲》（*Deutsche Concerten*）时，又一次开辟了新的途径，这是一首仅唱而不表演的戏剧体圣乐乐曲——这一曲使他和卡利西米共同成为戏剧体圣乐的创始者。他 1664 年所作的《圣诞圣乐》（*Christmas Oratorio*）成为巴赫努力的另一目标。一年以后，他以《我主耶稣的死难》（*The Passion and Death of Our Lord and Saviour Jesus Christ*）一曲达到他事业的巅峰，该曲是单为声乐所撰的一首严肃的乐曲，其中并无曲调的陪衬。此后不久，他丧失了听觉，隐退到家中过着孤寂的生活，死时 87 岁，在他为 119 篇《诗篇》谱上乐曲之后说："你们的法度曾是我在朝拜途上那小屋中所唱的歌。"

文学与艺术

这一时期神圣罗马帝国杰出的文学作品是波希米亚兄弟教派翻译的《圣经》（1588 年）和米其奥斯·兹林伊（Mikéos Zrinyi）翻译的匈牙利史诗，命名为《兹林雅斯》（Zrinyiasz，1644 年）。德国，尤其是法兰克福继意大利之后成为最繁忙的书籍出版地。法兰克福的出版界从 1598 年开始，每半年发行一次出版目录。文艺社团鼓励诗歌和戏剧的创作，但文学作品受到国家和教会检查的抑制。路德教、加尔文教和天主教各教派的领袖们同意，凡有损于政府、官定信仰及公共道德的作品应予禁止。说起来也奇怪，被新教当局查禁的书籍总数超过被罗马教会查禁的书籍总数。

争论损害了真理，导致了学术的衰落。马西亚斯·弗拉丘斯·伊利里克斯（Matthias Flacius Illyricus）和他的助手们编纂了一部 13 巨册的基督教会史，但天主教的历史一样偏见至深，所以在这些武断的编者眼中，教皇格列高利七世成为"恶人之中的极恶者"，他在爬上"首席祸害"（Chair of Pestilence）的宝座之前，曾谋杀好几位教皇。当时最好的德国历史编纂是约翰尼斯·斯莱达努斯（Johannes Sleidanus）的《宗教改革史》（1555 年），这部书极公正无偏。

次于这些互相抨击大骂的历史，最普遍的文学形式是戏剧。新教和天主教双方都利用舞台作为宣传，新教的戏剧对教皇极尽取笑之能事，通常都是以将他打入地狱为结局。瑞士天主教的乐师从 1549 年起制作关于耶稣受难、复活节和最后审判的剧本，其中之一有 290 位演员。上阿默高（Oberammergau）的受难剧首次公演是在 1634 年，主要是为 1633 年瘟疫中许的誓言还愿，而且每 10 年重演 1 次，该剧从上午八点半演到下午六点，中午有两小时的休息。意大利演员于 1568 年进入德国，随之而来的是荷兰、法国和英国各地的演员。这些剧团不久就以职业式的表演代替了私人演出，他们索取报酬的秽行颇引起人们的诟病。

　　较戏剧更受欢迎的是雄健的、多才多艺的阿尔萨提亚（Alsatian）的讽刺作家约翰·弗斯查特（Johann Fischart），他愉快地感染了那个时代的精神。他发行一套反天主教的滑稽丛书，如此机巧的讽刺，使他不久即成为德国境内拥有最多读者的作家。他的《蜂窝》一书，用激情攻击罗马教会的历史、教义、仪式和教士。在另外一本讽刺作品《耶稣会教士的帽子》（*JesuitenhüTlein*）中，他嘲笑耶稣会教士们四角形的帽子，抨击他们的一切行为和观念。1575 年，在一个开玩笑似的长达八行的题目下，弗斯查特又出版了一本号称为翻译的书，实际上它是模仿拉伯雷所著的《巨人传》，在书中他嘲笑德国人生活的各个方面——对穷人的压迫、对学生的虐待、贪吃和酗酒、私通和通奸——以一种混杂的文体和阿尔萨提亚的方言写出，充满猥亵和机智的趣味。弗斯查特在江郎才尽后于 43 岁时去世。

　　和弗斯查特几乎同样生动，又和他在同一年（1590 年）同样年龄去世的另一位作家尼科德莫斯·弗里奇林（Nikodemus Frischlin）的一生是多彩多姿的。20 岁时，他是图宾根（Tübingen）大学历史和诗学的教授，他以类似贺拉斯的文笔写拉丁诗，又做一些学术气氛极浓的维吉尔诗的评注。30 岁时，他因讽刺贵族而被免职。此后，他不顾一切地喧饮作乐，大量喝酒，因为他说酒对天才不可或缺，而戒酒者写的诗就和白开水一样毫无价值。他被控毁了一个女孩子，又毒杀了另一个。为了这些不道德的罪恶，他受到迫害和威胁，于是从一个城市逃到另一个城市。他将他一本已经出版的演说集呈献给 11 位著名的人物，这 11 个人在地理上的分布，可以保证他无论走到哪里都能有避难的处所，但是在他还未充分表达对敌人的意见之前，就在一次跌跤中死去。他们以那个时代的方式叫他"一个臭诗人……一个欺骗、不诚实的魔鬼胚子"，但是他是那个不愉快时代中国所能产生的最好的诗人。

　　艺术遭受到新教徒的厌恶偶像、罗马教廷赞助的衰减、不调合的意大利影响对乡土风格的破坏、粗劣道德和激烈争论导致趣味的低落及日后战火的摧残各种因素的影响。尽管有这些打击，但是德国的技术在"三十年战争"之前的 60 年中，产生了好几座堂皇的宫殿和庄严的市政厅，一位卓越的画家及一些珍贵的小型艺术品，实在是一个奇迹。神圣罗马皇帝鲁道夫二世和巴伐利亚大公阿尔伯特五世的收藏品成为著名的慕尼黑"古美术馆"（Alte Pinakothek）的基础。阿尔伯特本人是德国境内一位有钱有势的人，他将他的宫廷变成艺术家的天堂，用建筑物美化他的首都，又将雕刻品收进那伟大的"古物馆"（Antiquarium）——这是阿尔卑斯山以北第一座古代雕像博物馆。

1611 年至 1619 年，一位荷兰建筑师为公爵马克西米利安一世在慕尼黑建立了王宫，好几个世纪以来，这座建筑一直是巴伐利亚公爵、选帝侯和国王们的住宅。古斯塔夫·阿道夫感叹他不能将这座德国文艺复兴后期的代表作品移往斯德哥尔摩。耶稣会教士们根据他们自己所喜爱的富于装饰的巴洛克式建筑，在科不凌茨、迪林根等地建立了美观的教堂，又在慕尼黑建立了那巨大的圣米歇尔教堂。就在"三十年战争"爆发的前几年，桑丁诺·索拉里（Santino Solari）以一种更朴实、更庄严的风格设计了那座萨尔斯堡大教堂。

由于新教德国的邦主们占据了境内大部分天主教的资产，其他的建筑不再是宗教上的，而成为城市的或王室的。巨大的城堡建立起来了：巴登城的施洛斯·海利根堡以它骑士厅中用雕刻的菩提树做成的天花板著称于世；梅因河上的阿斯查芬堡城堡及迄今仍为德国主要胜景之一的海德堡城堡。用来容纳都市行政单位的华美市政厅在吕贝克、帕德博恩、不来梅、卢森堡、奥格斯堡、纽伦堡、格拉兹等地相继建立。奥格斯堡的纺织商人雇用该市第一流的建筑师埃利亚斯·霍尔（Elias Holl）建造他们的"布厅"（Zeughaus or Cloth Hall）、不来梅的"米厅"（Kornhaus）和法兰克福的"盐厅"（Salzhaus），分别供米商和盐商使用。但是谁会想到，不来梅"醋厅"（Essighaus）中的"醋劲"如此之足？

当时及此后的 150 年中，德国各地宫廷四起，在那愉快而富有装饰的巴洛克式建筑中，住着得胜的邦主们。安斯巴哈·拜律特（Ansbach Bayreuth）的侯爵，花费了 23.7 万金币在神圣罗马帝国最贫穷的公国之一的境内，建造他的普拉森堡宫殿，而专供美因茨大主教们居住的选帝侯宫廷则较为高雅。这一时期的室内建筑，在传统和实例上表现出迷人的生动，但是一位愤怒的医生把 1610 年德国房屋描述成由阴暗、充满浊气和污秽的房间构成，很少呼吸到新鲜的空气。然而，市民住宅的内部是德国小型艺术品真正的家，里面有各式各样由精巧的手工做成的小装饰品：雕镂的窗格和天花板，坚固的家具加以雕刻和嵌镶的装饰，熟铁制成的栏杆，铸成美观外形的锁和门闩，象牙雕成的小像，金制或银制的高脚酒杯。德国人从来不满足于他们家中的装饰。

雕刻术——尤其是铜板雕刻——在德国境内昌盛，即使在整个"三十年战争"期间都未曾稍衰。鲁卡斯·基里安（Lukas Kilian）和他的兄弟沃尔夫甘（Wolfgang）在约 1600 年，开创了一个不平凡的雕刻家的朝代，这朝代由沃尔夫甘的儿子菲利普和巴托洛马斯的曾孙们一脉相承，直到 1781 年。然而，德国的雕塑却因为企图模仿异于德国气质和心情的古典形式而受到损害。德国本国的雕塑者随心所欲地创作时，往往会产生一流的作品，如汉斯·德格勒（Hans Degler）为奥格斯堡城的乌尔里奇·基尔奇（Ulrichskirche）用木头雕塑的中央和侧面祭坛，或米歇尔·霍尼尔（Michael Hönel）为奥地利境内古尔克（Gurk）大教堂雕刻的那 70 座人像。这个时代一个特色是因意大利作品引起灵感而兴建的那些奇妙的喷泉：慕尼黑城中雷尼登宫前面的维持尔巴切喷泉，和纽伦堡城中洛伦兹·基尔奇前面的"贞德泉"。

鲁本斯在 1610 年听到亚当·埃尔施海默（Adam Elsheimer）在 32 岁英年去世时说："损失这样一个人才，使整个绘画界沉浸在深沉的悲痛之中，替代他不是一件容易的事，而且据我的看法，永远不会有人在（画）小像、风景和其他许多事物上达到他的境界。"亚当生在法兰克福，20 岁时离开德国前往意大利，在威尼斯稍做停留后，以后的日子就都在罗马度过。鲁本斯祈求上帝"原谅亚当的懒惰之罪"，我们不知道是否由于懒惰，使埃尔施海默将他的工作限于铜板上的小画。但是他风景画的精细完美，如《飞进埃及》（*The Flight into Egypt*）一画中表现的，或许足以使他成为伦勃朗之前的一个在光线和风格上有独特表现的大师，又岂是懒惰所能达成的？他的作品卖价似乎很好，但不足以满足他的需要和爱好。他终于破产了，又因债务而入狱，获释之后不久即去世。

玻璃上的绘画是这个时代一项受喜爱的艺术，最先盛行于苏黎世和巴塞尔，其后及于慕尼黑、奥格斯堡和纽伦堡，修道院与家庭中的窗户变成和中古教堂中的窗户一样色彩缤纷。玻璃的雕刻在 17 世纪初期出现在纽伦堡和布拉格。纽伦堡的希尔奇维格尔家族以制作艺术玻璃和陶器而闻名。科隆和塞格堡两地以雕镂高雅的石制杯、壶和经常上彩釉的陶制炉灶温暖德国人的心房。在木、象牙、铁、宝石及珍贵金属的工艺方面，德国所向无敌。制造精致家具的细工木匠受到如此高的尊敬，以至于他们之中有一个因盗窃罪而被判绞刑，但终获释放，因为他是这么好的一个"艺术木匠"。在因斯布鲁克，神圣罗马皇帝马克西米利安一世坟上所围的铁栏杆做工极好。1588 年，安顿·艾森哈特（Anton Eisenhut）设计精美、白银装饰、极尽富丽奢华的礼拜用器皿，直至今天，这些器皿仍是同类制品中的佼佼者。到处都寻求德国的金匠，他们的产品很快打入欧洲市场。大酒杯、高脚酒杯和银制的酒壶被制成各式各样滑稽的形状，德国人可以从风车、灯笼、苹果、猴子、马、猪、和尚和尼姑各式的酒杯中陶然自醉。甚至在他们的酒杯中，也进行神学之战。

敌对的信仰

1555 年的奥格斯堡会议用"谁的领域，谁的宗教"的原则将宗教上的纷争带回一个地理上的停战——每个小邦中统治者的宗教信仰，将成为其臣民的宗教信仰，异教分子将被驱逐出境。这个协定代表一个小小的进步，因为它用迁出代替了死刑，但是它仅限于路德教派和天主教，而且很多家庭痛苦地离去，更增加了德国境内的混乱和苦难。当统治者的信仰发生改变时，人民也必须随之改变他们的信仰。宗教至此已变成政治和战争上的工具和牺牲者。

"三十年战争"之前的德国没有一个单纯的宗教地图。大体言之，北方是信仰新教的，南方和莱茵河以西地区是信仰天主教的。由于奥格斯堡原则不能彻底或迅速地实施，天主教地区中有很多新教徒，而新教地区中也有很多天主教徒。天主教徒得享传统和统一之利，新教徒则享受更多信仰上的自由，他们分成路德、加尔文、再洗礼和唯一神教各派的信徒，即使在路德派信徒中又有自由梅兰希顿的信徒和反对者之间的教义战争。1577 年，路德派信徒将他们的信仰阐述在《信仰忏悔录》（*Book of Concord*）一书中，此后加尔文派信徒就被逐出路德派各邦。巴拉丁挪地区中，选帝侯腓特烈三世偏爱加尔文教，因而使海德堡大学成为加尔文青年信徒的一所神学院。1563 年，该地的神学家们起草《海德堡教义问答》（*Heidelberg Catechism*），因为拒绝接受耶稣真正出现于圣餐的酒和面包中的说法，使天主教徒和路德教徒都震惊不已。天主教徒在巴拉丁挪被容忍，只要他们将崇拜活动局限在自己家中，而唯一神教信徒则被强力镇压。1570 年，两个怀疑或者限制基督神性的人，在海德堡大学加尔文派教授们的坚持之下被处以死刑。腓特烈的儿子选帝侯刘易斯（Lewis）偏爱并推行路德教，刘易斯的兄弟约翰·卡西米尔（John Casimir）任摄政时（1583—1592年）又偏爱并推行加尔文教，选帝侯腓特烈四世重申此政策。他的儿子腓特烈五世娶伊丽莎白·斯图亚特为妻，要求波希米亚的王位，使"三十年战争"提前发生。

路德派信徒和加尔文派信徒之间的搏斗，和新教徒与天主教徒之间的搏斗同样尖锐，它摧毁了"三十年战争"中新教徒之间的合作，因为两派交替地成为迫害者和被迫害者，使他们之间有一种世代的仇恨。1585 年，伊森堡·隆尼堡（Isenburg Ronneburg）的伯爵沃尔夫冈免除他领域中一切路德派官员的职务，而代之以加尔文派教徒。1598 年，他的兄弟和继任者亨利伯爵不顾天气的严寒，通知境内的加尔文派传教士必须在数周之内离去。1601 年，沃尔夫冈·厄尼斯特（Wolfgang Ernest）伯爵继位，驱逐路德派传教士恢复加尔文派。类似的路德派和加尔文派在安哈尔特（1595 年）、哈瑙（1596 年）和利佩（1600 年）诸地反复互代。在东普鲁士（East Prussia），约翰·芬克（Johann Funck）因被控偏向于加尔文教，在民众欢呼声中于科尼斯柏（Königsberg）的市场中被处死（1566 年）。尼科拉斯·克里尔（Nikolas Krell）首相因为将路德派的宗教仪式向加尔文派方向转变及支持法国的新教徒，而在德累斯顿被砍头（1601 年）。1604 年，赫塞·卡塞尔（Hesse Cassel）的莫里斯伯爵信仰了加尔文教，1605 年他在该地区和上赫塞（Upper Hesse）地区推行加尔文教，他的军队击溃了一群抵抗的路德派信徒，并捣毁教堂之中的宗教偶像，不愿意改信加尔文教的路德派传教士都被放逐。勃兰登堡选帝侯区中路德派教徒和加尔文派教徒就奉为"神圣的圣体"（the consecrated Host）是否为耶稣的问题争辩得非常激烈，最后政府宣布加尔文派是真正的宗教（1613 年）。

在这些真理的波动中，梅兰希顿所谓"神学上的狂犬病"疯狂到历史上空前绝后的程度。路德派牧师尼万德（Nivander）于 1582 年表列了狼的 40 种特性，并称这些正是加尔文教信徒的特点。1590 年印行的一本路德派的小册子说："如果有人希望我们用简单的几句话告诉他，我们究竟为了哪些信仰条目，和那一窝残暴的加尔文派奸徒作战？答案是：全部以及其中的每一项……因为他们不是基督徒。"斯坦尼斯劳斯·雷斯丘斯（Stanislaus Rescius）于 1592 年写道："（在法兰克福市集上）过去几年我们发现新教徒写来攻击新教徒的书，三倍于新教徒写来攻击天主教徒的书。""这些愤怒的神学家，"1610 年，一位新教作家叹息说,"已经扩大了新教徒之间不幸的争斗,以至于在末日(Last Day)降临之前,似乎没有希望使这些叫嚣、毁谤、谩骂、指责、诅咒等趋于结束。"

为了了解这个"神学上的狂犬病",我们必须记着所有参加争论的各派都同意《圣经》是绝对可靠的神的语言,及生命的希望是寄托在来世的说法。值得一提的是,在狂热的宗教信仰后,仍然存有真正的虔诚,许多路德、加尔文和天主教徒怀着这份虔敬之心,表现出谦卑和狂喜。虔诚教派信徒避开神学辩论的讲坛,在退隐之中寻求恢复对神的信念。约翰·阿德特(Johann Arndt)的《天堂中的小花园》(*Little Garden of Paradise*)一书,仍在新教的德国被阅读着,当作虔诚冥想时的手册。雅各·伯麦将这种心境带进一个个人灵魂与被认为是宇宙泉源和万物根本之上帝神秘结合的境界,其中包含一切的矛盾,"善"和"恶"。伯麦声称曾经看见"万神之神、上帝、地狱及上帝、耶稣、圣灵三者的降生"。一个不相信神秘主义的人会觉得伯麦的《论万物之特性》(*On the Signature of all Things*,1612年)一书只是一派胡言。令人安慰的是,另外一位神秘主义者——约翰·韦斯利(John Wesley)——曾描述那本书是"高贵的胡言"。而耶稣会教士斯皮(Spee)的简单美好的赞美诗则在此之上。

像欧洲所有地区一样,领导天主教十字军收复失去领土的,是耶稣会教士们。他们从改革天主教教士着手。"祈求主,"来自沃尔姆斯的耶稣会教士彼得·费伯(Peter Faber)1540年这样写道,"这座城市中,哪怕只有两三个牧师不曾犯过私通罪,或现在没有犯其他已知的罪行也是好的。"但是他们主要的战略是把握青年,所以耶稣会教士们在科隆、特里尔、科不凌茨、美因茨、施派尔(Speyer)、迪林根、芒斯特、符兹堡、因戈尔施塔特(Ingolstadt)、帕德博恩、弗里堡(Freiburg)等地开办学院。彼得·卡尼修斯——此项耶稣会运动的首脑和灵魂——几乎步行走遍了德国全境,广设学院,指导耶稣会教士辩论,并且向德国的统治者们解释这种旧教的好处。他怂恿公爵阿尔伯特五世，以武力根除巴伐利亚境内一切新教。经过耶稣会教士、卡普辛教会本身改革、主教们的热心及历任教皇和教皇使节们的外交手腕，16 世纪前半叶被新教所赢得土地中的一半，在 16 世纪的后半叶又被罗马教廷收复。某些地区曾使用高压手段，但这一运动大部分依靠心理和政治的因素：民众已经厌倦了不定、争辩和宿命论，他们的统治者则认为统一和传统的天主教比扰攘纷争、新奇无根的新教更能给予政府和社会秩序强有力的支持。

新教徒终于了解到他们内部的纷争无异于自取灭亡，因而将布道和笔锋一起转向罗马敌人。一场语言和文字的论战，成为铁血战争的前奏，而互相的谩骂几乎达到嗜杀的疯狂。粪便、垃圾、驴子、母猪、妓女、谋杀者等污秽的字眼加入神学的词汇之中。天主教作者约翰·纳斯（Johann Nas）1565 年指责路德派信徒犯了"谋杀、抢劫、虚伪、欺骗、暴食、痛饮、乱伦、邪恶诸般恶罪而无所畏惧，他们说，因为信仰证明了这一切都是正当的行为"。同时他认为可能每一个路德派的女人都是妓女。路德派传教士兰格（Andreas Lang）在 1576 年也以同样肯定的态度写道："天主教徒和其他的土耳其人、犹太人以及异教徒一样，在神恩、赦罪和得救的范围之外，他们注定要在地狱的熊熊烈火和冒着火焰的硫黄之中嗥叫、悲叹、咬牙切齿。"

耶稣会教士们是新教徒们喜爱攻击的目标。数以百计的讽刺画、小册子、书籍和诗歌，指责他们曾犯鸡奸、私通与残暴等罪行。1569 年的一块德国木刻（仍然保存在魏玛的歌德收藏馆 [Goethe Collection]）中，把教皇刻成一个母猪，耶稣会教士们是她所生的一窝小猪。1593 年路德派神学家波利卡普·雷瑟（Polycarp Leiser）印行了一本拉丁文的《耶稣会历史》（*Historia Jesuitici ordinis*），书中描述耶稣会教士们在教皇完全放纵和宽恕之下犯出最淫邪的罪恶。1614 年的《一本可信的新日志》（*A Truthful New Journal* 或 *Eine wahrhaftige neue Zeitung*）一书，告诉读者耶稣会的枢机主教贝拉尔米

内（Bellarmine）曾经和 1642 个女子犯过 2236 次通奸罪，该书继续
描述枢机主教的惨死，而当时那位主教在 7 年后才去世。

　　耶稣会教士们最初所做的答复相当抑制，卡尼修斯劝导使用有
节制的语言，新教牧师约翰·马西修斯（Johann Mathesius）也主张
如此，但是群众喜欢谩骂而不爱节制。新教的辩士们指责耶稣会教士
接受玛丽安娜的教条，为诛杀暴君辩护，一位德国的耶稣会教士答辩
说，这个教条正适用于那些强迫自己臣民信仰新教的邦主身上，但是
其他的耶稣会教士向新教统治者保证他们被认为是正统合法的邦主，
绝不会受到丝毫伤害。耶稣会教士康拉德·维特（Conrad Vetter）
1594 年至 1599 年印行了 10 本小册子。在那些册子中，他使用最粗俗
的谩骂语言，借口这是跟随路德派神灵的领导，这些小册子一印出来
即被抢购一空。科隆的耶稣会教士宣称，在天主教区域中到处散布纷
争不和的顽固的异端邪说者：

　　　　应该像对待窃贼、强盗、杀人犯一样加以处罚，而且更重一
　　些，因为后者仅伤害身体，而前者则将人们的灵魂掷于万劫不复
　　的地狱中。……如果 40 年前马丁·路德曾被处死，或者在火刑
　　柱上烧死，又假如某些人曾被铲除，我们今天就不会遭遇如此可
　　憎的争论，或把这世界搅得天翻地覆了。

　　加尔文派海德堡大学神学教授大卫·帕伦斯（David Parens）以
同样的气概呼吁（1618 年）所有新教邦主们参加对抗教皇的十字军，
在这次行动中他们应该"毫不顾忌地使用各种严酷的惩罚"。1618 年，
也就是"三十年战争"的第一年，互相攻击的小册子多达 1800 种。

　　由于天主教势力和气焰的升高，若干新教的邦主们组织了一个福
音阶级同盟（Union of Evang elical Estates，1608 年），或称"新教徒
同盟"（Protestant Union）以互为保护。萨克森选帝侯避不参与，但
法国的亨利四世似乎随时准备协助任何反抗属于哈布斯堡王朝的神圣

罗马皇帝的行动。1609 年，几个天主教的统治者在巴伐利亚公爵马克西米利安一世的领导下，组成了一个天主教同盟（Catholic Union），后来称为天主教联盟（Catholic League）。1610 年，几乎所有神圣罗马帝国境内信仰天主教的小邦都加入了这个组织，西班牙提供军事上的援助。1610 年 2 月，新教徒同盟同意帮助亨利四世占领朱里奇·克莱维公国，但那位法国国王被谋杀（5 月 14 日），使新教徒们失去他们最强大的支持者。新教的德国充满恐惧，但此时天主教联盟攻击行动的准备尚未完成。1615 年 1 月，赫塞·卡塞尔伯爵莫里斯警告新教徒同盟说："在教皇、西班牙国王、布鲁塞尔宫廷及神圣罗马皇帝的保护之下，天主教联盟……已经订购军火……以根绝新教为目的。"卡斯帕·斯奇奥皮斯（Caspar Scioppius）火上浇油地警告天主教徒和路德教徒（1616 年）说：加尔文教徒"意欲推翻宗教和公共的和平及整个的神圣罗马帝国，并将从帝国境内根除《奥格斯堡信纲》和天主教信仰"。或许这是一个进一步划分主要新教团体的尝试。1616 年奥地利和巴伐利亚之间发生领土冲突，削弱了天主教联盟的力量，人们再次梦想和平。

但在布拉格，海因里希·冯·特恩（Heinrich von Thurn）伯爵祈求新教领袖们阻止激进的天主教大公斐迪南夺取波希米亚王位。神圣罗马皇帝马赛厄斯缺勤时，国事由 5 位副总督代理。那些总督在关于克罗斯特格拉勃（Klostergrab）兴建教堂的争辩中压制新教徒，并将反对者下狱。1618 年 5 月 23 日，特恩领导一群愤怒的新教徒进入哈拉德斯琴（Hradschin）城堡，爬进房间，把两位公爵和一位秘书一起抛出窗外。3 个人从 50 英尺的高空落下，他们掉在一堆污泥上，浑身污秽地逃去，没有受什么伤。那次著名的"掷出窗外"是对神圣罗马皇帝、斐迪南大公及天主教联盟的一次戏剧性的挑战。特恩驱除了那位大主教和耶稣会教士们，组织了一个"革命执政团"（a revolutionary Directory）。他没有想到这已惹起了一场战争惨祸。

"三十年战争"

·波希米亚的局面（1618—1623）

　　马赛厄斯向执政团表示愿意举行大赦和进行谈判，但被拒绝。斐迪南大公无视神圣罗马皇帝派遣两支军队进攻波希米亚。巴拉丁挪地区的选帝侯腓特烈五世怂恿反对哈布斯堡王朝的萨伏伊公爵伊曼纽耳，遣送一支由一位干练的雇佣兵队长曼斯菲尔德领导的军队，前往协助波希米亚。曼斯菲尔德占领了波希米亚境内天主教的堡垒皮尔森（Pilsen），斐迪南的军队随即撤退了。布兰兹维的克里斯蒂安——腓特烈的首相——建议那些执政官加强防御，而且如果他们属意腓特烈五世继承王位，则最好排除斐迪南。1619 年 3 月 20 日，马赛厄斯死了，斐迪南成为波希米亚合法的国王和神圣罗马皇帝的假定继承人。8 月19 日，波希米亚国会宣布废除斐迪南二世为该国之王；27 日，国会宣布以巴拉丁挪地区的腓特烈为波希米亚之王；28 日，神圣罗马帝国的选帝侯们推举施蒂里亚大公成为神圣罗马皇帝斐迪南二世。

　　腓特烈犹豫着是否该接受这项新的荣誉。他知道身为加尔文派领袖，他不可能获得路德派的支持，而神圣罗马皇帝、教皇和西班牙又都是反对他的。他请他的岳父英国的詹姆士一世派遣一支军队给他，那位俭省的国王不曾派遣军队，却送给他一个忠告——拒受波希米亚王位。腓特烈愉快活泼的妻子伊丽莎白不曾怂恿他接受，但她答应不论他的选择会带来何种命运，她都将泰然地与他共享，这个诺言她是遵守了。布兰兹维的克里斯蒂安劝他接受。1619 年 10 月 31 日，这对新的国王和王后进入布拉格，受到国会和民众的热诚欢迎。

　　腓特烈当时还是一个 20 岁的年轻人，具有良好的品德和任侠的性情，但就作为一个政治家而言，他太不成熟了。进驻布拉格后，他首先清除国家圣所圣维图斯教堂中所有的祭坛和偶像，不久他的跟从者也将其他波希米亚神龛搬移一空。少数的天主教徒指责这种行动，波希米亚的路德派信徒也感到不满，信仰路德教派的德国冷眼注视着这位热心的加尔文派信徒。1620 年 4 月 30 日，斐迪南宣称腓特烈是篡位者，命他于 6 月 1 日之前离开神圣罗马帝国，如果他拒不遵行，则将遭到被放逐的命运，财产也将被没收。这位神圣罗马皇帝表示：若德国境内的新教小邦保证不攻击天主教诸邦，他愿意提出类似的保证。在 1620 年 6 月 3 日所订的《乌尔木条约》（*Treaty of Ulm*）中，这个建议被采纳了。新教的邦主们认为腓特烈公然反抗斐迪南已经危及他们的自由。萨克森选帝侯约翰·乔治使他的路德派邦国与这位天主教的神圣罗马皇帝合作。

8 月，一支 2.5 万人的神圣罗马军队在巴伐利亚的马克西米利安的将军约翰·特瑟克拉（Johan Tserclaes）率领之下，由奥地利进入波希米亚。约翰·特瑟克拉（蒂利）伯爵从耶稣会教士那里学得对上帝的虔诚，从帕尔马公爵那里学得作战的艺术。在布拉格之西靠近白山（White Mountain）的地方，这支军队遭遇并击溃了波希米亚军队（11 月 8 日）。腓特烈、伊丽莎白和他们的随从逃往西里西亚，他们在那里募军失败之后放弃了随从者，而到加尔文派的勃兰登堡避难。战争过后的第二天，巴伐利亚的马克西米利安占领了布拉格。不久天主教恢复了，偶像被重新放进教堂，耶稣会教士们被召进来。一切教育置于天主教的控制之下，除了天主教和犹太教外，一切宗教都被禁止。圣餐中用酒和面包的规定取消了。从前是国定节日的胡斯（John Huss）日，现在成为一个哀悼的日子，那一天所有的教堂都关门。30 名反叛者的领袖被捕，其中 27 人被处死，12 个被砍下的头颅在摩尔多河（Moldau）查理桥（Charles Bridge）的高塔上露齿而笑了 10 年。所有反叛者都禁止迁出。他们的财产被斐迪南国王没收，他又以低廉的价格卖给天主教徒。在农奴基础上，一个新的天主教贵族阶级建立了，中产和商人阶级几乎消失。

巴伐利亚的马克西米利安在波希米亚大肆驳斥加尔文教派时，斯皮诺拉借着荷兰境内的停战，率领一支大军从佛兰德斯进取巴拉丁挪地区。有些新教小邦主兴兵抵抗，腓特烈也把他的妻子留在海牙，参加他们的阵营。斯皮诺拉因与西班牙之间的荷兰战争重新开始而班师回国时，蒂利接替他在巴拉丁挪的作战，击败新教徒（1622年），占领并劫掠了海德堡。海德堡大学的图书被装进50部车子运往罗马，作为巴伐利亚地区的马克西米利安送给教皇格列高利十五世的礼物。马克西米利安胜利地从波希米亚回来时，他获得巴拉丁挪地区和该地区的选帝权，作为他对神圣罗马皇帝服务的报酬。现在天主教各邦在选帝会议（Electoral Diet）中已经占有多数席次。

天主教广泛而彻底的胜利，不仅使天主教邦主忧虑，也使新教邦主们惴惴不安。斐迪南二世日渐增长的声望和权力，威胁了德国境内邦主们的"自由"。马克西米利安忧虑地发现，他被允许保有巴拉丁挪和巴伐利亚，仅仅成为神圣罗马皇帝的附属。教皇乌尔班八世同意法国的看法，认为哈布斯堡王朝的过分强大，对法国的利益和教皇的自由都有不利的影响，因此他示意黎塞留征法国天主教徒的赋税，以助德国新教徒——其后并协助一位瑞典国王——反抗信奉天主教的神圣罗马皇帝。1624年，这位令人吃惊的枢机主教用一连串的外交手腕，突然改变了政治局面。6月10日，他与新教的荷兰签署联盟，以对抗天主教的佛兰德斯和西班牙；6月15日，他说服新教的英格兰加盟；7月9日，瑞典和丹麦相继加入；7月11日，他怂恿萨伏伊和威尼斯助他切断西班牙和奥地利之间的补给线及由瓦迪林隘口进入意大利、瑞士之间阿尔卑斯山的增援。1625年，丹麦的克里斯蒂安四世率领2万人加入曼斯菲尔德在下萨克森境内的4000人队伍中。马克西米利安感到惊恐，他催促神圣罗马皇帝派兵增援蒂利，他的1.8万名军队因气候、饥饿和疾病已降至1万人。斐迪南于是将华伦斯坦从波希米亚召回。

·华伦斯坦（1623—1630）

他的真名是阿尔布雷特·华伦斯坦（Albrecht von Wallenstein），通常以华伦斯坦签名。他的家庭是波希米亚最古老的贵族家庭之一。

他生于 1583 年，最先接受波希米亚兄弟教派的教育，然后接受耶稣会的教育。他和一个富孀结婚，不久她去世，财产都留给了他。波希米亚货币贬值，他便以极低的价格购置了 68 处被斐迪南没收的地产，而使这笔财产倍增。他是一个聪明而前进的地主，他改革农业方法，增进农产产量，资助工业，筹组学校、医药服务和贫民救济；他储存剩余粮食，以在饥荒时救济人民。他给当时人们以深刻印象的，不仅是他的军事天才，还有他高而瘦削的身材、苍白而严峻的表情、神经质的纷扰、骄傲自大及火暴的脾气。他"不变的贞节"使他看起来个是超人。他对星象的信赖比他对基督的信仰更为积极。在斐迪南赢得权势的每一个阶段他都全力支持，因而使自己成为这位大公的亲信。1619 年以后，他借给这位神圣罗马皇帝大量的金钱，几乎足以支持帝国的整个开销——1621 年 20 万金币，1623 年 50 万金币。对于这些借款，他不需要任何保证，因为他拥有 1/4 的波希米亚，可以随意地组织军队，而且以最优越的技术领兵作战，这已足够保证一切。1624 年，瓦迪林隘口已落入法国和威尼斯的控制之下，西班牙的军队和补给无法再由意大利抵达奥地利时，华伦斯坦建议动员 5 万人将他们置于神圣罗马皇帝的差遣之下。斐迪南犹疑不决，因为他知道华伦斯坦热衷于权力，但 1625 年蒂利大声疾呼要求增援。斐迪南只好授权华伦斯坦动员 2 万人。这支新军以惊人的速度开进下萨克森，装备齐全，训练优良，崇拜他们的统帅，蹂躏四野以自养。

华伦斯坦在德索（Dessau）击退了曼斯菲尔德，蒂利也在鲁特（Lutter）打败了克里斯蒂安（1626 年）。曼斯菲尔德阵亡，而克里斯蒂安发现他日益衰减的军队外无救援、内生叛逆。黎塞留组成的伟大同盟由于古斯塔夫·阿道夫对克里斯蒂安四世的嫉妒，由于英格兰对法宣战及白金汉宫支援拉·罗契尔的法国新教徒而瓦解，黎塞留不得不从瓦迪林隘口撤退他的兵力，该隘口因而又成为奥地利和西班牙之间的通路。兵力与日俱增的华伦斯坦，将军队开进勃兰登堡，强迫该地的选帝侯乔治·威廉赞助神圣罗马皇帝斐迪南。他继续推进，一直进入克里斯蒂安自己的荷尔斯泰因公国，轻而易举地征服了一切抵抗。1627 年年底，整个丹麦大陆都在他的势力支配之下。

波罗的海咸湿的空气膨胀了华伦斯坦的计划。现在，几乎所有的德国北方海岸和大部分丹麦都臣服于神圣罗马皇帝，为什么不建立一支神圣罗马帝国海军重振汉撒同盟，而且，与天主教的波兰联合，将波罗的海和北方诸海置于神圣罗马帝国的控制之下？如此则丹麦和英国不再能从波罗的海诸港运进木材，由波罗的海海峡建立他们的舰队以控制北方诸海及其商业，或对西班牙封锁该海峡。神圣罗马帝国拥有巴拉丁挪使神圣罗马皇帝得以控制莱茵河，因此荷兰人将被阻于河海之外，他们的势力、他们的财富及他们固执难驯的叛乱都将瓦解，古斯塔夫·阿道夫也将被封闭在斯堪的那维亚半岛之上。1627 年，华伦斯坦已自称为"大洋和波罗的海海军上将"。

德国的小邦主们对他的一连串胜利并不十分高兴。他们注意到巴伐利亚的马克西米利安和蒂利伯爵麾下的天主教联盟军队减少至约 2 万人时，华伦斯坦却指挥 14 万大军，而且只对神圣罗马皇帝负责。只要神圣罗马皇帝有这支军队支持，他可以迅速破坏邦主们的"自由"。的确，华伦斯坦可能当时正孕育着一个结束封建君权、将全德国联合成一强有力国家的想法，就像当时法国黎塞留、240 年以后的俾斯麦（Bismarck）将在德国实行的一样。

1627 年 至 1628 年 冬，帝 国 选 帝 侯 们 聚 集 在 穆 尔 哈 森（Mülhausen），商讨他们的希望和畏惧。天主教的选帝侯们倾向于支持华伦斯坦，相信他将从新教的诞生地中把新教扑灭。但斐迪南将新教的梅克伦堡公爵废除，而将该公国转移给华伦斯坦（1628 年 3 月 11 日）时，即使天主教的邦主们也对神圣罗马皇帝的滥用权力、凭私意任免公爵感到惊慌。选帝侯们有一张对付斐迪南的王牌。当时他正准备要求他们提名他的儿子为罗马王，也就是说保证他儿子继承神圣罗马帝国王座。3 月 28 日，他们通知皇帝，他的军队继续置于华伦斯坦指挥之下时，他们将不保证那个继承。而巴伐利亚的马克西米利安也警告他，如果不迅速减缩华伦斯坦的军队和力量，帝国的政策将为之左右。

似乎针对这个警告，华伦斯坦——显然是独断独行地——开始和克里斯蒂安四世秘密谈判，而于 1629 年 5 月 22 日订立《吕贝克和约》（*Peace of Lübeck*）。令欧洲大感惊奇的是，他将日德兰半岛（Jutland）、石勒苏益格及荷尔斯泰因的王室部分还给丹麦国王，不要求赔款，仅仅要求克里斯蒂安放弃在德国境内的教皇职位和军权。他如此慷慨的动机是什么？部分是惧怕西方诸国联合起来反抗神圣罗马帝国对波罗的海及其海峡的控制，部分是他相信古斯塔夫·阿道夫正计划进攻德国。华伦斯坦预测，最后和他相争的将是古斯塔夫而不是克里斯蒂安。

斐迪南可能已经因为他的将军在外交上的擅作主张而感到不安，但他必须隐藏他逐日渐增的怀疑和嫉妒，因为他正在计划他事业上最大胆的行动，而在这个危险游戏的每个阶段，他都需要华伦斯坦军队的支持。他的耶稣会顾问们长久以来一直请求他利用他新得的权势和帝国的敕令，尽可能地将天主教会自宗教改革以来，或者至少将 1552 年以来，被夺去的教产和岁入恢复给天主教会。斐迪南是一位虔信天主教的人，他认为这个请求是合理的，但他低估了实际的困难。1552 年以来，很多以前属于教会的财产，是被它们现在的主人花钱购买得来的。可以预见，为了推行教产复原，数以千计的财产所有者将被迫失去他们的财产，随之而来的混乱可能使整个德国陷入叛乱。巴伐利亚的马克西米利安一度赞成这个想法，现在被它的范围之广和牵连之多而吓倒，他劝神圣罗马皇帝把这事先搁置下来，待国会对此仔细考虑后再做定论。斐迪南担心国会会反对这件事。1629 年 3 月 6 日，他公布了教产复原的敕令（Edict of Restitution）。这是一次报复性的反宗教改革。它也是帝权至上的肯定表示，这种表示即使查理五世可能也不敢轻易僭称。

这一敕令遭到广泛而激烈的抗议，但仍被强迫实施。只要有人企图反抗，华伦斯坦的军队就被召来，每个地方的反对都被击溃，只有马德堡成功地抵挡了华伦斯坦的包围。所有的城市——奥格斯堡、罗森堡、多特蒙德——30座小镇、5个主教区及100座修道院，都落入天主教手中。数百个天主教的教区重新组织起来。新的领主采行"谁的领域，谁的宗教"的原则，要求臣民们接受统治者的宗教信仰，成千的新教徒被迫背教，否则迁徙，仅奥格斯堡一地就有8000人被放逐，包括刚为该城市建成一座庄严市政厅的埃利亚斯·霍尔。被放逐的新教牧师们四处流浪，为生活乞讨，代替他们的天主教僧侣请求政府对他们给予救助。直到古斯塔夫·阿道夫的出现，才阻止了这项敕令和德国境内反宗教改革的最后成功。

已经利用华伦斯坦的军队推行了那道命令，同时发现战场上再也找不到新教徒的军队，斐迪南就不再坚持他的去留。1630年5月，他要求那位将军遣调他的部下3万人往意大利服役。华伦斯坦反对，辩称瑞典王正准备入侵神圣罗马帝国。他被批驳，3万人被调走。7月，选帝侯们再度建议解除华伦斯坦的职务。神圣罗马皇帝同意了。9月13日，他通知军中官员，他们将军的最高指挥权已被巴伐利亚的马克西米利安取代。华伦斯坦平静地退隐到他在波希米亚的家中，他深知古斯塔夫已经踏上了德国的领土，神圣罗马帝国不久将再度需要一位将军。

·古斯塔夫的英勇事迹（1630—1632）

我们一定不能把这位伟大的国王想象成加拉哈特（Galahad），前去从偶像崇拜者手中挽救真正的宗教。他的工作是维护并强化瑞典的政治独立和经济发展，为了这些目的，他和天主教的波兰、东正教的俄国及新教的丹麦作战，如果现在他敢于以他有限的资源对抗神圣罗马皇帝、教皇与西班牙的联合阵营，那并不是由于这些敌人都是信仰天主教的，是由于他们威胁要使他的国家臣属于异国的敌对统治者之下。他感觉对抗这些威胁最好的防卫，就是在大陆上建立瑞典的堡垒。新教的萨克森犹豫不决，而天主教的法国却和古斯塔夫联合，因为他们知道所争的不是神学上的法则，而是为国家安全而奋斗。宗教虽然只是这些领袖一个次要的动机，却是人民之间一个热切的刺激，通过将宗教热情加诸爱国精神中，唤起人民的斗志。

古斯塔夫率领他的 1.3 万军队在波美拉尼亚登陆后，就向北德诸邦宣称他自己是新教的救星，对法国则宣称是对抗日益扩张的哈布斯堡王朝的一把利剑。他等候来自瑞典、苏格兰、勃兰登堡和波兰各地的援兵，直到他拥有约 4 万名训练优良、装备着新式燧发枪（flintlock）和毛瑟枪，而且携带轻便大炮、具有迅速机动力的军队。这位指挥官仍很年轻，只有 36 岁，他长年征战，却已经发胖了，不仅对他的敌人成问题，对他的马更是一个问题。虽然如此，他经常亲自披挂上阵，领军作战。他的兵士们爱戴他，不是由于他的仁慈，而是由于他的公正。德国的士兵背后跟着成群的妓女、数目多到要派特别官员维持她们的秩序时，古斯塔夫不准他的兵营中有妓女，只有妻子们被允许服侍她们的士兵丈夫。每天早上和傍晚，每一个军团都要参加祈祷，而每一个星期天要听一次讲道，这曾是克伦威尔训练他的铁军的方法。古斯塔夫和克伦威尔一样，不以武力强迫信仰，无论他征服什么地方，他听任宗教自由。

在 1630 年剩下的时间，他由波美拉尼亚扩展他的控制，并寻求同盟者。如果他能将哈布斯堡王族所有的敌人集合成一支十字军，他可能有一支 10 万人的军队，足以对付华伦斯坦的大军。1631 年 1 月13 日，法国和瑞典签署了一项条约，规定瑞典王古斯塔夫负责募集人员，而法国的枢机主教黎塞留则为这一预计 5 年的战争每年供给40 万泰勒的经费，不经另一国的同意，任何一国将不得单独议和，而且古斯塔夫不得干预天主教的信仰。黎塞留邀请马克西米利安参加这次联盟，这位公爵选帝侯不但不参加，反而派遣蒂利阻挠瑞典的推进。1631 年 3 月 19 日，蒂利攻克纽布兰登堡（Neubrandenburg），屠杀了 3000 名守城士兵。瑞典王致力于使萨克森的约翰·乔治加入他的同盟时，蒂利和朱·帕潘海姆（Zu Pappenheim）伯爵包围了仍在抵抗教产复原命令的马德堡。5 月 20 日，经过 6 个月的抵抗，该城终被攻克，胜利的军队肆无忌惮地大掠 4 天，2 万人被杀——其中包括 3000 卫城部队和 3.6 万居民中的 1.7 万人——全城除了教堂外全部夷成平地。一位当时的作者描述那个景象：

> 然后，除了殴打、放火、掠夺、拷问、谋杀以外，再没有别的了。尤其是每一个敌人都想满载而归……利用殴打以及枪毙、刺死、吊死等威胁，可怜的老百姓被如此惊吓，如果他们有任何东西留下，即使是深藏在千层古堡中，他们也会拿出来。在这疯狂的暴乱之中，那座伟大壮丽像一位美丽女王婷婷玉立在地上的都市，现在……深陷在火焰之中，在一个令人心碎的尖叫和哭喊的恐怖洞穴之中，数以千计的无辜男女老幼被如此残酷和可耻地拷打和处死，真使人欲言无辞，欲哭无泪。

当时已经 71 岁高龄的蒂利曾尽力阻止屠杀，他正确地预言对这座美好城市的破坏，将"毫无疑问地只会加强新教各邦的怨恨"。

1631 年 7 月 22 日，勃兰登堡选帝侯献出他的一切资源，任由古斯塔夫处置；7 月 30 日，约翰·乔治以萨克森与瑞典联盟；9 月 17 日，瑞典和萨克森的联军在莱比锡附近的布雷坦费尔德（Breitenfeld）大败蒂利的优势兵力。这是作战以来新教徒取得的第一个重大胜利，它再度鼓舞起新教居民的精神，而那位瑞典国王在战役当中不穿盔甲、浑身布满了尘埃和汗水、仍无畏地领导他的士兵作战的雄姿，成为那新近分裂、毫无防卫而深受华伦斯坦大军恐吓之人民的一个激励的象征。梅克伦堡被收复了，被废立的公爵恢复职务。一个一个的小邦先后加入和瑞典的联盟，不久，古斯塔夫控制了一条横贯德国，从奥得河直抵莱茵河的战线。他将他的总部设在美因茨——一个通常为天主教地区的心脏。11 月，约翰·乔治带领着他的萨克森军队未遭遇任何抵抗进入布拉格，他小心翼翼地在行进中避开了华伦斯坦的产业。

　　这时，斐迪南除了贫穷的西班牙外没有一个盟国，除了年迈的蒂利外没有一个将军，于是卑躬屈膝地转向华伦斯坦（1631年12月），请求他兴兵救助波希米亚并保护奥地利。这位骄傲的将军同意了，但附有几个很特别的条件：他对整个神圣罗马帝国的军队将握有最高统治权，除了对阿道夫外，他有权与其他的人谈判签约，他征服的土地他将有权没收或赦免。1632年4月，所有条件斐迪南都答应了。华伦斯坦召集了一支军队并筹措给养这支军队的经费，他与约翰·乔治单独议和，因而不费一兵一弹地又占领了布拉格。萨克森军队退入萨克森境内。

　　此时，古斯塔夫出战蒂利并将之击败于雷恩（Rain，4月15日）。14天后，蒂利伤重去世，古斯塔夫占领了慕尼黑。华伦斯坦将军队开出波希米亚，并将他的军队和马克西米利安的军队会合。古斯塔夫现在在人数上大大不及他的对手，他的同盟者又怀疑他有称帝的野心，而显得不定和不可信赖，他的军队开始挨饿，掠夺并疏远了天主教徒和新教徒。醉醺醺的约翰·乔治透露出他渴望和那位瑞典王断绝关系。古斯塔夫本想占领维也纳，但现在因为惧怕约翰·乔治和华伦斯坦联合兵力，转而北去。在纽伦堡，因为意识到时局对他不利，他发出最后一道训令给乌克森谢尔纳，嘱他继续领导瑞典的政府和战争。在欧福（Erfurt），他和他的妻子郑重道别。1632年11月16日，在莱比锡附近的吕岑，这两位当代最伟大的将军终于正面相逢：古斯塔夫率领着2.5万人，华伦斯坦率领4万人。两军血战竟日，阵形散乱了重新部署。华伦斯坦被迫让步，但帕潘海姆使情况整个改变，他被射中肺部，血液阻塞呼吸而去世。古斯塔夫眼见他的中心溃退，自己置身在一个骑兵团的前锋，领导一次疯狂的反击。一颗子弹击中他抓缰绳的手臂，另外一颗打中了他的马，他落马坠地，又一颗子弹射进了他的背部，神圣罗马帝国身着胸甲的士兵围进他的周围，问他是何人，他答道："我是用血保卫德国民族宗教和自由的瑞典国王。"他们用剑一次又一次地刺进他的身体，并喊出他已死亡的消息。萨克森·魏玛的公爵伯恩哈德接过指挥权，瑞典士兵因为失去了他们的国王而愤怒疯狂，拿起他们面前任何可以作战的东西，赢得一次代价惨重的胜利，夺回古斯塔夫遍身剑孔弹痕的尸体。那天晚上战败者欢欣，而战胜者反而悲哀，因为"北方之狮"已经逝去。

·堕落（1633—1648）

此后，这不再是一场伟大的战争了。黎塞留领导德国境内的新教徒，乌克森谢尔纳以明智的外交继续他逝去主人的遗志，萨克森·魏玛的伯恩哈德领导法国人，巴纳（Banér）和托尔斯滕松（Torstensson）领导瑞典人迈向新的胜利，但光荣消逝了，剩下的只是恐怖。古斯塔夫的死使新教各邦主解除了一半的负担，他们抱怨他为了从斐迪南手中解救他们付出的沉重代价及在战争进行中他们的农田受到敌对双方军队的蹂躏。他们的城市被毁坏，而一个外国君主领导德国人对抗德国人，造成数10万人的死亡。

首次尝到失败滋味的华伦斯坦，似乎已丧失了勇气。吕岑之战后，他退隐到波希米亚，慢慢地组成了另一支军队。他现在也已经50岁了，厌倦了战争，希望有闲暇治疗他的痛风症。他擅自和新教徒领袖们，甚至和黎塞留谈判，而斐迪南必然已经知道波希米亚的流亡者在乌克森谢尔纳的赞成之下，正阴谋想以华伦斯坦登上波希米亚的王位。萨克森·魏玛的伯恩哈德领兵进入巴伐利亚时，马克西米利安和斐迪南要求华伦斯坦前往解救，华伦斯坦回应称他没有多余的士卒可以应命。他将他闲散的军队驻扎在波希米亚境内神圣罗马帝国的所有土地上，神圣罗马皇帝斐迪南要求他减轻加于这些帝国土地上的衣食征逐，华伦斯坦拒绝了。

1633年12月31日，斐迪南和他的议会决定罢黜他们最伟大的将军。而华伦斯坦将自封波希米亚国王及以路易十三为罗马人之王的谣言传遍华伦斯坦的军中。2月18日，神圣罗马帝国的命令贴遍了华伦斯坦军中，解除了华伦斯坦的指挥权。4 天后，他带领 1000 人逃离皮尔森。25 日，在艾格（Eger），几个利欲熏心的士兵冲入他的房中，发现他单独一人未带武器，即以剑刺进他的身体。"不久，"一位当时的人记载，"他们把他倒着拖出来，他的头随着每一个阶梯而点颤。"谋杀者很快逃到维也纳，在那里他们获得升迁、金钱和土地。日夜生活在恐怖和祈祷中的神圣罗马皇帝斐迪南，此刻深深感谢上帝和他的合作。

　　这次战争又拖延了 14 年，斐迪南 26 岁的儿子代替华伦斯坦成为神圣罗马帝国军队的总司令。他是一位可爱的青年，有教养、仁慈、慷慨，爱好哲学、作曲、雕刻象牙，但在战场上绝非愚者。在资深将军们的协助下，在神圣罗马帝国最具决定性的一次胜利中，他在诺丁根（Nördlingen）大败伯恩哈德。新教徒的力量近乎崩溃，乌克森谢尔纳签订《康白尼条约》（*Treaty of Compiégne*，1635 年 4 月 28 日）以挽救这种局面，该条约委托黎塞留全权参与这次斗争，但德国的新教邦主们并不喜欢由一个法国枢机主教来决定他们的命运。他们一个一个地随萨克森的约翰·乔治与神圣罗马皇帝议和，皇帝欢迎他们，因为他看出自己同时面临着法国强大的军队和富厚的财力。在《布拉格条约》（*Treaty of Prague*，1635 年 5 月 30 日）中，他同意搁置教产复原命令 40 年，而大部分新教邦主则承诺帮助他和他的盟国恢复自阿道夫进入德国以来他们失去的全部土地。由于这些土地之中包括洛林，所以这个条约实际上除了对付瑞典外，还针对法国，它是德国联合抵御外侮的重新肯定。宗教问题已从战争中消失。1635 年年底，新教的萨克森的军队与新教的瑞典军队在北德国作战，巴纳和托尔斯滕松在此展现出与古斯塔夫相近的军事天才，为了瑞典的安全，竭力想保有一些大陆上的地盘。

　　在西边，伯恩哈德勇敢地避开神圣罗马帝国日益扩张的军队。1638 年，法国以经费资助他，更送给他一支由颇负盛名的蒂雷纳将军率领的 2000 人的军队。如此增援之后，伯恩哈德发动了一次战争，这次战争因为坚定的目标和出奇制胜的战略，得以在战史上流传不朽。他在威顿威尔（Wittenweier）击败了帝国的军队，而且迫使伟大的布雷萨奇（Breisach）要塞投降。34 岁时他即身心交瘁而亡（1639年），他的军队和他的征服地，包括亚耳沙斯，都入了法国之手。

那位年老的神圣罗马皇帝于 1637 年永别了这战祸连绵的舞台。继承了一个无税可课的贫穷帝国的斐迪南三世，发现简直无力与黎塞留再战，因为后者仍可从破落的法国榨出法郎。1642 年，托尔斯滕松率领瑞典军队进入距维也纳不及 25 英里的地方，在第二次布雷坦费尔德之战中赢得一次主要的胜利，在此神圣罗马帝国军队丧失了 1 万名士兵。战败的大公利奥波德·威廉（Leopold William）——年轻神圣罗马皇帝的兄弟——用军法审判他部下的畏怯之罪，将那些军阶高的砍头，军阶较低的绞死，生还的士兵每 10 名中有一人予以枪毙。

这位新的神圣罗马皇帝连年遭受新的打击。1643 年，恩格西恩（Enghien）公爵在罗克罗伊的胜利使他的盟国西班牙崩溃；1644年，恩格西恩和蒂雷纳征服了莱茵地区以北远至美因茨；1645 年，托尔斯滕松再次席卷而来，几乎抵达维也纳的大门，法军在阿勒海姆（Allerheim）赢得一次血战，而一支瑞典军队在汉斯·克里斯托弗·科尼格斯马克（Hans Christoph von Königsmarck）伯爵的率领之下侵入萨克森，占领了莱比锡，并强迫约翰·乔治退出战争。巴伐利亚的军队曾于 1634 年被逐出巴拉丁挪；1646 年蒂雷纳入侵，蹂躏及于巴伐利亚本土，一度骄傲的马克西米利安卑声求和，并要求神圣罗马皇帝与法国达成协议。斐迪南三世不像他父亲那么阴沉坚强，听到被征服帝国的哀号之后，即派遣他最能干的谈判者到威斯特伐利亚，谋求在信仰和国家之间取得一些调和。

他太年轻，不知道这次战祸中的残杀和破坏可能超过以前任何一个时代、任何一地人类的记录。参加战争的不是两个国家的军队，而是 6 个国家的军队——德国、丹麦、瑞典、波希米亚、西班牙和法国——军队大部分由雇佣兵和外国人组成，他们与德国人民、土地和历史毫无关联，而且只要给钱，他们可以跟随军事冒险家替任何教派作战。这些军队吃的是从当地掳掠来的米谷、水果和牲畜，住的是老百姓的民屋，他们用以报答人民的则是劫掠和奸杀。对那些最初不降、后来不得不降的守城部队的杀尽灭绝，是所有战斗人员都遵守的原则。士兵们把平民当作合法的猎物，他们在街上任意射杀行人，强征他们为奴隶，绑架他们的孩子勒索赎金，放火烧他们的干草堆，焚毁他们的教堂取乐。一名新教牧师阻挡他们破坏教堂，结果被砍去手足。他们将教士们绑捆在货车下面，强迫他们用手足爬行，直至力尽晕厥。

"三十年战争"期间德国人口锐减，虽然人口减少是暂时的，而且程度也被夸张，但仍是一场大劫。保守的估计认为，德国和奥地利境内的人口由 2100 万降至 1350 万。卢特朱（Lützow）伯爵估计波希米亚境内的人口从 300 万降至 80 万。1618 年，波希米亚境内的 3.5 万个村落中有 2.9 万个在"三十年战争"中变得荒无人烟。神圣罗马帝国全境数以百计的村落变成空无一人。有些地区纵横 60 英里看不到一个村庄和房屋。1618 年，19 座图林吉安（Thuringian）村庄中共有房屋 1717 间，1649 年时仅剩下 627 间，而且很多无人居住。

缺乏人力、兽力或种子，或者农民担心播下去的种子将来未必有收获，数千亩肥沃的土地荒芜、无人耕种。农产品除供给军队食用外，剩下的均烧掉以免为敌人所获。很多地方的农民无粮可吃。运输工具受到严重的破坏，以致无法运物资以济不足，道路因战争而毁坏，沿途又有盗匪之险，再不然就是被逃兵或难民所阻塞。

城镇遭受的破坏仅次于乡村。很多城镇的人口降到从前的一半。大的城市——马德堡、海德堡、符兹堡、尼斯塔德特、拜律特——成为废墟。工业因缺少制造者、购买者和交易而衰落，商业萧条，一度非常富有的商人现在以乞食或抢夺为生。自治区宣告破产而拒付债务。财主因为怕债款收不回来而不愿借钱。除了将军、收税员、高级教士和国王外，所有的人都为赋税所困。街上的垃圾和腐尸使空气污浊不洁。伤寒、斑疹伤寒、赤痢、坏血病等各种流行病症蔓延在落魄丧胆的人群之中，而且从一个城市传到另一个城市。西班牙军队通过慕尼黑时留下了一场瘟疫，4个月中夺去了1万人的生命。曾使这些城市高贵不群的艺术和文学，此刻也在战火中憔悴枯萎。

道德和风纪同样崩溃。绝望的宿命论导致野蛮的犬儒哲学。经过一个时代的暴力后，一切宗教的理想和爱国的情操化为乌有。现在，老百姓们在为饮食或仇恨互斗，而他们的主人则还在动员他们争夺收税土地和政治权力。某些地方也显示出一些人性的特征：耶稣会教士们收养无家可归的儿童，传教士们要求一切政府停止流血和破坏。"神说这一切终必结束，"一位农民在他的日记里写道，"神说和平会再降临。天上的神送给我们和平。"

威斯特伐利亚和约

1635年以来，各国统治者和外交家们一直寻求和平的机会。1635年，教皇乌尔班八世建议成立一个会议，商讨停战条件，代表们在科隆集会，但没有结果。1641年，法国、西班牙、瑞典和神圣罗马帝国的代表们会于汉堡，替将于1642年在威斯特伐利亚召开的第二次会议起草了一个初步的协定：法国和神圣罗马帝国将在教皇和威尼斯的协调下在芒斯特进行谈判。而在距芒斯特30英里的奥斯纳布律（Osnabrück），法国和神圣罗马帝国将在丹麦的克里斯蒂安四世的斡旋下与西班牙进行谈判。采取这个预防性的分离措施，是由于瑞典的使者们不愿意在教皇使节的主持下开会，而教皇使节又拒绝和"异端邪说者"坐在一个房间。

安全通行权和条约草案等问题造成一再延迟。托尔斯滕松在布雷坦费尔德的胜利，促使神圣罗马皇帝应允他的代表将于1643年7月11日抵达。而后，法国准备与联合省联盟以对抗西班牙时，法国代表又稽延不进。威斯特伐利亚会议于1644年12月4日正式揭幕，与会代表 135 人，包括神学家和哲学家。即使这个时候，又花了 6 个月来决定代表们应该依照什么样的优先秩序进入会场和就座。法国大使说：如不给他"殿下"的名义，他将不参加谈判。西班牙大使抵达后，即规避法国大使，因为他们两人谁也不愿将优先权给予对方，结果他们由第三者居间传话。法国拒不承认菲利普四世为葡萄牙国王和加泰罗尼亚亲王的头衔，而西班牙则拒绝承认路易十四为那瓦尔国王。瑞典代表们争论和迁延时日，直到那位果决的年轻女王克里斯蒂娜断然命令他们停止自争，与敌议和。代表们争论不休，无数人则正在战火中死去。

得胜一方的代表们拖延不谈判，失败一方代表则希望赶紧谈判，法学家们则忙着制造困难或协调，一次又一次地系铃复解铃。法国的将军们在战场上正有重大进展，所以法国坚持所有的德国小邦都应派代表参加会议（虽然大部分小邦早已和神圣罗马皇帝议和），开会的时间暂停，一直等到所有的选帝侯、邦主、神圣罗马帝国境内各城市都派遣代表为止。为了削弱法国，西班牙于 1648 年 1 月 7 日和联合省单独签订和约。虽然后者才刚应允法国不单独签订和约，但荷兰人抵抗不住几笔一挥就能得到他们血战 80 年所希望得到的一切的诱惑。法国的报复是拒绝与西班牙议和，他们之间的战争一直继续到 1659 年《比利牛斯和约》签订。

如果不是巴伐利亚受到法国元帅蒂雷纳的蹂躏、瑞典对布拉格的攻击（1648 年 7 月）及西班牙在兰斯的挫败（8 月 2 日）促使神圣罗马皇帝签署和约，而法国境内投石党的暴乱迫使马扎然在和会上让步以便全力对内，则这次和会可能还会拖延而无结果。《威斯特伐利亚和约》终于在 1648 年 10 月 24 日，分别于芒斯特和奥斯纳布律两地签订。消息传至前线，流血战斗延续了 9 天，谦卑和快乐的赞美诗从千百座村庄和城镇中升起。

我们承认，这些谈判曾经面临比 20 世纪之前任何和平会议协调的更复杂的问题，它们在仇恨、骄傲和权势所能允许的情况下，用最聪明的方法解决了那些争论。这个重建欧洲的条款必须加以概述，因为它们浓缩了、也制造了很多历史：

一、瑞士和联合省的独立得到正式承认。

二、巴伐利亚得到上（南）巴拉丁挪地区及该地区的选帝权。

三、1/8选帝侯区的下（北）巴拉丁挪地区，交还给已故腓特烈的儿子查理·路易斯。

四、勃兰登堡获得东波美拉尼亚、民登主教区（Bishoprics of Minden）、哈柏城（Halberstadt）和卡明（Cammin），而且得到马德堡主教区的继承权。法国帮助日渐壮大的霍亨索伦（Hohenzollern）王朝得到这些好处，着眼于扶助另一个力量以对抗哈布斯堡王朝，法国当然没有想到勃兰登堡日后会变成普鲁士，将在腓特烈二世大帝（Frederick the Great）的领导之下向法国挑战，而且，将在俾斯麦的领导下打败她。

五、主要归功于其战胜的军队，部分也由于法国在会议中的支持，瑞典得到不来梅和沃登（Verden）两主教区，维斯马（Wismar）和斯特丁（Stettin）两城市及奥得河口的地区。因为这些是神圣罗马帝国的领地，所以瑞典现在在神圣罗马帝国国会中获得一个席位，又由于她已领有利沃尼亚、爱沙尼亚、英格里亚、卡雷里亚（Karelia）和芬兰诸地，她现在已成为强国之一，在俄国彼得大帝之前，瑞典一直是波罗的海的霸主。

六、德国境内诸王侯之国，保有并重新肯定了它们战前对神圣罗马诸帝的自由权。

七、为了安抚神圣罗马皇帝，承认他在波希米亚和匈牙利两地仍保有王权，因此奥匈帝国（Austro-Hungarian Empire）变成神圣罗马帝国范围之内一个实际的帝国。这个再造帝国的经济支柱折断了，部分的原因是由于"三十年战争"所导致的人口减少和工商业的瓦解，但也由于大河出口地区的沦于外国之手——奥得和易北两河沦于瑞典，莱茵河口则给予联合省。

八、获利最多的是法国，因为她的金钱资助了得胜的瑞典，而她的将军们又促成了这次和会。亚耳沙斯实际上已为法国所有，此外还有梅斯（Metz）、凡尔登（Verdun）、图尔（Toul）诸主教区以及莱茵河岸靠德国这边的布雷萨奇要塞，路易十四现在已可乘便占取法兰奇·孔特和洛林两地。现在已经去世的黎塞留的愿望达到了，他的愿望包括打破哈布斯堡王朝的势力，扩张法国的疆域，加强法国的统一和防御以及继续保持德国境内的混乱：各邦主与神圣罗马皇帝的冲突，北德新教和南德旧教的对立。这种纷乱可以免除法国面对一个统一德国的危险。法国已经取代了西班牙——波旁王朝已经代替了哈布斯堡王朝——成为欧洲主要的强国。不久，路易十四就要自比为太阳之王了。

这次战争中暗中受害的是天主教。罗马教廷必须放弃教产复原的命令，回到 1624 年的财产状况，而且每邦邦主再度有权决定其臣民的宗教信仰，然而，这次战争使教廷得以把新教从胡斯改革宗教的地方——波希米亚——驱除出去。反宗教改革运动受到了抑制，举例言之，波兰现在想在实力较前倍增的新教国家瑞典境内建立天主教是绝对办不到的事情。芒斯特的教皇使者拒绝签署这个条约，教皇英诺森十世描述这个条约是："无效的、错误的，对过去、现在和未来没有一点影响和结果的。"（1648 年 11 月 20 日）欧洲并不重视这个抗议。从那时起，教皇已不再是一个主要的政治力量，而宗教在欧洲也衰落了。

有些新教徒也对这一条约抗议，尤其是那些家室陷在波希米亚和奥地利境内的人。但就大体而论，这个条约——一位死去的和一位活着的枢机主教的心血结果——是一个新教的胜利。德国境内的新教得救了，南德和莱茵河流域的新教势力虽然被削弱，但在北方新教的势力较前更盛。加尔文派在这个条约中得到正式的承认。1648 年建立的宗教派系基本维持不变，一直到 20 世纪，才因出生率不同的差异，使天主教的势力开始一个渐进的、和平的膨胀。

新教虽然得救了，但它和天主教同样受到怀疑主义的伤害，而粗鲁的宗教辩论、野蛮的战争和残酷的信仰，助长了这种怀疑主义。在"三十年战争"这个大屠杀期间，数千名"女巫"被处死。人们开始对那些满嘴基督仁爱而专行大规模兄弟相煎勾当的教派产生了怀疑。他们发现隐藏在宗教信条之下的，是政治和经济上的动机，因而怀疑他们的统治者并没有真正的宗教信仰，有的只是权力的欲望。虽然斐迪南二世曾一再为他的信仰而不顾他的权力。即使在这段最黑暗的时期，仍有日渐增加的人转向科学和哲学中去探索人生的答案，这答案不像各教派曾经如此强暴推行的那样充满血腥之味。伽利略正将哥白尼在科学上的革命戏剧化，笛卡儿正对一切的传统和权威发出质疑，布鲁诺正从火刑柱上的极度痛苦之中向欧洲大声疾呼。《威斯特伐利亚和约》终止了神学对欧洲心智的统治，而为理性实验留下一条虽然障碍重重，然而可能通过的道路。

第六章 | **伽利略时代的科学**
（1558—1648）

迷信

宗教必须经历出生和死亡的过程，迷信却是永恒的。只有幸运的人才能脱离神话而生活，多数人受到身体和灵魂的痛苦，而最微妙的解痛药便是超自然的一剂。甚至连开普勒和牛顿都把科学和神话混在一起。开普勒相信巫术，而牛顿在科学方面的著作远比《启示录》方面的少。

流行的迷信简直不可胜数：比如当别人谈到我们时，我们的耳朵会发烧；5月行婚礼，结果定不美满；把油涂在伤害我们的武器上，伤口会不治而愈；尸体在凶手面前会再度流血等。仙女、精灵、妖魔、鬼魂、女巫、守护神到处潜伏。某些符咒（例如凯瑟琳·美第奇死后在她身上发现的）会保证好运。护身符可以抵挡皱纹、虚弱、凶眼和瘟疫。国王的抚摸可以治疗瘰疬。数字、矿物、植物和动物具有神奇的特质和力量。每一个事件都是上帝高兴、愤怒，或者撒旦行动的表征。从头颅的形状或手纹可以预测未来将发生的事件。健康、力气和性功能随着月亮的盈亏而变化。月光能造成疯狂，也能治疗疬瘤。彗星预示灾难。世界会（不时地）走向末日。

占星术虽然渐渐被受过教育的人所摒弃，但仍然十分流行。1572年博洛尼亚大学停教占星学，1582年西班牙宗教裁判所也对其加以指责，1586年教皇西克斯图斯五世警告天主教徒勿信占星学，但是占星术的教授在萨拉曼卡大学仍断断续续维持到1770年。大多数人民，包括许多上层阶级的人都求助于天象图，依照星星的位置来预测未来。所有地位显要之人在出生不久都有人为他们算好星兆。路易十四出生时有一个占星家藏在奥地利的安妮王后寝宫附近。古斯塔夫出生时，他的父亲查理九世询问蒂丘·布拉赫有关这个孩子的星兆，这位天文学家谨慎地预言这个男孩将会成为国王。开普勒对占星术心存怀疑，但为此仍对它美言了几句，说："正如自然赋予每一种动物以某些谋生的方法，它对天文学家也提供了占星术，使之赖以维持生活。"华伦斯坦在1609年花钱购买有利的天象图，并且外出时通常都有一名天文学家随行，目的也许是鼓舞军队的士气。凯瑟琳·美第奇以及她的朝廷一再与占星家磋商。约翰·迪（John Dee）一直享有占星家的盛名，直到后来他竟发现星象要求他与一个学生换妻。

对于魔术的信仰日渐衰微，却有一个血淋淋的例外：这段时期正是人因巫术而遭处死之全盛时代。迫害者和被迫害的人都相信咒语或其他类似的诡计可以招来超自然的帮助。如果一个人可以借着祈祷赢得圣人向上帝说情，谁说乞求魔鬼不能得到其帮助呢？1585年在海德堡出版的一本书《基督教的魔术思想》，立下一个定理说："整个宇宙，无论内外，无分水陆，都充满魔鬼、邪恶和看不见的精灵。"大家都相信人类会被魔鬼附体，1593年"弗雷得堡（Friedeberg）小城发生可怕的动荡，传说魔鬼附体了60多人……给予他们恐怖的虐待……连牧师都在布道时遭到魔鬼附体"。牧师应教区人民之请，前去做各种驱邪的工作——驱除田间的害虫，平息海上的风暴，净化有恶灵的建筑物，纯化一座受渎的教堂，等等。教皇保罗五世于1604年出版了一本这类教士服务的手册。新教作家指责教士的驱邪为魔术，但是英格兰教会承认驱邪作为治疗仪式的价值。此外，就像很多仪式一般，心理效果是良好的。

正如人们主动要求驱邪，他们也是要求惩处"女巫"的主要推动力。人们对女巫的法力普遍心存恐惧。1563 年的一本小册子说："想和魔鬼建立关系，想使他在戒指和水晶球中随时可用，想召遣他，想和他结盟，想用他执行数百件魔术的心愿，如今在高低阶层，在有学问和无学问的人之间，都比以往流行。"说明如何与有益的守护神建立关系的"魔书"大受欢迎，被控轻信巫术的教士辞职，教皇格列高利十五世（1623 年）要求把那些以巫术置人于死的罪犯处以极刑。但是乌尔班八世（1637 年）指责"天主教法官对巫师所作专断和不公正的控诉……从被告口中逼出……无价值的招供，而且在缺乏充分理由之下，就把他们交给世俗的武力"。马克西米利安二世规定（1568 年）那些被控行使巫术的人，必须接受公开表演魔法之挑战，以作为考验，3 次定罪之后的最重处罚是放逐。但是受惊的民众要求对他们严苛地审问并迅速执刑。

民间和教会当局共同怀有，或是说他们希望解除这种对女巫的恐惧，于是对被告施以严酷的审判，常常以酷刑逼供。诺丁根的市议会有一套特殊的刑具，曾借给邻近社区，并且保证"用这些方法，尤其是拇指螺旋，即使罪犯开始拒不认罪，最终仍将招供，对此，上帝会感到无比的喜悦"。不让人睡觉已算是较温和的方法了，通常罪犯都是因受刑而认罪，法官也只是偶尔怀疑这种认罪的可靠性。

这种迫害在西班牙境内最为和缓。在罗格洛诺（Logroño）省，宗教裁判所判决 53 人行使巫术，处死了 11 个人（1610 年）。1614 年最高宗教裁判所指示其官员，把巫术认罪视为神经质的幻想，并且从轻处罚。

1609 年对巫术的恐惧似瘟疫般横扫法国东南部。数以百计的人相信自己被魔鬼附体，有人认为自己已变为狗，就学狗吠。波尔多议会的一个委员会，被指定审讯嫌犯。有人设计了一种方法来找出魔鬼进入被告身体的部位：被告双眼被蒙起来，用针刺他的肉，无法感觉针刺的地方就是进入点。嫌犯为了求得宽宥，往往互相指控。8 个人被判罪，其中 5 人逃走，3 人被烧死，后来旁观者发誓他们曾见到魔鬼化身蟾蜍模样，从牺牲者的头上跳出来。洛林地区在 16 年内因巫术被焚者达 800 人，斯特拉斯堡（Strasbourg）4 天内烧死 134 人（1582年 10 月）。1562 年到 1572 年间信奉天主教的卢塞恩地区处死了 62 人；信仰新教的伯恩地区，在 16 世纪最后 10 年内处死了 300 人，17 世纪最初 10 年则处死了 240 人。

在德国，天主教和新教徒竞相把巫师送上火场。一篇令人难以置信却相当可靠的报道称，特里尔主教曾在普法尔茨州（Pfalz）烧死 120 人，罪名是他们使寒冷的天气延长。雄高（Schongau）区的牛瘟被认为和巫师有关；设在慕尼黑的巴伐利亚枢密院，力主宗教法官"在审讯过程中表现更多的热忱和严苛"，结果有 63 个巫师被烧死，且审判费用必须由死者的亲属承担。在奥地利海恩堡（Hainburg），1617 年至 1618 年的两年中有 80 人因巫术而被处死。据说符兹堡的主教在 1627 年至 1629 年间曾处死了 900 个巫师。1582 年新教编者同意重新出版《女巫之锤》（*Hammer of Witches*），那原是多米尼克教派宗教法官雅各·施普林格（Jakob Sprenger）在 1487 年出版的，目的是指导人们侦察和检举巫师的方法。萨克森的诸侯奥古斯都宣布（1572 年），巫师即使不伤害任何人，也应该被烧死。1590 年埃林根（Ellingen）地区烧死 1500 个巫师，1612 年埃尔旺根（Ellwangen）地区烧死 167 个，韦斯特施特林（Westerstellen）两年中烧死 300个。同样的狂热发生在 1588 年的奥斯纳布律，1590 年的讷德林根（Nördlingern），1616 年的符登堡。德国学者估计 17 世纪一共有 10 万人因巫术受刑。

也有少数呼声试图唤起人们的理性。我们曾提及约翰·维尔和佩吉纳德·斯科特的抗议，我们也看到蒙田在《谈跛子》一文中以他怀疑的幽默嘲讽这种狂热："我认为在发现 2 个人说谎和 1 个人在 12 小

时内被风从东方带往西方……'或者'我们之中会有一个人被扫帚带
着在烟囱之间穿行,前者的可能性显然较后者大些,且更合乎自然法
则。"对于相信这种事的人,我们应该给予药品,而非死亡。"当一
切完成以后,借着一个人的臆测而把人活活烧死,未免过分重视臆测
的价值了。"美因茨的天主教教授科尼利厄斯(Cornelius Loos)在他
的作品《谈真假魔术》(*Über die wahre und falsche Magie*,1592 年)中
攻击搜捕巫师的行动,但是还未及出版他就被囚禁,而且被迫收回
他"不正确"的言论。另一个耶稣会会员——最虔敬的诗人弗里德里
希·冯·斯皮在替约 200 名被控施行巫术的巫师办理告解之后,写了
《谨慎的罪犯》(*Cautio Criminalis*,1631 年),指责这种宗教迫害。他
承认有巫师存在,但是悲叹毫无根据的逮捕以及审讯的不公和残酷
的虐待,那种虐待连"教会的博学之士和主教们"也会被迫招认一
切的。

然而为这种压迫辩护的人更多。新教神学家如 1572 年的托
马斯·伊拉斯塔斯,天主教神学家如 1589 年的彼得·宾斯费尔德
(Peter Binsfeld)主教都认为巫术确有其事,而且巫师应被烧死。主
教赞成苦刑,但是建议悔过的巫师应先被绞死才受火烧。天主教律师
兼哲学家让·博丹在他的《巫师的魔鬼术》(*Demonomanie*)一书中支
持迫害(1580 年)。一年后新教诗人约翰·弗斯查特翻译此书,且兴
致勃勃地为之扩大引申,和博丹一样,他也主张无情的严苛。

然而这种狂热渐渐衰退。1632 年以后,当"三十年战争"公开
转变为政治的战争,宗教在人类的仇恨中不再占有那么重要的地位。
印刷术流传了,书本增加了,学校恢复了,新的大学开始创立。耐心
的学者为渐起的知识宝塔加上了一块块石头,而好奇的人们在数以百
计的城市中开始以实验来验证各种假说。慢慢地超自然的领域缩小
了,自然和世俗的领域日渐扩长。那是一段枯燥的、不具人格的、残
缺不全的历史,也是现代最伟大的一出戏剧。

知识的传播

　　知识传播的第一功臣是使知识心心相传、代代相续的印刷者和出版家。伟大的艾蒂安印刷世家，由亨利·艾蒂安二世在热那亚、罗勃特·艾蒂安三世在巴黎继续经营。莱登也有类似的盛况（1580 年），是由路易斯·埃泽维尔（Louis Elzevir）建立的。他的 5 个儿子、孙子们及一位曾孙继续他的工作，而且创始了"埃泽维尔活字"。在苏黎世，克里斯托弗·弗罗绍尔（Christopher Froschauer）以他制作严谨的《圣经》版本，在印刷和学术史上争得一席之地。

　　图书馆为古老宝藏提供新的居所，我们前面已提到牛津的波德莱安（Bodleian）图书馆、埃斯科里尔的图书馆、米兰的（1606 年）精致书舍。凯瑟琳·美第奇也曾为国家图书馆增添过不少书册和稿本。西克斯图斯五世的教廷新图书馆，在约翰·伊夫林眼中似乎是"世界上建筑与设备最高贵、最美丽的图书馆"。

　　报纸开始萌芽。早在 1505 年，德国就不时印行单页的《时报》（Zeitungen），1599 年这类出版物达到 877 种，但都是不定期的。历史上最早的定期报纸是 1609 年在奥格斯堡创刊的《通讯》（Avisa Relation Oder Zeitung）周报，汇集商人和金融家在全欧所设的代理人报道编成。1616 年创办的《法兰克福邮报》（Frankfurt Oberpostamzeitung），一直发行到 1866 年。类似的定期周报分别在 1610 年的维也纳和 1611 年的巴塞尔创立。不久弗斯查特就开始取笑"唯报纸是信"的大众及他们对新闻的轻信贪婪了。内容不充实、含有偏见的新闻传播及为谋利而散布一些无聊之语，使一般大众无法睿智或共同参与政治，民主也就无法产生。

　　出版检查制度在基督教世界普遍施行，无论天主教或新教，教职人员或世俗百姓都不能例外。教会在 1571 年建立禁书目录会以保护信徒，不让他们接触有损天主教信仰的书籍。新教检查制度不像天主教那样权威与严苛，却同样力行不懈，盛行于英格兰、苏格兰、斯堪的纳维亚、荷兰、德国、瑞士等地。教规的不同使异端得以在国外出版书籍，或暗中将书籍偷运回国，也算是打击了检查制度。现代文学的机智和精微，部分应归功于检查制度。

《圣经》的译本繁多，但其被释为上帝的旨意则恒久如一。《圣经》始终是最受欢迎的书，在教规、语言甚至在行为方面的影响也相当大，因为当时最惨无人道的暴行——战争与宗教迫害——都引用《圣经》来自圆其说。倡导人文主义的文艺复兴在神学改革之前撤退时，对《圣经》的崇拜取代了异教古典的迷信。学者发现《新约》使用的文字不是古典希腊文而是大众化的共通语（Koine）时，曾引起一阵骚动。但神学家解释说，圣灵用通俗词汇是为了使人们更易了解。另一次的打击来自索莫尔（Saumur）大学路易斯·卡佩尔（Louis Cappel）教授下的结论，认为《旧约》为教会所认可的希伯来教本，其母音点和重音都是在5世纪或其后泰比利厄斯（Tiberias）的马索拉（Masorete）犹太人加上去的，而公认教本的方形字则是取代希伯来字母的亚拉姆文字（Aramaic）。当时最伟大的希伯来学者老约翰尼斯·布克斯托弗（Johannes Buxtorf）祈求卡佩尔不要将这种论点公之于世，以免使人们对《圣经》上的文学启示产生怀疑（1624年）。小约翰尼斯·布克斯托弗试图反驳，声称母音点和重音也是神赋的灵感。这项争论持续了一个世纪。正教终于承认母音点，向前缓缓地迈进了一步，开始视《圣经》为一个民族的庄严表现。

这个年代产生了一些最著名的学者。在勒芬和莱登之间、在天主教和新教教义之间摇摆不定的贾斯图斯·利普修斯，终以修正塔西佗、普劳图斯和塞涅卡的版本而在欧洲赢得声名，并以阿里斯塔科（Aristarchus）的《语法技巧》（*De Arte Grammatica*，1635年）一书震惊欧洲。他哀悼欧洲文明即将灭亡，而以"西方另一新兴帝国升起的阳光"——美洲——安慰自己。

约瑟夫·斯卡利杰尔"也许是有史以来日常知识最丰富的人"，他从父亲尤利乌斯·斯卡利杰尔那里继承了欧洲学者的王座。他在法国西南的阿让地区（Agen）担任父亲的书记时，尽情地汲取知识。他以 3 周的时间读完荷马的著作，又遍览希腊主要诗人、史学家和演说家的作品。他学习希伯来文、阿拉伯文和其他 8 种语言，接着又钻研数学、天文和"哲学"（当时包括物理学、化学、地质学、生物学），而且学习了 3 年法律。法律训练也许有助于他精练的批评，因为在他出版的加拉塔斯、提布鲁斯（Tibullus）、普罗佩提斯（Propertius）等古典作家的作品中，他把批评从随意的臆测提升为程序和诠释的法则。在叙述历史方面，他很重视日期。他的巨作《日期的改正》（*On the Correction of Dates*，1583 年）首次把希腊和拉丁史学家列出的日期，与埃及、巴比伦、朱蒂亚、波斯、墨西哥的历史、历法、文学和天文学的日期对照。他的《时间的价值》（*Thesaurus Temporum*，1606 年）收集并整理了古典文学的每个编年细目，并以此为基础建立了古代史的第一部科学年表。另外，他主张耶稣实际上生于公元前 4 年。贾斯图斯·利普修斯于 1590 年离开莱登大学，莱登便把古典学术的教席给予斯卡利杰尔。经过 3 年的犹豫，斯卡利杰尔终于接受，一直到他 1609 年逝世，莱登成了学者的天堂。

斯卡利杰尔与他父亲一样，很以身为维罗纳王子斯卡拉（Scala）家族的后裔感到骄傲，对同行学者们充满了尖酸的批评，但他一度忘情地称伊萨克·卡索邦为"世上最有学问的人"。卡索邦终生历尽苦难。他出生于日内瓦。3 岁时，他的父母回到了法国，他在宗教迫害的惊惶和恐怖中整整生活了 16 年。他父亲长期在法国新教军中服役，终年离家。他的家人则常常躲在山中，逃避狂热的武装天主教徒的迫害，他最初的希腊课程是在多芬山中的山洞里学习的。19 岁那年，他进入日内瓦学院，22 岁成为该校的希腊文教授，在贫病中担任该职达 15 年之久。所赚薪水仅够糊口，但他宁可节省食物来买书，并以老斯卡利杰尔亲切的来信安慰学术上的孤寂。他出版亚里士多德、小普利尼和泰奥弗拉斯图斯（Theophrastus）的作品，不但以文字的修订见长，也因其对于古代观念和方式独具启发性的见解，征服了学术界。1596 年，亨利四世放宽神学斗争，卡索邦被任命为蒙彼利埃大学的教授。3 年后他应邀前往巴黎，但巴黎大学不接纳非天主教徒，亨利只好派他担任皇家书舍的主持人，年薪 1200 里弗。节省的亨利告诉这位学者："你花了国王太多的钱，先生，你的薪水超过两个优秀舰长所领的钱，而你对国家一无用处。"伟大的亨利死后，卡索邦认为是接受英国邀请的时候了。詹姆士一世欢迎他担任研究学者，并支付他年薪 300 英镑。但法国的摄政王后不准他带书前往，詹姆士也以专题演讲来烦扰他，伦敦的知识分子又责备他不会说英文。在英国待了 4 年后，他丧失了生命的斗志（1614 年），去世时 55 岁，葬在威斯敏斯特教堂。

当时学者头衔比诗人和历史学家更受人尊敬，因为学者对学问锲而不舍地追求，保存并阐明了古典文学中蕴藏的智慧与美。斯卡利杰尔进入莱登后，几乎被奉为百战荣归的王子。克劳德·索默斯（Claude de Saumaise），学术界称他为萨尔马修斯，被许多国家争相延聘。卡索邦死后，他被公认为"现存最有学问的人"，是"世界的奇迹"。萨尔马修斯生于勃艮第，在那里受教育——而且改变信仰，在海德堡成为加尔文主义者，20 岁就因为出版两位 14 世纪作家的作品而崭露头角，一年后又出版弗罗鲁斯（Florus）的《大纲》（*Epitome*）。他的作品一部接一部地出版，总共有 30 本，以无所不包的博学闻名。他以一部 900 页的巨册《述异记》达到巅峰。索里努斯（Solinus）是 3 世纪的文法家，曾把欧洲主要国家的历史、地理、人种学、经济学、动物学汇集成百科全书，后来一位编者将其命名为《博学家》（*Polyhistora*）。萨尔马修斯为这本书作了详尽的注解，旁征博引，其范围包容了罗马帝国的整个世界。他后来选择了莱登大学的教授职位，到任后立刻被选为人才济济的教授团的主席。一切都很顺利，直到流亡荷兰的英王查理二世请他写文章、指责克伦威尔斩决查理一世。他的《为查理一世辩诬》（*Defensio Regia pro Carolo I*，1649年 11 月）在查理一世被处死 10 个月后问世。克伦威尔很不高兴，他聘请弥尔顿加以答辩。萨尔马修斯写了一篇回复弥尔顿的文字，尚未完成就去世了（1653 年），弥尔顿却担负了置他于死地的恶名。

尽管有人如此博学，西欧约 80% 的人仍是文盲。约翰·科梅纽斯花费 40 年时光，想改善欧洲的教育系统。他生在摩拉维亚（1592年），后来成为摩拉维亚兄弟会的主教，他始终相信宗教是教育的基础与目标，智慧来自对上帝的敬畏。他的一生由于当时的宗教仇恨而成为忧患之旅，他始终是波希米亚弟兄教派的信徒：

> 我们都是生存在同一世界的公民，我们的体内流着同样的血液。只因为一个人生在异国，因为他讲不同的语言，因为他对某些事物持不同的看法，就报以仇恨，是一个绝大的错误。停止吧！我恳求你们，我们人类生而平等……让我们怀抱着一个共同的目标，谋人类的福祉；让我们放弃因语言、国籍、宗教而兴起的一切私念。

在写了 50 部有关教学法的作品后，他以《大教学论》（*Didactica Magna*，1632 年）一书总结他的原则，这是教育史上的一个里程碑。首先，教育应具有普遍性，无性别与财富之分：每一个村庄应有一所学校，每一城市有一所学院，每一省有一所大学，受高等教育的机会应开放给所有具有能力和智慧的人；国家应以财力支持人民发掘各种才能，加以训练和利用。第二，教育应该是实际的：观念应与事件密切相连；母语或外国语的词汇应以目视、身体触摸或使用它们代表的实物来学习；文法的教授应排在稍后。第三，教育应包含德、智、体三个方面；儿童应该接受户外生活和运动的训练以锻炼其健康和活力。第四，教育应该是实用的：它不能局限在思想的牢笼中，而应伴随行动和实际的应用，而且能为谋生做准备。第五，随着学生年龄的增加，科学课程应逐渐加重；每一省市都应设立研究科学的学校。第六，一切教育和知识都应致力于改善个人性格与虔敬之心，及国家的秩序和幸福。

　　德国王公们尽量在每个村庄建立一所小学。萨克森·魏玛公爵于1619 年宣告 6 岁到 12 岁的男女儿童必须强迫接受教育，世界上首次提出义务教育。收获季节有 1 个月假期。1719 年，这种制度已遍及德国。中级学校仍拒收女生，但是数目不断增加，学校也一再改进。当时有 22 所新大学相继成立。根据卡索邦 1613 年的描写，牛津正蓬勃发展。他把该校教员的薪水和社会地位与欧陆相比，令人印象深刻。德国教授（1600 年）薪酬极其微薄，很多人甚至只能以贩卖酒水补贴生计。耶拿的学生在教堂所开的酒店中痛饮。西班牙大学在菲利普二世死后日渐衰微，在宗教裁判所的怒视下枯萎。同时期西属美洲也设立了几所大学——1551 年于利玛，1553 年于墨西哥城，远在 1636年哈佛学院成立之前。此时新兴的荷兰人创立了 6 所大学。莱登成功地抵挡了西班牙的围攻时（1574 年），"联合省"的联邦统帅邀请公民自请报酬。他们所要求的是一所大学，统帅下令照办。在天主教和加尔文教派的国家，教育由教职人员控制。在英国和路德教派地区则多半由受制于国家的教士们管理。除了帕多瓦外，几乎所有大学都要求老师和学生信仰官方的宗教，学术自由也由国家和教会严密限制。宗教的不同使各大学不具备丝毫的国际色彩，西班牙学生局限在西班牙，英国学生不能进入巴黎大学。原创性的思想逐渐从大学中消失，却转向私立学院或个别研究。

　　因此，当时私立学院在学习和研究不受检查的情况下兴盛起来，尤其以科学方面为甚。1603 年，费德里戈·塞西（Federigo Cesi）和蒙特贝罗（Montebello）的女侯爵在罗马建立了林西安学院（Accademia dei Lincei），伽利略于 1611 年进入该校。学校的组织章程就其目标提出了如下界说：

　　　　林西安学院要求它的成员是渴求真知识、致力于研究自然（尤其是数学）的哲学家。同时它并不忽视增加风采的、高雅的文学和语言，它们就像优美的红宝石一般，装饰科学的整个躯体……林西安课余不组织包含朗诵和辩论……对一切政治争论、各种争吵和冗长的论战，林西安学院之人所持的态度是不置身其间，保持缄默。

林西安学院于 1630 年解散，其目标由实证学院（Accademia dei Cimento）予以实现（1657 年）。不久类似的组织即在英国、法国和德国建立。

科学工具与方法

首先科学工具是必需的。在眼睛看得不够清楚、不够远、不够细致，肉体不能正确感觉出物体的压力、温度和重量，心灵无法测出空间、时间、质、量和密度的情况下，我们需要显微镜、望远镜、气压计、温度计、比重计、更好的表、精细的天平，它们一一出现。

詹巴蒂斯塔·德拉·波尔塔在《自然的奥妙》（*Magia Naturalis*，1589 年）一书中写道："物体在凹透镜下显得较小却比较清晰，在凸透镜下显得较大却比较模糊；然而，你若知道如何把两者适当予以调和，便可以将很远的东西看得又大又清楚。"这就是显微镜、小型双筒镜、小型观剧望远镜、普通望远镜及一切组织学的原理。简单的显微镜是一个单一的凸镜片，早已为大家知晓。使生物学改观的是几个会聚透镜结合而成的复式显微镜。镜片研磨和打光的工业在荷兰尤其发达——斯宾诺莎一生都离不开它。约 1590 年，米德堡的一位眼镜制造家扎卡里亚斯·詹森（Zacharias Janssen），合并双面凸镜和双面凹镜制造出最早的复式显微镜。现代生物学和现代医学都是由那项发明产生的。

这些原理的进一步应用使天文学得以改观。1608 年 10 月 2 日，米德堡的另一位眼镜制造家汉斯·利伯希（Hans Lippershey）向联合省（当时仍与西班牙作战中）的联邦统帅呈献一种望远工具的说明。利伯希把双面凸镜（物镜）放在筒管的远端，把双面凹镜（目镜）放在近端。立法者看出这种发明颇具军事价值，给了利伯希900弗罗林作为奖赏。10月17日，另一个荷兰人雅各·梅修斯（Jacobus Metius）说他曾独立制成一个类似的工具。伽利略听到这些消息，于1609年在帕多瓦制成自己的望远镜，可以放大3倍，这些就是他开始用以扩大世界的工具。1611年，开普勒建议颠倒伽利略镜片的位置，用凸镜片作为"目镜"、凹镜片作为"物镜"，可以达到更好的效果。1613年至1617年，耶稣会会员克里斯托弗·沙纳尔（Christoph Scheiner）根据这个计划制造了一个改良的望远镜。

同时，伽利略根据3世纪或3世纪之前就已知道的原理发明了温度计（约1603年）。他把玻璃管开口的一端放入水中，另一端是空的玻璃球茎，他用手使其温暖，一抽回手，球茎骤凉，水即升入管中。伽利略的朋友乔万尼·萨格雷多（Giovanni Sagredo）则把管子刻分为100度（1613年）。

伽利略的学生托里切利（Torricelli）封闭长玻璃管的一端，注满水银，把开口的另一端浸入水银碟中立起，发现管中的水银并不流入碟中。学术物理解释这种现象是由于"自然真空"，托里切利解释这是周围大气对碟中水银的压力所致。他推断这种外在的压力会使容器中的水银升入没有空气的空管中，实验证明他是对的。他显示了管中水银高度的变化可以用来测量大气压力的变化，他于1643年制成了第一支气压计——至今仍是气象学上的基本工具。

有了这些新工具，科学还有待数学家改良计算、测量和符号表记的方法。就我们所知，约翰·皮尔和朱斯特·比尔吉发明了对数，威廉·伍特黎德发明计算尺，小数系统是一项更大的恩赐。试验性的建议为进一步研究做好了铺垫。撒马尔罕的阿尔－卡什（Al-kashi）曾表示圆周与直径之比是3.1415926535898732，那是用空格代替点号的小数。尼斯的弗朗西斯·佩罗斯于1492年用了小数点。西蒙·斯蒂维努斯（Simon Stevinus）在一篇划时代的论文《小数》（"The Decimal"，1585 年）中阐述了这个新系统，提出"以前所未闻的轻松方法教导所有数目的演算……悉为数字，没有分数"。欧洲大陆的测量系统利用他的观念测量长度、容积和货币，但是圆圈和钟表仍沿袭巴比伦数学，保留了 60 划分制。

德萨尔格（Gérard Desargues）在 1639 年发表了一篇有关圆锥截面的古典论文。巴黎的弗朗索瓦·维埃特（Francois Viète）用字母代替已知和未知量，使日渐衰微的代数复生，还把代数应用在几何学中，成为笛卡儿的先驱。笛卡儿利用瞬间的灵感建立了解析几何，提议用几何图形代表数目和等式，或用数目和等式代表几何圆形（因此货币在时间过程中的渐渐贬值，可以用统计曲线图表示出来）。而且，用代数等式代表几何圆形算出的代数结果，在几何上也完全正确。代数因此可以用来解决几何难题。笛卡儿对自己的发现着实自得，认为自己的几何贡献较之先辈们的，简直就像西塞罗的口才之于小孩的 ABC 一般。他的解析几何、埃米利奥·卡瓦里埃里的不可整除论（1629 年）、开普勒的圆圈近似方化法、罗伯瓦尔（Roberval）连同托里切利和笛卡儿共同创立的弧形方化法，使莱布尼茨和牛顿发现了微积分。

现在数学不仅是一切科学上必要的工具，也是一切科学的目标。开普勒认为心智离开量的领域，就会在黑暗和怀疑中游荡。伽利略说哲学的意思是"自然哲学"或科学——

> 是写在这本宇宙的大书中，经年屹立在那里，坦然接受我们的注视。但我们若不先了解它作为表达工作的语言和文字，就无法了解其内容。那里所指的就是数学语言。

笛卡儿和斯宾诺莎都渴望把形而上学变成数学的形式。

现在科学开始从它的哲学母亲的胎盘中解放自己，它将亚里士多德从背上摔开，把目光从形而上学转向大自然，发展出自己的特殊方法，而且致力于改良地球上人类的生活。这一运动属于理性时代的核心，但它并不只注重"纯理性"——脱离经验和实验的理性。这种理性往往织出神秘的网。现在理性如同传统和权威一般，也要接受事实的研究和记录的考验。无论"理则学"是怎样的说法，科学只接受能够测定数量、能以数字表达、能以实验证明的东西。

科学与实体

科学在近代历史中依照逻辑程序发展，该顺序为：17 世纪的数学和物理学，18 世纪的化学，19 世纪的生物学，20 世纪的心理学。

此时物理学上最伟大的人物是伽利略，但很多名气较小的英雄也值得纪念。西蒙・斯蒂维努斯协助确定滑轮和杠杆原理。他曾作过很有价值的水压、引力中心、压力平行四边形和斜面研究。约 1690 年，他曾在代尔夫特证明两种不同重量的类似物体，从同一高度落下会同时着地。这与古来的信念相反，成为伽利略比萨实验的先驱。笛卡儿确立惯性定律，认为在不受外力的影响下，物体会一直维持静止或直线运行的状态。他和伽桑迪成为分子热力说的先驱。他的《气象论》（*Météores*，1637 年）的立论基础是一种已不再被人们接受的宇宙哲学，但这篇论文对奠定气象科学的基础大有贡献。托里切利把他的大气压力研究扩展为风力学。他认为，这是各地空气密度不同而造成的平衡流。伽桑迪，这位不寻常的、熟知一切科学的神父，继续测量声音的速度，得出的结果是，每秒 1473 英尺。他的朋友梅赛纳（Marin Mersenne）重复这个实验，结果为 1380 英尺，更接近现在公认的 1087 英尺。梅赛纳于 1636 年由一根发声弦线建立了整套的泛音系统。

光学研究集中于反射和折射的复杂问题，尤其是彩虹中所见的反射和折射。约 1591 年，斯帕拉托（Spalato）大主教马可・安东尼奥・多米尼斯（Marco Antonio de Dominis）写了一篇论文——《光与虹》，他在文中解释虹（通常所见的一道）是由于光线在天空或浪花的水滴中两度折射和一次反射而形成，霓是由于两度折射和两度反射而形成的。1611 年，开普勒的《折射光学》探讨以镜片研究光的折射。10 年后莱登的威尔布罗德·斯内尔（Willebrord Snell）研究出折射法则的公式，使镜片对光线的活动可以更精确地算出，而且促使更好的显微镜和望远镜产生。笛卡儿运用这些法则计算出虹霓辐射角。

威廉·吉尔伯特划时代的地磁讨论，引出了一连串的理论和实验。耶稣会的法米亚努斯·斯特拉达（Famianus Strada）认为两个相隔很远的人，可以利用两块磁针同时指向同一字母的共鸣动作而互相感应，暗示了电报技术的原理。另一位耶稣会士尼科罗·加比奥（Niccolo Cabeo，1629 年）首先描述电斥力的存在。另一位阿塔纳修斯·基尔切（Athanasius Kircher）在《磁力》（"Magnes"，1641 年）一文中，描述他把磁铁悬在天平的一端，并在另一端放置砝码以平衡其影响力，从而测出磁力的大小。笛卡儿认为磁力的产生是由于使宇宙演进的大涡动投射出的质点冲突使然。

炼金术仍很普遍，所炼取之物尤其被用来当作皇家贬低币值的代替品。鲁道夫二世、萨克森、勃兰登堡和巴拉丁挪等地的选帝侯，布兰兹维公爵和赫斯伯爵都曾雇用炼金术士来制造金银。由于这些实验，化学作为一门科学逐渐成形了。安德烈亚·利巴维厄斯（Andreas Libavius）本人就代表了这种变迁。他的《为变质炼金术辩护》（"Defense of Transmutatory Alchemy"，1604 年）承袭古老的探求，但是《炼金术》（"Alchymia"，1597 年）是第一篇有系统的有关化学的科学论述。他发现了氯化锡，并最先制造出硫酸铵，同时也是最早建议输血治疗的人之一。他在科堡（Coburg）的实验室是该城的一大奇景。一位献身科学和贫民医药服务的富有贵族海尔蒙特（Helmont）将各种气体从空气中区分出来，并分析它们的种类和成分，因而名列化学始祖之林。他又根据希腊词"chaos"而造出"化学"一词，他在自己的研究领域中有许多发现，从火药的爆炸性气体到人造风的可燃性，无所不包。另外，他建议用碱来中和消化道中过度的酸性。约翰·格劳伯（Johann Glauber）推荐硫酸钠结晶为"内用和外用的极佳药品"，而"葛氏盐"至今仍用做轻泻剂。他和海尔蒙特都曾涉足炼金术。

这些"自然科学"对改良工业生产和战争杀戮都有其贡献。技术人员把液体、气体的动作和压力、力的组成、钟摆定律、投射过程、金属提炼等新知识应用到实际事务中。1612年，西蒙·斯特蒂文特（Simon Sturtevant）发明了生产焦炭的方法——"烧炼"烟煤以除去其挥发性成分。这种焦炭在冶金方面很有价值，因为煤中杂质会影响铁。它取代了木炭，保全了森林。玻璃的制造成本降低，这个时代的窗玻璃因此变得十分普遍。机械发明随着工业的增长而增多，因为这类发明往往归功于想要节省时间的工匠技术，而非科学家的研究，所以我们1578年首次听说螺旋车床，1589年首次听说纺织框架，1597年听说旋转舞台，1636年听说脱谷机和自来水笔。

当时工程师们的伟大成就，即使在今日也值得赞佩。多米尼克·丰塔纳（Domenico Fontana）在圣彼得方场竖立一方尖碑而轰动罗马。工程师西蒙·斯蒂维努斯发明水闸系统以控制堤堰——那是荷兰共和国的卫兵。巨大的风箱使矿坑空气流通；复杂的压缩机把水升入塔中，以供奥格斯堡、巴黎和伦敦等城市的水压。桁架桥是依照简单的几何原理——三角形任一边的长度不变就不会变形——而建立的。1624年，第一艘潜水艇在泰晤士河潜行了2英里。哲罗姆·卡丹（Jerome Cardan）、波尔塔和萨洛蒙·考斯（Salomon de Caus）提出蒸汽引擎的理论，其中考斯在1615年曾描述一架利用蒸气膨胀力抽水的机器。

地质学尚未诞生，甚至连这个词都还未出现。地球的研究被称为矿物学，而对《圣经》"创世记"故事的尊崇，阻挠了一切对宇宙哲学的探讨。帕利西（Bernard Palissy）重申古代观点，认为化石是生物死后遗体僵化而成，因此被指责为异端。笛卡儿大胆暗示一切行星，包括地球，都曾是如太阳一般的发光体，行星冷却后，由固体和液体合成的外壳包裹着中心的炽燃体，其内部喷出物则造成了温泉、火山和地震。

随着传教士、探险家和商人为扩展信仰、知识、产品铺路所做的努力，地理学也随之发展。西班牙航海家（1567 年）探险南太平洋发现了瓜达卡纳尔岛（Guadalcanal）及所罗门群岛的其他岛屿——他们希望在该地找到所罗门的矿藏，故以此命名。一位葡萄牙传教士佩科·帕伊斯（Pecho Paes）被囚于阿比西尼亚（Abyssinia，1588 年）时，参观青尼罗河（Blue Nile），因而解开了一个古老的谜。他指出尼罗河谷的定期泛滥是由于阿比西尼亚高地的雨季所致。威廉·简斯朱昂（Willem Janszoon）显然是第一个踏上澳洲土地的欧洲人（1606年）。阿贝尔·塔斯曼（Abel Tasman）发现了塔斯马尼（Tasmania）、新西兰（1642 年）和斐济群岛（Fiji，1643 年）。荷兰贸易商来到今泰国、缅甸和中南半岛（Indochina），但有关这些国家的消息，主要还是来自耶稣会传教士。萨缪尔·查普莱恩（Samuel Champlain）奉法王亨利四世之命，曾探险新科西亚海岸（Nova Scotia），到达了圣劳伦斯河和蒙特利尔附近。他的随从建立了魁北克，并把一条以他的名字命名的河流画入地图中。

地图绘制者努力追赶探险家的发现。格拉杜斯·莫卡托（Gerardus Mercator）在卢万学习，开设了一家专门制作地图、科学仪器和天体星球仪的商店。1544 年，他以异端的罪名被捕，却未受严重的处罚。然而为审慎起见，他接受了杜易斯堡大学（Duisburg）的邀请，成为克里夫公爵的制图员（1559 年）。他在 82 年的生命中，曾不懈地绘制出佛兰德斯、洛林、欧洲和全球的地图。他著名的《运用航测完成的世界新地图》介绍了"莫氏投射"地图，画出所有互相平行的经线和纬线，两组线条互成直角。1585 年，他开始出版伟大的《地图集》（Atlas，这个词的使用也归功于他），包括 51 幅空前精准的区域地图，描绘了当时所知的整个地球。他的朋友亚伯拉罕·奥特尔（Abraham Oertel）以一册内容广泛的《圆形地球》（*Theatrum Orbis Terrarum*，1570 年）不输于他。这些人共同的努力把地理从托勒密的千年束缚中解放出来，建立了现代形式。由于他们，荷兰人垄断地图制造业几达一个世纪之久。

科学与生命

　　生物学在两个世纪后才达到全盛时代。而植物学因医学上药草的研究和外来植物的输入而缓缓发展。耶稣会教士将奎宁、香草和大黄带回欧洲。约 1560 年，马铃薯从秘鲁输入西班牙，由此传遍欧陆。帕多瓦的植物学教授普罗斯佩罗·阿尔皮尼（Prospero Alpini）曾描述过 50 种移植欧洲的植物。他从枣椰的研究中演绎出植物有性生殖的学理，早在公元前 3 世纪，泰奥弗拉斯图斯就已发现，只是未能给予证明。阿尔皮尼说：“雌枣树不会结果，除非雄树和雌树的枝混合在一起，或雄鞘、雄花的粉末散布在雌花上。”林奈（Linnaeus）后来依据繁殖方法把植物分类，同时（1583 年），佛罗伦萨的安德烈亚·切萨尔皮诺提出了第一个系统化的植物分类法——包括 1500 种——依照植物不同的种子和果实划分的。巴塞尔的加斯帕德·波辛（Gaspard Bauhin）在他的巨著《植物论文》（“Pinax Theatri Botanici”，1623 年）中，把 6000 种植物分类，成为林奈“属”、“类”两项命名法的先驱。波辛花费 40 年的时间作了《植物世界一览表》一书，他在此书出版一年后离开人世。300 年来此书始终被奉为圭臬。

　　医生的私人植物标本演进为由大学或政府资助的公共植物园。最早的于 1543 年成立于比萨，在切萨尔皮诺的管理下颇负盛名。苏黎世城在 1560 年成立了另外一个，博洛尼亚、卡塞尔、莱登、莱比锡、布雷斯劳、巴塞尔、海德堡、牛津等地也相继成立。路易十三的医生拉·布罗西（Gui de La Brosse）于 1635 年在巴黎组织了著名的药学植物馆。动物园提供公共娱乐的兽栏，最早可以溯源至中国（公元前

1100 年）、古罗马和阿兹特克（Aztec Mexico）（约 1450 年）。现代动物园则于 1554 年在德累斯顿和路易十三时代的凡尔赛宫成立。

　　动物学不像植物学一样受注意，因为它较少——除了神秘药品之外——具有治疗价值，乌利西·阿尔德罗瓦尼（Ulisse Aldrovandi）在 1599 年开始出版 13 大卷的《自然史》：他在有生之年亲见 6 卷付印；博洛尼亚元老院根据他的手稿，在公费资助下，出版了其余 7 卷——只有布封的《自然史》（*Histoire Naturelle*，1749—1804 年）才能超越这些巨作。耶稣会学者阿塔纳修斯·基尔切在《光与影》（"Arsmagna Lucis et Umbrae"）一文中（1646 年），描述他在显微镜下发现腐败物质中的微小"虫子"，成为组织学的鼻祖。几乎所有的人仍相信细小的机体是从腐肉——甚至黏土中自然生出，虽然加布里埃尔·哈维不久就在他的《动物的衍生》（"De Generatione Animalium"）一文中否定这种说法（1651 年）。动物学的落后部分应归因于只有少数思想家认为动物是人类的祖先。1632 年，伽利略写信给托斯卡纳大公爵："虽然人与其他动物的分别很大，但我们可以合理地说，那种差别比起人与人之间的差别也大不了多少。"现代心灵已慢慢觉悟，重拾 2000 年前希腊人的想法。

　　解剖学在经过维萨里大力倡导之后曾一度停息。尸体解剖仍遭到反对——格劳秀斯·雨果即是其中之一，但荷兰艺术中众多的"解剖课程"反映了一般人对这种情势的认可。在外科手术上同享盛名的人物是吉罗拉莫·法布里奇奥（Girolamo Fabrizio），他是法罗皮奥（Fallopio）的学生和哈维的老师。在他管理帕多瓦大学期间，该校建立了壮观的解剖教室——那是唯一一幢完整留存至今的建筑物。他发现静脉中具有瓣膜及对缝合效果所做的研究，引导哈维证明了血液循环。血液循环的知识由于加斯帕罗·阿塞利（Gasparo Aselli）发现乳糜管而更进一步，那是从小肠携带乳糜的淋巴管。阿塞利在哈维发表其理论六年前就已叙述了血液的循环。切萨尔皮诺在 1571 年阐述了基本理论。他仍然执守古老观点，认为血液流过心膜，但他解释血液如何从动脉流向静脉的论文，则比哈维的说法更为接近。

科学与健康

在征服知识的战争中，最重要的一仗便是生与死的对抗——那是一场个体永远输、集体永远赢的战役。在对抗疾病与痛苦方面也遭遇许多人为的阻挠：个人的不洁、公共的污秽、恶臭的监狱、身怀神奇药水的庸医、"科学"的神秘主义者、放疝者、融化结石者、拔牙者、业余验尿者，等等。新的疾病也和新疗法竞相出现。

麻风已绝迹，通过预防措施梅毒也得以减少。法罗皮奥曾发明（1564 年）一种麻布护套防止梅毒的传染（这种护套很快被用作避孕工具，由理发师和鸨母出售）。但当时斑疹伤寒、肠热病、霍乱、白喉、败血病、流行性感冒、天花和痢疾在几个欧洲国家，尤其是德国出现。据可能有些夸张的数字，1563 年至 1564 年，巴塞尔一地有 4000 人死于瘟疫；1564 年，弗莱堡 25% 的居民死于瘟疫；1565 年，罗斯托克（Rostock）死了 9000 人，法兰克福死了 5000 人；1566 年，汉诺威（Hanover）死了 4000 人，布兰兹维死了 6000 人。惊恐的公民把某些瘟疫归因于有人故意下毒。西里西亚的弗兰肯斯坦（Frankenstein）地区有 17 人因为涉嫌 "放毒" 而被烧死。1604 年，美因河上的法兰克福黑死病伤害力极大，以致竟没有足够活人来埋葬死者。这些报道显然有些夸张，但根据权威报道，1629 年至 1631 年意大利屡遭黑死病侵袭期间，米兰地区就有 8.6 万人丧失生命，而且 "威尼斯共和国死亡人数不下 50 万……1630 年到 1631 年间单单意大利北部就有 100 万人死于瘟疫"。新生命的诞生仅能填补死亡的大量攫取。生育因为生命的无常而痛苦倍增。2/5 的儿童活不到 2 岁。家庭是大家庭，人口却很少。

公共卫生日渐改善，医院也增多了。医学教育渐渐采取了一种更严格的方式——没有学位仍可行医。博洛尼亚、帕多瓦、巴塞尔、莱登、巴黎等地区都有著名的医学院,招收来自西欧各地的学生。圣克托留斯(Sanctorius)曾做了 30 年的实验,试图把生理过程简化成量的测定。他大部分工作都是坐在桌边大秤上完成。他记下自己在吸取、放出固体和液体时体重的变化,甚至秤自己的汗液。他发现人体每天由正常排汗而放出几磅的汗水,因此断定这是代谢的必要形式。他发明了诊断用的温度计(1612 年)和帮助诊断的脉搏跳动计。

治疗已由蟾蜍进展到水蛭。某些知名的医生以干蟾蜍为药方,缝入袋中,挂在胸前,以捕吸身体四周的毒气。用水蛭或杯吸法放血的人必须饮用大量的水,依据的理论是新入的液体可以形成未受感染的新血。机械医学派由笛卡儿身体过程机械化的教条而来;化学医学派源自帕拉塞尔苏斯,由海尔蒙特加以发展,认为一切生理都是化学现象。水疗法很受欢迎,治疗的水得自英国巴斯、荷兰史巴(Spa)、法国布隆比利莱茵河和意大利的十余个地方。我们曾听说蒙田试验这些水。拔地麻根(约 1580 年)、锑(约 1603 年)、吐根(1625 年)和奎宁(1632 年)等新药被介绍到欧洲。1618 年的伦敦药典曾列出 1960 种药品。蒙田曾谈起少数医生用来医治病人的特殊方法:

> 龟的左足、蜥蜴的尿、大象的粪、鼹鼠的肝、从白鸽右翅取下的血,等等,对我们有结石的人来说……老鼠身上掉下的粉末及其他蠢物,更暗示了魔术和符咒,而不是严肃的科学。

这些珍品特别昂贵,而 17 世纪的人抱怨的往往是药剂师的收费,而不是医生的账单。

牙医术还是理发师的事,而且当时的牙医术只包括拔牙。这种"理发师手术"包含了几位娴熟的从业者,如安布罗西·帕雷(Ambroisé Paré)、弗朗索瓦·鲁塞特(Francois Rousset),及用塑胶重造耳朵、鼻子和嘴唇的专家塔格里亚格齐(Tagliacozzi)。塔格里亚格齐被道德家指为干预上帝之手。"德国外科手术之父"威尔海姆·法布里（Wilhelm Fabry）首先建议切除患处以上的肢体。帕多瓦之乔万尼·科利（Giovanni Colle）写出了第一篇输血说明（1628年）。

每一时代的病人都抱怨医生的收费过高。喜剧家则嘲笑他的长袍、红鼻子和严肃的表情。如果我们信任喜剧家的讽刺的话，医生的社会地位并不高于教师。但我们若注意伦勃朗的《解剖课程》，我们就可以看出他们是受社会尊敬的，而且可以在一幅名画上占一席之地。当时最有名的哲学家像我们一样憧憬更美好的人类前程，认为这有赖于人类性格的改善，而医学是倡导这一革命最可能的途径。笛卡儿说："即使心灵也大大取决于身体器官的脾气和性格，因此若想找出使人类变得更聪明、更能干的方法……我相信医学便是寻求的目标。"

从哥白尼到开普勒

我们把天文学留到最后，因为它的英雄们在这段时期接近尾声时才出现，并谱成了"反抗的乐章"。

强迫伽利略保持沉默的同一教会，在现代天文学的主要成就——历法的改革——方面居领导地位。约公元前46年，索西尼斯（Sosigenes）为恺撒所做的历法校正，把每年多估了11分14秒。结果到了1577年，恺撒历法比实际季节的进行慢了约12天，教会节期也偏离预定的季节。教会在克莱门特六世、西克斯图斯四世和利奥十世的领导下曾试图改革历法——但困难在于获取大众的认可和必要的天文知识。1576年，鲁吉·吉格里奥（Luigi Giglio）草拟的修正历被呈送给格列高利十三世。教皇把它提交一个由神学家、律师和科学家组成的委员会讨论。著名的数学家和天文学家、耶稣会士克里斯托弗·克拉维斯（Christopher Clavius）也曾与会，最后的定稿显然出自他的手笔。教会曾长期和王子、高级教士们磋商以谋取合作；反对者也不乏其人，而赢取东正教教会认可的努力也告失败。1582 年 2 月 24 日，格列高利十三世签署敕书，确立了格列高利历法在罗马天主教区的地位。为了使旧历和天文实情相符，1582 年 12 月少了 10 天，就将 10 月 5 日算作 10 月 15 日，在利息和其他商业关系的计算上也有复杂的酌减额。为了弥补恺撒历法的错误，只有能被 400 除尽的年份的 2 月才有 29 天。新教国家拒绝接受这种改变。美因河上的法兰克福和布里斯托尔两地的人民相信教皇是想要自他们手中夺取 10 天，因而抗议。连蒙田都因为渴望时间而抱怨："教皇新近削减了 10 天，使我情绪低落，几至无法恢复。"但是新历——在 3333 年内无须校正——渐渐为大家接受：德国各州在 1700 年，英国在 1752 年，瑞典在 1753 年，俄国在 1918 年相继采用。

对哥白尼天文学的接受也经历了同样缓慢的过程。在意大利以假说方式呈现，比已经证明的事实更易为人研究和教导。布鲁诺为它辩护，坎帕内拉已经怀疑其他行星的居民，是否也像地球人一样自视为一切事物的目标和中心。大体说来，新教和天主教的神学家们竞相指责新系统，培根和让·博丹同样弃绝它。更令人惊奇的是，哥白尼死（1543 年）后半个世纪，最伟大的天文学家也拒绝他的说法。

蒂丘·布拉赫 1546 年生于当时丹麦的斯卡尼亚（Scania）省，现在是瑞典的最南部。他父亲是丹麦国家议会的一员，母亲是皇后的袍带女官。他富有的约根（Jorgen）叔叔膝下无子，使他的父母同意领养关系，以给他最好的教育。蒂丘 13 岁进入哥本哈根大学。根据伽桑迪的说法，他在听到一个老师讨论即将来临的日食后，便开始对天文学产生兴趣。他眼见日食如所预测的那样来临，不禁赞叹科学已具预言的力量。他买了一本托勒密的《至大论》（Almagest，又译作《天文学大成》），仔细研读，甚至荒废了其他功课，从此一直未曾舍弃 2 世纪时人们所持的地球中心观点。

他 16 岁时转入莱比锡大学，白天学习法律，晚上研究星辰。有人警告他这样的生活会导致身体和精神的崩溃。蒂丘坚持着，而且把零用钱都用来购买天文仪器。1565 年，他的叔叔逝世，留给他一大笔财产。蒂丘把事情处理完毕，随即赶往维滕贝格进一步研究数学和天文，又因躲避瘟疫从那里转往罗斯托克。他在该地与人决斗，鼻子被削去一块，于是订制了一个崭新发亮的假鼻，终生戴用。他涉足占星学，而且预言庄严的苏莱曼大帝即将死亡，结果发现这位苏丹早已去世。他在德国旅行了许多地方后返回丹麦，忙着研究化学，后来因为发现卡西奥佩亚（Cassiopeia）星座一颗新星（1572 年），才重回天文学的领域。他对这颗寿命短暂的星辰所做的逍遥自在的观察，及在首次出版的《德诺瓦·斯蒂拉》（De Nova Stella）一书中对有关此事的记载，使他名扬全欧。一些自视甚高的丹麦人大为震惊，他们认为著书立说是风头主义的一种形式，与贵族身份不相符。蒂丘娶了一个农家女为妻，更使他们狼狈。他似乎觉得对一心钻研的天文学家和装有假鼻的男人，单纯的家庭主妇毋宁是最佳的伴侣。

由于不满意哥本哈根的天文设备，他动身前往卡塞尔，因为该地有伯爵威廉四世所建的旋转屋顶天文台（1561 年），有比尔吉所做的摆钟，可以空前准确地计算星辰位置和移动的时间。蒂丘怀着满腔热忱返回哥本哈根，引起腓特烈二世设立天文台的兴趣。国王将桑德海中的赫维恩（Hveen）岛赐予他，另外还有一笔丰厚的年金。利用这笔年金和自己的财产，蒂丘在那里建立了一座城堡和花园，命名为天堂城（Uraniburg）。园中有住宅区、图书馆、实验室、几座天文台及一间他自制仪器的工作室。他当时没有望远镜（望远镜还要过 28 年才发明出来），他的观察却引导开普勒做出划时代的发现。

在赫维恩岛的 21 年中，蒂丘和他的学生收集了一套资料，其广泛精确，至今无人能超越。他连续几年坚持每天记录下太阳可见的运行。他是首先承认光线折射及观察者和仪器不尽可靠的天文学家之一，所以他一再进行同一观察。他发现月球运行的轨道变化而将之简化成定律。1577 年对一颗彗星的追踪，使他发现了现在世所公认的信念——彗星并非由地球大气衍生出来，而是循固定规则的轨道运行的真实天体。蒂丘出版了 777 颗星球的目录，并在他图书馆中的大型天体球上仔细标明，为他的生命做了最佳的注脚。

1588 年，腓特烈二世驾崩。新国王是一个 11 岁的小男孩。控制他的摄政们对蒂丘的骄傲、脾气和奢侈，不再像腓特烈二世那样容忍，不久政府的拨款减少，1597 年终于停止。蒂丘离开丹麦，以鲁道夫二世贵宾的身份定居布拉格附近的贝纳泰克（Benatek）城堡。鲁道夫向他寻求占星预言。蒂丘从赫维恩岛运来仪器和记录，登广告征求助手。这时，开普勒来到蒂丘身边（1600 年），为他那难以取悦的老师断续忠诚地工作着。蒂丘希望着手把他众多的资料发展成合乎逻辑的天体理论时，突遭膀胱病的击袭。他在痛苦中熬了 11 天，临死（1601 年）还哀叹自己不曾完成工作。葬礼演说者说他"贪图的除了时间之外没有别的"。

开普勒（1571—1630）

之后的事实证明蒂丘搬到布拉格对于科学而言是一大福音，因为开普勒就在该处继承了他的观察所得，而且由此演绎出牛顿赖以形成万有引力论的行星法则。由蒂丘到开普勒，再到牛顿，以及由哥白尼最后到伽利略和牛顿，这是现代天文学的基本师承线。

开普勒生于斯图加特附近的威尔（Weil）地区，父亲是一个军官，经常外出作战。最后终于回到家中，开了一家酒店，开普勒便在店中担任侍者。这个男孩体弱多病，天花使他双手残废，也永远损害了他的视力。符登堡公爵认为他可以成为一个优秀的布道家，便出钱让他受教育。在图宾根城，一个教托勒密天文学的教授米歇尔·马斯特林（Michael Maestlin）私下影响开普勒转而接受哥白尼的理论。这位少年对星辰产生了相当大的兴趣，从此不做教职生涯之想。

他得到学位后便在施蒂里亚的格拉茨担任老师，教授拉丁文、修辞学和数学，年薪 150 金币，每年编辑一份占星历，另有 20 金币的津贴。25 岁时，他娶了一个丧过一夫并离过一次婚的 23 岁的女子。她为他带来一笔嫁妆和一个女儿。他们随后又添了 6 个孩子。婚后一年他便因为是新教徒而被迫离开格拉茨（1597 年），施蒂里亚新的大公斐迪南是坚定的天主教徒，他命令所有新教教职人员和教师们离开施蒂里亚。开普勒又因出版《神秘宇宙论》(*Mysterium Cosmographicum*，1596 年）和热烈提倡哥白尼学说，更冒犯了大公。他满怀希望地把抄本送给蒂丘和伽利略。经过一年潦倒穷困的生活后，蒂丘邀请他到布拉格，将他从困乏中解救出来。但蒂丘是一个很难相处的人，宗教和收入方面都不如意，他妻子又得了癫痫症。后来蒂丘去世，开普勒被指定为继承人，年薪 500 金币。

蒂丘把记录遗赠给他，但仪器不在内。开普勒买不起最好的仪器，只好研究蒂丘的观察所得而不增加新资料。他永远不会像牛顿那样说，"我不发明假说"，相反它们充塞在他的脑中，"我的幻想源源不绝而来"。在求证假说方面他有种特殊才能演算推论的结果，一旦证明与观察现象不相符时，他便把假说暂弃一旁，这是他的智慧。为了绘制火星运行的轨道，他曾在 4 年内试验了 70 种假设。

终于（1604 年）他完成了他基本的、划时代的发现——火星绕日的轨道是椭圆形，而非自柏拉图至哥白尼以来天文学家（哥白尼也是其中之一）认定的圆形，只有椭圆轨道才与蒂丘和其他人所做的重复观察契合。开普勒敏捷的头脑立刻触及一个问题，如果所有行星的轨道都是椭圆形呢？他马上以观察记录来求证这一概念，两者几乎完全吻合。在一篇 1609 年以拉丁文写成讨论火星运行的论文《新天文学》中，他提出了"开普勒法则"的头两条：第一，每一行星都循椭圆轨道运行，太阳便是其中的焦点；第二，每一行星在近太阳时较远离太阳时移动更快，而且在行星移动中，从太阳到行星的半径在同一时间内覆盖着同样的区域。开普勒把行星速度的不同，归因于它接近太阳时所受到较大的太阳能。他从吉尔伯特引出磁力观念，与牛顿的万有引力理论密切相关。

　　鲁道夫大帝逝世（1612 年）后，开普勒搬到林兹（Linz），再度以教书为生。他的妻子已逝，他又娶了一个穷困的孤女。一次他为新家准备酒食，竟对测量曲线形的酒桶容量产生了巨大的兴趣。他就这个难题所写的一篇论文，促成了微积分的发现。

　　开普勒被行星速度与轨道大小之间的关系困惑了 10 年，而终于在《世界的和谐》（*The Harmony of the World*，1619 年）一书中提出他的第三法则：行星绕日旋转次数的平方和它与太阳平均距离的立方根成正比。开普勒为自己把行星移动简化为这样的秩序和规则颇感得意，因此他把每个行星运行速度比喻为音阶上的一个音符，断定各个行星共同运行造成"天体的和声"，然而只有太阳的"灵魂"能得听闻。开普勒把神秘主义与科学融合，再度证明了歌德宽厚的说法：个人的缺点错在其所生的时代，优点却是自己的。我们可以原谅他在《世界的和谐》序言中表现出的那份骄傲：

　　　　在此书书名中，我曾答应我的朋友们的……16 年前，我力主探求的——我因此追随蒂丘·布拉赫……献出了生命中最好的时光——我终于做到了……太阳向我显示真面目以来还不到 18 个月。没有任何东西能阻止我。我将任我神圣的怒火燃烧……如果你原谅我，我心欢喜；如果你愤怒，我也能忍受。骰子已掷下，书已写成，读这本书的是当代或后代子孙，我不在乎。很可能一个世纪后才有人读，就像上帝等了 6000 年才被发现一般！

　　在《哥白尼天文概要》（*Epitome of the Copernican Astronomy*）一书中，开普勒显示了自己的法则，如何就地动说（Copernican System）提出证明解释和修正。"我在灵魂深处证明它是真的，"他说，"而且满怀难以置信的、销魂的狂喜来默想它的美。"这篇论文被列入禁书范围，因为它主张哥白尼理论已被证实。身为虔诚新教徒的开普勒并未受到困扰。他曾一度享有荣华和声誉，他担任皇家天文官的薪水照发不误。远方的不列颠王詹姆士一世邀请他（1620 年）去为英国朝廷增加几分光彩，但被开普勒拒绝了。他说被局限在小岛上会感到痛苦。

他也相信当时普遍为人们接受的巫术。他的母亲被控行巫。证人坚称他们的牛或者他们自己都曾因被她触摸而生病。有一个证人发誓她 8 岁的女儿因开普勒母亲的魔法而病倒，而且威胁如果这个"女巫"不立刻治好女孩，就将杀死她。被控的开普勒母亲否认一切罪状，但她还是被捕并用链子捆在牢房。开普勒在每个诉讼过程中都极力为她辩护。律师最后建议用酷刑逼供，她被带到酷刑室，有人向她展示上刑的刑具。她仍然坚称自己的清白。经过 13 个月的牢狱生活，她终于被释，但不久就去世了（1622 年）。

这个悲剧及正在蔓延的战争的冲击，使开普勒的晚年呈现一片灰暗。1620 年，林兹被帝国军队占据，居民濒临饥饿边缘。他在一切动乱中继续把布拉赫等人及自己的观察有系统地列入鲁道夫表中（1627年），其中列出并标明了 1005 颗星辰，被视为标准的星辰表达一个世纪之久。1626 年，他迁至乌耳木，由于皇家薪水一再拖欠，经济极为拮据。他向华伦斯坦申请占星家的职位，终获聘用。在以后的几年，他追随这位将军，为他推算天宫图并出版《占星年鉴》。1630 年，他前往累根斯堡向议会争取拖欠的薪水。这项努力耗尽了他最后的体力，他感染了热病，几天后就去世了（1630 年 11 月 5 日），时年 59岁。他坟墓的遗迹完全被战争扫平。

在天文史上，他是介于哥白尼与牛顿之间的桥梁。他比哥白尼更进一步，以椭圆轨道代替圆形，舍弃离心圆和圆外弧形运转之说，又认为太阳不是圆心而是圆的焦点。他的这些修正，澄清了地动说许多疑难费解之处，而那些疑点险些证明蒂丘·布拉赫舍弃哥白尼系统的合理。太阳中心论由于他而赢得迅速广泛的承认。他把聪明的臆测转换成精密数学推演构成的假说。他的行星法则，引导牛顿万有引力理论的产生。他一方面继续坚持强烈而不灭的宗教信仰，另一方面又揭示宇宙是一个法则的结构、是秩序的世界，同样的法则统治着地球和星辰。"我的愿望，"他说，"是看到无所不在的上帝能和我心中的上帝合而为一。"

伽利略（1564—1642）

·物理学家

伽利略·加利莱（Galileo Galilei）在米开朗基罗逝世那天（1564年2月18日）生于比萨（与莎士比亚同年），他的父亲是一个有学养的佛罗伦萨人，曾教他希腊文、拉丁文、数学和音乐。伽利略与音乐家蒙特威尔第（1567—1643年）并非仅生于同一时代而已：音乐也是他长年的安慰之一，尤其瞎眼之后的晚年更是如此；他风琴弹得众口称赞，琵琶也弹得不错。他喜欢绘画，有时甚至遗憾自己没有成为艺术家。在他年轻时代的意大利，文艺复兴的火焰仍然炽燃着，激励人们趋于全能。他哀叹自己不能设计庙宇、刻制雕像、绘画、写诗、作曲、指挥船舰，他渴望做这一切。我们默想他时，会觉得他所缺的只是时间而已。这样的人，遇到不同的偶发事件，可能成为任何一种伟人。不知是由于天性还是环境，他在少年时代即倾向制造和玩弄机器。

17岁时，他被送到比萨大学攻读医药和哲学。一年后做了第一项科学发现——钟摆的摆动，无论幅度大小，所费的时间都是相等的。他可以由调整摆臂的长短减缓或加速摆动率，直到与脉搏一致为止。他使用这种"脉搏计"正确测出自己的心跳。

大约此时，他接触了欧几里得。偶然的一次机会，他听到一个家庭老师教导托斯卡纳大公爵的侍从几何学。他认为数学逻辑远优于他在教室中学到的经院和亚里士多德哲学，便研读欧几里得的《几何原理》（Elements），暗中追随这位老师对公爵侍从所教的课程。这位教师对他很感兴趣，便私下教他。1585年，伽利略没得到学位就离开了比萨大学，迁往佛罗伦萨，在这位教师的指导下，热心钻研数学和机械。一年后他发明了液体静力天平，可以测出合金中各种金属的相对重量，又以一篇讨论固体重心的论文得到耶稣会教士克里斯托弗·克拉维斯的赞扬。此时，他的父亲财产耗尽，伽利略不得不自己赚钱谋生。他申请比萨、佛罗伦萨和帕多瓦等大学的教师职位，因为年纪太轻而遭拒绝。1589 年，他与一个朋友计划到君士坦丁堡和东方寻求财富时，得知比萨大学的数学教授出缺。伽利略带着无望的心情前去申请，他当时只有 25 岁。他得到了 3 年的聘约，年薪 60 银币。这样的待遇不足以使他温饱，却可以显示出他的勇气。

　　他的确够勇敢，因为他立刻从教授席位上就亚里士多德的物理观点展开论战。根据希腊人的说法，"一块金、铝或者任何有重量的物体，其下坠动作的速度与其大小成正比"。卢克莱修和达·芬奇也曾发表同样的观点。古代的希帕恰斯（公元前 130 年）就曾对亚里士多德关于"物体的重量导致其下坠"的意见表示怀疑，约翰尼斯·菲罗波努斯（Joannes Philoponus，533 年）在评论亚里士多德时，认为两个物体，若一物重量为另一物的 2 倍，则其下坠时间的差别"根本不存在或看不出来"。此处有一个引起很多争论的著名故事，它首先出现于伽利略的朋友维琴佐·维维亚尼（Vincenzo Viviani）在 1654 年（伽利略死后 12 年）为他写的一本早期传记中，声称是依照伽利略的亲口叙述：

　　　　使所有哲学家惊慌的是，很多亚里士多德的结论都被他（伽利略）用实验和可靠的论证推翻了……其中一条是等质不等重的物体穿过同样的媒介物移动，其速度并不像亚里士多德所说的与重量成正比，而是相等。他在其他教师、哲学家及学生面前一再从比萨斜塔（Campanile of Pisa）顶部重复实验……他维护教授席位的尊严……赢得了声名，以致许多诡辩家和他的对手们都因嫉妒而反对他。

在伽利略现存的作品中，他自己从未提过"比萨实验"，另外两个同时代的人也未曾提过他的实验。维维亚尼的故事被德国和美国的某些学者视为传奇而不予采信。有关比萨哲学家们的愤恨的传说也不甚可靠。1592 年夏，伽利略离开比萨大学，也许因为他获得了更高薪的职位。9 月，就职帕多瓦大学，教几何、机械和天文，并把他的家变成实验室，邀学生和朋友前来。他不愿结婚，却有一个情妇，她为他生了 3 个孩子。

现在他从事研究和实验，直到晚年才将它们集成一本关于静力和动力学的《两项新科学对话录》(*Dialogues Concerning Two New Sciences*)。他肯定物质不灭。他确立杠杆和滑轮原理，并显示自由落体的加速度。他做了很多斜面实验，并坚称，自一斜面滚下的物体，若不受摩擦力或其他阻力，就会在一类似斜面上升高到它下落的高度。他并断言惯性定律（牛顿第一运动律）——运动体会无限制地继续以同一直线和速率前进，除非受到外力的干涉。他证明水平方向推进的抛射体会成抛物线下降，那是冲力和地心引力共同作用的结果。他把音乐的音调简化成空气的波长，并显示音符的高低视其弦线在一特定时间内振动次数而定。他认为音符的振动若循韵律规则，听起来就显得一致而和谐。物质的属性中，下列各项是可以以数学方法来定义——扩张性、位置、动作、密度，等等，其余属性——声音、味道、气味、颜色，等等——"只存在于意识中；如果活的生命被除去，则这些特质都会被扫除殆尽。"他希望有朝一日，这些"次要属性"能够及时被分析成数学可测量、运动可描述的主要物理特质。

这些都是基本而有收获的贡献。它们却因为工具不足而受到阻碍，如伽利略低估了物体和抛射体下落时的空气阻力。但是自阿基米德以来，没有任何人在物理学上的贡献能够比得上他。

· 天文学家

在他停留帕多瓦后期，他逐渐把更多时间花在天文方面。在一封写给开普勒（比他年轻 7 岁）的信中（1596 年），他感谢开普勒的《神秘宇宙论》，他写道：

> 我很高兴在研究真理的过程中能得到像你这样伟大的盟友……我将非常愿意拜读你的作品……因为我多年来一直是哥白尼观点的支持者，也因为它向我揭示了很多自然现象的成因，那是一般为大众接受的学说全然无法解释的。为反驳后者，我收集了很多证据，但未加以出版，因为我被哥白尼的命运吓阻了，他虽在少数人中间拥有了不朽的名声，却被无数人讥笑和责难（因为愚人的数目是很大的）。如果世上有更多像你这样的人，我就敢出版我的推想了。

1604 年，他在比萨的一篇演说中公开表示他对哥白尼的信仰。1609 年，他制成了第一架望远镜，而且在 8 月 21 日展示给威尼斯官员。他记述道：

> 很多贵族和元老，虽然年纪都相当大，还是不止一次登上威尼斯最高的教堂（圣马可教堂）的顶端来看船只……两个钟头前没有我的望远镜，它们显得好远……因为我这个仪器能使 50 里外的东西看起来像只有 5 里远一般……元老院知道我在帕多瓦 17 年来服务的情形……下令聘我为终生教授。

伽利略把望远镜改良到能将物体放大 1000 倍。将此镜转向天空，他惊讶地发现一个新的星辰世界，比以往目录所列的多出 10 倍。现在人们可以看见群星座，其中包含很多肉眼看不见的星星。昴宿星团有 36 颗星而不是 7 颗，猎户星座有 80 颗星而非 37 颗，银河看起来不再是模糊的一团，而是大大小小的星群。月亮表面不再是平滑的，而有着山与谷的刻痕，此外它未受太阳照耀那一半的模糊光辉是地球反射阳光的结果。1610 年 1 月，伽利略发现 9 个"月亮"中的 4 个，或者说是"卫星"，他写道："这些新星围绕着另一个非常大的星球运转，就像水星和金星或其他已知的行星绕太阳运行一般。"7 月，他发现土星环，却误认为是 3 颗星星。哥白尼的批评者争论说，金星若环绕太阳运转，便应像月亮一般显出盈亏——改变光辉和表面形状。他们坚持没有这种改变的征兆。但那年 12 月，伽利略的望远镜显露了这种盈亏，他相信只有行星环绕太阳才可以解释这个现象。

说来难以置信，伽利略确曾在一封写给开普勒的信中描述帕多瓦教授们拒绝认可他的发现，甚至拒绝用他的望远镜看天空。伽利略对帕多瓦大学厌倦了，向往佛罗伦萨的更好的学术气氛（该城已由艺术转向科学）。伽利略便把土星的卫星称为西德拉·美第奇，以托斯卡纳公爵科西莫二世命名。1610 年 3 月，他献给科西莫二世一篇拉丁论文《天文现状》（"Sidereus Nuncius"），总结他的天文发现。5 月写了一封信给公爵的秘书，充满 1482 年达·芬奇写给米兰公爵信中的热情和骄傲。他列出自己正在研究的主题，及他希望写那几本书来阐述其结果，而且想知道他的主人能否给他一份聘约，使他能花较少的时间在教书上，而有更多的时间从事研究工作。科西莫在 6 月任命他为"比萨大学第一数学家，大公爵的第一数学家与哲学家"，年薪 1000 金币，没有教书的义务。9 月，伽利略迁往佛罗伦萨，未带情妇同往。

他坚持要有哲学家和数学家的头衔，因为他希望同时影响哲学和科学。他和拉莫斯、布鲁诺、泰莱西奥等人感觉的及培根在同一个时代主张的一样，认为哲学（据他了解哲学是对自然各个方面的研究和诠释）已在亚里士多德膝上睡着了，而且现在已到了逃避那 40 本希腊巨册，用较宽的范畴、开放的心灵和眼睛去观察世界的时候了。也许他由于太过自信而未曾思考。"为了向我的反对者证明我的结论，我不得不用各种实验来证明它们，虽然就个人而言，我从不认为很多实验是必需的。"

他具有改革家的傲气和斗志，虽然有时说话也很谦虚——"我从未见过一个无知到令我一无可学的人。"他是一个热情的辩论家，善于以一句话刺中敌人要害，或用炽燃的义愤来烘烤他。他在耶稣会士安东尼·罗科（Antonio Rocco）写的一本维护托勒密天文的书的边缘写道："无知的人、笨象、傻瓜、蠢人……宦官。"

但那是耶稣会士联合指责他以后的事。他与宗教裁判所起冲突之前，在耶稣会原有很多朋友。克里斯托弗·克拉维斯曾以自己的观察证实伽利略的观察。另一位耶稣会士赞美伽利略是当代最伟大的天文学家。由贝拉尔米内主教任命来检查伽利略新发现的耶稣会学者委员会提出的报告在任何一方面都对他有利。1611 年，他前往罗马，耶稣会士曾在他们的罗马长老会中接待他。"我与耶稣会神父们住在一起，"他写道，"他们已确定新行星的存在，而且持续观察了两个月。我们比较笔记，我发现他们的观察与我的完全符合。"他受到教会显要的欢迎，教皇保罗五世还向他表达永不改变的善意。

4 月，他向罗马高级教士和科学家展示他观察的结果，揭露了太阳上的黑点，他将之解释为云朵。很明显，约翰尼斯·法布里丘斯（Johannes Fabricius）并不认识伽利略，他曾在他的《太阳黑子》（*De Maculis Solis*，维滕贝格，1611 年）文中宣布他们的发现，而且比伽利略先做结论——认为黑点的周期性表示太阳的转动。1615 年，耶稣会数学教授克里斯托弗·沙因纳写给奥格斯堡市长马库斯·威尔泽（Markus Welser）3 封信，声称他已在 1611 年 4 月发现这些黑点。伽利略回到佛罗伦萨，接到从威尔泽转来沙因纳信件的抄本。他在 1613 年由林西安学院在罗马出版的《太阳黑子的三封信》展开讨论。他宣称他在 1610 年就观察到这些黑点，而且曾指给帕多瓦的朋友看。为了争论谁最先发现这些黑点，伽利略和耶稣会的友谊冷淡下来。

伽利略相信他的发现只能以哥白尼的理论解释，便开始视这个理论为已经被证实的理论。耶稣会天文家不反对把它当作假说。沙因纳将他对哥白尼观点的异议送交伽利略，还附了一封和解信。"如果你希望进一步反驳，"他写道，"我们绝不会生气，相反我们会很高兴审查你的论点，希望这些能有助于真理的阐明。"很多神学家认为哥白尼天文学显然与《圣经》不能两立，如果此论流传，《圣经》便会失去权威，而基督教本身也会受害。如果这个地球现在失去它的首要地位和尊严，在比它大许多倍的行星及无数星辰中游离，那么上帝选择地球为人类居所的基督教基本信仰，会遭到什么样的命运呢？

·审判

伽利略对这个问题毫不妥协。"既然《圣经》，"他写信给卡斯泰利（Castelli）神父（1613 年 12 月 21 日），"需要一种与字义不同的解释（提到上帝的愤怒、憎恨、懊悔、手和足之时），依我看来，它在数学争论方面的权威似乎不能成立……我相信我们由仔细观察或有力证明演绎得来的自然过程，不能以《圣经》中的某一章节加以反驳。"贝拉尔米内主教大吃一惊。他通过两人共同的朋友给伽利略一份率直的告诫。"我觉得，"他写信给这位天文学家的学生福斯卡里尼（Foscarini），"你和伽利略最好听从劝告，不要用绝对的措辞'如断言新天文学已经证实'，应该用假设。我相信哥白尼自己也是如此。"

1614 年 12 月 21 日，一位多米尼克教派的传教士卡奇尼（Tommaso Caccini）用《圣经》中一句杰出的双关语"加利利人哪，你们为什么站着望天呢？"作为题目，开始了他的攻击，而且进一步表示哥白尼的理论与《圣经》有无法解决的冲突。其他人也向宗教裁判所抱怨。1615 年 3 月 20 日，卡奇尼在圣会席前正式控告伽利略。蒙西格诺·迪尼（Monsignor Dini）写信给伽利略说，如果他肯在出版物中插入几个句子，宣称哥白尼的观点只是假说，他就不会受到骚扰，但伽利略拒绝他所谓的"缓和"哥白尼学说的建议。他在 1615 年公开的一封致托斯卡纳大公爵信中，写得非常清楚："至于宇宙各部的安排，我坚持太阳是静立在天体旋转的中心，而地球依轴心自转，而且绕太阳公转。"他继续更大胆的说法：

> 自然……是无法改变而且不变的。她从不违犯她应循的法
> 则，也不在乎她深奥的道理和作用的方法是否为人们了解。因此
> 一切感觉经验呈现于我们眼前，经过必然的证明合乎自然法则的
> 现象，都不该根据《圣经》章句而加以怀疑（当然更不该加以判
> 决），因为《圣经》章句可能在字表之下另有他义。

然而，他答应顺从教会：

> 我宣布（而且将以我的诚意证明）我不但自愿屈服，并放弃
> 自己因为对宗教实质无知而执的任何错误观点，而且我也不希望
> 为这些内容与任何人争辩……我的目的只有一点：在考虑一个远
> 非我本行的题目时，我不免会犯很多错误，如果在百般误谬中有
> 任何一点可以帮助神圣教会对哥白尼既无心也不想假装我曾从中
> 得到任何不虔诚、反天主教的成果。

但他又说：“我不以为我必须相信，那同一个赋予我们感觉、理
性和智慧的上帝，会有心要我们抛弃这些天赋。”

1615 年 12 月 3 日，他自愿前往罗马，带着大公爵写给罗马教廷
教长们和佛罗伦萨大使的友谊信。他在罗马想改变个别教职人员的想
法，一有机会就提倡哥白尼学说。不久罗马的每个人都在讨论星辰。
1616 年 2 月 26 日，宗教裁判所指示贝拉尔米内主教“召唤伽利略前
来，劝告他放弃这一说法，如果遭到拒绝……就在公证人和证人面前
向他宣布一个命令，全面禁止他教授、辩护甚至讨论该理论。如果他
仍不停止，就将他监禁起来”。伽利略当天就出现在贝拉尔米内主教
面前，而且宣布服从命令。3 月 5 日，教会公布了其历史性的布告：

> 太阳静立在宇宙中心的观点是愚蠢的，就哲学而言是错误
> 的，而且完全是异端邪说，因为它与《圣经》矛盾。地球非宇宙

中心甚至每天自转的观念在哲学上是错误的，至少是一个谬误的信仰。

同一天，禁书目录会禁止出版或阅读任何提倡这项被禁学理的书籍，至于哥白尼的《天体运行论》，教会禁止该书在"改正以前"使用。1620年，教会许可天主教徒阅读该书的新版本，其中9个表示此论为事实的句子，已被删去。

伽利略回到佛罗伦萨，隐居在他的别墅贝罗斯古阿多（Bellosguardo）中潜心研究，直到1622年均未再置身此项争论中。1619年，他的门徒马里奥·圭杜奇（Mario Guiducci）发表一篇论文，具体表现伽利略所称彗星为地球大气发射物的理论，并猛烈抨击耶稣会士奥拉齐奥·格拉西（Orazio Grassi）的观点。这位发怒的神父便用假名发表文章攻击伽利略和他的门徒。1622年，伽利略把《尝试者》（The Assayer）的稿本送给罗马的切萨里尼（Monsignor Cesarini），文中向格拉西提出答辩，而且否决科学中除观察、理性与实验外的一切权威。在作者的同意下，林西安学会缓和了几段文字，以这样的形式，乌尔班八世接受此书的奉献，而且准许它出版（1623年10月）。那是伽利略最杰出的一篇文章，是意大利散文和辩论技巧的杰作。据说教皇十分欣赏，耶稣会教士则大感不安。

受到如此的鼓励，伽利略再度动身前往罗马（1624年4月1日），希望使新教皇接受哥白尼的观点。乌尔班热情地接待他，与他长谈了6次，送给他许多礼物，倾听哥白尼的论点，但不肯解除宗教裁判所的禁令。伽利略回到佛罗伦萨，因乌尔班给大公爵的宣言而略感安慰，"长久以来我对这个伟大的人怀有一种慈父的爱心，他的声名在天上闪耀，而且进军尘世。"1626年，他的学生卡斯泰利被任命为教皇的数学家。另一个学生尼科罗·里卡尔迪（Niccolo Riccardi）神父担任印刷馆检察长，伽利略大为振奋。他赶忙完成他的主要作品，主要内容是阐释哥白尼和反哥白尼学说。5月，他带着手稿来罗马，给教皇过目，并得到教会的出版许可，条件是要他以假说的方式处理他的题材。伽利略回到佛罗伦萨，把这本书加以校订，并冠以"GG 对话录……在 4 天会期中，从双方观点讨论的托勒密与哥白尼的两大世界系统，以未定方式提出其哲学与自然论点"的长标题将之出版。

不是为了这本书的前言和结语，伽利略不会有这么多痛苦和名声。序言《致聪明的读者》中说道：

> 几年前罗马出版了一道有益的诏令，它为了防止我们现代的危险倾向，很合理地禁止讨论毕达哥拉斯的地动说。对此有人曾大胆断言，这道训令不是源自明智的调查，而是受一种盲目的热情的驱使。也有人抱怨说，对天文观察完全外行的顾问们，不该以轻率的禁令来剪断沉思智慧的羽翼。

这不啻告诉读者，对话形式只是躲避宗教裁判所的障眼法，对话中的两个人物萨尔维亚蒂和萨格雷多——伽利略两个最要好的朋友的名字——维护哥白尼系统，第三位人物西姆普利齐奥（Simplicio）摒弃它，但用的是很容易被识破的诡辩法。作品接近尾声时，伽利略借西姆普利齐奥之口，几乎逐字地道出一段乌尔班八世坚持要加上的陈述："上帝是全能的，因此一切事物对他而言都是可能的。如引用潮汐为地球自转公转的必然证明，则将有损上帝的全知全能。"萨尔维亚蒂讽刺道："这实在是一个令人欣赏的、天使般的论据。"

耶稣会士因其中几位在《对话》中被批评得体无完肤而被称为"自负而愚蠢"，向教皇指出他的话是由书中一个傻子型的人物口中说出的。乌尔班任命一个委员会调查这部作品。委员会报告说，伽利略并未把哥白尼系统当作假说，而是当作事实，他以聪明的诡论赢得许可。耶稣会教士还颇有远见地加了一句：哥白尼和伽利略学说对教会比路德和加尔文的异端更具危险性。1632 年 8 月，宗教裁判所禁止《对话》继续出售，而且下令没收存余的书册。9 月 23 日，宗教裁判所召唤伽利略到罗马委员会，他的朋友们以他68岁高龄和身体虚弱为理由向裁判所陈情，但没有结果。他的女儿此时已是虔诚的修女，寄来感人的信件，要求他顺服教会。大公爵劝他服从，并供应他大双轿椅，而且安排他住在佛罗伦萨大使家中。伽利略于1633年2月13日抵达罗马。

宗教裁判所两个月后才召他前往（4月12日）。他被控违反服从1616年2月26日禁令的诺言，裁判所劝他认罪。他拒绝了，并抗议说他只把哥白尼的观点以假说的形式呈现。他在宗教裁判所被囚禁至4月30日，终于病倒。他未曾受苦刑，但很可能有人以此威吓他。他第二次出现于委员会前，便谦卑地承认自己的叙述在此书中赞成哥白尼而非反对他，而且自愿在《对话》补遗中纠正这一点。他获准回返大使家中。5月10日再度受审，他建议苦修赎罪，而且请求廷上体恤他的年龄和病体。在第四次审讯（6月21日）中，他肯定自1616年诏令后"所有的疑虑都从我心中消逝，我相信，而且现在仍相信，托勒密观点——地球是静止的，太阳移动——绝对正确、无可抗争"。宗教裁判所还击说，伽利略的《对话》明明表示他接受哥白尼。伽利略则坚持自己在1616年后就反对哥白尼。教皇密切注意审讯，但从未亲自参加。伽利略希望乌尔班八世能助一臂之力，教皇拒绝干涉。6月22日，宗教裁判所宣判他的罪名为异端和不服从。如果他宣誓放弃哥白尼学说，就答应赦免他。他被判"监禁在圣所监狱中，时间由我们决定"，而且以后3年中每天念7首忏悔诗表示赎罪。他被迫下跪，驳斥哥白尼理论，而且说：

> 我以诚挚的心和无伪的信仰弃绝、诅咒、憎恨那些误谬和异端，及每一个违反神圣教会的误谬和异端，我发誓未来绝不说任何可能为我招来同样嫌疑的话。我若知道任何异端者和有异端嫌疑的人，我必向圣所指控……上帝帮助我及我手触的神圣《福音书》。

这项宣判由 7 个主教签订，却没有得到教皇的批准。据闻，伽利略一离开审讯室，就愤愤呢喃道："但地球的确是动的！"他在宗教裁判所监狱待了 3 天后，教皇下令准他前往罗马特里尼塔·蒙蒂（Trinita dei Monti）的大公爵别墅。一周后，被移到他以前的学生阿斯卡尼奥·皮科洛米尼大主教（Ascanio Piccolomini）的锡耶纳宫中舒适的房间。1633 年 12 月，他获准搬到自己在佛罗伦萨附近阿塞特里（Arcetri）的别墅。从法律意义上来说，他仍是囚犯，也不得走出他自己的土地外，但他可以自由地追求学问、教授学生、写书、接见访客——1638 年弥尔顿曾来此地。他当修女的女儿前来与他同住，而且代他接受念经赎罪的惩罚。

·创始者

现在他显然已成为破碎的人了，那自视为人类信仰、希望和道德保护者的教会已击败了他，羞辱了他。在足以动摇年轻勇士心灵与意志的月复一月的监禁、日复一日的审讯中，以一个记忆中仍留存着 33 年前布鲁诺被烧死景象的老人来说，他弃绝真理实在是可以原谅的。但他并未真正被击败，他的书以 12 种译本流传全欧，也并未被正式收回。

他在锡耶纳和阿塞特里两地把自己的物理研究总结为另一部巨著《有关两种新科学的对话》，慰藉自己的悲哀。意大利印刷馆因他被判罪而拒绝替他印行，他便秘密与外国印刷商协议，埃泽维尔商行终于在 1638 年在莱登出版该书，学术界认为此书把机械科学提高到空前的水准。该书出版后，他继续准备增订《对话》，研究冲击机械，为牛顿第二运动律绘出了轮廓。"在他生命即将终了之时，"他的第一位传记家说，"虽然身体受了许多苦痛折磨，他的心灵不屈不挠地专注于机械和数学问题。"1637 年，在他视力即将损坏之前，他宣布最后一项天文发现——月亮的天平动，就是月亮常向地球那一面的运行的改变。1641 年，在他死前数月，他曾对他的儿子解释制造钟摆的计划。

苏斯特曼在阿塞特里为他绘制的画像（现存比蒂画廊）是天才的化身：宽阔的前额，好斗的双唇，搜索的鼻子，锐利的眼睛，这是历史上最高贵的脸庞之一。也许因为过度劳累，他的双眼在 1638 年失去视力，亚当以来没有任何人曾看得像他一样多，他常以这个想法来安慰自己。他说："曾被我扩展 1000 倍的宇宙，现在又缩回我自己身体的狭窄范围中。上帝喜欢这样，我也就必须喜欢它。"1639 年，他深受失眠和百种病痛的缠绕，宗教裁判所终于准他在严密监视下到佛罗伦萨看医生和望弥撒。他回到阿塞特里，向维维亚尼和托里切利口述并弹奏琵琶，后来他连听力也失去了。1642 年 1 月 8 日，他死在学生的怀抱中，时年约 78 岁。

格劳秀斯称他为"所有时代最伟大的心灵"。他当然也有智慧和性格方面的缺陷，他的缺点——骄傲、坏脾气、虚荣——是他的恒心、勇气和创造性的瑕疵或代价。他并不承认开普勒的行星轨道计算有何重要性，他不大相信同时代的作品，他几乎不知道他的很多机械发现是前人已做过的——有些是另一位佛罗伦萨人达·芬奇所做。使他受罚的很多观点与现代天文学家所持的并不完全相符。他像大多数殉道者一样为犯错的权利而受苦。但他感觉自己使动力学成为成熟的科学，感觉自己空前揭露了惊人巨大的宇宙，拓宽了人类心灵和眼界，这是不错的。他与开普勒共同承认哥白尼，也与牛顿共同展示了天空法则。而且如同一个典型的文艺复兴之子，他写出了当时最好的意大利散文。

他的影响遍及欧洲。他的被控提高了科学在北部各国的地位，却暂时在意大利和西班牙受阻。宗教裁判所并未毁灭意大利科学：托里切利、卡西尼、波雷利、雷迪、马尔皮吉、莫加格尼把"火炬"传给伏特、加尔瓦尼和马可尼。意大利哲学家记取伽利略留下的教训，避免科学和哲学牵连在一起。在布鲁诺被焚和笛卡儿被伽利略命运恫吓之后，欧洲哲学便为基督教垄断。

1835 年，教会把伽利略作品撤出禁书目录。这个颓丧的、被击败的人终于胜过了历史上最强大的机构。

第七章 | **哲学的再生**
（1564—1648）

怀疑论者

在民族国家、经济力、政党和各种宗教信仰的冲突下，现代欧洲历史的主要戏剧逐渐成形：一个伟大宗教面临科学、宗教意识、享乐主义、哲学的包围和腐蚀而为生命奋斗的过程。基督教正面临死亡吗？难道这个给予西方文明道德、勇气和艺术的宗教正因为知识的传播，天文、地理和历史范围的拓宽，历史和灵魂中罪恶的觉醒，来生信念的衰微及不再信任这个世界仁慈的指导等原因而逐渐没落？如果这样，那便是近代最具影响力的大事，因为文明的灵魂是它的宗教，而它是随信仰俱亡的。对布鲁诺和笛卡儿、托马斯·霍布斯和斯宾诺莎、帕斯卡和贝尔、霍尔巴赫和爱尔维修、伏尔泰和大卫·休谟、莱布尼茨和康德而言，信仰已不再是天主教与新教对立的问题，而是基督教本身的问题，是对于古代教条最珍贵的基本法则发生怀疑与否定的问题。欧洲思想家——欧洲心灵的先锋——不再讨论教皇的权威，他们开始辩论上帝的存在。

许多因素造成信仰的丧失。个人判断的原则被天主教教会指责为教规和道德混乱的根源，却为几乎所有新教教体公布、认可然后才加以指责。此时，它已不知不觉破坏了信仰的城堡。渐增的教派就像过多的子孙一样互相争战，揭露彼此的弱点，使信仰裸呈在理性主义者的狂风中。他们在战役中纷纷引用《圣经》和理性来支持自己。《圣经》的研究使人民对其意义和可靠性产生怀疑，理性的呼吁结束了"信仰时代"。新教改革的成就远超过它原有的期望。对《圣经》的批判和攻击尤其损坏了一个自身即建立在神赋《圣经》之上的新教主义。社会秩序和人类安全的改善降低了恐惧与残酷。人类觉得有必要与上帝重新建立一种更友善的关系，而不是如圣保罗和圣奥古斯丁、罗耀拉和加尔文之间一般。地狱和宿命论已不足取信，新道德使旧神学自惭形秽。财富和快乐增长造成的享乐式生活正寻求一种哲学加以辩护。宗教在宗教战争中只是一桩意外。对异教伦理与哲学，亚洲教派与仪式的知识渐增，也导致其与基督教之间令人不安的比较产生。我们不是曾听见伊拉斯谟对"圣者苏格拉底"祈祷，也看见蒙田把宗教教规贬抑为地理之起伏和战争的仲裁吗？科学的成长揭示了各种"自然法则"的作用——如彗星的轨道——那便是以往信仰视为"天命"的东西。知识阶级很难相信奇迹，文盲却以神迹为荣。而在人类喜爱的神话中，这个上帝曾降临过的地球——难道就如哥白尼和伽利略暗示的那样只是大宇宙中的一个泡沫，一瞬间而已吗？对于《创世记》中那嫉妒的、报复的神来说，这宇宙毋宁太大了，大得无法测量。既然上下一天要变换两次位置，天堂又到哪里去了？

最温和的怀疑论者是唯一神教派，他们在意大利、波兰、瑞士、荷兰和英国提出对基督神圣性的怀疑。当时已有一些泛神论者声称信仰一个大体上与自然合一的上帝，摒弃基督的神性，而且希望使基督教成为伦理学而不是教条。他们是分散而谨慎的，除了当他们有足够的地位来吓倒行刑吏外，如切伯里的哈柏特爵士。1648年，自然神论声势渐盛，德国的"享乐主义者"则比较大胆，他们嘲笑"最后的审判"，因为它迟迟不来，也嘲笑地狱，说它可能终究不那么可怕，因为所有最快活的人都聚集在那里。这种人在法国被称为

"esprits forts"（顽强头脑），他们不羁的作风使原意为"自由思想家"的法国文字有了新的意思。1581 年，菲利普·杜普利西斯·摩那写了一本 900 页的书《基督教的真理与无神论者》。1623 年，耶稣会士弗朗索瓦·加拉西（Françoçois Garasse）出版了 1000 多页的 4 开本，指责那些享乐主义者"只是形式上信仰上帝，或把上帝当作国家箴言"，而且只接受自然和命运。同年，梅赛纳估计巴黎的"无神论者"约有 5000 人，但那个词在当时用得太广泛了，可能他指的是自然神论者。1625 年，加百利·纳德（Gabriel Naudé）解释上帝显神迹对努马·庞皮利乌斯（Numa Pompilius，罗马帝国第二任皇帝）和摩西启示的律法，只是人们捏造以促进社会秩序的寓言，而西拜德（Thebaid）教士制造他们大战魔鬼的故事是为了提高声誉，并榨取轻信的群众的钱财。黎塞留的秘书及后来做了路易十四的老师的弗朗索瓦·瓦耶尔（François Vayer）在 1633 年出版了他的《奥拉西对话录》（*Dialogues of Orasius Tabero*），宣讲一般的怀疑论："我们的知识是愚蠢，我们确定的事实纯属子虚，我们整个世界是……永恒的喜剧。"他是在那许多绝对可靠的教条还未出现之前就已失去信仰的人之一。"在那些数不清的宗教中，没有一个人不相信自己拥有真理而指责其他人。"虽然他对一切都持怀疑态度，却在 78 岁结婚，84 岁寿终正寝。他就像典型的怀疑论者一般，与教会保持和平。

　　大部分法国的怀疑论都是蒙田思想消极的回响。这些回响在蒙田的好友皮埃尔·沙朗身上化为一股积极而具建设性的力量。他是波尔多地区的一个教士，曾为蒙田举行葬礼并继承了他的图书馆。沙朗三册描写智慧的《谈智者》（*Traite de la Sagesse*，1601 年）一书，被视为是蒙田思想的系统化。其实不止于此，它更可以说是一篇独立的著作，固然受到蒙田《散文》很深的影响，却表现出沙朗严肃而恭谨的个性。他说，一切知识都来自感官，因此也与感官一样免不了有诸多错误和限制。真理非人所能及。愚人辩称真理可以由普遍的同意而得到证明，沙朗则相信大家的意见是无知的，他们只是盲目地追随，而我们对被大家普遍相信的事，尤应持怀疑态度。灵魂是大脑神秘的、无休止的、探索的活动，而且显然与肉体俱亡。宗教由无法证明的神秘和荒谬构成，而且也难辞野蛮的牺牲与不宽容的残酷行为之咎。如果（正如伏尔泰后来重复说的）所有人都是哲学家、智慧的爱好者与践行者，宗教根本就不需要，而社会也可以依靠独立神学之外的自然伦理而生存。"我宁可要一个没有天堂和地狱而有德行的人。"但考虑到人类与生俱来的邪恶与无知，宗教还是维持道德与秩序的必要方法。结果沙朗接受了基督教的一切基本法则，甚至包括天使和奇迹。他劝告他的圣人遵循一切教会规定的宗教仪式，碰巧这也就是他所属的教会。一个真正的怀疑论者永不会成为异端。

虽然有这些正统的结论，当时一位耶稣会教士仍把他与最邪恶、最危险的无神论者并列。沙朗62岁因中风而突然暴毙时（1603年），虔诚的信徒还说那是上帝对他不忠的惩罚。他死前不久准备出第二版，书中较为大胆的段落都已删改，而且向他的教士保证他所谓的"自然"便是"上帝"，他的书仍名列禁书之林。在以后的半个世纪中，它远比蒙田的《散文》受欢迎，1601年至1672年，《谈智者》在法国出了35版，沙朗在18世纪也比他的老师更具影响力。但是在17世纪受欢迎的、格式工整的说明文，到了19世纪似乎成为枯燥、学究气很重的教训文章，在蒙田重新被发现的光辉和欢乐气氛中，沙朗消失了踪影。

布鲁诺（1548—1600）

哥白尼扩大了这个世界。现在谁来扩大上帝，而且重新怀想一个能主宰那无数沉静星群的神祇？布鲁诺做了这个尝试。

他生于诺拉，该地在那不勒斯以东16里。受洗名为菲利波（Filippo），17岁进入那不勒斯的多米尼克修院，改名为乔达诺（Giordano）。他在该地发现了一个非常好的图书馆，其丰富的藏书不仅有神学作品，也包含希腊、拉丁古籍、柏拉图和亚里士多德的作品，甚至还有阿拉伯和希伯来书籍的拉丁译本。诗人的天性使他很快接受了异教的神话，那些神话在基督教神学枯萎后仍然长居他的心田。他沉迷在德谟克利特首创、伊壁鸠鲁继承、卢克莱修发扬光大的原子论中。他阅读伊斯兰教思想家阿维森纳（Avicenna）和阿威罗伊及犹太哲学家阿维斯布隆（Avicebrón）的作品。希伯来神秘主义的某些特质流入他的心田，与普西多·狄奥尼索斯（Pseudo Dionysius）和泰莱西奥统一自然与上帝矛盾的概念混合。他也醉心于尼古拉斯所持的宇宙无限、没有中心和边缘，由一个单一的灵魂赋予生命的观点。他仰慕帕拉塞尔苏斯叛逆性的医药神秘主义、雷蒙·吕里的神秘象征主义和记忆法及科尔内留斯·阿格里帕的玄奥哲学。所有这些影响塑造了他，促使他反对亚里士多德，反对经院哲学，反对圣托马斯·阿奎那。但他身在多米尼克修道院，而阿奎那则是多米尼克教派知识的导师。

　　不可避免地，这位年轻的教士常以异议、问题及理论困扰他的院长。而且，性欲也在他血液中汹涌。他后来承认，即使高加索山所有的白雪都不能平息他的烈焰。在性觉醒与智慧觉醒之间实在有着微妙的关系。他在 1572 年正式接受了神父的职位，疑惑仍暗地里激扰着他。上帝怎么能是三位一体？无论是用什么公式，神父怎能把面包和酒化为基督的身体和血液？他在授圣职之后，曾两度被院长们指责。1576 年，历经 11 年教士生涯的他逃出了修院，一度藏身罗马。他抛掉他的教袍，恢复受洗的名字，在热那亚附近诺里（Noli）的一所男校担任教师，寻求安全和个人自由。

　　就这样，16 年的流浪生涯开始了，他的心灵也随着身体的不息而摆动。他在诺里待了 4 个月就转往沙弗纳，然后到都灵、威尼斯和帕多瓦。为了取得修道院的款待，他再度穿上多米尼克教士的衣服。然后他又到布雷西亚，到贝加摩，再越过阿尔卑斯山到尚贝里，该地的一座多米尼克教派修院供给他食住，然后到里昂，又到日内瓦。日内瓦是加尔文教派的堡垒，他又脱下了教袍。他享受了两个月并不适意的安静，以改稿和书写证明文件维持生活。这些书稿中包括他自己写的一篇批评一位加尔文神学家在日内瓦大学演讲的文章。布鲁诺指出那篇演讲中的 20 个错误。出版评论的人遭到逮捕和罚款，布鲁诺也被召往宗教法庭接受审判。他认错并被宽宥。但他很失望自己在逃出一个检查制度后，又落入另一个制度中，于是便离开日内瓦，回到里昂，然后转到图鲁兹。该地由于天主教徒和法国新教徒的对立，及信仰并未大改的犹太人从西班牙和葡萄牙进入，曾施行了短暂的容忍政策。也许就在布鲁诺停留期间（1581 年），弗朗索瓦·桑切斯（François Sanchez）在图鲁兹出版了他的怀疑论作品《谈到正确的高贵知识人类一无所知》（*Quodnihil Scitur*）。有 18 个月的时间，布鲁诺讲授亚里士多德的《动物学》。然后，不知道为什么——也许希望得到更大的声名——他前往巴黎。

他不但成为有名的哲学家，也以记忆力好而闻名。亨利三世召请他前来，向他讨教良好记忆的秘诀。国王对他的授课十分满意，指派他为法国大学（Collège de France）的教授。布鲁诺度过了两年平静的时光，但 1582 年他出版了一篇喜剧《执火炬的人》（The Torchbearer），猛烈讥讽教士、教授、腐儒。此剧的开场白：

> 在纷乱中，你会看见小偷的攫取、数不清的欺诈、流氓的计划，还有美味的作呕物、苦涩的甜食、愚蠢的决定、错误的信仰及残缺的希望、吝啬鬼的慈悲……阳刚的女人，阴柔的男人……及到处存在的拜金主义。因此生出四日热、精神癌、轻松的思想、主宰的谬误……进步的知识、有成果的行动、有目的的勤勉。总而言之，你在全剧中找不出可靠的事物……一点点美，完全没有善良。

他在剧本中签名为"诺拉人布鲁诺，学院毕业生，人称讨厌鬼"。

1583 年 3 月，他想去英国。亨利三世"宁可将他推荐给别人，而不愿继续留他"，就写推荐信让他找伦敦的法国大使米歇尔·卡斯特尔纳（Michel de Castelnau）。现在布鲁诺开始了他最快乐的时光。他在大使馆中吃住了两年，不虞经济的匮乏，完成了一些他最重要的作品，而且躲避了不少因其个性引来的风暴，在争论中也常接受一位熟知世事，不致把玄学看得太认真的容忍人士的安慰。在那里，布鲁诺遇见了西德尼爵士、莱斯特伯爵、约翰·弗洛里欧、斯宾塞、加布里埃尔·哈维及伊丽莎白时代英国其他最有智慧的人士。这些谈话构成布鲁诺著述《星期三的晚餐》的基础。他也见过女王，他对她的颂词日后成为宗教裁判所用以指责他的罪名之一。

1583 年，他向牛津大学申请在该校大厅演讲，他用以阐述自己资格的措辞，使他永远不能拥有谦虚的名誉。得到许可后，他宣讲灵魂的不朽和"五重天体"——哥白尼的行星系统。正如他自己以特殊方式描述的，他常常遭到听众，其中包括林肯大学校长的诘问：

> 你要听听他们如何能够回答他的（布鲁诺的）论点吗？这个可怜的博士是他们在这种庄严的场合推举为学院发言人的。你们要知道他如何被 15 个三段论法整得像被缚在麻绳中的小鸡一般僵立吗？你愿意知道那个笨猪是以怎样的粗鲁和无礼安慰他自己吗？及生为那不勒斯人，成长于较亲切的天空之下的他，具有多少耐心和人情味吗？你听说过他们如何结束了他的公开演讲吗？

后来他称牛津为"学识渊博的寡妇"，"一种迂腐、顽固的无知与傲慢的大汇集，又兼粗鲁无礼，会使《圣经》中最有耐心的约伯也失去耐心"。

我们这位哲学家可不是约伯。他写出有关星辰的佳作，认为世人蠢得令人难以忍受。他觉得自己所写在哥白尼天文学方面所做的哲学发展，是知识上的一大进步，世人皆因此蒙惠。对那些不接受他观点的人，他是一个"严厉的批评家"，虽然弗洛里奥发现他平静时"温和有礼"。他的虚荣对他的朋友们是一项考验，对他自己又何尝不如此。他给自己加上最壮观的头衔——"进步神学的博士，纯粹而无害智慧的教授"。他具有那不勒斯人炽热的想象力和使人振奋的口才。无论他到哪里，南方的阳光都燃烧着他的血液。"为了爱真正的智慧，"他说，"热衷真正的思考，我劳累自己、折磨自己，而且把自己钉上十字架。"

1585 年底，他回到巴黎。他在巴黎索邦神学院演讲，像往常一样又引起亚里士多德学派的敌意。联盟对亨利三世的战争，使布鲁诺有心试一试德国的大学。1586 年，他在马堡大学登记，因为未获准在该校授课，他公开指责校长，然后转往威田堡。他在路德大学讲了两年课，临走前以慷慨激昂的告别词表示他的感激，但改革家们的神学未能吸引他。他向布拉格的鲁道夫二世请求赞助。皇帝认为他怪诞，但还是给了他 300 德币，而且准许他在布兰兹维的海尔姆斯蒂特大学授课。他快活了几个月，然后路德教会的首领开始指责他，将他逐出教会。我们不知此事结果如何，但布鲁诺转往法兰克福然后到苏黎世再到法兰克福（1590—1591 年），在该地定居下来后出版他的拉丁文作品。

此时——他被宗教裁判所监禁的前一年——他的哲学虽然没有达到清晰和连贯的形式，却已完备。在翻阅布鲁诺的主要作品时，我们首先就被书名震慑住了。它们往往是诗意而晦涩的，而且警告我们书中有的将是幻想和狂喜，而非系统性、连贯性的哲学。除了拉伯雷的作品，我们几乎无法在别处找到这样的大杂烩，其中包括了描述、修辞、讽喻、象征、神话、幽默、奇想、夸大之词、琐事、狂喜、诙谐和机智，层层堆叠，又是教条，又是见解，又是假说，模模糊糊混在一起。布鲁诺继承了意大利戏剧家的技巧、雅俗混合滑稽诗人为人诟病的笑闹形式及贝尔尼和阿雷蒂诺的严苛讽刺。如果哲学指的是冷静的透视、理性的节制、洞察各方面的能力、对异议的容忍甚至对愚人的同情，布鲁诺不能算是哲学家，而只是一个战士，他戴上遮眼罩唯恐周遭的危险使他改变目标——在伏尔泰之前两个世纪，他的目标即是摧毁愚民政策和宗教迫害的丑行。他对盲目信仰的神学理想化所做的讽刺比伏尔泰更严苛：

> 我敢说摆在人类眼前的镜子，没有一面比得上愚钝的驴子，再没有比驴子更能清楚显示出一个寻求最后审判报偿的人的责任……另一方面，也没有比那出自本性……成熟于人类智慧发展中的哲学和理性沉思，能更有效地使我们陷入地狱的深渊。因此，试吧，试着成为驴子，身为人的你们。而你们那些已是驴子的人，要好好学……精益求精，如此才能达到那种不由知识与努力，却由信仰而获得，不由无知和错误，却由不信仰而失去的目标和尊严。如果你们由于这些行为而被列名生命之册，就可在好战教会和胜利教会中分别得到恩典和荣耀，那里是上帝的居所，是它统治一切时代的地方。阿门！

布鲁诺的宇宙观基本上属于美学的，是对放出万丈光芒的无限宇宙表现出的一种深刻而充满惊讶的欣赏，但它也是一种企图使人的思想适应大宇宙的哲学尝试。在这个宇宙中，我们的行星只是不可知无尽空间中的极小部分。地球不是世界的中心，太阳也不是。在我们能见的世界（布鲁诺写作时尚无望远镜）之外还有其他的世界（正如不久以后望远镜显示的），而在这其他世界之外，又有其他的世界（正如更好的望远镜显示的），如此直到无限。我们既无法设想一个结束，也无法设想开端。"固定的"星辰并不像哥白尼所想的是固定的，它们不断改变位置，即使在天上，一切也是移动的。空间、时间和动作都是相对的。没有中心，没有范围，没有上下。同一运转从不同的地方或星球看来就有差异。时间既是运动的测量标准也是相对的。也许很多星球上都有活的、有智慧的生命存在。基督也曾为他们受难吗？

然而在这个无限的巨大空间中，存在着一种物质不变的成规，一个永恒而不可侵犯的持续法则。

宇宙既是无限，而无限不可能有两个，那么无限的上帝和无限的宇宙必为一体（此处已是斯宾诺莎的"上帝或本质或自然"了）。世上并无亚里士多德以为的"原动力"（Prime Mover），而是整体的每个部分都有其固有的运动和能量。"上帝不是外在的智慧……它更应该是运动的内在原则，那是它的本质，它的灵魂。"自然是"神圣心灵"的外在，然而，这个"心灵"并非在"上面的天堂"，而是存在于实体的每个分子中。

世界是由微小的单元，亦即力量、生命、心性的不可分割单位构成（此处布鲁诺是卢克莱修和莱布尼茨之间的桥梁）。每个分子有它的个别性，有属于它自己的心灵，但是它的自由并非游离于法则之外，而是（如斯宾诺莎所说）根据它自己固有法则和特性而动。如从其每一部分都力求发展的观点来看，自然中是有一种进步和演进的原则（亚里士多德的实体）。

自然中有相对的事物，相对的力量、矛盾，但在整个宇宙的运行中——在"上帝的旨意"之上——所有的对立都重合而消失了。因此行星的各种不同的运转，造成了天体间的和谐。在令人迷惑的自然变化之后，是更奇妙的和谐，其中的各部分都像是有机体的器官一般。"是这和谐令我着迷。由于她的力量，我虽是奴隶却很自由，悲哀中有快乐，贫穷却富有，甚至在死亡中仍有生命。"因此追求这无上和谐的知识，是科学和哲学的目标及治愈心灵的医药（斯宾诺莎的"对上帝的智性爱"）。

这篇布鲁诺哲学的概略，除去了他的光彩和英雄式幻想，使他的思想显现了它原来没有的连续性和调和，因为它包含许许多多的矛盾和肯定及各式各样心境的转变，唯一的共同点是对宇宙的痴迷。他的另一些观念能使他成为拜火教的神秘主义者。他谈到好几个行星的个别优点：他认为在金星影响下出生的人，天性趋向爱情、辞令与和平；在火星影响下出生的趋向斗争与仇恨。他相信物体和数目的玄奥特质，也相信疾病是恶魔，可以因国王的触摸或第七个儿子的唾液而治愈。

他最后的谬见就是希望如果他回意大利而必须接受宗教裁判所的审讯，他可以（他也可能）从自己作品中引出足够的正统章句来欺骗教会，使他们以为他是教会的忠诚子民。也许他希望意大利人不曾听说过他在英国出版的书——《胜利野兽的放逐》，书中被逐的野兽可以解释为天主教或基督教，或一般的神学教条。他一定非常想念意大利，否则我们如何解释他热切地接受乔万尼·莫西尼哥的邀请，前往威尼斯担任他的老师和客人？莫西尼哥属于威尼斯最显赫的家族之一，他是一个虔诚的天主教徒，但对于超自然的力量很有兴趣，又曾听说布鲁诺通晓各种魔术，拥有良好记忆的秘密。宗教裁判所早已宣布一有机会立刻就要逮捕布鲁诺，而威尼斯素以保护这样的犯人和违抗宗教裁判所而著名。因此，1591年秋，布鲁诺匆匆离开法兰克福取道阿尔卑斯山到意大利。

莫西尼哥为他提供房间，而且向他学习记忆法。这位学生进步很慢，他怀疑老师保留了一些秘传的魔术知识，同时也为这位好辩而不谨慎的哲学家发表的异端邪说而担心。莫西尼哥问他的告解神父，他是否应向宗教裁判所告发布鲁诺。神父劝他等待，直到他更确定地从他老师口中引出实情再告发他。莫西尼哥服从了。但当布鲁诺宣布想要回法兰克福时，莫西尼哥向宗教裁判所告发。1592年5月23日，布鲁诺已身在威尼斯圣所的监狱中。莫西尼哥解释说，他的行动是"出于良心的驱策和告解神父的命令"。他告诉宗教裁判所，布鲁诺反对一切宗教，虽然对天主教还算具有好感；他否认三位一体，基督化为人身及化体论；他控诉基督和使徒们以托言的奇迹来欺骗世人。布鲁诺曾说，所有教士都是笨驴，他们的虚伪、贪婪和邪恶的生活污渎了大地，宗教应被哲学取代，沉迷于"肉体的欢乐"并非罪恶，而布鲁诺自己也尽可能利用机会满足激情。布鲁诺曾告诉他"女人使他愉悦，虽然他尚未达到所罗门的数目"。

宗教裁判所不紧不慢地审讯这位囚犯，从1592年5月审到9月。布鲁诺辩称自己是以哲学家的身份写作，而且采用了皮埃特罗·蓬波纳齐"两种真理"的区分——一个人可以以哲学家身份怀疑他自己以天主教徒身份接受的教条。他承认对三位一体说抱有怀疑。他承认他曾犯过很多错。他表示忏悔，而且请求法庭"了解我的弱点，慈善地接纳我进入教会，为了我的幸福，给我补偿的机会，待我以慈悲"。宗教裁判所并未给他安慰，而把他放回监牢。7月30日，他们再度审讯，听他的自白和请求赦免，又把他送回监牢中关了两个月。9月，罗马宗教裁判所的所长指示威尼斯裁判所将犯人送往罗马。威尼斯政府反对，但宗教裁判所指出布鲁诺是那不勒斯而非威尼斯公民，议会同意引渡犯人。1593年2月27日，布鲁诺被解送到罗马。

审讯之前、进行中及之后，让囚犯在狱中长时期沉思原是宗教裁判所的固有程序。过了将近一年的时间，布鲁诺在1593年12月被带往罗马法庭。1594年4月、5月、9月和12月，他再度受审——也可以说是接受审讯折磨。1595年1月，审讯官两度集会研究记录。根据审判记录，1595年3月和1596年4月，布鲁诺"被带往枢机主教跟前，而且在狱中接受他们的拜访，他们向他提出诘问，也曾垂询他的需要"。1596年12月，他的不满是"有关食物方面"。1597年3月，再度被带到审讯官面前，他们又"聆听他的需要"。我们不清楚那都是些什么，但一而再再而三的请求，暗示了不可名状的艰辛，而这还不包括长时期的悬疑焦虑，其目的可能在于瓦解他炽热的精神而转为谦卑。又一年过去了。1597年12月他再度被审讯，然后在狱中又过了一年。1598年12月，他获准使用纸和书。1599年1月14日，他再度被召。他书中的8项异端主张被提出来当着他的面宣读，他们要求他撤回那些说法。他维护自己的观点，但同意接受教皇有关那些段落所做的决定。同年2月4日，克莱门特八世和圣所会议判决那些摘录显然是异端。审讯记录没有提到布鲁诺的哥白尼天文观。异端是关于化体论和三位一体说。他获准在 40 天内承认他的错误。

2 月 18 日和 4 月、9 月、11 月他再度受审。12 月 21 日，他宣布拒绝收回他的主张。1600 年 1 月 20 日，他上书教皇，说那些遭责难的主张是从上下文中错误地被引用的，提议就此与任何神学家辩论，并再次表示愿意接受教皇的裁决。关于此点，记录是这样写的，"最神圣的主上，教皇克莱门特八世下令将此案作一了结……宣布判决，而把乔达努斯兄弟解往世俗法庭"。2 月 8 日，宗教裁判所宣召布鲁诺，重申对他的指控，告诉其已获准有 8 年忏悔的时间。他已同意接受教皇有关那些主张是否为邪说的决定。教皇已作了决定，而这个犯人仍然坚持他的说法，继续"不知悔改、顽固而执拗"，因此现在判定他"被解往世俗法庭……给现在罗马总督，你会得到应得的惩罚，虽然我们诚挚地祈祷他不致以严刑峻法加深你个人的痛苦，使你不会遭受死亡或肢体伤残的危险"。这篇判决由 9 位枢机主教签署，贝拉尔米内主教也是其一。根据一位改信天主教、当时住在罗马的德国学者卡斯帕·斯齐奥皮斯的记载，布鲁诺聆听判决后曾对法官说："也许判决我罪行的你们，比接受判决的我更为恐惧。"

他立刻被转往一所世俗监狱。2 月 19 日，在仍无悔意的状况下，他在赤身、舌头被缚的情况下，被捆在坎波·费奥里广场一个火堆的铁柱上活活烧死。当时有一堆虔信的群众在场。布鲁诺当时 52 岁。1889 年，就在同一地点，来自全球各地的捐款为他立了一座雕像。

梵尼尼与康帕内拉

19 年后，一个有类似精神的人走上相同的命运。梵尼尼（Giulio Vanini）生于意大利南部，父亲是意大利人，母亲是西班牙人——可谓火药与烈火的结合。他曾像布鲁诺一样流浪欧洲，尝试过各种气候与神学，也写了几本书，书中偶现的高见几乎与玄秘的无稽之谈不成比例。之后他在图鲁兹定居（1617 年），再度像布鲁诺一般在该地享受了两年的平静时光。但是一位听过他讲演的人说，他曾讥笑基督化身为人的说法，也对上帝的存在表示怀疑。另一位听者弗朗孔（Sieur de Francon）得到梵尼尼的信任，就像莫西尼哥对布鲁诺一样引他说出实情，然后向市议会报告。1618 年 8 月 2 日，他被国王的首席检察官而非教会下令逮捕。根据他的演讲，他被控不信神和亵渎神明，两者都是可以由国家惩处的重罪。梵尼尼发誓信仰上帝，但是弗朗孔坚称此囚曾不止一次宣讲无神论，认为自然是唯一的上帝。法官采纳了这项证词，不顾梵尼尼激烈的抗议及在狱中表现的虔诚，他们将 34 岁的他交给正义的行刑者：

> 此人会用囚车拉着身穿衬衫的他，颈挂绞绳，肩上负一块告示，上面写着"无神论与亵渎上帝之名者"，前往圣史蒂芬教堂的大门口，要他双膝跪地……为亵渎神明向上帝、国王及法官请求原谅。然后行刑者会带他到萨林（Salin），将他绑在火刑柱上，割下他的舌头并绞死他。然后他的身体将被火烧……灰烬丢入风中。

传说梵尼尼从狱中前往受刑（1619 年 2 月 9 日）时曾叹道："让我们去吧，让我们欣然前往，死得像个哲学家。"

康帕内拉也是生来血液中就具有意大利南部卡拉布里亚的熔岩。他曾在多米尼克修院中使它冷却了一段时间，学习泰莱西奥和恩培多克勒，摒弃亚里士多德，嘲笑教皇将人逐出教会，曾在那不勒斯被宗教裁判所监禁了数月（1591—1592 年）。获释后，他在帕多瓦授课，被控淫荡。在那里他写了第一部重要作品《建立哲学的前锋》（1594 年），就像 11 年后的培根一般，他在书中劝告思想家学习自然不要学亚里士多德，而且还为科学与哲学的复兴做了一个计划大纲。回到那不勒斯之后，他参加了使该城脱离西班牙统治的阴谋，失败后，康帕内拉在国家监狱中受了 27 年的折磨（1599—1626 年）。他曾受过 12

次酷刑，有一次长达 40 小时。他以哲学、诗歌和对理想国的憧憬减轻自己的痛苦。他的十四行诗《人民》反映出他对民众未能支持他叛变的不满：

> 人民是脑筋如泥的野兽
> 不知自己的力量，因此身负重木、巨石而立。
> 孩童无力的双手也可御之以马勒和缰绳，
> 一举足便可挣脱锁链。
> 但野兽恐惧着，服从孩童所求，
> 自己的恐惧也不知晓，
> 宁受哄语惑迷与嘲弄。
> 妙极的是，自缚其手
> 自缄其口——自取死亡与战争
> 为的只是布施国王的小钱，
> 那原是榨自他仓库之中。
> 他是天地之间的万有。
> 他全不知晓，若有人起而直言真理，
> 他反而怪罪，不教他活。

在那憔悴的几年中，他最有名的作品是《太阳之城》（*Civitas Solis*）。康帕内拉想象他的"太阳之城"坐落在锡兰的一座山上。城市官员由 20 岁以上的居民组成的国民会议选出和罢免。这些民选的官吏选举政府的领袖——一个称为"霍"（*Hoh*）的僧侣。他和助手们治理一切事务，包括世俗和精神方面。他们也掌握两性的结合，要使"男女的结合能够产生最好的后代。的确，我们关心马与狗的品种，却忽略了人类的生育是会遭人讪笑的"。从来没有畸形儿。女人是大家共有的，而且受严苛的训练。她们必须做活泼的运动"以产生清新的肤色……任何女人若涂染面孔或穿着高跟靴……就会受到重罚"。男女都要受训打仗。战场上的逃兵被捉到之后，就被放入狮子和熊的兽穴内处死。每个人都要工作，但一天只工作 4 小时。孩子集中养育，而且心理上施以共享财产的准备。这些人的宗教是崇拜太阳为"上帝之脸及活偶像"。"他们断言将来整个地球上人类的生活终会与他们的习俗一致。"

这篇反映柏拉图思想的共有主义宣言，是康帕内拉约 1602 年在狱中写成的，1622 年在美因河上的法兰克福出版。也许它表达了那不勒斯谋叛者的渴望，使康帕内拉遭受长期监禁。后来他及时与教会谈和而获释。他声称教皇有权统治国王，使乌尔班八世大为高兴。1634 年，乌尔班送他到巴黎，使他不至于卷入另一次那不勒斯叛变。黎塞留为他提供庇护，而这疲累的叛徒怀着年轻时代的记忆，死在多米尼克修院的一间小室中（1639 年）。"我是钟，"他说，"宣告了新的黎明。"

哲学与政治

·马里安纳（1536—1624）

中古政治的主要特征是教皇权高于君权。近代政治史的显著形态则是脱离教皇控制后的民族国家之间的冲突。因此在宗教改革之后的一个世纪里，动荡的政治哲学之首要问题便是天主教思想家要求恢复教皇权，而新教思想家要求彻底摧毁教皇权。教皇的辩护者认为，专制君主声言王权神授，否认一切宗教、道德和法律的约束，将使欧洲分崩离析。为宗教改革辩护的人反驳说，没有任何超国家的组织会不为它本身的权力与利益而致力于谋求人类的福祉。尤有甚者，一个高高在上的教会将扼杀一切生活与思想的自由。

中世纪的经院哲学家们追随罗马法学者，推论所有的皇族权威是得自人们的同意而非上帝的认可，因此国王的权力并非神授，对无道的君王，人民可以公正地加以废立。加尔文主义思想家如贝兹、乔治·布坎南及《所有权与暴政》（*Vindiciae contra Tyrannos*）一书的作者，都热心赞成这一观点。但路德派和英国国教派神学家却支持国王的神圣权力，认为是抵消公众暴力和教皇命令的必要力量，也赞成人民应服从国王，即使不公正的国王也不例外。

民治政权的辩护者包括许多耶稣会教士，他们认为这是削弱皇家权力和对抗教皇权威的一个方法。贝拉尔米内主教曾说，国王的权威得自人民，因此也臣属于人民，它显然是附属于教皇的权威之下，因为教皇权得自基督教会，只臣属于上帝。一位西班牙耶稣会士卢斯·莫里那总结说，人民既是世俗权威的来源，便可以公正地——但须循适当程序——罢黜一个不公的国王。"耶稣已造就最好的神学家"，苏亚雷斯（Suárez）重申此观点，加上小心的修正，以反对詹姆士一世的专制要求，并拥护教皇废君的权利。耶稣会教士胡安·马里安纳主张人民有弒暴君的权利，曾引起多国公愤，因为有人指责此说鼓励了暗杀亨利四世的举动。

马里安纳在各方面都是一个不寻常的人，以学识、口才和学术胆识而著名。1599 年，他向菲利普三世进献他的论文《论国王及其教育》（"De Rege et Regis Institutione"），并在地方耶稣会检察员的许可之下出版。在霍布斯之前半世纪，他已描述出社会起源之前的《自然国》。当时人类像动物一样生活在野外，除了本身体力限制外不受一切约束，不识法律和私人财产，凭着本能寻找食物和伴侣。但这种卢梭式的（Rousseauian）自由也有很多不便，众多危险的野兽即是其中之一。为了保护自己，人类形成社会组织，那是他们曾发明的最伟大的工具之一。一个团体的成员们同意将集体权威委托给首领或国王，统治权仍属于人民，而且几乎在所有情况下（如西班牙的议会），国家会议都可以监督这个委派的权力，保留财政的控制权，而且形成一个权威高于国王的法律组织。

马里安纳认为，由于人类能力和智慧的不等，民主政治是不可能实现的。以公民投票来决定政策会导致毁灭。一个有限制的或立宪的君主政体是最好的政府形式，最适合人类的本性和国家的生存。国王应该是世袭的，因为民选的君主政治会导致周期性的混乱。

国王应该受法律、宗教和道德约束的限制，如果他变成暴君，人民有权将其废立。未经人民同意，他不得改变法律或征收税款。他"不得决定任何有关宗教的事项"，因为教会高于国家，可以自我治理。然而他必须保护国家的宗教，因为"宗教若被忽略，国家便不能久立"。国家应支持宗教维持道德。应反对斗牛，因其鼓励兽性；因斥责舞台剧，因其刺激性放纵。应以经济支持医院和慈善组织的广泛设立，来照顾病患和穷人。富人应该把他们现在花在奢侈品和狗身上的钱给那些需要救助的人。非生活必需品的税款应该提高，必需品的税款则应该降低。土地资源若分配恰当，必能供给所有人的需用。一个好王子应防止财富的集中。私人财产取代了原始的共有制，是由于"贪婪而狂猛的贪欲攫取了神赋财产，而且将一切据为己有"。现在它已是必要的制度，但共有制在天堂会得到恢复。

人民可以罢黜暴君，在某些情况下，甚至个人可以合理地杀死他：

> 谁是真正的暴君呢？……我们不把这件事留给任何个人甚至许多人决定，除非人民公开参加审议，有学问、审慎的人也参与商议……当一个王子把国家带上毁灭之途，滥用国家财产和个人所有物，藐视公共法律和神圣宗教，变得自大、侮慢和不虔诚……公民被夺去参加一般集会的机会，但是决心推翻现存的暴政——而且假设这个暴政是罪恶昭彰、无法忍受的……在这种情况下，若有任何人挺身而出顺应民情，自愿把这样的统治者杀死，我个人绝不会把他当作作恶的人……让王子们相信他们若压迫国家……人民就可正当地杀死他们，甚至受到赞誉和光荣，这是绝对有益的想法。

马里安纳提醒读者记取历史上暴君被铲除的事件——如哈莫迪乌斯（Harmodius）和阿里斯托格顿（Aristogeiton）杀死雅典暴君希帕恰斯，布鲁特斯将暴君塔奎纽斯（Tarquinius）逐出罗马。他还指出雅典和罗马，甚至整个文明欧洲，都尊崇有关他们的回忆。但马里安纳并不完全赞许最近（1589 年）杰克·克莱门暗杀亨利三世的事件：

> 法国国王亨利三世被刺身亡，是被国内的一个僧侣用浸毒的小刀杀死的，真是一幅可厌的景象……克莱门是在他教会所属的多明我学院研究神学的。他向一些神学家请教，得到的答案是在法律上暴君人人可得而诛之……克莱门虽死，却成为法国的永久光荣，因为很多人似乎认为……他的死堪称不朽，但是另外一些智慧卓绝、学问渊博之士，则认为此事应受谴责。

以后我们会提到，亨利三世曾反对天主教联盟，下令手下杀死为首的吉斯公爵亨利。西班牙的菲利普二世曾支持联盟，并给予部分财政上的帮助。他同意暗杀伊丽莎白一世和奥朗日的威廉，而且菲利普三世不反对一个赞许杀死西班牙敌人的学说。

1599 年，耶稣会统领克兰迪奥·阿夸维瓦下令修改马里安纳的《论国王及其教育》。亨利四世被拉瓦亚克（1610 年 5 月 4 日）谋杀时，阿夸维瓦指责马里安纳的"弑暴说"（7 月 8 日），并禁止在耶稣会指导中传播此论。马里安纳也被逮捕，不是因为赞扬"弑暴说"，而是他反对菲利普三世贬低币值，在一篇绝佳的论文《货币交换》（"De Monetae Mutatione"，1605 年）中警告他通货膨胀的害处。马里安纳以哲学精神忍受监禁，保住了生命，活到 1624 年，享年 87 岁。

·博丹（1530—1596）

让·博丹就大大不同了。他不是飘浮在空中的神学家，不是联盟严肃的爱慕者，而是一个追随米歇尔·洛皮塔尔的政治家，赞成宗教信仰自由的人，亨利四世的顾问和崇拜者。他生于昂热，母亲可能是西班牙和犹太的混血。1560 年，他来到巴黎，执行律师业务，结果生意不好，却沉迷在哲学和历史中。他热切研读希伯来文、希腊文、德文、意大利文、李维和塔西佗的作品、旧约、西塞罗及西欧国家的政治组织。他认为研究历史是政治智慧的开端。他出版的第一部作品是《简易了解历史的方法》(*Method for the Easy Understanding of History*，1566 年)。读者们会发现此书空洞、矫饰而冗长——他的哲学心灵并不早熟。博丹 36 岁时认为，历史显示恶人的失败和善人的胜利，足以鼓励我们向善。这本书继马基雅维利的《论文》(*Discourses*) 之后，是哲学史上的第一部重要作品。

此书及后来的《共和国》(*De Republica*，1576 年)，在维科和孟德斯鸠之前 150 年，有系统地将气候与种族列为历史的要素。历史受地球——气温、雨量、土壤、地形等的作用。地理决定性格，性格又决定历史。人们的性格和行为也因他们住在高山、平原或海边而异；北方人以体能和肌力见长，南方人以敏锐的感受性和心灵精微取胜；温带人如地中海诸民族和法国人综合了北方和南方的特质——比南方人实际，比北方人聪明。一个民族的政府应该顺应地理和民族造成的性格，那是几乎不能随时间改变的。所以，北方民族应以武力治理，南方民族应绳治以宗教。

在一部次要的作品《驳似是而非论》中，博丹几乎创立了"政治经济学"。他分析欧洲物价迅速上涨的原因，讨论货币贬值的害处，在自然和区域性保护经济政策盛行的时代提倡贸易自由，同时强调经济现实与政府政策之间的关系。

他的杰作——马基雅维利和霍布斯之间最重要的政治哲学巨献——还是《共和国》。博丹用这个词是取其罗马文的意思，泛指任何国家。他区分国家和社会，社会以家庭为基石，其自然基础在于两性和代与代之间的关系，国家是基于人为力量而建立的。家庭的自然形式是家长制——父亲对他的妻、子和家庭财产具有绝对的权利，也许文明已危险地降低了父权。女人应该永远臣属于男人，因为她们智力较差，将她们提升至平等的地位是对自然的破坏性的漠视。丈夫随时有离婚的权利，就像《旧约》中一般。父权和家庭纪律的衰微（博丹认为）已经侵蚀了社会秩序的自然基础，因为家庭，而非国家，是秩序与道德的单位和来源，一旦家庭统一和纪律破败，没有任何法律足以代替其地位。私有财产是家庭结构和延续不可缺少的。共产制度不可行，因为人天生就不平等。

在讨论国家的起源方面，博丹比马里安纳和卢梭更实际，他不谈社会契约的胡话。村庄社区也许是源于这样的协议，国家却是源于一组家庭被另一组征服，胜利者的领袖便成为国王。法律之后的制裁不是人民的意志或"主权"，而是政府有组织的力量。结果专制王朝是很自然的，它将父权家庭中父亲的权利延续到国家中。如果一个政府服从自然及上帝以外的任何法律，它不可能独立自主。正如霍布斯在逃离英国内战（1642—1649 年）的战乱途中得到的结论，博丹也发现专制政府是避免宗教战争和法国分裂的唯一方法。这本书印行于圣巴托罗缪大屠杀之后仅仅 4 年，它很可能是在巴黎街上的血海中写成的。博丹似乎认为，国家的功能若是维持秩序，则只有专制的、不可剥夺的君权才能达成这一任务。

因此，最好的政府形式是不受限制的世袭君主政体：它必须不受限制，才不至于毁于混乱，必须世袭才能避免王位继承的争斗。君主政体正如父亲的权威，在地球上大部分地区盛行了最久的时间，它已得到历史的认可。民主只能短期治国，它常因人民的善变和民选官吏的无能、贪污而瓦解。"在每一个民众大会中，他们只计算选票的数目，从不加衡量（选票后面的思想特质）。而愚人、恶人和无知者的数目又总是千倍于有价值的人。"民主政治的补救方法是，在伪装的平等后，国家由少数人治理，让智慧的差距胜过人数的计算。

博丹觉察到，如果君主变成暴君，必须要想法避免专制。因此（也许有些不合逻辑），他竟认可革命和弑暴君的权利。他承认，即使他心目中完美的王朝也会随时间而腐化，被不可抗拒的变化倾覆。在黑格尔之前，他已将历史分为三段时期，第一段东方国家占重要地位，第二段则是地中海国家，第三段是北欧国家。经过这种国家兴衰的更替，博丹认为他看出了一些进步。"黄金时代"不在神话般的过去，而在于未来，因为未来会产生人类最伟大的发明——印刷术——的成果。他写道（比培根早 50 年），科学"本身就包含了任何后世无法耗尽的宝藏"。

博丹是一个非常重视《圣经》（不如说是重视《旧约》——他几乎完全忽略了《新约》）的自由思想家，而且确信巫术、天使、守护神、占星术的真实性，也相信建国必须符合数字的神秘特质。他要求对巫师施以极刑，劝告王子们尽可能维持宗教的统一。但是，一个异端若变得有力而普遍，使用武力镇压则是不智之举，最好慢慢让异端皈依正统的信仰。

那种信仰是什么，博丹并未说明，他自己的信仰也是暧昧不明的。在那本未出版的奇书《七人会话》（*Heptoplomeres Colloquium*）中，他描绘了一位天主教徒、一位路德教派、一位加尔文主义者、一位犹太人、一位穆斯林、一位享乐主义者及一位泛神论者在威尼斯辩论。犹太教顺利通过，基督教的原罪论、三位一体论及基督道成肉身的说法都受到强烈的攻击而非维护，只有对上帝的信仰未受伤害。博丹的批评者指责他是犹太教徒、加尔文主义者及无神论者，而且说，他死时没有信教，"像狗一般"。但是在《共和国》一书中，他强烈表达他对圣神引导世界的信仰，无神论是不能忍受的，因为那会使宇宙毫无意义。

博丹像霍布斯一样，是一个在革命和战争变乱中力倡安定的惊弓之鸟。他的最伟大作品受了他所处时代的感染；它是一个混乱世界渴望秩序与和平的哲学。它与同时代而受惊较轻的蒙田写的典雅《散文》不能相提并论。但是，自亚里士多德以来，没有一个人——也许除了伊本·赫勒敦（Ibn Khaldun）外——曾将政治哲学传播如此之广，或以如此丰富的学识与力量来维护他的偏见。直到霍布斯出版《利维坦》（*Leviathan*，1651 年）之前，我们找不到一个人以如此坚定的努力探求国家形态的逻辑。

·格劳秀斯（1583—1645）

如果我们还记得格劳秀斯，可能是因为他一面享受人生一面从事写作，而且他在外交与政治事业的间隙里写成他的巨作。他生于代尔夫特，在莱登研读数学、哲学和法律，以拉丁文体赢得斯卡利杰尔的赞美，26 岁便以《海上自由》（*Mare liberum*，1604 年）一书赢得全国的喝彩。该书勾勒出海上法，并力主各国的海上自由——尤其是荷兰人，当时他们正向葡萄牙垄断远东海域的霸行挑战。他被任命为联合省的史料编纂，以近乎古典的拉丁文传神而精确地写出这一叛乱的史实。我们看见他在奥登巴内弗与拿骚的莫里斯的冲突中，支持亚美尼亚的解放。被捕后，他坦白认罪，被判终身监禁。他的妻子请求与他一起囚禁获准。在狱中约 3 年后，他逃脱了，由他妻子将他藏在书箱中逃到巴黎（1621 年）。路易十三给予他一份为数很少的年金。德国处于"三十年战争"之际，格劳秀斯在穷苦的生活中写出了他的《战争与和平法》（*The Law of War and Peace*，1625 年）：

> 在基督教世界各处，我看见战争的掀起是被公然允许的，即使是野蛮国家也会引以为耻，他们为了微不足道的理由，甚至根本没有理由就诉诸武力。一旦兵戎相见，所有对神圣法律和人间法律的尊崇都被弃置一旁，仿佛人类是经授权来犯一切罪恶，而且不受任何约束。

马基雅维利曾说，国家可以不必遵守加诸公民的道德律，否则就无法保全。只要显得像是为了国家的利益，政治家就可以准备——通常是委托他人执行——随心所欲地说谎、抢劫和杀人。因为到目前为止，国家仍生存于丛林阶段，就像没有国家组织以前的家庭一般。他们不识法律，只知道自我保全的法则。格劳秀斯承认政府可以免于"成文的"人为法律，但他主张他们应受自然法则的限制。他解释道，"自然法"为"正确理智的指挥，它可以显示任何行为的道德邪恶或道德需要，应视这个行为是否符合理性本质，而且得知该行为究竟被自然的作者——上帝命令或禁止"。人是生活在社会中的理性动物，自然法便是随着人类本性而来的权利与义务系统。凡是他生存及参与社会所需的，便是他的天赋权利，是出于他本性的。国家的行为应该顾及这些权利。

尤有甚者（格劳秀斯继续说道），它应该臣属于国际法则（*ius gentium*）。罗马法学家用这个名词是指罗马公民以外民族的法律而言。西罗马帝国解散后，中古法律学者使用这个词来表示国与国之间的关系。在格劳秀斯的作品中，它意指发达的国家在共同联系方面习惯接受的许多规则或约束。根据这两个基础——自然法则与国际法则——他建立了他的理论结构，第一部近代国际法有系统的著述。

一般而言，他并未将所有战争视为罪恶。他知道一个团体，也像动物一样，感到它的生命或财产受到威胁时，将会以任何可行的方法来保护自己——如果可能，用争论或法律。然后，若这些都不奏效，就会使用它可以支配的任何武力。结果，类似情况下的国家用战争来保护其公民的生命与财产是正当的。但若为了征服，为了战利品、土地，或不管出于真心或假意，硬要将一个仁德的政府塞给一个不愿接受的民族，则这样的战争是不应该的。预防性的战争也不成其理由。"某些作家曾提出一种我们永远不能接受的学说，认为国际的法律容许一国向另一国挑衅，只因为对方逐渐增强的力量唤醒了它的戒心。作为权宜之计，这不失为可取的举措，但是正义的原则绝不会赞同此事。"个人有义务拒绝参加他认为明显地有失公允的战争。

假设一场战争是有正当理由的，则每一个参战国都有某些权力。它可以使用诈术、施行报复、掠夺战利品、虏获及役使战俘。但各国有权利也有义务，必须事先宣战。无论与谁订立的条约，都必须以负责的态度给予尊重。在征战中，应该放过女人、孩子和老人——事实上也就是所有非战斗人员。战俘可施以奴役，却不能加以杀害。格劳秀斯很高兴看到一种进步的象征：基督徒和穆斯林都不再奴役信仰相同的战俘了。

　　虽然有不少瑕疵，这仍不失为高贵而适度的论点。如果自然律是"正确理智的指挥"，谁可以决定什么样的理智是正确的？在一国之内，这由具有武力的政府来决定。最后行为的法令总会被人民遵守，因为立法者可以强迫执行。力量不能造成正义，却可以造成法律。国际法则有待国际武力支持的国际立法机关来制定，同时，它必须包含有关国家为方便而暂时接受的温和禁令和可变协议。若要把"国际法"解释为高度发展民族的惯例，则必须先有一个权威够资格点出谁是高度发展的民族，但在哪里呢？在欧洲？在中国？在伊斯兰世界？政府是否能够冒险让人民自己判断战争的公正与否？在思想教育机关发挥良好效能的情况下，这是可以做到的。

　　这是一本不合逻辑却必要的书。历史上成千个不公允的战争已成为过去。有人出来策划如何以双方共同接受的约束力缓和胡乱杀人之事，指责征服或掠夺的战争，为老弱妇孺和战俘请命，都是很好的。"三十年战争"对这些荣誉和呼吁真是极大的讽刺。但这阵疯狂一过，德国的情况似乎更证明格劳秀斯这本书的价值。

　　黎塞留决定参加"三十年战争"，于是撤回格劳秀斯的年金。这位面临困境的作家便退隐到德国汉堡。1635 年，乌克森谢尔纳派遣他以瑞典大使的身份回到巴黎。他像大多数哲学家一样，擅长处理概念而不善处人。他承认他不喜欢黎塞留，之后又是马扎然决定他的外交。1645 年，他又回到书本中寻求慰藉。克里斯蒂娜王后邀请他留在宫中担任年金甚高的学者，但他最终获得她的准许前往德国仕隐。她安排其前往吕贝克，暴风雨将船吹到岸边。格劳秀斯受了惊吓，1645 年 8 月 29 日逝于罗斯托克，时年 62 岁。

267 年之后，荷兰原谅了他的自由主义，在他的出生地为他立了一座雕像（1886 年）。1899 年，美国参加海牙国际和平会议的代表们，曾在他墓前放置一个银色的花圈，以表扬他的书曾一度缓和了国王们的争战。

享乐主义的神父

在走向笛卡儿途中，让我们作最后一次的停留，以思索一个天主教神父复兴伊壁鸠鲁享乐主义的秘密。

伽桑迪（Gassendi）是普罗旺斯境内迪涅（Digne）附近一位农夫的儿子。他具有十分敏锐、热切的心灵，16 岁就被聘为爱克斯大学（Aix）的修辞学（文学）教师，25 岁成为爱克斯大学的哲学教授。他加入圣职，成为教士和大教堂的主监。那时，他早已完成了一本激烈的《似是而非理论练习》的书，反对亚里士多德。他听从朋友的劝告，烧了其中大部分，但他在 1624 年出版的其余部分支持哥白尼天文说、卢克莱修的原子论及伊壁鸠鲁的道德哲学。这已是殉道的活请帖了。伽桑迪是一个非常温和的青年，行为审慎，按时祈祷，因此似乎没有人想到要烧死他。他终身传授"两种真理"的学说——在哲学中明显地由理性驱成的结论是可以接受的，在宗教上，人应该追随正统信仰和仪式，做教会的服从子弟。伽桑迪自己便奉行这个理论。

他接受笛卡儿的朋友梅赛纳的邀请，提出对笛卡儿哲学的有力反驳。1645 年，他接受巴黎皇家学院的数学教席，不久就得了肺病，回到迪涅晴朗的气候中。他在那里写成了他的主要作品，都是关于伊壁鸠鲁的：《生、死与享乐主义》（1647 年）、《生死与快乐》（1649 年）及一本 1600 页的《综论伊壁鸠鲁哲学》（1649 年）。

伽桑迪一面继续肯定他的天主教信仰，一面向阅读拉丁文的世界阐述伊壁鸠鲁和卢克莱修的哲学——物质主义、原子说及快乐是合理的。上帝是万物的"初因"，经过最初的推力后，一切事物都随着其固有的力量和法则进行。所有的知识都来自感官，因此具有个别的本质。"一般概念"是思想有用的工具，却没有客观的相关性。灵魂无疑是非物质的、不死的，但似乎必须依靠着身体，而记忆显然是脑子的作用。感官的快乐如果审慎适度则并非不道德，但最可信赖的快乐还是心灵方面的，如数学就可令人感到一阵欢愉。伽桑迪自己当然也是一个享乐主义者而不是享乐者。也就是说，他接受伊壁鸠鲁哲学，却不是纵情感官享乐的人，相反他过着极有节制的生活。他在一次过长的斋戒后发高烧，被医生放血治疗 13 次，终于回生乏术（1655 年）。

莫里哀和西拉诺·伯格拉克（Cyrano de Bergerac）也是他在巴黎的门徒之一；封特内勒、圣埃夫蒙德和尼农·朗克洛接受他的哲学但没有接受他的神学；霍布斯与他谈话而获益匪浅；约翰·洛克可能曾通过伽桑迪的学生、洛克的朋友伯尼尔（Bernier），而得到感觉心理学的部分原则，伯尼尔曾在 1678 年出版了《伽桑迪哲学概要》一书。牛顿喜爱伽桑迪的原子说甚于笛卡儿的微粒论，曾在这位普罗旺斯神父的学说中找到万有引力的暗示。18 世纪，伽桑迪潜伏的物质主义及他强调科学和经验，与亚里士多德的逻辑和笛卡儿的形而上学抗衡，使他在哲学方面的影响远超过除笛卡儿以外的任何法国思想家。那么，是什么因素使笛卡儿在整个世纪始终是近代哲学的源头呢？

笛卡儿（1596—1650）

"毁灭庙堂的大锤正是在庙中炼成的。"笛卡儿受耶稣会教育，那正是从笛卡儿经伏尔泰到勒南和安纳托尔·弗兰西等法国异教徒的起步点和磨刀石。

笛卡儿生于都兰的拉海耶（La Haye），出生后没几天母亲就死于肺病。他也继承了母亲的疾病，以婴儿而言，他实在太苍白、太衰弱，咳得太可怜了，医生都认为无法挽救他的生命。一个护士不肯放弃，她以自己的身体给予他温暖与滋养。他又活了过来，也许因为这个缘故，才取名"雷内"（René，意即"再生"）。他父亲是一个成功的律师，也是勒南地区议会的议员，死后留给笛卡儿每年 6000 法郎的收入。

他 8 岁进入法拉契耶稣学院，一位热烈的自由思想家也是著名的数学家曾说："该校似乎曾给他良好的教学基础，那是当时多数大学都比不上的。"老师们看出他身体虚弱、心灵敏捷，他们容许他晚一点起来，发现他总是用这段时间一本又一本地看书。在所有的玄学漫游中，他从未失去对耶稣会教士的敬意，而他们对他的怀疑也报以慈父般的纵容。

他 17 岁前往巴黎，打算尽情玩乐，却发现自己对女人尚无兴趣，实在没什么好玩的，但可作为一个专心的数学家纵情赌博，推想自己可以使俱乐部的钱庄破产。他继续上普瓦提埃大学，得到民法和宗教法学位。恢复健康和强壮后，他参加拿骚的莫里斯王子的军队，使朋友们大吃一惊（1618 年）。"三十年战争"时，他加入巴伐利亚公爵马克西米利安的部队，一个不确定的传说曾描写他参加"白山之役"。

在这些征战中，尤其冬天暂时中止了屠杀的那些日子里，笛卡儿继续他的研究，特别是数学方面。一天（1619 年 11 月 10 日），在诺伊堡，他把自己关在"火炉"（也许是指特别加热的房间）里逃避寒冷。他告诉我们说，他在那里做了三个梦，梦中他看见闪电，听见雷声，似乎某一个圣灵正向他宣启新的哲学。走出"火炉"时，他已（他向我们保证）确立解析几何的系统，也有了把数学方法用在哲学上的念头。

1622 年，他返回法国，筹措到资金后，再度出发旅行。他在意大利待了将近一年：从威尼斯（有人说是步行）到洛雷托，瞻仰了圣母像，参观了罗马 1625 年的大赦年纪念，途经佛罗伦萨时，没有拜访伽利略，然后回到巴黎。他在该地和乡村地区从事科学研究。他陪同数学家和军事工程师德萨尔格到过拉·罗契尔围城（1628 年）。就在那年他移居荷兰，除了有时因为有事去法国之外，他一生其余时间都在联合省度过。

我们不知道他为何离开法国，也许，他曾"表明了对很多事物怀疑的理由"，怕被控为异端；他在那里也有很多教会朋友，像梅赛纳和贝吕勒等人。也许他不仅要避开敌人，也远离朋友，希望在异国得到社交的（但不是智慧的）孤立，使他可以把胸中骚动的哲学系统化。他不喜欢巴黎的喧扰与闲谈，却不讨厌阿姆斯特丹繁忙的交通——由运河轻轻踏动的。他说，"在一个伟大而且非常活跃民族的拥挤人群中"，他可以"像在最遥远的沙漠中一般过着遗世独立的生活"。也许为了使自己藏得更深，他在以后的 20 年中迁居 24 次——从弗拉尼克到阿姆斯特丹到代芬特尔，再到阿姆斯特丹到乌得勒支到莱登，通常都靠近大学或图书馆。他的收入使他可以舒舒服服住在一处小庄园里，还有好几个佣人。他不肯结婚，但有一个情妇（1634年），她为他生过一个女儿。我们乐于听到他女儿 5 岁去世时，笛卡儿曾颇有人情味地哭了一场。如果我们以为他对世事漠不关心，那就错了。我们会发现他为许多道德家诟病的强烈情感辩护。他自己就是一个骄傲的、易怒的和虚荣的人。

让我们看看他涉猎的：数学、物理、天文、解剖学、生理学、心理学、形而上学、知识论、伦理学、神学。现在谁敢做这样的全面尝试？他为此寻求隐遁，做实验、导方程式、绘图表，斟酌逃避或安抚宗教裁判所，想要将数学方法用于哲学、哲学方法用于生命。

他从何处开始着手？在划时代的《方法论》（*Discours de la Méthode*）中，他宣布了一个初步的原则，那个原则本身就可能激起权威世界的愤怒，更何况那篇散文是用简易清晰的法文和生动的、吸引人的第一人称体裁写成的；这就包含了很多改革了！他说，他首先要摒除一切教条和学理，弃置所有权威，尤其是哲学家亚里士多德的。他从一块干净的石板开始，怀疑一切。"我们错误的主要原因是童年的偏见……那些我在少年时未经探索其真实性就加以接受的原则。"

　　但是，若怀疑一切，他如何继续呢？他深爱数学，尤其喜爱几何，是他的天才促成了几何的改观。在他最初的、宇宙性的怀疑后，他努力寻求一些可以像欧几里得原理一样能够广泛而迅速被接受的事实。"阿基米德为了使地球改变它原来的位置，移至他处，声称只有一点固定不动。同样地，我也有权希望能发现一个唯一确定、不可争论的事实。"他满怀狂喜地发现了它："我思，故我在。"——哲学上最有名的句子。[1] 那不是三段论法，而是一个直接的、不可辩驳的经验，是我们曾有过的最清晰、最明确的概念。其他概念的"真实性"可以由它们接近这一主要直觉——直接知觉——的明晰与简洁程度而判定。笛卡儿的哲学新"方法"就是把复杂的观念分析成小成分，直到不可分割的元素已成为简单、清楚、明晰的概念，而且显示所有这些基本概念都可以经过或是依靠一个有思想生命的良知而获得。也就是说，我们应该由这个主要知觉演绎出所有基本的哲学原理。

　　笛卡儿不采用已知的外在事物，而以良知本身作为起点，这又是哲学上的一大革命。文艺复兴已重新发现了个人，笛卡儿更使个人成为他哲学的钩柱（hitching post）。"我清楚地知道没有比我自己的心灵更容易为我了解的事物。"如果我们以物质开始，再由有机生命的水平来探讨人，我们会受连贯逻辑的诱骗，把心灵看作物质。但物质是由心灵才进入我们的知识领域，只有心灵的了解才是直接的。此处展开了近代的概念主义，不是伦理学上的理想主义，而是一种哲学，以概念的直接事实，而非透过概念得知的外在事物为起点。笛卡儿立下了近代欧洲哲学认识论的主题："对任何问题的探讨都比不上寻求人类知识本质和范畴来得有用。"此后的 3 个世纪中，一个令哲学家困惑不解的问题便是："外在世界"除了是一个概念之外，是否有其

---

[1] 圣·奥古斯丁曾从同一观点出发辩驳异教的怀疑论者，他们宣称怀疑一切。但谁"曾怀疑他自己是活着的、思想着的呢"？他问道："因为如果他怀疑，他就是活着。"蒙田也曾使用同样的论点来反驳绝对怀疑论者。笛卡儿曾读过蒙田的书。

真实的存在呢？

以任何一个同时赞同感觉显而易见的物质来源和力量，及概念显然具有非物质本质的理论，很难由身体通达心灵。同样地，笛卡儿以自我出发，也觉得很难从心灵度向物体。心灵如何知道，看起来证验外在世界的感觉并不只是它本身的状态呢，感官既常常欺骗我们，它如何信任感官？心灵的意象在睡眠的"假"和白天的"真"中一样生动，它又如何信任心灵的意象？

为了逃避这种囚禁自我的"唯我的"牢笼，笛卡儿诉诸上帝，它当然不会使我们整个知觉器官成为骗局。但是，上帝是何时走入这个怀疑一切已被接受的信仰的哲学体系中的？笛卡儿不能用外在世界的设计物来证明上帝的存在，因为他还没有显示这个世界的存在。因此，笛卡儿由熟知一切的自我引出上帝，很像600年前圣安塞姆在"实体证明"之中所做的。他说，我有一个完美生命的观念，全知，全能，必要而且永恒。但是存在比不存在更接近完美，因此完美生命的属性必须包括存在。除了上帝本身，又有谁能将这一概念放入我心中呢？"如果上帝并不真正存在，我不可能自己具有上帝的概念。"上帝若是骗子，它就不完美了。因此，我们具有清楚而明晰的概念时，它让我们的感官对我们揭露外在的世界时，它并未欺骗我们。"如果这些概念不是由具体事物而产生，我不知道它如何能免于欺骗的指责。所以我们必须容许实际物体存在。"就这样，心灵与物质、主观与客观的鸿沟都巧妙地弥合了，笛卡儿也由于上帝的帮助而成为现实主义者。科学本身——我们对逻辑的、有条理的、遵循法则的、可计算的宇宙的信仰——是合理的，正因为上帝是存在的及它不可能说谎。

随着笛卡儿，我们看出婴儿时期的"理性时代"如何因恐惧而逃避思想的冒险，企图重回温暖的信仰子宫中。《哲学的沉思》改名为《笛卡儿对首要哲学的沉思》，书中已证明上帝的存在和灵魂的不朽。该书被献给"圣洁而杰出的巴黎神学教师会会长"。这位会长接受了他的奉献，但 1662 年它仍被列入禁书目录中，"直到错误改正为止"。此书的篇首可媲美《方法论》："今天……我既然在平静的隐退之中取得这份悠闲，我至少要自由而严肃地改变我以前的意见。"他将它们丢出窗户，却让它们从正门进来了。他不仅信仰公正而全能的上帝，也信仰宇宙结构中的人类自由意志及一个虽然依靠肉体却不朽的灵魂。我们虽然不得不屈服于实体世界中牢不可破的因果逻辑，意志的自由却是最清楚、最明晰、最生动、最直接的天赋概念，人尽管在抽象理论中任意想象它们，却从来不会怀疑过它们的存在。

上帝、自我、空间、时间、动作、数学公理等概念——这些都是与生俱来的。也就是说，灵魂并不是从感觉或经验得到它们，而是由它自己的本质和理性。（此处洛克会提出异议，康德会大加赞赏）然而，这些天赋概念可能会停留在无意识状态，直到经验触醒它们变成有知觉的形式。那么，灵魂不是经验的产物，而是它产生思想时一个活跃而有创意的伙伴。这个"理性的灵魂"——推理的能力——显然是非物质的，它的概念没有长度、宽度、位置、重量或物质的任何其他特质。"这个'我'，也就是说，使我之所以为我的这个灵魂，与身体在根本上是有分别的，甚至比后者更容易了解。"因此这个非物质的心灵或灵魂能够也的确在身体死后仍然留存。

笛卡儿在一段文章中肯定理性"并不阻止我们信仰神圣启示的事物，那是比我们最确定的知识还要确实的"。他给伊丽莎白公主的信既流畅又虔诚正统。萨尔马修斯 1637 年在莱登拜访他，曾形容他是"最热衷的天主教徒"。

他生命的最后 10 年都献给了科学。他把自己的房间改为实验室，从事物理和生理学实验。一位科学家曾要求看他的图书馆，笛卡儿指向他正在解剖的 1/4 只小牛。有时他也像培根一样，谈及科学使人类成为"自然的主人与拥有者"后，人类自然而然得到的许多实际利益。他的主观强调和对演绎法的信心，常常导致暧昧不明的结论，但他在多个科学领域都很有创造性。他坚持科学应该以数学形式中量的说明，代替中古物理含混的质的抽象概念。我们已提到他曾发展了解析几何，也概述过微积分。他解决了立方加倍和三等分角的问题。他创立以起首字母代表已知数，结尾字母代表未知数的用法。他发现折射定律似乎与斯内尔无关。他研究以滑轮、斜面、杠杆、虎钳、轮轴等小方法推动大力颇有成果，而且得出惯性、撞击、冲力等定律。他也许曾暗示帕斯卡大气压力随高度递减，虽然他犯了一个错误，宣称世上除了帕斯卡的脑袋之外绝对没有真空。他暗示每一个体都被其四周旋转的涡动分子以球层方式包围——与现在的磁场理论不无相合之处。光学方面，他正确算出折射角，分析光线被眼球水晶体改变的程度，解决了望远镜球体像差的校正问题，设计出没有像差的椭圆或曲张镜片。

他解剖胎儿并加以说明。他解剖（他告诉我们）"各种动物的头颅以确定记忆、想象等作用储存于何处"。他实验反射动作，也解释打击临近时眨眼的原理。他的情绪理论与威廉·詹姆士（William James）和卡尔·兰奇（Carl Lange）类似：情绪的外在原因（如我们看见一只危险的动物）会自动而同时地生出反应动作（飞奔）和对应情绪（恐惧）。情绪是动作的伴随，而不是成因。激情源自生理，应该当作机械作用来研究和解释。它们本身并不坏，是我们生命之船的风，但是若不受理性的节制，就会奴役与毁减一个人的人格。

除了上帝和理性灵魂外，整个宇宙可以视为机械的。记取伽利略和宗教裁判所的教训，笛卡儿谨慎地将这些概念当作假说来提出：假定上帝创造了物质，再赋予动作，然后我们可以想象世界根据机械法则而进化，不受任何干扰。在没有真空的宇宙中，物质分子的自然运动采取环行的方式，结果造成各种旋涡的动作。太阳、行星和星辰可能是由于分子集中在这些旋涡的中心而形成。正如每一个体被原子微粒涡包围——这解释了内聚力和吸力的成因——每个行星也被分子旋涡围绕，这种旋涡也使轨道中的卫星不致游离。太阳处在一个大旋涡的中心，行星一圈圈环行于外。这是一个有创见的理论，但开普勒后来证明行星轨道是椭圆的，此说也就不攻自破了。

笛卡儿认为，只要具有完备的知识，我们就可以把天文、物理、化学甚至生命的一切作用都化为机械法则，除了理性本身。呼吸、消化甚至感觉都是机械的。这一原理对哈维发现血液循环帮助非常大。笛卡儿很有自信地将机械观念应用在动物身上，因为他拒绝承认动物具有推理的能力。他也许是迫于宗教，不得不如此对待动物，因为他的"灵魂不朽说"是基于理性心灵的非物质特性。如果动物也有这样的心灵，它们也会不朽——这种说法对爱狗的人若没有什么，至少对神学家有很大的不便。

但是，人类身体若是物质的机械，非物质的心灵如何能作用其上，又如何借非机械的自由意志力量来统御它呢？这一点笛卡儿失去了信心，他绝望地回答说，上帝以神秘的方式安排身体与心灵的相互作用，远非我们有限的智慧所能了解。他暗示，也许心灵是借着松果腺对身体发生作用，该腺体恰恰位于大脑的中心底部。

笛卡儿一生最鲁莽的行动就是要求梅赛纳把《哲学的沉思》的样本送给各个思想家，邀请他们提出评论。伽桑迪在答复中以法式礼貌摧毁笛卡儿的论点。笛卡儿以实体论辩称上帝的存在并未使这位神父信服。霍布斯指出笛卡儿并未证明心灵独立于物质和大脑之外。霍布斯私下（根据约翰·艾布雷的说法）"常说笛卡儿若全心从事几何的研究……他会成为世上最好的几何学家，但他的头脑不适宜哲学"。惠更斯与霍布斯意见相同，认为笛卡儿以玄学的网织出了一篇传奇。

经过三个世纪的讨论，现在指出这个勇猛的第一个近代哲学"体系"的弱点并非难事。笛卡儿将哲学简化为几何形式的观念，使他不幸采用了演绎法，其中虽然有实验，却太冒险地依赖他自己的推理本领，以一个观念的清楚、明晰、生动直接程度来考验它的真实性是自取灭亡。因为在这个基础上，谁敢否定太阳绕地球而转动呢？说上帝存在是因为我们对完美而无限的生命具有清楚、明晰的概念（我们有吗？），又说那个清楚、明晰的概念可靠是因为上帝不会欺骗我们，这是和笛卡儿推理行星轨道为环形一样可疑。这个哲学与它摒弃的中古经院哲学观念一样漏洞百出。蒙田的怀疑比笛卡儿更基本、更持久，后者只不过把传统的谬论除去，以容纳自己的谬论而已。

即或如此，他的科学论点中仍有足够使他畏惧宗教迫害的内容（如果玄学中没有的话）。虽然他宣讲正统的信仰，他的宇宙机械论仍使神迹和自由意志陷入危险的境地。他听说伽利略被判刑（1633 年 6 月），立即放下他的《宇宙论》（*Le Monde*），书中他本来计划连贯他所有科学作品和成果的。他悲哀地写信给梅赛纳：

> 这件事给予我强烈的影响，使我几乎决定烧毁所有原稿，至少也不再展示给别人看……如果它（地球转动）是假的，我哲学中所有的原理（世界机械论）也将是错误的，因为它们互相支持着……但我绝不出版任何使教会不满的作品。

他死后，《宇宙论》只有少数片断被公布出来。

攻击不是来自（在他活着的时候）罗马教会，而且来自乌得勒支大学和莱登大学的加尔文教派神学家。他们认为，他维护自由意志对宿命论而言是危险的邪说，也以为他的机械宇宙论距离无神论只有一步之遥。如果宇宙只需要上帝最初的一推就可以自己进展，那么上帝失去那个创始力只是时间问题。1641 年，一位乌得勒支教授采用笛卡儿体系时，该校校长吉斯伯特·伏蒂斯（Gisbert Voetius）说服该城官员禁止这种新哲学。笛卡儿回击伏蒂斯，伏蒂斯尖酸回辩又被笛卡儿举证反驳。法官宣召这位哲学家去见他们（1643 年）。他拒绝前往。判决对他不利，他在海牙的朋友们居间调停，法官们仅发布禁令，不准继续攻击或维护笛卡儿的概念。

他得到伊丽莎白公主友谊的慰藉，她当时正与她的母亲，波希米亚废后伊丽莎白女选帝侯住在海牙。《方法论》出现的时候（1637 年），公主只有 19 岁，她阅读它时惊喜于哲学竟会如此易懂。笛卡儿遇见她后，也喜见形而上学竟能如此美丽。他以一席迷人的奉承语向她献上《哲学原理》。她后来在威斯特伐利亚担任修院院长度过一生（1680 年）。

笛卡儿现在在荷兰不像以前那么快乐，常常拜访法国（1644 年、1647 年、1648 年）。路易十四的新政府给了他一笔年金，激发了他的爱国心（1646 年）。他争取到一个行政职位，但内战把他吓回荷兰。1649 年 2 月，他收到瑞典克里斯蒂娜女王的邀请，要他前去教授哲学。他迟疑着，但是终被她的来信吸引，信中以优美的法文表达她的心灵已为哲学"喜悦"深深倾倒。她派了一位舰队司令劝诱他，又派了一艘军舰去接他。他屈服了，9 月，从阿姆斯特丹航向斯德哥尔摩。

他受到极好的礼遇，但在得知女王每星期要上课 3 次，而且总是在早上 5 点钟时，他吓坏了——笛卡儿素有迟起的习惯。两个月来他遵守皇家时间表，穿过冬天黎明的深雪，从房间走到女王的图书馆。1650 年 2 月 1 日，他患了感冒，后来变成肺炎。2 月 11 日逝世，死前他曾接受天主教的临终仪式。

他的座右铭是"隐藏得好的人也活得好"，但他死前很多年就已赢得国际声名了。大学摒弃他的哲学，神职人员在他的虔诚中嗅出异端的气息，但科学家为他的数学和物理学而鼓掌，巴黎的时髦人士也很欣赏他以简易、动人的法文写的作品。莫里哀嘲笑那些在沙龙中传播旋涡，却"不能忍受真空的博学女子"。耶稣会士至今还容忍他们这位杰出的学生，甚至平息了一位会内人士对他的攻击，但 1640 年以后他们撤回他们的保护，1663 年他们协助将他的作品列入禁书目录。波舒哀和费内隆欢迎笛卡儿有关基本基督教信仰的证明，却认为诉诸理性对信念会产生危险。帕斯卡指责依靠理性就像随风飘荡的芦苇。

正是这种笛卡儿哲学对理性的信任，激发了欧洲的心灵。封特内勒总结道："是笛卡儿给了我们一种新的比他哲学本身更令人佩服的推理方法，根据他教给我们的法则，他的哲学倒有一大部分是虚假的，或甚为可疑的。"笛卡儿式怀疑对法国——泛指欧洲大陆——的贡献可媲美培根对英国的贡献。它使哲学免于时间的束缚，勇敢地航向大海，即使它在笛卡儿作品中很快又回到安全而熟悉的港口，理性并未得到立即的胜利。在法国最辉煌的路易十四时代，传统和圣经仍然把持一切。那是帕斯卡和波舒哀的时代，而不是笛卡儿继承人的时代。当时荷兰正是斯宾诺莎和贝尔的年代，英国则是霍布斯和洛克的天下。种子正在萌芽了。

笛卡儿的作品对法国文学和艺术很有影响。他的文体是清新的改革，他的哲学对一切人开放，很少哲学家能用如此迷人的亲切手法来表达思想，描述理性的历险就像弗洛伊萨特（Froissart）描写骑士丰功伟绩一样生动。简洁可读的《方法论》不仅是法国散文的杰作，它在语言与概念方面都为法国古典时代——在文学与艺术的定则、智慧与节制，为礼仪和演说——立下典范。它强调法式心灵适宜的清楚、明晰的概念。它的擢升理性成为古典体裁的首要原则：

> 爱理性吧；让你的作品
> 单由其中获得光辉与价值。

200 年来法国戏剧成为理性的修辞，与情感的狂烈竞争着。也许法国诗歌受到笛卡儿的伤害：他的语气和机械论，使想象力和情感少有容身的余地。在他之后，拉伯雷沸腾的混乱，蒙田不拘形式的闲谈，甚至宗教战争猛烈的紊乱都消失了，代之而起的是高乃依的理性论，拉辛的严谨统一，波舒哀合乎逻辑的虔诚及路易十四王朝与宫廷的法律、秩序、形式和礼仪。笛卡儿曾漫不经心地参与开创了一种新的法国哲学与生活方式。

他在哲学方面的影响也许大于康德以前的任何近代思想家。马勒伯朗士是他的分支。斯宾诺莎自己学习笛卡儿逻辑，阐述时发现了它的弱点。他在自传式的片断作品《谈改进了解》中模仿《方法论》，在《伦理学》中采用哲学的几何理想，他"人性枷锁"的讨论是基于笛卡儿的《心灵的激情》。自伯克利到费希特的近代哲学理想主义传说，就是起源于笛卡儿强调思想是我们直接得知的唯一实体，正如经验主义的传统由霍布斯传到斯宾塞一般。但笛卡儿也提出了理想主义的解药——一个完全机械式的客观世界的概念。他试图从机械角度来了解有机和无机作用，给生物学和心理学一个很冒险却很有成果的原动力。他对感觉、想象、记忆与意志所做的机械分析，成为近代心理学的主要来源。17世纪后，法国与笛卡儿一同支持正统，18世纪的启蒙运动由于他有条理的疑惑、他对理性的信任及他使用物理和化学的同类名词来注释所有动物的生命，而找到丰富的基础。这位法国人的骄傲，也由于他对法国心灵的丰厚影响，而得到合理的辩护。

理性和信仰的"大辩论"渐以有意识的形态出现，但它的近代史才开始。回望1558年至1648年的90年间，从伊丽莎白到黎塞留，从莎士比亚到笛卡儿，我们看出这个引人的论点仍然局限在基督教的范围中，局限在以《圣经》为"圣道"的各种宗教信念中。只有少数零零散散的声音，暗示基督教本身也应该接受考验，暗示哲学应该很快摒除所有超自然信仰的形式。

这些冲突初步发生后，天主教在西班牙和葡萄牙仍然高高在上，宗教裁判所仍然散播着它的恐怖与阴影。在意大利，古老的宗教采取更具人性的形式，以艺术美化生命，以希望滋润死亡。法国妥协了，基督教信仰在人民之间仍然很有力、受欢迎，无论天主教徒或法国胡格诺教徒都不例外；上层阶级则以怀疑为乐，把虔诚延到死亡前夕。尼德兰呈现理性的妥协，南方省份仍信天主教，加尔文教派则在北方得到胜利。在德国，新教受了一位法国主教的拯救。巴伐利亚和奥地利则维持他们原有的忠诚，而匈牙利与波希米亚再度成为教皇的辖区。在斯堪的纳维亚半岛，新教成为国家的法律，但瑞典女王宁肯选择罗马的教仪。英国伊丽莎白女王建议联合罗马教规与国家自由，但英国新教分成许多宗派，表现了它的活力，也将它的生命孤注一掷。

在种种军队与教条的倾轧中，科学正努力减轻迷信与恐惧。它发明或改进显微镜、望远镜、温度计、气压计。它设计对数和小数系统，改革历法，发展解析几何。它已幻想要把一切现实化为代数方程式。蒂丘·布拉赫曾耐心地重复观察，使开普勒得以确立行星运转的法则，启迪了牛顿宇宙法则的看法。伽利略正以始无前例的大型望远镜显示了新的、更大的世界，也在宗教裁判所的大厅中演出了科学、神学之间戏剧化冲突的一幕。哲学方面，布鲁诺企图以哥白尼的名词重新孕育神祇和宇宙，终于使自己活活被烧死；培根召唤智者从事科学，为后来的世纪写出它工作的范畴；而笛卡儿怀着他对宇宙的疑惑，正给予"理性时代"另一个方针。道德与礼仪也由于信仰的变迁而定型。文学受到这个冲突的感动，哲学家的概念也在马洛、莎士比亚及约翰·多恩的诗中发出回响。与正在兴起、散播、激发、改变欧洲甚至世界心灵的信仰与理性之争比起来，所有敌对国家的战争与革命，都显得无足轻重了。

少女时代的伊丽莎白一世。伊丽莎白的早年并不幸运，而是在小心翼翼、自我克制和察言观色中求生存。

莱斯特伯爵是英格兰女王伊丽莎白一世的宠臣，也很可能是她的情夫。

上 伊丽莎白拥有大量华丽的衣服和贵重的珠宝，对穿着打扮的热心与政治上的考虑有密切关系。培根曾经写道："她幻想饱受外界影响的人民会被她的珠光宝气转移视线，而不注意她本身的花容月貌的衰退。"

下 加尔文派牧师约翰·诺克斯正在传教。他曾说："妇女进行统治，掌握帝国大权而凌驾于男子之上，这比怪物还要荒诞。"

伊丽莎白一世在议会主持会议。伊丽莎白以其高超的政治手腕证明她的统治并非有名无实。

英国诗人、剧作家莎士比亚

上 │ 莎士比亚在斯特拉福的旧居

下 │ 1569 年，一场在伯蒙德西的婚礼，展现了伊丽莎白一世统治时期英格兰社会的生活情景。

上左 苏格兰女王玛丽不明智的政治行为导致苏格兰贵族的反叛，她逃往英格兰后却遭囚禁，最后被处死。

上右 苏格兰国王詹姆士六世和英格兰国王詹姆士一世。

下 《萨默塞特宫会议》。1604年，通过萨默塞特宫会议，詹姆士一世迅速结束与西班牙的战争而建立了和平局面。

英国法学家、政治家和哲学家培根

上 《英国国王查理一世三面像》。查理一世上台之后，很快和国会产生了对立。

下 英国国王查理一世和他的家人。

《查理一世马上图》（凡·戴克，1633 年）。查理一世是一个极有抱负的国王，但他的独断专制让他成为唯一被执行死刑的英国国王。

《大卫》（贝尔尼尼，1623 年）

《罗耀拉的奇迹》。罗耀拉是天主教耶稣会创立人。较其他修会，耶稣会从事的更多是传教工作和社会活动，而不是灵修生活。

在菲利普二世统治时期，西班牙国势强盛，疆域广阔。

菲利普三世在位期间，对西欧各国实行和平外交政策。

菲利普三世时期，莱玛公爵促使西班牙与英格兰缔结《伦敦和约》（1604 年），并与尼德兰联合省份休战 12 年。

菲利普四世野心勃勃地企图恢复西班牙在欧洲的霸权。

上 | 西班牙首相奥利弗雷公爵利用"三十年战争"扩大的机会，重新挑起对荷兰人的敌对行动。

下 | 在扩张政策之下，西班牙军队取得一些胜利，如 1626 年从荷兰人手中夺取了要塞布雷达。

西班牙国王菲利普四世之女玛丽亚·特蕾莎，后来成为法国国王路易十四的王后。

《宫娥》（委拉斯开兹，1656 年）

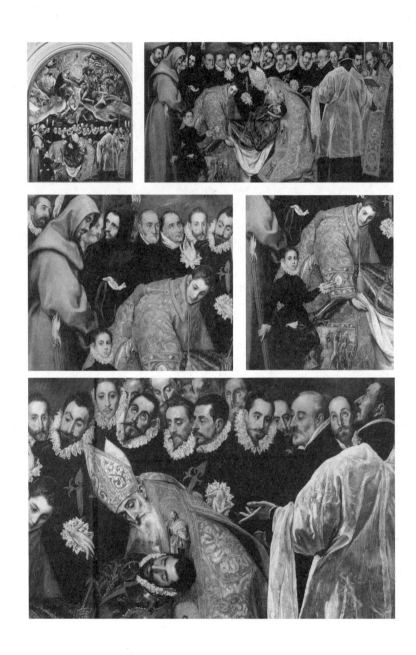

《奥加兹伯爵的葬礼》（埃尔·格列柯，1586 年）。画面可明确分为天国和人间两部分，圣徒奥古斯丁和史蒂芬显灵出现在伯爵葬礼上，并将之送入墓穴。

《圣马丁和乞丐》（埃尔·格列柯，1597—1599 年）

《圣母和圣子》（牟里罗，1670—1672 年）

上 | 1573 年，土伊勒里宫的一场宫廷宴会，法国王后凯瑟琳·美第奇端坐在画面中间。

下左 | 凯瑟琳对胡格诺派教徒科利尼的得势感到担心。在她的怂恿下，查理九世下令在圣巴托罗缪节对胡格诺派进行大屠杀。

下中 | 查理九世下令处死胡格诺派首领，其中包括科利尼在内，圣巴托罗缪惨案开始。

下右 | 圣巴托罗缪惨案中，法国新教胡格诺派惨遭屠杀。

《玛丽·德·美第奇抵达马赛》。法国国王亨利四世与妻子瓦洛伊斯的玛格丽特离异后，与玛丽·德·美第奇结婚。

上 法国路易十三的大臣黎塞留

下 黎塞留又被称为红衣主教。他成功地使法国的混乱政局趋于稳定，并扩大了法国在欧洲和海外的势力。

欧洲最强大的君主之一法国国王路易十三

法国国王路易十三的王后——奥地利的安娜。路易十三一生都对她十分冷淡。

上 蒙田的随笔反映出那个时代的怀疑论精神。

下 《骗子》（拉·图尔，1625 年）。拉·图尔在这幅画中，将他的时代看成是一个虚饰和伪善的时代。

《玛格达伦玛利亚的忏悔》（拉·图尔，1638—1643 年）。拉·图尔的宗教画大多以烛光为主题，具有一种不朽的朴实和静谧。

《普桑自画像》。普桑是巴洛克时期古典主义绘画风格的领导者之一。

上　尼德兰的反抗斗争中，新教徒的狂热分子发动了反对教堂的捣毁圣像运动（1566年8月）。

下左　威廉一世，又称沉默者威廉，是尼德兰反对西班牙统治的英雄，欧洲最富有的贵族之一。

下右　在17世纪初对荷兰共和国的战争中，西班牙军事指挥官安布罗西奥·斯皮诺拉未能摧毁荷兰人的军事力量。

上 | 沉默者威廉的次子奥伦奇亲王莫里斯收复了大量的尼德兰领土，这些地区后来成为联合省共和国。

下 | 1651年，尼德兰总议会的"大会"在海牙召开，荷兰省巩固了其领导权。

上 | 莫里斯和弗雷德里克·亨利在维勒肯堡的马市上。亨利是莫里斯的同父异母兄弟，和莫里斯一样，是一个有战略眼光的军事家，擅长攻坚战。

下 | 约翰·维特是共和国内政和外交决策的卓越领导人，他以高超的外交手腕争取了荷兰发展的外部环境，恢复了国家财政，扩展了荷兰在东印度群岛的商业优势。

上 | 阿姆斯特丹证券交易所的院子挤满了富裕的投资者。在整个 17 世纪，荷兰近乎垄断了欧洲贸易和海运，其拥有的资金多得找不到足够的投资出路。

下 | 与经济繁荣配合的是尼德兰在文化上的发展，公民社会广泛的爱好和赞助将艺术尤其是绘画推向顶峰。

上 《愉快的伙伴》（哈尔斯，1617 年）。画中人物开始显示出荷兰中产阶级特有的自我满足神气。

下 《微笑骑士》（哈尔斯，1624 年）。哈尔斯代表作品，也是西方美术最著名的肖像画之一。

上 │ 《伦勃朗自画像》（1659 年）

下 │ 《夜巡》（伦勃朗，1642 年）

瑞典国王古斯塔夫·阿道夫

上 | 1632 年的吕岑战役，瑞典军队大获全胜，但古斯塔夫二世在率领骑兵冲锋时阵亡。

下 | 俄国沙皇、罗曼诺夫王朝的创始人迈克尔·罗曼诺夫在缙绅会议上。迈克尔利用缙绅会议作为民众咨询机构，设法使俄国摆脱困境。

基督教国家联军对奥斯曼帝国的海战——莱潘托之战

上 | 一幅表现"三十年战争"惨烈的版画

下 | 《屠杀婴儿》(普桑,1630—1631 年)。这幅画具有比较深刻的道德意义,是对惨烈的"三十年
　　战争"的反映。

上 《庆祝＜威斯特伐利亚和约＞的签订》。"三十年战争"最后以签订《威斯特伐利亚和约》而告终。
和约使瑞典、法国及其盟友得到大片领土，承认荷兰和瑞士的独立，确认德意志诸侯的主权。

下 丹麦天文学家蒂丘·布拉赫在哥本哈根外海的赫维恩岛建立了一座天堂城，设有好几座天文台。

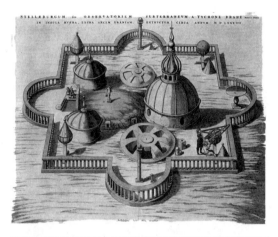

上 因为空间不够，蒂丘又在附近建造了第二个天文台星堡。

下 蒂丘所作的天文观测可能是望远镜发明前最精确的，这些观测使欧洲人终于接受了哥白尼体系，并成为 17 世纪天文学改革的基础。

1660 年版的《和谐大宇宙》扉页上的天文学家

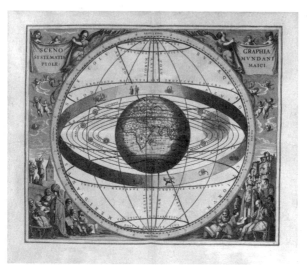

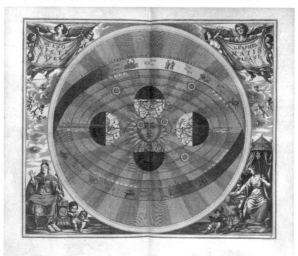

上 ｜ 把地球看成是宇宙中心的托勒密体系模型

下 ｜ 哥白尼的日心体系模型

对现代科学思想的发展有几项突出贡献的意大利数学家、天文学家、物理学家伽利略。

《生病的小孩》。科学在进步，公共卫生在改善，但疾病还是对人类最重要的威胁。

牙医正在给一位女子检查牙齿。17 世纪之前，治疗牙病还是理发师的事。

上 | 炼金术士的实验室

下 | 正在工作的炼金术士。制金是欧洲炼金术的主要和唯一目标,包括牛顿在内的一些科学家都曾进行过炼金实验。这些实验为化学积累了大量知识。

鲁本斯的《四哲人》。17 世纪的哲学家不再讨论教宗的权威，他们开始辩论上帝的存在。

上左　荷兰人文主义者格劳秀斯发表的法学巨著《战争与和平法》确立了国际法的标准。

上右　近代哲学之父笛卡儿

下　笛卡儿在瑞典女王克里斯蒂纳的宫廷。据说，22 岁的克里斯蒂纳执意要 53 岁的笛卡儿每天清晨 5 点起床为她讲授哲学。